김대중 자서전

1

김대중 자서전 1

2011년 7월 20일 초판 1쇄 발행
2025년 2월 10일 초판 9쇄 발행

펴낸곳 (주)도서출판 삼인

지은이 김대중
펴낸이 김경섭

등록 1996.9.16. 제 25100-2012-000046호
주소 03716 서울시 서대문구 성산로 312 북산빌딩 1층
전화 (02) 322-1845
팩스 (02) 322-1846
전자우편 saminbooks@naver.com

표지디자인 (주)끄레어소시에이츠
인쇄 수이북스

ISBN 978-89-6436-033-0 04810
ISBN 978-89-6436-032-3 (전2권)

김대중 자서전

1

행동하는 양심으로

글 싣는 순서

3부

4부

5부

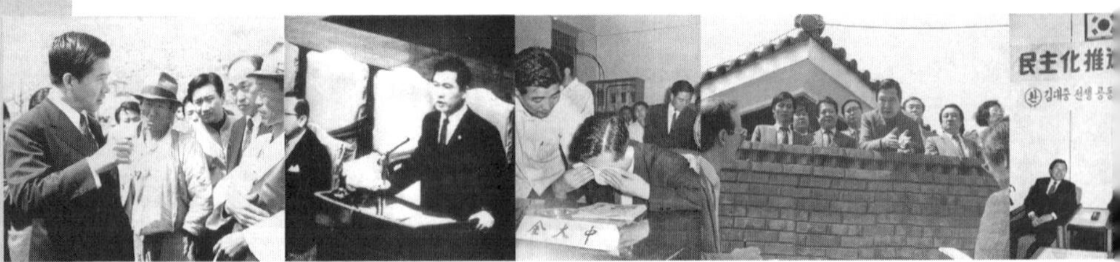

6부

사랑하는 당신에게

이희호

⚜

당신이 세상을 떠나신 지 1년이 가까워 옵니다. 우리 집은 당신이 살아 계시던 그때 그대로입니다. 올해에도 마당에 우리가 좋아하던 사피니아, 백일홍, 천일홍, 팬지꽃을 심었습니다. 당신이 저 아름다움을 보신다면 얼마나 좋아하실까 당신의 웃는 모습이 떠오르기만 해도 마음 한구석이 저려옵니다.

우리는 자주 거실에서 커피를 마시며 정원을 바라보았지요. 우리 집을 찾아온 참새들에게 모이를 주는 것이 당신의 유일한 즐거움이었죠. 요새는 더 많은 참새들이 와서 모이를 먹고 있습니다. 참새들이 지저귀는 소리가 들리면 당신 생각에 눈시울을 적십니다.

당신이 자서전을 쓰기 시작하실 때 "모든 것을 진실하게 기록하여 역사와 후손에게 바치겠다"고 하신 말이 떠오릅니다. 자서전을 읽으면서 우리가 함께해 온 시간들이 주마등처럼 스쳐 지나갑니다. 그래서 나는 당신이 살아 계시다는 느낌을 받습니다. 뒤돌아보면 우리 앞에 그토록 험한 삶이 기다리고 있을 줄은 진정 몰랐습니다.

당신은 참으로 파란만장한 일생을 보냈습니다. 「로마서」에 "고난은 장차 우리에게 나타날 영광에 비할 바 아니다"라 했습니다. 이 성구같이 당신의 생애는 상상할 수 없는 고난의 연속이었으며 극적이었습니다. 당신은 죽음의 고비를 몇 차례 넘기셨고 망명, 연금, 감옥 생활 등의 괴로움에도 신념을 꺾지 않았습니다. 그리고 당신을 탄압하는 세력과 결코 타협하지 않았으며 그들을 용서하기까지 하였습니다. 그리하여 이 땅에 민주화를 가능하게 했습니다.

당신은 대통령에 당선되고 나서 위기에 처한 나라를 구하기 위해 새벽부터 밤늦은 시간까지 일했습니다. 외환 위기를 극복하고 우리나라를 정보화 강국으로 세웠습니다. 그리고 당신의 평생소원인 통일을 위해 남북화해에 나서서 역사적인 남북 정상 회담으로 남북 공동 선언도 발표했습니다.

이 나라를 민주, 자유, 평화의 꽃이 피는 나라로 만들겠다는 당신의 꿈은 진행되고 있다고 생각합니다. 그것은 당신이 어떤 상황에서도 절망하지 않고 내일의 희망을 향해서 나아갔기 때문입니다.

우리들은 당신이 바라던 것을 이루어 나갈 것입니다. 남과 북의 벽을 허물고 서로 하나가 되는 그날까지 쉬지 않고 힘쓸 것으로 믿습니다. 머지않아 당신이 바라는, 아니 우리 모두 바라는 통일의 그날이 오기를 기원합니다.

당신이 간절히 원하는 행동하는 양심으로 행하며 어려운 이웃을 도와주고 평화롭게 살아갈 것입니다. 그리하여 세계 평화를 이룩해 나가도록 힘쓰겠습니다. 당신의 뜻을 후손들이 반드시 이루어 나가기를 바랍니다.

당신의 생은 고난이 가득했고 그 고난을 극복한 당신의 생애를 담은 자서전이 나오기까지 많은 분들이 수고를 해 주었습니다. 그리고 당신이 존경하고 친구처럼 가까웠던 빌 클린턴 전 미국 대통령, 폰 바이츠제커 전 독일 대통령, 고르바초프 전 소련 대통령께서 자서전을 위해 좋은 글을 보내주었습니다.

나는 아직도 당신이 세상을 떠난 사실이 믿어지지 않습니다. 당신을 보낸 슬픔으로 가득 찬 하루를 보내기도 하지만 하느님이 당신에게 승리의 면류관을 씌어 주실 것이라 생각하며 위로를 받고 있습니다.

우리가 함께 살아온 47년의 생애를 매일같이 떠올리고 있습니다. 나는 당신을 언제나 존경하고 사랑했습니다. 내 생이 다하는 그날까지 당신을 위해 기도하고 사랑할 것입니다.

하느님은 끝없는 사랑으로 우리의 기도에 응답해 주실 줄 믿습니다. 하느님 품에 편안히 쉬시옵소서.

2010년 여름, 당신의 아내 이희호

인권과 평등의 수호자

빌 클린턴(Bill Clinton) 전 미국 대통령

김대중 대통령은 지혜와 용기를 갖춘 지도자로서 한국을 위해 헌신하였고, 전 세계 평화와 자유를 사랑하는 사람들에게 감동과 자극을 주었습니다. 김대중 대통령은 평화의 비전을 가지고 삶을 이끌었습니다. 저는 민주주의 수호와 대북 화해 정책을 추진하면서 보여 주셨던 김 대통령의 용기를 통해 지금도 많은 것을 배우고 느낍니다. 저는 김 대통령이 우정과 한결같은 친절함을 베풀어 주신 것을 지금도 감사하게 생각하고 있습니다.

김대중 대통령은 신중하게 미래를 내다보면서 한국 국민들을 새로운 세기로 이끌었습니다. 김 대통령은 한국의 잠재력을 일깨우고, 적(敵)보다 협력자의 수가 많은 세상을 만들기 위해 부단히 노력했습니다. 큰 기회는 관계를 포기하기보다는 관계를 수립하는 데에 있다고 보았습니다. 김 대통령은 상호 의존성을 가진 현대 세계에 대해서 보기 드물게 깊은 이해를 갖춘 분이었으며 한국의 운명이 국제 사회와 맞물려 있음을 잘 알고 있었습니다.

아시아 금융 위기 당시, 김 대통령은 기업 투명성을 높이고 세계 경제 파트너십 발전을 추진하였습니다. 그의 금융 전략은 한국의 어떤 과거 정부보다 세계 시장 개방에 많은 기여를 하였습니다. 오늘날까지 한국 국민이 누리는 성장의 시대가 이때 열린 것입니다.

저는 1992년 김대중 대통령을 만났고, 한미 관계 강화 및 우호 증진을 위해 그와 함께 일하는 특별한 경험을 하였습니다. 저는 그와 함께 일했던 수년 동안 김 대통령이 평화 증진과 서로 다른 문화의 이해를 위해 얼마나 헌신적이었는지 직접 보았습니다.

저는 김 대통령의 재임 중 의미 깊은 순간은 평양 방문이라고 생각합니다. 바로 한국전쟁 이후 남한과 북한의 첫 정상 회담이 이루어진 순간입니다. 김대중 대통령의 햇볕 정책은 한반도 문제에 외교와 협력으로 접근한다는 그의 믿음에서 비롯되었습니다. 그리고 햇볕 정책은 고립이 아닌 파트너십이 남북한 모두에게 한층 더 밝은 미래를 가져다줄 것이라는 그의 확신을 보여 주었습니다. 햇볕 정책은 그 어느 때보다 남북한의 지속적인 평화와 화해의 희망을 드높여 주었던 심대한 연대의 표현이었습니다. 만약 그가 꿈꾸었던 파트너십을 실현할 수 있었다면, 우리는 지금 더욱 안전하고 공명정대한 세상에서 살고 있을 것입니다.

김대중 대통령은 용기 있는 민주주의의 투사였고, 인권과 평등의 수호자였습니다. 경제 위기로부터 한국을 구출하였고, 국가 안보를 증진하였습니다. 그의 업적은 노벨평화상을 수상하고도 넘칠 만한 것입니다.

21세기에 들어서면서 점차 고조되어가는 상호 의존성을 볼 때, 어느 때보다 김대중 대통령께서 남기신 업적을 새겨볼 필요가 있습니다. 우리가 더욱 평등하고 안정적이며 지속 가능한 세상을 만들고자 한다면, 세계 지도자들은 파트너십의 힘을 믿었던 김 대통령의 신념을 명심해야 할 것입니다. 그 신념이 있을 때에만 우리는 함께 앞으로 나아갈 수 있습니다. 이는 부인할 수 없는 현실로서, 김대중 대통령께서 일생을 통해 보여 주셨던 바로 그 용기와 헌신을 가지고 우리가 이 세상을 이끌어 나가야만 하는 이유입니다.

2010년 5월 12일 Bill Clinton

탁월한 정치인, 특별한 운명을 지닌 인간

미하일 고르바초프(Mikahil Gorbachëv) 전 소련 대통령

저는 김대중 대통령의 부인이신 이희호 여사께서 저에게 김 대통령의 자서전에 실릴 짧은 서문을 써 달라는 제안을 해 주셨을 때 매우 감동했습니다.

지난 20여 년 동안 김대중 대통령과 저는 깊은 이해와 가까운 우정의 협력 관계로 맺어져 있었습니다. 저는 김대중 대통령이 중요하고도 독보적인 정치인이자, 사상가로서 민주주의 원칙에 헌신했던 그야말로 특별한 운명을 가진 한 인간임을 확인할 수 있는 기회가 있었습니다.

한국 현대사에서 김대중 대통령의 역할, 한국 민주주의 발전을 위해 독재에 항거했던 그의 용기에 존경을 표하지 않을 사람은 아무도 없을 것입니다. 이분의 신념과 의지는 투옥과 생명의 위협도 꺾지 못했습니다.

우연히도 한 세기의 전환점이자 새로운 천 년의 시작 시점에 대통령직을 수임한 그는 한국을 심각한 금융 위기에서 구출하였고, "한국의 페레스트로이카"라 할 수 있는 근본적인 개혁을 단행하였습니다. 무엇보다도 김대중 대통령이 천명하고 추진했던 햇볕 정책은 그의 지도력에 확실한 방점을 찍었습니다. 그의 주도로 사상 최초의 (그리고 지금까지도 전무후무한 성격의) 남북 최고 지도자의 정상 회담이 열렸고, 남과 북 사이에 인도주의적·경제적 협력 관계가 발전하였습니다. 그리고 한반도 문제 해결을 위한

6자 회담도 시작되었습니다. 이후 논쟁적 상황도 있었지만, 이는 남북 관계에 있어 김대중 이니셔티브의 중요성을 확인시켜 줄 뿐이었습니다.

국제 사회는 김대중 대통령의 정책을 높이 인정하였습니다. 남북 화해에 기여한 공로와 민주주의와 인권 보호를 위한 노력을 국제적으로 인정받은 노벨평화상 수상이 그 증거입니다. 김대중 대통령은 퇴임 이후에도 이러한 분야에서 열정적으로 활동하였고, 그의 노력은 마지막 순간까지 계속되었습니다.

저는 김대중 대통령과 제가 함께 2006년 여름 광주에서 조직하고 개최했던 노벨평화상 수상자 포럼을 기억하고 있습니다. 이 회의는 1980년 전두환 장군에 의한 폭력과 독재에 대항하여 일어선 광주 항쟁 기념일이자 2000년 남북 정상 회담에서 채택된 남북 공동 선언의 6주년 기념과 때를 맞춘 행사였습니다. 이때 저는 김대중 대통령의 연설을 듣고 대화를 나누면서 그가 구상한 지역 차원과 국제 차원의 계획에 대한 깊이 있고 생생한 발언들에 크게 감동받았습니다.

아울러 김대중 대통령은 한·러 양국의 포괄적 관계 발전을 열렬히 지지했습니다. 그는 여러 차례 모스크바를 방문하여 구소련 연방과 러시아의 국민, 정계·학계 인사들과 활발히 교류하였습니다. 또한 러시아 외교부 산하 외교아카데미로부터 정치학 박사의 영예를 안았고, 모스크바 국립대학의 명예교수가 되었습니다.

『김대중 자서전』은 그가 직접 지대한 노력을 들여 완성되었고 이희호 여사가 출간을 준비한 책으로서, 한국뿐만 아니라 해외 먼 곳의 독자들까지 큰 관심을 가지고 환영할 것이라 확신합니다.

2010년 5월 31일

평화롭고 정의로운 세상을 위한 길

리하르트 폰 바이츠제커(Richard von Weizsäcker) 전 독일 대통령

우리는 김대중 대통령의 자서전을 통해 위대한 인격을 지닌 가장 비범하고 감동적인 인물을 들여다봅니다. 지칠 줄 모르는 용기로 온갖 역경과 시련을 극복하고 나아간 한 사람의 놀라운 인생 역정, 엄청난 좌절, 경이로운 성공의 이야기를 담고 있습니다.

거짓과 증오, 폭력 속에서, 감옥과 가택 연금 속에서, 그는 조국을 지키며 한 발 한 발 더 많은 자유와 민주주의, 더 활발한 화합과 긴장 완화(détente), 한반도에 사는 모든 이들의 한층 더 인간적인 모습을 위해 노력하였고, 승리하였고, 성공하였습니다. 그러나 과거의 적과 반대자들에게 어떠한 원망도 보복도 하지 않았습니다.

한국의 대통령으로서 그는 북한에 대해 햇볕 정책을 추진하였습니다. 김 대통령은 가혹하게 분단된 조국이 겪었던 고통을 줄이고, 평화 통일을 위한 반석을 만들기 위해 노력하였습니다.

저는 과거에도 그랬고, 지금도 여전히 그분과 오랜 시간 나누었던 멋진 우정에 감동합니다. 독일과 한국의 거리는 멀었지만, 인간을 위한 정치에 대한 견해는 가까웠습니다. 김대중 대통령은 자신의 삶을 통해, 폭력으로 폭력을 대하는 악순환의 고리를 깨뜨릴 수 있는 유일한 길은 진리와 평화로 구성된 체계를 구축하는 것임을 가르쳐 주셨습니다. 그의 삶은 더욱 평

화롭고 정의로운 세상을 위해 나아가는 길은 우리가 절대 포기해서는 안 될 만한 가치 있는 길이라는 진실에 무한한 확신을 보여 주고 있습니다.

2010년 4월, 베를린

생의 끄트머리에서

황혼이 찾아왔고 사위는 고요하다. 내가 살아온 이야기를 남기려 한다. 내 삶을 국민에게 고하고, 역사에 바치는 마지막 의식으로 알고 지난 세월을 경건하게 풀어 보겠다. 막상 마지막이라니 후회 없는 삶이었는지 돌아보게 된다. 나는 내 일생이 고난에 찼지만 결코 불행했다고 생각하지 않는다. 무엇을 성취해서가 아니라 바르게 살려고 나름대로 노력했기 때문이다.

역사 속에는 존경하는 인물들이 숱하게 많다. 그들과 교감하고 그들에게 영감을 얻어 나를 성장시켰지만 어떤 위인의 생과도 나의 일생을 바꿀 생각이 없다. 나는 내 삶을 사랑한다. 열 번 다시 태어나서 똑같이 살라 해도 기꺼이 되풀이해서 살 것이다. 격동의 굽이굽이를 헤쳐 여기에 서 있다. 돌아보면 어디서 그런 용기를 펴 왔는지 잘 모르겠다.

나는 일제 강점기, 해방, 군정, 전쟁, 분단의 시대를 살았다. 우리 역사에 이보다 험한 시기가 있었던가. 격랑, 격변, 격정의 세월이었다. 나는 세상 바람을 온몸으로 맞았다. 현실에서 도피하지 않으려고 노력했다. 옳다고 여기면 정면으로 부딪혔다. 어떤 협박과 회유에도 꺾이지 않았다. 그래서 내 삶은 윤택하거나 고상하지 않다.

일생 동안 악의 속삭임에 무수히 흔들렸음을 고백한다. 그러나 하느님과 국민들을 배반할 수 없었다. 굳건하게 나를 지켜 준 아내를 낙담하게 할 수 없었다. 아이들에게 거짓을 가르칠 수 없었다. 또 이러한 노력들이 당대에 평가받지 못하더라도 역사가 평가하리라고 믿었다. 역사의 뒤편에는 정의와 진실을 주관하는 신이 계실 것이기 때문이다.

간혹 왜 정치를 시작했는지 스스로에게 물어봤다. 그것은 세상을 바꾸기 위해서였다. 한국전쟁 중 피난지 부산에서 일어난 정치 파동을 보며 새로운 세상을 꿈꾸었다. 나는 정치를 증오하거나 정치인을 폄훼하지 않았다. 정치인은 현실의 장에서 국민과 힘을 합쳐 국민을 괴롭히는 구조적인 악을 제거해야 한다. 사람을 근본으로 여기고, 사람이 주인인 세상을 여는 정치야말로 어쩌면 가장 성스러운 것 아닌가. 나는 세상을 바꾸는 대통령이 되고 싶었다. 더러는 그런 나를 '대통령병 환자'라고 매도했다. 그래도 개의치 않았다.

나는 정치를 심산유곡에 핀 순결한 백합화가 아니라 흙탕물 속에 피어나는 연꽃 같은 것이라 여겼다. 악을 보고 행동하지 않는 은둔과 침묵은 기만이고 위선이다. 내가 훌륭한 정치인이라고 생각하지는 않지만, 정치인으로 살아온 것을 후회하지 않는다. 늘 길 위에 있었기에 고단했지만 내 자신과 적당히 타협하지 않았고 게으름을 경계했다. 지식의 정점에 서 있는 철학자가 아니라 이웃을 사랑하고 인류를 위해 몸 바쳐 노력한 사람이 되고 싶었다.

돌아보면 파란만장한 일생이었다. 정계에 입문하여 국회의사당에 앉는 데까지 9년, 1970년 대통령 후보로 선출된 후 대통령이 되기까지는 무려 27년이 걸렸다. 다섯 번의 죽을 고비를 넘겼고, 6년간 감옥에 있었고, 수십 년 동안 망명과 연금 생활을 했다. 대통령 후보, 야당 총재, 국가 반란의 수괴, 망명객, 용공분자 등 나의 호칭이 달라질 때마다 이 땅에는 큰 일이 있었다. 그 한가운데 서 있었다.

정적들은 나를 '용공'으로 몰았다. 또 지역감정이 내 생을 따라다녔다. 벗어나려 몸부림칠수록 수렁 속에 더 깊이 빠져들었다. 나는 수없이 분노하고 좌절했고, 다시 수없이 인내하고 일어섰다. 그들이 부끄러워할 날이 올 것으로 믿었기 때문이다. 하지만 어느 순간 내 생전에 그런 날이 오지 않을 것이라는 생각이 들었다. 그러면 또 어떤가. 우리에게는 모두에게 공평한 역사가 있잖은가. 아쉽지만 다시 기다리기로 했다.

나는 일생 동안 끊임없이 공부했다. 숱한 시련과 실패 속에서도 내일을 준비했다. 사망의 계곡에 떨어졌을 때도 절망하지 않았다. 두려워 울면서도 미래를 설계했다. 민족과 조국에 나를 바칠 그날을 기다렸다. 사형수와 대통령, 그것은 내 삶의 상징이다. 사형수가 대통령이 된 것은 하나의 기적이었다. 그 기적은 나의 것이기도 하지만 국민들이 일궈 낸 현대사의 기적일 것이다.

인생 끄트머리에서 돌아보니 너무도 많은 고비들이 있었다. 그 고비마다에는 또 헤아릴 수 없이 많은 사람들이 있었다. 나보다 먼저 세상을 뜬 사람도 있지만 나와 아직도 동시대를 호흡하는 이들도 있다. 그들이 진정 고맙다. 나 때문에 고통을 받고, 다치거나 죽은 사람들이 얼마나 많은가. 나는 많은 사람들을 울렸다. 그러면서도 그들의 눈물을 제대로 닦아 주지 못했다. 그들에게 진정 용서를 구하고 싶다.

자서전을 통해 다시 상처받는 사람들이 있을지 모르겠다. 그러나 자서전만은 진솔하게 기록하고 싶다. 다시는 반복돼서는 안 될 일들이 있고, 혹시 나의 발자취가 '겨레의 길'을 내는 데 도움이 될 수도 있을 것이기 때문이다. 이로 인해 상처받는 이들이 있다면 다시 용서를 구할 일이다.

나는 최선을 다해 살았다. 지난날들을 펼쳐 보니 모두 아름답다. 나의 자서전은 미래 세상의 주인공들에게 보내는 마지막 인사이자 부디 행복하기를 바라는 기도이기도 하다. 백성들이 주인인 세상에서 모두 평화롭기를 빈다.

봄날 동교동에서 김대중

1924~1959년

1부

무엇 때문에 싸워야 하고, 무엇을 위하여 죽어야 하는가. 공산군이 물러나면 좌익이, 한국군이 물러나면 우익이 죽어야 했다. 사상이란 도대체 무엇이란 말인가. 개인과 민족의 행복 위에 사상이 군림해야 한단 말인가. 나는 전쟁을 보았다. 그 후 평생 민족의 화해와 전쟁이 없는 세상을 꿈꾸며 살았다.

섬마을 소년

(1924 ~ 1936)

나는 전라남도 무안군(현 신안군) 하의면 후광리에서 1924년 1월 6일 태어났다. 아버지는 부인이 두 사람이었고, 내 어머니는 둘째 부인이었다. 아버지는 첫 부인과는 1남 3녀를, 둘째 부인과는 3남 1녀를 두셨다. 그러니까 나는 어머니의 장남이자 아버지의 차남이었다. 어머니는 큰집에 들어가지 않고 따로 살았다. 그 삶이 곤궁하였다. 나는 큰집과 어머니 집을 오가며 자랐다.

나는 오랫동안 정치를 하면서 내 출생과 어머니에 관해서 일체 말하지 않았다. 많은 공격과 시달림을 받았지만 '침묵'했다. 당시에는 남자가 둘째, 셋째 부인을 두는 경우가 많았지만 평생 작은댁으로 사신 어머니의 명예를 지켜드리고 싶었기 때문이다. 내 생을 정리하는 자서전에 이런 이야기를 써야 할지 많은 고민을 했다. 그러나 사실을 감춘다 해서 어머니의 명예를 지키는 것이 아니라는 생각을 했다. 어머니는 어려운 여건 속에서도 나를 남부럽지 않게 키우셨고, 나 또한 누구보다 어머니를 사랑했기 때문이다. 하늘에 계신 어머니는 당신이 이 세상에서 맺었던 모든 인연과 화해하셨을 것이다.

하의도는 한반도 서남쪽 끝에 있다. 목포에서 34킬로미터 떨어진 외딴 섬이다. 내가 자랄 때 하의도는 섬 전체가 일본인의 소작지였다. 조선 임금 인조

숱한 추억이 서린 내 고향 하의도. 하의도 앞바다에서 바라본 웅곡항 풍경. ⓒ 김대의

는 정명공주를 하의도에 있는 홍 씨 집안에 시집보낼 때 4대손까지 세미(稅米)를 받도록 윤허했다. 그런데 홍 씨네 집안은 8대손에 이르도록 땅을 돌려주지 않다가 한일합방 무렵 일본 사람에게 몰래 팔아넘겼다. 당연히 농민들이 들고일어났다. 이른바 훗날 '하의도 농민 운동'이라고 일컫는 길고 긴 투쟁이 시작되었다. 농사를 짓는 사람은 그대로인데 문서상의 땅주인은 9명이나 바뀌었다. 협잡꾼들이 들끓고 폭력이 난무했다. 저 남쪽 끝 작은 섬에서는 이렇듯 농민들의 비명이 끊이지 않았지만, 그 소리가 육지에 전달되기까지는 많은 시간이 걸렸다. 내가 자랄 때에는 섬 전체가 일본인 도쿠다 야시치(德田彌七)에게 넘어가 도쿠다(德田) 농장이 되어 있었다. 비록 땅을 찾으려는 사람들의 한이 서려 있었지만 섬은 아름다웠고 인심은 넉넉했다.

내가 하의도에서 소년 시절을 보낼 무렵 일본은 만주사변을 일으켜 중국 대륙을 짓밟기 시작했다. 쇼와(昭和) 천황에 앞선 다이쇼(大正) 천황 시대는

'대정 데모크라시'라고 하여 제1차 세계대전 후 정당 정치를 활발하게 모색한 시기였다. 1918년에는 일본 최초의 정당 내각이 출범했다. 일본은 식민지 조선에서도 3·1 운동 이후 이른바 '문화 정치'를 표방했다. 그러나 1926년 시작된 쇼와 천황 시대도 정당 정치를 표방하고는 있었지만 시늉에 불과했다. 군부가 무력으로 쿠데타를 일으키고 정치인들을 살해했다. 일본 국내의 모든 권력을 장악한 군부 세력은 아시아 지역으로 눈을 돌렸다. 일본은 군국주의로 치닫고 있었다.

한반도에서는 민족주의자와 사회주의자들이 힘을 합쳐 결성한 신간회가 일본의 강압을 견뎌 내지 못하고 1931년 해산했다. 독립운동가들은 해외로, 지하로 숨어들었다. 일제는 모든 정보를 차단했고, 국민들은 한 치 앞도 내다볼 수 없었다. 민족의 내일이 보이지 않는 암흑기였다.

하의도의 쓸모 있는 땅은 거의가 간척지였다. 집도 그곳에 지었다. 주민들은 농사를 짓거나 염전 일에 매달렸다. 특히 하의도에서 생산된 소금은 목포와 영산포, 그리고 서해를 돌아 충남 강경에까지 팔려 나갔다. 더러 끼니를 거르는 사람도 있었지만 주민들은 큰 어려움 없이 살았다. 비록 소작이었지만 곡식을 수확했고, 개인 소유였던 염전에서는 양질의 소금을 생산했으며, 너른 갯벌과 바다에서는 해산물을 캐거나 잡았다. 하의도는 섬인데도 어업에 종사하는 사람이 많지 않았다. 우리 집도 농사를 지었다. 그러면서도 마을에서 유일하게 주낙배를 가지고 있었다. 농한기 때는 동네 사람들이 그 배를 타고 바다에 나가 고기를 잡곤 했다. 긴 낚싯줄에 여러 개의 낚시 바늘을 달아 드리웠는데, 별별 생선이 다 걸려들었다. 잡아 온 부서, 장어, 우럭 등을 우리 집 마당에 잔뜩 쌓아 놓고 마을 사람들이 서로 나눠 가졌다. 그 광경이 지금도 눈에 선하다. 내가 태어난 후광(後廣)리는 글자 그대로 '뒤가 넓다'는 뜻이다. 본마을인 대리 뒤편에 갯벌을 메운 넓은 간척지가 펼쳐져 있기에 붙여진 이름이다. 나는 '후광'을 평생의 아호로 삼았다.

후광리는 개간지라서 샘이 없었다. 왕복 7~8킬로미터쯤 되는 산 아래 마을에서 샘물을 길러 왔다. 남정네는 물동이를 지게로 지고, 아낙들은 머리에 이어 날랐다. 물이 참 귀했다. 이런 어린 시절을 겪어서인지 나는 요즘에도 수도꼭지에서 물이 새면 초조하다. 아무리 바쁜 일이 있어도 수도꼭지를 잠가야 안심이 된다.

아버지(김운식)는 농사를 지으며 마을의 구장 직을 맡고 있었다. 그냥 한직이었다. 특별히 급여가 주어지는 것은 아니었지만 구장 집이라고 해서 우리 집에 조선어 신문이 들어왔다. 『매일신보』였다. 한자투성이인데도 나는 서당에서 익힌 실력으로 어렸을 때부터 신문을 읽었다. 일간지였지만 섬이라서 며칠에 한 번씩 한꺼번에 배달되었다. 비록 총독부 기관지였지만 그 신문을 통해 만주사변, 일본 내각 변동, 조선총독부 인사 교체, 국내의 농촌 이야기, 일본과의 교역, 문화 등 새 소식을 접했다. 특히 정치면을 샅샅이 읽었다.

아버지는 부드러운 분이셨다. 남에게 싫은 소리를 못하셨다. 자식들에게도 다정다감했다. 한번은 이런 일이 있었다. 아버지가 두루마기 차림으로 집을 나서다 말고 장난감 배를 만들고 있는 나를 물끄러미 바라보셨다. 아무래도 내가 하는 짓이 어설퍼 보였는지 두루마기를 벗고, 아예 마루에 걸터앉아 톱질을 시작하셨다. 자른 나무토막을 낫으로 깎으셨다. 이마에 땀이 맺히도록 열중하셨다. 아마 두 시간은 족히 걸렸을 것이다. 등나무를 깎아 만든 배가 물에 뜨는 것까지 확인하고 나서야 아버지는 황망히 집을 나섰다.

나는 장난감이 아닌 진짜 배가 갖고 싶었다. 가끔 하의도 앞바다에 일본 군함이 정박하곤 했는데 옥도라는 섬 근처였다. 그걸 보면서 군함을 직접 만들어 보려는 욕심이 생겼을 것이다. 어른들 말로는 러일전쟁 때 일본 연합 함대가 그곳에 정박하며 러시아 함대를 기다렸다고 했다. 아마 옥도에서 대마도 쪽으로 나가 러시아 함대와 싸운 것 같다. 그때 그 군함은 어린 내 눈에 크기가 엄청났다. 지금도 그 잔영이 강렬하게 남아 있다. 나는 속으로 되뇌었다.

'일본은 저리도 힘이 세구나.'

아버지는 음악적 재능이 뛰어나셨다. 그중에서도 판소리 실력이 빼어났고,

춤도 능하셨다. 아버지가 부르시는 〈쑥대머리〉는 언제 들어도 걸쭉하면서 흥겨웠다. 내가 판소리에 추임새를 넣을 줄 알고 꽹과리, 장구, 북을 치는 흉내라도 낼 수 있음은 순전히 아버지께서 물려주신 것이다. 아마 당시에 들은 아버지 판소리 가락이 내게로 흘러들어 온 게 아닌가 생각한다. 아버지가 만일 도시에 나가 제대로 배웠다면 명창 반열에 오르셨을지도 모르는 일이다.

아버지가 소리를 좋아하셨기에 그 당시 하의도에서는 유일하게 우리 집에 유성기(축음기)가 있었다. 임방울이나 이화중선 같은 당대의 명창들 소리가 집 안에서 끊이지 않았다. 아버지는 소리를 들으러 몰려온 동네 어른들에게 해설을 해 주시고 명창마다의 특징 같은 것을 설명해 주셨다. 처음 유성기를 사 왔을 때는 동네 사람들이 찾아와 "어떻게 사람이 저렇게 작은 통 안에 들어가 노래를 부를 수 있냐"며 놀라워했다. 섬마을에 유성기가 들어왔다는 것, 그 속에서 소리가 튀어나왔다는 것은 당시로서는 사건이었다.

예인 기질이 농후한 사람들이 그렇듯 아버지도 모질지 못하고 정에 약했다. 하지만 조선을 강점한 일본에 대해서는 독한 말을 곧잘 하셨다. 일본 히로히토(裕仁) 천황을 살아 있는 신 '아라히토가미(現人神)'로 불렀지만 아버지는 결코 천황이라 칭하지 않았다. 그냥 천황의 이름인 "유인(裕仁)이, 유인이" 이렇게 이름을 그대로 불렀다. 당시로서는 감옥에 갈 수도 있는 위험한 호칭이었지만 거침이 없으셨다. 아버지는 우리 조선은 독립 국가인데 일본이 침략하여 이 꼴이 되었다며 속에 있는 말을 쏟아 내셨다. 듣는 사람이 조마조마할 정도였다. 이렇듯 일본에 대해서는 적대감을 지녔지만 당시 개화의 기류는 반기셨다. 힘을 기르기 위해서는 나라 문을 열어야 한다는 생각을 가지셨던 것이다. 한번은 아버지가 단발을 한사코 거부하며 상투를 틀고 있던 마을 사람을 집으로 불렀다. 한참 동안 이런저런 얘기를 나누던 아버지가 갑자기 뒤로 돌아가 그 사람의 상투를 싹둑 잘라 버렸다. 이런 모습으로 미루어 아버지께서는 나름대로 시대의 흐름을 읽고 계셨다고 생각된다.

또한 아버지는 당시에는 불온 문서라고 할 수 있는 조선 왕조 계통도를 숨겨 놓았다가 가끔 그것을 펼쳐 보이며 자식들에게 설명을 해 주시곤 했다. '이 분은 몇 대 왕이고 이름은 무엇이었다, 재임 중 무슨 일을 하셨다' 등이었다. 아버지는 우리만의 역사, 우리만의 왕이 있었음을 우리에게 전해 주고 싶었을 것이다.

어머니(장수금)께서는 자식에 대한 욕심이 많으셨다. 특히 나에게는 헌신적이셨다. 어머니 얘기를 하려면 늘 목이 메인다. 삶이 힘든 만큼 어머니는 강했고, 자신이 낳은 자식들이 서자였지만 크게 되기를 바라신 것 같다. 나를 서당에 보낸 것도 어머니가 서둘렀기 때문이다. 섬에서 목포로 나올 때도 어머니가 주도하셨다. 한번은 잠결에 아버지를 설득하고 있는 어머니 목소리를 들은 적이 있다.

"우리 대중이가 공부를 곧잘 하니 여기서 썩히지 말고 목포로 갑시다. 장사라도 하면서 아이들을 키웁시다. 가산을 정리하면 그래도 장사 밑천은 될 것 같으니 그리 합시다."

나는 얼핏 깨어 어머니가 하시는 말씀을 다 들었다. 어머니는 그런 분이셨다. 모든 것이 암울했던 1930년대에, 비록 섬이지만 안정적 기반을 포기하고 아무런 기반이 없는 목포로 나간다는 것은 큰 모험일 수밖에 없었다. 하지만 오직 자식을 위해서 그리 결심한 것은 대단한 일이었다. 그런 어머니가 지금 생각해도 존경스럽고 감탄스럽다. 앞을 내다보는 어머니의 혜안이 없었다면 오늘날의 나도 없었을 것이다. 생각할수록 그 은혜가 하늘과 같다.

어머니가 4남매 중에서도 특별히 나에게 애착을 보인 것은 어쩌면 나를 어렵게 낳았기 때문인지도 모른다. 엄청난 난산이었다. 진통이 하루 넘게 계속되었다. 하의도에는 병원은커녕 산파도 없어서 출산을 돕던 아버지가 탈진할 정도였다고 한다. 그런 진통 끝에 세상에 나왔는데 어깨에 탯줄을 감고 있더란다. 아기는 울지도 않고 숨도 쉬지 않았다. 그러자 어머니는 부엌에 가서 갓난아기의 볼기를 때려 보라고 했단다. 아버지는 죽은 듯 꼼짝 않고 있는 시퍼런 아기를 부엌으로 안고 들어가 다리를 위로 치켜들고 볼기를 때렸다. 그랬더니

후광리 생가(오른쪽 초가)와 부모님.

한참 후에 숨이 돌아오며 이내 크게 울었다고 한다. 내가 살아난 것이다.

훗날 어머니는 내게 태몽을 들려주셨다. 호랑이를 품에 안고 있는 꿈이었단다. 그러면서 마지막에는 이렇게 당부하셨다.

"너는 높은 데서 나왔으니 몸을 함부로 굴리지 말거라."

어머니는 강하셨다. 농사일이면 농사일, 집안일이면 집안일로 늘 바쁘셨다. 쉬지 않고 일하셨다. 그런 억척스러운 어머니가 있었기에 우리 집안이 일어설 수 있었다. 하의도에서 잘사는 축에 든 것은 순전히 어머니 덕분이었다.

내게 각별한 사랑을 쏟으셨다고 해서 어머니가 나만을 편애하며 다른 자식들과 차별하는 일은 결코 없었다. 자식들 모두를 끔찍이도 사랑했지만 예의범절만큼은 엄격하셨다. 대여섯 살 때의 일이다. 아이들과 뛰어놀고 있는데 엿장수 아저씨가 길가에 쓰러져 자고 있었다. 엿통은 옆에 놔두고 술에 취해 곯아 떨어져 있었다. 그때 엿장수들은 엿만이 아니라 화장품이나 빗, 담뱃대 등을 파는 일종의 방물장수도 겸하고 있었다. 엿장수가 잠에 떨어진 것을 확인한 친구들은 엿장수 물건에 손을 대기 시작했다. 나도 담뱃대를 집어 들었다. 그것이 나쁜 짓이라고는 전혀 생각하지 못했다. 담뱃대를 아버지께 드리면 좋아하실 것 같았다. 집으로 돌아와 어머니께 담뱃대를 불쑥 내밀었다. 그러면서 아버지께 드리라고 했다. 나는 칭찬받을 줄 알았다. 어머니는 한동안 나를 뜯어보더니 물으셨다.

"그 담뱃대 어디서 난 거냐?"

난 스스럼없이, 오히려 자랑스럽게 얘기했다. 그러자 어머니 표정이 확 달라지더니 뜻밖에도 불같이 화를 내셨다. 그러고는 싸리나무 회초리로 내 장딴지를 때리셨다. 피멍이 들어도 멈추지 않으셨다.

"뒤꼭지에 피도 안 마른 놈이 도둑질부터 배웠느냐?"

아직도 귓전에 울리는 어머니의 노기 띤 음성, 난 그 말이 매보다 아팠다. 어머니는 매타작이 끝난 후 서럽게 우는 나를 앞세우고 엿장수에게 갔다. 어머니는 그때까지도 코를 골며 자고 있는 엿장수를 흔들어 깨우더니 호통을 쳤다.

"당신이 얼마나 돈이 많은지 모르지만, 왜 애들이 당신 물건을 도둑질하게 만드는 것이오?"

나는 어머니가 시키는 대로 담뱃대를 돌려주고 그때까지도 잠이 덜 깬 아저씨에게 용서를 빌었다. 아직도 그때 일을 떠올리면 어머니의 화난 얼굴이 생생하게 떠오른다. 그리고 가슴에 사무치도록 어머니가 그립다.

어머니는 내가 공부를 잘하면 그렇게 좋아하셨다. 서당에서 제사 지내는 절차를 배워 와 그걸 틀림없이 반복하면 크게 칭찬해 주셨다. 그리고 "또 한번 해보거라", "영리하고 착하구나" 하시며 내 머리를 쓰다듬어 주셨다.

나는 일곱 살 때부터 서당에 다녔다. 하의도에는 아직 보통학교가 없었기에 서당에서 배워야 했다. 훈장 선생의 이름은 김연(金鍊), 호는 초암(草庵), 그리고 서당 이름은 덕봉산 밑에 있다고 하여 덕봉서당이었다. 그러나 사람들은 훈장 선생 아호가 초암이라서 초암서당이라 불렀다. 서당에서는 가끔 시험을 치렀다. 그걸 일컬어 강(講)을 바친다고 했다. 선생 앞에서 배운 글을 외우고 그 뜻을 풀어 보였다. 말하자면 학동들을 위한 '약식 과거'인 셈이었다. 그해 가을 서당에서 치른 '강'에서 나는 가장 좋은 성적을 받았다. 초암 선생은 장원지에 나를 칭찬하는 글을 써서 내려 주었다. '장원'을 한 셈이었다. 나는 식구들에게 자랑하고 싶어 한달음에 집으로 달려갔다.

어머니 아버지는 무척 기뻐하시며 장원지를 바람벽에 붙여 놓았다. 그러고 어머니는 떡과 고기 등 음식을 푸짐하게 장만해서 당신께서는 머리에 이고, 머슴에게는 지게로 지게 해서 서당으로 가져갔다. 선생께 드리고 아이들에게도 골고루 나눠 먹였다. 이른바 '장원턱'을 내신 것이다. 어머니는 얘기하셨다.

"열심히 공부하거라. 어떤 일이 있어도 너만큼은 공부를 시키겠다."

어머니의 음식 솜씨는 마을 전체가 알아주었다. 특히 어머니의 동치미는 먼 데 사람들도 찾아와 맛을 보고 갔다. 식량이 부족하여 모두 궁하게 지낼 때도 어머니는 곧잘 구석방으로 데려가 떡을 건네주셨다. 나는 그 떡 맛을 잊을 수 없다. 나는 어머니의 손맛을 평생 품고 살았다.

서당 이야기를 좀 더 해보자. 훈장인 초암 선생은 한학에 조예가 깊으셨다. 명성이 인근에 자자했다. 나는 서당에서 『천자문』, 『사자소학』, 『동몽선습』 등을 익혔다. 요새 교육으로 말하면 초등학교 수준일 것이다. 선생은 우리네 섬 아이들만 가르치지 않았다. 선생의 높은 명성을 전해 듣고 진도, 무안, 해남, 흑산도 등에서도 배우러 왔다. 나주에서 초립 쓴 총각이 우리 하의도까지 공부하러 오는 걸 보았다. 초암 선생은 특별히 나를 예뻐하셨다. 선생은 내가 없는 곳에서 "김대중은 크게 될 인물이다"고 여러 번 얘기하셨다고 들었다.

서당에는 책과 붓, 종이를 싼 책보를 들고 다녔다. 초암 선생은 차분하고 인자하셨지만 가르침은 매우 엄하셨다. 선생이 지은 『초암문집』은 지금도 하의도 덕봉강당에 보존되어 있다. 덕봉강당은 제자들이 선생의 뜻을 기리기 위해 지은 건물이다.

한번은 내가 무슨 생각에서인지 상투를 틀겠다고 말한 적이 있다. 아마 장원을 하고 신이 나서 그랬던 것 같다. 그랬더니 선생은 "대중이 네가 상투를 틀고 한학을 공부하면 내가 손가락에 장을 지지겠다"고 하시는 것이었다. 당시는 시대가 바뀌어 서당의 입지가 자꾸 줄어들었다. 하의도에도 보통학교가 생긴다는 소식에 초암 선생은 서당의 앞날을 상당히 우려하고 있었던 듯하다. 내가 선생의 기대를 저버리고 신학문을 배우겠다고 보통학교에 들어가자 초암 선생은 크게 낙담을 하셨다.

내가 4년제로 신설된 하의보통학교에 입학하게 된 것은 우연이었다. 동생 대의가 입학하던 날 아버지께서 "너도 함께 구경하러 가자"고 하셨다. 무심코 따라나섰다가 교실 밖에 서 있는데 안에 계시던 아버지께서 웃음을 머금고 나오셨다.

"대중아, 2학년으로 들어갈 수도 있다고 하니 너도 학교에 다니면 어떻겠느냐."

그래서 곧바로 2학년에 입학했다. 아마 서당에서 쌓은 학력을 인정한 모양이었다. 열 살 때였다. 나는 공부가 재미있고 좋았다. 외울 게 많았지만 잘 외웠다. 문과 과목이 적성에 맞았는데 역사가 특히 흥미로웠다.

나는 친구들과 잘 어울렸다. 운동장에서 아이들과 씨름도 했다. 누구하고 특별히 싸운 기억은 없다. 집에서 학교까지는 왕복 3킬로미터 정도 거리였는데 마을 아이들과 몰려다녔다. 겨울에는 눈보라가 어찌나 심한지 눈만 나오는 벙거지를 뒤집어쓰고 다녔다. 그때 다져진 체력이 내 일생을 굳게 받쳐 주었다고 생각한다. 특히 정치인으로 유세장을 강행군할 수 있는 힘은 유년 시절에 길러졌다고 여겨진다. 나는 바다만 바라보면 가슴이 뛰었다. 바다 너머에는 다른 세상이 어떤 모양으로 펼쳐져 있을지 상상만 해도 설레었다. 바닷가는 우리의 놀이터이기도 했다. 나는 아이들과 어울려 온갖 놀이를 다 했다. 여름에는 벌거벗은 채 수영을 했다. 갯벌에서 구멍을 파고 낙지를 잡아 산 채로 씹어 먹기도 했다. 낙지를 산 채로 먹을 때는 요령이 필요했다. 무턱대고 먹다

가는 낙지발이 코로 들어가 큰일 날 수도 있다. 낙지발을 손으로 자꾸 훑어서 힘을 뺀 다음에 머리부터 씹어 먹어야 한다. 문저리(망둥어)를 낚시로 잡아 내장만 빼고 날로 먹기도 했다.

소를 몰고 아이들과 함께 야산에 올라 소는 저희끼리 풀을 뜯게 하고 우리끼리 뒹굴며 놀았다. 초여름에는 보리서리, 가을에는 콩서리를 하다 주인에게 들켜 우르르 내빼기도 했다. 또 갈대밭에서 야생 오리새끼를 잡아 와 어떻게든 길러 보려고 애를 썼다. 하지만 내 마음을 몰라주고 이내 죽어 버리거나 도망쳐 버렸다. 나는 동물을 무척 좋아했다. 우리 집 소를 뒤따라 가다가 뒷발에 채이기도 하고, 집에서 키운 개를 동네 아저씨들이 잡아먹었을 때는 울고불며 펄쩍펄쩍 뛰었다. 그랬으면서도 나중에는 아저씨들이 건네는 개고기를 받아먹었던 기억이 난다.

우리 형제들은 우애가 깊었다. 벌거벗고 개울에서 함께 멱을 감았고, 바닷가에서 씨름도 했다. 형제들 가운데 내가 제일 겁이 많았다. 도깨비가 나오는 옛날얘기를 들으면 그렇게 무서웠다. 캄캄한 곳에 가면 금방 튀어나올 것만 같았다. 마당 건너편에 있는 측간을 혼자 가지 못할 정도였다. 바람이 세게 부는 겨울밤에는 특히 그랬다. 또 세상에 태어나면 언젠가는 죽는다는데, 어머니가 돌아가시면 어쩌나 하는 생각에 깊은 밤 나 홀로 훌쩍거리기도 했다. 이렇게 겁이 많던 나는 성인이 되어서도 좀 어려운 사람을 만날라치면 미리 가슴이 두근거렸다.

섬에 자라면서 그토록 원 없이 바닷바람을 맞고 바다를 바라보았지만 지금도 바다가 그렇게 좋다. 나에게는 소원이 하나 있다. 바다가 보이는 높은 곳에 그림 같은 한옥을 짓고 살고 싶다. 봐 둔 곳도 있다. 목포 유달산 뒤편에 가면 대반동해수욕장(지금은 없어짐)이 바라보이는 제법 높은 언덕이 있는데 바로 그곳이다. 거기서 바라보는 바다는 무척이나 아름답다. 고향 후광리 뒷산에서 내려다본 바다 경치와 닮았다. 대반동 앞바다는 멀리 섬들이 줄지어 서 있었기에 흡사 호수 같았다. 그 위로 배들이 드나드는 풍경은 한 폭의 그림 같았다. 지금도 그곳 풍광이 눈앞에 어른거린다. 바다가 아니라면 강도 좋다. 물을 보는 게 좋기 때문이다.

앞서도 말했지만 나는 어린 시절부터 정치에 관심이 많았다. 보통학교 3~4학년 때는 신문에 일본 내각 개편이 발표되면 그것을 베껴서 가지고 다닐 정도였다. 그때 엉뚱하게 나중에 임금이 되어야겠다는 생각을 했다. 어떤 동기로 그랬는지는 기억이 나지 않는다. 하의도에서 우리 김해 김 씨 선산이 명당이라며 그 후손 중에 큰 인물이 난다는 이야기가 전해 내려오기에 그런 생각을 품었는지도 모르겠다. 하의도 선착장 웅곡리에서 후광리로 가는 중간쯤에 자리 잡은 선산에는 지금도 조상을 모신 무덤 20여 기가 있다. 한번은 이웃 마을에서 아기가 태어났는데 점쟁이가 "그 아이가 장차 임금이 될 것"이라고 말했다는 소문이 들려 화가 났던 적도 있었다.

어렸을 때 난처했던 것은 내가 항렬(行列)이 높다는 사실이었다. 면사무소 소재지인 대리(大里)에는 김해 김 씨들이 모여 살았다. 그런데 노인들조차도 나보다 항렬이 낮았다. 어린 나에게 아제니, 족제니 하면서 경어를 썼다. 이름이 기배(琪培)였던 당시 면장도 우리 집에 들르면 "대중이 아제"라고 불렀다. 그러면 나는 당황하여 숨어 버리곤 했다.

보통학교 4학년 때 우리 가족은 드디어 목포로 이사했다. 그전에 나는 틈만 나면 뭍으로 가겠다고 떼를 썼다. 혼자 일본에 가서 공부하겠다며 부모님을 조르기도 했다. 신문 배달을 해서라도 독학을 하겠다고 했다. 어머니가 펄쩍 뛰셨다. 그래서 밥을 안 먹고 방 안에 누워 '단식 시위'를 했다. 그래도 소용없었다. 하지만 우리 가족이 이러한 나의 소원을 외면할 수 없었을 테고, 여기에 자식들을 뭍에서 공부시키겠다는 어머니의 의욕이 합쳐져 생활 터전을 옮기기로 결정한 것이었다. 그래도 고향 하의도를 떠난다는 것은 나와 우리 가족 모두에게 섭섭한 일이었다. 막상 떠난다니 섬 구석구석이 선했다. 그러나 미래가 기다리고 있었다. 뭍으로, 큰 곳으로 터전을 옮긴다는 것은 정말 가슴 설레는 일이었다. 청운의 뜻을 품고 배에 올랐다. 1936년 가을이었다.

나를 사랑한, 내가 사랑한 사람들

(1936 ~ 1945)

1930년대 목포는 날로 팽창하는 항구 도시였다. 서울, 부산, 대구 등과 함께 남북한을 합쳐 7대 도시 가운데 하나였다. 영산강을 타고 내려온 숱한 배들이 이곳에서 비로소 닻을 내려놓았고, 여객선과 고기잡이배들이 쉴 새 없이 드나들었다. 목포는 일본 나가사키(長崎)와 중국 상하이(上海)의 중간에 위치해 있어 일찍이 국제 무역의 거점이었다. 일본은 1914년에 개통된 호남선으로 각지에서 수탈한 물자를 실어 날랐고 그 마지막 집산지가 바로 목포항이었다. 식민지 목포항은 쌀, 목화, 해산물을 모아 일본으로 보냈다.

하의도에서 3시간가량 물살을 갈라 목포에 도착했다. '강경호'라는 배 이름을 기억할 정도로 당시 상황이 또렷하다. 항구에 들어섰을 때는 너무나 놀라웠다. '세상에 이런 도시도 있었구나.' 배마다 꽂아 놓은 깃발이 힘차게 펄럭이고 여기저기서 뱃고동 소리가 울렸다. 그것들은 출전 명령을 기다리는 전선(戰船)처럼 보였다. 모든 것이 살아서 펄떡거렸다. 덩달아 내 가슴도 뛰었다. 섬 소년의 눈에 비친 목포는 가히 별천지였다. 모든 것이 신기하기만 했다.

1. 사공의 뱃노래 가물거리며 삼학도 파도 깊이 스며드는데

부두의 새악시 아롱 젖은 옷자락 이별의 눈물이냐 목포의 설움

2. 삼백년 원한 품은 노적봉 밑에 님 자취 완연하다 애달픈 정조

유달산 바람도 영산강을 안으니 님 그려 우는 마음 목포의 노래

목포의 딸 이난영이 부른 〈목포의 눈물〉이다. 가락도 구슬프지만 노랫말 또한 예사롭지 않다. 특히 2절의 '삼백년 원한 품은 노적봉'이란 가사는 의미가 심장했다. 그로부터 300년가량을 거슬러 올라가면 곧 정유재란이고 노적봉에는 이순신 장군이 짚과 섶으로 바위를 둘러쳐 군량미가 산더미처럼 쌓여 있는 것처럼 보이게 해서 왜적을 물리쳤다는 설화가 서려 있다. 그런 만큼 이 노랫말은 일본을 겨냥했다고 봐야 했다. 그래서 '님 그려 우는 마음 목포의 노래'는 나라를 뺏긴 설움을 토해 낸 것이다. 님이란 이순신 장군을 가리킨 것이니 독립을 눈물로 기원했던 〈목포의 눈물〉은 단순한 유행가가 아니었다. 목포만의 노래가 아니라 나라 잃은 겨레의 노래였다.

이순신 장군의 얘기가 나왔으니 이와 관련된 이야기를 더듬어 보겠다. 내가 목포상업학교에 다닐 때, 우리 집은 임진왜란 당시 이 충무공이 진을 쳤던 목포대(木浦臺) 안에 있었다. 어느 날 보니 인부들이 성터를 파헤쳐 큰 돌을 어디론가 실어 갔다. 동원된 인부는 죄수들이었다. 당시 목포부(木浦府)가 목포대 일대를 개발하려 했던 것 같다. 뜻밖에 나는 파헤쳐진 성터에서 조선 수군들이 사용했던 숟가락이나 밥그릇 같은 식기류가 출토되는 것을 보았다.

'조선 수군들이 여기서 숙식을 하고 나처럼 저 목포 앞바다를 응시하며 나라를 지켰겠구나.'

이런 생각을 하자 가슴이 뭉클했다. 왜적을 물리친 이순신 장군은 나라 잃은 일제 시대 때 당연히 민족의 영웅이었다.

나는 6년제 목포공립제일보통학교(현 목포북교초등학교) 4학년에 편입했다. 부모님은 여관을 사서 운영하셨다. 목포시 항동 목포대 1번지에 위치한 영신

목포공립제일보통학교 시절. 맨 뒷줄 오른쪽에서 네 번째가 나.

여관이었다. 여관은 까마득히 높아서 계단을 오르내리는 데 힘이 들었다. 샘이 없어서 내가 자주 물을 길어 날랐다. 제법 많은 섬 재산을 처분했지만 목포에서 살 수 있는 것은 '작은' 여관뿐이었다. 그래도 여관 창밖으로 보이는 목포 앞바다는 장관이었다. 각양각색의 배들이 나타났다 사라졌다.

전학을 가서 보니 또래 아이들보다 내 키가 컸다. 하지만 섬에서 온 촌놈이라고 놀렸다. 덩치가 큰 아이는 나를 때리기도 했다. 할 수 없이 우리 반 아이들과 섞이지 못하고 혼자 떠돌았다. 쉬는 시간이면 화장실 옆 공터로 갔다. 나는 그곳에서 쭈그리고 앉아 혼자 생각에 잠기곤 했다.

그런데 어느 날 보니 나와 같이 아이들의 괴롭힘을 피해 화장실 옆 공터를 찾는 아이가 있었다. 순천에서 나처럼 전학을 온 정진태였다. 우리는 같은 처지라 금방 친해졌다. 둘이는 속에 있는 얘기를 숨김없이 털어놓았다. 수업을 마쳤어도 붙어 다녔다. 목포상고에 진학해서도 유행가를 같이 부르고 기타도 함께 배웠다. 4학년 담임 송치강 선생님은 칭찬을 많이 해 주었다. 처음에는 도회지 아이들과 겨룬다는 것에 잔뜩 긴장을 했는데 선생님의 칭찬은 내게 자신감을 불어넣어 주었다.

전학을 한 지 얼마 되지 않아 '교통질서'를 주제로 한 글짓기 대회에서 입상을 했다. 일본인 교장 사이토 선생이 전교생 앞에서 학교의 명예라며 상장을 대신 전해 주었다. 아마 무슨 신문사가 주최했던 규모가 제법 큰 대회였던 것 같다. 그 일로 학교 안팎의 주목을 받았다. 특히 여학생들이 내 주위에 몰려들어 호감을 나타냈다. 동급생들도 처음에는 섬에서 온 촌놈 정도로 여기다가 차츰 나를 대하는 눈빛이 달라졌다. 73명 중 2등으로 4학년을 마쳤다.

보통학교 6학년 때 조선어 수업이 폐지되었다. 참으로 슬펐다. '우리가 이런 세상을 살아야 하는구나!' 어린 마음에도 이렇게까지 가슴 아픈 적이 없었다. 학교에서는 일본 말만 해야 했다. 그런데 어느 날 아버지가 학교에 오셨다. 운동장에 서 계신 아버지에게 다가갔지만 말을 할 수가 없었다. 아버지도 아무 말씀이 없으셨다. 서로 말을 하지 못하는 아버지와 아들, 그 침묵이 한없이 길게 느껴졌다. 내가 작은 목소리로 말했다.

"아버지, 가세요. 집에서 이야기하시지요."

조선 사람이 조선말을 못하다니 생각할수록 숨이 막히는 세상이었다. 아버지는 집에 와서도 아무 말씀이 없으셨다. 내가 상처를 받을까 봐 말을 아끼셨을 것이다.

그해 중일전쟁이 터졌다. 그때 일본 사람들은 중국을 아주 가소롭게 보았다. 중국이 곧 항복할 것이라고 믿고 있었다. 학교에서 교장 선생이 "포악한 장개석을 응징할 때가 왔다"고 열을 올리며 연설하던 모습이 지금도 기억에 생생하다.

6학년 담임은 일본인 이노우에 선생님이었다. 선생님은 나를 무척 예뻐하셨다. 수시로 집으로 데려가 내게 과자를 권하거나 부인 앞에서 나를 칭찬하셨다. 졸업 무렵 나는 전 학년에서 1등을 했다. 그런데 졸업 때 1등상을 받으려면 품행을 나타내는 '조행(操行)'은 꼭 '갑'을 받아야 했다. 4학년도, 6학년도 '갑'인데 5학년만 '을'이었다. 5학년 담임 선생님은 나를 좋게 보지 않았다. 꾸중 들을 일도, 사고 낸 적도 없는데 나를 보는 눈빛이 곱지 않았다. 내 손으로 쓴 답안은 모두 '갑'을 받았는데, 조행은 담임 선생이 '을'을 주었다.

그로 인해 한바탕 소동이 벌어졌다. 평소에 나를 예뻐했던 교장 선생님은 "어째서 김대중 조행이 을이냐. 내가 그 애를 잘 아는데 무슨 일을 그리하냐"고 역정을 내며 회의까지 소집을 했다. 당시 5학년 담임을 불러다가 경위를 묻고 이제라도 고치면 어떻겠냐고 의견을 구했다. 그러나 그것은 학칙에 없는 일로 앞으로 또 다른 문제를 가져올 수 있다고 해서 나는 수석 졸업을 하고도 2등상을 받았다.

그 2등상이란 게 다름 아닌 『목포신보』 신문사 사장상이었다. 이런 일들은 운명이 내려 준 암시 같은 것이었다. 훗날 내가 『목포일보』를 인수하여 사장을 했으니 말이다. 또 나를 싫어했던 5학년 담임 선생님은 내가 사업을 하고 있을 때 나를 찾아와 뭔가 어려운 부탁을 하기도 했다. 나는 아무 소리 안 하고 열심히 노력해서 그 부탁을 해결해 드렸다. 그러면서 나는 '사람의 관계란 참 예측할 수 없는 것이다. 훗날 다시 만나더라도 후회하지 않는 인간관계를 만들도록 명심해야 되겠다'고 생각했다.

일본인 선생이라고 해서 한국 학생들을 차별하여 함부로 대하지는 않았다. 착한 아이들은 격려하고 못된 학생에게는 벌을 주었다. 그래도 일본인 교사는 한국인 교사보다 월급을 두 배로 받았다. 한번은 내가 일본인 교사에게 따져 물었다.

"일본 선생님들이 월급을 두 배로 받는 것을 어떻게 생각하십니까."

"일본서 여기까지 왔는데, 고향 떠나 고생하는데 그런 대우는 당연한 것 아닌가. 그런 대우를 안 하면 누가 타향에서 근무한단 말인가."

일본인 선생은 화를 내며 답했다. 어찌나 매몰차던지, 괜히 물어봤다 싶었다.

나에겐 보통학교 6학년 때부터 마음에 둔 여학생이 있었다. 운동회나 각종 경시대회가 끝나면 교장 선생님이 상품이나 상장을 주는데, 옆에 서 있다가 상장과 상품을 집어 전달해 주는 역할을 맡은 여학생이었다. 별것 아닌 듯한 이 일도 성적이 우수하고 품행이 반듯한 보통 5~6학년 학생이 맡아 했다. 그 여학생은 5학년이었다. 체구는 자그마했지만 눈이 아주 영롱하게 빛났고 얼굴은 내 눈에 무척 예뻐 보였다. 첫눈에 들었다. 하지만 학생들끼리 연애 감정 같은 것을 품는 것이 수치스럽게 느껴졌다. 공부하는 학생인데 그런 데 빠지면 안 된다는 생각도 했다. 또 당시는 남녀 학생이 함께 다니면 불호령이 떨어지던 시절이었다.

그 여학생은 내가 자신을 좋아하고 있다는 것을 눈치 채지 못했다. 그러다 나는 졸업을 해서 목포상업학교에 입학했고, 1년 뒤 그 여학생도 목포공립고등여학교에 진학했다. 여학생 집은 북쪽에 있었고, 우리 집은 남쪽에 있어 정반대였다. 한데 반대로 우리 학교는 북쪽에 있었고, 여학생의 학교는 남쪽에 있었다. 그래서 등굣길에 서로 마주칠 수 있었다. 하지만 지름길로 가면 만날 수 없어서 그 여학생 등굣길로 돌아 다녔다. 길은 멀었지만 그녀의 얼굴을 보면 마냥 기분이 좋았다. 나는 아침마다 설레었다. 그렇게 4년 동안 그녀를 보았다. 나중에는 그녀도 내가 좋아한다는 것을 알았다. 그녀와는 상업학교 졸업 후 딱 한 번 극장에 같이 간 적이 있다. 그러다 첫 번째 부인 차용애를 만나면서 내가 돌아서 버렸다. 청혼했다면 결혼할 수도 있었을 것이다.

지금 생각하면 첫사랑이 아니었나 싶다. '첫사랑은 이뤄지지 않는다'는 속설처럼 나의 짝사랑은 그렇게 끝났다. 얼굴 한 번 보려고 돌아서 먼 길로 등교하던 그 길이 지금도 눈에 선하다. 손목 한 번 잡지 못했지만 그녀의 모습과 표정이 잊히지가 않는다.

나는 목포공립상업학교(목포상업고등학교로 바뀐 후 현재는 전남제일고등학교로 바뀜)에 수석으로 입학했다. 5년제 목포상업학교는 전국에 알려진 명문이었다. 당시 목포에는 상업학교 하나뿐이었다. 조선 학생과 일본 학생을 반반씩 뽑았다. 모두 164명이 입학을 했는데 나는 취업반 급장을 맡았다.

2학년 때 담임은 무쿠모토 이사부로(椋本 伊三郎) 선생이었다. 선생은 정치 문제에 대단한 관심을 보였는데 한번은 요즘 시국에 대해 누가 논해 보라고 했다. 내가 대뜸 일어나 한참을 얘기했더니 "김대중이가 한 것은 일본 대의사(중의원 의원)가 의사당에서 한 것 못지않다. 훌륭하다"고 칭찬을 했다. 선생은 나가사키 고등상업학교를 졸업하고 부임했는데 나에게는 많은 가르침을 주었다. 먼 훗날 내가 대통령이 되어 59년 만에 도쿄의 한 호텔에서 다시 만나기도 했다. 선생은 은퇴한 외교관으로, 제자는 대통령으로 그렇게 만났다.

무쿠모토 선생은 일본으로 돌아가 대학을 다시 나오고 외교관이 되어 주에티오피아 대사, 우루과이 대사까지 지냈다. 선생은 도쿄에서 이른바 '김대중 납치 사건'이 났을 때 주 터키 일본 공사로 있었다. 내가 극적으로 구출되어 한국으로 생환되고 난 후 선생은 내 안부가 궁금하고 또 뭔가 도움을 주려고 편지를 내게 보냈다고 한다. 그러나 그 편지는 내게 전달되지 않았다.

또 현역 육군 중위였던 교련 선생은 한 달에 한 번 정도 학생들을 모아 놓고 시국 강연을 했다. 물론 일본에 유리한 소식만 전해 주었다. 한번은 강연 말미에 질문이 있으면 하라고 하길래 나는 그때 유럽 정세를 들어 보이며 터키의 다르다넬스 해협을 얘기했다. 그러자 교련 선생은 문제의 다르다넬스 해협을 알지 못했고 결국 명확한 답변을 하지 못했다. 그 일로 나는 주목을 받았지만 교련 선생은 곤경에 빠졌다. 물론 특별한 의도는 전혀 없었다.

목포상고 2학년 때 창씨개명이 있었다. 조선총독부 명령으로 이름과 성을 강제로 바꿨다. 한국인에게 성이란 목숨만큼 소중했다. 우리에게 성이란 조상이 대대로 물려준 것이니 이는 하늘이 내린 것이나 다름없는 것 아닌가. 유교에서도 성을 바꾸는 것은 '환부역조(換父易祖)'라고 하여 가장 큰 불효로 여겼다. 피를 속이고 조상을 배신하는 행위로 간주했다. 결연한 의지를 표현할 때 일본인들은 "목숨을 바친다"고 하는데, 우리 민족은 "성을 갈겠다"고

목포공립상업학교 시절.

한다. 일제가 그런 성과 이름을 바꾸라고 한 것은 실로 야만적 폭거였다. 온 나라가, 모든 백성이 비탄에 빠졌다.

조선총독부가 한국인을 일본식 성과 이름으로 바꾸도록 한 것은 황민화 정책에 따른 것이었다. 즉 창씨개명을 통해 일본의 '가(家) 제도'를 도입하려 했던 것이다. 그렇게 해서 궁극적으로는 한반도에서 일본식 징병제를 실시하려 했다. 일본에서는 가족 중에 남자가 징병 연령이 되면 호주가 본적지 촌장에게 신고하도록 되어 있었다. 실제로 창씨개명이 있은 후에 이 땅에서도 징병제가 실시되었다.

창씨개명 사실은 떠올리기조차 싫다. 그것은 지금 생각해도 굴욕이었다. 더러 일본인들이 나더러 당시 창씨개명을 어떻게 했고, 바뀐 이름이 무엇이냐고 물을 때가 있다. 그러면 나는 결단코 대답하지 않았다. 그들은 단순한 호기심에서 묻겠지만 당한 나는 평생 잊을 수 없는 치욕적인 사건으로 기억하고 있기 때문이다.

3학년 담임 노구치 진로쿠(野口戡六) 선생님은 내게 많은 가르침을 주셨다. 그중에서 "삶의 원칙을 확고히 지켜야 한다"는 말씀이 잊히지 않는다. 원칙을 포기하는 것은 삶을 포기하는 것과 같다는 것이었다. 그러면서도 "원칙을 고수한다고 방법에서 유연하지 못하면 승리자가 되지 못한다"는 얘기도 덧붙였다. 그분은 일본어 교사이면서 유도 선생이었다. 원칙의 고수와 유연성의 활용을 어떻게 조화시키느냐는 문제는 유도와 인생이 닮았다고 하셨다. 감수성이 예민한 청소년기에 나에게 큰 감명을 주었다. 나는 일생 동안 그 가르침을 새겼다. 원칙을 고수하면서도 방법에서는 유연한 이른바 '실사구시(實事求是)'의 삶을 나는 그때 배웠다.

목포상고 교사들은 나를 여러모로 인정해 주었다. 나는 역사 과목을 잘했다. 일본 역사에 대해 일본인보다 훨씬 잘 안다는 칭찬을 들었다. 그리고 수학 선생님은 나를 지나치다 싶게 좋아하셨다. 얼굴이 반듯하다, 눈이 빛난다, 지혜가 넘친다 등 내가 듣기에도 쑥스러운 칭찬을 자주 하셨다. 내 수학 실력은 그리 신통치 않았는데 내게 왜 그런 과분한 관심을 가졌는지는 지금도 모르겠다.

나는 학창 시절에 곧잘 유달산에 올라 바다를 보았다. 하지만 유달산 중턱까지만 올라갔다. 꼭대기까지는 솔직히 몇 번 오르지 못했다. 나에게는 고소공포증이 있기 때문이었다. 유달산은 해발 고도는 낮으나 산정이 매우 날카롭고 기암과 절벽이 많아 정상에 오르면 무서웠다. 방에 누워 있으면서도 높은 곳에서 아래를 굽어본다는 생각을 하면 벌써 발밑이 간질거리고 이내 공포심이 엄습한다. 이런 얘기를 하면 사람들이 웃을지 모르지만 지금도 유달산 정상에 오른 생각을 하면 아찔한 느낌이 든다. 아무튼 나는 유달산 오포대(낮 12시에 포를 쏘아 정오를 알리는 곳)까지만 올라 바다를 쳐다봤다. 그곳에서 보는 삼학도의 풍광은 아름다웠다.

한번은 이런 일이 있었다. 전교생이 중무장을 하고 달리기를 했다. 총 들고, 대검 차고, 책을 가득 채운 배낭을 메고 달렸다. 군모를 쓰고 다리에는 각반을 찼다. 학교를 나와 유달산을 일주해서 돌아오는 7킬로미터 정도의 거리였다. 나는 이 경주에서 1등을 했다. 쓰러지려는 사람 총까지 받아 메고 달렸는데도 선두로 들어왔다.

또 여름에는 학교에서 숙식을 하며 근로 봉사를 했는데 담을 시험한다는 '시담회(試膽會)'라는 것을 연 적이 있었다. 한밤중에 공동묘지를 가게 해서 담력이 얼마나 센지를 가늠해 보는 것이었다. 누군가 다가와 흔들어 깨우면 공동묘지로 가야 했다. 정말 가기 싫었다. 무사히 그냥 지나갔으면 했는데, 어떤 선생이 나를 깨웠다. 긴 쪽지를 주면서 공동묘지에 가면 불을 환히 켜 놓은 데가 있으니 거기에다 달아 놓고 오라고 했다. 나는 겁이 많았지만 가야 한다면 그곳이 어디라도 지금까지 피하지 않고 갔다. 아무리 겁이 나도 할 일은 했다는 말이다. 어떤 학생은 가짜 도깨비가 나타나 돌을 던지면 혼비백산하여 역전 지서까지 뛰어가 "도깨비가 나타났다"고 소리치기도 했다. 나는 공동묘지에 가서 종이를 묶었다. 다리가 후들거리고 온몸이 벌벌 떨렸다. 그랬더니 어둠 속에서 웅~ 웅~ 소리가 나더니 내게 돌이 날아왔다. 너무나 무서웠지만 용기를 내서 소리쳤다.

"너 이 고얀 놈, 내 돌 맛도 봐라!"

소리 나는 쪽으로 돌을 마구 던졌다. 그러자 어둠 속에서 다급한 목소리가 들려왔다.

"어이 김대중, 나야 나."

학교 선생의 목소리였다.

3학년 때 나는 진학반으로 옮겼다. 이유는 물론 대학에 가기 위해서였다. 만주에 있는 건국대학교를 마음에 두고 있었다. 그때는 이미 한반도를 비롯한 주변의 정세가 극도로 혼미했다. 좀 넓은 곳으로 가서 답을 찾고 싶었다. 건국대학교는 등록금은 물론 숙식까지 무료였다. 그러나 그해 겨울(1941년 12월) 일본은 기어이 미국과 전쟁을 시작했다. 내일이 불투명하고 현실은 암울하기만 했다. 전쟁으로 만주를 가는 것도 여의치 않고 들려오는 것은 온통 우울한 소식뿐이었다. 그 뒤부터 공부도 싫어졌다.

진학의 꿈은 좌절되었지만 만주 건국대학교에 가지 않은 것은 다행이었다고 생각한다. 만주로 갔더라면 해방 이후 찾아 온 38선 분단으로 남쪽 땅을 밟지 못했을지도 몰랐다. 세상일은 새옹지마였다.

그러던 어느 날이었다. 당번이라 남아서 청소를 하는데 나가이(永井)라는 일본 동급생이 방과 후인데도 다시 교실로 들어와 교단 위에서 큰 소리로 떠들었다. 왔다갔다 어슬렁거리고 기분이 좋지 않은지 씩씩거리기도 했다. 보다 못해 "청소하는데 왜 떠들며 방해하느냐"고 나무랐다. 그러고 다시 청소를 하는데 갑자기 달려와 내 얼굴을 정통으로 때렸다. 정신이 아득해졌다. 순식간에 당한 일이었다. 비틀거리다 겨우 정신을 차리고 나서 "왜 사람을 치냐"고 고함을 질렀다. 그랬더니 또 주먹을 날렸다. 나는 대뜸 때리는 손을 붙잡아 비틀고 녀석을 업어 메쳐 땅에 내동댕이쳤다. 나는 당시 스모(일본 씨름) 반에서 활약을 했기 때문에 힘을 좀 쓸 줄 알았다.

"이 비겁한 놈."

그러고는 징이 박힌 군화(당시는 학생들도 군화를 신었다)를 치켜들었다. 발로 얼굴을 짓이겨 주고 싶었다. 그런데 순간적으로 이래서는 안 되겠다는 생각이 들었다. 다시 놈을 일으켜 세웠다.

"이놈아, 말로 하는데 주먹질을 하다니, 네 놈이 그럴 수 있냐?"

그렇게 좋게 타일러 보냈다. 하지만 그 동급생은 창피했던지 씩씩거리며 돌아갔다. 그러고 나서 이틀쯤 후에 일본 상급생들이 나를 찾아왔다. 학교 뒤쪽으로 끌고 가더니 "네 놈 사상이 나쁘다며? 네가 일본 사람에게 저항한다며?" 하면서 마구 때렸다. 차고 있던 허리띠까지 휘둘렀다. 아주 죽도록 맞았다.

그 후 학교에서는 나에 대한 험담이 자주 들렸다. "김대중이가 사상이 나

목포공립상업학교 시절 근로 봉사를 마치고 학우들과 함께. 나는 윗줄 오른쪽에서 세 번째에 짙은 색 모자를 쓰고 있다.

쁘다"는 것도 빠지지 않았다. 일본 학생들은 나를 보고 노골적으로 이죽거렸다. 자꾸 기분이 나빠졌다. 그리고 또 한 가지, 징병 제도가 생겨서 자칫 군대에 끌려갈 수도 있었다. 걱정만 쌓여 갔고, 성적은 자꾸 떨어졌다. 하지만 나는 인내심이 강한 편이었다. 이러한 학교 안에서의 모함에도 쉽게 굴복하지 않았다.

1943년 12월, 나는 목포상고를 졸업했다. 전시 특별 조치로 조기 졸업을 했다. 성적은 164명 중 39등이었다. 얼마 후 일본인이 경영하는 전남기선주식회사라는 해운 회사에 취직을 했다. 전쟁이 치열했기에 어디서나 일손이 부족해서 취직은 수월했다. 회계 서무 등 업무를 혼자 맡아 했다. 나는 이때부터 열심히 일했다. 한눈팔지 않고 깊이 생각하면서 살았다.

우리 회사는 조선은행 지점에서 돈을 빌려다 썼는데 그 지점장이 일본인이었다. 한번은 그 지점장과 개에 관한 얘기를 나누다가 무심코 "A dog attached to a man, a cat attached to a place(개는 사람을 따르고, 고양이는 장소를 따른다)"라고 학교에서 배운 영어 문장을 외웠더니 그가 나를 다시 쳐다봤다. 그러고는 아주 친절하게 대했다. 알고 보니 그 지점장은 미국 샌프란시스코 지점에서 근무한 적이 있어 전시인데도 넥타이를 매고 다니는 이른바 '미국식 사고'에 젖은 사람이었다. 당시에는 영어를 함부로 쓰지 못할 때였다. 사회 분위기도 영어를 배운다고 하면 사람을 우습게 여길 정도였다. 하지만 영어 한마디에 그는 내게 친근감을 표시하며 어떤 어려운 부탁도 선뜻 들어주었다. 사람의 인연이란 그래서 모르는 것이다.

목포상업학교를 졸업할 무렵, 일본은 전세가 불리해지자 젊은이들을 전선으로 끌고 갔다. 이 땅의 많은 젊은이들이 눈물을 뿌리며 가족과 헤어져야 했다. 나는 징집을 늦추기 위해 생년월일을 1925년 12월 3일로 바꾸었다. 그건 아버지의 기지였다. 아버지는 아들을 일본군에 뺏기지 않으려고 여러 궁리를 하셨다. 일제는 아무나 군대로 끌고 갔다. 모두 징집을 피하려 갖은 수단을 다 동원했다. 거의 모든 사람들이 호적보다 실제 나이가 많은 것을 이유로 나이를 높여 징집을 피하려 했는데 아버지는 오히려 아들의 나이를 낮춰 징집을 늦춘 것이다. 그렇게 해서 원래 나이로는 징병 1기였는데 3기로 징병 시기가 늦춰졌다. 실제로 우리 면에서 호적 정정 신청을 낸 사람 중 유일하게 나만 받아들여졌다. 덕분에 나는 군대에 끌려가지 않고 해방을 맞았다. 실로 극적이었다.

또 '징병'과 관련해 잊을 수 없는 일이 있다. 징병 3기로 신체검사를 하고 예비 훈련을 받으러 하의도에 들어갔을 때의 일이다. 집결지는 내가 다녔던 보통학교였는데, 그 학교 일본인 선생 하나가 교육을 맡았다. 그런데 그 선생이 나를 불러내더니 다짜고짜 두들겨 팼다. 당시에도 나는 하의도에 꽤 알려진 인물이었다. 고향 사람들은 나를 착실히 기반을 다져 나가는 유망한 청년으로 알고 있었다. 그 선생은 그것이 못마땅해서 작심하고 내 콧대를 꺾어 놓으려 했던 것 같다. 나를 따라나선 어머니는 영문도 모른 채 발만 동동 굴렀다.

그런데 재미있는 일이 벌어졌다. 그렇게 매를 맞고 난 후 얼마 안 돼 일본이 전쟁에서 지고 그 일본인 선생도 본국으로 돌아가야 했다. 하지만 내 보복이 두려워 목포로 못 나오고 있다는 것이었다. 그때는 해방이 되어 일본 사람 하나 잡아다 죽여도 아무 문제가 없던 때라 잔뜩 겁을 먹고 아예 뭍으로 나올 엄두를 못 내고 있었던 것이다. 그러나 내가 나를 알지만 나는 사람에게 모질지 못하다. 내가 민주주의를 위해 투쟁한 것도 신념이 시켜서 한 것이지 내가 모질고 독해서 그런 것은 아니다. 나는 모른 척했다. 그 일본인 선생은 아무 일 없이 바다를 건너갔다.

이제 내 첫 아내인 차용애 얘기를 하겠다. 1944년 여름이었다. 회사 사무실 밖에 나와 서 있는데 어떤 젊은 여자가 양산을 쓰고 지나갔다. 하얀 피부에 머리는 단정히 빗어 넘겼으며 하얀 원피스 차림이었다. 여름 햇살이 눈부셨지만 그녀는 더 눈부셨다. 얼마나 예쁜지 눈이 번쩍 띄었다. 첫눈에 반해 버린 것이다. 목포에서 그렇듯 세련되고 아름다운 여인은 본 적이 없었다. 수소문해서 알아보니 뜻밖에 내 상업학교 동급생인 차원식의 누이동생이었다. 그녀는 일본 나가노 현의 이나(伊那) 여학교에 다녔는데 일본 본토에 대한 미군의 폭격이 심해지자 아버지가 목포로 불러들였다. 그 아버지의 부름 덕분에 그녀는 목숨을 건졌다. 그녀의 동급생들은 전쟁에 동원되었고, 나고야 군수 공장에서 일하다 폭격으로 거의가 사망했다. 아버지의 부름이 그녀를 살렸고, 그 부름으로 나는 그녀를 만날 수 있었다.

친구의 동생이라는 사실이 내게는 행운이었다. 그녀의 집에 자주 찾아갔다. 친구를 찾아갔지만 여동생을 만나러 간 것이다. 마음은 온통 그녀에게 있었다. 그녀의 동생들도 나를 잘 따랐다. 그들의 환심을 사기 위해 옛날얘기도 해 주고 과자도 사 주었다. 그러다 그녀와 말문을 텄고 조금씩 가까워졌다. 친구도 도와주었다. "용애야, 너는 대중이한테 시집가라"며 은근히 부추겼다. 그러면 그녀는 조용히 웃었다. 우리 만남은 겉으로는 평범했지만 속으로는 특별했다. 우리는 서로 사랑을 고백하기에 이르렀다. 그리고 결국 장래를 약속했다. 그녀를 알고부터 나는 전쟁 말기 항구의 회색빛 우수에서 벗어날 수 있었다. 외모도 예뻤지만 속이 깊고 생각은 슬기로웠다. 그녀의 어머니가 나를 좋아하셨다. 내 행동거지를 미더워하셨다. 꼭 사위 삼고 싶다고 하셨다.

그런데 우리 사이에 큰일이 생겼다. 우리의 결혼을 그녀의 아버지가 크게 반대하신 것이다. 언제 전쟁터로 끌려갈지 모른다는 것이 이유였다. 나는 징병 검사를 마쳤기에 언제라도 징집당할 수 있었다. 그녀 아버지는 그녀더러 당신이 점찍어 놓은 사람이 있으니 그 사내와 결혼하라고 했다. 아버지는 식구들을 윽박지르며 자신의 고집대로 밀고 나가려 했다. 의견이 나뉘자 집안 분위기는 그야말로 엉망이었다. 그러자 그녀의 어머니가 나를 불렀다. 그리고 아버지와 친구, 그리고 그녀가 있는 자리에서 "오늘은 담판을 짓자"며 그녀에게 "네가 당사자이니 결정하라"고 하셨다. 모두 그녀의 입을 쳐다봤다. 내 가슴은 뛰다 못해 숨이 막혔다. 그런데 늘 수줍고 다소곳한 그녀였지만 그날만은 달랐다.

"전 대중 씨한테 시집 못 가면 죽어 버리겠습니다."

그걸로 모든 게 끝이었다. 아버지도 승복했다. 장인이 되기로 마음을 바꾸자 이제까지의 태도와는 완전히 달라지셨다. 날 지극히 사랑해 주셨다. 장인은 전라남도에서 두 번짼가 세 번째로 큰 인쇄소를 운영하고 있는 재력가로 존명이 차보륜이었다. 우리는 1945년 4월 9일 결혼했다. 해방을 앞둔 꽃 피는 봄이었다. 극적으로 사랑을 얻었다. 전쟁 말기였기에 신혼여행도 가지 못했다.

하지만 장인의 우려대로 언제 내게 소집 영장이 날아들지 초조한 나날이이어졌다. 전쟁은 점점 격해지고 군수 물자를 실어 나르는 목포항에도 전쟁의 음습한 그림자가 짙게 드리웠다. 우리 집은 항구 근처라서 공습에 대비하여 소개되었다. 강제로 헐린 것이다. 변두리로 이사를 가야 했다.

전쟁에 관해서 일본은 승전보만 전했다. 그래서 모두 일본이 이기고 있고, 머잖아 아시아 일대를 완전히 지배할 것으로 믿었다. 그런데 뭔가 이상했다. 각종 소문이 떠돌았다. 주 전쟁터가 남태평양에서 솔로몬 군도로, 나중에는 오키나와로 바뀌었다. 나는 속으로 생각했다. '일본이 지고 있구나.'

1945년 8월 15일 일본 천황의 중대 발표가 있다고 해서 처갓집에 들러 낡은 라디오 앞에 앉아 있었다. 나는 많은 일본인들과 마찬가지로 천황이 전쟁에 대한 새로운 결의를 표명할 것으로 알았다. 패전을 알리는 방송일 줄은 꿈에도 몰랐다. 그런데 천황이 떨리는 목소리로 "무조건 항복"을 발표했다. 아내와 나는 만세를 외쳤다. 울다가 웃고 웃다가 울었다. 그리고 밖으로 뛰쳐나와 거리를 내달리며 외쳤다.

"조선이 독립된다, 조선이 독립된다!"

그리고 장인이 운영하는 인쇄소에서 종이를 가져다 "일본 무조건 항복"이라고 써서 벽에 붙이고 다녔다.

지금 생각하면 참으로 위험한 짓이었다. 그때는 일본 경찰과 군인이 건재했을 때인데 악을 쓰고 돌아다녔으니 말이다. 당시 금융조합이 있는 골목에 있으니까 세무서 다니는 친구가 갑자기 타고 가던 자전거에서 내렸다. 그러더니 "오랫동안 신세졌습니다. 오늘 입영합니다"라며 내게 거수경례를 했다. 그는 일본이 진 줄 모르고 있었다. "이 양반아, 전쟁은 끝났어. 졌어요" 하니까 "미국이 졌어요?" 하고 되물었다. 그래서 미국이 아니라 일본이 졌다고 하니 친구는 믿지 않았다. 모든 정보가 막혀 일본이 진다고는 아무도 생각을 못했으니 그럴 만도 했다.

가슴은 뜨겁고 세상은 험했다

(1945 ~ 1950)

해방과 함께 나는 징병의 공포에서 해방되었다. 결혼 후 언제 끌려갈지 모르는 불안한 나날이었기에 나와 아내는 참으로 기뻤다. 해방이 되자 회사의 일본인 사장 등 경영진이 모두 일본으로 돌아갔다. 당시 일본인은 한국인과 큰 충돌 없이 대부분 일본으로 빠져나갔다.

일본인들이 하나둘 빠져나간 목포 시내는 잠시 한산했지만 이내 여기저기서 사람들이 몰려들었다. 전쟁의 공포가 가시자 다시 활기가 넘쳤다. 사장은 일본으로 떠나고 남은 20여 명의 종업원이 회사를 떠맡았다. 얼마 후 종업원 단체를 결성했는데 내가 회사 운영위원회 위원장으로 선출되었다. 나는 한동안 경영인으로 회사를 운영했다.

그러던 어느 날 서울의 유력 인사가 미 군정청을 움직여 회사의 관리권을 뺏어가 버렸다. 해방 이후에는 일본인 소유 기업을 노리는 무리들이 많았다. 나는 종업원 대표로 서울로 올라가 담판을 짓고 관리권을 되찾아 왔다. 일터를 찾아오자 종업원들 사이에 신망이 높았다. 그 때문인지 당시 목포에서 제일 큰 조선소인 대양조선공업의 종업원들이 회사 경영을 맡아 달라고 요청했다. 그래서 또 한동안 조선소를 운영하기도 했다.

한편 나는 건국준비위원회(건준) 목포 지부에 가담했다. 우리 민족이 독립하여 새로운 나라를 세운다는데 망설일 아무런 이유가 없었다. 기쁜 마음으로 참여했다. 목포 지부는 이데올로기를 따지지 않고 좌우익 모두가 참여했다. 당시 건준은 전국에 145개 지부를 두고 있었는데 목포 지부도 그중 하나였다.

목포 지부는 처음 이남규 목사를 중심으로 조직했지만 곧 공산주의자들이 점차 조직을 장악해 나갔다. 공산주의자들은 일제 시대 독립 투쟁을 주도적으로 전개했고, 투옥된 애국지사들 중 상당수가 공산주의 사상에 심취해 있었던 만큼 해방 공간에서 그들의 입지는 넓었다. 그것은 부인할 수 없었다. 당시 청년층 대부분은 공산주의에 별다른 거부감이 없었고, 일부에서는 일제 시대 때 공산주의자들이 독립운동을 하였다고 하여 호감을 나타내는 경향도 있었다.

나 또한 공산당에 특별한 거부감은 가지고 있지 않았다. 솔직히 일제라는 암흑시대를 겪고 난 후 나는 민주주의가 무엇인지, 공산주의가 무엇인지 잘 알지 못했다. 오직 새 나라에 대한 희망과 내 나라에 대한 열정으로 건준에 참여했다. 나는 목포 지부의 선전부 과장을 맡아 기쁘게 일했다. 조국 재건에 청춘을 바친다는 것은 생각만 해도 벅찬 일이었다. 이보다 보람찬 일이 어디 있단 말인가.

건준 위원장은 여운형이었다. 그는 전국인민대표자대회를 1945년 9월 6일 서울에서 소집하였다. 그리고 국가 명을 '조선인민공화국'이라 선포했다. 중앙인민위원으로는 독립운동 지도자들을 선출했다. 그리고 9월 14일 주석에 이승만, 부주석 여운형을 중심으로 한 내각을 발표했다. 김구와 조만식도 포함시켰다. 그러나 정작 본인들의 승낙은 받지 않은 상태였다. 이는 미군이 주둔하기 전에 정부 구성을 마쳐 대세를 장악하려는 좌익 세력들의 계산에서 나온 것이었다. 하지만 김구는 중국에, 이승만은 미국에, 조만식은 평양에 있었다. 정국은 좌익 세력의 바람대로 흘러가지 않았다.

9월 8일 미국의 주력 부대가 인천에 입성하여 38선 남쪽은 미 군정이 들어섰다. 소련도 38선 북쪽을 장악했다. 그러나 당시에 사람들은 분단을 크게 염려하지 않았다. 때가 되면 합칠 것으로 알았고, 남과 북에 들어온 미군과 소련

군을 의혹의 시선으로 바라보는 사람은 많지 않았다. 그보다 눈앞에 닥친 문제는 좌익과 우익의 이념적 대립이었다. 미 군정은 여운형의 조선인민공화국을 인정하지 않았다. 공산주의 색채가 갈수록 짙어지고 정체성이 모호한 세력에게 정치를 맡길 의향이 없었던 것이다. 얼마 후 조선인민공화국이 선포되고 나자 건준은 인민위원회로 바뀌었고, 목포 지부도 인민위원회 목포 지부가 되었다. 이남규 목사는 순수한 뜻이 훼손되었다며 조직에서 탈퇴했다. 나는 그래도 남아 있었다. 격문을 쓰고 벽보와 전단지를 제작하거나 신문 발표용 보도문을 작성했다.

1945년 12월, 해방된 조국의 운명을 좌우할 중대한 사건이 일어났다. 모스크바에서 열리고 있던 미국, 영국, 소련 3국 외무회담에서 한반도를 5년 시한으로 신탁통치할 것을 결의한 것이다. 그러자 한반도에 엄청난 파문이 일었다. 좌파, 우파, 중도파 모두가 반대했다. 여기저기서 반대 집회가 열렸고, 구호와 함성이 하늘을 찔렀다. 그런데 해가 바뀌자 여운형의 중앙인민위원회와 박헌영 중심의 조선공산당은 돌연 신탁통치를 지지하고 나섰다. 그러나 귀국한 이승만과 김구는 신탁통치에 절대 반대한다는 입장을 표명했다. 국론이 신탁통치를 둘러싸고 좌와 우로 분열되었다. 민족의 지도자들이 속속 귀국하였지만 민족의 갈 길에 대해 그 누구도 속 시원한 답을 내놓지 못했다.

나도 처음에는 신탁통치에 반대했다. 그러나 시간이 지날수록 다시 생각해 봐야 할 것 같았다. 당시 미국과 소련은 전후 처리 문제를 싸고 첨예하게 대립하고 있었지만 단 하나 한반도 문제만큼은 '신탁통치' 실시에 서로의 이해가 일치하고 있었다. 나는 "신탁통치는 시한부이기 때문에 받아들여야 한다"는 남쪽 주둔 미군 사령관 존 R. 하지 중장의 주장을 곰곰 따져 보았다. 미국과 소련의 위세를 등에 업고 나뉘어 있는 것보다, 굴욕적이긴 해도 신탁통치를 받으며 뭉쳐 있는 것이 낫겠다는 생각이 들었다. 역으로 미국과 소련이 한국인을 보호한다는 명분으로 첨예하게 대치하면, 그래서 두 개의 정부가 수립되면 조국의 통일은 물 건너 갈 것 같다는 생각이 들었다. 하지 중장의 말을 분석해 보면 미국과 유엔도 그런 우려의 시각을 지니고 있었던 것으로 보였다.

해방 공간에서, 이른바 지도자라는 사람들과 그들을 둘러싼 세력들이 서로 갈라지는 모습을 보면서 슬프기도 하고 화가 나기도 했다.

'일본에게 그렇게 당하고 이제 겨우 해방이 되었는데 이제 우리끼리 싸우다니 말이 되는가. 조금씩 양보하여 타협할 수는 없는가. 이렇게 싸우면 분단의 길로 가는데…… 언제 독립하려 저토록 싸우기만 하는가. 자신들의 이해를 따져 해방 공간을 차지하려는 저들은 과연 누구란 말인가. 저들은 민족과 역사 앞에 과연 떳떳할 수 있을 것인가.'

남쪽 끝에서 목을 빼고 서울 소식을 기다렸지만 들려오는 것은 싸우는 소리뿐이었다. 목포는 별수 없는 변방이었다. 그 변방을 서성거리며 나는 수없이 낙담했다.

1946년 6월 3일 우파의 이승만은 갑자기 남한 단독 임시 정부 수립 가능성을 시사했다. 김구는 여전히 신탁통치를 반대하고 남한 단독 정부 수립까지 반대하고 나섰다. 좌파에서도 박헌영은 남한의 미 군정에 반대한다는 입장을 취했다. 국론은 좌우를 가리지 않고 사분오열하고 있었다. 나는 좌우 합작을 표방하는 신민당에 입당하였다. 신민당은 중국 연안에서 돌아온 '독립동맹' 참가자들이 만든 정당인데 김두봉, 최창익 등이 전면에 참여하고 있었다. 독립동맹은 평양에 본부를 두고 주로 북에서 활동하고 있었는데 1946년 2월 '조선신민당'이란 이름으로 활동을 시작했던 것이다. 조선신민당에 들어간 것은 이미 밝혔듯이 '좌우 합작'을 천명했기 때문이다.

그런데 신민당 내의 당원 일부가 공산당을 추종하는 세력이라는 것을 곧 알게 되었다. 나는 당시 정세에 어두웠고 우후죽순처럼 생겨나는 정당들의 색깔이나 이념적 성향을 꿰뚫기가 정말 어려웠다. 한마디로 혼돈과 혼란 그 자체였다.

어느 날, 당원들과 세상 돌아가는 이야기를 하고 있었다. 거기에는 물론 공산주의 성향의 사람들도 섞여 있었다. 당시에는 "공산주의자들은 소련을 우리 조국이라고, 적기(赤旗)를 우리 국기라고 한다"는 이야기가 사람들 입에 오르내렸다. 그러나 나는 그걸 믿지 않았다. 그래서 거리낌 없이 호통을 쳤다.

"어떤 놈들이든 소련을 조국이라고 하고, 붉은 깃발을 우리 깃발이라고 하는 놈은 때려죽여야 한다."

지금 생각해도 좀 격한 말이었다. 그랬더니 그들은 나를 노려보고 욕을 해대기 시작했다. 공산주의 성향의 당원들은 "해방의 은인한테 그럴 수 있느냐"고 거품을 물었다. 나는 다시 큰 소리로 반박했다.

"은인은 은인이고, 민족은 민족이지 않은가. 그렇게 말한 것이 무엇이 나쁘단 말인가."

나는 그렇게 내뱉고 자리를 박차고 일어났다. 그걸로 끝이었다. 그날 이후 조선신민당에 다시는 발을 들여놓지 않았다. 공산당과도 단호히 관계를 끊어버렸다. 그렇게 된 데는 장인에게 받은 영향이 컸다고도 볼 수 있다. 장인은 우익 계열 한국민주당 목포 지부 부지부장이었다. 장인은 상당한 재력가였다. 그리고 공산당에는 늘 비판적이었다. 장인은 1927년쯤에 공산당 사람들과 함께 독립운동을 했는데, 그때 그들의 행태를 보고 그들과는 도저히 무슨 일이든 함께할 수 없다는 것을 알았다고 했다. 공산주의자들과 좋지 않은 기억들이 많은 듯했다. 그래서 틈만 나면 공산당을 조심하라고 내게 일렀다. 그러던 차에 "우리들의 조국 소비에트 연방 만세"라든지 "붉은 기가 우리의 진정한 국기"라고 주장한다는 소문이 사실임을 확인하게 되었다. 지금까지 내가 지녔던 공산당에 대한 막연한 환상이 여지없이 깨져 버렸다.

1946년 9월 5일 신민당은 공산당 노선을 지지하여 조선인민당의 일부 세력과 함께 공산당과의 합당을 발표했다. 한편 북측의 북조선신민당은 이미 그해 8월, 공산당과 합당하여 북조선노동당(북로당)을 만들었다. 물론 김일성이 전권을 장악했다. 남쪽에서는 좌와 우의 긴장이 높아만 갔다.

1946년 10월 1일 '대구 10·1 사건'이 터졌다. 사건의 계기는 서울에서 일어난 철도노동조합, 출판노조, 전신노조 등의 파업이었다. 서울의 파업은 곧 대구 지역으로 번졌다. 파업의 명분으로는 노동자들의 처우 개선을 내세웠지만 그 안에는 미 군정청이 발표한 공산당 간부 체포령의 해제 요구가 들어 있었다. 미 군정청은 이미 공산당과는 모든 타협을 거부하고 강경책을 구사하고 있었다. 그동안 기회를 엿보던 좌익 세력들은 파업을 계기로 전라도, 경기도 등 곳곳에서 들고일어났다.

목포에서도 파출소가 습격당하는 사건이 발생했다. 그런데 엉뚱하게 내가 그 화를 입었다. 사건이 났을 때 나는 처가에 있었다. 만삭인 아내가 해산을 하려고 친정에 머물렀기 때문이다. 그날 우리는 딸을 낳았다. 하늘의 귀한 선물이었다. 나도 아내도 무척 기뻤다. 우리는 나라 곳곳에서 일어난 사태에 대해서는 까맣게 모르고 있었다. 그런데 다음 날 아침, 우익 단체 사람들이 들이닥쳐 그들의 아지트 같은 곳으로 나를 끌고 갔다. 영문도 모르고 끌려간 나에게 그들은 다짜고짜 파출소 습격 주모자라며 겁박을 했다. 누군가 나를 지목하여 밀고했으니 바른대로 대라는 것이었다. 나중에 알고 보니 그 밀고자는 홍익선이었다. 그는 나와 동년배로 내게 라이벌 의식을 지니고 있었던 것 같았다.

나는 무참히 두들겨 맞았다. 멍 자국이 전신에 구렁이를 감아 놓은 듯했다. 없던 일을 자백하라니 미칠 일이었다. 그날은 처갓집에 있었기에 처가 식구들이 다 알고, 산파도 증언할 수 있음을 누누이 설명했지만 돌아오는 것은 매질뿐이었다. 그렇게 사나흘 동안 매타작을 당하다 경찰서로 넘겨졌다. 그러자 장인이 경찰서로 찾아왔다. 장인은 피투성이가 된 채 구석에 처박혀 있는 사위의 몰골을 보고는 펄펄 뛰셨다. 장인이 고함을 질렀다.

"내 집에서, 내 눈앞에 앉아 있었는데 무슨 짓들이오? 이럴 수 있는 거요?"

그러자 경찰들도 어쩔 수 없었는지 풀어 주었다. 그러면서 그들은 내게 앞으로 처신 잘하라고 훈계를 했다. 기가 막혔다. 데려다 죽도록 두들겨 패고는 미안하다는 말 한마디 없이 풀어 주면서 또 윽박질렀다. 하기야 그때는 기가 막힌 세상이었다. 재판도 없이 아무나 그냥 끌고 가서 아무 데서나 죽였다. 죽은 자들만 불쌍했다. 내가 사람이 사는, 사람의 세상을 만들어야 한다는 확고한 신념을 갖게 된 것은 이렇듯 '기막힌 세상'을 온몸으로 헤쳐 나왔기 때문이 아닌가 생각한다. 그날 이후에도 홍익선은 내가 가는 곳마다 해코지를 했다. 훗날 내가 강원도 인제에서 국회의원 선거에 출마했을 때도 좌익 전력이 있다고 모함하며 선전했다. 그러다 1963년 목포에서 출마했을 때는 언제 그랬냐는 듯 나를 많이 도와주었다. 내가 누구인지, 내 진심이 무엇인지를 알고 그는 완전히 달라졌다. 그 후로 나는 그에게 많은 도움을 받았다. 사람 인연이 묘할 뿐이다.

그때 태어난 내 첫아이 이야기를 해보겠다. 딸아이는 눈에 넣어도 아프지 않을 만큼 예뻤다. 그런데 첫아들 홍일이가 태어나고 얼마 되지 않아 홀연 세상을 떠났다. 홍일이도 나처럼 난산으로 태어났다. 거꾸로 나온 것이다. 아내 곁에서 출산 과정을 지켜보았는데 아내도, 산파도, 나도 정말 힘이 들었다. 그렇게 어렵게 아들을 얻었는데 너무도 허망하게 내 딸을 잃어버린 것이다. 너무 서러웠다. 그렇게 슬플 수가 없었다. 아이를 차마 묻지도 못하고 있었다. 그때 친구인 김문수가 소식을 듣고 지프차를 몰고 찾아왔다. 그는 미군 CIC(미국 육군 소속 방첩대) 대원이었다. 지프차에 죽은 아이를 싣고 산으로 향했다. 관이 너무 작았다. 그는 나를 한사코 따라오지 못하게 했다. 친구는 혼자서 친구의 딸을 묻고 돌아왔다. 지금도 그 아이를 떠올리면 아프다. 내게도, 생각하면 아려오는, 딸이 있었다. 이름은 소희였다.

'대구 10·1 사건' 후 나는 조그만 배 한 척을 구입하여 목포해운공사를 설립했다. 전남기선은 갈수록 종업원들 요구의 기대치가 높아가고, 이와 비례하여 나에 대한 요구도 많아졌다. 경영 상태가 좋지 않은데다 집단 경영 체제라서 해방 직후의 전환기에는 경영상 많은 단점이 있었다. 그래서 나는 장인과

상의한 후 나만의 사업을 구상했다. 그것이 상선 회사였다.

목포와 부산, 군산, 인천 등 연안 항구의 화물을 운송하는 것이 주요 업무였다. 차츰 사업이 번창해 나중에 70톤급 두 척을 추가로 보유하게 되었다. 나는 착실히 사업 기반을 다져 나갔다. 전셋집을 전전하다 드디어 상락동에 이층집을 마련했다. 내 힘으로 처음 집을 샀다. 가족 모두가 기뻐하는 걸 보니 뿌듯했다. 사업은 번창했다. 순풍에 돛을 단 듯이, 내 젊은 날들은 거침이 없었다.

좌우 합작의 중심인물인 여운형의 피살은 한마디로 충격이었다. 그는 1947년 7월 19일 대낮 거리에서 총격을 받고 숨졌다. 범인은 19세 청년으로 반공주의자였다. 여운형은 해방 공간에서 민족을 구하려 동분서주했던 빼어난 인물이었다. 사람들은 그분이 이념에 희생되었다고 했다. 하지만 엄밀히 따져 보면 이념을 내세우고 뒤로는 권력을 잡으려는 무리들의 탐욕에 희생되었다. 참으로 개탄스러운 일이었다. 여운형의 죽음으로 좌우 합작은 사실상 좌절되었다.

남은 것은 김구와 이승만뿐이었다. 이승만은 남쪽 단독 선거에 의한 독립을 일관되게 주장했고, 김구는 이에 반대했다. 시간이 지날수록 유엔의 임시조선위원회는 이승만이 주장하는 남측 단독 정부 수립안을 선호하는 쪽으로 기울어 갔다. 그러자 김구는 분단만은 어떻게든 막겠다며 김규식과 함께 남북 대표자 연석회의를 제안했다. 그의 결심은 국민들에게 조국 통일을 위해 목숨을 바치겠다는 각오로 비쳤다. 나도 그 결과에 비상한 관심을 가지고 지켜봤다. 남북이 통일할 수 있는 마지막 기회인지도 모르기 때문이었다. 북측 역시 김구의 제안을 받아들여서 1948년 4월 18일부터 30일까지 평양에서 남북 연석회의가 열렸다. 남측에서는 김구, 김규식 등 북측에서는 김일성, 김두봉이 참석했다. 특히 4월 26일에는 김구, 김규식, 김일성, 김두봉이 참여하는 4자 회담이 개최되기도 했으나 실질적으로 아무런 소득도 없이 끝나고 말았다. 김구는 남측 단독 총선거가 실시되기 닷새 전에 서울로 돌아왔다.

남쪽은 선거 열기에 휩싸여 있었다. 무주공산(無主空山) 해방 공간에 권력이 탄생하는 5·10 선거였다. 빈손으로 돌아온 김구는 너무도 초라했다. 귀환 보고조차 선거 열기에 묻혀 버렸다. 초대 국회는 이승만을 초대 대통령으로 뽑았다. "분단된 조국에서는 그 무엇도 하지 않겠다"던 김구. 그와 그의 한독당이 빠져 버린 선거판이기에 당연한 결과였다. 그리고 8월 15일 마침내 대한민국이 탄생했다. 북쪽에서는 25일 늦은 9월 9일 조선민주주의인민공화국이 세워졌다. 이로써 남과 북은 분단의 벽을 쌓고 서로 갈라서고 말았다. 1948년 5월 14일, 북한은 해방 이후 남한에 줄곧 공급했던 전력을 끊어 버렸다. 5·10 선거가 실시된 지 나흘 만이었다.

나는 당시 서재필 박사를 흠모하고 있었다. 일제 말기에 그분의 행적을 보면서 누구보다 일찍 깨어 가장 바른길을 걷고 있다고 생각했다. 독립협회를 만들고, 『독립신문』을 발행했다. 특히 『독립신문』이 한글 신문이라는 것은 지금 생각해도 대단한 것이었다. 여권 해방과 만민 평등을 주장해서 만민공동회를 만든 것은 단순히 눈앞의 독립만을 생각한 것이 아니라 장차 민주 정치를 해야 한다는 선구자적 안목이 있었음이다.

의회 설립을 주창했던 서 박사는 미국에서의 행적도 실사구시의 전범을 보여 주었다. 이승만과 안창호 세력들이 서로 다툼이 있었지만 거기에 휩쓸리지 않고 의사 자격증을 따서 병원을 운영하고, 돈을 벌면 독립운동 자금으로 보냈다. 나는 서재필 박사의 실용적이면서도 변함없는 신조와 곧은 삶을 존경했던 것이다. 그래서 1948년 5월 25일, 서재필 박사가 대통령에 출마하면 좋겠다는 '출마 요청서'에 서명을 한 적이 있다.

1949년 6월 26일, 김구 선생이 자택에서 현역 소위 안두희의 흉탄을 맞고 세상을 떴다. 향년 74세였다. 범인이 육군 소위라 했지만 이승만 정권의 핵심이 그 배후라는 이야기는 당시에도 공공연하게 떠돌았다. 이 대통령도 그 혐의에서 결코 자유롭지 못했다. 김구 선생은 진정 남북 협상을 통해 마지막까지 분단을 막아 보려고 했다. 하지만 그의 죽음으로 남과 북을 잇는 대화 창구마저 사라져 버렸다. 남쪽과 북쪽의 민중들에게 가장 신뢰를 받던 거인이 사라진 것이다. 김구 선생을 보내며 우리는 겨레의 간절한 바람인 통일의 희망도 함께 묻어야 했다. 김구 선생은 진정 애국자였다. 어른을 잃은 국민들은 위인의 자취를 기리며 비탄에 젖었고, 장례식 날에는 수십만 명이 몰려와 거인의 마지막 가는 길을 눈물로 지켜봤다.

김구 선생을 감히 평한다면 길이 빛날 독립투사였으며 절세의 애국자였지만 정치인으로는 아쉬운 점이 있었다고 생각한다. '좌우 합작' 논의가 있을 때 선생은 그 속으로 뛰어들었어야 했다. 분단을 막아야 한다면 처음부터 적극적으로 행동에 나서야 했다. 그리고 신탁통치를 무조건 반대만 할 것이 아니라 시한부 신탁통치를 받아들여 3년이나 5년 후에 독립을 모색했어야 했다. 때를 놓쳐 남쪽만의 단독 정부를 수립한다고 결정되었다면 총선에 참여했어야 옳다고 본다. 김구 선생이 전면에 나서 총선에 참여했다면 소속 정당은 과반 의석을 확보했을 것이다. 그렇게 됐다면 이승만과 한민당은 궁지에 몰렸을 것으로 본다. 이것은 나만의 추측이 아니라 당시 민심의 도도한 흐름이었다. 김구 선생의 귀국 이후 행적을 현실 정치의 잣대로 들이대면 그리 들춰낼 만한 것이 없을 정도이다. 북쪽에 가서 남북 대표자 회의를 했으면서도 성과를 얻지 못했고 국내에서 한 일은 신탁통치를 반대한 것뿐이었다.

역사에 가정법을 동원하는 것처럼 어리석은 일은 없지만, 만약 김구 선생이 5·10 총선에 뜻을 세웠다면 이승만은 대통령으로 당선되지 못했을 것이고, 이 땅에 반공을 빙자한 친일파에 의한 독재가 일찍이 발을 붙이지 못했을 것이다. 이승만의 대통령 당선은 우리 현대사의 비극의 시작이었다. 이승만 정권에서 친일파들이 득세했고 그 친일파의 후손들은 좋은 환경에서 성장하고 많이 배워서 대대로 영화를 누렸다. 그러나 독립투사들은 추위와 굶주림 속에서 비참한 생활을 하고 그 후손들 또한 제대로 교육받지 못해 지금까지 빈곤에 허덕이고 있다. 또 이승만 독재로 얼마나 많은 사람들이 죽어 갔는가. 김구 선생과 그를 따르는 무리들이 집권했다면 거창 양민 학살 사건이나 국민방위군 사건 같은 참사도 없었을 것이다.

정치인은 최선이 아니면 차선을 선택해야 한다. 상황이 나쁘면 최악을 피하고 차악을 택해야 할 때도 있는 것이다. 정치인이란 현실을 살펴 미래를 향한 진리를 구하는 것이지 진리만 붙들고 현실을 도외시하면 안 된다는 것이 정치인으로서의 내 생각이다. 김구 선생은 나와 겨레가 존경하는 분인데 정치적 행적에는 아쉬움이 남는 것은 어쩔 수 없다. 냉혹한 현실을 좇아가기에는 그의 가슴이 너무 뜨거웠는지도 모른다.

신민당을 떠난 후 우익 진영에 참여했지만 이름만 올려놓았을 뿐, 깊숙이 관여하지는 않았다. 나는 사업 기반을 넓혀 나갔다. 서울 소재 조선상선주식회사와 하청 계약을 맺었다. 조선상선은 당시 금융조합연합회(현재 농협)의 양곡 수송을 전담했다. 목포 일대의 양곡은 우리 배로 실어 날랐다. 어느덧 살펴보니 나는 목포의 유지였다.

이 무렵 나는 국민보도연맹에 가입하라는 요구를 받았지만 가입하지 않았다. 국민보도연맹은 좌익 운동을 하다 전향한 사람들로 조직된 반공 단체였다. 당시 대부분의 기업인들이 후원회에 참여하여 재정적 지원을 했다. 나도 기업인으로 참여했을 뿐이다. 그러나 한국전쟁이 일어나자 정부는 군인과 경찰을 동원하여 초기 후퇴 과정에서 이들을 무차별 학살했다.

한반도를 둘러싼 정세는 심상치 않게 돌아가고 있었다. 미 군정 하인 1948년 4월 3일에는 이른바 '4·3 사건'이 일어났다. 4·3 사건은 경제난으로 군정에 대한 여론이 악화된 상태에서 남한 단독 정부 수립이 추진되자 이에 반대하는 제주도 주민들이 봉기를 일으킨 것이었다. 미 군정청은 경찰은 물론, 경비대까지 동원하여 무자비하게 진압했다. 제주도 전역에서 수만 명이 희생을 당했다. 갓 출범한 이승만 정부는 4·3 사건을 진압하기 위해 여수 14연대를 동원하였다. 그런데 이들 병력 중에 상당수가 동족을 죽일 수 없다는 명목으로 10월 20일 반란을 일으켰다. 물론 좌익 세력이 주동이었다. 그들은 여수는 물론 순천까지 무력으로 접수하였다. 이승만 정권은 다시 이들을 철저하게 진압했다. 부역자 색출 과정에서 무고한 양민이 수없이 희생당했다. 제주도와 남녘은 피로 물들었다. 그리고 남과 북의 경계인 38선을 따라 크고 작은 무력 충돌이 다반사로 일어났다.

모든 것이 불길했다. 해방 공간 곳곳이 피로 얼룩졌다. 4·3 사건으로 여수·순천 사건이 촉발되었고 여수·순천 사건은 한국전쟁을 부르고 있었다. '피의 일요일'이 다가오고 있었지만 우리들은 그걸 까맣게 모르고 있었다.

죽음이 곁에 있었다
(1950)

한국전쟁이 터진 날, 나는 서울에 있었다. 목포에서 출장을 온 지 열흘째였다. 광화문 근처에 있는 림(林)여관에 투숙하고 있었다. 마침 해군 장교인 친구가 여관으로 찾아와 함께 명동으로 바람을 쐬러 나갔다. 식당에서 점심을 먹고 시내를 거닐고 있는데 확성기를 단 군용 트럭이 갑자기 나타났다. 확성기에서 다급한 외침이 터져 나왔다.

"군인들은 즉시 부대로 돌아가라! 군인들은 전원 원대 복귀하라!"

트럭은 거리를 쏜살처럼 질주해 사라졌다. 친구에게 무슨 일이 터졌느냐고 묻자 그도 영문을 모르겠다는 듯 나를 빤히 쳐다봤다. 친구는 서둘러 부대로 복귀하고 혼자 숙소로 돌아오는데 사람들이 부산하게 오고갔다. 무슨 일이 벌어지고 있음은 분명했다. 심상치 않았다. 근처 아는 사람 집에 들러 라디오 방송을 들었다. 라디오에서는 '북괴가 전면적으로 전쟁을 도발해 왔다'는 내용을 반복해서 내보내고 있었다. 우리 역사상 가장 큰 비극 중의 하나인 한국전쟁 발발을 이렇게 해서 알게 되었다. 그러나 크게 걱정하지 않았다. 당시에는 자주 일선에서 총격전이 벌어졌고 우리 정부는 그때마다 "넘어오는 적을 사살했다, 도발하자마자 모두 격퇴했다"는 등 국군의 막강한 전력을 자랑했었다. 신성모 국방장관의 말은 지금도 잊히지가 않는다.

"대통령이 명령만 내리시면 우리 국군은 사흘 만에 평양까지, 일주일 만에 압록강까지 이르러 그 강물을 대통령에게 바치겠다."

그리고 이승만 대통령은 기회 있을 때마다 '북진 무력 통일론'을 주창했다. 그래서 남과 북의 교전 소식이 전해지면 '이 대통령이 통일 계획을 실행에 옮기고 있는 것 아니냐' 하고 생각하는 사람도 많았다. 집단 착시 현상이었다.

라디오 뉴스를 통해 북한의 전면적인 침공 사실을 알았지만 우리 국군이 이길 것이라고 생각했다. 그것은 나만의 생각이 아니었다. 모두들 그렇게 믿고 있었다. 나는 계속 여관에 묵으면서 전황에 촉각을 곤두세웠다. 신문에 보도되는 전황과 정부의 발표는 남쪽의 일방적인 승리였다. 라디오에서도 계속 국군의 승전보를 알렸다. '우리 국군이 반격을 개시하여 지금 북으로 올라가고 있다'는 내용이었다. 국회의원들이 '서울 사수'를 결의했다는 소식도 들려왔다.

전쟁이 시작된 지 사흘째 되는 날, 마침내 이승만 대통령의 육성이 라디오에서 흘러나왔다. 나는 숙소에서 다른 손님들과 함께 숨을 죽이며 들었다.

"서울은 무슨 일이 있어도 반드시 사수할 테니, 국민들은 안심하시기 바랍니다."

그러나 그것은 새빨간 거짓말이었다. 이 대통령은 대전으로 피신했고 정부는 수원으로 옮겨 간 후였다. 남은 것은 시민들뿐이었다. 그날 밤 모든 것을 삼킬 듯 장맛비가 쏟아졌다.

다음 날, 날이 밝아 나가 보니 인민군이 광화문에 들어와 있었다. 지난밤 폭우 속에 세상이 바뀐 것이었다. 거리마다 북쪽에서 내려온 피난민들로 북새통이었다. 내가 묵고 있는 여관으로도 피난민이 꾸역꾸역 몰려들었다. 청천벽력 같은 일인데도 달리 생각하면 어이가 없었다. 대통령이 '서울 사수'를 약속한 다음 날, 적들이 서울을 접수해 버렸다. 시민을 안심시키고, 시민을 볼모로 삼고 저희끼리 도망을 가다니……. 생각할수록 기가 막혔다. 조금 있다가 한강 철교가 끊겼다는 소식이 들려왔다. 북한군이 남하하지 못하도록 다리를 폭파했다는 것이다. 아무런 경고도 하지 않아 강을 건너던 수십 대의 차량이 날아가거나 강으로 떨어지고, 피난민과 퇴각 중인 병사들 수백 명이 무참히 희생을 당했다.

나는 꼼짝없이 서울에 갇혔다. 인공기가 휘날리는 서울에서 가장 큰 문제는 먹고사는 것이었다. 수중에 돈이 없었다. 지니고 있던 돈은 목포에서 올라온 친구와 처남들에게 모두 나눠 주었던 것이다. 그들은 전쟁이 터지자 모두 고향으로 내려갔다. 그들에게 돈을 나눠 준 것은 믿는 구석이 있었기 때문이다. 거래처인 조선상선에서 받은 목돈이 있었는데 그걸 여관에서는 보관할 수가 없어 조선상선회사 금고에 맡겼고, 그걸 찾아 쓰면 될 줄 알았다. 그러나 돈을 찾으러 가 보니 어느새 금고를 인민군들이 봉인해 버려 꺼낼 수가 없었다. 졸지에 알거지가 되었다. 할 수 없이 입고 있던 양복과 시계를 팔아 하루하루 숙식을 해결했다.

하루는 여관 근처의 러시아 대사관 터를 거닐고 있다가 우연히 근처 학교 운동장에서 벌어진 소위 인민재판이라는 것을 목격했다. 사람들이 모여 있고 그 앞에 한 남자가 무릎을 꿇고 있었다. 완장을 찬 한 사내가 한참 동안 죄상을 열거한 뒤에 "이 반동분자를 어떻게 해야겠소?" 하고 묻자 곧이어 "죽이시오" 하는 외침이 들려왔다. 서로 짠 듯 거침이 없었다. 재판은 그걸로 끝이었다. 사내는 어디론가 끌려갔다. 어딘가에서 죽임을 당했을 것이다. 나는 그 광경을 숨어서 지켜봤다. 온몸에 소름이 돋았다. '저들이 무슨 짓을 하고 있는가.' 공산당이 지배하는 현실은 살벌하기만 했다. 나와 공산주의는 너무도 맞지 않았다. 더구나 서울의 식량 사정은 갈수록 악화되어 갔고, 젊은이들은 의용군으로 마구 끌려갔다. 갑자기 두고 온 어머니와 가족들이 걱정되었다. 아내는 내가 출장을 떠나올 즈음에 만삭이었다. 나는 서울을 탈출하기로 마음먹었다.

목포에 가려면 한강을 건너야 했다. 함께 갈 사람들을 모았다. 처남과 고향이 보령인 친구 조장원, 거래처인 조선상선 직원 한도원, 행선지가 군산인 사람 등 모두 5명이 사공을 찾아가 은밀하게 돈을 쥐어 주었다. 그리고 우리 일행을 건네 달라고 부탁했다. 우리는 마포나루에서 만나 서강역쯤에서 배를 탔다. 미군 전투기가 근처 어딘가에 폭격을 했다. 불길이 치솟았다. 한강까지 붉게 물들었다. 우리는 서로의 얼굴을 쳐다봤다. 살아서 다시 볼 것인가. 살아서 고향에 갈 수 있을 것인가.

서울에서 목포까지는 400여 킬로미터였다. 우리는 무작정 남쪽을 향해 걸었다. 여름이라 아무 데서나 잘 수 있어 그나마 다행이었다. 병점 근처에서 배가 고파 주인 없는 참외밭에서 참외를 따 먹고 있는데 주인이 불쑥 나타났다. 내가 호주머니를 뒤적이며 말했다.

"여비가 좀 있으니 참외 값을 드리겠습니다."

주인은 언짢은 기색이었으나 우리의 초라한 행색을 보더니 그냥 가라고 했다. 천안 근처에서는 아기를 업은 엄마가 너무 지쳐서 걷지도 못했다. 엄마도 아기도 먼지를 뽀얗게 뒤집어쓰고 있었다. 교대로 아기를 업고 아기 엄마를 부축하며 걸었다. 우리는 대전으로 바로 내려가면 위험할 것 같아 당진, 보령 쪽으로 길을 잡았다. 당진에서는 무작정 제법 큰 집에 들러 잠자리를 얻고 저녁에 아침까지 얻어먹었다. 밥값을 치르겠다니 주인이 "우우" 하며 손사래를 쳤다. 그는 말을 못하는 장애인이었는데 우리더러 그냥 가라는 소리였다.

홍성에서는 가파른 산길을 걸었다. 목이 너무 말랐다. 목을 축였으면 하고 길갓집에 들어섰더니 주인이 대뜸 항아리를 가리켰다. 그 속에는 보리차가 가득 채워져 있었다. 피난 행렬이 끊이지 않으니 그들이 행여 찬물을 먹고 탈이 날까 봐 미리 끓여 놓은 것이었다. 우리를 측은하게 바라보는 그 주인을 한참 동안 쳐다봤다. 보령에서는 친구 조장원의 집에서 이틀을 잘 대접받고 목포로 향했다.

가는 길마다 피난민들이 넘쳐났다. 사람들의 행색은 남루하기 그지없었다. 가재도구를 보자기에 싸서 이거나 안고 갔다. 짐을 실은 소달구지가 가끔 눈에 띌 뿐 모두 걷고 있었다. 모두 작업복이나 흰 무명옷을 입었다. 이고 들고 가는 아낙의 등에서는 아기가 울고 있었다. 한여름이라 세상은 온통 푸르렀지만 길 위에 선 사람들은 가슴이 다 타 버린 듯 얼굴에 표정이 없었다. 오늘은 힘겹고 내일은 알 수 없었다. 피난민들은 걷기만 했다. 누구를 위한 전쟁이란 말인가? 나는 저 밑에서 슬픔과 함께 분노가 치밀어 올랐다. 피난길 곳곳에서 폭탄이 떨어지고 총탄이 비 오듯 쏟아졌다. 배는 고프고, 길은 멀고, 죽음은 가까이 있었다.

김제 만경 들녘을 지날 때였다. 다리를 건너려는데 갑자기 전투기가 나타나더니 건너편 다리 끝을 폭격했다. 전투기가 폭격을 하고 날아간 틈을 타서 냅다 뛰었다. 그런데 다리 중간쯤에서 쓰고 있던 밀짚모자가 떨어졌다. 그때 내가 무엇 때문에 그랬는지 몰라도 그 위험한 순간에도 그걸 다시 주워 쓰고 달렸다. 지금 생각해도 알 수가 없다. 다리를 거의 건너가자 전투기는 방금 전까지 내가 웅크리고 있던 바로 그 다리 끝 쪽을 폭격했다. 흙먼지가 일면서 천지가 진동했다. 그 자리에 있었으면 나는 죽었을 텐데…… 삶과 죽음의 거리가 불과 몇 걸음이라니…….

나는 계속 걸었다. 남쪽 어디를 가도 국군은 보이지 않았다. 목포도 이미 인민군들이 장악했음을 알았다. 그렇다고 다시 서울 쪽으로 올라갈 수도 없었다. 목포에 도착해도 내 신변이 안전할 것이라는 보장은 없었다. 모든 것을 운명에 맡겨야 했다. 목포 근처 이로면에 이르자 제법 사람들이 붐볐다. 그런데 하늘에서 갑자기 전투기가 날아오더니 장날 장 보러 온 사람들을 향해 기총소사를 했다. 미군기였다. 장터는 순식간에 아수라장이 되었고 결국 장날은 피에 젖었다. 사람들은 근처 야산으로 피했지만 전투기는 사람들을 쫓아오며 총알을 퍼부었다. 정신없이 뛰고 엎어지고 다시 뛰었다. 그렇게 한참 동안 총알을 비처럼 퍼붓고는 전투기가 사라졌다. 나는 서 있을 기력조차 없었다. 온몸이 상처투성이였고 옷에는 온통 핏물과 풀물이 들어 있었다. 그때 장터에 모인 사람들은 모두 하얀 무명옷을 입고 있었다. 그 하얀 옷들이 피로 벌겋게 물들었다. 장 보러 온 사람들은 영문도 모른 채 죽고 다쳤다. 하얀 옷에 선명한 핏자국은 아직도 뇌리에 생생하게 남아 있다.

서울을 탈출한 지 20일 만에 목포에 도착했다. 우리 집은 부둣가에 있었다. 사무실 달린 집으로는 인근에서 가장 컸다. 가족들이 무사한지 집이 가까워질수록 마음이 급해졌다. 부모 형제, 그리고 이미 아이를 낳았을지도 모르는 아내 모습이 떠올랐다. 집 앞에 이르자 조그만 의자에 앉아 계신 어머니가 보였다. 어머니는 날마다 그렇게 아들을 기다리셨던 것이다. 그런데 불경스런 표현이지만 어머니는 너무 말라서 흡사 미라를 보는 것 같았다. 집 떠난 지 채 두 달도 되지 않았는데 너무 늙어 보였고 아이처럼 작아 보였다. 다가가 안아 드렸다. 어머니는 흐느껴 울기 시작했다. 어머니를 안으로 모시려 하자 이번에는 대성통곡을 했다. 우리 집을 역산(逆産) 가옥으로 지목을 해서 들어갈 수 없다는 것이었다. 우익 반동분자라며 집 안에 있는 가재도구를 모조리 쓸어 갔다고 했다. 게다가 바로 아래 동생 대의가 한국군 군속이었다는 이유로 잡혀갔다는 것이었다. 억장이 무너지는 일은 또 있었다. 아내가 둘째를 낳았는데 병원은커녕 집에도 들어갈 수 없어 방공호에서 낳을 수밖에 없었다고 했다. 태평양전쟁이 한창일 때 일본군이 파 놓은 방공호, 그 속에서 차남 홍업이는 그렇게 태어났다.

아내와 갓난아기는 우리 배의 박동련 선장이 자기 집에 데려가 보살펴 주었다. 참으로 고마운 사람이었다. 당시는 세상이 바뀌었다고 노동자가 회사의 간부들을 원수처럼 여기면서 사납게 대들던 때였지만, 그는 우리 식구들을 따뜻하게 돌봐 주었다. 나도 그의 집에 머물렀다. 무엇을 해야 할지, 누구를 만나야 할지 막막했지만 가족들이 무사한 것이 무엇보다 다행이었다. 어떻게든 살아야 했다. 이틀 밤을 보내고 밖으로 나왔다. 세상이 어떻게 돌아가는지를 알아야 했다. 길을 걸어가는데 누군가 나를 불렀다. 그러더니 같이 좀 갈 데가 있다고 했다. 잠깐만 시간을 내면 된다고 했다. 그렇게 해서 나는 인민위원회가 장악하고 있는 경찰서에 연행되었다. 목포경찰서에서 인민군 정치보위부 장교의 취조를 받았다. 그는 인근 산악 지역에서 게릴라전으로 유명한 산사람(빨치산) 출신 김성수였다. 그는 대뜸 "우리 동지들을 몇 명이나 밀고했냐"고

1950년대 목포형무소 전경.

물었다. 그런 일 없다고 대답하자 내 뺨을 때렸다.

"우리는 네가 우리 애국자(공산주의자)를 밀고할까 봐 얼마나 신경 쓴 줄 아냐? 그런데도 아직 바른말을 안 하는 걸 보니 반성을 안 했구만. 당장 가둬 버려!"

나는 목포형무소(현재 목포교도소)로 보내졌다. 그곳에서는 더 이상 심문 같은 것은 하지 않았다. 그냥 버려두다시피 했다. 그들은 나를 조사가 필요 없는 악질 반동으로 여기는 듯했다. 다른 사람에게는 자기네에게 협력할 의향이 있느냐, 의용군에 갈 생각이 있느냐고 물었지만 내게는 접근조차 하지 않았다.

형무소에서 가장 고통스러운 것은 굶주림이었다. 배가 너무 고팠다. 조그만 보리밥덩이를 하루에 두 번 주었다. 그리고 해초를 넣어 끓인 국이 나왔는데 다 마시고 나면 바닥에 흙이 보였다. 허기가 지니 가족이고 뭐고 아무 생각도 나지 않았다. 오로지 먹을 것 생각뿐이었다. 언제 누구랑 생선을 먹고, 어디서는 고기를 먹고……. 온통 먹을 것들만 어른거렸다. 얼굴은 반쪽이 됐고 먹은 게 없으니 앉아 있기도 힘이 들었다. 오후가 되면 체력 소모를 줄이려 엎드려서 숨조차 가만가만 내쉬었다.

1950년 9월 28일 오후였다. 인민군이 문을 열고 "모두 나와" 하고 외쳤다. 형무소에 수감되어 있는 사람 모두를 강당에 모이도록 했다. 형무소에서 한 번도 세수를 못해서인지 모두 몰골이 말이 아니었다. 우리는 죄수 아닌 죄수였다. 내심 풀어 줄지도 모른다는 생각도 했다. 그러나 그것도 잠시, 불려 나온 사람들은 도망을 못 가도록 두 명씩 짝지어 서로의 한쪽 팔을 쇠고랑으로 채우거나 철사로 묶었다. 나는 한왈수라는 사람과 철사로 묶였다.

사람들은 강당에 꾸역꾸역 몰려들었다. 처음 끌려온 사람들은 안쪽 구석으로 들어가고 가장 늦게 끌려온 사람은 입구 쪽에 앉혀졌다. 나중에 온 사람들은 사복을 입은 걸로 보아 형무소가 아닌 경찰서에서 끌려온 것처럼 보였다. 나는 안쪽에 앉아 있었다. 그렇게 웅성거리고 앉아 있는데 인민군들이 강당 입구에 앉아 있던 사람들을 끌어내려 했다. 끌려가면 처형당한다는 것을 누구나 대번에 알았다. 여기저기서 끌려 나가지 않으려 울부짖으며 몸부림을 쳤다. 그러자 인민군 하나가 말했다.

"누가 너희들 죽인다고 하더냐?"

하지만 그 말은 "너희를 죽이겠다"는 말로 들렸다. 죽음의 공포에 휩싸인 강당 안은 삽시간에 아비규환의 지옥으로 변했다. 살려 달라고 아우성이었다. 인민군들은 총부리를 사람들 가슴에 대거나 개머리판으로 아무 데나 후려쳤다.

"내가 무슨 죄를 졌다고 죽입니까?"

"나는 산사람 유가족인데 죄가 있겠습니까?"

처절한 외침도 소용이 없었다. 처음 20명이 끌려갔다. 다시 20명이 끌려 나가고……. 끌려 나가는 사람들의 비명은 남은 사람에게는 비수가 되어 꽂혔다. 그중에는 묵묵히 죽음을 받아들이는 사람도 있었다. '나 또한 저렇게 끌려 나가 어딘가에서 처형당하겠지.' 나한테 남아 있는 시간은 얼마나 될지. 정신이 아득해졌다.

그런데 밖이 갑자기 조용해졌다. 더 이상 사람들을 끌어내지 않았다. 우리는 영문을 모르고 앉아 있었다. 죽음을 기다리는 시간, 그것은 겪어 보지 않은 사람은 결코 알 수 없으리라. 남은 사람들은 말이 없었다. 음산한 기운이 감돌았다.

그렇게 저녁 무렵이 되자 실내가 소란스러웠다. 주위를 둘러보니 인민군들이 보이지 않았다. 목포에 주둔하고 있던 부대가 철수했던 것이다. 대신 지방 공산당원들이 남아 있는 사람들을 다시 형무소 안으로 집어넣었다. 남아 있는 80여 명과 끌려간 100여 명. 이렇게 생과 사가 갈렸다.

뒤에 들은 얘기지만 인민군들은 우리 모두를 죽이고 퇴각하려 했다. 유엔군의 인천 상륙으로 인민군들이 일제히 주둔지에서 철수를 하고 있었기 때문이다. 그러나 처형장으로 우리를 실어 나르려던 트럭 한 대가 고장이 나서 계획이 차질을 빚었다. 트럭 운전사가 일부러 고장을 냈다고 말하는 이도 있었다. 인민군들은 할 수 없이 우리를 놔두고 철수할 수밖에 없었다. 그들은 지방 공산당원에게 우리를 감방에 넣고 불 질러 죽이라고 했다. 그러나 지방 공산당원들은 차마 같은 마을 사람들을 죽일 수 없었다. 그 속에는 자기네 가족들도 있었다.

우리는 다시 감방에 몇 사람씩 수감되었다. 죽음의 문턱을 넘나들면서도 또 배가 고파 왔다. 감방마다 밥을 달라고 아우성이었다. 그러자 공산당원들이 밥을 넣어 주는데 양이 많았다. 죽은 사람 몫까지 산 사람에게 돌아온 것이었다. 나는 감방장 노릇을 자청하고 밥을 나눠 주었다. "허천났다"는 말이 있다. 전라도 말로 걸신이 들려 한없이 먹는 것을 말한다. 정말 나는 허천나게 먹었다. 배가 개구리 배처럼 볼록하게 튀어나왔지만 밥은 한없이 배 속으로 들어갔다. 죽은 사람은 죽은 사람, 산 사람은 산 사람. 우리는 그 몫까지 먹고 살아남아야 했다.

허기를 면한 나는 바깥 공기를 살폈다. 뭔가 이상했다. 밥을 넣어 주는 수챗구멍만 한 감방의 창을 응시하고 있다가 지나가는 간수의 바짓가랑이를 움켜쥐었다. 그러자 간수가 주저앉았다. 그전 간수 같으면 욕설과 함께 발길질을 했을 텐데 그러지 않았다. 그는 인민군이 아닌 지방의 공산당원이었다. 내가 물었다.

"여보시오, 도대체 우리는 사는 거요, 죽는 거요?"

"남쪽 사람이 어떻게 남쪽 사람을 죽입니까?"

다시 내가 물었다.

"북에서 온 군대는 철수한 거요?"

"아니, 그런 것은 아니지만……."

아, 달라졌구나, 나는 자꾸 좋은 생각을 떠올리며 그렇게 앉아 있었다. 그러자 누군가 지나가며 "임출이, 임출이" 하고 불렀다. 임출이라면 목포상고 선배가 분명했다. 그도 잡혀 온 모양이었다. 나는 얼른 기지를 발휘하여 "어이, 나 여기 있네"라고 말하자 사내가 다가왔다. 나는 임출이 선배가 앓아누워 있으니 빨리 문을 열라고 재촉했다. 이윽고 밖에서 자물통을 부수는 소리가 났다. 우리는 안에서 철문을 발로 찼다. 얼마 지나지 않아 문이 열렸다. 나는 감방을 빠져나와 다른 감방 앞을 돌아다니며 외쳤다.

"인민군이 도망쳤으니 감방 문을 부수고 나오시오. 나는 밖에서 쇠통을 깨겠소. 모두 용기를 냅시다."

그러자 감방마다 밖에서는 쇠뭉치로 자물통을 부수고 안에서는 감방 문을 발로 찼다. 이윽고 모두가 형무소를 빠져나왔다. 밤이 제법 깊었는데도 형무소 마당은 환했다. 문득 하늘을 올려다보니 살찐 달이 두둥실 떠 있었다. 한가위를 지난 지 이틀 된, 음력 8월 17일 밤이었다. 달빛은 아름다웠다. 약간 기울기는 했지만 아직도 추석만큼이나 넉넉했다. 그 달빛은 세수를 한 번도 못한, 개구리처럼 배만 튀어나온, 수인복을 입고 있는 나를 비추고 있었다.

우리는 수인복을 입고 있어 마을로 들어서면 인민군에게 들킬지도 모른다는 생각에 형무소에 보관된 옷을 찾아 입었다. 그러나 내 옷, 네 옷이 따로 없었다. 아무거나 맞으면 꿰고 있는 판국에 "이 옷은 내 것이 아닌데, 아닌데……" 하는 소리가 들렸다. 그것은 분명 나와 함께 잡혀 들어온 동생 대의의 목소리였다. 나는 얼른 대의에게 다가갔다.

"지금이 어느 때인데 네 옷을 찾고 있느냐. 아무거나 주워 입어라."

대의는 내 목소리를 듣고 깜짝 놀랐다. 살아 있음에 서로의 가슴이 벅찼지만 머뭇거릴 시간이 없었다.

목포형무소 앞 인가에 숨어 있다가 새벽에 거리로 나섰다. 대성동 네거리쯤에 이르자 갓난아기를 업은 여인이 울면서 새벽길을 서성거렸다. 나는 그 아낙이 아내임을 대번에 알아보았다. 아내는 형무소에 붙잡힌 사람들은 모두 죽었다는 소문에 밤새 울었을 것이다. 우리는 길에서 마주쳤다. 살아서 만났는데도 눈물이 났다.

동생 대의는 자기 감방에 있던 아홉 명 중 여섯 명이 끌려가고 자신을 포함하여 세 명만 살아남았다고 했다. 막내 대현이는 우리가 체포되자 인민군 의용군에 자원했다. 자원하면 형들을 구할 수 있을 것이라는 생각에서 그리했다고 한다. 그러다가 목포에 주둔하고 있는 의용군 부대가 전라북도까지 진입하였을 때 인민군이 퇴각하고 있다는 것을 알고 어둠을 틈타 탈출했다. 이렇게 해서 우리 형제들은 모두 죽음 문턱까지 갔다가 살아서 만났다.

그리고 장인의 생환은 기적이라고 해야 할 것이다. 장인은 경찰서 유치장에 갇혀 있다가 끌려 나와 형무소 강당으로 연행되었고, 다시 트럭에 실려 처형장으로 옮겨졌다. 장인은 총구가 불을 뿜자 기절을 했고, 아직 살아 있음을 알고 인민군이 두 발을 더 쐈는데 그 또한 귀 옆으로 스쳐 지나갔다. 인민군이 물러가자 장인은 새벽이 되기를 기다렸다. 그러고는 손이 뒤로 묶인 채, 뒤뚱 걸음으로 골짜기를 빠져나왔다. 처형장에 끌려간 100여 명 중에 장인만 살아남았다.

형무소를 빠져나온 나와 동생은 어디든 숨어야 했다. 좌익 게릴라들은 탈출한 사람들을 쫓고 있었다. 우리는 그들의 표적이었다. 거리를 어슬렁거리는 것은 위험한 짓이었다. 실제로 좌익 게릴라들은 집요하게 우익 인사들을 추적하여 죽였다. 형무소에서 함께 탈출한 80여 명 중에서 끝까지 살아남은 사람은 30여 명에 불과했다. 나머지는 그들의 막바지 '우익 사냥'에 희생되었다. 나와 동생은 비교적 인파가 붐비는 부두 쪽으로 갔다. 부두 쪽은 미군 전투기의 폭격이 잦았기 때문에 인민군들이 접근하지 않을 것이라 판단했다. 같이 해운업을 하는 사장의 누나 집에 몸을 숨겼다. 우리는 일본식 집에 천장을 넓히고 그곳에 기거했다. 대소변을 받아 내면서 그렇게 죽은 듯 닷새를 보냈다. 그러자 국군 해병대가 목포에 들어왔다.

나와 우리 가족이 살아남은 것은 다행이지만, 한국전쟁이 뼈에 사무쳐 왔다. 무엇 때문에 싸워야 하고, 무엇을 위하여 죽어야 하는가? 전황이 바뀔 때마다 동족을 죽이는 살육전이 되풀이되었다. 공산군이 물러나면 좌익이, 한국군이 물러나면 우익이 죽어야 했다. 사상이란 도대체 무엇이란 말인가? 사상이 무엇이기에 인간을 야수로 변하게 하는가? 개인과 민족의 행복 위에 사상이 군림해야 한단 말인가? 그때 나는 전쟁을 보았다. 그리고 공산당이 지배하는 세상이 어떤 것인지, 얼마나 우리가 살 수 없는 세상인지도 분명히 알았다. 그래서 평생 민족의 화해와 전쟁이 없는 세상을 꿈꾸며 살았다.

전쟁 속 성공과 좌절 그리고 도전
(1950 ~ 1953)

전쟁 중이라도 살아야 했다. 포성이 들리고 화약 연기가 자욱해도 해는 뜨고 꽃은 피었다. 목포항은 여전히 뱃고동 소리가 가득했고, 선술집에서는 구수한 냄새가 났다. 또 아이들은 태어났다. 전쟁이 길어지자 전쟁 자체가 일상이 되어 갔다.

나는 목포에서 다시 사업을 시작했다. 전쟁이 터지기 전 배가 세 척 있었지만 한 척은 당국에 징발당했고, 다른 한 척은 폭격으로 로프가 잘려 어디론가 떠내려가 버렸다. 남은 건 한 척뿐이었지만 자신 있었다. 나는 열심히 일했다. 사업은 다시 일어났다. 나는 지프차를 타는 청년 실업가였다. 당시 목포에서 지프차를 타는 사람은 시장과 해군 사령관, 헌병대장 등 손가락에 꼽을 정도였다.

내가 전쟁의 포화 속에서도 빨리 일어설 수 있었던 것은 사업을 하면서 터득한 세 가지가 있었기 때문이다. 첫째는 경제계 전체의 흐름을 파악해서 그 흐름을 타는 것이고, 둘째는 적당한 모험을 해야 한다는 것이며, 마지막으로는 종업원들과 관계가 좋아야 한다는 것이다. '적당한 모험'이란 내게 주어진 여건을 살펴 늘 새롭게 도전했음을 말한다. 그 도전은 나를 늘 설레게 했다. 경영 철학이라 말하면 너무 거창하지만, 실제 경영을 통해 얻은 요령이었으니 내게는 소중한 자산이었다. 또 나는 직원들과 좋은 관계를 가지려 애썼다. 앞

목포에서 사업하던 시절. 아랫줄 맨 왼쪽이 나.

에서 얘기했듯이 전쟁이 터져 집을 뺏기고 오갈 데 없었던 우리 식구들을 보호해 준 사람이 바로 우리 배 선장이었다.

우리 회사 직원들은 내가 경찰서와 교도소에 갇혀 있을 때에도 "결코 악덕 기업주가 아니니 선처해 달라"고 모두의 이름으로 탄원서를 내기도 했다. 한 치 앞길을 알 수 없는 전쟁의 소용돌이 속에서도 그들이 나를 생각해 준 것에 나는 지금도 행복한 마음이 든다. 그들에게 고맙고, 그들의 마음을 얻은 내 자신이 자랑스럽기도 하다.

징발당한 우리 배 한 척은 정부의 군수품을 수송하는 데 이용되었다. 나도 우리 군을 돕고자 1950년 연말에 해상방위대 전남 지역 본부를 결성하여 오재균 씨가 대장이 되고 나는 부대장이 되었다. 우리는 전쟁에 필요한 식량이나 군수품을 선박으로 날라 주었다. 해상방위대는 정규군처럼 직접 싸우지는 않았다. 게릴라 소탕 같은, 국지전을 돕는 것이 주된 임무였다. 방위군이 결성되자 젊은이들의 지원이 물밀듯 이어졌다. 모두 공산 치하를 겪어 보고 더 이상 그들에게 속지 않고, 더 이상 그들에게 이 땅을 내주지 않겠다며 방위군 소집에 응했던 것이다.

해운업을 하면서 나는 자연 해군 목포경비소 장교들과 관계를 맺을 수밖에 없었다. 해상방위대는 해군 목포경비소의 영향 아래 놓여 있었기 때문이다. 그중에 기억나는 사람은 오세동 씨와 박성철 씨다. 박성철 씨는 나중에 해병대로 편입되어 소장까지 지냈고, 1980년 신군부 쿠데타 직전까지 내 경호실장을 맡았다. 그는 끝까지 나를 돕다가 5·17 이후 함께 잡혀가 고초를 겪었다. 계급도 박탈되고 사후에 국군묘지에도 묻히지 못했다. 나는 그것이 너무 억울하고 안됐기에 끈질기게 이를 바로잡아 달라고 요청해서 마침내 국군묘지로 옮길 수 있었다. 양순직 같은 이들도 당시 목포경비소에서 만났다. 그는 목포경비소 공보 담당 정훈장교(중위)였다. 훗날 나와 함께 평민당에서 활동했다. 바다 위에서 만난 인연이 다시 뭍으로 이어질 줄은 당시에는 몰랐다.

나는 1950년 10월, 목포일보사를 인수했다. 일제 시대 남북한을 합쳐서 지방지로는 제일 큰 신문사였다. 전쟁이 계속되자 신문사도 경영에 큰 타격을 입었다. 기자들을 비롯한 종업원들이 내게 인수 의향을 물었다. 평소 언론에 관심이 많았던 나는 망설이지 않고 인수했다.

나는 기자들에게 공정 보도를 주문했다. 어느 누구도 왜곡 보도로 피해를 입어서는 안 된다는 것을 사시(社是)로 내걸었다. 한번은 박숙희 한국은행 부총재가 목포 지방 시찰을 왔다가 우리 신문사에 인사차 들렀다. 한국은행 목포지점장과 함께 사장실에 들어선 그는 나를 보더니 "사장님은 어디 가셨느냐?"고 물었다. 그러자 함께 온 지점장이 화들짝 놀라며 어쩔 줄 몰라 했다.

"앞에 계신 분이 사장님이십니다."

그러자 그는 새파랗게 젊은 사람이 사장일 줄은 상상도 못했다며 내게 손을 내밀었다.

그날 밤, 지역 경제인들과 간담회를 가졌다. 나는 그 자리에서 지방에서 사업을 해 나가는 것이 얼마나 어려운 것인가를 조목조목 지적했다. 더욱이 은행들이 융자를 지역별로 차별하는 행태에 대해서 실례를 들어 설명했다. 같은 조건인데도 임시 수도 부산에서는 대출이 되고 목포에서는 안 되는 사례까지 구체적으로 열거했다. 내 말을 줄곧 경청하던 박 부총재가 일어나 내 이름까지 거명하며 칭찬을 했다.

"나는 오늘 참으로 놀랐습니다. 김대중 사장의 경제 현실 진단은 정확하고 모두에게 유익했습니다. 이런 인재가 있다는 것은 이 지역의 자산입니다. 여기 모이신 여러분들이 이런 인재를 키워야 할 것입니다."

과분한 칭찬이었다. 그는 내게 다가오더니 한 장의 메모를 쥐어 주었다.

'한국은행 목포 지점장 귀하.

김대중 사장이 요청한 대출건은 그대로 집행하는 것이 좋을 듯합니다. 한국은행 본점에서 보증을 서겠습니다.'

나는 돈도 빌리고 공개 석상에서 칭찬도 받았다. 그날 평소 품어 왔던 의견을 정리해 피력했지만, 아마 그들은 내가 신문사 사장이라는 것 때문에 이야기를 더 깊게 들었고, 내 논리에 더 믿음을 가졌을 것이다. 나는 목포일보사를 경영하면서 사장임을 내세워 행세를 하거나 압력을 행사한 적이 없다. 경영에만 모든 힘을 쏟았다. 회사를 안정시켜야만 기자들이 한눈을 팔지 않고, 그럼으로 해서 신문이 어떤 힘이나 이념에 흔들리지 않는 논조를 유지하며, 그래야 독자들의 신뢰를 얻을 수 있다는 판단에서였다. 나는 2년 정도 운영하다 사업 거점을 부산으로 옮기면서 다시 종업원들에게 신문사 경영권을 넘겼다. 그 후 김문옥 씨가 맡아 오래 사장을 지냈다. 그는 가수 남진의 아버지였고, 훗날 목포에서 국회의원(5대 민의원)도 지낸 명사였다.

전세가 다시 기울어 1951년 1월 4일, 서울이 다시 공산군에게 점령당했다. 정부는 다시 부산으로 옮겨 갔다. 임시 수도 부산에는 모든 기관이 모여 있었다. 나도 할 수 없이 사업 기반을 목포에서 부산으로 옮겨야 했다. 흥국해운주식회사를 설립하고 금융조합연합회(현재 농협중앙회)와 계약을 맺어 곡물이나 비료, 새끼, 가마니 등을 실어 날랐다. 나는 다섯 척의 배를 보유하고 있었지만, 다른 회사의 배를 전세 내어 십수 척을 운용했다. 당시 우리 가족은 부산 영도 남항동 시장 뒤쪽에서 살았다.

사업을 하면서 차츰 세상을 보는 눈이 달라졌다. 어찌 보면 새삼 세상에 눈을 떴다고 할 수 있다. 부산에서 많은 사람들을 만났다. 영도에 머물고 있는 조봉암 씨를 찾아갔고, 박익수, 김정례, 강영훈 씨 등과도 만났다. 그리고 고향 사람 김일남 씨와는 매일 만나 시국에 대한 얘기를 나눴다.

김정례 여사와의 인연은 좀 별나다. 나는 1·4 후퇴 직전에 배에 쌀을 가득 싣고 인천으로 올라갔다. 무척 추웠다. 쌀을 다 팔았을 때쯤 1·4 후퇴 피난민들이 인천 앞바다로 밀물처럼 내려왔다. 서둘러 목포로 내려가야 했다. 앞바다에 정박 중인 배를 타려고 가는데, 배 앞에서 어떤 젊은 여자가 우리 배에 사람을 태우고 있었다. 가만히 지켜보고 있으니 모든 것이 '제멋대로'였다. 내가 다가가 "누구시냐"고 묻자 그때서야 "선주되시냐"며 예를 갖추었다. 그러고는 몇 사람을 피난 보내야 하는데 배에 타게 해 달라고 부탁을 했다. 그는 붙임성이 있고 일 처리가 시원시원했다. 흔쾌히 부탁을 들어주었는데, 다시 부산에서 그를 만나게 되었다.

그때 부산에는 '면우회(勉友會)'라는 모임이 있었다. 서울의 대학생들 모임인 '면학(勉學)동지회' 회원들이 피난지에서 다시 만나 명칭을 면우회로 바꿨다. 나는 정식 회원은 아니었지만 그들과 어울려 인생과 철학과 조국의 내일에 대해서 이야기를 나누었다. 현실은 암울했지만 우리네 대화는 유익하고 건강했다. 그들과 몰려다니다 보니 나중에는 스스럼이 없어져 개인의 고민까지 털어놓기도 했다.

면우회에서 나는 이희호라는 여성을 만났다. 김정례 씨 소개로 여성청년단 회식 자리에서 잠깐 인사를 나눴고 면우회에서 깊은 대화를 나눴다. 훗날 내 생의 동지요 반려자가 되었지만, 당시에는 서로 배움에 허기진 젊은이일 뿐이었다. 그녀는 여성청년단을 한다면서 곧잘 군복을 염색한 옷을 입고 다녔다. 나에게는 그 차림이 오히려 여성스럽게 보였다. 하얀 이를 드러내며 웃을 때, 그 웃음이 참으로 예뻤다.

우리는 이상하리만치 이야기가 잘 통했다. 한번은 부산역 근처에 있는 감천이라는 곳으로 함께 산책을 나갔다. 내가 들꽃을 꺾어 주었다. 시국과 인생에 대한 이야기를 많이 나눴는데, 특히 정치 얘기를 많이 했다. 당시 이승만 대통령의 영구 집권 획책 등에 함께 분개하기도 했다. 그녀는 의견이 분명했고 생각이 깊었다. 나라와 개인 사정이 좋아지면 외국 유학을 가겠다고 말했다. 그녀는 당차면서도 따뜻했다.

전쟁보다 더 나를 절망케 하는 사건들이 터졌다. 온 산하가 전쟁에 짓밟히자 국민들의 마음도 찢겼다. 게릴라들이 자주 출몰하는 지역에서는 낮에는 국군이, 밤에는 인민군이 지배했다. 공포의 나날이었다. 1·4 후퇴가 시작되자 후방에 잠복해 있던 빨치산들이 들고일어났다. 마침내 1951년 2월 거창 양민 학살 사건이 터졌다. 경상남도 거창군 신원면 일대에서 빨치산 토벌 작전 중이던 국군이 적과 내통했다 하여 양민들을 죽였다. 10일에는 내탄 부락 골짜기에서 청장년 136명을, 11일에는 박산 계곡에서 527명을 중화기로 무차별 학살했다.

이 사건은 국회에서 거창 출신 신중목 의원의 폭로로 세상에 처음 알려졌다. 국회는 진상조사단을 파견했으나 당시 경남 지구 계엄사령부 민사부장인 김종원 대령이 1개 소대 규모의 국군을 빨치산으로 위장시켜 조사단에 총격을 가하며 조사를 방해했다. 이 사건도 지역 출신 의원의 폭로가 없었으면 묻혔을지도 모른다.

이와 유사한 양민 학살이 어찌 거창에서만 일어났을 것인가. 온 나라에 핏빛 사연이 스며 있고, 모든 산야가 이렇듯 무덤이었다. 국군이 죽이고 난 후 다시 빨치산들이 죽였다. 빨치산들이 물러나면 다시 국군이 죽였다.

이어서 '국민방위군 사건'이 일어났다. 중공군이 전쟁에 개입하자 정부는 17세에서 40세까지의 남자들로 국민방위군을 긴급 편성하여 이에 맞섰는데, 전황이 불리해지자 이들을 후방으로 집단 이송했다. 그런데 국민방위군 사령관을 비롯한 수뇌부들이 방위군에게 지급할 국고금과 군수 물자를 부정 처분하여 사욕을 채웠다. 당연히 병사들에게는 의복이나 식량이 제대로 지급되지 않았다. 길 위에서 굶어 죽는 자, 얼어 죽는 자들이 속출했다. 사망자가 수만 명이었다. 그런데도 방위군 수뇌들은 횡령, 착복한 돈으로 대구 시내 요정에 돈을 뿌렸다. 밤마다 지프차 트렁크에 돈을 가득 실어 날랐다고 했다. 그 시각에 병사들은 주린 배를 움켜쥐고 추위에 떨어야 했다.

이 사건으로 신성모 국방장관이 물러났다. 국회는 4월 30일 국민방위군 해체를 결의하고, 5월 12일 이를 실행했다. 방위군이 해체되자 겨우 목숨이 붙어 있던 방위군 병사들은 뿔뿔이 흩어져 대구 시내를 배회했다. 군인의 모습은 간데없고 허기진 거지 떼에 불과했다. 그들은 시장을 헤매며 구걸 행각을 벌였다. 이를 본 시민들의 분노는 하늘을 찔렀다. 육상방위군에 이어 내가 몸담고 있던 해상방위대도 이 사건으로 해산하게 되었다. 한마디로 나라가 아니었다.

이듬해인 1952년 5월 26일 부산 정치 파동이 일어났다. 북한군이 서울을 장악하고 있었고 전선에서는 5월의 신록 같은 젊은이들이 목숨을 바쳐 나라를 지키고 있었건만 임시 수도 부산에서는 치졸한 작태가 벌어졌다. 정치 파동은 1950년 5월 30일에 실시된 제2대 국회의원 선거에서 무소속 의원들이 60퍼센트 이상을 차지함으로써 비롯되었다. 당시 대통령은 국회에서 간접 선거로 뽑았고, 이승만 대통령의 임기는 1952년 7월이면 끝이 났다. 따라서 이 대통령이 계속 집권하기란 불가능한 상황이었다.

이에 이 대통령은 국민이 직접 대통령을 선출하는 직접 선거로 바꾸려 했다. 그러기 위해서는 헌법을 개정하고, 의원들을 포섭해야 했다. 이 대통령은 자유당을 새로 만들었다. 이에 맞서 야당 측은 대통령 중심제를 의원 내각제로 바꾸어 총리가 국정의 책임을 지도록 하려 했다.

이런 기류를 감지한 이 대통령 지지 세력은 대통령 직접 선거를 촉구하는 민중 대회를 열었다. 폭력 조직과 우익 단체들이 배후에서 이를 조종했다. 그리고 국민의 뜻이라며 폭력배를 동원하여 의사당을 포위했다. 마침내 계엄령을 선포하고 야당 의원들을 체포했다. 야당 의원들에게는 국제공산당원이라는 올가미를 씌웠다.

이런 상황에서 당시 국무총리였던 장택상 씨가 타협안을 내놓았다. 그것은 대통령은 직접 선거, 국회는 이원제로 구성한다는 것이었다. 이른바 발췌 개헌이라 불리는 타협안을 통과시키기 위해 야당 의원을 국회로 강제 연행했다. 구금 중인 의원들도 일단 석방한 후에 다시 의사당에 연금시켜 정족수를 채웠다. 이렇게 경찰과 폭력배가 의사당을 겹겹이 에워싼 채 대통령 직선제와 국회 이원제를 골자로 한 헌법 개정안이 국회를 통과했다.

나는 이렇듯 반공이란 이름으로 독재 정권을 연장하는 친일파와 그 동조자들의 야욕을 똑똑히 지켜봤다. 국민의 대표들이 독재자에 의해, 또 독재자를 위해 간단하게 굴복하거나 변절하는 것을 보고 충격을 받았다. 나는 정치와 정치인에 대해서 깊은 생각을 하게 되었다.

오래전부터 나는 정치에 비상한 관심을 가지고 있었다. 또한 나름대로 정치적인 소질을 지녔다고 생각했다. 그렇지만 내가 정치를 해야겠다고 결심을 하게 된 것은 하나의 사변과 또 하나의 사건을 겪으면서이다. 바로 한국전쟁과 부산 정치 파동이었다. 나는 한국전쟁을 겪으며 지도자가 거짓말하는 것을 보았다. 위정자의 빈번한 거짓말은 결국 나라를 위기로 몰아갔고, 국민을 절망 속으로 밀어 넣었다. 지도자가 깨끗하지 못하면 사회가 혼탁하고, 국민을 기만하면 나라가 무너진다는 것을 느끼고 보았다. 정치가 바르지 못하면 인권은 짓밟히고 생명과 재산도 지켜 내지 못한다는 사실을 사선(死線)을 넘으며 가슴에 몇 번이나 새겼다.

또 하나는 국민의 이름으로 폭력을 동원하여 집권을 연장했던 부산 정치 파동이었다. 국민의 뜻이 아닌데도 독재 정권은 민의(民意)를 도용하여 국회를 무력화시키고 헌법을 멋대로 고쳤다. 나는 국민을 섬기는 참다운 민주주의가 아니면 국민이 참된 행복을 누릴 수 없다고 결론 내렸다. 그래서 정치가 제자리를 찾으면 모든 것이 제자리를 찾게 될 것이라는 믿음을 갖게 됐다. 나는 정치에 뛰어들었다. 내게는 가슴 뛰는 사건이자 고난의 시작이었다.

떨어지고 또 떨어졌다

(1954 ~ 1959)

1954년 목포에서 제3대 민의원 선거에 입후보했다. 무소속으로 출마했다. 여당인 자유당에는 곁에도 가기 싫었고, 야당인 민주국민당에서 공천 제의를 해 왔지만 거절했다. 그럴 만한 이유가 있었다. 목포 지구 노동조합이 나를 지지한다고 약속했기 때문이다. 당시 노동조합의 영향력은 대단했다. 지난 2대 총선거에서도 노조 출신이 당선된 바 있었다. 노조가 당락의 열쇠를 쥐고 있었다. 그런 노조의 위원장과 간부들이 나를 지지하겠다고 나선 것이다.

그들은 내가 노동자의 주장과 입장을 편견 없이 평가하고 인정한 점, 경영자로서 노동자의 처우 개선에 노력한 점 등을 높이 산 듯했다. 그들은 나를 지지하는 조건으로 노동조합이 반대하는 민주국민당 등 야당 후보로 입후보하지 말 것을 요구했다. 나는 흔쾌히 그 요구를 받아들여 무소속으로 출마했다. 목포상업학교 동창들도 나를 위해 뛰었다. 승리가 눈앞에 어른거렸다.

그런데 뜻밖의 일들이 벌어졌다. 경찰, 군청 등 관권이 선거에 개입한 것이다. 본래 노동조합은 여당인 자유당을 지지하는 기간단체였다. 경찰은 그걸 약점으로 삼아 노동조합 간부 전원을 체포했다. 그리고 그들을 추궁했다.

"왜 기간단체의 주체인 자유당 후보를 밀지 않고 무소속 후보를 조직적으로 지지하느냐?"

경찰은 노조 간부 한 사람씩을 불러내 김대중 후보가 아닌 자유당 후보를 지지하겠다는 각서를 쓰게 했다. 풀려난 간부들은 경찰이 철저히 감시했다. 그들은 자유당 후보 지지 연설에 동원되었다. 날벼락이었다. 노조 간부들은 그런 가운데서도 손가락으로는 내 기호를 펼쳐 보이며 연설을 했지만 아무런 소용이 없었다. 너무도 어이없는 일들이 눈앞에서 벌어지고 있었다. 하지만 정당이 없는 무소속 후보에게는 이런 난관을 뚫고 나갈 힘이 없었다.

투표 결과 10명의 후보 중에서 5등을 했다. 패했지만 많은 것을 깨쳤다. 정당 기반 없이 선거를 치른다는 것은 너무 힘들다는 것을 알았다. 또 돈이 엄청나게 들었다. 아무리 퍼부어도 끝이 없었다. 우리나라 정치가 이래서는 안 되겠다는 생각을 했다. 김진해 노총위원장과 간부들은 선거 후 나를 붙잡고 통곡했다. 이북 출신인 김 위원장은 진보적인 생각을 갖고 있었다.

선거 이듬해 1955년 나는 목포를 떠나왔다. 목포는 하의도 섬 소년을 사로잡았던 매력적이고 역동적인 도시였다. 사랑을 맺고 아이를 얻은 둥지였다. 세상을 바라보는 안목과 지혜를 길러 준 지식의 터전이었다. 정말 목포는 나의 또 다른 고향이었다.

상업 도시에서 상업학교를 나와 사업을 했기에 내 인생은 풍요로웠다. 목포에는 나의 땀과 열정이 스며 있는 사업체가 있었다. 막상 떠나려니 지난 일들이 떠올랐다. 일제 강점, 해방, 전쟁…… 참으로 많은 일들이 일어났다. 그러나 그 옛날 섬에서 목포로 왔듯이, 이제 목포에서 서울로 가기로 했다. 순전히 '정치' 때문이었다. 아내는 묵묵히 이삿짐을 꾸렸다. 그런 아내가 고맙고 미더웠다. 우리는 어린 자식 손을 잡고 떠나왔다. 하지만 그 후로도 목포는 분에 넘치도록, 눈물겹도록 많은 것들을 내게 안겨 주었다.

사업은 순차적으로 접었다. 용산구 남영동에 집을 마련하고 아내는 그곳에 미장원을 차렸다. 나는 삼각지 근처에 있는 한국노동문제연구소에 출근했다. 친구 차국찬은 소장이고 나는 주간이었다. 그 무렵 노동 문제에 대해 많은 글을 썼다. 당시 기업들은 노동조합을 매수하거나 억압했고, 또 노동조합은 자유당 기간단체로 전락하여 자유당 선거에 이용당하곤 했다. 나는 이러한 폐단을 적시하고 노사 상생의 길을 모색했다. 일본의 사례를 찾기 위해 명동 뒷골목을 뒤져 책과 잡지를 구입하기도 했다. 나의 글은 『동아일보』와 월간지 『사상계』에 실렸다. 특히 『사상계』에는 「한국 노동 운동의 진로」라는 제목의 논단을 기고했다.

나는 또 월간 잡지 『신세계』의 주간도 맡았다. 훗날 출판인으로 성공한 윤형두 범우사 회장이 기자로 함께 일했다. 『신세계』는 독재 정치에 반대하고, 경제 자유와 사회 개혁을 주장했다. 야당의 노선과 같아서 정부의 탄압을 받았다. 광고가 붙지 않고, 은행 대출도 막혀 결국 폐간하고 말았다.

이와는 별도로 '동양웅변전문학원'이란 이름의 웅변 학원을 운영했다. 당시 웅변은 정치인의 최대 무기였다. 50명 안팎의 원생들을 가르쳤는데 그중에는 웅변 강사도 더러 있었다. 직장인, 정치 지망생들이 많았다. 야망을 웅변에 담는 연습이었다. 목소리 높낮이, 제스처, 원고 내용까지 세심하게 연마했다. 나는 목포상고 때부터 웅변에는 소질이 있었다. 훗날 정치적 동지 김상현, 김장곤 의원도 이때 학원에서 만났다.

1956년 3월 공화당이 창당됐다. 배은희, 장택상, 이범석 등을 최고위원으로 추대했다. 나는 공화당 창당에 많은 일을 했다. 문서도 작성하고 공보 업무도 도맡았다. 그런 활동으로 비록 무명이었지만 대변인에 발탁됐다. 장택상 최고위원은 내게 많은 도움을 줬다. 나를 장기영 『한국일보』 사장에게 논설위원으로 추천해 주기도 했다. 그러나 공화당은 장택상, 이범석 최고위원 간에 노선 갈등을 빚자 당원들이 무더기로 탈당했다. 나도 이내 탈당했다. 공화당은 내부 분열로 1년도 채 버티지 못하고 그해 연말에 소멸했다.

1956년 5월, 대통령 선거가 실시되었다. 이승만 대통령과 민주당 신익희 후보 간의 다툼이었다. 부통령 후보로는 이기붕, 장면 씨가 출마했다. 나는 아직 민주당에 입당하지는 않았지만 신익희 후보와 장면 후보를 지지했다. 신 후보는 정권 교체를 열망하는 국민들과 야당 연합 세력의 전폭적인 지지를 받고 있었다. 선거가 종반에 접어들자 우열은 더욱 분명해졌다. 정부의 관리들도 신 후보 진영에 은밀히 줄을 섰다. 지방 경찰서장 등이 야당 간부를 찾아가 충성 맹세를 했다는 이야기도 떠돌았다. 누구도 신익희 후보의 압승을 의심하지 않았다. 당시만 해도 집권 자유당의 부정 선거 수법은 수준이 낮았다. 민심은 정권 교체를 원했다.

그러나 평화적 정권 교체의 열망은 투표 열흘 전에 날아가 버렸다. 전라북도 지역 유세를 하러 가던 신익희 후보가 열차 안에서 뇌출혈로 갑자기 사망한 것이다. 신익희 후보가 사망하자 신익희 후보를 지지하던 많은 사람들은 조봉암 후보에게 투표하거나 혹은 기권했다. 또한 조봉암 표가 개표 과정에서 이승만 표로 둔갑했다는 얘기도 들렸다. 이승만 후보는 국민의 뜻과는 달리 3대 대통령에 당선되었다. 역사는 이렇듯 국민이 원하는 방향으로만 흘러가지 않았다. 그나마 한 가지 다행스러운 것은 부통령으로 민주당의 장면 후보가 당선된 것이다. 그것은 민심이 만들어 낸 희망이었다. 부통령은 '사사오입 개헌'으로 대통령 유고시 잔여 임기까지 대통령의 직무를 맡게 되어 있었다. 그때 이승만 대통령의 나이 만 81세였다. 여당인 자유당은 만일의 경우에도 정권을 인계받기 위해서 이기붕 후보의 당선을 위해 총력을 기울였다. 어찌 보면 부통령을 뽑기 위한 선거였다. 하지만 자유당이 마련한 권력의 안전장치는 오히려 '시한폭탄'이 되어 버린 셈이었다. 엄연한 국민의 심판이었다. 그러자 이번에는 재차 헌법을 개정하여 '부통령의 대통령 승계권'을 없애려 공작을 꾸몄다. 민주당은 이를 막으려 모든 힘을 기울였다. '부통령의 대권 승계'는 태풍의 눈이었다.

나는 독실한 가톨릭 신자인 장면 부통령을 대부(代父)로 모시고 가톨릭 신자가 되었다. 1956년 6월 명동성당 노기남 대주교 사무실에서 장면 박사가 지켜보는 가운데 중림동 성당의 김철규 신부가 집전하였다. 세례명은 '토머스 모어(Thomas More)'였다. 세례명을 내리며 신부님은 이렇게 말했다.

"토머스 모어는 영국의 사상가요 정치가입니다. 가톨릭 교회에서 분리해 나온 헨리 8세의 명령을 따르지 않고 순교를 택한 분입니다. 이혼을 인정하라는 당시 절대 권력자의 요구를 뿌리치고 작두에 목이 잘렸습니다. 당신도 교회를 위해서 이렇게 순교할 각오를 하며 이 이름을 받으시오."

나는 순간 섬뜩했다. '토머스라면 위대한 신학자 토마스 아퀴나스(Thomas Aquinas)도 있는데 왜 하필 목 잘린 사람을 세례명으로 주는가.' 물론 믿음이 부족했기 때문이다. 하지만 시간이 지나 토머스 모어의 진면목을 알게 되면서 신이 내린 은혜로 받아들였다. 토머스 모어가 감옥에 갇혀 있을 때 많은 사람들이 찾아와 왕의 뜻을 따르고 목숨을 건지라고 애원했지만 듣지 않았다. 하느님을 배신할 수 없다는 이유였다. 그는 막강한 권세와 부귀영화를 누릴 수 있었지만 청렴한 생활과 종교적 믿음을 끝까지 버리지 않았다. 토머스 모어는 성경책 속에 들어 있지 않고, 역사에 숨 쉬는 인물이라는 점이 더욱 나를 끌어당겼다. 이후 내 정치 역정은 유달리 험했다. 몇 번의 생과 사를 넘나들었던 것이 세례명의 암시였는지, 아니면 나 자신이 세례명에 걸맞게 살려 했기 때문인지 모르겠다. 그저 신의 뜻이라 여기며 나와 내 의지를 지켜 주심에 감사드릴 뿐이다.

내가 가톨릭 신자가 된 것은 아내 친정이 독실한 신자 집안이었던 영향도 컸다. 그리고 당시 천주교 서울 교구 사무국장이었던 친구 최서면도 입교를 적극 권유했다. 또한 나는 신부와 수녀들을 존경하고 흠모했다. 평생 독신으로 산다는 것이 인간으로서 얼마나 힘든 일인가. 내가 할 수 없는 일을 그들은 하고 있었다. 그리고 가톨릭 교회의 단합된 모습이 참 좋았다. 장면 박사에게서도 많은 감화를 받았다. 그분의 언행은 천주교 신자로 흠잡을 데가 없었다. 포교를 위해서도 많이 애를 썼다. 천주교의 덕목을 몸소 실천했다. 이런저런 인연과 좋은 이미지들이 나를 천주교 신자의 길로 이끌었다.

장면 부통령과의 이런 인연으로 9월 25일 민주당에 입당했다. 민주당은 1955년 9월 신익희, 조병옥, 장면, 곽상훈, 백남훈에 의해 창당되었다. 당시 민주당은 이승만 독재 정권과 싸웠고, 경제적으로는 관권 경제를 반대했다. 남북 관계에서도 평화 통일을 지향했다. 나는 이에 공감했고, 자연스럽게 진보 성향의 민주당을 택했다. 민주당은 신·구파로 나뉘어 주도권 싸움을 벌였다. 구파는 과거 한민당 계열의 인물들이 많았고, 신파는 천주교, 흥사단, 관료 출신들이 많았다. 문화적인 차이도 있었다. 구파가 '정치적'이라면, 신파는 '정책적'이었다. 자연 구파는 정부 여당과 타협적이었고, 신파는 대결적이었다.

나는 신파에 속했다. 노선이 한층 진보적이며 개혁적이었고, 또 내가 존경하는 분들이 신파에 많았다. 또 신파는 장면 박사가 이끌었고, 평생 나를 지지하고 성원해 준 정일형 박사도 계셨다. 평소 노동 문제에 관심이 많았던 나는 당의 노동부에서 활동했고, 얼마 뒤에는 노동부 차장이 되었다.

내가 입당하고 며칠 뒤 장면 부통령 저격 사건이 발생했다. 9월 28일 전당대회에서 연설을 마치고 퇴장하는 부통령을 향해 괴한이 달려들었다. 그의 권총이 불을 뿜었다. 전당 대회장인 서울 시공관은 비명에 휩싸였다. 부통령은 다행히 왼손에만 부상을 입었다. 범인은 제대 군인이었다. 그 배후에는 물론 자유당과 집권 세력이 관여했음은 불 보듯 뻔했다. 소위 '시공관 저격 사건' 발생 직후 장면 부통령이 입원해 있는 병원을 찾아갔다. 누워 있는 부통령을 보자 눈물이 났다. 나는 부통령의 피격을 보면서 암담한 정치 현실과 이 땅의 민주주의의 내일을 생각했다. 고개 숙여 한참을 울었다.

그즈음 진보 정치인 조봉암 선생을 만났다. 정치 현안에 대한 고견을 듣고 싶었다. 선생이 기거하는 서울 사직동 도정궁을 찾아갔다. 조 선생은 부산 피난 시절 영도에 있는 그의 집에서도 뵌 적이 있었다. 조 선생은 공산당에 깊이 몸담았지만 공산당을 공개 비판하고 좌익 세력과는 완전 결별하여 주목을 받았다. 초대 농림부 장관을 지냈고, 또 대통령 후보로 나서 선전했다. 당시에도 시대를 앞서 가는 정치인으로 진보적 사회민주주의 노선이 주목을 받고 있었다. 내가 선생께 건의했다.

"선생님께서는 공산당도 겪어 보시고 다시 민주 진영에서 일하고 계십니다. 따라서 국민에게 왜 공산당이 나쁜지를 알리는 적임자 같습니다. 공정한 입장에서 왜 공산당을 그만두셨는지 얘기하면 국민들도 그 실상을 제대로 알게 되고 지지도 올라갈 것 같습니다."

그러자 조 선생은 의외의 말을 했다.

"김 동지 말이 맞긴 한데, 그럴 경우에 지지층이 이탈할 수도 있다고 우려하는 사람도 있습니다."

나는 실망했다. 지도자라면, 적어도 조봉암 같은 큰 정치인이라면 국민을 위해 결단할 때 결단해야 한다고 생각했다. 자신에게 집결되는 표도 중요하지만 그 표에 대해서 할 말은 하는 그런 용기가 필요하다고 생각했다. 설사 그 표가 떨어져 나가더라도 그렇게 했어야 했다. 그런데 그는 망설이고 있었다. 그 후 선생이 간첩 혐의로 사형을 당했기에 더욱 아쉬웠다. 내가 아는 조봉암 선생은 인간미가 넘치는 매력적인 인물이었다. 단지 난국을 돌파하는 요령이 부족했다.

1958년 봄, 다시 국회의원 선거철이 돌아왔다. 그러나 나는 고향 목포에서 출마할 수가 없었다. 이미 민주당의 정중섭 씨가 의석을 차지하고 있었기 때문이다. 현직을 밀어내고 나설 수는 없었다. 나름대로 궁리하고 당 수뇌부와 상의한 끝에 휴전선 근처의 강원도 인제에서 출마하기로 했다. 인제는 한국전쟁이 끝난 후 남쪽에 편입된 지역이었다. 나에게는 아는 사람 하나 없는 타향이었다. 하지만 한 가지 다행스러운 것은 군인과 군속, 그 가족이 유권자의 80퍼센트를 넘는다는 점이었다. 그 당시는 부재자 투표 제도가 없었기 때문에 군인들은 모두 근무지에서 투표를 했다. 당시 군은 야당을 지지하고 있었다. 자유당 정권과 함께 군대도 부패했음을 병사들은 잘 알고 있었다. 따라서 새로운 세력이 등장하여 세상을 바꿔 줄 것을 원했다. 당시 많은 병사들은 전투와 관계없는 잡일에 시달렸다. 나무를 베고 숯을 구워 시중에 팔기도 했다. 입대해서 숯만 굽다 제대한 사람도 있었다. 부당한 처우와 인권 유린은 다반사였다. 썩은 사회를 보며 새 세상을 꿈꾸지 않는다면 젊은이가 아닐 것이다. 병사들은 자연 야당을 지지했다. 당시에는 '지역감정'이라는 용어 자체가 없던 시절이었다.

출마하려면 먼저 등록을 해야 했다. 신청서를 냈을 때 경쟁 상대인 자유당 후보는 이미 등록을 마쳤다. 후보 등록에는 100명 이상 선거인의 추천이 있어야 했다. 그러나 이중 추천은 허용되지 않았다. 만약 선거인이 두 후보를 함께 추천했다면 먼저 것은 인정되지만 나중의 추천서는 무효였다. 그래서 행여 중복 추천이 있을까 봐 130명의 추천 서명을 받아 놓았다. 그러고도 만일의 사태를 우려하여 130명이 서명 날인한 추천 용지를 세 통씩 작성하여 나와 다른 두 명이 나눠서 지니고 있었다. 도중에 추천서를 빼앗기는 등의 돌발 상황에 대비한 것이었다.

이렇듯 각별하게 대비를 했던 것은 자유당이 재집권을 위해 부정 선거를 획책할 것이라 예상했기 때문이다. 이미 그런 기미는 곳곳에서 감지되었다. 후보 등록을 하기도 전에 정부와 여당은 야당 후보와 당원들 그리고 유권자들을 협박하고 매수했다. 그들의 부정 선거 수법은 몇 번의 선거를 치르면서 대담해지고 교묘해졌다.

나는 자유당 후보에 이어 별 탈 없이 두 번째로 인제 군청 선거관리위원회에 등록을 마쳤다. 그래도 행여 몰라 선관위 관계자에게 상대 후보를 추천한 사람의 이름을 알려 달라고 했다. 중복 추천이 있는가 알아볼 요량이었다. 그러자 그는 날이 저물었으니 내일 알려 주겠다면서 내가 지켜보는 앞에서 추천서 일체를 금고에 집어넣었다. 미심쩍은 구석이 없지 않았지만 일단 물러 나와 거리에 선거 포스터를 붙이고 플래카드를 내걸었다. 그런데 다음 날 가장 우려했던 일이 현실로 나타났다. 선관위에서 등록이 무효 처리되었다는 연락을 해온 것이었다. 나와 자유당 후보를 중복 추천한 사람이 70명을 넘었다고 했다.

나중에 안 사실이지만 그날 밤 그들은 나를 탈락시키기 위해 바삐 움직였다. 우선 금고 안에 있는 추천서를 꺼내 추천자들을 알아낸 후 다시 그들을 찾아가 자유당 후보를 추천토록 했다. 중복 추천자로 둔갑시켜 버린 것이었다. 군청 내무과장이 주동하고 경찰이 도왔다. 할 수 없이 새로 추천을 받아야 했다. 등록 마감까지는 딱 하루가 남아 있었다. 그러나 그 일은 쉽지 않았다. 아는 사람이 별로 없는데다 후보 등록을 방해하려는 자유당의 서슬이 퍼랬기 때문이다.

그래도 사람들을 찾아가야 했다. 유권자들을 방문해서 억울하고도 다급한 사정을 호소했다. 그런데 어느 집이건 도장이 없었다. 이장들이 집집마다 돌면서 비료 배급에 필요하다며 주민들의 인감도장을 몽땅 거둬가 버렸다. 추천 날인을 하려 해도 도장이 없었다. 할 수 없이 "지금은 인감이 없지만 김대중 후보를 추천한다. 김 후보 측이 도장을 새겨 날인해도 무방하다"는 문서를 만들어 손도장을 찍게 했다.

하지만 난감한 일이 또 생겼다. 도장을 새기려 도장 가게에 들르자 도장을 새길 수 없다고 했다. 경찰이 이미 손을 써 놨기 때문이었다. 마감 시간은 얼마 남지 않았기에, 누구라도 어떻게 해서든 도장을 새겨야 했다. 가장 빨리 도장을 새길 수 있는 재료가 무엇일까 생각해 보았다. 호박 꼭지였다. 묵은 호박 꼭지를 모았다. 선거 운동원들이 둘러앉아 호박에 이름을 새겼다. 인주를 묻혀 찍으니 도장은 도장이었다. 이렇게 해서 우리 정치사에 기록된 유명한 '호박 꼭지 도장'이 탄생했다. 우리는 다시 추천서를 선관위에 제출했다. 등록 서류 일체를 다시 제출하자 자유당 후보 측에서는 깜짝 놀랐다. 그래도 그들은 그대로 물러서지 않았다. 서류 심사를 다시 해야 한다는 등 시비를 걸었다. 그 때 선거관리위원회 위원장은 김창윤 씨가 맡고 있었다. 그는 서류를 검토하더니 소정의 양식을 제대로 갖추었으니 별 문제가 없다고 말했다. 김 위원장은 그 지역 등기소 소장으로 평소 품성이 곧아 지역 사회 신망이 높은 편이었다. 또 등기소는 소속이 사법부라서 권력으로부터 비교적 자유스러운 측면도 있었다. 그러나 자유당 측의 사주를 받은 다른 선관위원은 추천자 전원의 도장을 가져와야 한다고 우겼다. 나는 따졌다. 절차가 적법하고 내용도 하자가 없으니 등록은 당연히 유효한 것이라고 주장했다.

위원장만이 내 편을 들었을 뿐 선관위원 모두가 짜고서 나를 공박했다. 그러다가 위원장까지도 몰아세웠다. 김 위원장도 물러설 수밖에 없었다. 선거관리위원회는 추천자 전원의 도장을 가져오지 않으면 등록을 취소하겠다는 결정을 내렸다. 다시 내가 고함을 질렀다.

"선거관리위원회가 도장을 문제 삼아 부정 여부를 조사한다는 것은 엄연한 월권입니다. 이는 사법 당국의 권한입니다. 선관위는 형식적 요건만 갖춰져 있으면 등록해야 합니다. 그리고 그 도장의 유효 여부는 법정에서 가려질 문제입니다. 일개 군의 선관위가 판단하고 간섭할 일이 아닙니다."

사실 나중에 대법원에서 선거 무효 판결이 났을 때 대법관은 내가 말한 것과 똑같은 이유를 들어서 등록 취소는 부당하다고 했다.

고성이 오간 끝에 다음 날 결론을 내기로 했다. 서럽고 분했다. 잠을 이룰 수가 없었다. 아내는 말없이 그런 나를 지켜보고 있었다. 나는 아내에게 결코 부당한 처사에 굴복하지 않겠다는 뜻을 밝혔다. 아내가 말했다.

"옳은 길이면, 당신의 길이면 목숨 걸고 싸우세요. 당신에게 무슨 일이 있다면 자식 둘은 내가 책임질 테니 걱정 말고 당당하게 나가세요. 장부의 뜻을 펴세요."

아내에게 무슨 말을 해 줘야 했건만 할 말을 찾지 못했다. 인제는 나에게도 낯선 곳인데 아내에겐 오죽 생소할까. 그런데도 아내는 태연했고, 내게 힘과 용기를 북돋고 있었다. 봄밤은 깊어 갔고, 가끔씩 산새 소리가 방 안으로 들어왔다. 인제는 산 높고 골 깊은 오지였다. 숙소로 잡은 하숙방에서 우리 부부는 쉽게 잠들지 못했다.

다음 날 인제군 선거관리위원회는 후보 등록을 인정해 주었다. 나는 한숨 돌리고 서울로 향했다. 선거를 치르려면 준비할 것이 많았다. 그런데 그 사이 다시 등록이 취소되었다는 전갈이 왔다. 곧바로 지프차를 탔다. 서울서 인제까지는 8시간이 걸렸다. 마음이 급할수록 길은 험하고 멀었다. 지프차는 과속으로 커브 길에서 두 번이나 뒤집혔다. 차 지붕은 형편없이 구겨졌지만 엔진은 꺼지지 않았다. 다시 달렸다. 그날 오후 늦게 군청 선거관리위원회에 도착했다. 때마침 기호 추첨을 하려고 준비하고 있었다. 전복 사고로 온몸이 긁히고 멍이 들었지만 개의치 않았다. 선관위 사무실에 들어가 산이 무너져라 고함을 질렀다. 내 차림새와 기세에 눌려 누구도 내게 대꾸를 하지 못했다. 그러자 그 자리에 있던 나상근 자유당 후보가 경찰들을 향해 소리 질렀다.

"야 이놈들아, 왜 저놈을 밖으로 끌어내지 않는 것이야. 빨리 끌어내."

그러자 경찰들이 우르르 몰려들었다. 나는 쫓겨날 수 없었다. 그렇게 허망하게 물러설 수는 없었다. 어떻게 내려온 인제인데…… 얼마나 공들인 선거인데……. 부정하고 무도한 집단에게 꺾일 수는 없었다. 나는 책상 다리를 붙잡고 놓지 않았다. 그걸 놓으면 모든 것이 끝장일 것 같았다. 하지만 기어이 문밖으로 내동댕이쳐졌다.

여당은 곧 힘이었다. 무엇이든 다할 수 있었다. 나는 그렇게 쫓겨났다. 그때서야 상처가 욱신거렸다. 등록은 무효로 처리되었고, 내 꿈도 산산조각이 나 버렸다. 서럽고 분통이 터졌지만 어쩔 수 없었다. 서울에서 멀리 떨어진 인제군에서 일어났지만 그날 일은 '후보 등록 방해 사건'으로 언론에도 크게 보도되었다. 나는 군청 근처에 있는 육군 사단장 관사를 찾아갔다. 군은 이 억울함을 알아줄지도 모른다는 생각에서였다. 사단장은 자리에 없다고 했다. 정확히 기억은 나지 않지만 아마도 나를 피했던 것 같다. 당시 사단장은 박정희였다. 우리의 첫 대면은 이렇게 빗나갔다.

후보도 되지 못하고 선거판에서 강제로 쫓겨났지만 그대로 물러날 수는 없었다. 무소속 신형규 후보를 돕기로 했다. 승리할 가능성은 거의 없었지만 그의 운동원이 되어 열심히 뛰었다. 선거 운동이 끝난 후에는 개표소 참관인으로 부정을 감시했다. 예상대로 신 후보는 졌다.

나는 선거 틈틈이 제천의 이태용 민주당 후보와 춘천의 계광순 후보 지원 유세를 했다. 내가 지원 연설을 하면 청중들은 돌아가지 않고 계속 들었다. 두 시간, 세 시간 연설을 했다. 당시에는 텔레비전 같은 것이 없을 때여서 연설회는 하나의 공연에 다름 아니었다. 청중들은 내 연설에 박수를 치고 환호하였다. 그럴수록 신명이 솟아났다. 자유당의 독재와 무능을 통렬하게 꾸짖었다. 계광순 후보는 그런 나를 '끈끈이'라고 불렀다. 청중들이 한번 붙으면 떨어지지 않는다고 해서 붙여 준 별명이었다. 내 연설의 영향인지는 몰라도 두 사람은 모두 당선이 되었다. 그 선거에서 자유당 홍창섭 후보가 떨어졌는데 그는 가는 곳마다 "계광순한테 진 것이 아니라 김대중한테 졌다"고 말했다. 홍 후보는 선거가 끝난 후 관선 도지사로 발탁되었다. 그는 이후 인제에서 실시된 의원 선거에서 나에 대한 낙선 운동을 집요하게 펼쳤다. 일종의 보복이었다.

자유당은 전국에서 압승을 거두었다. 나는 선거가 끝난 후 곧바로 '후보 등록 방해 사건'을 법원에 제소했다. 그리고 1959년 3월 재판에서 이겼다. 인제에서 벌어진 부정 선거는 무효로 처리되었다. 그 판결이 내려진 날 나상근 씨는 의원 신분으로 국회에 있었다. 선거 무효 결정이 내린 줄도 모르고 단상을 향해 야유를 퍼붓고 있었다. 한 야당 의원이 다가가 그 사실을 알려 줬단다.

"방금 대법원에서 선거 무효 판결이 떨어졌소. 당신은 이제 국회의원이 아니오. 당장 여기서 나가야 한다고요."

그는 200여 명의 국회의원과 신문기자, 그리고 방청객들이 보는 앞에서 의사당 밖으로 나와야 했다. 그렇게 해서 나는 다시 보궐 선거에 출마했다. 그러자 이번에는 악랄한 흑색선전이 기다리고 있었다. 자유당에서는 경찰서장 출신인 전형산이라는 사람이 후보로 나섰다. 인제 같은 전방 지역에서는 사단장과 경찰서장이 모든 것을 쥐고 흔들었다. 여당 쪽에서는 우선 "아무런 연고도 없는 김대중에게 왜 표를 주느냐"며 지역 주민들을 선동했다. 그것은 시작에 불과했다. 그들은 나를 공산주의자로 몰기 위해 두 사람을 불러왔다. 이른바 저격수인 셈이었다. 앞에서도 밝힌 홍익선과 전라남도 광양 출신의 이도선이었다. 둘은 연설회장마다 나타나 나를 원색적으로 공격했다. 홍익선은 이렇게 말했다.

"김대중은 공산당원입니다. 나랑 같이 목포에 있었는데 왜 내가 그걸 모르겠습니까? 남교동 파출소를 습격한 주범이 틀림없습니다."

이도선은 나와는 얼굴 한번 맞대 본 적이 없었다. 그런데도 이렇게 말했다.

"김대중과 나는 함께 자랐습니다. 서로 고추까지 만지면서 컸는데 왜 모르겠습니까. 그는 틀림없는 공산당원입니다. 내가 오죽하면 여기까지 와서 호소하겠습니까. 공산당에 속지 마십시오."

이도선은 눈물까지 흘리며 그럴듯하게 호소했다. 최전방 인제는 민간인들도 거의가 북쪽 출신이라서 '반공'으로 뭉쳐 있었다. 총을 들고 맞서 있는 현역 군인들은 말할 필요도 없었다. 공산당이라는 소리만 들어도 치를 떨 정도였다. 유권자들은 그런 새빨간 거짓말을 믿었다. 정확히 말하면 속아 넘어간 것이다. 그들이 김대중을 알 리 없었다. 전라도에서 온 두 사람의 전라도 사투리만을 믿었다. 어찌 해볼 도리가 없었다.

이런 일도 있었다. 군대에 납품을 하는 마산 출신 정영극이라는 사업가가 있었다. 야당을 지지했고 나를 좋아했다. 그가 지역 사회에서는 거의 요정이라 할 만한 음식점에서 한턱을 냈다. 여자 종업원도 모두 들어와 앉았다. 선거에서 건투를, 승리를 빌어 주는 자리였다. 흥이 무르익을 무렵 나는 내일이 걱정되어 자리를 빠져나왔다. 숙소에 돌아와 막 자리에 누웠는데 누군가 방문을 열었다. 우리 지구당 부위원장이었다.

"위원장님, 여기 미인을 모셔 왔습니다. 오늘 저녁 함께 지내십시오."

그는 웬 젊은 여자를 방으로 밀어 넣더니 도망치듯 사라져 버렸다. 나는 깜짝 놀라 호통을 치며 부위원장을 불렀지만 그는 나타나지 않았다. 할 수 없이 방에 들어온 여자에게 내 처지를 얘기하고 돌려보냈다. 그러고 나서 다시 30분이나 흘렀을까 다시 방문이 벌컥 열렸다. 정복을 입은 경찰이 불쑥 나타나 방 안을 살피더니 황급히 거수경례를 올려붙였다.

"아이구, 실례했습니다. 저는 순찰 나온 경관입니다."

그러더니 허둥지둥 어둠 속으로 사라졌다. 일어나 곰곰 생각해 보니 뭔가 짚이는 게 있었다. 그 경찰관은 여자와 함께 있는 현장을 덮치려 온 게 분명했다. 정영극 씨가 꾸민 것은 물론 아니었다. 당시에 지역의 이름난 음식점에는 기관원이나 경찰들이 심어 놓은 정탐꾼들이 깔려 있었다. 그들 중 누군가가 꾸민 짓임이 분명했다.

자유당의 부정 선거 흉계는 군대까지 파고들었다. 군인들에게는 선거용 전단을 보낼 수도 없었다. 부대 안에 벽보를 붙일 수도 없었고 선거 운동 기간 중에는 일체 외출도 금지시켰다. 할 수 없이 나는 확성기를 들고 부대를 향해 연설을 했다. 어떻게든 내 정책을 유권자들에게 알리려 했다. 연설회를 열면 청중이라고는 사복형사와 군 첩보 기관원들뿐이었다. 그래도 나는 연설을 했다. 유권자가 집에서라도 들을 수 있도록 목청 높여 연설했다.

자유당 측은 투표 당일 다시 부정을 저질렀다. 각 부대의 책임자들이 투표장에 대기하고 있다가 투표용지를 일일이 점검했다. 일선 부대 중대장들은 아예 투표함을 타고 앉아 있었다. 여당 후보에게 표시한 것만 투표함에 집어넣고 내게 투표한 것은 찢어 버렸다. 이건 선거가 아니었다. 당시의 군인들은 다시 말하지만 거의가 야당을 지지했다. 일반 병사들 사이에서 부정행위에 대한 불만이 많았겠지만 항의 같은 것은 할 수 없었다. 인제는 최전방이었고, 지휘관들은 철저하게 상부의 명령에 복종했다.

나중에 지역별 득표 결과를 보니 군단 본부에서만 내가 이겼다. 알고 보니 군단 본부에서는 투표용지를 미리 까보는 직접적인 부정행위는 없었다고 했다.

유권자의 대다수인 병사들이 이렇듯 공개 투표를 한 셈이니 도저히 이길 수 없는 선거였다. 외지인이라고 선동하고, 공산주의자로 매도하고 그것도 모자라 투표 부정까지 자행했다. 그것은 다가올 대통령 선거를 겨냥한 부정 선거 예행 연습이었다. 나는 졌다. 질 수밖에 없었다. 나에게는 아무것도 남지 않았다.

1954년 목포, 1958년 인제, 1959년 다시 인제에서 계속 떨어졌다. 출마는 곧 돈이었다. 한 번만 출마해도 기둥뿌리가 뽑힌다는 것이 선거였다. 어느 날 보니 재산이랄 것이 하나도 남아 있지 않았다. 청년 사업가로 부와 명성을 얻었지만 남은 것은 아무것도 없었다. 집에는 식량조차 없었다. 집에 있기도 민망했다. 무작정 버스를 타면 마땅히 내릴 곳이 없었다. 만나고 싶은 사람은 있었지만 만날 수 없었다. 그렇게 하루하루를 그냥 흘러 보냈다. 어디론가 숨고 싶었지만 숨을 곳이 없었다.

나와 우리 가족이 이렇듯 실의에 차 있을 때 자유당에서 입당 제의가 들어왔다. 돈과 자리를 제시했다. 노골적인 유혹이었다. 당시에는 야당에 대한 탄압과 생활고를 견디지 못하고 여당으로 옮기는 국회의원들이 속출했다. 하물며 의원도 아닌 내가 그 유혹을 뿌리치기란 솔직히 쉽지 않았다. 그들은 의원급 대접을 해 주겠다며 홍정하듯이 구체적인 돈의 액수까지 제시했다.

"당신의 능력을 이대로 썩힐 셈이냐, 여당에 와서 그 재능을 활짝 펴 보라. 아무리 봐도 아까운 인물이다."

은밀히 다가와 소매를 끌었다. 속삭임은 달콤했다. 그러나 나는 이겨 냈다.

생활이 궁핍해서 다시 사업을 해보고 싶다는 생각이 들었다. 친구와 함께 동업을 하기로 했다. 경상남도 마산에서 고물상을 하고 있는 사람에게 사업 자금을 빌렸다. 그도 사업에 투자하는 형식이었다. 그런데 동업을 하는 친구가 그 돈을 갖고 도망을 가 버렸다. '사람 보는 눈이 그 정도인가.' 나 자신을 탓했다. 나는 그 마산 사람에게 솔직하게 모든 사정을 털어놓았다. 물론 그걸 입증할 아무런 물증은 없었다. 그리고 그 돈의 일부를 개인적으로 사용했다는 것도 고백했다. 그가 고발하면 나는 횡령죄로 처벌을 받게 될 상황이었다. 그러나 그는 나를 믿어 줬다.

"당신은 나쁜 짓 할 사람이 아니다. 전도가 유망한 사람이 이런 문제로 앞날을 그르쳐서야 될 말인가. 돈은 포기하겠다."

그저 고마울 따름이었다. 만일 당시 횡령죄 같은 것으로 입건되었다면 '정치인 김대중'은 없었을 것이다. 훨씬 나중에 내가 국회의원이 되었을 때 그 사람 집을 수소문해서 찾아갔다. 그는 고인이 되었고, 그의 부인과 아들이 가난하게 살아가고 있었다. 아들을 내 밑에서 일하게 했다.

아내 차용애가 세상을 떴다. 세상이 온통 푸르른 여름의 끄트머리였다. 돌

아내 차용애와 두 아들, 홍일과 홍업.

아보면 아내에게 너무 많은 것을 받았는데, 그것을 한 번도 갚지 못했는데 내 곁을 떠나갔다. 아내는 자주 가슴앓이를 했다. 그날도 가슴앓이가 심해 약을 먹었는데 그것이 어찌 잘못되었는지 혼수상태에 빠졌다. 마침 집에 있던 나는 의사를 부르러 뛰쳐나갔다. 의사와 함께 집에 오자 아내는 숨져 있었다. 부러울 것 없는 부잣집 딸을 데려와 고생만 시켰다. 병이 났어도 제대로 치료 한번 받지 못하고 저세상으로 갔다. 나는 통곡했다. 아내가 자살했다는 소문이 돌았다. 너무나 생활이 힘들고 남편의 잇단 실패의 충격으로 죽음을 택했다는 것이다. 아내의 고생은 남들도 다 알고 있었던 것이다. 내가 정계로 투신하면서 아내는 고생길로 들어섰다. 그리고 죽음에 이르렀다. 지금 생각해도 미안하다. 그리고 감사하다. 아내는 나를 진정으로 사랑했다. 모든 것을 아낌없이 쏟았다. 가세가 기울어 모든 것이 궁핍해도 아내는 결코 화를 내거나 짜증을 부리는 일이 없었다. 정치를 하겠다고 서울에 올라와서 우리 가족은 여덟 번이나 이사를 했다. 전세에 쫓겨 다녔다. 옮길 때마다 집은 작아졌다. 아내와 나는 집 있는 사람이 제일 부러웠다. 목포에서는 큰 집에 살았지만 그것은 과거의 일이었다.

아내는 미장원을 해서 살림을 도왔다. 그러다 가게가 빚으로 넘어가자 집에서 손님을 받았다. 말하자면 사설 미장원을 차린 것이다. 아내는 가족을 위해 어떤 일이든 마다하지 않았다. 한번은 둘째가 구멍 난 신발을 보이며 새 신을 사 달라고 했다. 신발 사 줄 돈이 없는지 아내는 아들을 나무랐다. 나는 그걸 바라만 봐야 했다. 대중 씨가 아니면 죽어 버리겠다던 아내, 전쟁 중에 서울 간 남편을 기다리다 방공호에서 아이를 낳았던 아내, 고초를 겪을 때마다 가족 걱정은 말고 장부의 길을 가라던 내 아내, 차용애. 이승만 정권 하에서 국가보안법 개악 저지 투쟁을 벌일 때도 아내는 당 간부 부인들과 광화문 등 거리 집회에 빠짐없이 참석했다.

나는 평생 그녀에 대한 감사와 추모의 정을 마음속에 지니고 살았다. 그런 아내를 가졌던 나는 진정 행복했다. 아내가 남긴 두 아들과 손자 손녀들을 볼 때면 때로 가슴이 뭉클해지곤 했다. 나는 가슴으로 그녀에게 말했다.

'보시오, 당신이 남긴 분신들이오. 당신은 결코 죽지 않았소. 이 아이들 속에서 영원히 사는 것이오. 당신이 그토록 착하고 아름다웠기에 이 아이들의 삶도 아름답고, 그 가정은 행복할 것입니다.'

아내를 묻고 두 아들 손을 잡고 남산에 올라갔다. 팔각정에 올라 서울 시내를 내려다보았다. 아이들에게 일렀다.

"어머니가 세상에 없다고 좌절해서는 안 된다. 잘 커야 한다. 그것이 어머니가 바라는 것이다. 어머니는 좋은 분이셨다. 너희도 알 것이다. 그런 어머니를 잊어서는 안 된다. 어머니는 저세상에서 너희들을 지켜보고 계신다."

어린 자식들은 말이 없었다. 돌아서서 나는 또 울었다. 잔인한 세월이었다.

2부

1959~1970년

“나는 지금 박 정권의 독(毒)에 서린 칼날 앞에 서 있습니다. 이 약한 나 하나를 놓고 비수를 들고, 도끼를 들고, 낫을 들고 덤비고 있습니다. 나는 권력도 금력도 신문도 방송도 없습니다. 나를 구하는 길은 오직 시민 여러분에게 있습니다. 권력도 돈도 없지만 나에게는 여러분이 있습니다.”

무너진 이승만 정권

(1959 ~ 1960. 4. 19)

자유당은 돌연 제4대 대통령 선거를 1960년 3월 15일에 실시한다고 발표했다. 건국 이래 굳어진 '5월 선거'를 깬 파격이었다. 뒤에는 물론 정략이 숨어 있었다. 당시 야당인 민주당은 대통령 후보 선출을 둘러싸고 파벌 싸움을 치열하게 벌이고 있었다. 개혁적인 신파와 보수적인 구파 간의 경쟁은 심각한 후유증을 예고하고 있었다. 이에 여당은 야당의 파벌 싸움을 부추겨 전선을 분산시키고, 양대 세력이 뭉칠 시간을 주지 않으려 선거 일정을 당긴 것이었다. 야당이 선거에서 힘을 쓰지 못하도록 동력을 앗아 버리겠다는 계산이었다.

1959년 11월, 민주당 대통령 후보 지명 선거에서 구파의 조병옥 당수가 뽑혔다. 장면 박사와는 불과 세 표 차였다. 다음 날 치러진 대표최고위원 선거에서는 거꾸로 장면 박사가 압도적으로 이겼다. 장면 박사의 강원도당 책임자였던 나는 전력을 다해 장 박사를 도왔다.

부통령 선거 운동 때 나는 트럭에 올라 확성기에 대고 가두방송을 하고 다녔다. 어느 날 강원도 부대 앞을 지나가는데 군인들이 철조망으로 몰려오더니 선전지를 서로 달라고 소리쳤다. 이 모습을 보고 우리를 뒤따라오던 자유당 유세 차량도 군인들에게 선전지를 주었으나 군인들은 받지 않고 가 버렸다. 그 모습이 매우 인상적이었다. 이미 민심은 자유당을 떠나 버렸다.

그런데 다시 4년 전의 악몽이 되풀이되었다. 조병옥 후보가 쓰러진 것이다. 너나없이 신익희 후보의 돌연한 죽음을 떠올렸다. 불길했다. 조 후보는 이듬해 1월 29일 미국으로 건너가 치료를 받았지만 살아서 돌아오지 못했다. 조 박사는 미 군정 경무부장을 지냈다. 군정 경무부장으로서 조 박사의 행적은 높이 평가하고 싶지 않다. 하지만 정치인으로 변신한 뒤로는 줄기차게 독재에 맞서 싸웠다. 조 박사가 없는 야당은 생각할 수 없을 정도로 그의 지도력은 탁월했다. 거기에 아량까지 지녔다. 특히 1956년 대통령 선거 때에는 신익희 선생에게 후보를 자진 양보해 후보 단일화를 이뤄 냈다. 정치인으로서의 금도를 지녔고, 무엇보다 용기 있는 분이었다.

민주당은 대통령 후보로 조병옥 박사를 등록했고, 이미 마감 시한이 지났기에 다른 후보를 내세울 수 없었다. 다시 이승만 대통령은 경쟁 상대 없이 선거 전에 당선이 확정된 셈이었다. 자연 선거의 모든 눈과 귀는 부통령 선출로 옮겨 갔다. 이승만 대통령은 4년 전보다 더욱 늙었고, 권력 승계권을 가진 부통령직은 그래서 더욱 중요해졌다. 그러나 민주당 구파는 조 후보가 사라진 선거판에 소극적이었다.

자유당은 달랐다. 최고 권력자 이승만은 노약했고, 그의 틀림없는 부하 이기붕은 병약했다. 권력에 기생하는 무리들에게는 '이승만 권력'이 바람 앞의 촛불처럼 위태롭게 보였을 것이다. 제1공화국은 곧 철저하게 '이승만 공화국'이었다. 6·25 당시의 무책임한 처신 하나만으로도 권좌에서 축출되었어야 마땅했지만 전쟁으로 인하여 오히려 독재 기반이 강화되는 기현상이 벌어졌다. 대통령 주위에는 노욕을 부추기는 친일파 간신배가 우글거렸다. 두꺼운 인의 장막이 쳐졌다.

'제2국민방위군 사건', '거창 양민 학살', '1952년 정치 파동', '농림부 부정 사건', '사사오입 개헌 파동', 『경향신문』 폐간', '불온 문서 투입 사건' 등 헤아릴 수 없는 폭정, 악정, 실정이 계속되었다. 권력이나 돈만 있으면 군대도 가지 않았다. 각종 원조금으로는 사욕 채우기에 바빴다. 검은돈이 너무 흔했다. 모든 것은 돈과 권력이 지배했다. 이승만에게는 고집은 있었지만 철학이 없었다. 신념이 흔들리는 지도자 주변에는 간신배가 들끓게 마련이다. 그것은 뜨거운 권력을 향해 생명을 걸고 달라붙는 나방들의 어지러운 곡예에 다름 아니었다. 나라는 이렇듯 어지러웠다.

대중 기반이 허약한 정부를 유지하려면 가장 무서운 정부로 위장해야 했다. 그들은 선거 부정을 통해 민심을 조작하거나 왜곡하여 집권 연장을 획책했다. 3·15 선거를 앞두고 국민의 분노와 자유당 정권의 폭정은 그 강도가 비슷해졌다. 돈과 모든 행정력을 동원한 더러운 선거는 언론의 경고에도 착착 진행되었다. 민주당 의원이었던 구철회, 김규만, 김삭, 송영주, 허윤수 등이 돈에 팔려 자유당에 입당했다. 이승만은 가는 곳마다 이기붕을 뽑아야 이 나라가 잘된다고 했다. 전남 여수와 광산에서는 민주당원이 괴한들의 습격을 받아 숨졌다. 깡패 집단인 신도환의 반공청년단, 임화수의 반공예술인단, 이정재의 동대문 조직 등이 자유당을 지키는 충견이 되어 날뛰었다.

정·부통령 선거일인 3월 15일. 나라는 그야말로 불법, 무법 천지였다. 곳곳에서 경찰과 반공청년단이 투표소를 포위했고, 야당 참관인들은 돈에 매수당하거나 몰매를 맞고 투표소에서 쫓겨났다. 김포에서는 자리를 지키겠다던 야당 참관인을 괴한들이 칼로 찌르고 달아났다. 사전 투표, 무더기 표로 자유당 표가 유권자보다 많이 나오는 지역이 속출했다. 당황한 중앙선거관리위원회는 개표를 중단하고 득표율을 깎아내리느라 진땀을 흘렸다. 자유당은 사방팔방으로 전통을 띄웠다. "이기붕의 표를 줄여라." 전국 어디서나 비슷했다.

마산 시민들이 거리로 쏟아져 나왔다. 거의 모든 투표소에서 야당 참관인이 쫓겨나고, 투표용지를 거꾸로 접게 하여 사실상 공개 투표를 하게 했고, 좀 의심스럽다 하는 사람의 투표용지는 아예 뺏어가 버렸다. 그러자 시민들이 부정 선거 폭로 방송이 한창인 민주당 사무소 앞으로 하나둘 모여들었다. 오후 3시가 넘을 무렵 시민과 민주당원들이 시위에 돌입했다. 경찰의 제지로 일단 해산했던 시위대는 어둠이 내리는 저녁 7시 민주당사 앞에 모였다. 그 수가 1000명이 넘었다. 학생들과 합세해 시청을 향해 나아갔다. 이 골목 저 골목에서 함성이 쏟아졌다.

"공정 선거 실시하라, 부정 선거 다시 하라."

끝내 성난 군중과 당황한 경찰이 충돌했다. 경찰 소방차가 물을 뿜으며 시위대를 향해 돌진했다. 시민, 학생들은 맹렬하게 돌멩이를 던졌다. 소방차 운전사가 달아나고, 소방차는 저 혼자 달리다 전신주를 들이받았다. 고압선이 흐르던 전신주가 쓰러지자 마산 시내는 암흑세계로 변했다. 순간 사위가 조용해졌다. 사람들은 일순 어둠 속에 잠겼다. 그러자 갑자기 총성이 정적을 찢었다. 암흑 속의 마산 시내는 총소리와 비명 소리가 엉켰다. 시위대는 여러 갈래로 몰려다녔고 경찰은 지프차와 소방차의 헤드라이트를 켜고 시위대를 추적했다. 그들은 시민들에게 무차별 총격을 가했다. 총소리는 자정 무렵에야 멎었다. 이날 밤 4·19 혁명의 가장 고운 꽃 김주열이 죽었다. 17세, 마산상고 입학생이었다.

경찰이 발포한 고성능 최루탄은 터지지 않고 김주열의 눈 속에 박혔다. 경찰은 주검이 너무 참혹하자 시체에 돌을 매달아 바닷속에 버렸다. 그러나 실종 27일 만에 김주열은 그 돌을 뿌리치고 떠올랐다.

하루하루가 숨 가쁘게 돌아갔다. 나는 당시 인사동에 있는 민주당 당사에서 선전부 차장을 맡고 있었다. 선전부장은 조재천 의원이었는데 명대변인 출신으로 당시 가장 촉망 받던 야당의 스타 정치인이었다. 그는 4·19 이후 들어선 민주당 정부에서 법무부 장관에 임명되었다. 장면 박사는 부통령 선거에서 참패했다. 하지만 부정 선거를 규탄하는 국민들의 외침이 예사롭지 않았다. 마산에서 들려오는 시위대와 경찰 간의 유혈 충돌 소식은 정국을 극도로 긴장시켰다.

전국 각지에서 탄원이 빗발쳤다. 민주당이 나서 달라는 것이었다. 민주당은 4월 6일 부정 선거 규탄 가두시위를 하기로 했다.

나와 김홍주 둘이서 확성기를 목에 걸기로 했다. 시위대 앞과 뒤에서 구호를 외치는 역할을 내가 맡았다. 만일 경찰이 강제 진압을 한다면 확성기로 구호를 외치는 사람이 최우선 표적이 될 수밖에 없었다. 마산 등 지방의 시위에 대해서 정부는 가차 없이 무력 진압을 자행하고 있었다. 또 내무장관 담화를 통해 만약 민주당이 가두시위를 강행한다면 무력으로 진압하겠다고 공개적으로 천명했다.

가두시위를 벌이려 집을 나서려는데 갑자기 눈앞이 아득해졌다. 시위대 앞장을 선다는 것은 독재 정권에 목숨을 내놓는 일이었다. 아내는 죽고 먹을 것은 없었다. 잘 다녀오시라고 절하는 두 아들, 말없이 아들을 배웅하는 어머니를 보니 기가 막혔다. 비통함과 죄책감이 동시에 들었다. 갑자기 목이 메었다. 그렇다고 가지 않을 수도 없었다. 돌아서서 하늘을 봤다. 그리고 모든 것을 하느님께 맡기기로 했다.

'누군가 해야 할 일이다. 6·25 전쟁 때 총살당했으면 내 목숨은 없었을 것이다. 남은 인생은 덤으로 받은 것일진대 아까워할 것은 없다. 최선을 다해 살자.'

우리는 서울 시청 앞에 모였다. 처음에 수백 명이던 시위대는 금세 수천 명으로 불어났다. 수만 명의 시민들이 길 양편에서 우리를 지켜봤다. 구호를 외치자 기다렸다는 듯이 경찰들이 에워쌌다. 하지만 경찰은 기존의 강경 진압 방침을 바꿨는지 시위대와 시민들이 섞이지 못하도록 길만 봉쇄했다. 시위대는 을지로 쪽으로 움직였다. 연도의 시민들이 점점 불어났다. 을지로를 돌아 종로 탑골공원에 이르자 시위 열기가 고조되고 시민들의 반응도 뜨거웠다. 나는 힘차게 외쳤다.

"부정 선거 다시 하라."

시민들은 환호성을 질렀다. 시위대는 계속 불어나 1만 명을 넘어섰다. 구호를 계속 외쳤다. 어느새 구호가 바뀌었다.

"이승만 정권 물러나라."

그러자 우리 당 곽상훈 최고위원이 황급히 뛰어왔다. 얼굴에 당황한 기색이 역력했다. "너 미쳤나?" 하며 나에게 호령했다. 구호가 과격하다는 것이었다. 얼마 후 탑골공원 근처에서 합류한 학생들이 광화문 네거리에서 중앙청으로 향하려고 하였다. 그리고 "이승만 정권 물러나라"를 외치기 시작했다. 나는 시민들의 표정에서 민심을 읽었다.

그 후 서울에서는 고교생들의 산발적인 시위가 벌어지더니 끝내는 4월 18일 고려대생들이 스크럼을 짜고 교문을 나섰다. 경찰의 제지를 뚫고 국회의사당 앞에 1000여 명이 집결했다. 그들이 연좌 농성을 하고 다시 학교로 돌아갈 때는 고등학생과 시민들이 그 뒤를 따랐다. 고려대생들이 청계천 4가 천일백화점 앞에 이르자 골목에서 무장 괴한이 뛰쳐나와 학생들을 덮쳤다. 오후 7시가 넘어 어둠이 내리기 시작할 무렵이었다. 괴한들은 쇠망치, 몽둥이, 목봉, 갈고리를 휘둘렀다. 순식간에 수십 명이 쓰러졌다.

"깡패다!"

학생들이 대오를 정리했을 때는 이미 자취를 감추었다. 괴한들은 반공청년단 종로구단 소속의 깡패들이었다. 마침내 수도 서울에서도 피를 흘리고야 말았다.

운명의 날 4·19가 밝았다. 이미 조간신문에서는 피 냄새가 났다. '고려대생 피습' 기사를 읽은 시민들은 정국에 대한 불안감과 함께 치솟는 분노를 억제하기 힘들었다. 오전 9시 20분 서울대생들이 거리로 쏟아져 나왔고, 고려대, 건국대, 동국대, 성균관대생들이 차례로 캠퍼스를 박차고 뛰어나왔다. 정오 무렵에는 연세대, 홍익대, 경기대, 외국어대, 단국대, 국학대, 국민대, 서라벌예대 등 시내 모든 대학생들이 구호를 외치며 중앙청을 향해 모여들었다.

학생들은 경찰 저지선을 차례로 무너뜨리며 시가지를 장악했다. 신촌, 동대문, 서울역, 중앙청 안에 있는 모든 길이 인파로 뒤덮였다. 오후 1시 30분,

일부 학생들이 소방차를 빼어 타고 이를 방패 삼아 대통령 관저인 경무대로 향했다. 경찰은 경무대 앞 언덕길에 최후 저지선을 설치하고 있었다. 시위대가 접근하자 경찰의 발포 명령이 떨어졌다. 총구가 일제히 불을 뿜었다. 선두에 섰던 10여 명이 피를 뿜으며 나뒹굴었다. 피의 화요일, 젊은이들의 피가 거리를 적셨다.

총소리에 놀라 흩어졌던 시위대가 다시 뭉쳐 경찰과 대치했다. 다시 경무대 쪽으로 몰려가자 또 총알이 빗발처럼 쏟아졌다. 다시 학생들이 쓰러졌다. 이때 이미 시내 곳곳에서는 시위대와 경찰 사이에 일진일퇴의 공방전이 벌어졌다. 경무대 쪽에서 들려오는 총소리가 요란할수록 시민들의 구호는 드높았다.

"이승만은 물러가라!"

서울 일원에 비상계엄령이 내려진 오후 3시, 여당 기관지 『서울신문』 사옥에서 불길이 치솟았다. 이어서 대민(對民) 테러 집단이었던 반공회관이 화염에 휩싸였다. 시위는 부산, 대구, 인천, 광주, 전주 등 전국으로 번졌고, 정부는 오후 5시를 기해 전국에 비상계엄령을 선포했다. 그러자 미국 대사관이 성명을 발표했다.

"시위대와 경찰들은 법과 질서를 회복하는 데 협조하고, 정부는 시위대의 정당하다고 여겨지는 불만을 해결하길 원한다."

그리고 월터 P. 매카나기(Walter P. McConaughy) 주한 미국 대사가 경무대를 찾아갔다. 대사가 탄 차가 나타나자 경무대를 겹겹이 에워싼 시위대가 길을 열어 주었다. 그리고 박수를 보냈다. 매카나기 대사는 이 대통령에게 사태가 매우 심각하다는 것을 알렸을 것이다.

시위대는 미국을 자극할 어떤 행동도 하지 않았다. 시위대가 당대의 실력자인 이기붕의 집을 습격했을 때도 그곳에서 발견된 성조기를 훼손하지 않았다. 시위대는 그의 집을 파괴하면서도 성조기는 따로 보관했다가 마침 취재 중이던 미국인 기자에게 전했다. 우리나라가 국익을 위해서도 미국을 배척할 수 없고, 그 영향력을 과소평가할 수 없음을 민중들은 알고 있었던 것이다. 놀라운 일이었다.

4·19 시위 때에는 어떤 폭력도 행사하지 않았고 어떤 용공적인 슬로건도 없었다. 이런 성숙한 시위가 시민들, 특히 넥타이 부대 등 중산층의 지지를 얻었고 이는 4월 혁명을 성공으로 이끄는 결정적 요인이 되었다.

4·19 이후 며칠 동안은 모든 것이 극도로 혼미했다. 자유당 정권은 겉으로는 시위대의 뜻을 헤아리는 듯했지만 속으로는 달라진 것이 없었다. 일련의 담화, 성명 등을 분석해 보면 여전히 권위적이고 국민을 경시했다. 그러자 이번에는 교수들이 나섰다. 4월 25일 오후, 동숭동 서울대학교 교수회관에 교수들이 하나둘 모습을 나타냈다. 오후 5시 45분 전국 27개 대학의 교수 258명이 플래카드를 펼쳐 들고 교문을 나섰다.

"4·19 의거로 쓰러진 학생들의 피에 보답하라."

사상 초유의 교수 시위였다. 교수들은 집회와 시위가 금지된 계엄령을 온몸으로 거부했다. 종로를 거쳐 세종로 국회의사당 앞으로 나아갔다. 학생, 시민들이 몰려와 교수들을 에워쌌다. 교수들은 선언문을 발표했다.

"3·15 부정 선거와 4·19 사건의 책임을 지고 대통령, 여야 국회의원, 대법관은 사임하고 재선거를 실시해야 한다."

군중들은 환호했다. 나도 현장에 있었다. 이 무렵 나는 낮과 밤을 가리지 않고 당의 선전 관련 일을 하고 또 틈이 나면 시위 대열에 참여하여 구호를 외쳤다. 교수들은 만세 삼창을 외치고 해산했지만 군중들은 흩어지지 않았다. 땅거미를 밟으며 시민과 학생들이 몰려들었다. 통행금지 시각 오후 7시를 넘어서자 계엄군의 탱크 2대가 굉음을 내며 군중 속으로 다가왔다. 그 뒤의 군인들은 총에 착검을 하고 있었다. 그러자 누군가 큰 소리로 말했다.

"형님, 우리는 같은 국민입니다."

그러자 여기저기서 외쳤다.

"국군 만세", "국군 만세."

흐느낌이 터져 나왔다. 시위대와 계엄군이 부둥켜안고 우는 모습이 목격되었다. 어느 틈에 학생과 시민들이 탱크 위로 올라가 환호했다. 이날 시위대는 깡패 임화수, 이정재의 집을 파괴했다.

26일은 시위대의 함성으로 날이 밝았다. 오전 8시가 넘자 시민들은 약속이나 한 듯 세종로로 모여들었다. 시위대는 금세 3만 명으로 불더니 10시가 넘자 10만을 넘었다. 그 시각 이기붕의 집이 시위대에 의해 파괴되고 있었다. 도심은 극도로 혼란했다. 군중은 늘어나고, 군인은 어쩔 줄 모르고, 흥분한 사람들은 경무대로 가자고 야단이었다.

시위 현장을 둘러본 계엄사령관 송요찬 중장은 사태가 심각하다는 것을 깨달았다. 대학생, 고등학생, 시민 대표 14명과 함께 경무대로 가서 대통령 면담을 요청했다. 학생과 시민 대표들은 직접 부정 선거의 실태를 알렸다. 아무도 그 앞에서 꺼낼 수 없었던 진정한 민심을 전했다. 그리고 대통령의 사임을 요구했다. 대통령은 말했다.

"젊은이들이 부정을 보고 궐기하지 않으면 나라는 망합니다. 정말로 부정 선거가 있었다면 학생들이 일어선 것은 참으로 옳은 일입니다. 또 그런 부정 선거가 있었다면 나는 물러나야 마땅합니다."

10시 20분, 마침내 계엄군의 확성기에서 이승만 대통령의 하야 소식이 군중들 머리 위로 쏟아졌다. 거리는 만세 소리로 뒤덮였다. 실로 위대한 민권의 승리였다. 이어서 라디오에서는 이 박사의 하야 성명이 흘러나왔다.

"나는 해방 후 본국에 돌아와 우리 여러 애국 애족하는 동포들과 더불어 잘 지내 왔으니 이제는 세상을 떠나도 한이 없으나, 나는 무엇이든지 국민이 원하는 것만이 있다면 민의를 따라서 하고자 할 것이며 또 그렇게 하기를 원했던 것이다……. 국민이 원한다면 대통령직을 사임하겠다."

27일 오전 대통령은 국회에 사표를 제출했고, 그날로 수리되었다. 사실 이 대통령은 그의 말대로 부정 선거가 그렇게 광범위하게, 또 치밀하게 자행되었다는 것을 몰랐음이 분명하다. 그때 대통령은 85세였다.

1948년 건국 이후 12년여에 걸친 이승만 독재는 이렇게 막을 내렸다. 4월 28일 이승만 박사는 관저인 경무대를 떠나 사저인 이화장으로 갔다. 처음에는 걸어서 가려 했지만 결국 자동차를 타야만 했다. 수많은 시민들이 몰려나와 떠나는 노정객을 박수로 전송했다. 눈물을 훔치는 사람들도 많았다.

이승만, 그가 해방된 조국에 돌아왔을 때 백성들은 그를 투사와 박사로 반겼다. 조국을 위해 싸운 독립투사로, 나라의 갈 길을 제시해 줄 '민주 박사'로 인식했다. 파란 눈을 가진 부인을 데리고 그는 어쩌면 신화처럼 민중들에게 다가왔다.

그런 이 박사의 가장 크고 무거운 실수는 친일파를 대거 중용한 것이었다. 주먹밥을 먹고 새우잠을 자면서도 조국의 해방을 그토록 희원했건만 막상 해방이 되자 일본의 앞잡이들을 요직에 앉히고 그들의 아양에 즐거워했음은 도무지 이해할 수 없다. 일제 강점기에 애국자들을 탄압했던 경찰들이 그대로 그 조직에 남아 있었으니 세상은 변할 수가 없었다. 조국의 독립을 위해 중국 대륙과 연해주 등에서 목숨을 걸고 싸웠던 독립군 출신들은 무시해 버렸다. 일본군과 만주군 출신들에게 군대를 맡겼다.

"천황에게 충성하라, 일본 군인으로 죽는 것이 본분이다, 징병에 참가하라, 징용에 응하라, 정신대에 나가라."

이렇듯 국민을 선동했던 언론, 학계 등의 지식인들은 여전히 건재했다. 친일 지식인들은 사회 각 분야의 요직에 앉아 막강한 권력을 변함없이 누렸다. 해방이 되어 새 나라를 세웠지만 새로울 것이 없었다. 국민들만 새 세상이 열릴 것으로 믿었다. 하지만 친일파들은 그런 국민 기대를 무참히 깔아뭉갰다. 그들은 온존하게 살아남아 여전히 국민을 무시하고, 자유민주주의를 능멸하고 부귀영화를 누렸다. 반면에 애국자들은 판자촌에서 가난에 시달리다 죽었고 자식들은 교육을 제대로 받지 못해 몰락해 갔다. 해방 이후 우리나라에서 일어난 모든 비극의 시작은 반민족적인 친일파를 제거하지 못한 데 있었다. 그 이유는 이승만의 파렴치한 친일파 옹호에 기인했다.

또 이승만 박사는 조선 단독 정부 수립을 일방적으로 밀고 나가 분단이 고착되는 원인을 제공했고, 자신의 집권을 위해서 헌법을 멋대로 고쳤다. 허약하기 짝이 없는 국방력에도 북침 통일을 외쳤고, 정적은 무자비하게 탄압했다. 반공과 국가 안보를 구실로 독재 체제를 강화하고 영구 집권을 획책한 일도 역사가 용서할 수 없는 것들이었다.

이승만 정권 밑에서 헤아릴 수 없을 정도로 많은 사람이 죽었다. 자기가 왜 죽어야 하는지도 모른 채 억울하게 죽은 사람이 많았다. 체제 불만을 가진 세력은 모두 공산당원으로 내몰았다. 그가 첫 대통령직을 제대로 수행했더라면, 다시 말해 국민에게 쫓겨날 정도로 부패하지 않았더라면 우리 헌정사가 그렇게 피로 물들지는 않았을 것이다. 이후 정치군인들이 나서서 헌정이 중단되고 독재를 했던 것은 다분히 자유당 정권을 답습한 측면이 있다. 이 박사가 국부로 추앙을 받을 정도로 온전한 길을 걸었다면 우리 현대사의 불행한 사태는 발생하지 않았을 것이다.

그나마 퇴장하는 모습이 대인다웠기에 국민들이 그를 다시 노(老)애국자로 되돌려 놓았다고 생각한다. 물론 미국 측의 권유가 있어서였겠지만 순순히 권력을 내놓고 망명길에 오른 것은 바른 선택이었다. 이 박사의 결단은 더 이상의 유혈 참사를 막았다. 시위대 대표들을 만나 불의를 보고 궐기한 의기를 칭찬한 것은 보통 사람은 지니기 힘든 용기였다.

4·19 혁명은 즉각 전 세계에 알려졌다. 학생 혁명이 이토록 완벽하게 성공한 것은 세계 어느 나라에서도 그 유례를 찾아볼 수 없었다. 하지만 이렇듯 혁명을 위대하게 만든 배경을 잊어서는 안 된다고 생각한다. 4·19 혁명의 고갱이를 제대로 들여다봐야 한다.

첫째는 부정 선거에 대한 거국적 항거에는 야당인 민주당이 중심에 있었음을 알리고 싶다. 민주당은 대통령 후보를 졸지에 잃었지만 부통령 후보의 선거전에서는 끝까지 최선을 다해 싸웠다. 이는 독재 타도를 열망했던 국민들에게는 분명 희망의 구심점이 되었다. 4·19 혁명의 도화선이 되었던 3·15 마산 의거 때 부정 선거에 항의하며 시민들이 최초로 집결한 곳이 민주당 사무소 앞이었다. 시민들이 맨 먼저 달려가 투정도 부리고, 고발도 하고, 호소를 할 데는 역시 민주당이었던 것이다. 물론 학생들의 고귀한 뜻과 순결한 용기가 있어 4·19는 혁명으로 완성될 수 있었지만, 그 속의 우리 정치인의 고뇌와 눈물도 후세에 기억되어야 할 것이다.

둘째는 중산층이 시위에 적극 참여했음이다. 중산층의 참가 여부는 시위의 성패를 가름하는 중대 변수였다. 이는 곧 미국 측의 지지 여부로 연결되었기 때문이다. 4·19에 중산층이 움직인 것은 비폭력, 비용공, 비반미 시위였기 때문일 것이다. 평화적인 시위가 중산층을 끌어냈고, 이 중산층이 미국을 움직였다.

셋째는 국군이 중립을 지켰고, 결코 경거망동하지 않았음이다. 국군이 국민을 적대시하지 않고, 맹목적 충성심에서 벗어나 사실상 국민의 편에 섰다는 것은 의미 있는 일이라 할 수 있다.

4·19 혁명은 나에게 많은 영향을 주었다. 우선 민심의 무서움을 뼈저리게 느꼈다. 그리고 국민들의 뭉친 힘은 어떤 난관도 이겨 낼 수 있다는 것을 직접 현장에서 보았다. 과격한 주장과 폭력은 결국 민심이 등을 돌린다는 것도 알았다. 그것은 평범한 듯해도 변치 않는 진리였다. 나는 이후 4·19 혁명을 떠올리며 국민의 마음을 얻는 것이 무엇인지 자주 생각하게 되었다.

선량한 총리 곁을 지킨 열정의 대변인

(1960. 4 ~ 1961. 5)

4월 혁명이 끝나자 이 땅에는 대통령과 부통령이 없었다. 허정 외무부 장관을 중심으로 과도 내각이 꾸려졌다. 그리고 6월 15일, 헌법 개정안이 국회를 통과했다. 새 헌법의 골자는 양원제의 도입이었다. 민의원과 참의원을 두고, 내각 책임제를 실시하여 내각이 국정을 책임지도록 했다. 대통령 중심제의 권력 독점을 원천적으로 봉쇄했다. 대통령은 국회에서 선출하지만 국가 원수로 상징적인 역할만을 맡게 했다. 국민들 또한 내각제를 환영했다.

새 헌법에 따라 제5대 민의원 선거와 제1대 참의원 선거를 1960년 7월 29일 실시하기로 했다. 나는 다시 인제에서 민주당 후보로 나섰다. 당시 민주당은 국민들의 절대적 지지를 받고 있었다. 국회의원이 될 절호의 기회였다. 하지만 나의 불운은 끝나지 않았다.

느닷없이 선거법이 개정되어 부재자 투표 제도가 도입되었다. 나에게는 직격탄이었다. 유권자의 80퍼센트가 되는 인제군의 군인들 표가 각자의 고향으로 보내지게 되었기 때문이다. 그 표들은 세상을 바꾸겠다는 열망이 가득한 젊은이들의 것이었으니, 상당수가 민주당과 나를 지지하는 성향의 표였다. 믿었던 표들이 전국 방방곡곡으로 흩어져야 했다. 문제의 선거법 개정안은 장면 박사를 중심으로 한 신파의 반대에도 불구하고 윤보선, 유진산 씨를 중심으로 한 구파가 자유당과 야합해서 통과시켰다. 철원, 고성, 인제, 양구 등 일선 지역은 모두 장면 박사를 지지하는 신파만 출마했고 구파는 없었다. 그렇더라도 열심히 표밭을 누볐다. 하지만 나는 다시 외지인이었다. 결국 패하고 말았다. 인제군 6개 면 가운데 5개 면에서는 근소한 차이로 이겼지만 1개 면에서 큰 표 차로 졌다. 토착민들이 토박이임을 내세운 후보에게 몰표를 줬다. 1000표 차이였다.

나는 비록 졌지만 민주당은 양원 모두 대승을 거뒀다. 민의원은 233석 중 175석, 참의원은 58석 가운데 31석을 차지했다. 이어서 열린 양원 합동회의에서 민주당 구파인 윤보선 씨가 제4대 대통령으로 선출되었다. 다음은 총리를 선출해야 했다.

당시 신파와 구파는 대통령과 국무총리를 나눠서 차지하기로 했다. 국민도 그렇게 생각하고 있었다. 그러나 윤보선 대통령은 자파인 김도연 씨를 국무총리에 지명했다. 그것은 배신이었다. 그러자 민의원들이 투표를 통해 이를 부결시켰다. 일종의 응징이었다. 새로운 헌법에 따라 대통령이 지명한 국무총리는 국회에서 재적 민의원 과반수 이상의 동의를 받아야 했다. 김도연 후보는 과반에서 3표가 모자라는 111표를 얻어 고배를 마셨다.

윤 대통령은 할 수 없이 신파의 장면 박사를 새로 지명했다. 장면 후보는 과반수보다 3표를 더 받아 가까스로 국회의 인준을 받았다. 이렇게 장면 내각이 탄생했다.

장면 총리는 현역 의원이 아닌 나를 대변인으로 전격 지명했다. 당시 민주당은 원내 과반 의석 이상을 차지했는데 원외의 나를 대변인으로 지명한 것은 파격적인 발탁이었다. 그동안 대변인을 맡고 있었던 조재천 의원이 법무부 장관으로 입각을 하면서 후임으로 나를 천거했고, 국방부 장관에 지명된 현석호 의원 등 대부분의 간부들도 나를 적극 밀었다. 실로 감격스러웠다. 마침내 나는 정부 여당의 간부였다. 어느 자리에 어떤 모습으로 일하든 누군가가 보고 있다는 것을 알았다. 원내에 진입한 일부 소장파 의원들이 불만을 표출했지만 장면 총리의 절대적 신임이 있었기에 이를 물리칠 수 있었다.

장면 내각은 출범부터 흔들렸다. 우선 정치권은 혁명의 주체가 될 수 없었다. 4월 혁명의 주역은 역시 학생들이었다. 학생들은 이승만 정권을 무너뜨리고 학교로 돌아갔다. 혁명 세력이 정치 무대에 남아 있지 않으니 정치권은 정통성 시비에 휘말릴 수밖에 없었다. 모든 정책은 그 근본을 검증받아야 했고, 내각은 혁명 정신을 계승해야 한다는 강박관념에 시달려야 했다. 여기에 덧붙여서 민주당 구파는 내각 구성에 불만을 표출하는 등 야당보다 더 독하게 장면 내각을 공격했다.

사실 자유당의 극심한 탄압에도 독재 정권과 주로 맞서 싸운 것은 장면 박사가 이끄는 신파였다. 당시 자유당 정권은 신파 정치인들에게는 가혹했다. 하지만 구파 세력과는 정치적 타협을 계속 모색하며 뒷거래를 해 온 것이 사실이었다. 4월 혁명의 도화선이라 할 만한 '4월 6일 시위'도 사실상 신파가 주도했다. 이처럼 신파는 4월 혁명에 대해 나름의 자긍심을 지니고 있었다. 이에 반해 구파는 '야당의 뿌리'라는 태생적 명분은 강했지만 독재와의 미온적 투쟁 등으로 현실적 지지 기반은 상당히 약했다.

구파는 의원 86명으로 '민주당 구파동지회'란 이름의 원내 교섭 단체를 따로 구성했다. 그리고 나중에는 별도로 장관직을 요구해서 5명이 입각하였다. 민주당은 신·구파 연립 내각을 구성했다. 그러나 그 후에도 사안마다 몽니를 부리던 구파는 급기야 자파의 대변인을 따로 내세워 정부를 비판하기 시작했다. 이는 결별의 신호였다. 장 총리는 몇 번이나 구파를 포용하려 했지만 뜻을 이루지 못했다. 기회만 엿보던 구파는 연말에 민주당을 집단 탈당하여 1961년 2월 20일 신민당을 만들었다. 야당으로 완전히 돌아선 것이다.

여기에 윤보선 대통령이 가세했다. 새 헌법은 대통령을 정치에 초월한 상징적 존재로 규정했지만 그는 이를 무시했다. 정치적 발언을 아무렇게나 쏟아내고 내각을 흔들어 댔다. 나는 여당 대변인으로서 그런 윤 대통령의 처신을 강도 높게 비판했다. 그러나 소용이 없었다. 신민당 간부 회의를 대통령 관저에서 열기도 했다. 신민당은 민주당으로부터 정권을 뺏을 궁리만 했다.

윤 대통령은 분쟁을 조정하고 의견을 조율해 주는 어른다운 모습은 보여주지 않았다. 대통령 집무실이 정쟁과 갈등의 진원지였다. 국가 원수의 권위와 체통을 스스로 박차 버렸다. 자연 정국은 극도로 혼란스러웠다. 민주 제단에 뿌려진 학생들의 핏자국이 아직 선연했건만 정치권은 이전투구를 벌였다. 당시 시중에는 장면 정권이 '3신(新)' 때문에 망할 것이라는 말이 떠돌았다. '3신'이란 신민당, 신문, 혁신계를 일컬었다.

당시 언론들은 독재 정권의 족쇄에서 풀려나 자유를 만끽하고 있었다. 그러나 그들은 그 자유를 정부 공격에 쏟아부었다. 신문들은 연일 정부를 공격했다. 탄생한 지 얼마 되지 않은 민주 정부를 독재 정권처럼 대했다. 부정부패의 온상으로 치부했다. 정부 입장을 제대로 알아보고 기다려 주는 신문은 없었다. 정부 소유 또는 친정부 신문들까지 가세해서 연일 몰매를 때렸다. 신문사 간부들이 "정부를 공격하지 않으면 신문이 아니다"고 공공연히 말할 정도였다. 갑자기 주어진 언론 자유를 스스로 주체하지 못하는 행태였다.

혁신계는 장면 내각 하에서 비로소 정치적 자유를 얻었다. 그럼에도 그들은 장면 정권을 적대시했다. 군사 쿠데타가 일어나기 두 달 전쯤에 나는 혁신 세력에게 강력한 경고를 했다.

"자유당 시절에 혁신 세력의 보스였던 진보당의 조봉암 선생은 공산당과 내통하고 있었다는 누명을 쓰고 사형을 당했습니다. 혁신계 여러분들도 대부분 형무소 생활을 하거나 다른 고통을 받은 사실이 있습니다. 그때를 잊었습니까. 여러분에게 지금의 자유를 준 것이 어떤 정부입니까. 여러분이 마음껏 누리는 자유, 그런 자유를 보장해 주고 있는 정권을 무너뜨린다면 그 뒤에 등장하는 것은 군사 정권뿐입니다. 그렇게 되면 여러분 혁신 세력에게는 또다시 고난의 세월이 옵니다. 이빨을 보호해 주는 입술을 왜 찢고 있습니까."

집권 여당의 대변인으로서 혁신 세력을 향한 경고는 당시 신문에도 보도되었다. 그러나 당시 혁신계 인사들은 이런 내 경고에 귀를 기울이지 않았다. 그들은 국민들이 납득하기 어려운 '국제적 보장 하의 영세 중립화 통일', '선 통일 후 중립화', '남북 군대의 무장 해제와 외군 철수' 등 무책임한 남북통일 정책을 주장했다. 심야에 횃불 시위를 하면서 국민들을 선동하기도 했다. 이들의 과격한 주장과 시위는 정국의 안정을 바라며 공산당에 대한 두려움을 가지고 있는 국민들에게 극도의 불안감을 안겨 주었다. 혁신계는 통일사회당, 사회대중당 등으로 갈라져 민주당에 경쟁적으로 도끼질을 했다.

민주당 내의 소장파로 구성된 신풍회 또한 끊임없이 정권을 비난했다. 총리 인준에서 장면 총리를 도왔다는 이유로 각료 배분을 요구했다. 장면 내각은 이를 묵살했다. 그러자 그들은 사사건건 시비를 걸어왔다. 민주당 정권의 최대 스캔들인 '텅스텐 수출 계약 사건(重石弗 사건)'도 신풍회가 터뜨린 것이었다.

텅스텐(중석)은 로켓이나 우주선 제조에 쓰이는 전략 물자로 당시 외화 획득에 가장 중요한 광물질이었다. 1961년은 미국과 수출 계약이 만료되는 해로서 다음은 어느 나라, 어느 회사와 계약을 맺느냐가 초미의 관심사였다. 그런데 대한중석 사장이 400톤의 중석 재고품을 일본 동경식품에 헐값에 팔아 정치 자금을 만들기로 했다는 보도가 터져 나왔다. 과거 이승만 정권에서 자유당이 중석을 싸게 팔아서 정치 자금으로 사용했던 사실을 겪은 국민들은 경악했고, 정계는 발칵 뒤집혔다. 이와 함께 민주당 내 신풍회 의원이 사건의 배후는 장면 정권이고 100만 달러의 커미션을 받기로 했다고 폭로했다.

서둘러 국회조사단이 구성되었다. 그러나 아무리 찾아도 부정은 드러나지 않았다. 이것은 5·16 쿠데타 감행의 가장 큰 이유가 되었지만 쿠데타 성공 이후 박정희 군사 정권이 아무리 추궁해도 그러한 부정은 나타나지 않았다. 당내의 일부 소장파들은 무책임한 폭로로 민주당 정권의 도덕성에 치명적 상처를 입혔다.

장면 정권의 최대 정치 스캔들은 결국 실체가 없는 것으로 밝혀졌다. 사실이 아님이 드러났지만 한번 먹칠당한 도덕성은 원상으로 돌아오지 않았다. 이렇듯 신풍회 소속 의원들은 끝없이 내각을 괴롭혔다.

한번은 장 총리가 신풍회 의원들을 어찌하면 좋겠냐고 물었다. 나는 그들의 지도자인 이철승 의원에게 그가 원하는 자리를 주면 어떻겠냐고 말했다. 그들에게 자꾸 휘둘리는 것보다 내무장관이나 국방장관 등 주요 자리를 내주고 정국을 안정시키는 것이 좋을 것 같았기 때문이다. 그들에게 주요 직책을 맡기면 그렇듯 무책임하게 행동하지 않을 것이라는 게 내 판단이었다. 내 조언에 장 총리는 아무 말도 하지 않았다.

아무튼 온갖 문제를 불러일으켰지만 장 총리는 그들을 끌어안을 수도 내칠 수도 없었다. 나는 갓 출범한 민주당 정권이 국민들에게 희망찬 비전을 제시하지 못한 채 단명으로 끝난 것은 기존의 '3신'에 신풍회까지 포함하여 '4신(新)'의 협공 때문이라고 생각한다.

이렇다 보니 장 정권은 국회에서 사실상 과반수 의석을 차지하지 못한 셈이었다. 이런 상황으로 국정을 안정적으로 운영하기는 불가능했다. 아무리 좋은 정책을 입안해도 한갓 시빗거리일 뿐이었다. 그러자 국민들 사이에서는 민주당 정권이 자유당 정권과 무엇이 다르냐는 불만이 터져 나오기 시작했다. 그리고 그때마다 쿠데타설이 나돌았다.

국회 밖에서는 연일 시위가 일어났다. 온갖 종류의 통일 방안, 상이군인에 대한 국가 보상, 노동자 처우 개선, 각종 단체의 보조금 요구 등 그동안 독재 정권에서 억압된 욕구들이 한꺼번에 분출되었다. 한국인으로서 시위를 안 해본 사람은 사람 축에 끼지 못한다느니, 데모하지 말라는 데모를 해야 한다는 식의 우스갯소리가 나돌 정도였다.

나는 여당 대변인으로 당 총재인 장면 총리를 매일 만났다. 장면 총리가 자주 들려준 말이 생각난다.

"내게 가장 큰 사명은 다음 선거에 다시 총리가 되는 것이 아닙니다. 어떻게 하면 선거를 통해 야당에 정권을 평화적으로 넘겨주는가 하는 것입니다. 한국에 평화적 정권 교체의 역사를 만드는 것입니다. 그것이 내게 주어진 사명이라 생각합니다."

나는 그런 장면 총리가 유약해 보였고, 어떤 때는 한심하다는 생각도 들었다. '벌써 정권의 종말을 생각하고 있는 것이 아닌가' 하는 느낌이 들기도 했다. 그러나 그는 멀리 내다보는 눈을 지니고 있었다. 우리의 민주주의 토양이 척박한 것을 꿰뚫어 보고 있었다. 그 후로 평화적인 여야 정권 교체가 되기까지는 무려 37년이 걸렸음이 이를 증명한다.

장 총리는 온건한 민주주의자였다. 중도적인 생각을 지녔고 공산주의는 단호히 반대했다. 한번은 어느 사석에서 내가 야당과 언론이 너무 한다고 투정 섞인 얘기를 했더니 장 총리가 조용히 내게 말했다.

"그렇게 생각하지 말게. 그런 것을 참고 용허하는 것이 민주주의야. 민주주의는 그렇게 해서 조금씩 발전해 가는 것이네."

장 총리는 인간적으로는 나무랄 데가 없었지만 대차지 못했다. 그런 점이 혼란기의 지도자로서는 흠이었다. 하지만 민주주의에 대한 굳건한 신념은 흔들림이 없었다.

여당 대변인으로서 매일 각종 연설회와 공개 토론에 나가 여당의 정책과 입장을 설명했다. 나는 항상 당당하려 노력했다. 열심히 준비하고 진지하게 얘기했다. 사람들은 내 말에 귀를 기울였고 나는 어느새 준비된 대변인, 인기 대변인이 되어 있었다. 집권 여당 대변인이기에 최신 정보를 토대로 정부 입장을 피력했다. 야당은 얻지 못할 자료를 손쉽게 확보할 수 있었고, 그래서 정책이나 사안을 정밀하게 분석하여 그 핵심을 전달할 수 있었다. 그러다 보니 언론은 나의 브리핑이나 회견 등을 중시했다. 나는 하루도 빠짐없이 야당, 혁신계, 무소속 그룹의 대변인들과 싸웠다. 늘 3 대 1의 설전이었다. 국민들을 설득할 자신이 있었기에 나는 그들과의 싸움이 기다려지기도 했다.

한국과 미국이 체결한 한미 경제협정 개정안을 둘러싼 연설회가 서울 시공관에서 열렸을 때였다. 야당과 혁신계 인사들은 이 개정안이 한국을 미국에 팔아먹는 저의가 있다며 정부 여당을 공격했다. 신민당, 혁신계, 무소속 대표가 차례로 나와 분위기를 반대쪽으로 몰아갔다. 장내는 긴장감으로 터질 것만 같았다. 정부 쪽에서 태완선 부흥부 장관이 나서서 설명을 하려 했지만 야유 속에서 제지당했다. 야당은 정부가 나라를 팔아먹었다고 공격했다. 구파 계열의 신민당 박준규 의원이 목청을 높였다. 또 혁신계 윤길중 대표도 가세했다.

"4·19 혁명이 성공해서 덕 본 사람이 누구냐? 이승만이 가졌던 권력을 장면이 갖고, 자유당이 가졌던 권력을 민주당이 가졌다. 우리 '피해 대중'에게는 피해만 있을 뿐이다. 한미 경제협정은 매국일 뿐이다."

내가 마지막으로 연단에 올라섰을 때 장내는 수습이 불가능할 정도로 난장판이었다. 나는 그날 아침에 발간된 『조선일보』 사설을 들어 보였다. 사설의 논지는 '한미 경제협정 개정안이 과거에 비하면 그래도 진일보했다'는 것이었다.

"여러분도 다 알다시피 『조선일보』는 야당지입니다. 그런데도 이렇게 사설을 썼습니다. 야당지조차 평가를 하는 장점이 있음에도 이것을 국민들이 반대하는 것은 정부의 책임이 큽니다. 이 내용을 충분히 알리지 않아 생긴 오해는 분명 정부의 잘못이라 생각합니다."

당연히 정부를 감쌀 것으로 여겼던 청중들은 여당 대변인이 정부를 공격하자 귀를 기울이기 시작했다. 이러한 청중의 태도 변화에 당황한 한 사람이 유독 큰 소리로 떠들며 연설을 방해하는 것이 보였다. 그때까지 저자세였던 나는 책상을 내리치며 일갈했다.

"거기 당신, 일어나 보시오. 4·19가 왜 좋은지 아시오? 왜 4월 혁명이 자랑스러운 것이냐 말이오. 과거 이승만 정권 때는 나만 말할 권리가 있고 너는 말할 권리가 없다고 해서 우리가 싸웠지 않습니까? 이제는 너도 말하고 나도 말할 권리가 있는 시대인데 왜 당신들만 떠들고 나는 말을 못하게 합니까? 그러면 당신네는 모두 이승만 정권으로 돌아간 것 아니오? 당신들은 지금 독재를 하고 있는 것입니다. 당신들의 독선을 위해 학생들이 희생되었다면 이보다 더 억울한 일이 세상에 어디 있겠소. 말을 했으면 들어도 봐야 할 것 아닙니까."

그러자 여기저기서 한마디씩 했다.

"조용히 하시오."

"말해 보시오."

"들어 봅시다."

장내는 자연히 정리되었다. 나는 말에 힘을 주어 한미 관계의 중요성을 설명하고 이 법안 개정안이 나라를 팔아먹는 일이 아님을 설명해 나갔다. 청중들은 제자리에 앉았고, 서서히 내 연설에 귀를 기울이기 시작했다. 마침내 청중들은 내 연설에 열렬히 호응해 주었다. 연설이 끝났을 때 박수와 환호성이 나왔다. 당시 현장에서 그 상황을 지켜본 한 신부는 장면 총리에게 가서 "총리를 위해서 일을 하는 사람은 김대중 한 사람뿐입니다"고 얘기를 했다고 한다. 나는 장면 총리로부터 크게 칭찬을 받았다.

이날 이후 혁신계에서는 개정안 반대 시위를 철회했다. 내 연설이 사람들을 움직였던 것이다. 역시 용기는 최대의 미덕이고, 진실에 근거한 웅변은 최고의 무기임을 확인할 수 있었다. 또한 신념을 가지고 옳은 일을 바르게 얘기하면 국민들이 이해해 준다는 확신을 얻었다.

1961년 봄이 되자 사회 각 분야가 차츰 질서를 찾기 시작했다. 무엇보다 정치권이 안정을 찾아갔다. 시위도 눈에 띄게 줄어들었다. 시위에 시민들이 점점 둔감해지기 시작했다. 시민들은 호응 대신 면박을 주기 시작했다. 그만했으면 이제 됐다는 반응이었다. 기나긴 혼란의 터널을 빠져나오는 듯했다.

장면 내각과 여당은 국토종합 개발계획을 세웠다. 대학 졸업생을 정부 기관에서 대거 채용하고, 여러 장학금 제도를 만들어 가난한 학생의 학업을 도왔다. 혁명의 주체 세력인 학생들의 면학 정신을 북돋기 위한 여러 장치들을 마련했다. 그것은 국가의 미래를 위한 투자이기도 했다. 한편으로는 국민의 경제 수준 전반을 끌어올리는 경제개발계획을 마련했다. 이 계획은 나중에 박정희 쿠데타 세력이 그대로 베껴서 자기들 것인 양 발표했다. 결국 경제개발계획은 장면 정권이 만들었지만 박정희 정권이 그 열매를 가로챈 셈이었다.

국토건설본부를 창설하여 『사상계』의 발행인 장준하 씨가 본부장을 맡았다. 당시 『사상계』는 지식인들이 신뢰하고 선호한 월간지였다. 여기저기서 의욕적인 삽질이 시작되었다. 또 짧은 기간에 지방 자치 선거를 실시하여 면장까지 주민들이 직접 뽑았다. 장면 정권은 아무것도 하지 않은 것이 아니었다. 열심히 일했지만 그것이 시위 열기에 묻혀 돋보이지 않았을 뿐이다.

민심이 돌아오니 모든 것이 희망적이었다. 국민 경제도 안정되었다. 장 총리는 미국 방문을 앞두고 있었다. 6월 정상 회담을 내심 기다리고 있었다. 당시 케네디 미국 대통령은 독재 정권을 무너뜨리고 출범한 민주 정권에 호감을 가지고 있었다. 그리고 그 정권의 리더인 장 총리를 높이 평가하고 있었다. 같은 가톨릭 신자여서 친밀감이 더했는지도 몰랐다. 새 나라를 건설하는 데 필요한 대대적인 원조를 미국으로부터 얻어 낼 수도 있는 호기였다. 만사가 잘 풀려 나갔다. 이대로 가면 한국의 민주주의는 튼실히 뿌리내릴 수 있을 것 같았다.

그리고 내게도 봄바람이 불었다. 그 바람은 강원도 인제에서 불어왔다. 1960년 선거에서 1000표 차이로 나를 이기고 당선된 민의원은 경찰서장 출신이었다. 그가 3·15 부정 선거에 관련된 사실이 뒤늦게 밝혀져 의원 자격을 박탈당했다. 인제군의 보궐 선거는 5월 13일에 치르게 되어 있었다. 나는 민주당 후보로 다시 출마했다. 그리고 마침내 이겼다. 고향 목포에서 1954년 낙선한 이래 1958년, 1959년, 1960년 내리 네 번의 패배 만에 처음 승리를 맛보았다. 선거판에 뛰어든 지 7년 만이었다.

5월 14일, 당선이 확정되어 군 선거관리위원회에서 민의원 당선증을 받았다. 그걸 받아들자 만감이 교차했다.

'이 한 장의 당선증을 위해 그간 그토록 고생을 했단 말인가.'

세상을 뜬 아내 차용애가 맨 먼저 떠올랐다. 나는 당선증을 쥐고 통곡했다. 서울로 올라가면 금배지를 받을 것이다. 금배지를 달고 아내 앞에 서고 싶었다. 아내의 무덤을 찾아가 보여 주고 싶었다. 14, 15일 나는 지친 몸을 이끌고 당선 인사를 다녔다. 주민들은 진심으로 축하해 주었다. 진작 뽑아 주지 못해 미안하다는 표정으로 내 손을 잡았다. 따뜻했다. 나는 그런 주민들을 보면서 또 감격했다. 그래서 정치에 뛰어들 때의 각오를 새롭게 떠올렸다.

'바른 정치를 펴리라. 저들을 위해 모든 것을 바치리라.'

승리의 낮과 밤은 그렇게 지나갔다. 그리고 5월 16일 아침을 맞았다.

5·16, 어둠의 시간들
(1961. 5 ~ 1962. 5)

1961년 5월 16일 새벽 3시, 군사 쿠데타가 발생했다. 쿠데타군의 선두인 해병대 제2중대가 한강교를 건너 서울 시내로 들어왔다. 쿠데타군은 중앙청과 육군본부, 중앙 방송국, 발전소 등 주요 시설을 차례로 접수했다.

쿠데타의 머리는 박정희 육군 소장이었다. 쿠데타 세력은 "부패하고 무능한 현 정권과 기성 정치인들에게 더 이상 국가와 민족의 운명을 맡겨 둘 수 없다"며 거사 이유를 발표했다. 이와 함께 "반공을 국시의 제일의(第一義)로 삼아, 여태껏 형식적이며 구호에 그친 반공 체제를 재정비 강화한다"는 등의 '혁명 6공약'을 발표했다.

밤늦도록 당선 사례를 하고 단잠을 자고 있는데 당원 하나가 나를 깨웠다. 그러더니 서울에서 군인들이 쿠데타를 일으켰다고 말했다. 깜짝 놀라 일어났다. 그리고 곰곰 생각해 봤다. 하지만 그리 심각한 일은 아닐 것이라고 판단했다. 어쨌든 서울로 올라가야 했다. 당시 박영록 강원도지사는 도청에 와서 하루 이틀 쉬고 가라 했고, 장면 총리는 빨리 서울로 올라오라고 재촉했다. 여기저기서 축하와 함께 선거에서 이긴 나를 보고 싶어 했다.

여장을 꾸려 인제읍을 벗어나 서울로 향했다. 인제군 신남면의 군단사령부 쪽을 지나가는데 군용차 하나가 우리 차로 다가왔다. 중령 계급장을 단 군인이 내리더니 내게 거수경례를 붙였다. 군단장이 보내서 왔다고 했다.

"서울에서 일어난 사건의 상세한 내용은 모르지만 경찰과 긴밀히 협력하여 이곳 치안을 유지하도록 하겠습니다. 그래도 괜찮겠습니까?"

나는 "당연히 그렇게 해야죠"라고 대답했다. 그러자 그 중령이 다시 말했다.

"군단장께서 저희 헬기로 서울까지 모시라고 하셨습니다."

그때 내가 타고 있던 차는 보궐 선거를 치르면서 강원도 인제군 일원의 험한 길을 누비고 다니느라 고물이 되어 있었다. 굴러다니는 게 신기할 정도였다. 그들은 나를 여당 국회의원 당선자로서 예우했다. 하지만 헬기를 타고 가라는 그들의 호의를 거절했다. 쿠데타가 일어난 서울에 그것도 군용 헬기로 올라갈 수는 없었다.

양평 부근에 이르자 대규모 병력이 군용 트럭을 타고 수백 개의 깃발을 펄럭이며 서울로 가고 있었다. 그 무리가 쿠데타에 동참한 부대였음은 나중에 알았다. 이때 라디오에서 당시 미국 대리대사였던 마셜 그린(Marshall Green)과 유엔군 사령관 매그루더(Carter B. Magruder, 미8군 사령관 겸임)의 공동 성명문이 흘러나왔다.

"장면 국무총리가 이끄는, 정당하게 집권한 대한민국 정부를 지지한다. 한국군 수뇌들은 그들의 권한과 영향력을 행사하여 통치권을 정부 당국에 반환하고 군내 질서를 회복하라."

나는 안도했다. 미국이 나섰으니 사태가 곧 진정될 것으로 낙관했다. 하지만 서울에 도착해서 살펴본 시가지는 삼엄했다. 뭔가 잘못 돌아가고 있었다. 다음 날, 보궐 선거에 당선된 의원으로서 등록은 해 놓자는 생각에 동생 대의에게 의원 등록을 하라고 일렀다. 내가 등록을 한 직후 국회는 군사혁명위원회의 포고령으로 해산되었다. 금배지 한 번 달아 보지 못했고 의석에 한 번 앉아 보지 못했다.

사실 5·16 쿠데타는 군사 작전권을 가지고 있는 미군에 대한 도전이었다. 쿠데타가 발생하자 미국에서는 이를 비난하는 여론이 비등했다.

케네디 대통령도 쿠데타 발발 직후 이를 보고받고는 무척 화를 냈다고 한다. 그리고 곧바로 장면 총리를 찾았다. 갓 출범한 한국의 민주 정부를 군부가 짓밟는 행위는 용납할 수 없었고, 당연히 쿠데타 세력을 인정하지 않았다. 그런데 큰일이 발생했다. 장면 국무총리가 행방불명이 된 것이다.

장 총리는 당시 총리 집무실로 사용하고 있던 시청 광장 근처의 반도 호텔(현재 롯데 호텔 자리) 808호에 기거하고 있었다. 쿠데타군이 들이닥쳤을 때는 이미 그곳에 없었다.

장면 박사는 숙소 건너편에 있는 미국 대사관으로 몸을 숨기려 했다. 그러나 이른 새벽이라 문이 닫혀 있었다. 당장 갈 곳이 마땅치 않았다. 나중에 들었지만 총리가 차에 오르려는데 안경이 땅에 떨어져 깨졌다고 한다. 결국 장 총리의 잠적으로 민주당 정권이 눈(眼)을 잃고 방황한 셈이니 이는 제2공화국 종말의 암시였는지도 모른다. 장 총리는 혜화동 성당 뒤편에 있는 카멜수녀원의 문을 두드렸다. 초췌한 장 총리 부부를 수녀들은 따뜻하게 맞았다. 그리고 깊숙한 방에 숨겼다. 총리는 그곳에서 묵상과 기도를 하며 고뇌의 55시간을 보냈다.

그 55시간 동안에 대한민국은 다른 세상으로 기울고 있었다. 민주주의 반대편으로 옮겨 가고 있었다. 군부 독재와 수십 년 동안 싸워야 했던 나에게도 엄청난 일들이 기다리고 있었지만 그때는 몰랐다.

만일 그때 장 총리가 미국 대사관에 피신했다면 참여 병력이 3600명에 불과한 '엉성한 쿠데타'를 수월하게 진압했을 것이다. 미국 대사관 문이 잠겼으면 담이라도 넘어갔으면 됐을 텐데 왜 수녀원으로 숨어들었는지 지금 생각해도 안타깝다. 또 수녀원에 피신해 있더라도 유엔군이나 미국 대사관에 연락을 취했다면 상황은 또 달라졌을 것이다. 돌아보면 이것도 국운이라는 생각이 든다.

매그루더 유엔군 사령관은 백방으로 장 총리를 찾았지만 그 어디에도 없었다. 그는 할 수 없이 군 통수권을 지닌 윤보선 대통령에게 쿠데타 진압을 위해 전군에 동원 명령을 내려 줄 것을 요청했다. 그는 마셜 그린 미국 대리대사와 함께 윤 대통령을 방문했다. 쿠데타를 진압할 뜻을 밝히고 미국 1개 대대와 한국군 제1야전군 일부 병력의 출동 승인을 요청했다. 그런데 대통령의 태도가 괴이했다. 그는 미국 측의 그러한 요구가 내정 간섭이라며 일축해 버렸다.

훗날 그는 "국가의 안전 보장을 위해 쿠데타를 인정했다"고 했다. 그것 또한 이상한 논리였다. 안보상의 문제가 있었다면 더욱 유엔군 사령관 매그루더 장군에게 물어보고 사태를 해결했어야 했다. 미군은 모든 면에서 우리보다 정확한 정보를 가지고 있었기 때문이다. 윤 대통령은 국군 통수권자이며 국가원수인 대통령임에도 정통성을 지닌 합법 정부를 수호하지 않았다. 그보다 민주당 구파의 영수로서 개인적인 정치 이해에 따른 선택을 한 것이다. 당시 윤 대통령이 쿠데타군과 뒷거래가 있었다는 루머가 시중에 파다하게 퍼졌다.

박정희를 비롯한 쿠데타 주모자들을 만난 자리에서 대통령은 "올 것이 왔다"고 했단다. 참으로 정략적이며 당리적인 발언이었다. 자신이 대통령으로 있는 정부의 실정을 시인하여 무엇을 얻고자 했는지는 그 후 행보를 보면 알 수 있다.

윤 대통령은 미국 측 요구를 묵살했을 뿐 아니라 적극적 행보로 쿠데타를 지지했다. 야전 부대를 총괄하는 이한림 제1군 사령관에게 친서를 보내 병력을 움직이지 못하게 했다. 대통령은 쿠데타군이 자신을 옹립할 것이라 믿었던 게 분명하다. 주모자 박정희 소장이 윤 대통령을 찾아가 이렇게 말했다.

"우리는 각하를 위해 쿠데타를 일으켰습니다."

이 말을 믿었고 자신을 중심으로 한 정계 개편을 머릿속에 그렸을 것이다. 헌법을 온몸으로 지켜야 할 대통령이 군사 쿠데타를 인정해 주고 5·16 이후 10개월 동안이나 대통령직에 머물렀다. 이는 쿠데타 세력에 정치적 정통성을 부여한 셈이다. 대통령은 쿠데타를 인정하고 총리는 사라졌으니 미국으로서도 어찌해 볼 방도가 없었다. 도리 없이 2~3일이 지나가 버렸다. 민주주의가 사느냐 죽느냐의 긴박한 시간들이 그냥 흘러가 버렸다.

장도영 육군 참모총장에게는 따져 볼 일이 또 있다. 장 총장은 장면 총리가 특별히 총애해서 현직에 있는 최경록 참모총장을 해임시키고 임명한 사람이었다. 그러나 그는 자유당 시절 이기붕에게 충성을 다한 사람이었다. 이 때문에 민주당 내각의 많은 사람들이 참모총장 교체를 반대했다. 장 총리는 내가 지켜보는 자리에서도 장 총장에게 여러 차례 물었다.

"시중에 떠도는 쿠데타설이 신빙성이 있는가? 그 중심에 박정희 소장이 있다는데 맞는가?"

그때마다 장 총장은 답했다.

"아무 일 없습니다. 박정희 소장 쿠데타설은 음모에 불과합니다. 심지어는 저도 가담했다는 이야기도 돌고 있습니다."

그러면서 장면 총리에게 안심하라며 자기가 군을 확실하게 장악하고 있다고 장담했다. 그뿐만이 아니었다. 장 총장은 실제로 쿠데타가 일어났는데도 즉각 이를 진압하지 않고 박정희 소장과 전화 통화를 하면서 시간을 벌어 주었다. 쿠데타를 도운 것이다. 최경록 육군 참모총장을 경질하지 않았다면 쿠데타는 막을 수 있었다는 것이 내 생각이다. 후일 나는 지인들에게 이런 농담을 건넸다.

"허술하기 짝이 없는 쿠데타가 성공한 것을 보면 박정희 씨가 대운을 타고 난 것 같다. 집안 툇마루 밑을 곡괭이로 파니 금은보화가 쏟아져 나온 격이다."

이기붕으로부터 장면으로 변절한 장도영은 쿠데타를 방조했고, 후에는 지원했다. 일련의 행보로 볼 때 그는 양다리를 걸쳤던 게 분명하다. 한쪽 다리는 쿠데타 세력에, 다른 다리는 민주당 정부에 얹어 놓고 있었다.

소신 없이 사욕을 좇아 후배들에게 영달을 구걸했던 장도영은 결국 그 끝이 비루했다. 장도영은 한때 군사 정권의 최고 지도자로 추대되었다가 결국 '반혁명'이라는 낙인이 찍혀 체포되었다. 그리고 국외로 추방당했다. 배신의 결말이었다. 박정희 쿠데타 세력에게 철저히 이용당하고 버림을 받은 것이다.

쿠데타가 일어난 지 사흘째인 5월 18일 장면 총리가 모습을 드러냈다. 오후 12시 30분 마지막 각료회의를 열었다. 그리고 계엄령을 추인했다. 각료회의가 열리고 있던 그날 오후 육군사관학교 소속 생도가 서울 대로를 행진했다. 그 뒤를 '혁명군' 완장을 두른 부대가 뒤따랐다. 이렇게 제2공화국은 역사 속으로 사라졌다.

국회가 해산된 이후 도리 없이 집안에 틀어박혀 있는데 경관들이 찾아와 나를 끌고 갔다. 그들은 여당 대변인으로 핵심 간부인 내가 당연히 비리에 연루됐을 것으로 생각했던 모양이다. 쿠데타 세력은 '정당 부패 일소'를 구호처럼 외쳤다. 나는 여당의 대변인으로서 학생들과 함께 지방 유세도 다녔고 정국 안정을 위한 여러 모임에도 참석했다. 당시에는 '국민 계몽비'라는 예산이 별도로 책정되어 있었다. 당연히 참여 학생들에게 관련 경비를 나눠 주었다. 그들은 그 경비를 내가 횡령하지 않았느냐고 따져 물었다. 민주당을 부패 정당으로 몰아 발표할 때 나에 대한 혐의도 포함시켰다. 군법 회의 회부를 면하고 일반 검찰로 넘겨진 나는 검사에게 있는 그대로 얘기했다. 학생 단체와 돈을 나눠 준 학생들을 소상하게 밝혔다. 검사는 돈을 받은 학생들을 모두 조사했다. 학생들은 사실대로 증언했다. 결국 학생들이 받은 돈을 합산해 보니 내가 정부 기관에서 받은 금액보다 더 많았다. 당연했다. 공금 이외에 내 주머닛돈을 보태 지급했던 것이다. 나를 조사하던 검사는 거침없이 독설을 뱉어 냈다.

"나쁜 놈의 새끼들, 조작을 하다니……."

검사의 의기에 찬, 분노의 독백이 아직도 귀에 쟁쟁하다. 검사는 나를 무혐의로 풀어 주었다. 계엄군의 서슬이 시퍼렇기 때문에 무혐의 결정이 쉽지 않았을 텐데, 정말 용기 있는 검사였다. 두 달 만에 풀려났다.

정부 관리와 민주당 간부, 많은 혁신계 인사들이 감옥에 들어갔다. 검거된 혁신계 인사들은 1000명도 넘었다. 『민족일보』 조용수 사장을 비롯한 많은 인사들이 사형이나 중형을 받았다. 공산주의자와 똑같은 탄압을 받았다. 혁신 세력이 장면 내각을 그렇게 공격했지만 결국 그것은 자신들의 '활동 공간과 사상의 자유'를 파괴한 셈이었다.

군사 정권은 대의명분으로 '반공'을 강력하게 내세우며 이를 국시(國是)로 삼겠다고 했다. 그러나 공산주의를 반대하는 것을 국시로 한다는 것은 어떤 이론을 동원해도 맞지 않았다. 한마디로 우스웠다. 만약 공산주의가 해체된다면 어떻게 할 것인가. '공산주의 반대'를 국시로 삼았으니 그 나라도 해체해야 마땅한 것 아닌가. 반공은 민주주의를 수호하는 수단이지 목적이 될 수는 없었다.

그럼에도 초기 쿠데타 세력의 일 처리는 쾌도난마에 비유할 수 있었다. 우유부단한 듯 보였던 장면 내각과는 판이하게 달랐다. 그리고 완전한 계엄령 체제에서 일방적으로 장면 내각을 몰아붙였다. 부패하고 무능했다는 것이다. 이 같은 군사 정권의 선전을 일부 국민들은 신선하게 느끼기도 했다. 사실 국민들은 장면 내각 출범 후 계속된 정쟁에 지쳐 있던 게 사실이었다. 이에 비해 군인들은 모든 정책을 명쾌하게, 규칙적으로, 신속하게 처리했다. 많은 국민들은 민주주의 싹이 짓밟힌 것에 분노하고 아파했지만 일부에서는 이러한 군인들의 과감한 일 처리에 호감을 품기도 했다.

쿠데타 세력은 그들이 일어선 이유로 장면 정권이 용공, 무능력, 부패한 정권으로서 나라가 망하는 것을 막기 위해 궐기했다고 선전했다. 그러나 그것은 거짓이었다. 그들이 훗날 간행한 『한국 군사 혁명 재판사』 등을 보면 1960년 9월 10일 이미 쿠데타 모의를 했다. 충무로에 있는 충무장이라는 요정에서 김종필, 김형욱, 오치성, 길재호 등이 모여 군사 정권을 구체적으로 설계하고 있었다. 민주당 정권이 내각 구성을 마친 8월 23일로부터 헤아리면 18일 만의 일이었다. 앞으로 부패하고 무능하고 용공을 할 것을 예단하고 쿠데타를 준비한 꼴이라니 도무지 말이 되지 않는 일이다. 모든 국민이 새로운 내각에 축하를 보내고, 민주당 정부가 민족의 내일을 설계하고 있을 때 그들은 어둠 속에서 정부 전복을 모의했던 것이다. 훗날 정치를 재개한 후 나는 이러한 사실을 발견하고 그 내용을 폭로했다. 일대 소동이 벌어졌다.

또 5·16 군사 정권은 국무총리 이하 장차관, 요직에 있었던 인사들을 붙잡아 조사하고 고문했다. 언론에서 떠들고 수사 기관을 총동원해서 뒤졌지만 김영선 재무장관 한 사람만 연루되었다. 그것도 김 장관이 미국에 있는 동안 중고 냉장고 하나를 선물로 받은 혐의였다. 그것 하나만이 유죄로 나왔으니 부패 정권이란 순전히 날조된 것이었다. 이쯤 되면 5·16 군사 쿠데타는 소수 정치군인들의 정권욕에서 비롯된 것임을 알 수 있다. 제2공화국은 깨끗한 정부가 되려고 무척 애를 썼다. 장 총리 스스로 도시락을 갖고 다닐 정도였다. 4·19 혁명의 순결한 정신을 이어가려 나름대로 최선을 다했음을 인정해야 할 것이다.

6월 10일 중앙정보부를 설치하는 법안이 공포되었다. 초대 정보부장은 김종필 씨였다. 모든 정치 공작과 사찰의 음모가 여기서 배양되었다. 공포의 정보 정치는 이때부터 시작되었다. 이후로 한국의 정치는 중앙정보부에서 조종하였다.

중앙정보부는 박정희 정권 18년 동안 정권 수호의 첨병이었다. 수많은 정치인과 민주 인사들이 정보 정치에 희생됐다. 조직적 부정부패, 인권과 민주주의 말살의 총본산이었다. 역대 선거 부정도 여기서 지휘했다. 군사 정권을 지키는 무소불위의 권력 기관이었다. 나아가 정보부는 전두환, 노태우 등으로 이어지는 군인 대통령의 칼이 되었고 반대편을 쓰러뜨리는 총구가 되었다. 그 총구는 나에게 정조준되어 있었으니 내 정치 인생은 늘 바람 앞의 촛불이었다. 그들은 세상 끝까지 나를 따라다녔다. 중앙정보부를 만들었던 김종필 씨 역시 나중에는 정보 정치의 피해자가 되었다. 그는 정보부의 회유와 협박에 여러 차례 국외로 쫓겨나야 했다. 역사의 아이러니였다.

5·16은 '혁명 공약'이나 그 후 그들이 취한 권력 다툼을 보면 명확한 이념과 확실한 계획을 가지고 진행된 혁명이 아님을 여실히 드러냈다. 아무리 미화해도 애당초 혁명은 될 수 없었다. 무력을 동원한 권력 탈취, 그 이상도 이

하도 아니었다. 민주주의의 싹을 무력으로 잘라 버렸다. 정당 정치와 의회 민주주의를 짓밟았다. 군부는 정치적 패권을 장악한 특권 집단이 되었고, 이후 정치군인이 득세하였다. 5·16 군사 쿠데타로 우리 민주주의 역사는 30년이나 후퇴했다.

영원한 동지 '5월 신부'

(1962. 5 ~ 1963. 10)

1962년 5월 10일, 이희호를 아내로 맞았다. 내 삶의 동반자 이희호, 그녀는 서울대 사범대학을 나와 부산에서 대한여자청년단의 국제국장으로 일할 때 처음 만났다. 당시에 나는 두려울 것도 부러울 것도 없는, 나름대로 성공한 청년 실업가였다. 그러다 휴전 직후 그녀는 미국 유학을 떠났다. 4년간의 유학을 마치고 귀국해서는 서울에서 YWCA 전국연합회 총무를 맡고 있었다. 나는 가장 넉넉한 시절에 부산에서 그녀를 알았고, 가장 곤궁한 때 서울에서 결혼을 했다.

우리는 1959년 여름의 끝자락쯤 서울 종로 거리에서 우연히 마주쳤다. 반가웠다. 다방에 들러 차를 마셨다. 그녀는 변한 것이 없어 보였다. 안부를 묻고 다시 헤어져 가던 길을 갔다. 나는 정치를, 그녀는 여성 운동을 왕성하게 했기 때문에 서로의 근황을 알고 있었다. 그래서 우연히 마주쳤지만 우리 만남은 예비되어 있었는지도 모른다.

그 후로 퇴근 무렵에 그녀를 만나러 YWCA가 있는 명동에 자주 갔다. 만남이 잦아졌다. 공원, 중국 음식점, 양식당 같은 곳에서 만났다. 형편이 궁했던 터라 데이트 경비는 그녀가 거의 부담했다. 나는 당시 아무것도 지니지 못한 백수였다. 할 일이 없으니 종로 화신백화점 5층에 있는 극장에서 영화를 곧잘 보았다. 극장은 허름했고 영화를 두 편씩 상영했다. 친구나 후배와, 아니면 혼자서 영화 두 편을 보면 하루가 지나갔다. 버스비가 없어 쩔쩔 매기도 했고, 생활비가 없어 대학생 후배의 등록금을 빌려 쓰기도 했다. 후배는 나 때문에 휴학을 했고, 그것이 평생 빚이 되었다. 나는 정치정화법에 묶여 정치를 할 수 없었고 앞날도 불투명했다. 그러나 그녀는 나를 깊이 이해해 주었다. 내 곤궁한 처지를 자기 일처럼 걱정하며 따뜻한 말로 위로해 주었다.

이희호의 매력은 은은함에 있었다. 그것은 시간이 지날수록 나를 사로잡았다. 그녀는 이지적이고 활달했지만 교만하지 않았다. 미래가 보장된 여성 지도자였고, 유복한 환경에서 자라 부러울 것이 없었지만 겸손했다. 자기주장에는 언제나 당당했지만 마음을 열어 남을 배려했다. 그녀는 진보적인 시각을 지니고 있었고 시국을 보는 눈이 정확했다.

만나면 하는 게 세상 얘기였다. 주로 정치 얘기를 많이 했다. 아기자기한, 살가운 대화를 나눈 기억은 별로 없다. 서로 나이가 들어서인지 연인보다는 동지로서의 유대감이 더 강했다. 우리는 서로를 깊이 이해했다. 뜨겁지는 않았지만 서로의 속을 들여다볼 수는 있었다. 나는 점차 그녀와 함께 내 꿈을 펼치고 싶어졌다. 함께 있으면 편했다. 그것이 바로 사랑이었다.

사랑이 무르익었지만 나는 수동적이었다. 제대로 내세울 것이 없기 때문이었다. 반면에 그녀는 모든 면에서 적극적이었다. 날 바라보는 눈에 사랑이 담겨 있음을 확인했으면서도 나는 머뭇거렸다. 그러던 3월 어느 날 저녁, 아직 한기가 감도는 탑골(파고다)공원에서 결혼해 달라고 말했다.

우리가 결혼한다고 하자 정작 그녀 주변에서는 깜짝 놀라며 반대했다. 가족은 물론이고 친지, 직장, 여성계 선후배들이 들고일어난 모양이었다. 하지만 그녀는 흔들릴 사람이 아니었다. 더욱 내게로 다가왔다. 그때 나는 형편이 매우 어려웠다. 셋방에서 어머니, 여동생과 함께 살고 있었다. 어머니는 몸이 아팠고 누이동생도 심장병을 앓고 있었다. 그리고 아들이 둘 있었다. 그런 데로 시집을 간다니 주위에서 결혼을 만류하는 것은 어쩌면 당연했을 것이다.

1962년 5월 10일 이희호와 결혼식을 올렸다.

그녀는 주변 사람에게 "인품이 훌륭한 사람, 내가 꼭 도와야 할 사람"이라며 뜻을 굽히지 않았다.

아내 이희호는 6남 2녀 중 장녀였다. 아버지(이용기)는 세브란스 의전을 나온 의사였고, 어머니(이순이)는 그녀가 19세 때 돌아가셨다.

우리는 마침내 결혼식을 올렸다. 식장은 그녀의 외삼촌인 이원순 씨의 체부동 자택이었다. 널따란 한옥 대청마루에서 조향록 목사를 주례로 모시고 서로를 섬기기로 약속했다. 청첩을 돌리지 않았는데도 여성계 인사 등 100여 명이 지켜봤다. 이희호, 그녀는 그렇게 5월 신부가 되어 내게로 왔다. 그날 이후 세상에서 나를 가장 사랑하는, 나를 가장 이해하는, 나를 가장 아껴 주는 내 여인이 되었다.

신혼의 단꿈은 열흘 만에 깨졌다. 5월 20일 '반혁명'이란 죄목으로 중앙정보부에 끌려갔다. 민주당 간부들이 모여 군사 정권 타도를 모의했다는 '반혁명' 혐의였다. 하지만 아무리 조사해도 나올 게 없었다. 정보 정치로 숨통을 죄던 시기에 그러한 모의는 애당초 불가능했다. 그들도 알고 있었다. 사실 여부를 떠나 우리 정치인들에게 족쇄를 채워 두려는 술책이었다. 결국 한 달 동안 갇혀 있다가 풀려났다.

중앙정보부와 악연은 이보다 더 일찍 시작되었다. 결혼 전이었다. 중앙정보부가 만들어진 후에 평소 알고 지내던 목포 출신 정보부원이 나를 찾아왔다. 사탕이 귀한 때라 엿을 사 왔다. 이런저런 얘기를 하더니 불쑥 군사 정권을 비난하기 시작했다. 아무래도 의심스러워 내 속내를 감췄다. 그는 군사 정권을 향해 막말을 쏟아 냈다. 나는 짐짓 정치에는 관심이 없다는 뜻을 내비치며 앞으로도 가만히 있겠다고 했다. 딴전을 피우며 응대를 하지 않았다.

나중에 알았지만 그들은 내 짐작대로 녹음기를 품고 정치인들의 의중을 떠보고 다녔다. 그때 덩달아 군사 정권을 비난했다면 곤욕을 치렀을 것이다. 정보부원은 서울 시장을 지냈던 김상돈 씨를 찾아가 비슷한 수법으로 염탐을 했다. 그는 김상돈 씨와 인척 관계였다. 따라서 김상돈 씨는 정보부원이 유도하는 대로 주먹까지 내지르며 맞장구를 치면서 군사 정권을 비난했다. 결국 잡혀가 몇 년을 감옥에서 보내야 했다.

교도소를 나와 별 할 일 없이 빈둥거리며 지내는데 또 다른 불행이 찾아왔다. 누이동생이 죽은 것이다. 여동생은 이화여대 재학 중에 쓰러졌다. 병명은 심장판막증이었다. 국문학과를 다녔기에 출중한 여류 문인이 될 줄 알았다. 실제로 책을 많이 읽고 시 창작에 재능이 있었다. 동생은 나이보다 생각이 깊고 겸손했다. 예쁘고 착한 동생에게 왜 그런 몹쓸 병이 찾아왔는지 모르겠다. 당시에는 외과 의술이 발달하지 않았고, 집안 형편도 어려워 수술 한번 제대로 받아 보지 못했다. 내가 병실에 들어서면 가쁜 숨을 내쉬면서도 웃어 보이려 애를 썼다. 그런 동생의 모습이 잊히질 않는다.

서울 적십자병원에서 동생의 죽음을 지켜보며 내가 한 일이라고는 눈물을 뿌리는 것뿐이었다. 내 무능을 원망하며 가슴을 쳤다. 정치로 나선 것이 그렇게 후회되었다. 나는 가난한 가장이었다. 동생에게 아무것도 해 주지 못했다. 암담한 정치 현실을 개탄하며 하루하루를 연명했기에, 내 한 몸 추스르기도 힘이 들었던 것이다. 누이동생에게 어떤 용기도 불어넣지 못했다. 누이동생 묘 앞에 서면 지금도 눈물이 난다. 회한이 밀려온다. 동생의 죽음 앞에 지금도 아무 할 말이 없다.

1963년 2월로 기억한다. 중앙정보부의 고 모 국장이 만나자는 연락을 해 왔다. 당시 중앙정보부 아지트라 할 수 있는 반도 호텔로 갔더니 앞으로 정치 활동을 하려면 공화당 창당에 참여해 달라고 했다. 최고회의는 1962년 12월 31일, 1차로 171명에 대해 정치 활동 금지를 해제했다. 그러나 나는 대상에서 제외되었다. 군사 쿠데타 세력은 공화당 창당을 계획하고 있었고, 1월 5일 김종필 씨는 중앙정보부 부장직을 그만두고 창당 작업에 뛰어들었다. 공화당에는 국민들을 설득할 수 있는 명분과 인재가 필요했다. 그들은 정치 활동 재개를 미끼로 나를 끌어들일 셈이었다.

"당신이 실력 있고 유능하다는 것은 잘 알고 있습니다. 이미 검증된 사실입니다. 국회의원이 아니라 그 이상의 재목이라고 생각합니다. 우리가 중용하고 우대할 테니 우리와 같이 갑시다. 사람에게는 때가 있습니다. 이제는 그 재능을 펼쳐 보일 때가 왔다고 봅니다. 만일 우리 제안을 거부하면 앞으로 8년간은 정치할 생각을 말아야 할 것입니다."

유혹은 은밀했지만 그 속에 협박이 들어 있었다. 당시 상황에서 앞으로 8년간 정치를 하지 못한다는 것은 정치적 사형 선고와 같았다. 그러나 나는 거부했다.

"나는 당신들이 쿠데타로 쓰러뜨린 민주당의 대변인을 지냈소. 당신들은 장면 정권이 부정부패하고 나쁘기 때문에 일어났다고 말하고 있는데, 나는 장면 정권이 역사상 가장 좋은 정권이니까 국민들에게 지지해 달라고 말하고 다녔소. 이제는 거꾸로 당신네가 제일 좋은 사람들이라고 말한다면 국민들이 나를 뭘로 보겠습니까. 당신네 편에 서서 민주당은 안 된다, 공화당이 제일이다 말하면 사람들은 나를 변절자라고 손가락질할 것 아니오. 변절자를 영입해서 당신네가 득 볼 게 뭐가 있겠소. 오히려 손해만 끼칠 것이오."

그들의 정치 흥정을 이렇게 물리쳤다. 국회의원 선거가 임박했기에 정치인이라면 모두 촉각을 곤두세우고 있는 시점이었다. 많은 정치인들이 좌절했고 나는 이미 체념을 하고 있었다. 바로 옆방에는 그들의 보스인 김종필 전 중앙정보부장이 면담 결과를 기다리고 있었다. 정보부 국장은 날더러 한 번만 김 전 부장을 만나 보라고 간청했다. 나는 그냥 일어섰다.

"더 이상 나를 움직일 생각은 마시오. 할 말은 다한 것 같으니 가 보겠소."

돌아서서 나오는데 갑자기 그가 욕설을 퍼부었다.

"개 같은 자식, 주둥이만 살아서 지랄하고 있네."

나는 아무 대꾸도 하지 않고 나왔다. 참으로 무도한 사람이었다. 저 밑바닥에서 분노가 솟구쳐 올라왔지만 참았다. 그 후로 그들은 나에게 접근해 오지 않았다. 나는 그 일로 2차 해금 조치 대상에서도 제외되었다. 나는 맨 마지막까지 정치 활동 규제자로 묶여 있어야 했다.

1963년 4월 서울 마포구 동교동으로 이사했다. 서울에 올라와 9년 동안 여덟 번째 집을 옮겼다. 미국국제협력국(ICA)의 원조를 받아 국내 은행이 투자해서 지은 서민 구호용 주택이었다. 처음에는 전세로 살다가 내가 국회의원에 당선되고 형편이 나아진 후 샀는데 너무 좁아서 2~3년 후에는 옆집까지 구입했다. 나는 비로소 문패를 달았다. 아내의 이름도 함께 새겨 넣었다. 세상에서 가장 아늑한 '우리 집'이었다. 당시 동교동은 서울의 변두리였고 일대는 호박밭이었다. 비만 오면 길이 잠겨 질척거렸다. 너나없이 장화를 신었다. 나는 그 뒤로 줄곧 동교동에서 살았다.

시간이 지나자 군사 정권이 국민 앞에 내세운 공약들이 치밀하게 준비된 것이 아니라 정권을 찬탈하기 위해 급조된 것임이 드러났다. 쿠데타 세력의 실체 또한 서서히 밝혀졌다. 공약 중에 국민들의 호응을 가장 많이 받은 것은 그래도 농업 진흥이었다. 처음에는 농촌 고리채를 정리하는 등 나름의 정책 의지를 보인 것은 사실이다. 당시는 농민 비율이 전체 인구의 7~8할을 차지하고 있을 때였다. 하지만 그 이후로는 농업, 농촌, 농민을 위한 정책이 사라졌다고 해도 지나친 말이 아니었다.

다시 말하지만 군사 정권의 경제개발 5개년계획은 민주당 정부의 개발 계획을 그대로 베낀 것이었다. 하지만 군대식 명령과 탁상 행정으로는 개발 계획에 스며 있는 취지를 살릴 수 없었다. 농촌에 대한 배려는 오간 데 없고 오직 대기업과 도시 우선 정책을 밀어붙였다. 자연 도시와 농촌의 격차는 벌어질 수밖에 없었다. 농촌은 소외되기 시작했고, 농민들의 삶은 갈수록 피폐했다.

쌀 생산이 급격히 줄고 미국 잉여 농산물 도입이 지연되었다. 끝내 1962년 식량 부족 사태에 직면했다. 이어서 내놓는 경제 정책마다 실패하자 물가는 천정부지로 뛰었다. 경제는 비틀거렸고, 수습 불능의 위기로 빠져들었다. 5개년 경제개발계획은 1년 만에 수정해야만 했다.

국민들이 용서할 수 없는 것은 쿠데타 세력의 부패였다. 그들은 목이 터지도록 "부정부패 일소"를 외쳤다. 국민들도 다른 것은 몰라도 나라를 지키는 군인들이기에 쿠데타 세력은 깨끗할 것이라 믿었다. 그러나 그들은 과거 정권에서는 생각할 수 없을 정도로 빠르게 썩어 갔다.

앞에서는 부정 축재를 처벌하는 법을 만들고 뒤로는 재벌에 손을 내밀었다. 정치 자금을 받고 부정을 눈감아 주었다. 결국 이른바 4대 의혹 사건과 삼분(三粉)폭리 사건이 터졌다. 4대 의혹 사건은 중앙정보부가 민주공화당 조직에 필요한 정치 자금을 확보하기 위해 저지른 것들로 증권 파동, 워커힐 사건, 새나라자동차 사건과 회전당구대(파친코) 사건을 말한다. 이는 공권력으로 법을 짓밟고 국민을 속인 만행에 가까웠다.

먼저, 증권 파동은 중앙정보부가 대한증권거래소를 장악한 후 주가를 조작하여 폭리를 취한 사건이다. 주가 조작 사실을 모르고 투자했던 5300여 명은 엄청난 손실을 입었고 그중에 자살하는 사람이 속출했다. 정치 자금을 마련하기 위해 선량한 투자자들을 죽음으로 내몰았던 것이다.

두 번째 워커힐 사건은 중앙정보부가 외화 획득을 빌미로 서울 광장동에 주한 유엔군의 위락 시설인 워커힐 호텔을 지으면서 비롯되었다. 자금난에 호텔 신축 공사가 어렵게 되자 정부 자금을 빌려 주어 공사를 강행토록 하고 이 가운데 상당한 공적 자금을 가로챘다. 또한 교통부와 군부대에 장비와 인력을 동원하도록 압력을 행사하여 물의를 빚었다. 이 사건은 주한 미군 내에서도 문제가 됐고, 미군들에게 워커힐 호텔 출입 금지령이 내려졌다.

세 번째 새나라자동차 사건 역시 중앙정보부가 개입하였다. 닛산 자동차를 일본에서 불법으로 들여온 후 국내에서 무려 두 배가 넘는 가격으로 팔았다. 그들은 자동차 산업을 육성한다고 새나라자동차공업주식회사를 설립해 놓고는 자동차 수입과 판매의 독점권을 부여했다. 새나라자동차회사는 자동차 생산보다는 일본에서 면세로 들여온 자동차를 판매하는 불법 수입상이었던 셈이다.

네 번째 회전당구대 사건은 속칭 파친코 사건이라 불렸다. 일본으로부터 회전식 당구대 880대를 면세로 들여와 서울 시내에 영업을 하도록 허용했다. 또 법적으로 금지되어 있는 회전당구대를 재일 교포 재산인 것처럼 속여 국내로 들여왔다. 계엄 하에서도 파친코 도박이 성행하자 도대체 군사 정권의 정체가 무엇이냐는 비난이 자자했다. 군사 정권은 서둘러 영업 허가를 취소했다. 이 사건도 배후에는 중앙정보부가 있었다.

4대 의혹 사건은 쿠데타 세력의 치부를 그대로 드러냈다. 사건마다 악취가 진동했다. 세금 포탈, 공금 횡령, 예산 유용, 증권 사기 등 그 수법 또한 추악했다.

'구정권보다 나은 게 무엇인가?'

'구악보다 더한 신악이다.'

자고 나면 비리가 터지자 비난 여론이 들끓었다. 누군가 책임을 져야 했다. 김종필 초대 중앙정보부장은 이들 사건으로 물러났다. 그리고 '자의 반 타의 반' 외유 길에 올랐다.

군정 말기에는 시멘트, 밀가루, 설탕 등 세 가지 가루를 둘러싼 부정 사건이 발생했다. 이른바 삼분폭리 사건이다. 이 역시 삼분을 생산하는 기업들이 불·탈법으로 엄청난 폭리를 취했음에도 이를 묵인하고 대신 거액의 정치 자금을 제공받았다. 기업이 가격 조작을 해서 남긴 엄청난 이익을 다시 나눠 먹은 것이었다. 어느 날 갑자기 설탕이나 밀가루 값이 두세 배 뛰었으니 영문도 모르는 국민들은 기가 막혔다. 국민의 고통을 돈으로 바꿔 저희끼리 잔치를 벌인 셈이었다.

5·16 군사 정권은 안팎의 시련에 무수히 시달렸다. 총으로 권력을 장악했지만 정통성이 없고 무능하고 부패했기 때문에 비난이 들끓었다. 자연 박정희 최고회의 의장 또한 그 입지가 흔들렸다.

박 의장은 1962년 3월 19일, 이듬해 민정 이양을 하겠다고 발표했다. 그리고 11월 17일에는 쿠데타 핵심 세력도 민정에 참여하겠다고 밝혔다. 12월 27일에는 대통령 출마 의사가 있음을 분명히 했다. 그러다 1963년 2월 18일에는 돌연 민정 불참을 선언했다.

그런 후 한 달도 채 되지 않은 3월 15일 수도방위사령부 장교 80여 명이 최고회의 건물 앞에서 시위를 했다. 그들의 요구가 망측했다. 박 의장은 민정 불참 선언을 철회하고 군정을 연장하라고 외쳤다. 그들의 속이 들여다보였다. 군인들이 시위를 한다는 것 자체가 해괴한 일이었다.

그러자 박정희는 곧바로 답을 했다. 군정을 4년 연장하고 이를 국민 투표에 부치겠다고 발표했다. 누가 봐도 유치한 각본이었다. 이 발표로 정국에 폭풍이 몰아쳤다. 민정을 준비하던 모든 정치 세력들이 반발했다. 미국도 즉각 반응을 보였다. 새뮤얼 버거(Samuel Berger) 주한 미국 대사와 국무부가 유감의 뜻을 표명했다. 케네디 대통령은 직접 항의문을 군사 정권에 보냈다. 경제개발 5개년계획 원조도 보류했다. 내외의 압력에 박 의장은 당황했다. 결국 군정 연장을 포기해야 했다. 7월 27일 연내 민정 이양을 하겠다는 발표를 했다.

그리고 10월 중순 대통령 선거를 치르도록 정치 일정을 잡았다.

육군 소장으로 정권을 찬탈한 박정희는 이렇듯 끊임없이 흔들렸다. 약속을 뒤집고 또 뒤집었다. 그는 권력을 놓고 싶은 마음이 추호도 없었다. 다시 군으로 돌아가겠다는 약속은 애당초 지킬 생각이 없었다. 그는 공화당 총재와 대통령 후보로 내정된 후, 전당 대회를 하루 앞두고 군복을 벗었다. 그렇게 군정이 끝났다.

8월 30일 박정희 최고회의 의장은 예편을 했다. 그는 전역사에서 이렇게 말했다.

"다시는 이 땅에 나와 같은 불행한 군인이 생기지 않기를 바란다."

그가 왜 스스로를 불행한 군인이라고 했는지는 모르겠다. 하지만 그가 우리 현대사를 불행하게 만들었음은 확실하다. 그 후에도 그를 빼닮은 수많은 정치군인들이 나타났다. 우리 정치는 오래 불행했다.

호남이 당선시킨 박정희 대통령

(1963 ~ 1964)

정치 활동을 다시 시작했다. 1963년 2월 27일 나는 '정치 활동 금지'에서 해제되었다. 옛 동지들과 함께 민주당을 재건했다. 1963년 7월 18일 서울에서 창당 대회를 열고 박순천 여사를 당수로 선출했다. 박순천 여사는 당시 야당에서 신망이 높았다. 나는 다시 대변인에 뽑혔다. 그에 앞서 5월 14일에는 구 신민당, 구 자유당, 무소속 등 세력이 모여 민정당을 창당했다. 대표최고위원으로 김병로 씨가 선출되었다. 9월 5일에는 허정 씨 중심의 국민의 당이 창당되었다.

처음 민주당 사람들은 허정 씨와 당을 함께하려 했으나 그의 주위에 자유당 사람들이 포진해 있었고, 허정 씨 또한 자유당 출신 인사들만 감싸고돌았다. 할 수 없이 민주당은 별도로 당을 만들었다. 허정 씨의 태도는 도저히 당을 같이할 수 없을 정도로 독선적이었다. 민주공화당은 이미 2월 26일 창당하여 정구영 씨를 총재로, 김정렬 씨를 당의장으로 선출했다.

정국은 하루하루가 숨 가빴다. 10월 15일 제5대 대통령 선거를 앞두고 야권이 후보 단일화를 모색했다. 민주당은 후보를 내지 않았다. 군사 쿠데타를 막지 못한 책임을 지기로 했기 때문이었다. 민주당은 처음에는 윤보선 후보가 쿠데타 세력과 야합하는 등 문제가 있어 대통령 후보로 옹립하는 것을 주저했다. 그러나 허정 씨 또한 자유당 세력과 손을 잡고 있었기에 민주당은 차선책으로 윤 후보를 지지했다. 당시 박정희 후보에 맞설 윤 후보의 지명도를 고려한 것이었다.

결국 허 후보가 양보하여 야권은 윤보선 전 대통령으로 후보 단일화를 이뤘다. 민주당은 윤 후보의 당선을 위해 최선을 다하기로 뜻을 모았다. 박정희는 민정에 참여하여 민주공화당 대통령 후보가 되었지만 여전히 '군복만 벗은 군인'이었다. 따라서 야권이 진정한 군정 종식을 위해 공동 전선을 형성한 것은 자연스러운 일이었다.

나는 군사 정권의 부정부패와 박정희의 독재 체제의 해악을 공격했다. 선거전이 불붙기 이전에도 박정희 후보를 향해 맹공을 퍼부은 일이 있었다. 당시 박정희는 최고회의 의장과 함께 현역 육군 대장이었다. 쿠데타 당시 소장이었지만 단숨에 승진하여 국군 최고의 지위를 얻었다. 대통령 선거 출마에 앞서 육군 현역에서 물러나 곧바로 공화당에 입당했다. 하지만 군사 쿠데타 후에 제정된, 헌법보다 우선하는 국가재건비상조치법을 보다가 퇴역과 공화당 입당 순서가 그 법에 위배된다는 것을 발견했다. 나는 이 사실을 국민 앞에 알렸다. 박 후보의 공화당 입당은 무효임을 주장했다. 공화당 측에서는 당황하여 비상조치법 자체를 개정하여 사태를 수습하려 했다. 나는 무소불위의 권력을 휘두르던 박 후보를 정면으로 공격했고, 그만큼 안팎의 반향도 컸다. 이것이 박정희가 평생 그토록 나를 미워한 최초의 동기였는지도 모른다. 박 후보가 그 사건을 계기로 나를 특별히 주시했음은 분명하다.

선거는 그 결과를 알 수 없었다. 판세는 혼미했지만 잇단 군정의 실패로 박 후보가 낙선할 것이라는 전망이 우세했다. 정치군인들로는 아무것도 할 수 없다는 정서가 널리 퍼져 있었다. 사실 군정 2년 7개월 동안 나라 꼴은 말이 아니었다. 경제 또한 극도로 침체되었다.

하지만 윤보선 후보에게도 약점이 많았다. 우선 대통령으로서 쿠데타를 인정했다는 점이다. 어떤 경우에도 헌법을 지켜야 했지만 윤 후보는 자신과 자신의 정파를 먼저 살피는 정략적 선택을 했다. 헌정을 파괴한 군사 정권과 일정 기간 동거를 한 셈이다. 나중에 버림을 받고서야 군사 정권을 비난하기 시작했다. 이러한 언행에 국민들이 곱지 않은 시선을 보냈다. 그럼에도 오랜 정치 활동을 통해 지명도가 높은 것은 사실이었고, 이를 바탕으로 나름의 지지자들을 확보하고 있었다.

선거는 접전이었다. 전반에는 명분에서 앞선 윤 후보가 우세했다. 하지만 윤 후보는 결정적인 실수를 범했다. 박 후보를 공산당이라고 몰아붙인 것이었다. 이는 현명하지 못한 전략이었다.

"여수·순천 반란 사건에 연루된 사람이 대통령 선거에 출마했다."

직접 거명하지는 않았지만 누가 들어도 박 후보를 겨냥한 공세였다. 사실 박 후보는 소령 시절에 그와 같은 혐의로 군법 회의에 기소된 일이 있었다. 하지만 지난 일이었다. 그것이 사실이긴 했어도 공산당과 전쟁을 선포하고, 반공을 국시로 내건 사람에게 그런 비난은 설득력이 없었다. 게다가 윤 후보 측이 박정희 후보를 공산당이라고 비난하는 방식은 과거 한민당 시대의 어두운 기억을 떠오르게 했다. 미 군정 시대의 한민당은 김구 선생의 한독당을 비롯하여 반대 세력을 공산당으로 몰아서 무자비하게 숙청한 역사가 있었기 때문이다. 미국의 군정과 이승만 정권 때는 반대 세력을 제거할라치면 곧잘 공산당이란 올가미를 씌웠다. 윤 후보의 발언은 유권자들에게 그런 공포 정치를 연상하게 했다. 미세한 국면에서 윤 후보의 이 같은 실언은 치명적이었다.

선거 결과는 박 후보가 15만 6000여 표 차이로 신승했다. 윤 후보의 패배는 곱씹을수록 아쉬웠다. 물론 선거에 부정이 없었던 것은 아니다. 대통령 선거 기간 동안 4대 의혹 사건, 삼분폭리 사건을 통해 중앙정보부가 긁어모은 돈을 무차별 살포했다. 하지만 윤 후보의 실언만 없었다면 선거는 승리할 수 있었다. 이것도 박 후보의 운이었다. 그는 상대의 실책에 편승해서 권력을 이어갈 수 있었다.

박 후보는 서울, 경기도, 강원도, 충청도에서는 모두 졌다. 박 후보 연고지인 경상도와 아무 연고도 없는 전라도에서만 이겼다. 특히 전라도에서는 윤 후보를 35만 표 차로 크게 앞섰다. 박 후보는 전라도 표로 대통령이 된 셈이다. 윤 후보 측의 '용공 소동' 때문에 전라도가 그를 선택한 것이었다. 그러나 박정희는 집권하자마자 전라도를 소외시켰다. 그의 지역 차별 정책에서 망국적인 지역감정이 비롯되었다. 박 정권 18년간 최대의 정치적·도덕적 과오는 지역 차별이었다. 그는 역사에 죄를 지었다.

대선 후 곧바로 제6대 국회의원 총선거가 전국 131개 선거구에서 11월 26일에 실시되었다. 나는 고향 목포에서 민주당 후보로 나섰다. 집권 여당의 대변인을 맡는 등 그간의 정치 활동으로 쌓인 지명도를 바탕으로 해서 목포 현지 주민들의 출마 권유를 받아 출마했다. 첫 선거 패배의 아픔을 안겨 준 고향이었지만, 목포는 따뜻했다.

공화당에서는 차문석 씨를 후보로 내세웠다. 그의 부친은 일제 강점기에 중추원 참의를 지냈고 목포에서 둘째가라면 서러운 부자였다. 나는 비록 자금은 달렸지만 선거 운동만큼은 자신 있었다. 지난 선거에서의 잇단 낙선이 나를 강하게 만들었는지도 모른다. 나는 이렇게 외쳤다.

"저는 목포의 아들인데도 객지를 떠돌았습니다. 목포에서 가장 먼 곳, 강원도 인제에서 출마했습니다. 그리고 천신만고 끝에 국회의원이 되었습니다. 또한 집권 여당 대변인으로 활동했습니다. 강원도도 저를 알아주고 서울에서도 인정해 주는데, 고향에 돌아온 저를 목포 시민들이 외면해서야 되겠습니까. 고향에서 패하면 돌아갈 곳이 없습니다. 저를 키워 주십시오. 큰 인물이 되어 보답하겠습니다."

선거 운동이 한창이던 11월 22일 존 F. 케네디 미국 대통령이 암살당했다. 텍사스 주 댈러스에서 자동차 퍼레이드 중에 흉탄을 맞았다. 유세 중에 그 소식을 들은 나는 큰 충격을 받았다. 최연소 미국 대통령으로 당선된 케네디는 내 우상이었다. 대통령 후보로서 닉슨과 벌인 텔레비전 토론은 선거 문화를 바꿔 놓은 일대 사건이었다. 또한 쿠바 미사일 위기를 맞아 소련 총리 흐루시초프와 세기의 힘겨루기를 했다. 일촉즉발의 대치에도 그는 유연하면서도 단호했다. 미국이 쿠바를 침략하지 않는 대신 소련은 쿠바에서 미사일, 폭격기 등을 철수한다는 대타협을 이뤄 냈다. 이를 계기로 부분적인 핵실험금지조약을 끌어냈고, 지구촌에 해빙 무드가 조성되었다.

케네디는 참다운 용기가 무엇인지를 보여 준 신비로운 인물이었다. 그는 우선 젊었고 세상을 변화시키려는 열정을 지니고 있었다. 무엇보다 변화를 외쳐 국민들에게 희망을 안겨 주었다. 바다 건너 먼 나라에 있었지만, 그의 일거수일투족은 나에게 힘과 용기가 되었다. 나도 젊음을 바쳐 우리 민족에게 희망의 길을 제시하고 싶었다. 썩은 세상을 바꾸고 싶었다. 그것은 내가 정치에 뛰어든 이유이기도 했다. 그러나 그는 너무 허무하게 사라졌다. 그를 만나 본 적은 없지만, 그가 세상에 존재하지 않는다는 것이 억울했다. 유세장에서도 그의 얼굴이 떠올랐다.

선거는 막바지로 갈수록 혼탁해졌다. 목포에서도 예외가 아니었다. 공화당은 경찰과 지방 공무원을 동원하여 야당의 선거 운동을 방해했다. 그러나 의인은 어디든 있었다. 부정 선거 지시를 받은 목포경찰서 정보반장 나승원 경사가 '국회의원 선거 대책'이라는 부정 선거 비밀 지령문을 폭로했다. 나 경사는 민주당이 아닌 또 다른 야당 민정당에 가서 기자 회견을 열고 13개 항목에 걸친 부정 선거 비밀 지령을 폭로했다. 물론 그 비밀 지령은 나의 낙선을 겨냥한 것이었다. 야권은 일제히 목포의 사례를 열거하며 부정 선거를 규탄했다. 선거 보이콧까지 거론하며 내무장관, 치안국장을 사임시키라고 정부를 압박했다. 목포에서의 판세는 우리 쪽으로 완전히 기울었다. 나 경사의 폭로 이후 공화당 측에서는 부정을 저지를 엄두를 내지 못했다. 나는 압도적인 표 차로 당선되었다.

지난 인제 선거에서 나를 도왔던 권노갑은 이때도 내 곁을 지켰다. 그는 목포상고 후배로 나를 돕기 위해 봉직하고 있던 영어 교사직도 그만두었다. 권노갑은 발이 넓었다. 강원도 인제 선거에서 나를 도왔던 엄창록도 열심히 뛰었다.

하지만 전국적으로는 공화당이 압승을 거두었다. 전국구를 포함하여 175개 의석 중에서 110개를 차지했다. 그리고 여당 성향의 자유민주당이 9석을 획득했다. 야권에서는 민정당이 41석, 내가 속한 민주당이 13석을 차지하는 데 그쳤다.

선거 보름 전인 11월 12일, 막내아들 홍걸이가 태어났다. 만삭의 아내를 서울에 두고 목포로 내려왔는데 득남 소식을 알려왔다. 나는 출산을 지켜보지 못했다. 아내에게 미안했다. 선거가 끝나고 국회의원 당선자로 아기를 안았다. 그때 내 나이 마흔, 아내는 마흔둘이었다. 둘 사이에 아기가 태어나니 가슴이 벅차올랐다.

대통령 선거와 국회의원 선거가 끝나 박정희 대통령의 민정 시대로 접어들었다. 국민 투표로 통과된 개정 헌법이 발효되어 제3공화국이 출범했다. 박 정권은 첫 과제로 한일 국교 정상화를 들고 나왔다. 당시 국내 상황은 최악이었다. 흉작으로 쌀값이 폭등하는 등 나라 경제는 파탄 위기에 직면했다. 또한 이미 공약으로 내세운 경제개발 5개년계획을 추진해 나가야 했다. 그러기 위해서는 일본의 경제 원조가 필요했다.

박 정권은 군정 시대에 이미 대일 청구권에 대해 일본과 합의를 보았다. 1961년 10월과 11월 두 차례 도쿄에서 일본의 오히라 마사요시(大平正芳) 외무대신과 한국의 김종필 중앙정보부장이 전격 합의한 이른바 '김 · 오히라 메모'가 그것이었다. 일본은 한국에 무상 경제 협력 3억 달러, 정부 차관 2억 달러, 상업 차관 1억 달러를 제공하기로 했다. 그러나 이는 공식 외교 채널이 아니라 비밀 교섭으로 이뤄진 것이었다. 따라서 야당의 반발은 당연했다.

야당 측은 즉각 대응했다. 당시 제1야당인 민정당의 윤보선 총재는 '한일 협정에 결사반대한다'는 입장을 표명했다. 3억 달러에 과거 침략을 면책해 주고 '이승만 라인'을 팔아넘길 수는 없다는 것이었다. 이승만 라인은 일명 '평화선'이라고도 불렸는데 한반도 주변 수역에 한국의 주권을 일방적으로 선언한 해양 주권선이었다. 또한 경제 식민지로 전락할 우려가 있으므로 이 교섭은 매국 행위라 강력 규탄했다. 격렬한 반대 운동이 펼쳐졌다. 1964년 3월 9일 야당과 각계 대표 200여 명이 모여 '대일 굴욕외교반대 범국민투쟁위원회'를 결성했다. 3일 후에는 제6차 한일회담 본회의가 예정되어 있었다.

하지만 나는 윤보선 총재의 '한일회담 무조건 반대'에 동의하지 않았다. 회담을 하는 당사자들을 무조건 매국노라고 몰아붙이는 것은 무리가 있다고 생각했다. 박순천 민주당 총재도 내 생각과 같았다. 나는 국가의 이익을 위해서 일본과의 관계 정상화는 피할 수 없다고 생각했다. 그리고 지구상의 수많은 식민지 국가들도 그들을 침략한 국가들과 다시 국교를 맺고 있다는 사실에 주목했다. 국제 사회는 영원한 동지도 영원한 적도 없는 법이다. 더구나 일본은 여러 가지 교류를 통해 가까운 이웃이 되어 있었다.

당시 일본은 경제 대국으로 무섭게 성장하고 있었다. 그들의 저력과 잠재력을 시기만 할 것이 아니라 그들을 알고 활용해야 마땅했다. 나는 우리나라가 일본과의 관계 정상화를 미루면 자칫 세계의 흐름을 놓치고, 결국 우리만 고립될 것을 우려했다.

그 무렵 미국에서도 한일 관계 정상화를 물밑에서 적극 지지했다. 동아시아 안정을 위해 한국·미국·일본의 3국 안전 보장 체제가 필요하다는 입장이었다. 냉전 시대에 한국은 미국의 권고를 무시할 수 없었다. 또한 당시 한일 관계 정상화는 대만의 장제스(蔣介石) 총통만 반대하고 세계 모든 나라가 찬성하고 있었다. 북한, 중국, 소련에 둘러싸인 우리나라가 일본까지 잠재적 적으로 삼을 수는 없는 노릇이었다. 나는 주장했다.

"일본과 관계 정상화는 당연히 추진해야 합니다. 과거 영국이나 프랑스의 식민지로 있던 나라들도 결국 그들을 지배했던 나라와 수교했습니다. 그들이라고 국가의 자긍심이 없어서 그런 것은 아닐 것입니다. 모두 국익 때문이었습니다. 하지만 한 가지 유념해야 할 것이 있습니다. 협상에서 불이익이 있어서는 안 된다는 것입니다. 정부안이 나왔으니 야당도 적절한 대안을 마련하여 싸워야 합니다. 상호 이익이 보장된 협상안이라면 야당도 반대해서는 안 될 것입니다."

당시 야당은 연합체였던 만큼 결속력이 다소 느슨했다. 야당 연합의 모임에서 대안을 마련하자고 주장했지만 윤보선 총재를 비롯한 강경파들은 이렇게 주장했다.

"한일 국교 정상화는 매국이며, 매국에 정면으로 반대하는 것이 대안이다."

어느 날 보니, 야당 내에 괴이한 소문이 돌았다.

"김대중은 여당 첩자다. 사쿠라(여당에 매수된 야당 정치인)다. 사쿠라 중에서도 왕사쿠라다."

야당 의원으로 '사쿠라' 딱지가 붙으면 정치 생명이 끝장나던 시절이었다. 여당의 앞잡이로 돈을 먹었다는 소문도 나돌았다. 조흥은행 남대문 지점에서 수표로 거금 3000만 원을 받았다는 것이었다. 누가 본 것처럼 수표 번호까지 시중에 나돌았다. 그럼에도 나는 목포에 내려가 의정 보고 연설회를 열었다. 거의 1만 명이 참석했다. 보고 대회가 열리기 전 친구와 당원들에게 한일회담에 관련한 내 입장을 밝히겠다고 했다. 모두들 너무 민감한 문제니까 적당히 피해 가라고 했지만 나는 그 충고를 따르지 않았다.

"옳은 일이라면 정직하게 밝히는 것이 옳다. 나라를 위해 자신의 의견을 사실대로 얘기하는 것이 정치인의 의무라고 본다."

나는 소신대로 얘기했다. 그러자 청중들은 그런 내 주장에 박수로 호응해 주었다. 국민들은 이성보다는 감성에 휩쓸리고 있었다. 그리고 야당은 이를 자극하며 다분히 정략적으로 이용했다. 나는 국민의 감성에 기대어 내가 옳다고 여기는 소신을 굽힐 수 없었다. 그것은 정치인이 할 일이 아니라고 생각했다. 청중이 알아주듯이 언젠가는 반드시 알아줄 날이 있을 것이라고 생각했다. 연설을 마치고 내려오자 목포 지구당 간부가 뛰어와 말했다.

"어쩔 작정으로 그런 위험한 연설을 하십니까? 다음 선거는 어쩌려고 그러십니까? 이제 정치 그만하려고 작정을 하셨습니까?"

나는 차분히 대답했다.

"지금 내가 주장하는 것이 틀렸다고 판명되면 다음 선거에 나오지도 않을 것입니다. 당신들께 폐를 끼치지 않을 생각입니다. 하지만 나는 내 주장이 옳다는 확신을 가지고 있습니다. 우리 국민들도 일본과의 수교를 반대하지 않는다고 생각합니다. 문제는 협약 내용이고, 그 내용에 불이익이 없도록 감시하는 것이 중요하다고 봅니다."

한번은 이화여대에서 학생들과 토론을 했다. 이태영 여사가 주선한 자리였다. 학생들은 잔뜩 벼르고 있는 듯했다. 정치인들을 줏대도 의식도 없이 부유하는 집단쯤으로 여기고 있었다. 나는 차근차근 그들을 설득했다.

"일본과의 수교를 영원히 안 할 수는 없습니다. 언젠가는 해야 합니다. 일본과 다시 손을 잡으려면 그 기회를 봐야 하는데 지금이 적기라고 봅니다. 문제는 어떤 내용으로 우리 이익을 극대화시키느냐 하는 것입니다. 앞뒤를 살피지 않고 무조건 반대만을 하니, 일본 정부와 박 정권이 '야당의 얘기는 들어줘 봤자 반대만 계속할 것이니 신경 쓸 필요가 없다'며 밀실 야합을 하는 것입니다. 우리가 조건을 달고 반대를 해야 실리를 챙길 수 있는 것입니다.

나는 박 정권을 돕기 위해 일본과의 관계 정상화를 주장하는 것이 아닙니다. 나라의 앞날을 생각해서 하는 일입니다. 많은 사람들이 지금이 일본과 수교할 적기라고 하는 지금, 무조건 반대만 할 게 아니라 무엇을 얻을 것인가를 고민해야 합니다. 독도 문제와 일본의 침략에 사과를 받아 내야 하는데 이렇듯 반대만 일삼으면 모든 것이 묻혀 버립니다. 만일 일본 정부와 박 정권의 형편없는 내용의 협약에 서명하고 국회에서 날치기 통과시키면 어떡하겠습니까. 그 피해는 결국 국민에게 돌아오는 것입니다. 감정만을 앞세워 국익을 팽개칠 수 없어서 나선 것입니다."

처음에는 내게 반감을 가지고 따지던 학생들이 내 얘기를 듣더니 고개를 끄덕였다. 나는 의원총회나 연설회에서도 대안을 마련하여 '조건부 반대'를 하자고 줄기차게 주장했다. 당내에서도 여론이 차츰 '조건부 반대' 쪽으로 돌아왔다.

어쨌든 내 정치 인생에 정말 괴로운 시기였다. 사람들은 내 진심을 도대체 알려고도 안 했다. 소문은 다른 소문을 낳았다. 악성 소문이 바다 건너 고향 하의도에도 전해진 모양이었다. 아버지께서 편지를 보내왔다.

"앞길이 바다처럼 양양해야 할 아들이 사쿠라로 불리고 있으니 도대체 어인 일인가. 세상 사람들에게 손가락질 받는 일을 어째서 하고 다니는가."

아버지는 편지로도 모자라셨는지 서울로 상경하여 질책하셨다. 아내도 외출하면 어김없이 야유 섞인 항변을 들어야 했다.

"남편이 여당 앞잡이가 됐다는데 사실입니까. 어쩌다 그 모양이 되었습니까."

심지어 학교에 다니는 두 아들도 친구들에게 따돌림을 당하고 울며 돌아오기도 했다. 죽고 싶을 만큼 괴로웠다. 신념을 지키려는 어려움, 그 신념을 이해해 주지 않는 괴로움이 온몸을 찔렀다.

그때 마침 케네디 대통령이 쓴 『용기 있는 사람들(Profiles in Courage)』을 읽었다. 미국의 많은 정치가들이 동지와 국민들로부터 오해를 받아 파멸 직전에 이르지만 국가를 위해 최후까지 꿋꿋이 자신의 주장을 관철시킨다는 내용이었다. 케네디는 저세상에서도 나에게 이렇듯 좋은 선물을 주고 있었다. 나는 이 책을 읽으며 주먹을 쥐어 보고 또 스스로를 달랬다.

대학생 시위가 서울 시내에서 벌어졌다. 대일 굴욕 협정 반대 시위였다. 1964년 3월 21일, 서울에서 한일회담 즉각 중지를 주장하는 야당 강경파 중심의 '대일 굴욕외교반대 범국민투쟁위원회'가 주최한 강연회가 그 불씨가 되었다. 이날 집회는 4만여 명이 모였다. 비록 집회는 강제 해산되었지만 반대 투쟁은 전국으로 번져 나갔다.

6월 3일 정오에 학생과 시민 5만여 명이 광화문에 모여 연좌 시위를 벌였다. 훗날 '6·3 사태'로 불리는 반정부 시위였다. 서울 중심부 세종로 중앙청과 청와대로 통하는 큰 길에서 학생들이 농성을 벌였다. 경찰은 이들에게 최루탄을 무차별 쏘았고, 최루가스에 가려 대낮에도 해가 보이지 않을 정도였다. 경찰서, 파출소, 소방서가 부서졌다. 경찰 차량이 군중들에게 탈취당했다.

정부는 국가안보회의와 긴급국무회의를 소집하고 서울 일원에 비상계엄령을 포고했다. 박정희 정권은 학생 운동 지도자와 언론인 등 400여 명을 내란 선동 혐의로 체포하라는 검거령을 내렸다.

야권은 민정당 사무실에서 회의를 열고 향후 대응책을 논의했다. 윤보선 총재가 말했다.

"학생들과 함께 궐기하겠다. 수십만 명이 시위에 참가할 것이고 그 선두에 내가 서겠다."

강경 기류가 걱정되어 내가 말렸다.

"그런 사태가 발생하면 정부는 틀림없이 계엄령을 선포할 것입니다."

하지만 그날도 강경파들의 입은 거침이 없었다. 계엄령이 선포되더라도 국민이 총궐기할 것이기 때문에 정국은 야당에게 유리하게 전개될 것이라고 했다. 하지만 계엄령이 선포되자 강경파들은 일제히 몸을 숨겼다. 당사에는 나타나지도 않았다. 무책임한 선동 정치라고 비난해도 할 말이 없게 되었다.

이때 미국은 박 정권 편에 서 있었다. 한일 국교 정상화는 미국이 구상하는 아시아 정책의 요체이기 때문이었다. 한일 국교 정상화를 위해 이 일에 대해서 만큼은 박 정권을 지지할 수밖에 없었다. 내가 들은 바로는 시위가 격화되자 박 대통령이 한때 사임까지 고려했는데, 이를 알아챈 미국 측에서 강력하게 제지했다고 한다. 시위대가 도로를 점거하자 주한 유엔군 사령관이 헬기로 청와대를 찾았다고 한다. 그리고 청와대 뜰에서 박 대통령에게 동요하지 말라는 메시지를 전달했다는 것이다. 미국이 박정희에게 호감이 있어서가 아니라 야당의 격렬한 반정부 투쟁이 오히려 미국과 박 정권을 밀착하게 만들었던 것이다.

돌아보면 야당 강경파는 국제적 고립을 스스로 불러왔다. 세계 여론이나 국가 장래의 이익에 눈을 돌렸어야 했다. 국민들도 반일 정서 때문에 수교를 반대했지만, 우리가 일본과의 관계에서 손해를 보지 않는 영리한 외교를 한다면 충분히 이해했을 것이다. 무엇보다 안보와 경제를 생각해서라도 일본을 우방으로 끌어들여야만 했던 상황이었다. 그런데 야권은 힘과 명분을 충분히 비축하지 못한 채 반정부 투쟁을 벌이다 결국 자신들도 감당하지 못할 수렁 속으로 빠져들어 간 것이다.

6월 3일을 기점으로 야당의 기세는 완전히 꺾였다. 시위는 계엄령 아래 군대의 힘으로 진압되었고, 신문 논조도 박 정권에 대한 비난의 강도가 한결 약해졌다.

결국 야권의 강경 대응은 박 정권에게 독재 강화의 빌미를 제공한 셈이 되고 말았다. 야당의 강경파는 민심을 제대로 읽지 못했다. 국민, 특히 중산층이 고개를 돌리면 어떤 투쟁도 성공할 수가 없다. 세계의 흐름, 민심의 향배를 모르고 강경 투쟁만을 부르짖던 야당은 박 정권의 독재 기반만을 강화시켜 주었다.

독선, 무능, 거짓과 싸우다

(1964 ~ 1967)

1964년 4월 21일, 공화당은 김준연 의원 구속동의안을 상정했다. 김 의원은 국회에서 한일협정 비밀 회담, 즉 김종필과 오히라가 접촉할 때 일본으로부터 정치 자금으로 1억 3000만 달러를 받았다고 폭로했다. 나라가 발칵 뒤집혔다. 폭로한 내용이 사실인지 여부는 지금도 밝혀지지 않고 있다. 발끈한 박 정권은 김 의원을 구속하겠다고 공언했다.

하루가 지나 국회가 폐회하면 동의 없이도 구속할 수 있었지만 여당은 정권 차원의 응징을 벼르고 있었다. 허위 사실 유포와 명예 훼손 등의 혐의였다. 국회 폐회 하루 전이라 공화당은 안건 처리를 서둘렀다. 점심을 먹고 의사당에 들어오자 삼민회의 한건수 총무가 다급하게 나를 찾았다. 삼민회는 우리 당의 의석이 모자라 다른 세력과 합쳐서 만든 교섭 단체였다.

"김 의원, 지금 낭산(朗山, 김준연의 호) 선생에 대한 구속동의안 상정을 여당이 밀어붙이고 있소. 당신이 나서 줘야 하겠소. 안건을 처리하지 못하도록 오늘 밤 자정까지 시간을 끌어 달라는 말이오."

"아니 그걸 무슨 수로 막는단 말입니까?"

"의사 진행 발언을 하면서 시간을 끌어 주시오."

"일반 안건을 가지고도 한 시간을 끌기 어려운데 어떻게 의사 진행 발언을 하면서 몇 시간을 끈단 말이오?"

"그러니 김 의원이 나서 달라는 것 아니오. 당신이면 할 수 있다고 중진 의원들까지도 합의를 봤으니 발언대에 오르시오."

당시 국회에서는 발언 시간 제한이 없었다. 한번 해보기로 했다. 의사 진행 발언권을 얻어 발언대에 올랐다. 우선 의원체포동의안이 충분히 검토되지 않았다고 문제를 제기했다. 의원들이 사건의 실상을 정확히 인지하지 못하고 있는데도 서둘러 이를 처리하려는 것은 정치적인 의도가 있음을 지적했다.

다음에는 김준연 의원의 그 같은 폭로가 나라와 민족을 위한 선의에서 나왔음을 얘기했다. 불같은 항일 투쟁으로 8년을 감옥에서 지냈고, 9년 동안은 연금 생활을 해야 했던 그의 치열한 삶을 소개했다. 김 의원이 쓴 『독립 노선』이라는 책을 읽기도 했다.

"이렇듯 나라와 민족을 위해 모든 것을 바친 애국자를 동료 의원들이 범죄자로 만드는 데 동조할 수는 없는 노릇 아닙니까? 그리고 의장, 볼일이 급한데 화장실에 다녀와서 계속해도 되겠습니까?"

의원들이 폭소를 터뜨렸다. 의장도 웃으면서 다녀오라고 했다. 화장실을 다녀와서 발언을 이어 갔다. 의사당에서 내 발언은 동아방송이 생중계하고 있었다. 마이크를 신문지에 싸서 발언대 근처에 몰래 숨겨서 내 발언을 시시각각 국민들에게 전달했던 것이다. 시내 전파상마다에는 사람들이 몰려들어 라디오를 들었다. 나의 발언을 지켜보던 여당 의원들은 김대중이 지금 필리버스터(filibuster, 소수파의 의사 진행 방해)하고 있으니 대책을 세우자고 수뇌부에 건의했다. 하지만 김용태 공화당 원내총무는 이를 무시했다.

"놔두시오. 해봤자 얼마나 버티겠소. 제 풀에 지칠 것이오. 한 시간도 못할 테니 놔두시오."

해가 저물고 의사당에 어둠이 내렸다. 나는 발언을 이어 갔다. 구속동의안과 관련 없는 이야기를 하면 의석에서 야유가 터져 나오고 의장은 발언을 중지할 것이 뻔했다. 사안의 본질을 벗어나지 않으려 더욱 집중해야 했다. 의장이 발언을 끊었다.

"김 의원, 김 의원! 좀 중지하시오. 도대체 얼마나 더 할 작정이오?"

"의장께서 이 안건을 오늘 처리 안 한다고 말씀할 때까지 계속하려 합니다."

"좋소, 그럴 일은 없을 테니 계속해 보시오."

야당 동료 의원들은 틈틈이 달걀을 깨서 건네기도 하고, 음료수를 전해 주기도 했다. 의석에서는 "기운 내시오" 하는 소리도 들려왔다.

결국 의장이 내 발언을 끊더니 산회를 선포했다. 언론은 발언 시간이 5시간 19분이었다고 보도했다. 훗날 기네스북은 내 발언을 국회 최장 발언 시간으로 기록했다. 기록도 기록이지만, 그 속에는 내 나름의 자부심이 들어 있다. 충분한 조사와 검토 없이 동료 의원을 범죄자로 만들려는 박 정권의 공작을 저지한 것이다. 그 다음 날 회기가 끝나 김준연 의원은 구속되었지만 적어도 국회에서만큼은 그의 구속을 동의하지 않았다. 나는 이 일로 단연 화제의 인물이 됐다. 야당 의원들은 영웅 대접을 해 주었다. 반대로 박 대통령은 불같이 화를 냈을 것이다.

나는 그즈음 한국내외문제연구소를 만들었다. 남북, 경제 등 국내외 문제에 관한 정책을 개발하고 내 조직도 강화하기 위해서였다. 사무실은 광화문 감리회관 뒤쪽에 마련했다. 요즘은 국회의원들이 개인 연구소를 많이 만들지만 당시로서는 매우 드문 일이었다. 연구소에는 남덕우 서강대 교수, 박현채 조선대 교수 등이 와서 연구하고 토론도 했다. 나중에는 중진 의원들까지 가세하여 정책 개발의 산실 역할을 했다. 한국내외문제연구소는 일본에서 내가 1차 망명을 할 때까지 활발한 활동을 펼쳤다.

한일 기본 조약은 숱한 곡절 끝에 1965년 2월 20일 서울 중앙청에서 가조인되었다. 해방 후 양국 간 최초의 조약이었다. 기본 5개 조항을 살펴보면 첫째 국교 회복, 둘째 구(舊)조약 무효, 셋째 한반도에서 한국 정부가 유일한 합법 정부임을 확인, 넷째 양국이 유엔 헌장의 원칙을 존중, 다섯째 통상 관계

조약과 민간 운송 협정 체결을 위한 교섭 개시 등이었다. 이 기본 조약은 양국 국회의 비준을 거쳐야만 발효될 수 있었다.

나는 국회 한일조약특별위원회에 참여하고 있었다. 날마다 정부 측과 논쟁을 벌였다. 기본 조약, 청구권, 어업 문제 등에 대해 부당성을 지적하고 굴욕적 자세를 비판하며 정부 측에 대안 마련을 촉구했다. 박정희 대통령은 나와 장관들 사이의 질의응답 내용을 청와대에 설치된 인터폰으로 듣고 있다가 정일권 총리와 이동원 외무부 장관에게 분통을 터뜨렸다고 한다. 사실 정부 입장에서는 윤보선 총재처럼 무조건 반대를 하면 대응하기가 쉬웠을 것이다. 실제로 여당 간부들은 이렇게 토로했다.

"윤보선 씨의 매국론은 시대착오적이라 무시하면 그만이다. 하지만 김대중 의원처럼 한일회담의 원칙에는 찬성하면서도 대안을 가지고 논박해 오면 참으로 대응하기 힘들다."

한일협정에 대한 국회 심의가 계속되고 있을 때, 특별위원회에 출석한 이동원 외무장관이 연설 말미에 이렇게 말했다.

"의원 여러분께 특별히 보고 드릴 것이 있습니다. 독도가 한국 영토임을 일본 측에서 정식으로 인정했습니다. 저는 이 일을 자랑스럽게 말씀드리는 바입니다."

당시 독도는 일본이 자신의 영토 다케시마(竹島)라고 주장하고 있어 그때도 가장 민감한 외교 현안이었다. 그 발언을 듣고 모두 깜짝 놀랐다. 그렇다면 협상에서 얻은 커다란 수확임이 분명했다. 그렇지만 뭔가 이상했다. 일본 내 여론 등을 감안해 볼 때 그것은 일본 정부가 양보할 수 없는 사안이었다. 발언권을 얻은 김성용 의원이 일어나 일본 정부의 그간 행태를 거론하며, 믿기 어려우니 증거를 대보라고 요구했다.

그러자 외무장관이 답했다. 얼굴에 웃음기가 가득했다.

"의원님, 원래 우리 것인데 어째서 우리 것이라는 증거가 필요합니까? 그것은 자기 아내를 데리고 사는데 이웃집 놈팽이에게 '당신이 데리고 사는 여자는 당신 아내가 맞다'라는 각서를 받아 오라고 주문하는 것과 같은 것입니다. 데리고 살면 내 여자인 것입니다."

그러자 여당 의석에서 박장대소가 터져 나왔다. 득의만만했다. 그날은 그것으로 마쳤다. 다음 날은 내가 나섰다.

"외무장관, 당신은 어제 아내와 이웃 놈팽이를 예로 들었습니다. 놈팽이란 일국의 외무장관이 공식 석상에서 입에 올릴 단어가 아닙니다. 하지만 당신이 사용했기에 나도 같은 말을 사용하겠습니다. 이웃집에 놈팽이가 내 아내에 대해서 아무 불평을 하지 않았다면 걱정할 일이 아닙니다. 하지만 그 놈팽이가 날마다 찾아와서 '그 여자는 당신 아내가 아니라 내 아내이니 돌려 달라. 만일 그렇지 않으면 재판정에 가자'고 떠들고 있지 않습니까? 지금 일본이 독도에 대해서 바로 그렇게 하고 있는 것입니다. 일본은 당신의 말을 곧 부인할 것입니다."

멀리 갈 것도 없었다. 다음 날 일본은 성명을 발표하여 이 외무장관의 발언을 부인했다.

국회 상임위원회에서 나는 장관에게 일문일답식 질의를 했다. 지금도 그런 관행이 남아 있지만, 당시에는 의원이 장황하게 질문을 읽어 내려가면 장관은 실무진이 준비해 준 답변 원고를 간단히 읽을 뿐이었다. 형식적 질의 응답은 늘 알맹이가 빠진 채 겉돌았다. 하지만 일문일답 형식으로 진행하면 질문하는 쪽도 사안의 핵심을 꿰뚫고 있지 않으면 단번에 허점이 드러나게 마련이다. 답하는 쪽도 마찬가지다. 내 제안으로 상임위에 일문일답식 질의응답이 도입되자 장내는 늘 긴장감이 감돌았다. 하지만 여당의 반대로 이러한 일문일답 제도는 그리 오래가지는 못했다.

나는 국회 발언을 할 때면 철저히 사전 준비를 했다. 여론이 어떤 반응을 보일까에 대해서도 면밀히 검토했다. 내가 발언대에 오르면 휴게실에서 바둑을 두던 의원들도 회의장에 들어오곤 했다. 상임위원회는 물론이요 국회 본회의 발언에서도 문제점은 그냥 넘어가지 않았다. 국무총리를 비롯하여 장관들을 매섭게 추궁했다. 쩔쩔 매는 각료들을 보고 박 대통령이 이들을 다시 다그쳤다고 한다.

"아니 그 많은 장관들이, 그 많은 인재들이 어찌 김대중 한 사람을 당해 내지 못하는 거요. 한두 번도 아니고 도대체 어찌된 일이오."

정부가 새로운 정책을 입안하면 나는 반드시 그에 대한 대안을 마련하고 문제점을 지적했다. 6대 국회에서 나는 열심히 준비하고 추궁했다. 국회도서관 직원들은 도서관을 가장 많이 이용한 의원으로 나를 기억해 주었다. 현안뿐 아니라 한반도와 인류의 미래에 대해서도 열심히 공부했다. 1964년 10월 26일에는 주변 국제 정세에 대해서 대정부 질문을 했다.

"중공의 핵 실험 성공으로 제3세계에 대한 중공의 영향력이 확대되고, 그에 대한 일본의 재무장 가능성이 있는데 이에 대한 대책은 무엇인가. 미국의 일본 우위 정책으로 한국에 대한 일본의 영향력이 확장될 우려가 있는데 이에 대한 대책은 마련되었는가."

또 지방 자치 실현을 위해서 끊임없이 노력했다. 나는 민주주의는 지방 자치제가 실시되어야 비로소 완성될 수 있다는 신념을 가지고 있었다. 예결위원회에서 대정부 질문을 할 때면 꼭 지방 자치제에 대해서 총리와 내무장관을 상대로 지방 자치제 실시 문제를 집요하게 물고 늘어졌다. 정일권 국무총리, 이호 내무부 장관은 몇 번씩 곤욕을 치러야 했다. 나는 1966년 11월 28일 예산안 심의 토론에서 이호 내무부 장관에게 맹공을 퍼부었다.

"지방 자치는 국회와 더불어 민주주의를 지탱하는 두 개의 대들보라는 것은 두말할 필요도 없을 것입니다. 민주주의라는 것은 노 보트, 노 택스(no vote, no tax), 즉 투표하지 않으면 세금도 내지 않는 것입니다. 이것은 민주주의의 철칙입니다. 그럼에도 현 정부는 지방 자치제를 회피하고 있습니다. 국민들은 세금 등 주어진 모든 의무를 다 감당하면서도 지방 자치에 대한 투표권이 없습니다. 따라서 내가 낸 세금이 어떻게 쓰이고 있는지, 행정은 제대로 하고 있는지 모릅니다. 지방민의 복리를 위해 어떤 행정이 펼쳐지고 있는지도 알아볼 길이 없습니다. 명색이 민주주의를 표방하는 국가에서 우리처럼 지방 자치를 외면하고 있는 나라는 없을 것입니다."

발언 시간 제한이 없었기에 끝장을 볼 요량으로 질문을 이어 나갔다.

"지방 자치제는 실시할 겁니까, 하지 않을 겁니까. 장관은 답하시오."

"하긴 할 겁니다."

"그 답변한 지가 언제인데 아직도 똑같은 답변입니까."

"아직 준비가 덜 됐습니다."

"그러면 지금까지 준비한 내용을 말해 보시오."

그들에게는 내 질문이 잔인했을지 모르지만 나는 국민의 대표였다. 그리고 지방 자치 확립은 너무도 중요했다. 실행할 의지가 있는지 묻고 따지고 캐야 했다. 내 질문에 관련 장관들은 어물쩍 넘어갈 수 없었다. 꼼짝없이 답변을 해야 했다. 나는 지방 자치제를 실시하지 않으면 지방에서 일어나는 부정 선거를 막을 수 없고, 따라서 정권 교체는 이뤄질 수 없다는 생각을 했다. 물론 지방 주민들의 복지 향상도 기대할 수 없다고 생각했다. 지방 자치 제도는 내가 훗날 13일 동안 단식을 해서 결국 쟁취했다.

1965년 6월 22일, 도쿄의 수상 관저에서 기본 조약, 청구권, 어업 문제 등에 관한 모든 협정이 정식 조인되었다. 독도 문제는 새벽까지 마지막 절충을 계속했으나 결국 보류되었다. 그러자 언론들은 '제2의 을사보호조약'이라며 비판하고 교섭 대표를 '제2의 이완용'에 빗대었다. 학생들을 중심으로 한일협정 반대 시위는 다시 거세졌다.

야당 측도 정식 조인을 앞두고 반대 투쟁을 효율적으로 전개하기 위해서 민정당과 민주당을 통합하여 민중당을 만들었다. 6월 14일에 열린 당 대회에서 박순천 여사가 대표최고위원에 뽑혔다. 경합에 나섰던 윤보선 씨는 낙선하여 고문으로 물러났다. 예상 밖의 결과였다. 하지만 그만큼 신당 내에서도 윤보선 씨의 강경 노선을 우려하는 사람들이 많았다는 것을 알 수 있었다. 강경파들은 한일협정에 반대하여 야당 의원 모두가 사퇴할 것을 제안했다. 그러나 박순천 대표는 반대했다. 나도 반대했다. 175석 의석 중에서 야당은 65석을 차지하고 있었다. 간부들의 간곡한 만류에도 불구하고 윤보선 파에서 7명, 박순천 파에서 1명이 국회를 박차고 나갔다.

일본에서도 한일협정 비준을 앞두고 국회에서 연일 파란이 일어났다. 마침 비준을 반대했던 일본 민사당 간부들이 한국에 왔다. 그들은 우리 당 홍익표 씨 등 간부들과 회식을 가졌다. 나도 그 자리에 가서 우리 당의 입장, 즉 국교 찬성과 굴욕 외교 반대의 입장을 설명했다. 그랬더니 내 설명을 듣고 민사당 간부들은 의외라는 반응을 보였다. 야당이니까 당연히 반대를 할 줄 알았는데 의외로 조건부 찬성을 했기 때문이다. 대안을 지닌 우리들의 비판이 상당히 인상적이었던 모양이었다. 그들은 돌아가 한일협정 반대의 당론을 수정했는데, 아마 내 설명이 그들의 결정에 영향을 주지 않았나 생각한다.

1965년 8월 14일, 한일 기본 조약과 모든 협정이 국회를 통과했다. 야당 의원들은 모두 불참했다. 협정 가운데 가장 문제가 된 청구권은 무상 경제 협력 3억 달러, 정부 차관 2억 달러, 민간 상업 차관 3억 달러, 그리고 "본 협정에 의해 양국의 청구권은 소멸한다"로 결정되었다. 어업 관계 협정에서는 "연안 기선으로부터 12해리를 전관 수역, 그 북쪽에 공동 규제 수역을 설정한다"는 내용이 통과되어 이승만 라인도 소멸했다.

나는 협정 내용을 보고 분노를 넘어 수치심에 어찌할 바를 몰랐다. 우선 대일 청구권 3억 달러는 역대 정부가 요구한 액수 가운데 최저였다. 이승만 정권은 20억 달러였고, 장면 정권도 국교 정상화를 위해 28억 5000만 달러를 요구했다. 이에 비해 3억 달러는 터무니없이 적었다. 35년간 수탈의 역사를 3억 달러로 보상받는다는 것에는 누구도 동의할 수 없었다. 나는 국회에서 이렇게 주장했다.

"차라리 일본으로부터 단 한 푼도 받지 맙시다. 우리는 부유하지는 않지만 그런대로 살아가고 있습니다. 이럴 바에는 청구권 따위는 일축해 버리는 것이

낫습니다. 대신 일본으로부터 진정한 사과를 받는다면 그것이 더 중요합니다. 그리고 과거를 청산한 후에 새롭게 출발합시다. 국민도 그러한 명예로운 태도를 더 바라고 있습니다."

그러면서 청구권보다는 당시 심각한 무역 역조 현상을 개선해야 한다고 주장했다.

"한 푼도 받지 않는 대신 무역을 1 대 1로 공평하게 한다면 일본인들도 분명 성의를 보일 것입니다. 무역 역조를 시정하는 것은 한국에 실리를 가져다 줄 것이고 무역이 활발하면 국내 산업도 부흥할 것입니다. 우선 대일 무역 수지를 봅시다. 이미 3억 달러로는 메워질 수 없을 정도로 거액의 적자를 기록하고 있습니다. 3억 달러의 무상 경제 협력 자금도 따져 봅시다. 이번 협정에 따르면 매년 3000만 달러씩 10년간 균등 비율로 지불하게 되어 있습니다. 하지만 그 10년간 일본과의 무역 적자는 30억 달러도 넘을 것입니다. 우리가 그 30억 달러의 10분의 1을 받고, 그것을 과거를 청산하는 대금이라고 하는 것은 도저히 납득할 수 없습니다."

이 협정으로 아무런 유보 조건도 없이 일본과 관련된 모든 과거사가 통째로 증발해 버리는 셈이었다. 이는 엄하고도 중대한 문제였다. 히로시마 한국인 피폭 사건, 한국인 노동자 강제 연행 사건, '종군위안부' 문제, 사할린 교포 송환 문제 등 숱한 비극적 사건이 산재해 있는데도 이제 법적으로는 아무런 방법도 취할 수 없게 되었기 때문이다. 나는 겨레와 역사 앞에 죄를 짓는 행위라고 생각했다.

본조약과 협정이 비준된 후 서울의 대학생과 고등학생 1만여 명이 비준 무효를 외치며 시위를 벌였다. 정부는 위수령을 발동하고 군인을 동원해서 진압했다. 학생과 시민들의 비준 반대 시위도 야당 강경파들의 명분이 약한 '무조건 투쟁'의 여파로 열기를 증폭시키는 데 실패하고 말았다. 결과적으로 야당은 대외적인 국익도 지키지 못했고, 대내적인 입지도 강화시키지 못했다. 야당은 추락을 거듭했다.

한일협정을 체결한 후 박 정권과 일본은 급속히 가까워졌다. 박 정권은 일본으로부터는 경제 개발에 필요한 원조를 얻었고, 미국으로부터도 절대적 지지를 이끌어 낼 수 있었다. 미국과 세계는 야당의 거센 저항에도 한일협정을 이끌어 낸 박 정권을 신뢰하기 시작했다. 반면 시종 반대만 했던 야당의 강경노선은 못마땅하게 여겼다.

박 정권과 미국과의 관계가 더욱 돈독해진 계기는 한국군의 베트남 파병이었다. 한국은 베트남에 의무 부대만을 파병하고 있었는데, 미국은 1965년 전투병 파견을 공식으로 요구했다. 박 정권은 해병대인 청룡부대를 먼저 파병하고 이어서 맹호, 백마 등 보병 2개 사단을 파병했다.

미국은 베트남전에 엄청난 물량을 쏟아부었다. 그래도 전황은 그리 밝지 않았다. 미국은 점점 수렁으로 빠져들고 있었다. 젊은이들은 낯선 정글에서 죽어갔다. 존슨 대통령이 외친 '위대한 사회' 건설을 위한 경제 프로그램은 베트남전쟁으로 중단하거나 폐기해야 했다. 미국 내에서도 반전 여론이 일어났다. 미국의 자존심은 구겨지고, 어디를 봐도 악재뿐이었다. 이럴 때 한국의 파병 결정 소식은 존슨 대통령에게는 가뭄에 단비와 같았을 것이다. 존슨 정권뿐만 아니라 많은 미국 국민들도 이를 '보은의 파병'이라며 무척 고마워했다.

베트남 파병에 대해 야당은 원칙적으로 반대했다. 나는 강력하게 반대했다. 파병이 한반도 긴장을 고조시킬 수 있다는 판단에서였다. 북한을 자극하여 전쟁이 일어날 수도 있을 것이라는 우려를 했다. 또한 전황이 그리 밝지 않은데, 자칫 패전이라도 하면 우리 젊은이들의 희생만 따르고 실익은 없을 것이라고 생각했다.

미국은 한국이 파병을 거부하면 주한 미군을 빼 갈 것이라는 소문을 은근히 흘리며 한국 정부를 압박했다. 정권 안정이 급박했던 박 정권은 파병을 국면 전환의 호기로 삼았다. 그래서 매우 불리하고, 어찌 보면 굴욕적인 조건임에도 파병을 강행했다. 정부는 "우방에 의리를 지키는 파병, 평화를 지키는 대한 건아" 등으로 그 의미를 한껏 부풀렸지만 병사들의 처우는 다른 나라 파병 군인들에 비해 형편없이 낮았다. 또 베트남 파병은 순하고 여린 한국의 젊은이들을 국제 사회에 '호전적인 용병'으로 인식시키는 계기가 되었다. 죽음으로 나라에 충성했지만 젊은 그들에게 날아온 것은 국제 사회의 비난이었다. 이는 비극이었다.

야당은 현역병 대신 의용군을 파견할 것을 대안으로 제시했다. 미국의 요청을 들어줄 수밖에 없다면 현역에서 물러난 예비역 중에서 지원자를 모집하여 의용군을 결성하자는 것이었다. 정부에서는 이를 받아들이지 않았다. 한편 윤보선 총재를 중심으로 한 강경파는 베트남 파병을 미국의 용병화이며 '매혈(賣血)'이라고 맹렬히 반대했다. 하지만 이 같은 주장은 국민의 지지를 받지 못했고 미국과의 틈새는 더욱 벌어지고 말았다. 베트남 파병은 결국 국회 승인을 받았다.

베트남 파병이 이뤄진 후 박 대통령은 존슨 대통령의 초청을 받아 미국으로 건너갔다. 최고의 환대를 받은 박 대통령은 내셔널프레스클럽에서 연설까지 했다. 존슨은 우방의 대통령으로서 박 정권을 적극 지지한다는 확약을 했다. 이어서 1966년 10월 존슨 대통령이 한국을 방문했다. 한국 국민은 그를 열렬히 환영했다. 환영 행사는 거의가 관 주도로 이뤄졌지만 지구상에 어떤 곳에서도 볼 수 없었던 환영의 물결이었다. 이렇듯 박 대통령과 존슨 대통령, 한국과 미국 사이는 가까워져 갔다.

존슨 대통령이 방한했을 때 인상적인 일화가 있다. 박·존슨 두 대통령의 공동 리셉션이 워커힐 호텔에서 열렸다. 나도 초대를 받아 그 자리에 있었다. 막 리셉션이 시작되었을 때 갑자기 전기가 나갔다. 어둠 속에 아무것도 보이지 않았다. 1분여 동안의 정전. 그러나 그 1분이 매우 길게 느껴졌다. 나는 존슨 대통령 신변에 어떤 위해라도 가해지면 어쩌나 하는 걱정을 했다. 1분 동안인데도 별별 생각이 스쳐 지나갔다. 길고 긴 1분이 지나 실내가 밝아지자

존슨은 보이지 않고 박 대통령만 그 자리에 서 있었다. 우리는 깜짝 놀라 서로의 얼굴을 쳐다봤다. 존슨의 신변에 무슨 이상이 생긴 것 아닌가 극도로 긴장했다.

그러나 존슨은 안전했다. 정전이 되는 순간 경호원들이 대통령을 에워싸고 미리 벽면에 설치해 둔 회전창으로 이끌어 안전하게 그곳을 빠져나간 것이다. 나는 그들의 빈틈없는 경호술에 감탄했다.

파병에는 반대했지만 이미 파병한 이상 우리 젊은이들이 주둔하고 있는 현장에 찾아가 봐야 한다고 생각했다. 나라의 이름으로 파병된 것이니 그들의 사기를 진작시켜야 했다. 1966년 9월 1일 박순천 대표, 고흥문 의원과 함께 베트남을 방문했다. 나중에 김상현 의원도 합류한 것으로 기억한다. 당시 채명신 파월 사령관이 우리를 진심으로 반겼다. 미군 사령관도 고마워했다. 그들은 이렇게 말했다.

"한국은 진정 민주주의 국가다. 파병을 그토록 반대했던 야당이 일단 파병이 결정되자 위문을 왔다. 이런 나라가 어디 있는가. 진심으로 존경한다."

그 당시 베트남은 구엔 반 티우(Nguyen Van Thieu)가 상징적인 대통령이고, 구엔 카오 키(Nguyen Cao Ky)가 실세의 총리였다. 그들은 우리를 접견하고 환대했다. 우리는 총리가 베푼 만찬에 초대되었다. 많은 장관들이 부인과 함께 참석했다. 보석이 줄줄이 박혀 있는 목걸이와 팔찌를 장관 부인들이 차고 있는 것이 놀라웠다. 고흥문 의원이 그걸 가리키며 말했다.

"저걸 보시오. 다이아몬드가 온통 손을 감싸고 있네 그려."

나는 깜짝 놀라 고 의원의 말을 가로챘다. 다이아몬드라고 하면 그들도 다 알아듣기 때문이었다.

다음 날 남베트남 군인들이 LST(상륙 작전용 함정)를 타고 전선으로 이동하는 것을 보았다. 병사들은 가족은 물론 집에서 키우던 닭까지 모두 데려갔다. 가족을 놔두면 누구도 안전을 보장해 줄 수 없기 때문이라고 했다. 나는 그 광경을 보면서 어젯밤 기름진 만찬이 생각났다. 군인들이 가족까지 모두 데리고

박순천 여사와 함께 베트남전에 파병된 국군 장병을 위문하러 갔다.

전선으로 떠나는 나라에서 장관이나 고관들은 호화 생활을 하고 있었다. 그리고 그들의 아이들은 거의가 홍콩이나 미국 같은 곳에 빼돌렸다. 이런 나라에서 우리 젊은이들이 목숨을 내놓고 저들을 지켜 준다는 것이 참으로 무망하게 느껴졌다.

1966년 6월 4일 장면 박사가 서거했다. 정계 은퇴 후 장 박사는 신앙생활에 전념했다. 그의 노년은 참으로 쓸쓸했다. 나는 간염을 앓아 투병을 하던 장 박사를 자주 찾아뵈었다. 사모님께서 말씀하셨다.

"일이 터지니 사람 마음을 알겠습니다. 고맙습니다, 김 의원. 세상인심이 달라졌어요. 김 의원 마음은 잘 알고 있으니 자주 오지 말고 다른 사람 만나러 다니세요."

장 박사는 외롭게 돌아가셨다. 그는 나를 하느님에게 인도하고, 정계로 이끌어 준 종교적·정치적 대부였다. 장례는 국민장으로 치러졌다. 그 뒤로 장 박사와 관련한 추모 모임은 내가 주선하여 열었다. 장 박사 사모님은 내가 1980년 신군부에 잡혀갔을 때에도 매일 아침 성당에서 날 위해 기도해 주셨다. 그 자녀들도 우리 집에 찾아오고, 장 박사의 귀중한 유품들을 가져다주기도 했다. 장 박사는 선량한 민주주의 지도자였다. 그러나 비극의 정치 지도자였다.

박 정권은 1965년부터 1969년까지 미국의 강력한 지원과 일본의 차관 및 무상 자금, 베트남 파병에 따른 본국 송금, 베트남 군수 산업 호황 등에 힘입어 경제를 안정시키고 경제 성장의 동력을 얻을 수 있었다. 박 대통령의 집권 시기 중 절정기라 할 수 있다. 경제 성장률도 연 10퍼센트를 초과하는 등 발전도상국 중 모범으로 꼽혔다. 박 대통령은 이를 바탕으로 고속도로를 만들고, 많은 빌딩을 짓고, 울산 공업 단지를 확장하는 등 외관상으로는 눈부신 성장을 이뤘다.

1966년 2월 21일, 생전 처음 미국을 방문했다. 미국 국무부 초청으로 최영근, 박영록 의원과 함께 비행기를 탔다. 워싱턴, 뉴욕, 덴버, 뉴올리언스 등을 둘러봤다. 미국의 도심에는 엄청난 아파트가 숲을 이루고, 길은 자동차 홍수였다. 하지만 제일 인상적인 것은 곧게 뻗은 고속도로였다. 나는 거기서 그들의 힘과 저력을 느꼈다.

다시 유럽으로 건너가 프랑스, 영국, 독일, 이탈리아, 인도 등도 둘러봤다. 선진국에는 우선 자유가 있어 좋았다. 그리고 손님에 대해서는 친절하면서도 매우 겸손했다.

1967년 다시 대통령 선거가 있었다. 2월 7일 민중당과 신한당이 합당을 했다. 통합 야당 신민당이 탄생했다. 박정희 정권과 맞서기 위해서 야권 통합은 필연이었다. 그것이 또 국민의 뜻이었다.

대통령 후보를 선출하는 데는 곡절이 많았다. 모든 권한을 소위 4자 회담에 맡겼다. 유진오, 윤보선, 백낙준, 이범석 씨가 머리를 맞댔지만 합의를 도출해 내지는 못했다. 후보는 유진오, 윤보선으로 압축되었다. 유진오 박사는 우리 민중당이 공을 들여 영입한 인물이었다. 유진오 박사를 추대하자는 사람들이 많았다. 마땅히 떠오르는 인물도 없었고, 유 박사가 비교적 무난하다는 평을 들었다. 그러나 그는 학자 출신들이 종종 그렇듯 유약한 면이 많았다.

지난번 대통령 선거에서 이미 심판을 받은 윤보선 후보로는 박정희 후보에 필패할 것이라는 예상들을 했다. 하지만 윤보선 씨 주변에서는 그때 겨우 15만 표 차로 졌기에 이번만은 틀림없다며 출마를 부추겼다. 더욱이 윤보선 씨 개인의 출마 의욕이 강했다. 양보란 절대 없었다. 유진오 박사가 양보하지 않으면 야권은 다시 깨질 위기를 맞았다. 다시 야권을 분열시킬 수는 없었다. 결국 윤보선 씨는 특유의 고집으로 후보가 됐고, 그 고집이 결국 또 선거를 망치고 말았다.

야당에서는 6대 대통령 후보로 윤보선 씨를 재지명했다. 그러나 4년 전과는 상황이 많이 달랐다. 한일협정 체결을 고비로 야당은 세력이 크게 약화된 반면, 박 정권은 미국과 일본의 전폭적인 지원으로 자신감이 넘치고 있었다. 선거전에 돌입하자 윤보선 후보에 대한 국민 반응은 예상대로 뜨겁지 않았다. 야권의 대대적인 지원을 받았지만 개인적인 선호도에서 떨어졌다. 특히 한일회담이나 베트남 파병의 초강경 투쟁이 유권자들에게 좋은 인상을 주지 못했다.

목포의 전쟁

(1967)

제7대 국회의원 선거는 지금 되돌아봐도 가슴이 뛴다. 뜨겁고 격렬했다. 목포 시민들의 성원은 눈물겨웠다. 시민의 뭉친 힘이 불의를 물리친 위대한 선거라고 감히 말할 수 있다. 시민들과 함께 울고 웃던 열정의 시간들……. 나에게 어떻게 그런 용기가 솟아났는지, 어떻게 그런 연설을 할 수 있었는지, 어떻게 그런 지략을 세울 수 있었는지.

선거는 1967년 6월 8일로 예정되었다. 나는 목포에서 다시 출마하려 했다. 야당 대변인으로서 인기가 높았기 때문에 선거의 전도에는 그 어떤 걸림돌도 없어 보였다. 하지만 후보 등록도 하기 전에 불길한 소문이 돌았다. 정부 여당이 나를 낙선시키려 하고, 그 맨 앞에 박정희 대통령이 있다는 것이었다.

나는 그동안 군사 정권의 실정을 정면으로 공격해 박 대통령을 몇 번이나 곤경에 빠뜨렸다. 박 대통령이 나를 벼르고 있다는 것을 누구나 짐작할 수 있었다. 하지만 총선에서 내가 낙선의 표적이 될 줄은 전혀 예상하지 못했다. 처음에는 믿기지 않았다. 그러나 그것은 곧 사실로 드러났다. 박 대통령은 중앙정보부와 내무부 간부들을 청와대로 불러 지시했다고 한다.

"이번 선거에서 김대중은 무슨 일이 있더라도 낙선시켜야 한다. 여당 후보 열 명이나 스무 명이 떨어져도 상관없다. 하지만 김대중만은 절대 당선시켜서는 안 된다."

지방 자치 제도가 실시되기 전이었으니 모든 공무원이 대통령의 지배권에 놓여 있었다. 대통령의 한마디가 선거의 대세를 좌우했다. 숱한 선거에도 대통령이 특정인을 지목해서 낙선을 지시한 적은 없었다. 사상 초유의 일이 벌어졌다. 충성스러운 그의 부하들은 이내 '김대중 낙선' 공작을 실행에 옮겼다. 소문이 흉흉하니 나를 걱정해 주는 사람들이 많았다. 정성태 원내총무도 그중 한 사람이었다.

"박 대통령이 당신을 노리고 있으니 조심하시오. 무모한 싸움을 피해 가는 것도 한 방책이라 생각하오. 차라리 목포를 포기하고 전국구로 옮기든가, 아니면 지역구를 서울로 옮기면 어떻겠소. 서울은 부정을 저지르기가 쉽지 않으니 해볼 만할 것이오."

나는 많은 생각을 했다. 실로 난감했다. 솔직히 겁도 났다. 나와 가족, 그리고 측근들에게 어떤 위해를 가할지 모르는 일이었다. 그러나 싸우다 쓰러지는 한이 있더라도 물러설 수 없었다. 어떤 위험과 난관이 있더라도 독재 정권과 싸우기로 결심했다.

'국회의원은 한 번 해도 전 의원이고, 두 번 해도 전 의원이고 세 번 해도 전 의원이다. 열심히 싸우다 낙선하면 또 어떠냐.'

이렇게 스스로를 달랬다. 나는 모든 것을 걸고 무도한 정권과 정면 승부를 벌이기로 다시 한번 작심했다.

저들은 유령 유권자 조작, 부정 투표, 부정 개표, 매수, 협박 등 방법을 총동원할 것이니 선거에 이기는 것은 거의 불가능해 보였다. 다만 한 가지, 목포 시민들이 '부정을 용납할 바에는 차라리 제2의 3·15 마산 의거를 일으키고 말겠다'고 일어설 때만 나는 이길 수 있다고 생각했다. 그러기 위해서는 나는 말 그대로 목숨을 내놓아야 했다.

목포 선거구는 본격 선거전에 돌입하기 전에 이미 135개 선거구 중에 가장 뜨거운 시선을 받았다. 언론에서는 연일 목포 지역구의 선거전 양상을 중계하듯 보도했다. 외신 기자들까지 남쪽으로 몰려왔다.

상대는 육군 소장 출신으로 체신부 장관을 지낸 김병삼 후보였다. 하지만 실제 상대는 박 대통령이었다. 김병삼 후보는 진도 사람이었다. 진도에서 출마하면 누워서도 될 인물이었다. 그런데 박 대통령이 김병삼 후보라면 경쟁력이 있다고 판단되었는지 지역구를 목포로 옮기도록 했다. 처음에는 연고가 없다며 난색을 표명하자 박 대통령이 "당신은 출마만 하라. 당선은 내가 시킨다"며 밀어붙였다고 했다.

김병삼 후보는 실제로 목포 출마를 꺼렸을 것이다. 내가 버티고 있었기 때문이다. 그에게는 목포에서 출마하지 않을 구실이 필요했다. 고민을 거듭하다가 권총으로 자신의 다리를 쏘았는데 이를 불출마의 구실로 삼으려 했다는 얘기가 떠돌았다. 그러나 부상은 경미했고 그는 결국 떠밀려 목포에서 출마하게 되었다.

김병삼 후보는 정부 여당의 막강한 지원을 등에 업고 표밭을 누볐다. 어디를 가도 목포 발전을 위해서는 자신이 당선돼야 한다고 말했다. 야당인 김대중 후보가 되면 목포 발전은 기대할 수 없다고 역설했다. 그는 개발 계획을 마구 쏟아 냈다. 항구를 정비하겠다, 공항을 만들겠다, 공업 단지를 유치하겠다 등 온통 장밋빛 약속들이었다. 지역 여론은 급속히 여당 쪽으로 쏠렸다.

박 대통령은 직접 목포로 내려와 여당 후보를 지원했다. 가는 곳마다 김병삼 후보의 공약을 뒷받침했다. 당시 법률로는 대통령은 물론 각료 등 공무원이 선거 지원 연설을 할 수 없었다. 그러나 박 대통령은 군중 집회의 연사로 나섰다. 목포역 앞에서는 1만 명을 모아 놓고 지지 연설을 했다. 목포 시민에게 자신이 추천한 김병삼 후보를 밀어 달라고 호소했다. 그를 당선시키는 것이 곧 목포의 개발과 발전을 위한 길이라고 주장했다.

목포는 박 정권이 들어서면서 심한 차별 대우를 받았고, 과거 10대 도시의 위용과 활력은 도시 어디에서도 찾아볼 수 없었다. 그런 상황에서 대통령이 현지에 내려와 개발 계획을 발표하며 장밋빛 청사진을 쏟아 내니 시민들은 동요할 수밖에 없었다. 박 대통령은 그것으로 그치지 않았다. 아예 목포에서 국무회의를 열었다. 각료들이 줄줄이 목포로 내려왔다. 모든 장관들이 좁은 목포 땅에 모였으니 청와대가 유달산 기슭으로 옮겨 온 셈이었다.

국무회의 주제는 '목포 개발'이었다. 장기영 경제기획원 장관은 수많은 공장을 목포에 유치하겠다는 꿈같은 공약을 발표했다. 그러한 사실은 김병삼 후보가 경영하는 『목포일보』에 대대적으로 보도되었다. 신문은 집집마다 뿌려졌다. 과거 사장으로 열정을 바쳐 경영했던 『목포일보』, 내가 키운 언론이었기에 더 아팠다.

목포에는 날마다 꿀단지가 떨어졌다. 여당의 선심 공세는 끝이 없었다. 돈과 선물이 뿌려졌다. 시내 도처에서는 "막걸리로 홍수를 이루고 국수로 다리를 놓았다"는 말이 유행할 정도였다. 맞서 싸우기에 너무도 버거웠다. 공무원이나 장사하는 사람들은 누구도 나를 지지할 수 없었다.

이대로 가면 힘 한번 써 보지 못하고 패배할 것이 분명했다. 우리도 비상한 각오를 해야 했다. 권력의 선심 공세에 맞서는 전략이 필요했다. 그것은 유권자가 무더기로 집결해 있는 달동네를 파고들어 가는 것이었다. 그들은 반장이나 통장의 말을 듣고 투표하는 경우도 허다했다. 가난한 서민들은 사는 것이 힘들어 선거 자체에 관심을 가질 수도 없었다.

우리는 그들 속으로 파고들어 갔다. 어떤 운동원은 완전히 노동자로 가장해서 그들과 숙식을 같이했다. 그리고 그들에게 말했다.

"김대중이 대통령감이니까 박정희가 미리 죽여 버리려는 것이다. 이번에만 당선시키면 다음에는 대통령이 된다. 목포에서 대통령을 내자. 그러면 우리는 진짜로 덕을 본다."

소문은 이리저리 굴러다니며 커져 갔다. 물론 대통령 선거에 입후보하겠다는 것은 전혀 내 뜻이 아니었다. 우리 당에서는 유진오 총재가 잠재적 대통령 후보였기 때문이다. 목포의 선거전이 치열하게 전개되자 목포에 상주하는 신문과 방송국 기자들이 늘어났다. 미 대사관이 파견한 서기관도 상주하다시피 했다. 중앙의 신문들은 매일같이 목포 선거를 대서특필했다. 국민들의 관심도 온통 목포로 집중되었다. 사람들은 '목포의 전쟁'이라고 불렀다.

나는 연설을 하러 돌아다녔고 아내는 집집마다 찾아가 지지를 호소했다. 부인회도 조직했다. 아내는 궂은일을 마다 않고 열심히 뛰었다. 허물없이 다가가 사람들에게 좋은 인상을 심었다. 북교동에 있는 우리 집에서 선거 캠프로 밥을 해 나르기도 했다.

아내는 어떤 경우에도 흥분하지 않았다. 자랑도 하지 않았다. 멀리서 또는 가까이서 나를 도왔다. 나는 아내의 염려와 충고가 늘 힘이 되었다. 그녀의 차분하면서도 빈틈없는 내조를 신뢰했다.

인구 17만 명의 목포는 선거의 소용돌이 속으로 휘말려 들어갔다. 여당은 천문학적인 돈을 뿌렸다. 목포에는 '삼학'이라는 양조 회사가 있었는데 김병삼 후보를 적극 지지했다. 삼학은 나를 지원하고 싶어도 할 수가 없었을 것이다. 중앙정보부와 경찰은 내게 2중, 3중의 감시망을 쳤다. 특히 선거 자금이 유입될까 봐 모든 경제인과 기업체의 접근을 철저히 차단했다. 얼마 뒤에 삼학소주회사가 망했는데, 나를 도왔기 때문에 정부에서 보복을 했다는 소문이 돌았다. 그러나 그것은 사실이 아니다. 삼학소주는 김병삼 후보에게 많은 도움을 주었다. 어떤 이유로 망했는지는 모르지만 나와는 아무 관련이 없었다.

우리는 돈과 사람이 모자랐다. 자영업자는 물론이고 상인들까지도 접촉을 꺼렸다. 몇 푼의 돈이라도 전달했다가는 어떤 보복을 당할지 몰랐다. 모두 심정적으로 지지할 수밖에 없었다. 하지만 이름 모를 가난한 사람들이 몰래 도와주었다. 그들은 몇 겹으로 접힌 꼬깃꼬깃한 지폐를 손에 쥐어 주고는 수줍게 웃었다. 그러고는 도망치듯 사라졌다.

한번은 정부 고위 관리가 은밀히 내 사무실을 찾아왔다. 그리고 봉투를 내밀었다. 본격 선거전이 시작되기 전이었다.

"대통령이 알면 나는 죽습니다. 선거에 보태 쓰시오. 선거가 임박하면 드리지 못합니다."

많은 돈은 아니었지만 고마웠다. 숨어서 나를 지지하는 사람은 곳곳에 있었다. "버리는 귀신이 있으면 받아들이는 귀신도 있다"는 말이 떠올랐다. 민심은 참으로 무서웠다.

공화당에서는 돈이 너무 많아 걱정이었다. 이를 어떻게 유권자들에게 나눠 줄 것인지 고민했다. 금품 매수는 은밀하게, 또 정확하게 해야만 효과를 볼 수 있었다. 여당 선거 운동원들은 집집마다 돌아다니며 처마 밑에 여당 성향의 집에는 ○, 중립은 △, 야당 성향의 집에는 × 표시를 했다. 그걸 보고 돈을 뿌렸다. 물론 ○와 △가 표시된 집에만 돈을 돌렸다. 주민들의 성향을 잘 아는 여당 선거 운동원, 파출소 순경, 동사무소 직원이 한 조가 되어 집집마다 표시를 했다. 막판 돈을 뿌리기 위해서였다.

이 같은 움직임은 우리에게 포착되었다. 우리는 이를 역이용했다. 그들이 다녀간 집을 밤에 찾아가 대문에 쓰인 ○를 ×로, ×를 ○로 바꾸어 표시했다. 상당수를 그렇게 고쳤다. 그러자 다음 날 대소동이 벌어졌다. 밤새 돈을 기다리던 사람에게는 돈이 안 오고, 엉뚱한 야당 지지자들에게는 돈이 뿌려졌다. 야당은 왜 부정 선거를 하느냐고 따졌다. 여당 지지자들은 야당한테도 주는 돈을 우리는 왜 안 주냐고 거품을 물었다.

여당의 부정 선거 운동은 시도 때도 없었다. 수법 또한 대담했다. 야당은 아예 안중에도 없었다. 여당의 사주를 받은 폭력단이 날뛰고, 대통령의 지령을 받은 경찰과 공무원들이 설쳐댔다. 나는 이들과 정면으로 싸웠다. 실로 사생결단이었다. 이렇듯 비장한 나의 자세는 시민들 가슴 가슴에 스며들었다. 흡사 들불 같았다. 목포는 특히 시장이 앞장서 나를 낙선시키려 눈에 불을 켰다. 여당이 당선되면 시장은 전라남도 도지사가 될 것이라는 소문이 공공연히 퍼졌다. 목포 시민들의 분노는 날로 커져 갔다.

목포 시민들의 관심은 박 대통령이 김대중을 왜 이리 집요하게 쓰러뜨리려 하느냐로 옮겨 갔다. 마침내 시민들은 김대중은 대통령감이라 미리 그 싹을 자르기 위해 저렇듯 광분하고 있다고 생각하게 되었다. 선거는 대통령 예비 선거 양상으로 전개되었다. 정부 여당도 모든 화력을 쏟아부었다. 그들도 '박 대통령의 자존심'을 지켜야 했을 것이다.

선거가 종반으로 접어들자 김병삼 후보 진영에서는 이렇게 선전했다.

"김대중은 우수한 국회의원인 것은 확실하다. 우리도 잘 알고 있다. 하지만 목포 발전을 위해서는 야당 의원을 계속 뽑아서는 안 된다. 이번만큼은 여당을 내자. 목포의 부흥을 여당에게 맡겨 보자. 그리고 이다음 선거에는 김대중을 다시 밀어 주자. 김대중도 이번만큼은 양보해야 한다. 목포를 살린 다음에 김대중을 키우자. 이번 김대중 후보가 당선되면 목포는 망한다."

그것은 효과적인 전술이었다. 그럴듯해 보였다. 선거전은 지역 개발론 대 큰 인물론으로 펼쳐졌다.

"김대중을 보러 가자!"

"김대중은 목포의 아들, 우리가 키우자."

시민들이 연설장으로 몰려들었다. 가는 곳마다 인산인해였다. 나는 유세장의 청중들에게 외쳤다.

"나를 위해 애쓰다가 테러를 당하고, 나를 위해 애쓰다가 직장에서 목이 달아나고, 나 같은 사람을 위해서 자기 돈을 써 가면서 수고를 하시고, 나 같은 사람을 위해서 교회에서 절간에서 집에서 기도해 주신 수많은 애국 시민에게 뭐라고 감사의 말씀을 드려야 좋을지 모르겠습니다. 이 악독하고 더러운, 역사에 유례가 없는 목포의 부정 선거를 극복하고 기어이 당선해서 7대 국회에 나가는 것만이 나를 위해 애쓴 여러분에게 보답하는 길이라고 굳게 다짐하고 있다는 것을 여러분에게 말씀드립니다.

여러분! 나는 민주주의를 지키기 위해서 내 목숨을 걸겠습니다. 내가 싸우다가 죽으면, 여러분은 내 시체에 꽃을 바치기 전에 먼저 내 시체를 밟고 전진해서 4·19 부정 선거의 원흉인 제2의 최인규를 타도해 주시기 바랍니다. 이 나라에서 부정 선거의 뿌리를 뽑는 억센 투쟁을 전개해 주시기 바랍니다. 그렇지 않고서는 나는 결코 눈을 감고 죽을 수가 없습니다.

여러분! 나는 지금 박 정권의 독(毒)에 서린 칼날 앞에 서 있습니다. 이 약한 나 하나를 놓고 비수를 들고, 칼을 들고, 도끼를 들고, 낫을 들고 덤비고 있습니다. 나는 권력도 금력도 신문도 방송도 없습니다. 나를 구하는 길은 오직 시민 여러분에게 있습니다. 나는 권력도 돈도 없지만 나에게는 여러분이 있습니다. 여러분은 나를 구할 수 있습니다.

나는 저 유달산에 대해서, 저 흐르는 영산강에 대해서, 삼학도에 대해서 말합니다. 유달산이여! 너에게 넋이 있으면, 삼학도여! 너에게 정신이 있으면, 영산강이여! 네게 뜻이 있다면 목포에서 자라고 목포에서 커 가지고 이 나라를 위해서 무엇인가 해보겠다는 이 김대중이를 지금 한 나라 정부가 죽이고 잡으려고 하니, 유달산과 영산강과 삼학도가 넋이 있고 정신이 있고 뜻이 있으면 나를 보호해 달라는 것을 목포 시민 여러분과 같이 호소하고 싶습니다.

여러분! 부정 선거를 규탄합시다. 부정 선거를 반대합시다. 우리는 시민의 힘으로, 우리들의 힘으로, 목포에서 시민의 뜻대로 영광을 쟁취합시다."

나는 비장하게 외쳤다. 연설을 하는 동안 내 자신이 전율할 정도였다. 청중들은 내 연설에 눈물을 흘리고 분개했다. 청중들은 연설이 끝났어도 떠나지 않았다. 악수 한 번 하려고, 사인 한 장 받으려고 몇 시간씩 기다렸다. 그러나 사인을 해 줄 수 있는 사람은 한정되어 있었다. 연설장은 어느 곳이나 일대 소동이 벌어졌다.

소녀들은 블라우스에 사인을 받아 그걸 입고 등교했다. 손수건에도 모자에도 김대중이라는 이름을 받아 갔다. 어린아이들은 노트를 찢어 사인을 받고, 그걸 책상 위에 붙여 놓았다. 선창가에서 좌판을 깔고 조개나 생선을 파는 여인들이 떼를 지어 나를 따라다녔다. 똑같은 내용의 연설인데도 연설회장마다 나타나 내 이름을 부르며 환호했다. 고마웠지만 미안했다. 보다 못해 아내가 그들을 말렸다. 돌아오는 대답은 걱정 말라는 것이었다.

"오늘 안 벌어도 먹고살어라우, 걱정 마랑께요."

내 선거사무소는 목포역 앞에 있었다. 일본식 가옥 2층이었다. 선거사무소 앞으로 매일 사람들이 몰려와 내 이름을 연호했다. 나는 숙소에서도 계속 사인을 해줘야 했다. 주로 '김대중과 함께'를 적어 주었다. 악수 세례와 사인은 의외로 힘이 들었다. 손이 저리더니 나중에는 아프고, 끝내 손에 감각조차 없어졌다. 그래도 행복했다.

1967년 제7대 국회의원 선거 유세장은 연설이 끝나도 청중들이 떠나지 않았다. 사인을 요청하는 인파가 몰려 소동이 벌어지곤 했다.

목포는 끓어올랐다. 흥분한 군중들은 건드리기만 하면 폭발할 정도였다. 만일 부정 선거를 강행하면 4월 혁명의 도화선이 되었던 마산처럼 시민들이 일어설 것만 같았다. 우리는 확실히 열광적인 민심의 지지를 얻고 있었다.

하지만 가장 우려되는 것은 유령 유권자였다. 목포 시장 지휘 아래 3700명의 유령 유권자를 선거인 명부에 조작해서 넣은 것을 우리는 알고 있었다. 10만 명에 달하는 유권자를 일일이 대조해서 알아냈다. 우리는 이 문제를 제기하고 만일 이것을 시정하지 않으면 목포 시민과 더불어 궐기하겠다고 몇 번이고 압박했다. 그러자 하루는 정보부 목포 주재원이 찾아왔다. 그는 "우선 무엇을 시정해 주기를 바라느냐"고 물으며 민심이 심상치 않아서 정부가 태도를 바꾸고 있다고 귀띔해 주었다. 그래서 나는 먼저 유령 유권자를 삭제하고 투개표의 공정을 기하라고 말했다. 결국 옥신각신 끝에 유령 유권자가 삭제되었다.

나중에 안 일이지만 김형욱 중앙정보부장이 내려왔었다고 한다. 그는 광주 송정리에 머물면서 선거 판세를 점검했다. 관련 직원들에게 보고를 받고 잘못 건드렸다가는 목포가 제2의 마산이 될 것으로 판단했다. 그는 이런 분위기를 박 대통령에게 보고했다. 박 대통령은 할 수 없이 더 이상의 공작을 중지하는 데 동의했다. 이런 과정에서 목포 시장의 거센 반대가 있었지만 이미 말한 대로 우리는 투표인 명부에서 유령 유권자들을 삭제하는 데 성공했다.

김병삼 후보 진영에서는 마지막으로 투개표 부정을 획책하고 있었다. 그것은 은밀하게 진행되었지만 여러 경로를 통해서 우리 측에 알려졌다. 먼저 우리는 표를 지켜야 했다. 그것은 생각보다 어려웠다. 여당 측에서 야당의 참관인을 협박하고 매수할 수 있었기 때문이다.

우리는 이를 저지할 계책을 생각해 냈다. 투표일을 하루 앞두고 우리 측 참관인들이 한자리에 모였다. 나는 선거 감시를 위해 주의할 요점을 역설했다. 그들은 진지하게 이야기를 들었다. 우리 진영의 간부들도 나서서 참관인의 역할이 얼마나 중한지를 역설했다. 그러나 이것은 고도의 위장술이었다.

이 광경을 지켜보던 밀정들은 경찰에 이를 보고하고 경찰과 여당 사람들은 우리 측 참관인들에게 일제히 달라붙어 한 사람씩 회유 작업을 했다. 하지만 그들은 가짜 참관인들이었다. 소집된 사람들도 자기가 정식 참관인이라고 생각했고, 주위에서도 그렇게 믿었지만 우리 측 참관인은 따로 있었다. 적을 속이기 위해서는 먼저 아군부터 속여야 했다. 어쩔 수 없었다. 이튿날 투표장이 열리자마자 야당 측 정식 참관인들이 우르르 몰려가 자리를 차지했다.

실제 소집 훈련을 받은 참관인들이 투표장에 들어섰을 때는 그들의 자리가 없었다. 영문도 모른 채 본의 아니게 가짜 참관인이 된 사람들에게는 전후 사정을 설명하며 이해를 구했다. 밤샘 작업을 했던 경찰과 여당 운동원들은 의표를 찔렸다. 그들의 참관인 매수 작업은 허사로 돌아갔다.

투표는 큰 문제없이 끝났다. 모든 표가 한데 모아졌다. 밤늦게 유달초등학교에서 개표가 시작되었다. 경찰이 배치되었다는 얘기가 들려왔다. 밤비가 부슬부슬 내리고 있었다. 나는 우리 운동원들과 개표장을 지켰다. 이 마지막 밤을 지키면 승리는 우리 것이라고 생각했다. 시민들이 몰려들기 시작했다. 1만 5000여 명이 개표장 둘레를 에워쌌다. 선거 결과도 궁금하겠지만 대개가 개표 부정을 감시하러 온 시민들이었다. 내 표는 내가 지키겠다는 행렬이었다. 어둠 속에서 불이 환하게 켜진 개표장을 지켜보는 시민들의 눈과 눈. 유달초등학교 주변은 긴장감으로 터질 듯했다.

개표장 안에서는 우리 측 사람들이 정전을 대비해서 손전등과 촛불 등을 준비하고 있었다. 개표가 시작되고 얼마나 되었을까, 갑자기 전기가 나갔다. 여기저기서 외마디 소리가 들렸다.

"불을 켜라", "불을 켜라."

순간 텔레비전 카메라 조명 라이트가 켜졌다. 취재 중이던 MBC, KBS 양대 방송과 일본을 비롯한 외국 방송사들의 카메라 조명불빛이 일제히 실내를 비췄다. 시민들도 손전등을 켰다. 성냥을 계속 그어 대는 사람도 있었다. 실내는 전기가 나갔어도 그리 어둡지 않았다. 개표장 밖에서 1만 5000명의 시민들이 일제히 함성을 질렀다.

"불을 켜라, 와~."

시민들의 함성이 개표장으로 넘어 들어왔다. 도도하고 우람했다. 그러자 개표장의 전기가 다시 들어왔다. 하지만 조금 있다가 다시 정전이 되었다. 우리는 또 일제히 손전등을 켰다. 그러자 시민들의 함성이 일고 다시 전등에 불이 켜졌다. 그날 밤 세 번의 정전이 있었다. 그때마다 손전등을 켰고, 밖에 몰려든 군중들이 고함을 질렀다.

캄캄한 밤하늘에 울려 퍼진 고함 소리는 천둥이었다. 어둠의 세력들은 어둠에 숨어서 부정을 저지르려다 고함 소리에 놀라 다시 전기를 공급했을 것이다. 아슬아슬하게 개표는 끝났다. 유효표 5만 2017표, 김대중 2만 9279표, 김병삼 2만 2738표. 나는 6000여 표 차이로 이겼다. 관권에 대한 민중의 위대한 승리였다.

트럭에 올라타고 목포 시내를 돌며 당선 인사를 했다. 실로 감격적인 순간이었다. 나도 시민들도 서로 환호하며 승리를 축하했다.

"사랑하는 목포 시민 여러분, 여러분의 힘으로 저는 당선되었습니다. 여러분의 영웅적인 투쟁이 승리했습니다. 여러분은 목포뿐 아니라 대한민국의 민주주의를 살렸습니다. 여러분 은혜에 보답하기 위해 앞으로 대통령에도 도전하겠습니다. 한국의 김대중, 세계의 김대중이 되겠습니다."

시민들은 거리로 뛰쳐나와 나에게 손을 흔들어 주었다. 그들의 환한 얼굴을 보며 은혜에 꼭 보답하리라 다짐했다. 나는 결국 당선증을 손에 쥐고, 살아서 호남선 열차를 탔다.

선거가 끝나고 나는 선거법 위반 혐의로 목포 시장을 고소했다. 그가 부정선거를 독려한 것은 시민들이 다 알고 있었다. 그는 구속될 위기에 처하자 우리 집을 찾아와 대뜸 내 앞에서 무릎을 꿇었다.

"살려 주십시오."

그러면서 여당 후보를 비난하기 시작했다.

"저도 이용당했습니다. 선거에서 지자 저를 쳐다보지도 않습니다. 대통령이 내려 보낸 선거 자금도 착복한 사람입니다. 대통령은 저와 독대한 자리에서 돈이 얼마나 있으면 선거를 이길 수 있느냐고 물어서 제가 액수를 말씀드린 바 있고 그 돈이 중앙에서 내려왔던 것입니다."

세상인심이란 것이 그런 것일까. 참으로 씁쓸했다. 나는 고소를 취하했다. 그를 용서한 셈이다.

나는 박 대통령이 선거 지원을 하러 목포에 왔을 때 공개적으로 물었다.

"박 대통령 본인이 나서서 부정 선거를 부추기는 것은 3선 개헌에 목적이 있지 않은가? 수단 방법을 가리지 않고 무리를 하는 것은 개헌 말고는 달리 설명을 할 수 없다. 이에 대해 책임 있는 해명을 해야 할 것이다."

그러자 박 대통령은 이튿날 연설에서 이렇게 반박했다.

"나는 3선 개헌은 절대 하지 않겠다. 나는 3선 개헌이 무엇인지도 모른다. 내가 3선 개헌 한다고 주장한다는 것은 순전히 정치적인 모략이다."

박 대통령은 부인했지만 나는 이를 믿지 않았다. 선거는 여당의 압승으로 끝났다. 여당은 3분의 2 이상의 의석을 차지했다. 이로써 언제든 개헌은 가능했다. 선거 후 우리 야당은 부정 선거를 이유로 등원을 하지 않았다. 국민들도 이에 호응하여 여론은 폭발 직전이었다. 학생들 시위도 전국으로 번져 나갔다. 이에 집권 세력은 야당에 고개를 숙였다. 아울러 15~20개 의석을 자진해서 내놓겠다고 했다. 그렇게 되면 여당의 개헌 의석수는 깨진다.

나는 당시 총재였던 유진오 박사에게 이를 받아들이자고 강력히 요구했다. 그리고 이참에 지방 자치제를 조건으로 해서 이를 반드시 실시해야 한다고 건의했다. 지방 자치제를 해야만 부정 선거를 막고 선거에서 이길 수 있다는 것도 말했다. 위기를 기회로 삼자는 것이었다. 유 총재도 내 제안을 받아들였다. 나는 당 대변인으로서 여당 제안을 수용할 뜻이 있음을 발표했다. 언론은 이를 크게 보도했다.

그러나 다음 날 신민당 내 강경파는 선거의 전면 무효와 재선거를 요구했다. 더욱 놀라운 일은 유 총재도 이에 가세한 것이다. 나는 "대변인이 너무 앞서 설쳤다"는 비난을 들으면서도 어찌 할 수가 없었다. 나는 유 총재에게 따졌다.

"왜 약속을 깨셨습니까? 왜 저를 믿지 못하십니까? 이래서는 여당의 의도대로 헌법은 개정되고, 지방 자치제는 말도 꺼내지 못할 것입니다. 우리는 지금 최악의 사태를 불러오고 있는 것입니다."

우려는 현실로 다가왔다. 여야가 한없이 대치하고 있자 국민들은 여야를 가리지 않고 국회의 무책임을 질타했다. 더 이상의 대치는 여야 모두에게 부담이었다. 결국 야당은 여당이 내미는 타협안을 수용해야 했다. 부정 선거에 대한 대통령의 사과는 유감 표명으로 대신하고, 부정 선거구의 재선거 등은 국회 내 특별조사위원회에서 처리한다는 것이었다. 야당이 받아 든 성과물은 너무나 초라했다.

야당은 그해 11월 19일 등원 거부 투쟁을 끝내고 등원했다. 무려 5개월여 만이었다. 얻은 것은 없고, 잃은 것은 국민의 신망이었다. 강경한 것이 겉으로는 선명해 보이지만 때로는 한없이 무책임한 것이었다.

나는 한일협정에서도 그 많은 비난을 감수하고도 조건부 찬성을 했다. 이번에도 3선 개헌을 저지해야 하는 화급한 현안이 있으니 타협하여 저들의 음모를 최우선적으로 저지할 것을 주장했다. 그때 내 말대로 여당에서 20석을 빼냈다면 비극의 3선 개헌은 불가능했을 것이다.

위에서 김형욱 중앙정보부장 얘기를 잠깐 했지만 김 부장은 나를 대하는 태도가 남달랐다. 국회에서 일어난 일이다.

1967년 7월 중앙정보부가 동백림 사건을 발표했다. 독일과 프랑스로 건너간 유학생과 교민들이 동베를린의 북한 대사관과 평양을 드나들며 대남 적화 활동을 했다는 간첩단 사건이었다. 작곡가 윤이상, 화가 이응로도 포함되어 있었다. 누가 봐도 조작의 냄새가 짙게 풍겼다. 더욱이 일부 교민과 유학생이 정보부 요원들에 의해 납치되어 강제로 송환되었다. 이 사건으로 정부는 독일과 외교적인 마찰을 빚고 있었다. 이에 조윤형 야당 의원이 김 부장에게 "동백림 사건으로 국가적 체면이 말이 아니다"며 점잖게 따졌다. 그랬더니 김형욱 부장이 갑자기 흥분하여 고래고래 소리를 질렀다.

"공산당 잡는 것이 죄입니까. 이것이 어느 나라 국회입니까."

김 부장은 발을 구르고 책상을 치며 의원들을 노려봤다. 여당 의석에서는 "공산당은 당연히 잡아야 한다"며 김 부장을 옹호했다. 심지어 야당 중진 의원까지 여기에 동조했다. 하기야 당시 중앙정보부장이면 무소불위의 권력을 휘두르고 있었다. 하지만 그대로 두면 안 될 것 같았다. 나는 발언권을 얻어 앞으로 나갔다.

"내가 듣기로는 조윤형 의원이 공산당 잡는 것 반대한다고 말하지 않았고, 잡아 오더라도 서독은 우방이니까 그 정부를 통해서 합법적으로 잡아 오지 왜 그렇게 납치하듯 데려와서 문제를 일으키느냐는 말을 하고 있는데 내 이해가 틀렸습니까. 김형욱 부장, 당신도 나하고 똑같이 들었는데 나는 내가 들은 말이 옳다고 생각하는데 어떻게 생각합니까."

그러자 김 부장은 아무 말을 안 했다. 내친김에 품은 얘기를 모두 쏟아 냈다.

"여기 계신 여야 의원 여러분, 당신들 국회의원 맞습니까. 그래 정보부장이 무서워서 동료 의원의 발언에 대해 그리 비난을 하는 거요? 같은 국회의원으로서 부끄럽지 않습니까. 그리고 여보시오, 김 부장! 여기가 어딥니까. 국민을 대표하는 의사당입니다. 대한민국은 민주 국가고 우리는 주권자를 대변하는 사람들이다 이 말이오. 그런데 어디다 대고 호령입니까."

의사당은 물을 끼얹듯 조용해졌다. 발언한 나도 무척 긴장하고 있었다. 한동안 침묵하고 있던 김형욱 부장이 앞으로 나왔다. 그러더니 오만한 자세는 간 곳이 없고, 고개를 숙였다.

"존경하는 김대중 의원님, 제가 잘못했습니다. 그리고 의원님들 죄송합니다. 김 의원의 질책을 듣고 보니 제가 경솔했던 것 같습니다."

김형욱 부장은 나에 대한 칭찬을 자주 했다는데 그 얘기가 내 귀에까지 들려왔다. 김 부장은 후에 박 대통령에게 버림을 받고 미국에 망명하여 국회 청문회에 출석했는데, 그때도 나에 대해서는 '제대로 된 증언'을 했다. 정보 정치를 지휘하며 민주 인사들을 탄압한 정보부의 수장이 '대통령의 정적(政敵)'을 좋게 평가하고 있다는 것이 남다르게 생각되었다.

40대 대통령 후보

(1968 ~ 1970)

청와대 습격 사건이 일어났다. 1968년 1월 21일, 서울 세검정 부근에 북한 게릴라 31명이 출현했다. 무장 게릴라들은 군사 분계선을 넘어 얼어붙은 임진강을 건너와 세검정 자하문 파출소 앞에 이르렀다. 청와대 뒷산이었다. 국군복을 입고 위장을 했지만 그들의 정체는 곧 발각되었다. 격렬한 총격전이 벌어졌다. 국군과 경찰의 포위망에 갇힌 게릴라들은 차례로 사살되었고, 단 한 사람이 살아남았다. 인왕산 기슭에서 붙잡힌 김신조였다. 게릴라 김신조는 텔레비전에 나와 거침없이 말했다.

"박정희의 멱을 따러 왔수다."

충격적이며 너무나 어이가 없는 사건이었다. 그렇게 안보를 외치며, 군사 쿠데타를 일으키고 독재를 합리화해 왔건만 실상은 이처럼 한심했다. 게릴라들이 청와대 뒷산까지 올 정도로 경계가 허술했다니 어처구니가 없었다.

1969년에 들어서도 북한의 도발은 끊이지 않았다. 4월에는 북한 전투기가 미군 정보기 EC-121기를 동해안에서 격추시켰다. 북한이 왜 이렇듯 격렬히 도발을 해 오는지는 정확히 알 수 없었다. 다만 한국군의 베트남 파병과 이로 인한 한미 관계의 강화, 한일 국교 정상화에 따른 양국의 결속 등에 자극을 받은 것이 아닌지 짐작만 했을 뿐이다.

북한의 도발은 국민들을 자극했다. 이는 박 대통령의 독재 정치를 강화시키는 절호의 구실을 주었다. 슬그머니 3선 개헌 이야기가 흘러나오기 시작했다. 비상시국인 만큼 대통령의 3선을 금지시킨 헌법을 다시 들여다봐야 한다는 것이었다. 이런 이야기는 주로 여당 간부들이 흘렸고 정작 박 대통령 자신은 침묵을 지키고 있었다.

박 대통령은 1968년에 청와대를 방문한 김상현 의원에게 이렇게 말한 바 있다.

"야당은 무엇 때문에 사사건건 반대만 하는 것인지 모르겠소. 그중에서도 정부 경제 정책에 대해 반대한다는 것은 당치도 않아요. 나는 국민으로부터 신임을 받고 정책을 수행하고 있습니다. 그러니 정책을 수행할 의무와 권리가 있다 이 말입니다. 나의 정책이 나쁜 것이라면 선거 때 나를 갈아 치우면 됩니다. 정책 수행 과정에서 일일이 방해한다는 것은 용납할 수 없는 일입니다. 만약 내가 3선 개헌을 하려고 한다면, 김 의원 당신이 단도를 가지고 나에게 덤비도록 하시오. 당신들에겐 당연히 그렇게 할 만한 권리가 있습니다."

그 말을 전해 들었지만 나는 믿지 않았다. 박 대통령이 만일 3선 개헌에 뜻이 없었다면 지난 제7대 총선에서 대대적인 부정 선거를 획책할 까닭이 없었다. 국민의 저항이란 위험을 무릅쓰고 개헌 의석을 확보한 것은 분명 3선 개헌을 꿈꾸고 있는 것이 분명했다. 날이 갈수록 여당 측에서는 3선 개헌이라는 말이 구체적으로, 빈번하게 등장했다. 정국은 자연 3선 개헌을 싸고 공방을 거듭했다. 이는 여권의 치밀한 술수였다. 시국은 심상치 않게 돌아갔다.

6월 들어 3선 개헌에 반대하는 대규모 시위가 일어났다. 6월 5일 신민당을 중심으로 '3선개헌반대 범국민투쟁위원회'가 결성되었다. 재야 정치인, 종교인, 학자, 퇴역 장성도 참여했다. 나는 기독교장로회를 창설한 김재준 목사를 이때 처음 만났다. 김 목사는 투쟁위원회 위원장을 흔쾌히 맡아 주었다. 그분은 용기 있고 사려가 깊었다. 정치인 못지않은 정치적 판단력을 발휘했다. 리더십 또한 탁월했다. 나는 당에서 파견되어 김 목사와 함께 일했다. 김 목사와

1969년 유진오 신민당 총재(맨 오른쪽), 윤보선 전 대통령(가운데)과 함께 3선 개헌 반대 규탄대회에 참석했다.

나는 의견이 일치하는 경우가 많았다. 김 목사는 보수 원로들의 비난에도 흔들리지 않았다. 김 목사는 성직자의 길이 무엇인가를 온몸으로 보여 주었다. 김 목사는 훗날 1980년 '서울의 봄'이 왔을 때 캐나다에서 나에게 장문의 편지를 보내왔다. 붓으로 한 자씩 써 내려간 편지는 민주화에 대한 간절한 바람을 담고 있었다. 한 폭의 서예 작품처럼 기품이 있었다. 소중히 간직하고 있던 편지는 내가 계엄군에 연행될 때 그들이 서랍을 뒤져 가져가 버렸다. 그래도 편지의 한 구절은 또렷이 기억이 난다.

"나는 김대중 동지를 지지합니다. 언제든지 내 이름이 필요할 때는 무엇이든, 어디에든 쓰십시오."

신민당은 어느 때보다 단결하여 3선 개헌 반대 투쟁을 전개했다. 크고 작은 집회를 열어 국민들에게 호소했다. 특히 훗날 대통령 후보 지명을 싸고 다투었던 나와 김영삼, 이철승 씨가 주로 연단에 올랐다. 효창운동장 연설은 아직도 기억하는 사람들이 많다. 나는 혼신의 힘을 쏟았고 청중들은 열광적으로 호응했다. 연사들에게는 15분씩 시간이 주어졌다. 나는 집에 들어가지 않았다. 시청 앞 뉴코리아 호텔에 투숙하면서 연설을 준비했다. 시국이 매우 중하고 국가의 앞날이 암울했기에 무언가 돌파구가 필요했다. 연설로 국면을 전환시키고 싶었다. 여권의 비열한 술수를 폭로하고 국민들에게 3선 개헌을 저지하는 용사가 될 것을 호소해야 했다. 비장한 각오로 연설문을 작성했다.

7월 19일 '3선 개헌 반대 시국 대연설회'가 열리는 효창운동장은 청중들로 발 디딜 틈이 없었다. 당국은 우리 집회를 집요하게 방해했다. 40만 명을 동원하는 예비군 훈련을 22일 실시한다고 통보했다가 시국 연설회를 19일에 개최한다고 하자 부랴부랴 18일로 소집 시기를 앞당겼다. 음식점은 음식점대로, 이발소는 이발소끼리 업종별 간담회를 소집토록 했다. 하지만 시국에 대한 울분을 풀 길이 없던 시민들은 연설회장으로 밀려들었다. 연단에 오르자 사람의 바다에 내가 떠 있는 느낌이었다. 나는 "3선 개헌은 국체(國體)의 변혁이다"는 제목의 연설을 시작했다. 황소는 공화당의 상징이었는데 바로 그 황소 이야기로 연설을 풀어 갔다.

"조간신문을 보니까 경기도 안성에서 미친 황소 한 마리가 주인 내외간을 마구 뿔로 받아 중상을 입혔습니다. 마을 사람들이 이 황소를 때려잡으려고 몽둥이를 들고 나섰지만 잡지 못해서 마침내 지서 순경이 와 가지고 카빈총을 다섯 방이나 쏘아서 기어이 때려잡았습니다. 나는 이 신문을 보고 '과연 천도가 무심치 않구나' 이렇게 생각했습니다. 왜? 대한민국에서 황소를 상징으로 한 공화당이 지금 미쳐 가지고 국민 주권을 때려잡을 3선 개헌 음모를 하니까 미물 짐승인 황소까지 같이 미쳐서 주인한테 달려든 것이다, 이것이에요.

3선 개헌을 반대하는 데모가 지난 방학 전에 전국에서 퍼졌습니다. 데모를 제일 치열하게 한 데가 어디냐? 서울이 아닙니다. 경상도, 정권의 본고장인 경상도에서 데모를 제일 치열하게 했어요. 그것도 박정희 씨가 나온 경상북도라 그 말이여. 대구서는 대학교뿐만이 아니라 모든 고등학교가 총동원됐어요.

효창운동장에서 열린 3선 개헌 반대 시국 대연설회에서 "3선 개헌은 국체의 변혁이다"고 주장했다.

그런데 한 가지 재미있는 것은 박정희 씨가 대통령 그만두고 나면 그 대학교 총장을 할 것이라는 영남대학교 학생들의 데모 구호가 재미있다 그 말입니다. 무어라 했느냐? '미친 황소의 갈 길은 도살장뿐이다' 그랬다 그 말입니다."

폭소와 환호와 박수가 터져 나왔다. 나는 박 정권이 3선 개헌을 하려는 것은 영구 집권과 1인 독재 국가를 획책하는 것이라고 단언했다. 또한 언론은 중앙정보부가 통제하고, 사법부마저 권력의 시녀로 삼고 있는 현실을 개탄했다. "대학은 창살 없는 감옥이요, 교수들은 번호표 없는 죄수가 되어 있다"고 통박했다. 그러면서 조국을 멸망과 불행의 진구렁으로 끌고 가는 박정희의 3선 개헌 음모에 대해서는 정치적 생명뿐 아니라 육체적 생명을 바쳐서라도 싸울 것을 다짐했다.

"마지막으로 이 사람은 온갖 정성과 온갖 결심으로써 박정희 씨에게 충고하고 호소합니다. 박정희 씨여! 당신에게 이 나라 민주주의에 대한 일편의 양심이 있으면, 당신에게 국민과 역사를 두려워할 지각이 있으면, 당신에게 4·19와 6·25 때 죽은 우리 영령들 죽음의 값에 대한 책임이 있다면 어떠한 일이 있더라도 3선 개헌은 하지 마시오. 만일 당신이 기어이 3선 개헌을 강행했다가는 이 조국과 국민들에게 말할 수 없는 저항을 받을 뿐 아니라 박정희 씨 당신 자신도, 내가 몇 월 며칠 그렇게 된다고 날짜와 시간은 말 못하지만 당신이 제2의 이승만이 되고, 공화당이 제2의 자유당이 된다는 것을, 해가 내일 동쪽에서 뜬다는 것보다 더 명백하게 말씀드립니다."

박 대통령이 마침내 침묵을 깼다. 1969년 7월 25일 성명을 발표했다. 효창운동장 집회 후 6일 만이었다.

"야당은 나에게 터무니없는 공격을 하고 있다. 이 같은 상황 속에서 나는 대통령직을 사임할 수는 없다. 따라서 나는 3선 개헌을 하지 않을 수 없다."

그러면서 만약 이 개헌안이 국민 투표에 부쳤다가 부결될 경우에는 대통령과 내각에 대한 불신임으로 보고 사임하겠다고 했다. 박 대통령은 1971년까지 임기가 남아 있었다. 그런데도 신임 문제를 들고 나온 것은 그 속이 훤히 들여다보였다. 불신임 문제를 개헌과 연관시켜 국민들에게 선택을 강요하려는 저급한 술책이었다. 명백한 대국민 협박이었다. 짐작은 했지만 정작 대통령이 3선 개헌을 공론화시키자 정국은 한 치 앞도 내다볼 수 없는 혼돈 속으로 빠져들어 갔다.

나는 말레이시아 쿠알라룸푸르에서 그 소식을 들었다. 동남아시아를 돌아 유럽과 미국, 남미 등을 찾을 계획이었는데 남은 일정을 모두 취소하고 곧바로 귀국했다. 당시 여당은 3분의 2에 해당하는 의석을 차지하고 있었기 때문에 당내에서 의견만 일치한다면 개헌은 손쉽게 이뤄질 수 있었다. 하지만 김종필 씨는 개헌에 반대했다. 헌법이 개정되면 후계자가 되려는 자신의 꿈은 깨질 것이 뻔했다. 또한 공화당 의원 중에도 헌법 개정에 반대하는 사람이 많았다. 언론에서는 30명도 넘을 것이라 분석했다.

하지만 박 대통령은 개헌을 밀어붙였다. 김형욱 중앙정보부장, 이후락 청와대 비서실장은 뒤에서 밀고, 백남억, 김성곤, 길재호 의원 등이 앞에서 끌었다. 결국 공화당 의원들은 회유와 압력에 버티지 못하고 하나둘 개헌에 동조했다. 김종필 씨도 입장을 바꿔 전국을 돌아다니며 개헌에 찬성하는 연설을 했다.

정부 여당은 그것도 모자라 야당 의원을 돈으로 매수했다. 그래도 여전히 개헌안 처리는 자신할 수 없었다. 국회에서 비밀 투표를 하면 공화당 의원 모두가 찬성한다는 보장이 없었다. 통과하기 힘들 것이라는 소문도 돌았다. 당시에 야당 의원들은 쇠처럼 강하게 뭉쳐 있었다. 국회 본회의장을 점거하고 농성을 벌였다. 여권은 3선 개헌안을 국회 제3별관에서 날치기 처리했다. 1969년 9월 14일 새벽 2시 공화당과 무소속 의원 122명이 모였다. 개헌안이 상정되고 의원들 투표가 이어졌다. 국민을 속이고 역사를 거꾸로 돌리는 거대한 사기극은 2시 53분에 끝났다. 5·16 쿠데타가 일어난 시각과 거의 같은 새벽이었다. 이 역시 '헌정 쿠데타'였다. 의장은 의사봉이 없어 주전자 뚜껑으로 책상을 쳤다고 한다. 뒤늦게 신민당 의원들이 별관으로 몰려갔고 공화당 의원들은 뒷문으로 도망쳤다. 야당 의원들은 새벽에 울었다.

별관에서 여당 의원만의 날치기 처리는 국회법을 완전히 위반한 행위였다. 야당에 아무런 연락도 하지 않았다. 목적을 위해서는 어떤 부정과 불법도 저지르는 독재 정권임을 만천하에 드러냈다.

3선 개헌안은 다시 국민 투표에 부쳐졌다. 그리고 압도적 지지로 통과되었다. 국민 투표는 정부가 이기게 되어 있었다. 특히 한국처럼 지방 자치제를 실시하지 않고 공무원이 총동원되어 부정을 저지르는 나라에서는 야당이 결코 승리할 수 없었다.

시절은 수상했으나 그해 10월 가족과 함께 영국의 팝 가수 클리프 리처드의 공연을 보러 갔다. 이화여대 강당은 그야말로 열광의 도가니였다. 학생들의 괴성이 하도 커서 음악을 제대로 들을 수가 없었다. 그런데 그렇게 악을 쓰며 열광하는 무리는 거의가 중고생들이었다. 대학생들은 그런 학생들을 보며 혀를 찼다.

"저것들 미쳤네, 미쳤어."

시대마다 열광하는 대상이 있게 마련이지만 고등학생과 대학생 사이에 그토록 현격한 차이가 있다는 것이 놀라웠다. 나는 젊은이들이 저토록 열광하는 것은 이 땅에 젊음을 발산할 마땅한 통로가 없기 때문일 것이라는 생각을 했다. 군사 정권의 폭압 정책은 갈수록 기승을 부렸고, 남과 북의 강경 대치는 사회 모든 분야에 살기(殺氣)를 끼얹었다. 미래는 또 불투명하고 암울했다. 그 속에서 우리 아이들이 혹 주눅 들지 않았는지, 꿈을 잃지는 않았는지 걱정이 되었다.

박 대통령의 3선의 길은 열렸다. 우리는 다시 싸워야 했다. 선거에 이겨서 3선을 막아야 했다. 신민당의 잠재적 후보는 유진오 총재였다. 나를 포함한 모두가 그렇게 믿고 있었다. 그러나 대변인으로서 곁에서 지켜본 유 총재는 정치적 안목과 지도력에 문제가 있었다. 지난 총선에서 공화당의 대대적인 부정선거로 국면 전환의 호기를 잡았는데도 시간을 끌다가 기회를 놓친 것은 무척이나 아쉬웠다. 당을 장악하지 못하고 강경파에 끌려다녔기 때문이다. 나는 유 총재가 스스로 복을 차고 있다고 생각했다.

나는 이 같은 문제로 혼자 고민을 거듭했다. 그때 나를 형님이라고 부르던 이용희가 말했다.

"유 총재를 믿을 수 없습니다. 저 양반으로는 도저히 안 되겠습니다. 형님이 대통령 후보로 나가십시오."

나는 순간 영감 같은 것을 받았다. 하지만 일체 내색을 하지 않았다. 유진오 박사와 일전을 준비하였다. 우선 참모진을 정비하고 전국 지구당을 돌면서 조직을 다졌다.

그런데 유 총재가 갑자기 쓰러졌다. 뇌동맥경련증이었다. 유 총재는 치료를 받으러 11월 일본으로 건너갔고 총재직 사의를 표명했다. 중요 선거 때마다 야당 총재나 대통령 후보가 쓰러지는 불운이 되풀이되는 것 같아 모두 긴장했다. 야당에 다시 어두운 그림자가 드리웠다.

1970년 1월 초 신민당 임시 전당 대회가 열렸고, 유진산 씨가 총재로 선출됐다. 유진산 씨는 사쿠라라는 말을 들을 정도로 야당성을 의심받고 있었다. 따라서 대중적 지지가 약했다. 총재직은 유지할 수 있었지만 대통령 후보는 될 수 없었다. 그때는 이미 원내총무 김영삼 의원이 '40대 기수론'을 주창하며 세대교체 여론을 주도하고 있었다. '40대 기수론'은 나도 동조하고 있었다.

박 대통령에 맞설 야당 후보는 하루빨리 정할 필요가 있었다. 그런데도 유진산 총재는 1970년 1월로 예정된 후보자 선출 시기를 일방적으로 연기시켰다. 자신의 출마를 저울질하고 있는 게 분명했다. 하지만 측근들조차도 등을 돌렸고, 국민들 사이에서도 40대 후보를 요구하는 목소리가 날로 높아 갔다.

당내에서는 40대 후보로 자연히 세 명을 지목했다. 김영삼, 이철승 그리고 나였다. 문제는 유 총재였다. 유 총재는 40대 기수론을 잠재우려 직격탄을 날렸다.

"구상유취(口尙乳臭)의 정치적 미성년자들이다."

하지만 여론은 싸늘했다. 자신이 출마할 기회가 점점 멀어지자 유 총재는 다시 세 명 중 한 명을 선택할 수 있는 지명권을 달라고 했다. 대통령 후보 지명 대회를 나흘 앞둔 9월 25일에 나와 이철승, 김영삼 씨를 상도동 자택으로 불러 이같이 제안했다. 그때 당내는 크게 김영삼 씨가 포함된 진산계가 주류였고, 나와 정일형, 이재형계는 비주류였다. 유 총재는 같은 야당이지만 나와는 계보가 다를 뿐만 아니라 걸어온 길과 정치 노선이 달랐다. 유 총재는 정치적 수완이 뛰어났다. 김영삼, 이철승 씨는 유 총재의 지명안을 수락했다. 그러나 나는 단호히 거부했다. 유 총재가 나를 지명하지 않을 것은 불을 보듯 뻔했다. 뿐만 아니라 그것은 민주주의와 당원의 총의에도 위배되는 것이었다.

대통령 후보는 전 국민에게 선거를 통해 신임을 묻는 것이며, 그러기에 전국에서 모인 당 대의원의 자유 의사에 따라 결정하는 것이 순리였다. 유 총재는 결국 김영삼, 이철승 둘 중에 김영삼의 손을 들어주었다. 이철승은 이에 맹렬히 반발했다. 그러자 그의 하부 조직원들은 뿌리가 나와 같은 신파에 속해 있었기에 내 쪽으로 돌아섰다. 당내의 중진들인 정일형, 정헌주, 윤길중,

김응주, 김원만 씨도 나를 지지하고 있었다.

대통령 후보 지명은 대의원의 선택에 맡겨졌다. 김영삼 씨를 내세운 진산계는 대통령 후보 지명을 낙관했다. 하지만 나는 내 계산법이 따로 있었다. 언론도 김영삼 씨가 후보로 결정된 듯이 보도했다. 이른바 대세론으로 나를 궁지에 몰아넣었다. 심지어 주변 사람들마저 후보를 사퇴하는 것이 어떻겠냐고 권할 정도였다. 하지만 나는 자신 있었다. 전국을 누비며 당원뿐만이 아니라 일반 국민들과도 깊은 대화를 나눴다. 그 결과 일반 당원들은 대통령 후보를 지명하러 가는 전당 대회 대의원들에게 김대중을 지지하라는 압력을 가했다. 그 같은 일은 전국적으로 일어났다. 또 총재가 후보를 지명하겠다는 제안을 내가 단호히 거부한 것도 밑바닥 표심의 환영을 받았다.

국민들은 "저런 단호함이 있으면 박 대통령과 제대로 싸워 볼 만하겠다"고 생각하면서 7대 목포에서의 의원 선거를 떠올렸다.

1970년 1월 24일 대통령 후보 지명전에 나설 것을 공식 천명한 후 지명 대회가 있기 전까지 약 8개월 동안 열심히 전국의 대의원들을 찾아다녔다. 당원들의 호응은 대단했다. 특히 경상도에서 그 열기가 뜨거웠다. 아내도 열성적이었다. 그때 야당 대의원들은 산동네에 많이 살았는데 아내는 케이크를 사들고 가파른 길을 올라 대의원 집을 찾아갔다. 그런 선거 운동은 대의원보다 그들의 부인과 가족들을 움직였다. 그것은 다시 가족들이 대의원을 움직이는 효과로 나타났다. 나는 표를 하나하나, 차곡차곡 쌓아 갔다. 전당 대회 전날 밤에도 대의원들이 묵고 있는 숙소를 찾아가 그들의 손을 잡았다. 마지막까지 최선을 다했다.

1970년 9월 29일 대통령 후보 지명 전당 대회의 날이 밝았다. 내 지지자들은 애드벌룬을 하늘 높이 띄워 올렸다. 멜빵을 어깨에 걸친 수백 명이 전당 대회 장소인 시민회관(지금의 세종문화회관)을 에워싸고 내 이름을 불렀다. 우리 당의 최고 지도자이자 나의 지원자인 정일형 박사가 직접 피켓을 들고 맨 앞에 서 있었다.

"김대중, 김대중, 대통령 김대중!"

나는 눈물이 나도록 고마웠다. 가슴이 벅차면서도 아렸다. 예감이 좋았다. 대회장 일대의 모든 벽에는 내 포스터가 붙었다. 나를 응원하는 피켓이 대회장 앞을 덮었다. 김영삼 후보의 것은 보이지 않았다. 지금까지 한국의 전당 대회에서는 보지 못했던 열기였다. 실은 이 같은 축제 분위기 연출은 미국 대통령 후보 지명 대회를 본뜬 것이었다. 김홍일 전당 대회 의장은 성원이 되었음을 알리고 개회를 선언했다. 이철승 씨는 사퇴 선언을 하고 퇴장했다. 팽팽한 긴장감 속에 개표 결과가 발표되었다.

'재석 885명 중 김영삼 421표, 김대중 382표, 무효 82표.'

김영삼 씨의 압승을 예상했던 대의원과 취재진들은 술렁거렸다. 그들에게는 예상 밖의 결과였다. 당시 일부 석간신문은 "김영삼 후보 지명"이란 제목으로 미리 보도하여 대회장 안에 뿌려지기도 했다. 어이없는 예단 보도였다. 1차 투표에서 이철승 씨를 지지하는 대의원들은 백지 투표를 했다. 나는 결과가 발표되자마자 손을 흔들며 앞으로 나가서 소리쳤다.

"이제 대통령 후보는 접니다."

모두 나를 쳐다봤다. 장내가 일순 조용해졌다. 상대 진영에서도 심상찮은 기류가 흐르고 있음을 알아챈 듯했다.

재투표에 들어갈 때 기자들에게 재차 승리를 장담했다. 그럴 만한 이유가 있었다. 앞서도 밝혔듯이 이철승계 대의원들은 거의가 과거에 신파에 속해 있었다. 나는 그들에게 이철승 씨가 후보로 나서면 그를 찍지만 만일 불출마했을 때는 나를 지지해 달라고 말했다. 또 재투표가 있기 전에 이철승계의 김준섭 씨가 내게 다가오더니 각서 하나를 써 달라고 했다.

'다음 총재 선출할 때 이철승을 지지하겠다'는 내용이었다. 그러면 2차 투표에서 나를 찍겠다고 했다. 나는 흔쾌히 명함에 각서를 써 줬다. 승리가 우선이었고, 당시만 해도 이철승 씨가 총재를 하기에는 부적격하지 않다는 생각을 했기 때문이다. 그것은 또 하나의 안전 장치였다. 그 후 이철승 씨는 총재에 나온 일이 없어 나는 그에게 약속을 지킬 기회를 갖지 못했다. 아무튼 최악의 상황을 가정해서 득표전을 전개했다. 2차 투표가 진행되는 동안 표 점검을 해 보니 내가 질 수 없는 게임이었다. 2차 투표 결과가 발표되었다.

'재석 884명 중 김대중 458표, 김영삼 410표, 무효 16표.'

김홍일 의장이 방망이를 힘차게 두들겼다. 나는 과반을 훨씬 넘어 대통령 후보에 지명되었다. 박수와 환호성은 그칠 줄 몰랐다. 한국 정치사에 두고두고 회자될 역전극이었다. 김영삼 후보 측에서는 망연자실했다. 그들은 승리를 확신했었다.

나는 대통령 후보 수락 연설을 했다.

"바로 이 순간부터 새로운 시대가 도래했습니다. 나는 이 같은 새로운 시대의 선두에 서서 국민의 자유와 행복을 위해 싸워 반드시 박정희 정권의 장기 집권을 막아 내는 동시에 국민이 건국 이래 염원해 온 민주적인 정권 교체를 실현시키겠습니다."

40대 대통령 후보의 탄생은 새바람이었다. 내가 대통령 후보로 당선이 되자 가장 놀란 것은 박 정권이었다. 당시 정보부장은 내가 후보로 지명될 가능성은 전혀 없다는 낙관적인 정세 분석을 보고했던 모양이다. 그런 탓인지는 몰라도 중앙정보부장은 대통령 선거가 시작되기 전에 경질되었다.

야당에 불어온 세대교체 바람으로 새로운 정치의 서막이 열렸다. 나는 박 대통령과 운명적인 대결을 하게 되었다. 박정희가 지난 총선에서 그토록 나를 떨어뜨리려 했지만 나는 대통령 후보로 그의 앞에 다시 나타났다. 박정희는 동물적인 정치 감각으로 '미래의 정적'을 제거하려 했는지도 모른다.

나는 박 정권을 종식시키기 위해 목숨을 걸고 싸울 것을 가슴속 깊이 다짐했다. 만년 야당의 고리를 끊어 국민들과 당원들의 성원에 보답할 것을 다짐했다. 한국 정치사에는 거대한 풍운이 일고 있었다. 이렇게 나는 그 속으로 들어갔다.

1970~1972년

3부

장충단공원 일대에 시민들이 몰려들었다. 기적처럼 100만 명이 모였다. 환호와 흥분의 도가니였다. 독재에 대항하는, 민권이 살아 있음을 보여 주는 거대한 축제였다. 생애 최고의 감동이었다. 나는 외쳤다. "이번에 정권 교체를 못하면 이 나라는 영구 집권의 총통 시대가 오는 것입니다."

병영 국가의 금기를 깨다

(1970 ~ 1971)

1970년 10월 16일, 나는 대통령 후보로서 기자 회견을 가졌다. 선거 운동에 앞서 준비한 정책들을 국민들에게 선보였다. 그동안 한국의 야당은 정부의 실정이나 비리 등에 대해서 공격만 퍼부었지 야당 나름의 정책이나 비전은 제시하지 못했다. 그래서 국민에게 믿음을 주지 못한 측면이 있었다. 나는 이번 선거만큼은 정책 대결을 통해 우리 신민당이 수권 정당임을 확실히 보여 줘야겠다고 다짐했다. 하지만 비판은 쉽지만 국민이 공감하는 정책을 제시한다는 것은 어려웠다.

회견에서 박정희 공화당 후보와 여당 수뇌들에 대한 인신공격은 일체 하지 않았다. 인신공격을 할 수 있는 많은 자료들을 확보하고 있었지만 이번 선거는 정책으로 승부하고 싶었다. 정책과 비전을 제시하는 것만으로도 선거의 주도권을 잡을 수 있다는 자신이 있었다. 그만큼 치열하게 연구했고 수없이 다듬었다.

나는 향토예비군의 폐지, 대중 경제 노선의 추진, 미·중·소·일 4대국의 한반도의 전쟁 억제 보장(4대국 안전 보장론), 남북한의 화해와 교류 및 평화 통일론, 공산권 국가들과의 관계 개선과 교역 추진, 초·중등학교의 육성회비 징수 폐지, 사치세 신설, 학벌주의 타파, 이중 곡가제(二重穀價制) 실시 등을 제시했다. 공약 하나하나가 엄청난 파급력을 지녔지만 특히 향토예비군의 폐지와 4대국 안전 보장론, 남북 교류와 평화 통일론, 대중 경제 노선은 국민들이 폭발적 관심을 보였다.

향토예비군은 북한 게릴라의 청와대 습격 사건으로 1968년 4월 1일 예비역 200만 명으로 출범하였다. 평시에는 농사를 짓다가 전시에는 전투병으로 동원되는 둔전병(屯田兵)과 같은 조직으로 북한의 노농적위대에 견줄 만했다. 이들 예비역들은 생업에 종사하다가도 예사로 불려나가 노역과 훈련을 해야 했다. 심지어 지서장 집에 가서 아이들을 봐주고 나무를 하는 경우도 허다했다. 뿐만 아니라 돈을 주고 훈련에 빠지거나 대리 참석하는 등 부작용이 속출했다.

예비군은 북한 침략에 대한 방위라는 목적에서 출발했지만 박 정권은 이를 주민 통제용으로 활용하고 있었다. 안보를 빌미로 전 국민을 군사 조직으로 묶어 관리했다. 민간인들을 삽시간에 군인으로 만들 수 있기에 언제라도 부당한 목적에 동원할 수 있었다. 향토예비군은 본래 취지를 벗어나 원성의 대상이 되었다.

예비군 폐지를 주장하자 국민들은 기다렸다는 듯이 호응했다. 분위기가 심상치 않게 돌아가자 박 대통령은 정래혁 국방장관에게 대책 회의를 소집토록 했다. 그리고 관련 단체를 사주하여 나를 공격했다.

"향토예비군 폐지는 국가 존립에 중대한 위협을 주고 있으며, 이는 결과적으로 북한의 남침을 유도하는 발언으로 즉각 철회하라."

그러나 나는 공약을 철회하지 않았다. 정부 여당의 비난 공세에도 불구하고 국민들 절대다수가 향토예비군 폐지를 지지했다. 하지만 일각에서는 예비군 폐지 주장이 다소 성급하지 않았나 하는 지적도 있었다. 선거 종반에 했으면 상대가 반격할 시간적 여유가 없었을 것이라는 주장이었다.

물론 너무 일찍 정책을 발표하는 바람에 거대한 역풍에 직면한 것은 사실이었다. 정부와 여당은 신문과 당의 출판물, 국영 방송들을 총동원했다. 나를 안보 의식이 결핍된, 위험하고 무책임한 정치인으로 몰아갔다. 따라서 그러한 지적이 그럴듯해 보이지만 당시에는 당력을 결집시키고 국민적 관심을 촉발시킬 폭발력이 강한 이슈가 있어야 했다. 그리고 반공이란 구호 아래 숨도 못 쉬는 사회 분위기를 바꿔야 할 필요도 있었다. 박 정권의 '반공 독재'를 깨뜨릴 기폭제가 절실했다. 그래서 일찍 향토예비군 폐지를 주장했던 것이다. 그럼에도 만일 나의 다른 공약들로 국민의 신임을 얻은 후, 투표일에 임박해서 예비군 폐지를 주장했다면 선거 결과가 어찌되었을까. 그것은 지금도 예측하기 어렵다.

4대국에 의한 한반도의 안전 보장, 그리고 남북 교류와 평화 통일론 공약은 정권 유지를 위해 줄곧 한반도에 긴장을 조장해 오던 정부 여당에 큰 충격을 주었다. 그들은 즉각 4대국 안전 보장론은 전혀 실현 가능성이 없는 망상이라고 주장했다. '통일'이라는 말만 해도 성분을 조사하던 시기였으니 그럴 만도 했다. 조국의 국방을 외국에 맡기려는 사대주의적 발상이며 미치광이 짓이라고까지 공격했다. 박정희 씨가 그러한 비난의 선두에 섰다.

박 후보는 "우리의 적인 소련과 중공에게 자국의 안보를 맡기자니 무슨 소리인가? 국가의 기본인 반공에 정면으로 위배되는 주장이다"고 얘기했다.

그들은 내 주장을 비틀어 선전했다. 그러나 4대국 안전 보장론의 핵심은 국방을 4대국에 맡기자는 것이 아니었다. 4대국이 한반도를 차지하고자 청일·러일 전쟁 같은 위험한 도발을 하지 않고, 또 남과 북을 부추겨서 전쟁을 일으키지 않겠다는 약속을 받아 내겠다는 것이었다. 말하자면 4대국에 일종의 불가침 조약을 요구한 것이었다.

내 주장은 지식층을 중심으로 퍼져 나갔고, 국제적으로도 주목을 끌었다. 그때 4대국과 남북한을 합친 것이 이른바 훗날에 '한반도 핵 위기'를 해결하려는 6자 회담이 아닌가. 이는 당시나 지금이나 한반도를 둘러싼 강대국의 역학 관계와 그 실체는 변함이 없음을 방증하는 것이다. 나는 한반도를 둘러싼 힘의 논리와 진정한 평화의 요건이 무엇인지를 간파했다. 그때 내세운 논리는 지금 생각해도 한 치 어긋남이 없다. 바르게 판단하고, 옳게 행동했다고 감히 자부한다.

남북 교류와 평화 통일 정책에 대해서도 공화당 측에서는 강력하게 반론을 제기했다. 북한이 무력 통일을 획책하고 있는데 그들과 어찌 화해할 수 있느냐는 논리였다. 박 대통령과 김종필 씨 등은 연일 내 발언이 용공적이라고 규탄했다. 대놓고 국민들을 자극했다.

"김대중이가 피리를 불면 김일성이 춤을 추고, 김일성이가 북을 치면 김대중이가 장단을 맞춘다."

그러던 박 정권이 불과 1년 뒤에는 내가 주장한 것과 똑같은 남북통일 정책을 추진하였다. 남한 정부의 제의로 남북적십자회담이 성사되었고, 그 회담을 진행하면서 그 유명한 '7·4 남북 공동 성명'을 채택했기 때문이다. 그렇게 나를 비난했던 저들도 결국은 내 주장을 뒤쫓아 왔다. 그러나 그 정신은 달랐다. 박 정권이 목표한 바는 남북의 화해 협력이 아니라 이를 통해서 정권의 안전을 보장받고 통일을 원하는 민심을 달래고자 함이었다.

나는 대선을 준비하면서 경제 정책의 핵심으로 대중경제론을 내걸었다. 제도와 정책의 양면에서 대중에 의한, 대중을 위한, 대중의 경제를 구현하고자 했다. 이승만 정부 이래 한국 경제는 권위주의 정부와 특혜 집단을 중심으로 한 특권 경제가 판치고 있었다. 이는 박정희 정권에 들어와 더욱 심화되었다. 농민 등 일반 대중들이 느끼는 어려움은 커졌고 경제 사회 전반에 적폐가 쌓여 갔다. 박정희 정권의 개발 독재에 대한 대항 논리와 전략이 절실했다. 나는 한국 경제와 민주주의를 위한 새로운 청사진을 제시하고 이를 국민들에게 널리 알리고 설득하기로 했다.

나의 대중경제론은 해방 이후 한국 경제를 관찰하고 경험하면서 태동했다. 제7대 대통령 선거 이전부터 여러 매체를 통해 이를 주장했는데 1969년 『신

동아』에 기고한 「대중경제론을 주창하다」에 핵심 내용이 들어 있다. 나는 이 글에서 대중 경제의 개념을 사회의 실질적인 생산력인 근로 대중의 지혜와 능력을 최대한으로 발휘케 하는 동시에 그들의 복지를 제도적으로 보장하는 경제 시스템을 형성하는 것으로 규정하였다. 또한 대중 경제를 펼치기 위해서 민주주의 체제의 완성을 전제로 했다. 대중의 의사가 필수불가피한 조건이라고 역설했다.

나는 이때부터 국가 경제를 더욱 공정하고 투명하게 운영하고 기업의 책임성을 강화하기 위한 공정운영위원회의 설치와 운영을 제안했다. 이 기구를 통해 정부가 전 산업을 대상으로 하는 공정 거래와 소비자 보호, 근로 대중을 위한 적절한 소득의 재분배 조치를 강구할 수 있을 것으로 생각했던 것이다. 아울러 당시로는 생소한 개념이었지만 산업민주주의 실현을 위하여 거대한 독점적 관영 기업의 민영화와 종업원 지주제의 실시를 주장하기도 했다.

이러한 나의 구상들은 1971년 출간된 『김대중 씨의 대중 경제 100문 100답』이라는 책으로 정리했다. 이 책은 당시에 내가 경제 자문을 받아 온 김병태, 정윤형, 박현채, 최호진 교수 등 학자와 전문가들, 그리고 방대엽, 김경광 등 비서들과의 토론을 거쳐 유권자를 위한 문답식 선거 자료로 만들어졌다. 대중경제론의 해설서라 볼 수 있었다. 이 책을 만드는 데 정보기관의 방해 책동은 실로 상상 이상이었다. 정보기관의 감시를 피해 여관을 전전해야 했고, 점조직으로 연락을 취해 만나야 했다. 인쇄소를 구하기도 쉽지 않았다. 몇 사람은

첫 대통령 선거 후보 시절 출간한 『김대중 씨의 대중 경제 100문 100답』. 27년이 지나서야 이 정책을 펼 수 있었다.

정보기관에 끌려가 고초를 겪기도 했다.

아무튼 이 책은 대통령 선거를 정책 대결로 만드는 데 기여했다. 대중경제론은 청년 시절 사업을 하면서 익힌 실물 감각과 국회 재경위 활동을 하면서 파고든 공부가 바탕이 되었다. 군사 정부의 관치 경제가 절정에 달했을 때 대중이 경제에 참여하여 주역이 돼야 한다는 나의 주장은 신선한 바람을 일으켰다. 당시 박정희 정권은 수출 증대와 경제 성장 외에는 아무 관심이 없었다. 누가 경제 주체가 돼야 하는지, 어디에 분배해야 하는지는 생각도 못했다.

박 정권은 소수 특권층에 천문학적인 특혜를 주었다. 박 정권의 경제 정책은 정부가 가격 결정, 여신 분배, 노사 관계를 포함한 시장 기능 전반을 간섭하며 오로지 성장에만 매달렸다. 정부의 간섭은 한국 경제를 극심한 불균형 상태로 몰아갔다. 공업과 농업, 대기업과 중소기업, 도시와 농촌의 불균형은 갈수록 심화되었다. 한마디로 농민과 노동자의 희생 위에 대기업들의 특혜를 보장하는 것이 박정희 정부 경제의 본질이었다. 특혜와 특권 경제 하에서 근로 대중은 저곡가와 저임금에 시달려야 했고, 중산층의 형성은 기대하기 힘들었다. 이에 대한 반론이 대중 경제의 핵심이었다.

대중 경제 노선은 경제 성장과 소득의 공정 분배, 그리고 물가 안정이라는 세 가지 과제의 합리적 조정을 통해 경제 민주화를 이루려는 구상이다. 특정인 또는 특정 단체만을 위한 독재 경제 정책은 결국 부작용이 누적되어 경제 난국은 피할 수 없다. 그러므로 모든 대중이 참여하여 상호 배타적 세 가지 분야를 적절하게 조정해야 한다. 대중이 참여하는 경제란 결국 경제민주주의를 실현함이다.

1970년 4월에 발생한 와우 시민 아파트 붕괴 사고는 그동안 누적되어 온 경제적·사회적 폐해가 노출된 상징적 사건이었다. 서울 마포 야산에 서 있던 시민 아파트가 붕괴되어 33명이 사망했다. 사건의 원인은 건축업자의 부실 공사를 서울시 공무원이 눈감아 준 것이었다. 시민 아파트의 붕괴를 단순히 돈에 중독된 사회 현상으로 치부할 수도 있겠지만, 사실 그 속에는 대중의 참여와 감시 없이 성장만 추구했던 경제 정책이 한계에 도달했다는 무서운 경고가 들어 있었다. 이때부터 고도성장과 압축 성장의 부작용이 본격적으로 드러나기 시작했다. 이후 대한민국은 대형 사고의 공포에 시달렸다. 성장 일변도의 정책은 필연적으로 규제와 간섭을 불러오고 시장 기능을 왜곡시킨다. 또 공무원들을 부패하게 만든다.

나는 대중 경제 노선을 추진하여 경제 발전의 열매가 국민들에게 골고루 돌아가고, 현세대와 후세대 사이에도 분배가 공평하게 이뤄져야 한다고 주장했다. 내가 대중경제론의 주요 정책으로 이중 곡가제를 제안한 것도 같은 맥락에서였다. 이 제도는 쌀, 보리를 정부가 농민에게 비싸게 사서 소비자에게는 싼값으로 공급하는 것을 가리킨다. 이미 일본에서 실시하여 성공을 거두고 있었다. 일본은 소비자와 생산자를 동시에 만족시키는 이중 곡가 정책으로 농촌은 풍요롭고 '식량 부족'이라는 말도 사라졌다. 농민이 잘살아서 구매력이 높아지면 결국 도시 산업도 번창한다. 이 정책은 이후 박정희 정부에서 채택되었다. 나를 비판하고 억압하면서도 박정희 정부는 내가 주장한 적지 않은 공약들을 훗날 정책으로 채택했다.

나는 대중경제론에서 시장 경제의 중요성을 강조했다. 시장 경제의 핵심은 진정으로 창의적인 자유 기업인과 자유 기업의 존재였다. 세계 경제의 역사는 마르크스주의의 허상을 보았고 케인스주의의 한계도 겪었다. 시장 경제를 국가가 대신할 수 없듯이 정치인이나 관료가 기업인을 대신하기도 힘들다. 하지만 시장 경제는 그대로 두면 여러 가지 실패를 거듭하게 된다. 시장 경제를 제대로 감시할 수 있는 국가는 오로지 민주주의 국가이고, 대중과 중산층의 참여와 감시에 의해서만 민주주의가 지켜질 수 있다. 한국에는 오랜 기간 시장 경제가 자리 잡지 못했다. 그리고 진정한 자유 기업과 창의적 기업가가 등장하기에는 매우 척박한 환경이었다. 정경 유착과 관치 금융이 반복되던 권위주의 시대에 기업인들은 정기적으로 검은돈을 건네야 했다. 이승만 정권 이래 이 같은 관행이 지속되었고, 나는 이 점에서 기업인들이 참으로 안됐다는 생각을 했다.

기업인은 자유 시장 경제에 대한 신념이 있어야 하고, 이를 수호하고 발전시켜 나가는 데 자부심과 사명감을 가져야 한다. 기업인은 또한 자유 경제 체제에 창의력과 모험심으로 공헌해야 한다. 자신에게 유리할 때만 자유 경제를 지지하고, 시장 경쟁이 어려워지면 정부의 간섭과 보호를 요구하는 것은 위선적인 행위다.

이 같은 환경에서 어떻게 경제가 발전할 수 있을 것이며, 혜택이 골고루 분배될 수 있을 것인가. 기업인들도 이 같은 유혹과 특권을 떨치고 창의성과 경쟁력으로 시장 경제를 주도해 가도록 체질이 개선되어야 했다. 이 문제를 해결해 줄 수 있는 유일한 제도적 대안은 민주주의였다. 이 점이 대중경제론의 핵심이고 훗날 외환 위기 이후 강조된 민주주의와 시장 경제의 병행발전론의 철학적 기반이 되었다.

나의 대중 경제 구상은 손질을 거듭하여 『대중경제론』이란 책으로 재탄생했다. 미국 대학의 경제학과 교수로 재직 중이던 유종근 박사의 도움이 컸다. 국민이 이미 대중 경제 노선을 지지해 주었기에 나는 국민과 함께 이 책을 쓸 수 있었다. 모든 진실이 불온한 것으로 취급받던 시절, 무서운 감시와 억압 속에서도 국민들은 내 책을 읽었다. 1980년대 신군부 시절 내내 『대중경제론』은 금서 목록에 올라 있었다. 하지만 국민들은 돌려 가며 숨어서 내 책을 읽었다. 그러한 '대중'이 없었다면 『대중경제론』도 없었다.

『대중경제론』은 1985년 하버드 대학에서 『대중 참여 경제론(Mass-Participatory Economy)』이란 제목으로 출간되었고, 미국의 여러 대학에서 부교재로 쓰였다.

나는 대통령에 취임한 초기에 대중경제론에서 강조했던 '분배'를 전면에 내세울 수 없었다. 그러나 외환 위기를 진정시킨 이후에는 분배 정책에 심혈을 기울였다. 그것이 '생산적 복지'였다. 그리고 금융, 기업, 정부, 노사 등 4대 부문 개혁은 내가 대중경제론에서 주창한 내용들이었다. 나의 대중경제론은 오랜 세월 동안 숙성되었고, 국민의 정부에 들어서도 공식 정책의 기반으로 생명력을 이어갔다.

내가 주장한 정책들은 큰 이슈로 부각되었지만 여당의 정책은 아예 눈길을 끌지 못했다. 그것은 참으로 기묘한 현상이었다. 내가 정책을 발표하면 정부와 여당이 일제히 나서서 흠집을 냈다. 내가 제안한 정책마다 여권 전체가 벌떼처럼 일어나 성토했다. 하지만 국민들 반응은 뜨거웠다. 대통령 선거의 전초전인 '정책 승부'에서 나는 기선을 제압했다.

당시 신민당은 체계적으로 정책을 입안하는 기구가 없었다. 이때 제시한 정책들은 의원 생활을 하면서 내 스스로가 연구하고 조사해서 만든, 그야말로 땀의 결정체였다. 나라를 개조해 보겠다는 원대한 구상이며 민족의 미래를 설계한 정책이었다. 이와는 달리 공화당은 정부의 방대한 행정 기관을 이용할 수 있고, 당 자체도 많은 예산을 가진 정책 심의 기구가 있었는데도 의미 있는 정책은 하나도 제시하지 못했다. 나의 개혁적인 정책들은 선거 정국을 일찍부터 달구었다. 정책 대결은 자금과 조직의 열세인 야당으로서는 가장 효율적인 선거 방법이었다.

또 정부와 여당은 내 정책들이 예산도 마련하지 않은 무모한 것들이라고 깎아내렸다. 그러면 나는 일일이 예를 들어 정책 수행에 필요한 자금의 액수와 자금 조달 방법을 국민 앞에 제시했다. 내 정책을 미심쩍게 생각하는 사람도 예산 출처를 정확하게 나열하자 믿음을 갖게 되었다. 뿐만 아니라 쌍방 어느 주장이 옳은지를 국민이 보는 앞에서 가리자며 박정희 후보에게 합동 연설이나 텔레비전 토론을 제안했다. 하지만 박 후보는 끝내 응하지 않았다.

민심의 반란, 선풍이 태풍으로
(1971)

1971년 1월 말 아내와 미국을 방문했다. 선거는 3개월이 남아 있었다. 대통령 후보로서 여러 차례 주요 정책을 밝히는 회견을 했고, 전국의 주요 도시를 돌면서 유세를 했기 때문에 미국을 비롯한 우방들도 나의 움직임을 주시했다. 미국 정부의 지도자들은 야당 대통령 후보인 나를 보고 싶어 했다. 당시 주한 미국 대사인 윌리엄 포터(William J. Poter) 대사도 그런 뜻을 나에게 전했으며, 미국에 오면 상당한 대접을 할 것이라고 말해 주었다. 대선 정국에 선풍을 일으킨 젊은 정치인을 직접 만나 검증하고 싶었을 것이다. 나 또한 미국을 움직이는 사람들을 만나 교류의 폭을 넓혀야 했다. 군사적 · 경제적으로 한국에 가장 큰 영향력을 지닌 인물들과 현안을 논의하는 것은 정권 획득을 위해서도, 미래의 정치 활동을 위해서도 유익하다고 판단했다.

미국 정부의 관리와 지도자들은 나를 따뜻이 맞았다. 로저스(William P. Rogers) 국무장관을 비롯하여 마셜 그린 차관보, 레너드(Donald L. Ranard) 한국과장 등 국무부 고위 간부들과 공식 회담을 했다. 미 의회 지도자들, 에드워드 케네디(Edward Kennedy) 상원의원, 풀브라이트(James William Fulbright) 상원외교위원장 등도 만났다. 로저스 국무장관은 민주주의를 위해

대통령 후보 지명을 받고 미국을 방문, 에드워드 케네디 상원의원(왼쪽)과 제롬 코언 하버드 대학 교수를 만났다.

서 싸우고 있는 나를 향해 격려의 말을 아끼지 않았다.

"미국은 민주주의를 지지하고 민주주의를 위해서 싸운 지도자들을 결코 잊지 않습니다."

케네디 의원의 격려도 자상하고 따뜻했다.

"당신은 '한국의 케네디'로 불리고 있던데, 우리 케네디 가는 지금까지 선거에서 패한 적이 없습니다. 그러니 김 후보도 반드시 승리해야 합니다. 지금 미국 정부는 한국의 독재 정권을 지지하고 있습니다. 하지만 우리는 이를 우려하며, 한국의 사태를 주의 깊게 보고 있으니 안심하고 선거에 전력을 다하십시오. 만약 내가 도울 일이 있다면 한국에서 언제든 전화를 주십시오."

그는 내가 구상하고 있는 정책도 귀담아 들었다. 특히 남북한의 화해 정책에 대해서는 각별한 관심을 보이며 전폭 지지했다.

풀브라이트 의원과의 대화도 유익했다. 회의를 주재하고 있던 풀브라이트 상원외교위원장은 내가 방문하자 회의를 중단하고 나와 40분 동안 대화를 나눴다. 외교위원장실로 나를 안내하고는 대뜸 물었다.

"당신은 한국과 같은 군사 독재 국가에서 정권 교체가 가능한 것으로 보고 입후보했습니까?"

다소 빈정거리는 투였다. 내가 대답했다.

"당신네 조상은 200년 전에 독립과 자유를 위해 영국과 싸웠습니다. 그때 미국인들은 그 싸움에서 반드시 독립이 되리라는 보장을 받고 전쟁을 하지는 않았습니다. 오직 자유를 얻겠다는 일념으로 싸웠던 것 아니겠습니까. 여러분의 위대한 건국의 지도자 토머스 제퍼슨은 민주주의는 인민의 피를 먹고 자란다고 말했습니다. 지금 내가 하려는 일이 당장 성공할지 그 여부는 알 수 없지만 그것은 내가 하지 않으면 안 될 올바른 일이라고 믿습니다. 제퍼슨이 말한 대로 피와 눈물을 흘리며 싸워 나가면 반드시 자유와 민주주의를 획득할 수 있을 것으로 확신합니다. 우리는 계속 싸울 것입니다."

그러자 풀브라이트 의원은 내 말을 끝까지 진지하게 듣고는 정색을 하며 말했다.

"잘 알아들었습니다. 부디 성공하십시오."

나는 내친김에 실례가 될지도 모른다는 생각을 하면서도 한 가지 항의를 했다. 풀브라이트 의원이 베트남에 파병된 한국 장병에 대해 돈에 팔린 '용병'이라고 지칭한 것을 따져 물었다. 나는 야당 입장에서 베트남 파병을 반대했다. 하지만 한국인으로 그런 말을 흘려버릴 수는 없었다. 베트남 파병은 우리가 원한 것이 아니었다. 미국이 파병에 동의하지 않으면 주한 미군을 철수한다는 위협을 해 왔기에 불가피한 측면이 있었고, 한국전쟁 때 미국 젊은이들이 참전하여 한국을 도와주었기에 보은(報恩)의 성격도 있었다. 이런 국민 정서를 이용해서 박 정권이 파병을 강행했고, 이를 정권 안정과 경제적 활로를 찾는 데 이용했던 것이다.

낯선 정글에서 싸우다 죽어 간 한국의 젊은이들은 베트남에서 싸우는 것이 민주주의를 수호하기 위함이라 믿고 있었다. 우리 젊은이들을 온 세계가 비난한다 하더라도 미국만은 그럴 자격이 없었다. 그들은 당연히 고맙게 여겨야 했다. 나는 풀브라이트 의원에게 말했다.

"당신이 한국 정부나 미국 정부의 정책을 비난하는 것은 이해할 수 있습니다. 그러나 우방을 위해, 그리고 민주주의를 위해 자신의 목숨을 바치겠다고 참전한 젊은이들을 돈에 팔려 간 용병으로 지칭하는 것은 대단한 모독이라 봅니다. 적어도 미국에게 한국 젊은이들의 희생은 고귀한 것입니다."

풀브라이트 의원은 들은 바대로 통이 컸고, 들은 바와는 달리 유연했다. 미안한 표정을 지으며 곧바로 해명을 했다.

"한국인들이 내 말로 상처를 입었다면 유감입니다. 하지만 내가 비난한 것은 미국 정부의 정책과 이를 추종한 한국 정부였습니다. 따라서 한국 국민을 비난할 의도는 전혀 없었습니다."

풀브라이트 의원은 다른 상원의원에게 나를 소개했다. 그때마다 이 말은 빠뜨리지 않았다.

"한국에서 민주주의를 위해 싸우고 있는 젊은 투사이니 격려해 주기 바랍니다."

풀브라이트 의원은 원래 한국의 역대 독재 정권에 대해서는 비판적인 시각을 가지고 있었다. 한국 정치인들이 면담을 신청해도 모두 거절해 온 터라 나에 대한 호의는 실로 이례적이었다.

나는 워싱턴 내셔널프레스클럽에서 연설하며 내 정책을 설명했다. 그리고 한국 민주주의에 대한 국민의 열망과 한국에서 민주주의가 이룩되고야 말 것이라는 내 신념을 얘기했다. 많은 질문이 오고 갔다. 내 연설이 미국의 지도자들에게 나름의 감명을 준 것 같았다. 닉슨 대통령은 내가 야당 대통령 후보라는 '정치적 이유'로 만나지 못했다. 다만 닉슨 대통령이 주최하는 조찬 기도회에는 참석했다. 하지만 아내는 백악관을 방문하여 닉슨 대통령 부인 패트 여사를 만났다. 나의 미국 방문에 대해서 『워싱턴 포스트』 지는 '5·16 혁명 이후 박정희에게 김대중은 가장 심각한 도전'이라는 내용의 기사를 실었다.

미국 방문을 마치고 일본에 들렀다. 자민당의 다나카 가쿠에이(田中角榮), 하시모토 토미사부로(橋本登美三朗), 민사당의 니시무라 에이이치(西村榮

一), 공명당의 다케이리 요시카쓰(竹入義勝), 야노 준야(矢野絢也) 등 정계 중진들을 만나 간담회를 가졌다.

당시 일본 여당인 자민당은 박 정권과 밀월 관계였다. 따라서 상대적으로 나에게는 별로 관심을 보이지 않았다. '3선 개헌'을 할 때도 자민당의 가와시마 소에(川島副) 총재가 "한국은 장기간 안정된 정권이 필요하다"는 내정 간섭 성격의 발언을 할 정도였다. 나는 일본 정치인을 만날 때마다 이런 당부를 했다.

"독재 정권을 지지하는 일본에 대해서 한국인들이 호감을 가질 리가 없습니다. 이번 선거는 독재와 민주주의의 투쟁이며 나는 반드시 승리할 것입니다. 공명정대하고 깨끗한 선거가 되도록 여러분들이 관심을 가져 주십시오."

그리고 도쿄 외신 기자 클럽에서도 연설을 했다. 연설은 예상 밖의 호응을 불러일으켰다. 나는 독재와 싸우는 강력한 지도자이고, 자유민주주의의 실천자이며, 미국과 일본의 친근한 벗이 될 수 있음을 그들에게 각인시켰다.

내가 미국에 머무는 동안 마포구 동교동 우리 집 마당에 폭발물이 터지는 사건이 일어났다. 사건 발발 소식을 미국에 도착한 지 사흘째 되는 날 들었다. 나는 즉각적으로 이 음모가 권력에 의해서 자행된 것임을 알았고, 아마 그 목적은 내가 미국에서 지도자들을 만나는 것을 중단하고 급거 돌아오게 하려는 것으로 추측했다. 다친 사람이 없다기에 대수롭지 않게 여기고 예정대로 일정을 소화했다. 그러나 국내에서 내가 없는 20여 일 동안 이 사건은 연일 신문의 1면과 사회면을 장식했다. 끝내 국회조사단까지 구성되었다.

사건은 1월 27일 설날 밤에 터졌다. 응접실에서 텔레비전을 보고 있던 가족들은 폭음에 놀라 마당으로 뛰쳐나갔다. 소리는 요란했지만 응접실 유리창 하나도 깨지지 않았다. 인명 피해는 물론 없었다. 곧바로 경찰이 달려왔다. 수사 당국의 발표로는 누군가 어린이 딱총용 화약 가루를 모아 터뜨렸다는 것이다. 그렇다면 누가 이런 일을 저질렀을까?

'폭발물 사건'은 누구나 정부 측, 중앙정보부의 공작일 것이라고 생각했다. 그러나 경찰에서는 우리 진영에서 세상 사람들의 동정을 모으기 위해 날조한 것이라고 몰아붙였다. 그러고는 이에 맞춰 수사를 진행했다. 전형적인 짜 맞추기 수사였다. 오로지 우리 집 주변 사람들만을 샅샅이 조사했다.

경찰은 내 비서와 운전사, 경비원, 가정부 등 수십 명을 상대로 꼬치꼬치 캐물었다. 그들은 범인을 조작함은 물론이요, 내 사생활까지도 염탐하려 했다. 경찰은 강원도 조직 담당인 차영주, 신민당 중앙대의원인 김원식 · 한화갑 · 박대식 · 김성식, 신민당 어민부장이며 충청도 조직 담당 김장곤, 내 보좌역이며 조직 총책인 엄창록 등 7명을 연행해서 조사했다. 경찰은 이들에게 사건과 아무런 관계가 없는 선거 조직 등을 물었다.

그들은 또 내 운전기사를 매수하려 들었다. 운전기사는 경상도 출신이었다. 경찰은 "넌 경상도 사람인데 왜 전라도 사람인 김대중에게 충성을 하느냐"며 협박했다. 그러면서 이 사건이 김대중 측에서 꾸며 낸 것이라고 증언하면 거금 3000만 원을 현금으로 즉석에서 주겠다고 회유하기도 했다.

내 비서에게도 접근해서 그가 대학을 나오지 않은 것을 알아내 구슬렸다. 돈으로 양심을 사려 했다.

"지금 당장 미국으로 유학을 보내 주겠다. 정부 수뇌와 만남을 주선해서 현금 몇 천만 원을 주도록 말하겠다. 그러니 이번 사건을 김대중 측이 날조한 것이라고 증언하라."

그들은 내 비서관에게 폭력까지 휘둘렀다. 도저히 일어날 수 없는 일들이 벌어졌다. 이 같은 내용은 국회조사단에 의해 밝혀졌다. 내 주변 사람들은 이런 사실들을 국회조사단 앞에서 선서까지 하고 정식으로 폭로했다. 그들은 협박과 회유 그리고 폭력까지 동원했지만 사건 날조가 쉽지 않자 마지막으로 중학교 2학년에 다니는 동생 대의의 장남 김홍준에게 혐의를 씌웠다.

겁 많고 죄 없는 어린것 하나를 체포하여 경찰서에 호송하는 데 무려 120명의 경찰을 동원했다. 설날 할머니가 계신 동교동 우리 집에 세배를 왔다가 범인으로 몰렸으니 기가 막힐 일이었다. 연행 현장은 경찰의 제지로 기자들이 얼씬도 하지 못했다. 이를 무릅 쓰고 취재하려던 기자 두 명이 부상을 당했다. 취재 차량이 파손되기도 했다. 경찰은 자백을 강요하며 고문까지 자행했다. 심지어는 머리를 구정물 속에 집어넣었다. 이 때문에 조카아이는 장티푸스에 걸려 입원을 했다. 열이 너무 많이 올라 한때 위독하기까지 했다.

우리 집 가정부도 끌려가 증언 조작을 강요당했다.

"김대중의 조카가 그런 일을 저지른 것을 보았다고 증언해야만 한다. 그러면 둘 다 석방시켜 주겠다. 한마디만 하면 된다. 경찰서에서 평생 썩지 않으려면 그리 말하라."

나이 어린 가정부는 그들의 위협에 굴복하고 말았다. 조카아이가 한 짓이라고 거짓 증언을 해 버렸다. 그럼에도 조카아이가 석방되지 않자, 가정부는 그제야 속은 것을 깨닫고 '거짓 증언'을 강요받았다며 그 전말을 폭로했다.

이 사건은 누가 봐도 외부에서 한 짓이 틀림없었다. 내던진 폭발물 조각이 문밖에 떨어져 있는데도 집 안에 있는 사람의 소행으로 검찰과 경찰은 몰아갔다. 그러나 결국 그들의 올가미는 허공만을 맴돌 뿐, 진실 앞에서는 무력했다. 범인은 잡지 못했지만 국민들은 알고 있었다. 그 배후에 누가 있는지, 누가 조종한 것인지 알고 있었다.

폭발물 사건으로 세상이 시끄러운 중에 괴이한 사건이 또 터졌다. 신민당 대통령 후보 선거대책본부장을 맡은 정일형 박사의 서울 서대문구 봉원동 자택이 불이 나 전소되었다. 1971년 2월 5일에 발생한 화재 사건을 경찰은 이렇게 발표했다.

"고양이 세 마리가 공터 쓰레기통에서 종이를 물어 와 아궁이에서 장난을 치다가 연탄불에 인화, 불이 났다."

그 추운 날 집 안에서만 자라던 고양이들이 무엇하러 공터에 나가 종이를 물어 왔을 것인가. 고양이가 방화범이라고 해서 사람들은 '고양이 방화 사건'

이라 불렀다. 듣는 사람은 누구라도 코웃음을 쳤다. 나는 장충단 유세에서 이렇게 호통을 쳤다.

"우리 선거 사무장인 정일형 박사 댁에 불을 질러 놓고 범인을 조작할 수 없으니까 한다는 소리가 '고양이들이 불을 질렀다', 정 박사 댁 고양이 두 마리가 이웃집 고양이 한 마리더러 오라고 해서는 고양이끼리 회의를 해 가지고 '우리 집에다 불 지르자' 이래서 그 근방에 있는 종이를 모두 긁어다가 연탄불을 붙여 불 질렀다, 이거예요. 어떻게 해서 고양이끼리 말하는 것을 경찰은 알아챘을까요? 정말 우리나라 경찰은 세계에 없는 뛰어난 기술을 가진 경찰입니다."

이 화재로 대통령 선거 계획서, 당 기밀 서류, 당 조직 관련 서류 등이 몽땅 불타 버렸다.

이뿐만이 아니었다. 경찰은 선거 기간 내내 나와 우리 진영을 괴롭혔다. 서울 근교에 있는 김포읍의 한 극장에서 연설을 한 적이 있었다. 경찰은 극장 영사실에 잠입하여 나의 연설을 녹음하고 있었다. 그들은 잡음 없이 녹음을 하려고 벽 속에 마이크를 집어넣었다. 그런데 내 경호원 눈에는 그 마이크가 흡사 나를 겨누고 있는 총구처럼 보였다. 기겁을 한 경호원은 영사실 문을 박차고 들어갔다. 그러자 경찰들은 자신의 잘못을 인정하기는커녕 반대로 공무 집행을 방해했다는 이유로 경호원은 물론이요 측근들까지 모두 검거해 버렸다.

이를 두고 경찰과 옥신각신하는 사이에 누군가가 경찰이 지니고 있던 총 한 자루를 들고 나가 버렸다. 그런데 그 총이 우리 차 안에 놓여 있었다. 수행원들이 이를 발견하고 즉시 신고했지만 그들은 무기를 탈취당했다면서 여럿을 구속해 버렸다. 선거를 돕던 10여 명은 억울하게 옥살이를 했다. 그들은 선거가 끝나고도 계속 묶여 있다가 근 1년이 지나서야 풀려났다.

경찰과 중앙정보부의 악랄한 행위를 더 적어 보겠다. 앞서 밝혔지만 아내는 미국을 방문했을 때 닉슨 부인과 함께 기념 촬영을 했다. 우리에게는 두 장의 사진 필름이 있었다. 귀국 후에 그중 하나를 인화하려고 사진관에 맡겼다.

그런데 어디서 정보를 얻었는지 경찰이 사진관에 들이닥쳤다. 경찰은 탈세 물품을 수색한다는 핑계로 사진관을 뒤졌다. 경찰들이 돌아가자 인화된 사진과 필름이 흔적도 없이 사라져 버렸다. 그들은 아내가 패트 여사와 찍은 사진이 한 장만 있는 것으로 알고 있었다.

우리 당의 대변인은 즉시 문제의 사진이 없어진 경위를 공표했다. 그리고 경찰의 행위를 비난했다. 그러자 공화당의 당의장과 대변인은 기자 회견을 열어 역공을 퍼부었다.

"김대중 후보의 부인은 닉슨 대통령 부인과 결코 만난 일이 없다. 그런 거짓말을 꾸며서 선거 국면을 유리하게 끌어가려고 한다."

그들은 우리가 필름 한 컷을 더 가지고 있음을 꿈에도 생각하지 못했을 것이다. 그렇기 때문에 가슴을 펴고 나를 거짓말쟁이로 몰아붙였을 것이다. 우리는 만일의 사고에 대비하기 위해서 사진 기술자를 집으로 불러들여 남은 한 컷으로 사진을 인화했다. 이튿날 모든 신문에는 아내와 패트 여사가 악수하는 장면이 찍힌 사진이 일제히 실렸다. 여당은 한마디의 항변이나 논평도 내지 못했다.

이런 일들은 일찍이 예상할 수 있었다. 부정 선거는 이미 치밀하게 기획되고 집행되었다. 박 대통령은 정부의 막대한 예산을 마음대로 쓸 수 있었다. 선거가 가까워지자 각 지방마다 공공사업이 여기저기서 벌어졌다. 날마다 건물이나 교량 같은 기공식을 가졌다. 기공식에는 주민이 동원되었고, 지방 발전을 위해 대통령이 각별한 관심을 가지고 있음을 선전했다. 이처럼 공무원은 박 대통령의 종업원처럼 동원되었고, 국가 예산은 개인 재산처럼 쓰였다.

신문은 철저하게 통제를 받았다. 중앙정보부가 배후에서 조종을 했고, 이에 따르지 않으면 제재가 따랐다. 신문을 단순 탄압만 하는 것이 아니라 신문업에 종사하는 인사들을 정부 기관에 등용하거나 신문 경영에 편의를 봐주면서 신문 자체를 부패시켰다. 정부가 영업 허가권을 쥐고 있는 이발소나 목욕탕, 여관 등 위생 환경 관련 업체에도 압력을 가했다. 정부와 여당은 선거가 시작되기 전에 이미 부정 선거 준비를 마쳤다.

그들은 부정 선거의 첫 단계로 야당 성향의 주민들을 선거인 등록 명부에서 아예 누락시켜 버렸다. 반면 여당을 지지하는 주민들은 이중, 삼중으로 등록시켰다. 나중에 밝혀진 것이지만 153개 선거구 중 1개 선거구에서 보통 3000명에서 5000명이 이중, 삼중 등록을 하게 했다. 이것만 해도 약 50만 명의 여당표가 확보되는 셈이었다.

또 야당으로 자금이 흘러 들어가지 못하도록 전방위로 감시망을 설치했다. 중앙정보부는 나와 일면식도 없는 기업인들을 연행해서 "왜 김대중에게 돈을 주었느냐"고 윽박질렀다. 겁에 질린 기업인들은 절대로 돈을 주지 않겠다는 서약서를 쓰고서 풀려났다. 협박을 당한 기업인은 물론이고 이를 전해 들은 다른 사람들도 지레 겁을 먹고 야당 진영에는 단돈 한 푼도 내놓으려 하지 않았다. 그 당시는 지금과 달라서 선거에 대한 정부 보조금도 없었다. 선거 자금 만들기는 더없는 고역이었다.

기업인은 우리에게 선거 자금을 주고 싶어도 줄 수가 없었다. 동업자끼리 이권을 가지고 다툴 때도 경쟁 기업주를 지목해서 "저 사람이 김대중에게 돈 줬다" 하면 곤욕을 치러야 했다. 내 집이 어딘지도 모르고, 나를 만난 적도 없는 사람들이 끌려가 얻어맞고 고문을 당했다.

당시에는 정치자금정화법이 있어 경제계 인사들이 정치 자금을 선거관리위원회에 기탁하면 국회의원 수에 따라 여당과 야당에 배분하게 되어 있었다. 그러나 그 당시 공포 분위기 속에서는 그 누구도 선거 자금을 기탁할 수 없었다. 여당은 예산으로 선거에 사용한 자금 외에도 약 300억 원(1971년 당시)을 쓴 것으로 알려졌다. 이에 비해 야당의 선거 자금이라는 것이 여당의 100분의 1에도 미치지 못했다. 한마디로 비참했다. 이런 상황에서 야당이 승리한다는 것은 불가능한 일이었다.

그런 중에 조직 참모 엄창록이 저들의 회유와 협박에 넘어간 것은 내게는 큰 타격이었다. 참으로 아쉬웠다. 엄창록은 선거의 귀재였다. 그는 강원도 인제 보궐 선거 때부터 나를 도왔다. 1967년 목포 선거에서는 출중한 지략으로 행정력이 총동원된 관권 선거를 무력화시켰다. 선거 판세를 정확히 읽고 대중 심리를 꿰뚫는 능력을 지녔다. 무엇보다 조직의 명수였다.

이후락 부장이 직접 지시하여 정보부원들이 그의 부인에게 "당신 남편의 생명을 보장할 수 없다. 알아서 하라"며 협박했다. 몸이 약했던 그는 결국 돈과 협박에 굴복했다. 그는 우리 선거 캠프를 떠나 잠적했고, 정보부원들이 홍콩으로 데려갔다는 설이 한동안 떠돌기도 했다. 엄창록, 그가 곁에 있었다면 적어도 부정 선거를 막는 데 많은 도움이 되었을 것이다. 선거전에서 또 다른 양상이 전개되었을지도 모른다. 또 하나 내게 큰 어려움을 준 것은 당내 경쟁 세력의 협력을 제대로 얻을 수 없었다는 것이다. 이런 가운데 유진산 총재가 그나마 지원 유세를 계속해 주었다. 고흥문 씨도 선거 자금을 모으는 등 많은 도움을 주었다.

불온한 기운이 느껴지고, 음흉한 기도가 있었지만 선거전 열기는 달아올랐다. 민심은 내게로 다가오고 있었다. 유세를 거듭할수록 나는 그것을 확인할 수 있었다. 박 정권은 군정을 포함하여 10년 동안 집권하고 있었지만 서민들의 생활은 조금도 나아지지 않았다. 선거 유세장에 들어서면 정권 교체에 대한 열망이 느껴졌다. 우리는 외쳤다.

"10년 세도 썩은 정치, 못 참겠다 갈아 치자."

경상도, 전라도를 가리지 않고 청중들은 구름처럼 몰려들었다. 내가 도착하기 서너 시간 전에 이미 유세장은 만원이었다. 유권자들은 대도시에서는 수십만 명이, 지방에서는 수만 명이 기다리고 있었다. 부산에서 50만 명, 대구에서는 30만 명이 모였다.

청중들의 지쳐 보이는 얼굴과 남루한 옷차림은 나를 슬프게 했다. 하지만 내 연설을 듣고 표정이 밝아지는 청중들을 보며 뜨거운 것이 솟구쳐 올라왔다. 자유 의지를 향해 지칠 줄 모르는 국민, 아무리 짓밟아도 굴하지 않고 일

유세장을 찾아온 시민들과 즉문즉답을 했다. 정권 교체를 바라는 민심이 느껴졌다.

어서는 국민. 나는 우리 국민을 위해 목숨을 바쳐도 후회가 없을 것이라는 생각을 했다.

나는 하느님께 기도했다. 저 국민들을 위해 나를 지켜 주시고, 나에게 승리를 내려 주시라고. 차 안에서, 잠자리에서, 연설장에서 기도했다. 나는 한 시간 안팎의 연설을 하루에 열 차례 넘게 했다. 400~500킬로미터를 달려갔다. 국민들은 그런 나를 철인(鐵人)이라 불렀다.

이른 아침부터 밤 10시까지 계속 연설하며 전국을 누볐다. 때로는 자정을 넘기기도 했다. 내가 어디를 가도 청중은 몰려들었다. 군중들이 보이면 승용차에서 내려 지붕이 없는 차로 갈아타고 손을 흔들며 연설장으로 들어가곤 했다.

한 시간 정도 연설을 끝내고 다른 연설장으로 이동할 때면 차 안에서 밥,

빵, 과일 등을 먹었다. 그리고 눈을 붙이면 바로 잠이 왔다. 다음 도시에 도착하면 담당 경호원이 나를 깨웠다. 다시 지붕 없는 차에 올라 손을 흔들었다. 하루 종일 연설하고, 먹고, 자고, 다시 연설을 했다.

가장 난처한 것은 소변을 보는 일이었다. 연설장에서는 군중들이 보고 있기 때문에 소변을 볼 수가 없었고, 연설이 끝나 시내 변두리로 나선다 하더라도 수십 대의 차량이 뒤를 따라오기 때문에 내려서 용변을 보기가 어려웠다. 별 수 없이 차 안에 요강을 비치해야 했다.

1970년 11월 13일 평화시장 피복 노동자 전태일이 분신자살했다. 스물두 살 청년의 죽음에 큰 충격을 받았다. 자신의 몸이 화염에 휩싸였는데도 "근로기준법을 준수하라", "우리는 기계가 아니다"라고 외쳤다는 것이 너무나 가슴 아팠다. 전태일 청년의 죽음을 불러온 노동 문제는 평화시장 피복 노동자들만의 것은 아닐 것이다. 나라 전체가 노동자의 복지와 인권의 사각지대였다. 나는 "내 죽음을 헛되이 말라"는 전태일 열사의 마지막 외침을 헛되게 하지 말아야겠다고 다짐했다.

박 정권은 10년 동안 경제 개발과 조국 근대화라는 이름으로 노동자들의 욕구를 억눌러 왔다. '선 건설 후 분배'를 외쳤지만 건설 뒤에 노동자에게 돌아오는 것은 없었다. 거창한 구호 뒤에는 비참한 민중의 삶이 있었다. 1960년대의 성장은 노동자들의 피와 땀으로 이뤄졌지만 그 열매는 가진 자들에게만 돌아갔다. 지금의 눈으로 보면 너무도 엉성한 근로기준법이지만 그것마저 지켜지지 않았다.

박 정권의 도시와 공업 중심의 경제 정책은 젊은이들이 고향을 떠나게 만들었다. 막상 서울로 몰려들었지만 거의가 막노동을 하거나 공장 노동자가 되었다. 소녀들은 식모가 되어 종일 흡사 노예처럼 일했다. 농촌 마을에서는 "아무개가 어느 공장에 취직했다"는 것이 최고의 자랑거리였다. 착한 농촌의 자식들은 도시로 떠나와 열심히 일했지만 입에 풀칠하기도 힘이 들었다. 그래도 도시로 몰려들었다. 농촌은 이미 더 이상 기댈 데가 없는 절망의 땅이었기 때문이다.

'무작정 상경'이 사회 문제가 될 정도였다. 도시로 몰려든 뿌리 없는 젊은이들은 화려한 도심의 불빛에 쫓겨나 변두리를 떠돌았다. 산동네, 달동네의 무허가 판자촌에 몸을 뉘어야 했다. 경제 성장의 구호가 요란할수록 서민들의 삶에는 긴 그림자가 드리웠다. 젊은이들은 자본주의의 변방을 서성거려야 했다. 하지만 노동자의 희생 위에 세워진 고도성장이란 선전탑은 언젠가는 붕괴될 수밖에 없었다. 경제 성장이라는 것이 노동자의 임금 착취로 이뤄졌기에 비극은 예고되어 있었다. 청년 전태일은 자기 몸을 태워 노동자의 비참한 현실을 고발했고, 이는 노동 운동의 횃불이 되었다. 창이 없어 햇볕을 못 보고, 먼지투성이 작업장에서 하루 16시간씩 일한 노동자의 일당이 당시 차 한 잔 값에 불과한 50원이었으니 도무지 믿기지 않았다. 전태일의 죽음은 말할 수 없이 슬펐지만 그의 살신성인은 노동 운동의 숭고한 꽃으로 피어날 것이라 생각했다. 노동 운동사에 한 획을 긋는 엄청난 사건이었다. 나는 수유리 근처 움막집에서 살고 있는 전태일의 어머니 이소선 여사를 찾아가 위로했다.

나는 이소선 여사를 비롯한 유족들이 함께 생활할 수 있는 집을 동대문 근처에 마련해 드렸다. 그 후 이 여사는 의젓하고도 당당하게 노동자의 처우 개선과 우리 사회 민주화를 위해 큰일을 하셨다. 아들의 뜻을 어머니가 펼쳤다. '그 아들에 그 어머니가 계셨구나' 하는 생각을 갖게 했다.

"총통 시대가 온다"

(1971)

우리 역사에, 아니 세계 선거 운동사에 남을 유세가 벌어졌다. 1971년 4월 18일 장충단공원 유세, 이 집회에 100만 명의 청중이 모였다. 대통령 선거를 열흘쯤 앞둔 시점이었다.

유세는 오후 3시로 예정되어 있었지만 오전 9시부터 시민들이 몰려들었다. 낮 12시가 되자 공원 부지는 물론이요 퇴계로, 약수동, 한남동 고개에서 장충단에 이르는 길목은 차도까지 메워졌다. 그런데도 사람들은 꾸역꾸역 장충단공원으로 몰려들었다. 나는 오후 2시쯤에 신민당사를 나와 안국동 네거리에서 무개차를 탔다. 종로를 거쳐 장충단으로 가는데 수만 명의 인파가 내 차를 에워싸고 행진을 했다. 길이란 길은 사람들로 메워졌다. 차에서 내려 연단까지 진입하는데 한 시간도 더 걸렸다. 국민들이 정권 교체와 자유민주주의를 얼마나 갈구하고 있는지 알 수 있었다. 평생 잊을 수 없는 광경이었다. 뒤따라오던 아내는 청중들에 떠밀려 손질한 머리가 단번에 흐트러졌다.

정부와 여당은 장충단 유세를 방해하려 여러 조치를 취했다. 우선 공무원과 공공 단체 직원들에게 가족 동반으로 전원 야유회에 참가토록 했다. 불참자는 결근으로 처리했다. 고궁도 무료로 개방했다. 이날 서울 시내 창경원에서는 오후 1시부터 인기 가수와 코미디언들이 총출연하여 '봄맞이 벚꽃놀이쇼'를 벌였다. 경찰 집계로는 36만 명이 모였다고 했다. 그날이 일요일인데도 향토예비군을 비상소집했다. 서울 시내에 있는 모든 극장은 무료로 입장시켰다. 제발 장충단공원에는 가지 말라는 것이었다.

그런데도 장충단에는 시민들이 몰려왔다. 기적 같은 일이었다. 연단에 올라서니 온통 사람의 물결이었다. 나는 생애 최고의 열정을 불태워 연설을 시작했다.

"존경하고 사랑하는 서울 시민 여러분! 나는 먼저 내 연설을 시작함에 있어 나의 경쟁 상대인 공화당 박정희 후보의 건투를 여러분 앞에서 비는 바입니다. 서울 시민 여러분! 나는 그동안 전국 방방곡곡을 돌아다녔습니다. 지금 전국에서는 모든 국민들이 '이번이야말로 기어이 정권 교체를 이룩하자'고 경상도에서 전라도에서 충청도에서 강원도에서 궐기했습니다. 나는 전국 유세 결과 필승의 신념을 가졌습니다만 오늘 여기 장충단공원의 백만이 넘는, 대한민국에서뿐만이 아니라 세계에 그 유례가 없을 이 대군중이 모인 것을 보고, 서울 시민의 함성을 보고 이제야말로 정권 교체는, 우리의 승리는 결정이 났다는 것을 나는 여러분 앞에 말씀드릴 수 있습니다.

여러분! 이번에 정권 교체를 하지 못하면 이 나라는 박정희 씨의 영구 집권의 총통 시대가 오는 것입니다. 공화당은 지난 개헌 때 이미 박정희 씨를 남북통일이 될 때까지 대통령을 시키려고 했으나, 그 당시는 아직 자기 공화당 내부나 야당이나 국민이나 거기까지는 할 수 없어서 못했던 것입니다. 나는 공화당이 그런 계획을 했다는 사실과 이번에 박정희 씨가 승리하면 앞으로는 선거도 없는 영구 집권의 총통 시대가 온다는 데 대한 확고한 증거를 가지고 있습니다."

나와 청중은 완전히 하나가 되었다. 정권 교체를 바라는 민심의 바다에 거대한 물결이 일었다. 나는 중앙정보부 폐지, 지방 자치제 실시, 향토예비군과 교련 폐지, 육성회비 폐지, 부정부패 일소, 대중 경제 실시 등을 약속했다. 나의 외침 뒤에는 청중들의 환호가 뒤따랐다. 그 함성은 연단 뒤편의 남산마저

1971년 장충단공원에서 100만 군중을 앞에 두고 연설했다.

허물 듯했다. 연설의 끝은 이렇게 장식했다.

"4·19는 학생의 혁명이었습니다. 5·16은 군대가 저질렀습니다. 이제 오는 4월 27일은 학생도 아니고, 군대도 아니고, 전 국민이 협력해서 이 나라 5천 년 역사상 처음으로 국민의 손에 의해서 평화적으로 정권을 교체하는 위대한 민주주의 혁명을 이룩하자는 것을 여러분에게 호소하면서, 나와 뜻을 같이하는 여러분이 총궐기하는 의미에서 박수갈채를 보내 주시기를 부탁합니다.

여러분! 감사합니다. 나는 이번 선거에서 기어이 승리할 것입니다. 여러분은 이번 선거에서 나와 더불어 승리할 것입니다. 여러분! 7월 1일은 청와대에서 새로운 대통령 취임식을 올리는 날입니다. 550만 서울 시민 여러분! 7월 1일에 청와대에서 만납시다!"

장충단공원 일대는 환호와 흥분의 도가니였다. 독재에 대항하는, 민권이 살아 있음을 보여 준 거대한 축제였다. 나에게는 영원히 잊을 수 없는 감격이었다. 유세는 오후 6시 30분경에 끝났다. 무개차를 타고 손을 흔들자 청중들이 나를 에워쌌다. 청중들은 동대문, 종로를 거쳐 광화문까지 가두 행진을 펼쳤다. 유세의 여진은 길고 길었다. 나는 혼란을 피하기 위해서 신설동 방향으로 빠졌지만 시위대로 돌변한 청중들은 행진을 계속했다. 시위대의 외침이 도심을 흔들었다.

"김대중, 김대중!"

"정권 교체, 정권 교체!"

"2번 이겼다, 김대중 이겼다!"

"공명선거, 3선 반대!"

연도의 시민들도 구호를 외치며 합류했다. 종로 3가 단성사 앞에 이르렀을 때는 1만 명이 넘었다. 시위대는 광화문 근처에서 최루탄과 페퍼포그를 쏘아대는 기동 경찰의 제지를 받고서야 해산했다. 밤 9시가 훨씬 넘어서였다. 대중들이 유세장이 아닌 서울 도심에서 정권 교체와 3선 반대를 외치며, 김대중을 연호하는 첫 시위였다.

이날 박정희 후보는 대구 수성천변에서 유세를 했다. 박 후보와 여권 수뇌부는 장충단 유세 상황을 보고받고 경악을 했다고 한다.

선거가 후반으로 치닫자 우려했던 불법과 부정행위가 기승을 부렸다. '공명'이라는 말은 완전히 실종되고 말았다. 보다 못해 김재준, 이병린, 천관우, 남정현 씨 등 각계 지식인 60여 명이 '민주수호국민협의회'를 결성하고 4월 19일 선언문을 채택했다.

1. 민주적 기본 질서가 파괴된 오늘의 현실을 직시하고 그 회복을 위해 국민 총궐기를 촉구한다.
2. 이번 선거가 민주 헌정사의 분수령임을 자각하고, 이 선거에서 반민주적 부정 불법을 감행하는 것은 역사의 범죄자로 이를 민족의 이름으로 규탄한다.
3. 국민 각자가 이번 선거에서 권력의 탄압과 금력 기타 모든 유혹을 일축하고 신성한 주권을 엄숙히 행사할 것을 촉구한다.
4. 학생들의 평화적 시위를 잔학하게 탄압하는 정부 당국의 처사에 공분을 느

끼며 이에 엄중 항의한다.

같은 날 민주수호전국청년학생연맹이, 21일에는 민주수호청년협의회와 국제펜클럽 한국 본부가 공명선거와 언론 자유를 위한 선언문을 발표했다. 나에 대한 정부 여당의 악선전도 기승을 부렸다. 향토예비군 폐지와 남북 평화 통일을 주장했다고 해서 "김대중은 빨갱이"라고 매도했다. 이와 함께 '김대중을 지지하면 용공 분자'라는 식의 공포 분위기를 조성했다.

일부 신문들은 지역감정을 조장했다. 경상도와 전라도의 대립 의식을 삼국시대까지 거슬러 올라가 '숙명적 관계'라는 분석 기사를 내보내기도 했다. 이는 속설을 사실로 왜곡한 것이었다. 이승만 정권 때만 해도 지역감정에 의한 대립은 없었다. 전라도 사람이 경상도에 가서 국회의원이 되었고, 경상도 사람이 전라도에 살면서 국회의원에 선출되었다. 박 정권이 들어서면서 경상도 출신을 대거 요직에 앉히고, 경상도에만 기업을 유치하여 공장을 짓고 길을 냈다. 그러면서 전라도는 마냥 방치했다. 전라도 사람이 취직을 하려면 고향을 떠나 경상도로 가야 했다.

텔레비전이나 라디오 등 매체를 통해 경상도 사람은 좋은 이미지를, 전라도 사람에게는 나쁜 이미지를 심었다. 사투리까지 차별을 받았다. 이는 엄연한 문화 차별이었다. 무서운 일이었다. 나라를 분열시키는 망국적인 책동이었다. 이효상 국회의장까지 나서서 이렇게 선동했다.

"신라 천 년 만에 나타난 박정희 후보를 다시 뽑아서 경상도 정권을 세우자."

그는 한 술 더 떠서 대구 시민들을 자극했다.

"쌀 속에 뉘가 섞이면 밥이 안 되는 법이다. 경상도 표에 전라도 지지표가 섞이면 조가 섞이는 것과 마찬가지다. 김대중에게 표를 주어서는 안 된다."

저급하고 극단적인 지역감정 조장에 대구 민심도 부정적이었다. 그는 대통령 선거 한 달 후에 치러진 국회의원 선거에서 낙선했다. 시민들이 이 같은 망언을 응징한 것이었다.

중앙정보부는 경상도 지역에 "전라도 사람들이여 단결하자"는 흑색선전물을 조직적으로 살포하여 주민들의 지역감정을 자극했다. 남북 분단에 이어 동서와 영호남을 갈라놓는 죄악을 그들은 태연하게 자행했다.

제7대 대통령 선거 포스터.

박정희 후보도 투표 이틀 전, 장충단공원에서 유세를 했다. 세인의 관심은 단연 청중들이 얼마나 오느냐였다. 정부와 여당은 청중을 동원했다. 장충단공원 근처에는 차량 행렬이 꼬리를 물었다. 이를 두고 "야당 청중은 걸어가고, 여당 청중은 차에 실려 간다"는 말이 떠돌았다.

일반의 예상대로 청중은 내 유세와 비교할 수 없을 정도로 적었다. 그런데도 신문과 방송은 박 후보 쪽이 더 많았다고 허위 보도를 했다. 박 후보는 총통제를 통해 영구 집권을 획책한다는 내 주장을 반박했다.

"야당은 총통제니 뭐니 해서 내가 두 번이고 세 번이고 언제까지나 집권할 것처럼 허위 선전을 하고 있습니다. 그러나 3선 개헌 때 국민 투표로 한 번만 더 할 수 있도록 여러분이 허락한 것이지 몇 번이고 해도 좋다고 지지한 것은 아닐 것이며, 여러분이 나를 다시 뽑아 주면 이 기회가 나의 마지막 정치 연설이 될 것입니다."

국민들은 '마지막 정치 연설'이라는 것을 3선 후에는 은퇴하겠다는 말로 들었을 것이다. 언론도 그런 방향으로 대서특필했다. 그러나 정부 여당 내에서는 3선 개헌 때부터 선거는 이번이 마지막이고 앞으로는 선거가 없는 비상조치를 취해야 한다는 음모가 있었다. 그래서 그는 "대통령직을 계속하지 않겠다"고는 말하지 않았다. 결과적으로 이는 후에 간접 선거로 대통령을 뽑는 유신 체제의 암시였다.

같은 날인 4월 25일, 나는 박 대통령의 출신지인 대구에서 유세를 했다. 공화당의 근거지임에도 수성천변에 시민들이 몰려들었다.

"이번에 정권 교체가 안 되면 이 나라는 영원한 파멸의 길을 걷게 되며, 박정희 씨 한 사람의 총통제 시대가 옵니다. 나는 그 증거를 가지고 있습니다. 공화당 정권은 외국에 연구원을 파견해서 총통제를 연구했으며 서울 시청 앞 구 대한항공 빌딩 8층에 총통제 연구 기관이 있습니다."

30만 청중의 반응은 우레보다 컸다. 나는 어느 유세장에서보다 한껏 고무되었다. 박 후보의 고향이었기 때문이다. 연설이 끝난 후에 어느 공무원이 찾아왔다.

"이번에는 이길 것 같습니다. 대통령 측근이 많은 대구지만 우리 직장에서는 90퍼센트가 김 후보님을 지지합니다."

4월 27일 마침내 투표 날이 왔다. 나는 최선을 다했다. 남은 것은 선거 부정을 막는 일이었다. 나는 신민당만으로는 부정 선거를 방지할 수 없다고 판단했다. 참관인 수가 절대로 부족했기 때문이다. 마침 재야에서 김재준, 이병린, 천관우 중심으로 '선거 참관인 운동'이 일어났다. 나는 김상현 비서실장에게 그 운동을 돕도록 지시했다. 학생, 종교인, 변호사, 문인 중심의 재야 지식인 그룹에서 1만여 명이 참관인을 자원했다. 그들은 민주주의의 파수꾼을 자임했다. 참으로 듬직했다. 이들은 전국 각지로 흩어져 선거 부정을 감시했다. 당시 참관인으로 나서는 일은 매우 위험했다. 경상도 농촌 마을에서는 참관인들이 내려가면 마을 스피커로 막말을 했다.

"전라도놈 앞잡이가 왔다. 이번 선거는 전라도와 경상도 싸움이다. 김대중이 당선되면 경상도 공무원과 직원들은 모두 쫓겨난다. 김대중을 지지하는 사람은 배신자다. 그런 놈은 경상도에서 나가라."

기가 막혔다. 이런 협박을 해도 속수무책이었다. 이를 공개적으로 조장한 것은 박 정권이었기 때문이다. 참관인들에게 돈을 쥐어 주는 곳도 있었다. 이를 거절하면 봉변을 당했고, 돈을 받으면 부정을 눈감아야 했다. 그래서 어떤 이는 두려워서 도망칠 수밖에 없었고, 부정을 적발하고도 눈을 감아야 했다. 대구 공무원들은 자유 투표를 하지 못하고, 사전에 박 대통령에 기표가 된 투표용지를 받았다고 한다. 그 사전 투표용지를 투표함에 넣고, 자기 투표용지는 여당 선거대책본부에 제출했다. 야당 지지자들에게는 이장과 반장이 아예 투표용지를 주지 않아 기권시켜 버렸다. 그 기권 표들은 어디로 갔는지 아무도 몰랐다.

개표 부정도 잇달았다. 내가 사는 동교동에서도 있었다. 나와 아내는 아침 7시가 넘어서 우리 집 근처 동교동 제1투표소에서 내외신 보도진의 집중 조명을 받으며 투표했다. 그런데 우리 부부의 표를 포함 모두 2700표 정도가 무효 처리되었다. 선거관리위원장의 도장이 찍히지 않았다는 이유였다. 대통령 후보의 표가 무효로 처리되는 세상이었다. 결과적으로 내 자신이 '김대중 후보'를 찍지 못했다. 나와 우리 신민당이 일찍 경고했던 부정 선거는 전국에서 자행되었다. 투표용지 분실, 중복 투표, 대리 투표 등이 행해졌다. 개표는 지역에 따라 엎치락뒤치락을 반복했다. 29일 정오를 지나서야 개표가 완료되었다.

'박정희 6백 34만 2828표, 김대중 5백 39만 5900표.'

나는 선거에서 이기고 투개표에서 졌다. 전문가들은 공정하게 선거를 치렀으면 내가 약 100만 표 정도는 앞섰을 거라고 했다. 하지만 중앙정보부의 선거 부정 공작과 지역감정 조장에 졌다. 정말이지 되돌아보면 지난 순간순간이 그림처럼 떠올랐다. 후회 없이 싸웠지만 그만큼 아쉬움도 컸다. 가는 곳마다 나를 연호하며 정권 교체를 간절히 바랐던 그 순박하고도 간절했던 유권자들의 표정을 나는 잊을 수 없었다.

'조금만 더 힘을 냈더라면, 조금만 저들의 부정을 더 감시했더라면, 조금만 더 우리 당이 결속했더라면…….'

그러나 모두 덮기로 했다. 민주주의를 향한 국민들의 열망은 과거형이 아니었기 때문이다. 담담해지자고, 더욱 강해지자고 수없이 되뇌었다. 나는 성명을 발표했다.

"이번 4·27 대통령 선거에 전국의 지식인, 종교인, 언론인, 그리고 학생들까지 범국민적으로 민권 수호와 공명선거를 간절히 바라서 이에 적극적으로 참여하여 박 정권의 원천적이고도 고도화된 온갖 불법과 부정, 그리고 매수, 테러, 공포 분위기에도 굽히지 않고 나를 지지해 준 온 국민들에게 진심으로 감사를 드린다.

나는 개인적으로 지극히 담담한 심정이다. 그러나 이번 선거에서 보여 준 국민의 평화적 정권 교체에 대한 애절하고도 열화와 같은 열망이 이와 같은 불법 부정으로 짓밟히고 이제 다시는 선거에 의한 정권 교체는 바라볼 수 없는 시점에 3·15 부정 선거를 무색케 할 불법 부정 선거의 결과를 묵인할 수 없다. 나의 앞으로의 행동에 대해서는 당과 협의, 결정을 보면서 밝히겠거니와 한 가지 분명한 것은 나의 신명은 이미 조국과 국민을 위해서 바친 것이다. 최후까지 나의 책임과 신념을 다할 것을 명백히 하는 바이다."

내가 졌다는 뉴스를 보고 듣고 수많은 사람들이 눈물을 흘렸다. 나는 표면적으로는 패배했지만 민심을 얻었으니 분명 승리한 선거였다. 선거가 끝난 후 국내는 물론이요 외국 신문들도 "실질적인 승자는 김대중 후보"라며 나의 선전을 비중 있게 보도했다. 『동아일보』는 5월 1일자 신문에서 망국적인 지역감정 조장을 질타하며, 나에게는 용기와 힘을 주는 칼럼을 실었다.

> 누군가가 말했듯이 메뚜기 이마만도 못한 곳에서 이렇듯 민족 분열을 꾀하는 자는 과연 누구인가.
>
> 아무리 정치가 좋고 대통령 자리가 탐난다 할지라도 민족을 분열하여 가면서까지 일신의 부귀와 영달을 누려야만 할 것인가. 민족의 이름으로 이러한 망동을 준엄하게 꾸짖고 이를 처단하지 않으면 안 되겠다. 만약에 이러한 병상이 다스려지지 않는 한 우리 민족의 장래는 싹수가 노랗다는 것을 말하지 않을 수 없기 때문이다. 우리 국민은 시야를 좀 넓혀야 할 때가 왔다. 민족과 국가가 한 번 위기에 부닥치면 코르시카 섬 출생인 나폴레옹은 프랑스를 구제했고, 유태인 디

즈레일리는 대영 제국의 재상의 인수를 띄워 주지 않았던가.

여하간 김대중 후보는 이번 대통령 선거에서 잘 싸웠다. 그는 정치가로서 하늘이 준 그 도량과 그 식견과 그 수완과 그 웅변과 그 정직한 자세를 마음껏 발휘했다. 그는 지금 혜성처럼 광망(光芒)을 우리 민족에게 비쳐 주고 있으며, 혼탁에 빠진 이 나라 정계에 큰 청신제가 될 것을 부탁해 마지않는다. 승패는 병가(兵家)의 상사(常事)란 말이 있다. 그러므로 싸움이란 이기고 지는 수도 있고 지고도 이기는 수가 있다면, 이번 김대중 후보의 경우가 이에 해당할 것이다. 김 후보는 지금 전후의 착잡한 만감에 사로잡혀 있을지 모르나, 하늘은 오히려 그에게 더욱 큰 대임(大任)과 대망을 안겨 주기 위해 이러한 시련을 주었는지도 모른다.

인간만사가 새옹득실(塞翁得失)이라고 하지만, 인류의 역사는 언제나 '지고도 이기는 자'인 정의의 사도에게 편들어 준다는 점을 잊어서는 아니 되겠다. 사람의 행상과 전기(傳記)는 최종장을 어떻게 마무리 짓느냐가 가장 중요한 대목이다. 만약에 뒷사람들이 김 후보의 전기를 읽을 때면, 이 나라의 국기(國基)를 파먹고 있는 부정과 부패와 과감한 싸움을 벌이다가 한 번쯤은 이러한 차질과 실의로 점철된 중장(中章)과 굴곡이 있으므로 더욱 큰 흥분과 존경심을 억누르지 못할 것이다.

나에게는 과분한 평이었다. 그러나 어쩌면 더 큰일을 내게 맡기고 있었다. 나는 선거에서 이기고도 졌지만, 결과적으로 이는 지고도 이긴 것이 아닌가. 하지만 내 예상대로 박정희는 영구 집권을 꿈꾸게 되었고, 유신 시대라는 잔인한 세월이 우리 앞에 펼쳐졌다. 역사와 겨레는 내게 대임(大任)을 주었는지 몰라도 그 시련은 길고도 깊었다.

유세 대장정

(1971)

정부는 국회의원 선거를 5월 25일 실시한다고 발표했다. 대통령 선거를 치른 지 한 달도 되지 않아 총선을 치르겠다는 것이었다. 3선에 성공한 박 정권은 여세를 몰아 국회까지 완전히 장악하려 서둘렀다. 야당에게는 버거운 싸움이었다. 실로 숨 돌릴 시간도 없었다. 일종의 기습이었다.

이날 신민당은 "4·27 선거는 중앙정보부에 의해서 계획된 완전 범죄의 선거였으며 전 국력을 동원하여 한 개 야당을 때려잡는 소리 없는 암살의 선거였다"는 성명을 발표했다. 성명은 아울러 여당 측이 300만 표를 부정으로 조작했고, 지역감정의 선동이 공공연하게 자행되었음을 개탄했다.

그런데 겉으로는 이렇듯 정부 여당을 강력 규탄하면서 신민당 내부에서는 총재가 이적(利敵) 행위를 자행했다. 청천벽력 같은 사건이었다. 5월 6일 국회의원 선거 후보 등록 마지막 날, 유진산 총재가 자신의 선거구인 서울 영등포 갑구를 갑자기 포기해 버렸다. 자신은 전국구 1번으로 등록했다. 대신 무명의 청년 박정훈을 입후보시켰다. 이른바 '진산 파동'이었다. 만일 유진산 총재가 출마하면 가만히 앉아서도 당선될 지역이었다. 그의 느닷없는 행보는 숱한 억측을 자아냈다. 영등포 갑은 박 대통령의 인척인 장덕진 의원이 입후보했기에 모두 모종의 뒷거래가 있을 것으로 추측했다.

공천은 당수와 대통령 후보였던 내가 함께 협의해서 결정하기로 되어 있었다. 그러나 내가 대선에서 낙선하자 내 발언권과 영향력은 급속히 약화되었다. 그날 오전 중에 전국구 공천을 의논하기로 했지만 유 총재는 자신의 문제에 대해서는 한마디도 하지 않았다. 그리고 오후가 되자 이렇듯 폭탄선언을 해 버렸다. 유 당수뿐만이 아니라 당 전체가 회복 불능의 타격을 받을 게 불 보듯했다.

소식을 전해 들은 청년 당원들이 중앙선거관리위원회로 몰려갔다. 유 총재는 마감 시간인 오후 5시가 임박해서 측근들과 함께 나타났다. 당원들이 그를 에워싸고 전국구 입후보 서류를 공개하라고 요구했다. 당원들의 제지로 등록을 할 수 없자 유 총재는 선거관리위원장실로 피신했다. 그리고 방문을 걸어 잠그고 전국구 입후보자를 등록시켰다. 맨 위에 유진산이란 이름이 있었다. 야당 지도자의 품격은 그 어디에도 없었다. 무엇이 그를 이렇듯 망가지게 만들었는지는 아직도 모르겠다.

유 총재는 한 시간 동안 선거관리위원장실에 갇혀 있었다. 그가 귀가하자 선거구인 영등포 갑구 당원들이 자택으로 몰려가 배신행위를 규탄했다. 순식간에 수백 명이 모였다.

"진산이 전국구 1번이다."

"진산이 선거구를 팔아먹었다."

흥분한 당원 100여 명이 집으로 난입했다. 중앙당의 유 총재 직계 당원들이 이를 막았다. 문짝이 부서지고 유리창이 깨지고 당원들의 머리가 터졌다. 지도자를 잘못 만난 야당의 비극이었다.

이튿날 각 신문들은 이 해괴한 사건을 격렬하게 비난했다. 일찍이 보거나 듣지 못한 일이었다. 세간에는 유 총재와 야당을 향한 욕설이 난무했다. 하늘 높은 줄 몰랐던 야당의 인기는 하루아침에 땅으로 떨어졌다. 여론은 싸늘했고, 야당은 절망적인 상황으로 빠져들었다.

5월 7일, 내 집에서 당 중진과 원로들이 모여 수습책을 논의했다. 어쨌든 당을 위기로부터 건져 내야 했다. 모인 사람들은 나에게 총재 대행을 맡아 달라고 했다. 나는 일단 거절했다. 나와 경쟁을 벌였던 일부 40대 간부들이 나에게 경계심을 풀지 않고 있었기 때문이다. 나는 당 간부 회의에 정식 안건으로 올려 달라고 했다. 예상한 대로 김영삼, 이철승, 이중재, 김재광 등 간부들이 거세게 반발했다. 나의 총재 대행 추대는 거부당했다. 원로들의 충정은 계파 이해에 무력했다. 결국 전당 대회 의장인 김홍일 씨를 총재 대행으로 선출하였다.

신민당의 선거 전선은 어디를 둘러봐도 깜깜했다. 개헌을 막으려면 총의석의 3분의 1인 69석을 얻어야 했지만 아무래도 불가능해 보였다. 그래도 나는 다시 당의 선두에 서서 싸울 것을 결심했다. 국민들은 부정 선거로 정권 교체가 실현되지 못한 것에 분노하고 있었다. 내가 앞장서면 국민은 다시 한 번 힘을 모아 줄 것 같았다. 나는 대통령 선거에 나설 때처럼 비장하게 나섰다.

원래 내 구상은 목포 선거구를 김경인 지구당 부위원장에게 맡기고 서울 종로에서 출마하는 것이었다. 종로에서부터 바람을 일으키면 자연 전국으로 퍼져 나갈 것으로 여겼다. 그런데 유진산 총재가 반대했다. 나에게 '정치 1번지'를 내주어 야당의 실질적 지도자라는 상징성을 다시 부여하고 싶지 않았을 것이다. 자기 계파 사람인 권중돈 씨를 공천하고 나보고는 전국구 2번을 맡으라고 했다. 그런 결정이 나쁜 것만은 아니었다. 내가 선거구에 매달리지 않고 전국을 다니면서 우리 당 후보를 지원할 수 있었기 때문이다. 만사에는 양면이 있었다. 나는 선거대책위원의 자격으로 선거에 임했다.

내가 전국을 누비는 동안 당의 지원은 거의 없었다. 그래서 모든 비용을 내가 마련해야 했다. 20여 일 동안 대통령 선거 때보다 훨씬 많이 전국을 돌아다녔다. 5월 11일부터 24일까지 5000킬로미터를 누비며 유세장을 찾아다녔다. 다시 차 속에서 먹고 잤다.

청중들의 반응은 예상보다 훨씬 뜨거웠다. 나는 개헌만은 막아야 한다고 생각했다. 박 정권의 영구 집권 음모를 국민들에게 알렸다. 이번에도 정부 여당이 대통령 선거와 똑같은 부정을 되풀이한다면 4월 혁명과 똑같은 결의로 궐기할 것을 호소했다. 나의 이러한 연설은 유세장을 뜨겁게 달구었다. 만일 부정 선거가 있다면 박 정권에 조종(弔鐘)이 울릴 것이라는 외침에 국민들의 반응은 폭발적이었다. 정부 여당은 이러한 국민들의 움직임을 주시했다. 더 이상의 선거 부정은 국민 궐기로 이어질 것을 알고 있었다. 선거 부정은 현저히 줄어들었다.

경상도 지역 유세장은 대통령 선거 때보다 더 많은 청중이 모여 내 연설에 열광했다. '지역감정 조장 공작'에 속았던 사람들에게 일종의 부채 의식이 있는 것 같았다.

일화도 많았다. 5월 20일은 화순, 벌교, 고흥, 순천, 광양, 하동을 거쳐 경상남도 진주까지 유세 일정이 잡혀 있었다. 순천 유세를 마치고 진주 쪽으로 달려가고 있는데 돌연 한 무리가 나타나 내 차를 가로막았다. 여수 지구당 사람들이었다. 후보가 나서서 자신의 지역구에서 연설을 해 달라고 했다. 당시에는 길도 험했고, 광양을 거쳐 진주로 가야 하는 유세 일정을 감안하면 여수에는 도저히 들를 수 없었다. 차를 거꾸로 돌려야 했기 때문이다. 난색을 표하자 후보가 아예 차 앞에 벌렁 드러누워 버렸다. 이대로 차에 치어 죽겠다고 했다. 할 수 없이 차를 돌렸다.

이렇게 예정에 없던 유세는 하루에도 한두 번이 아니었다. 후보들은 청중을 모아야 했고, 청중은 나를 보고 싶어 했다. 자연 후보들은 나를 붙들면 놓아주지 않았다. 모든 것이 열세인 야당 후보로서 유일한 무기는 '김대중의 연설'이었다. 그러니 어찌 저들의 요청을 뿌리칠 수 있겠는가.

다시 광양, 하동 등에서 유세를 하며 가다 보니 진주 유세장에 밤 10시 반에야 도착할 수 있었다. 연설 예정 시각이 오후 7시였다. 무려 3시간 30분이나 늦은 시각이었다. 너무 늦어서 청중들은 흩어지고 유세는 파했을 것이라고 짐작했다. 그런데 유세장인 남강 옆 공원에는 사람들로 꽉 차 있었다. 촉석루에는 사람이 넘쳐서 남강으로 떨어질 것만 같았다. 수만 명이 집으로 가지 않고 나를 기다리고 있었다. 땅은 보이지 않고 사람들 머리만 보였다.

진주는 인구가 10만 명밖에 되지 않는 도시였다. 인근 농촌에서 온 사람들까지 합쳐 4만 5000명이 유세장에 집결했다고 하니 진주가 생긴 이래 최대 인파가 모였음직하다. 아무리 기다려도 내가 나타나지 않자 1만 5000명 정도는 집으로 돌아갔다고 한다.

청중들은 내가 연단에 오르자 한목소리로 외쳤다.

"대통령 선거 다시 하라, 대통령 선거 다시 하라."

나는 자꾸 목이 메었다.

'이것이 민심이구나. 저 민심에 나는 무엇으로 보답해야 하는가.'

밤은 깊어가고 어둠 속에서 나는 국민과 함께 포효했다. 남강은 우리의 함성을 싣고 도도히 흘렀다. 그날 밤 공화당의 간부들은 의장을 비롯해서 모두가 진주에 내려와 있었다. 그들은 유세장 분위기를 전해 듣고 숨을 죽였다고 한다.

다음 날, 부산으로 이동하는 중에도 똑같은 일이 벌어졌다. 도중에 후보들이 달려와 나를 끌어갔다. 후일 국회의장까지 지낸 황낙주 씨의 요청은 한마디로 읍소였다.

"제발 한 군데만 더 들러 주시오. 대통령 선거 때 김 후보를 위해 내가 얼마나 애쓴 줄 아시오. 제발 들렀다 가 주시오."

할 수 없이 나는 황 후보의 지역구인 진해, 창원지구로 가야 했다. 부산 역시 늦게 도착하여 유세는 두서너 시간씩 지연되었다. 부산 시내 유세장은 모두 일곱 군데였는데 평균 3~5만 명이 모여 '지각 연사'를 열광적으로 맞았다. 용두산에서 시작한 유세는 이기택 씨가 출마한 동래에서 끝이 났다. 자정이 훨씬 넘어 있었다. 경상도의 바람은 특별히 반가웠다. 대통령 선거의 연장 같았다. 열기는 대통령 선거 때보다 오히려 더했다. 청중들은 자연스럽게 연호했다.

"차기 대통령은 김대중!"

그러면 후보들은 한결같이 김대중 동지와 함께 가겠다고 선언했다.

"다음 선거 후에 김대중 대통령이 보고 싶다면 나를 국회로 보내 주십시오. 김대중 동지를 도와 정권 교체를 이루겠습니다."

전국 각지에서 나를 찾았지만 시간이 없었다.

투표 전날, 아침부터 비가 내렸다. 나는 목포에서 비행기를 타고 서울로 올라가 연설을 계속할 계획이었다. 서울 영등포의 세 곳, 김수한·박한상·윤길중 후보의 선거구에 지원 유세를 하러 가야 했다. 예약을 확인할 겸 목포비행장에 알아보니 비가 와서 비행기가 뜰 수 없다고 했다. 대신 관제 시설이 잘되어 있는 광주비행장에서는 이륙이 가능할 것이라고 알려 줬다. 그렇게 심한 비가 아닌데도 비행기가 뜰 수 없다는 것이 좀 이상하긴 했지만, 우리는 서둘러 광주로 향했다.

내가 탄 차는 왕복 2차선인 국도로 들어서서 달렸다. 빗발이 차창을 때렸다. 그런데 내 차와 경호차 사이로 택시가 끼어들었다. 그들은 나를 알아보고는 손짓을 하며 환히 웃었다. 앞좌석에 2명, 뒷좌석에 3명이 타고 있었다. 어느 잔칫집 하객 같아 보였다. 그렇게 한참을 달리고 있는데 맞은편에서 대형 트럭이 나타났다. 8톤도 넘어 보였다. 그냥 스쳐 지나갈 것으로 여기며 무심히 보고 있는데 트럭이 갑자기 거의 직각으로 꺾어 우리 차를 향해 돌진해 왔다.

순간 내 눈에는 거대한 화물 트럭만 보였다. 흡사 괴물 같았다. 지금 생각해도 소름이 돋는다. 내 차 운전사가 가속 페달을 밟았다. 그런데도 충돌은 피할 수 없었다. 트럭은 차체의 5분의 1 정도인 트렁크 쪽을 들이받았다. 차는 오른쪽 길 아래로 튕겨져 나가 4미터 아래 논 위로 떨어졌다. 트럭은 내 차를 따라오던 택시를 정면으로 받았다. 택시 운전사를 포함 2명이 그 자리에서 숨지고, 3명은 크게 다쳤다.

모든 것은 눈 깜짝할 사이에 일어났다. 정신을 차려 살펴보니 나는 팔의 동맥이 두 군데 잘렸고 다리에도 찰과상을 입었다. 권노갑 비서와 이명우 경호원도 크게 다쳤다. 뒤따르던 경호차에서 동생 대의가 뛰어와 우리를 구출해 인근의 병원으로 옮겼다.

40대로 보이는 승객은 피투성이가 되었는데도 내 걱정을 했다. 정말 나는 하느님의 보살핌으로 살아났다. 그리고 이렇듯 진심으로 염려해 주는 국민들의 성원이 나를 도왔을 것이다. 우리 차는 누가 아래서 받쳐 준 것처럼 반듯하게 떨어졌다. 그 옆에는 방죽이 있었다. 트럭에 조금만 더 많이 받혀서, 더 날아가 방죽 위로 떨어졌더라면 나는 세상에 없었을 것이다.

이날 사고는 석간 『경향신문』에만 보도되었다. 1면에 1단 기사였다. 대통령 후보였으며 일거수일투족이 기사거리인 정치인의 사고 소식이 한 신문에만, 그것도 1단으로 보도된 것은 당시 우리 언론의 참담한 현주소였다.

국민들은 이 사건을 주시했다. 모든 것이 예사롭지 않기 때문이었다. 그리 큰 비가 오지 않았는데도 비행기가 뜨지 않았고, 사고를 낸 대형 트럭의 소유자는 공교롭게도 공화당원인 변호사였다. 그는 이번 선거에서 비례대표 8번을 부여받아 당선이 확실한 인물이었다. 우리 야당은 사건을 쟁점화하고 의혹들을 천하에 알렸다. 수사에 나선 검찰은 나중에 붙잡힌 운전기사를 살인 혐의로 기소했다. 하지만 돌연 사건을 담당했던 검사가 좌천을 당하고, 바뀐 검사는 이 사건을 단순 교통사고로 처리해 버렸다.

아무튼 그날 나는 병원에서 응급 치료를 받은 뒤 열차를 타고 서울로 향했다. 누워 있을 시간이 없었다. 목과 팔에 붕대를 감고 유세를 강행했다. 청중들은 비를 맞으면서도 몇 시간씩 나를 기다렸다. 청중들의 열기에 몸이 아픈 줄도 몰랐다. 일정에는 영등포 병, 갑, 정구의 유세가 잡혀 있었지만 유진산 총재의 지역구를 받은 박정훈 후보까지 연설을 부탁했다. 박 후보의 어머니와 누나까지 매달리며 호소하는 바람에 안 갈 수가 없었다. 그러다 보니 수원에서 출마한 김상돈 씨를 지원하지 못했다. 결국 김상돈 후보는 선거에서 떨어지고 말았다. 그의 낙선이 내 책임이라는 생각에 한동안 그를 똑바로 쳐다볼 수가 없었다.

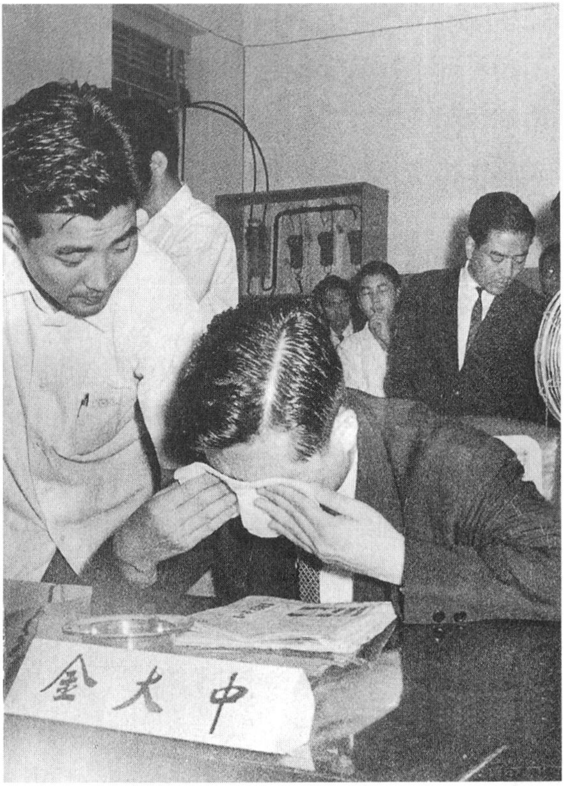

의문의 교통사고를 당한 후 함께 변을 당한 택시 운전기사가 사망했다는 소식을 듣고 울었다.

교통사고를 당했지만 총선 지원 유세를 강행했다. 팔에 깁스를 한 채 권노갑 비서와 열차에 몸을 실어야 했다.

나는 한국전쟁 때 목포형무소에서 집단 학살의 위기를 벗어난 후 21년 만에 다시 죽음의 고비를 넘겼다. 하지만 이날 사고는 이후의 내 삶을 불편하게 만들었다. 깊고도 깊은 후유증이었다. 처음에는 대수롭지 않게 여겼지만 점점 걷기가 불편해졌다. 사고도 사고지만 치료를 제대로 받지 못한 채 밤중까지 유세를 한 것이 더욱 나빴다. 아무튼 나는 그날 밤 자정이 다 되도록 유세를 계속했다.

선거 초반에 '진산 파동'이란 악재를 만났지만 야당은 선전했다. 이대로 가면 민주주의가 말살될 것이라는 국민들의 위기감이 살아났던 것이다. 대통령 선거 때보다 더 열심히 표밭을 누빈 나의 '유세 대장정'도 한몫했다고 생각한다. 또 유세장마다 울려 퍼진 대통령 선거의 부정 규탄으로 공화당이 부정 선거를 더 이상 치밀하게, 조직적으로 획책하지 못한 것도 한 요인이 되었다. 공화당은 선거 종반에 들어서자 이 같은 국민의 소리를 무시할 수 없었을 것이다. 민심의 폭발이 두려운 나머지 마침내 고육지책을 쓸 수밖에 없었다. "만약 부정이 있었다면 당선을 인정하지 않을 방침"이라고 공개적으로 천명해야 했다.

야당은 약진했다. 204석 중에 89석을 차지했다. 군소 정당은 단 2석에 그쳤다. 정당 득표율도 공화당 48.7퍼센트, 신민당 44.3퍼센트로 박빙이었다. 국민들은 여당과, 야당인 신민당만을 선택하여 인정한 셈이었다. 양당제가 굳건해졌다.

선거 결과 중에 서울은 특히 눈에 띄었다. 19개 선거구 중에서 유진산 씨가 출마를 포기한 영등포 갑구만 제외하고는 나머지 18개 선거구에서 야당 후보가 당선했다. 유 총재가 해괴한 처신만 하지 않았다면 전 선거구를 휩쓸었을 것이다.

부산에서도 8개 선거구 중 6개 지구를 야당이 차지했다. 박 대통령의 철옹성이랄 수 있는 대구에서도 5개 선거구 중 4개 선거구를 야당이 이겼다. 특히 여당의 당직자와 중진들이 무명의 야당 청년 후보들에게 패배하는 이변이 연출되었다. '경상도 정권'을 외치며 지역감정을 부채질하던 이효상 국회의장의 낙선은 8대 국회의원 선거에서 최대의 화제였다.

야당 바람은 도시에서는 태풍이었다. 공화당의 아성은 곳곳에서 무너졌다. 속수무책이었다. 여당 내 정치 거물들에게는 잔인한 '5월의 삭풍'이었다. 비례대표도 야당은 최대 18석을 예상했지만 무려 24석을 차지했다. 반면에 여당은 전체 51석 가운데 27석을 얻었다. 선거 초반의 예상을 깨고 신민당은 전국 정당의 위용을 갖추었다. 민심의 심판은 엄중했다.

언론에서 사라진 '김대중'
(1971)

1971년 7월 총재 경선에 나갔다. 당시 여론은 내가 신민당을 이끌어 강력한 야당을 만들어 줄 것을 기대했다. 그러나 당내 상황은 달랐다. 만인의 지탄을 받고 물러난 유진산 씨는 시간이 지나자 슬그머니 복귀를 꿈꾸고 있었다. 그 자신은 도저히 여론 때문에 나설 수 없다는 것을 알고 아무런 당내 기반도 없는 김홍일 씨를 내세웠다. 그러자 40대 기수론을 주장하며 나와 경쟁했던 사람들이 이에 가담하여 반(反)김대중 전선을 형성했다. 나에 대한 견제였다. 여기에다 양일동 씨마저 총재 경선에 뛰어들어 3파전을 벌여야 했다.

이때 나는 몸이 많이 불편했다. 교통사고의 후유증이었다. 치료를 받는데도 다친 다리는 갈수록 악화되었다. 병원에서는 왼쪽 다리 고관절이 좋지 않다고 했다. 솔직히 정신적으로도 지쳐 있었다. 선거전에 전력을 쏟을 수가 없었다. 이번에도 중앙정보부는 조직적으로 경선에 개입했다. 목표는 물론 나의 낙선이었다. 내 지지자에 대한 협박과 매수 등이 공공연하게 자행되었다.

7월 20일 서울 시민회관에서 열린 임시 전당 대회 1차 투표에서는 누구도 과반수를 확보하지 못했다. 곧바로 2차 투표를 했지만 역시 과반수 득표자는 나오지 않았다. 이튿날 다시 전당 대회를 열어 3차 투표를 했다. 나는 지고 말았다. 국민의 뜻과 당의 결정은 너무 달랐다.

서울과 지방에서 올라온 수천 명의 지지자들이 빗속에서도 내 이름을 연호했다. 그들 모두는 야당다운 야당의 재건을 바랐다. 내가 나타나자 만세를 불렀고, 나를 반대하는 중진들이 입장할 때는 욕설을 퍼부었다. 그런데도 나는 야당 총재가 되지 못했다. 잇단 추문과 비리 의혹에도 진산계는 살아 있었다. 국민은 '김대중 총재'를 원했지만 당은 특정 계파가 장악하고 있었다. 계파에 휘둘려야 했던 야당의 비극이었다.

총재 선거에서 패하자 지지자와 당원들은 어처구니없는 결과에 어찌할 바를 몰랐다. 마침내 대회장에서 폭력 사태가 빚어지고 말았다. 경찰은 내가 이 같은 소동을 배후 조종했을 것이라 보고 사건을 꾸몄다. 그러나 수사 결과 모든 것은 시민들의 '자발적 분노'임이 밝혀졌다.

당내에서는 나를 견제하는 세력에 패배했지만 국민들의 성원은 여전했다. 나 자신도 놀랐다. 한국 정당사에서 특정 정당의 총재를 뽑는 데 국민들이 이렇듯 폭발적 관심과 성원을 보인 경우는 일찍이 없었을 것이다. 이러한 국민적 열기 속에서도 나는 져야만 했다.

나는 대통령 선거와 곧이어 있었던 국회의원 선거로 인한 피로감과 자동차 사고 부상 등이 한꺼번에 겹쳐 몸져누워 버렸다. 몸만 아니라 마음도 아팠다. 선거의 피로감이 한꺼번에 엄습했다. 몸이 부서져라 전국을 누볐고, 빗길에서 덤프트럭의 테러로 죽을 뻔했다. 이렇듯 절체절명의 고비를 넘기면서 최선을 다했지만 나는 지금 어디에 있는가. 나에게 돌아온 것은 무엇인가. 돌아보니 아무것도 없었다. 허무했다.

이런 처지에 있었건만 정부와 여당은 나를 매장시키려 했다. 두 번 다시 박 대통령의 경쟁자로 나서지 못하게 '정치적 불구'를 만들려고 했다. 그런 사실은 국민 누구나 알고 있었다.

어딜 가도 중앙정보부 요원들이 미행하며 나를 감시했다. 우리 집 전화는 24시간 도청당했다. 그들은 내 집 주위에 있는 집 몇 채를 빌려서 종일 감시했다. 출입자들은 일일이 사진을 찍었다. 언론에서 '동교동'이라 칭했던 우리 집 골목은 한마디로 살벌했다.

선거 후에는 100여 명의 경제인들을 중앙정보부로 연행하여 내게 정치 자금을 주었는지 캐물었다. 그리고 나와는 접촉하지 않겠다는 서약서를 받았다. 내 비서와 경호원 등도 밀착 감시했다. 시도 때도 없이 불러 조사하고 위협했다. 언동이 마음에 들지 않으면 아무 때나 구속시켰다. 때로는 당근을 제시하며 회유하기도 했다.

신문, 텔레비전, 라디오 등 언론 매체에서 '김대중'이란 인물은 사라졌다. 정보부원들은 매체마다 일일이 점검을 했다. 광고마저 할 수 없게 통제했다. 신문 첫 판에 게재된 나의 강연을 알리는 광고가 다음 판부터는 흔적도 없이 사라졌다.

강연을 하려면 장소를 빌리는 것부터가 큰일이었다. 어렵게 장소를 빌려도 곧바로 해약 전화가 왔다. 서신을 보내면 우체국에 전담 요원을 두고 인쇄물을 일일이 검색해서 파기하거나 태워 버렸다. 내용물을 빼내고는 대신 나를 비방하는 인쇄물을 넣어 출처 불명의 유령 단체 이름으로 배포하기도 했다. 정보부의 탄압은 이렇듯 잔인하고 집요했다.

민주화 욕구가 폭발하였다. 쌓이고 쌓인 독재 정권 10년의 불만이 동시다발로 터져 나왔다. 아무리 찌르고 가둬도 민심을 베거나 묶을 수는 없었다. 그것은 경제 분야에서도 마찬가지였다. 전시 효과를 노린 성장 위주의 정책으로 경제 기반은 허약하기 짝이 없었다. 자유 경제라는 간판을 내걸었지만 중소기업에 대한 차별 대우와 원칙이 없는 세제 등으로 속으로는 곪아 있었다. 특히 선거 당시 막대한 선거 자금을 뿌리고 선심 공약을 펼쳐 자금 흐름을 심각하게 왜곡했다. 그 결과 물가는 치솟고 경기는 침체되었다. 자유는 억압당하고 먹고살기 어려우니 민초들이 들고일어날 수밖에 없었다. 어찌 보면 당연했다.

우선 법관들이 일어섰다. 1971년 7월 28일에 터진 '사법 파동'이 그것이다. 서울 형사지법 이범렬 판사는 국가보안법, 반공법 위반 사건에 대해 영장을 기각하거나 무죄를 선고했다. 그는 법관의 양심에 따라 소신대로 판결했지만 독재 정권은 이를 괘씸하게 여겼다. 이 판사가 제주도 출장 중 의뢰인에게 술대접을 받자 뇌물 수수 혐의로 구속 영장을 신청했다.

누가 봐도 보복이었다. 검찰이 또다시 구속 영장을 재청구하였으나 법원은 이를 다시 기각했다. 이에 자극받은 서울지법 판사 37명이 사표를 냈다. 지방 판사 153명이 동조 사표를 제출했다. 판사들은 사법권 독립과 외부 압력의 배제를 결의했다. 날뛰는 권력을 법(法)으로 찌른 것이었다.

8월에 광주 대단지 사건이 일어났다. 서울시는 경기도 광주군에 200만 평 규모의 단지를 조성하여 도시 빈민을 수용할 수 있는 신도시를 만들기로 했다. 그러나 이 계획은 소요 예산조차 책정되지 않았다. 대통령 선거와 국회의원 선거를 앞두고 급조된 것이었다. 광주 대단지로 이주한 14만여 명은 선거가 끝나자 황량한 벌판에 버려졌다. 철거민들은 대책위원회를 꾸리고 진정서를 관계 기관에 보냈지만 회신이 없었다. 주민들은 대책위를 투쟁위로 바꿨다. 철거민들은 서울 시장과 면담을 요청했지만 시장은 나타나지 않았다. 성난 철거민들은 성남출장소로 몰려가 불을 질렀다. 광주경찰서 성남 지서, 순찰차, 주유소 등이 불탔다.

이어서 실미도 사건이 터졌다. 8월 23일 서울 영등포구 대방동 큰길에 특수 부대 요원들이 나타났다. 인천 앞바다 실미도에서 경비병을 사살하고 탈출한 요원들은 군경과 격렬한 총격전 끝에 모두 숨졌다.

나는 경악했다. 그러면서도 이들이 냉전과 데탕트 기류 사이에서 희생되었다고 생각했다. 그들은 북한 침투를 목적으로 훈련을 받았지만 미국이 데탕트 기류에 올라탔기에 북으로 보내질 수 없었을 것이다. 이들은 목표와 목적을 상실했고, 당국은 이들을 섬에 수용하여 격리시켰을 것이다. 내일을 기약할 수 없는 날이 계속되자 결국 북녘이 아닌 죽음 속으로 뛰어든 것이었다. 국가 권력이 버린 가엾은 젊은이들이었다.

9월 15일에는 한진상사가 들어 있는 KAL 빌딩에 작업복을 입은 노동자들이 난입했다. 그들의 요구는 체불 임금 지불이었다. 이들은 사무실을 점거하고 불을 질렀다. 모두 베트남에 파견된 한진상사 소속의 노동자들이었다. 전쟁 특수로 엄청난 흑자를 내면서도 약속한 임금을 주지 않자 노동자들이 실력 행사에 나섰다. 이들은 경찰과 4시간이 넘게 맞서다 강제 해산됐지만 무려 66명이 구속되었다.

사회 구석구석에 악취가 풍겼다. 자고 나면 사고요 사건이요 사태였다. 서울 동대문 시장의 상인들까지 정부에 집단으로 항의했다. 대기업은 봐주고 상대적으로 중소기업과 자영업자에게는 세금을 무겁게 매기는 세무 행정을 바로잡아 달라고 요구했다. 서울대 의학부 인턴들은 자신들의 처우를 개선해 달라고, 대학 교수들은 학원에 대한 중앙정보부의 간섭과 압력을 중지하라고 외쳤다.

'실미도 특수군 사건', '광주 대단지 폭동 사건', '한진빌딩 노동자 난입 사건' 등이 잇따라 터지고 사회는 극도로 불안했다. 야당은 치안 책임자인 오치성 내무장관과 신직수 법무장관, 김학열 부총리 겸 경제기획원 장관의 사임을 요구했다. 이를 받아들이지 않자 급기야 불신임 결의안을 9월 29일 국회에 제출했다.

이때 공화당 내에는 미묘한 기류가 흐르고 있었다. 당시 공화당의 실권을 장악하고 있던 4인방(백남억 당의장, 길재호 정책위 의장, 김성곤 중앙위 의장, 김진만 재정위원장)은 이번 기회에 오치성 내무장관을 제거하기로 했다. 오 내무장관은 경찰·시장·군수에 대한 대규모 인사를 단행, 4인방의 사람들을 대거 축출했다.

10월 2일, 4인방은 자파 세력을 동원하여 야당이 제출한 해임 건의안에 동조하도록 했다. 박정희식 통치 방식에 대한 불만 표출이었다. 203명이 투표에 참여하여 찬성 107표, 반대 90표, 무효 6표로 가결되었다. 박정희는 펄펄 뛰었다. 이후락 중앙정보부장에게 항명 주동자들을 색출하라고 지시했다. 중앙정보부 요원들은 4인방을 남산으로 끌고 갔다. 의원들은 벌거벗겨져 개처럼 두들겨 맞았다. 김성곤 의원은 특유의 카이저수염이 뜯겨 나갔고, 길재호 의원은 초주검이 되었다. 결국 김성곤, 길재호는 탈당계를 써야 했고, 의원직을 자동으로 상실했다.

4인 체제는 박정희의 권위에 도전했다가 온갖 수모와 곤욕을 치르고 무너졌다. 4인방의 아성은 실로 모래성보다 못했다. 그래서 공화당에는 다른 실세나 후계자가 등장하지 못했다. 누구도 그런 꿈조차 꿀 수가 없게 만들었다. 박 대통령의 완벽한 친정 체제가 구축되었다.

이처럼 정국은 극도로 어지러웠다. 하지만 야당인 신민당은 야성을 잃어버렸다. 한마디로 뒷짐을 지고 있었다. 굵고 무거운 현안마저 표류하고 있었다. 나는 내무부 장관 불신임 결의안 가결 후 여당 의원들이 영장도 없이 끌려가 박해를 받을 때 야당 의원 전원이 중앙정보부 본부를 찾아가서 규탄해야 한다고 주장했다. 여당 의원들도 그러길 간절히 바라고 있었을 것이다. 공화당의 내분쯤으로 여기고 방관할 일이 아니었다. 법과 질서를 능멸하는 패륜적 몽둥이질이 언제 야당으로 닥칠지 모르는 일이 아닌가. 10·2 사태는 국기를 흔드는 변란임에 분명했다. 나는 외쳤다.

"우리 모두 남산으로 갑시다. 법과 양심이 있다면 국회의원에게 이럴 수는 없습니다. 연행된 의원들을 즉각 석방하지 않으면 우리도 똑같은 조치를 기꺼이 받아들이겠다고 밝힙시다. 이런 불법 행위는 여당만의 문제는 아닙니다."

나의 간절한 호소에도 신민당은 움직이지 않았다. 소수 비주류에 속했던 내 말은 곧잘 무시되었다. 결국 중앙정보부의 횡포에 제동을 걸고 박 정권의 독주에 일침을 가할 절호의 기회를 잃어버렸다. 나는 10월 23일 국회 본회의 대정부 질의를 통해 중앙정보부의 비리의 실상과 해악을 정면으로 규탄했다.

"지금 이 나라에서 중앙정보부는 만능의 폭군입니다. 못하는 일이 없습니다. 선거 때 필요하면 정당을 만들어 조작하고, 부정 선거를 자행하고, 여당의 공천에 개입하고, 야당의 분열 공작을 자행하고……. 공산당을 잡으라는 중앙정보부가 이 나라 정치를 완전히 지배합니다. 언론은 중앙정보부의 압력에 의해서 자유로운 보도와 비판이 크게 제약당하고 있습니다. 중앙정보부원이 언론 기관에 수시로 출입하고 출입을 안 하더라도 여러 가지 방법으로 괴롭히고 있습니다.

문화 예술인이든 교육자든 누구든 간에 중앙정보부의 비위에 거슬려서는 살아남지 못합니다. 심지어 배우들이 모여서 배우협회 회장 뽑는 데까지 중앙정보부가 간섭을 합니다. 이 나라에서는 국민들이 또는 정치인들이 국무총리의 욕을 하거나 대통령에게 욕을 할망정 중앙정보부는 무서워서 비판을 못합니다. 중앙정보부는 완전히 지금 무소불능의 권한으로 이 나라의 3권(權) 위에 올라섰습니다.

국회에 대해서는 중앙정보부가 3선 개헌에 반대한 사람들을 중앙정보부에서 구타를 하고 협박을 하더니 이번에도 또 그럽니다. 입법부가 완전히 중앙정보부에 의해서 유린당하고 있어요. 지금 우리가 이대로 가다가는 중앙정보부의 노예가 될 판입니다.

지금 이 자리에 정부의 김(종필) 총리가 계시지만, 대단히 미안한 말이지만, 지금 이 나라의 행정 각 부의 부처가 중앙정보부의 지시나 요구를 거부할 수 없다, 이것입니다.

뿐만 아니라 중앙정보부에 불려 가고 조사받지 않을까 날마다 벌벌 떨고 있습니다. 여기에 정부의 총리나 각부의 장관, 여야 의원들이 있지만 지금 우리들이 중앙정보부에서 도청당하지 않는 사람이 단 한 사람이라도 있느냐, 이겁니다. 우리들은 이제 사생활의 자유도 없어요. 나는 바로 이런 중앙정보부에 대한 규탄을 하다가 비록 내 목숨이 끊어지는 한이 있더라도, 정보 정치의 제물이 되는 한이 있더라도 내 소신으로는 믿는 바를 이야기 안 할 수가 없다, 이것입니다."

이 무렵 대학생들의 움직임도 심상치 않았다. 현역 장교가 학교에 들어와서 교련 교육을 시키자 집단으로 거부감을 나타냈다. 박 정권의 학원 병영화 기도로 간주하고 정면으로 반발했다. 학생들은 연일 시위에 나섰다. 대통령 선거 때 군사 교육인 '교련'을 철폐하겠다고 공약했던 나는 비상한 관심을 가지고 지켜봤다.

1971년 10월 15일, 박 정권은 교련 반대 시위를 구실로 위수령을 발동했다. 위수령은 군부대가 특정 지역에 주둔하면서 지역을 경비하고 시설물을 보호하는 대통령령이었다. 박 정권은 대학 안에 무장 군인들을 풀었다. 캠퍼스에 장갑차가 늘어섰다. 멀리서 보면 흡사 군부대 같았다. 작은 규모의 시위에도 무장 군인은 시위대에 최루탄을 쏘았다. 강의실은 물론이요 여학생들만 있는 연구실에까지 최루탄 연기가 자욱했다. 대학 교정에서 학생들은 시도 때도 없이 눈물을 흘렸다. 검찰총장은 시위가 격화되자 학생들을 영장 없이 체포하는 것이 불가피하다고 말했다. 그리고 수천 명의 학생들을 검거했다.

그런데도 야당은 보이지 않았다. 신민당은 오히려 '일부 학생들의 시위는 도가 지나쳤다'는 내용의 성명을 발표했다. 정부의 견해와 다름이 없었다. 야당의 이러한 미온적인 태도로 여당은 정국 운용에 거침이 없었다. 연말 국회 예산안 심의에서도 야당은 무기력했다. 법률로 정해진 11월 2일까지 예산안을 처리하지 않으면 중대 조치를 취하겠다는 대통령의 협박에 어물쩍 통과시켜 주었다. 정권은 힘으로 밀어붙였고 야당은 먼 산을 보고 있었다.

나는 이런저런 소식들을 일본에서 듣고 있었다. 교통사고 후유증이 점점 심해져 치료차 11월 19일 일본으로 건너갔기 때문이다. 나는 도쿄의 게이오(慶應) 대학 부속병원에서 고관절 통증을 치료하고 있었다. 또 통산상을 지내고 있던 다나카 가쿠에이 씨와 후쿠다 다케오(福田赳夫) 외상을 만나 한국의 현황에 대해 의견을 나눴다. 12월 6일, 박 대통령이 비상사태를 선포했다는 뉴스를 들었다. 이유는 북한의 침략이 머지않다는 것이었다.

"공산당의 침략으로부터 국가를 지키기 위해, 당분간 국민의 자유를 제한한다. 언론의 자유, 집회의 자유를 제한하고 또 예산 일부를 필요에 따라서 대통령의 특권으로 자유롭게 쓸 수 있도록 한다."

박 대통령은 비상사태 선언으로 초법적 권한을 갖게 되었다. 나는 박 대통령이 마침내 장기 집권 야욕의 발톱을 드러냈다고 생각했다. 치료가 끝나지 않았지만 12월 16일에 서둘러 귀국했다.

한 달이 채 안 되어 귀국했지만 한국 사회는 엄청나게 달라져 있었다. 박 정권은 당장이라도 북한이 쳐내려올 듯 위기의식을 조장했다. 북한군이 일사불란하게 행진하거나 훈련하는 장면을 실제 상황인 양 극장이나 텔레비전에서 방영했다. 국민들은 대혼란에 빠졌다. 정말로 북한이 침략해 올 줄 알고 피난 준비를 하는 사람도 있었다.

나는 박 대통령의 속셈을 꿰뚫고 있었다. 민주화 욕구는 더 이상 억누를 수 없는 한계점에 이르렀고, 박 정권도 지금까지의 방식으로는 체제를 유지할 수 없다고 판단했을 것이다. 영구 집권을 위한 최후의 수단은 북한을 끌어들여 긴장감을 조성하는 것뿐이었다.

그러나 세계는 냉전 체제를 벗어나고 있었다. 1971년 1월에는 동서 베를린에 19년 만에 전화가 재개통되었고, 또 4월에는 중국이 미국의 탁구 팀을 초청하여 '핑퐁 외교'가 시작되었다. 그럼에도 박 대통령의 이러한 강경 조치들은 긴장 완화의 세계 흐름을 거스르고 있으며 그 속에는 음모가 있음을 밝혔다.

"일련의 강경 조치들은 박 정권이 독재 체제 강화를 겨냥한 허위 선언에 지나지 않습니다. 북한이 쳐들어오는 것은 현실적으로 불가능합니다. 또 그럴 만한 징후나 근거도 전혀 없습니다. 모두 사실 무근일 뿐입니다."

나는 신변의 위험을 무릅쓰고 국민에게 알렸다. 그러나 이런 호소는 국민에게 전달되지 않았다. 기자 회견이나 성명을 통해 밝혀도 신문에는 한 줄도 실리지 않았다. 정부 여당을 비난하는 성명은 더 이상 기사가 될 수 없었다. 하는 수 없이 전국을 돌아다니며 국민에게 직접 진실을 알리려 했지만 이마저도 여의치 않았다. 대중 집회, 특히 내가 나서는 집회는 철저하게 봉쇄되었다.

나는 급변하는 세계정세의 흐름을 직접 살펴보고자 미국과 유럽을 방문하기로 했다. 그리고 솔직히 독재의 살기를 피해 자유롭게 호흡하고 싶은 생각도 있었다. 미국, 영국, 스웨덴, 덴마크, 서독, 그리고 프랑스를 돌아봤다. 나는 이들 나라에서 여러 지도자들을 만나 의견을 교환했다. 그들은 한결같이 나를 격려해 주었다. 남북 대화와 교류 증진, 그리고 평화 통일에 대한 나의 구상을 세계 여러 나라가 지지해 주고 있음을 알 수 있었다. 특히 대통령 선거 때 내세운 공약들이 시기적절하고 매우 타당한 것들이라고 성원해 주었다.

이런 선진국에서 모국인 한국을 바라보니 더욱 비참했다. 냉전의 물줄기를 끌어와 독재를 획책하는 박 정권이 참으로 한심스럽게 느껴졌다. 한편으로는 그들의 책동이 가소로웠다. 그러나 그 안에서 고통 받고 좌절하는 국민들을 생각하자니 가슴이 저몄다.

박 대통령이 입만 열면 내세우는 '북한 침공설'은 미국은 물론이요 일본도 귀 기울이지 않았다. 그리고 세계 각국은 직간접적으로 박 대통령을 비난했다. 한국은 국제적으로 점점 고립되어 가고 있었다. 국민들도 그 진상을 점차 알아차렸다.

나의 3단계 통일론

(1972)

정부는 1972년 7월 4일 중대 발표를 한다고 하루 전에 예고했다. 그러나 국민들은 그리 긴장하지 않았다. 하도 많은 중대 발표를 들어 왔기에 덤덤했다. 박 정권은 걸핏하면 비상사태요, 긴급 상황이라 떠벌렸다. 또 정권이 위기에 처할 때마다 국면 전환용 탄압 정책을 발표했기 때문에 중대 발표에 대해서 부정적 인식이 배어 있었다.

그런데 이번만은 달랐다. 이후락 정보부장은 기자 회견을 통해 이른바 7·4 남북 공동 성명을 발표했다. 모두 깜짝 놀랐다. 라디오와 텔레비전 앞에 모여 있던 국민들은 엄청난 내용에 할 말을 잃고 서로의 얼굴을 바라봤다. 언론은 특보와 호외를 쏟아 냈다. 금방이라도 통일이 될 듯 국민들 표정은 상기되어 있었다.

남과 북이 자주·평화 통일이란 대원칙에 합의한 7·4 남북 공동 선언, 그 탄생의 주변을 살펴보겠다.

1970년대에 들어서자마자 국제 사회는 해빙 기류를 맞고 있었다. 1968년 11월 6일 미국 대통령에 당선된 닉슨은 1970년 2월 18일, 이른바 닉슨 독트린이라 불리는 외교 백서를 발표했다. 미국은 더 이상 아시아에 지상군을 투입하지 않고, 공산 국가와도 융통성 있게 대응을 하겠다고 천명했다. 베트남 전쟁에서 발을 빼고, 나아가 주한 미군도 감축할 수 있음을 암시했다.

1971년 4월 일본에서 열린 나고야 세계 탁구선수권 대회에 출전한 미국 대표 15명과 기자 4명이 중국을 전격 방문했다. 미국 선수단은 베이징, 상하이, 광저우 등을 돌며 친선 경기를 펼쳤다. 이른바 핑퐁 외교였다. '죽의 장막'을 걷어 올리는 역사적인 사건이었다. 닉슨은 1971년 7월 마침내 탁월한 밀사 키신저(Henry Kissinger)를 중국에 보냈다. 그리고 이듬해 2월 닉슨 대통령 자신이 중국을 방문했다.

거의 4반세기 동안 지속되었던 냉전 체제가 붕괴되기 시작했다. 이미 주한 미군을 2만 명이나 감축시킨 닉슨은 내심 한반도에서도 긴장 완화를 기대하고 있었다.

박 정권도 지난 대통령 선거를 통해 민심이 이반했음을 똑똑히 보았기에 국면을 전환시킬 획기적인 계기가 필요했다. 박 대통령은 밀사 이후락을 1972년 5월 2일 평양에 보냈다. 5월 29일에는 박성철 북한 부수상이 서울에 잠입했다. 그리고 남한의 이후락 정보부장과 북한의 김영주 노동당 조직부장이 서명한 7·4 남북 공동 성명을 서울과 평양에서 동시에 발표했다.

주요 내용은 자주·평화적으로 통일을 실현하고, 서로 비방하지 않고, 무장 도발을 하지 않으며, 다방면에 걸친 교류를 실시하고, 서울과 평양에 직통 전화를 설치한다는 것 등이었다. 성명 말미에 적힌 남과 북의 약속은 사뭇 감동적이었다.

"쌍방은 이상의 합의 사항이 조국 통일을 일일천추(一日千秋)로 갈망하는 온 겨레의 한결같은 염원에 부합된다고 확신하면서 이 합의 사항을 성실히 이행할 것을 온 민족 앞에 엄숙히 약속한다."

남북 공동 성명이 발표되자 나라 안은 온통 환영 일색이었다. 무엇보다 반가운 소식이었지만 솔직히 나는 혼란스러웠다. 이후락 정보부장이 북한을 오간다는 사실은 알고 있었지만 이토록 전격적으로 합의를 끌어낼 줄은 몰랐다. 박 대통령은 이미 공산주의의 위협에 대처한다며 '국가 비상사태'를 선포했고, 6월 25일에는 한국전쟁 22주년을 맞아 북한을 향해 강경 연설을 한 바 있었기 때문이다. 공동 성명을 발표하기 바로 9일 전에 박 대통령은 이렇게 주장했다.

"공산주의의 말을 믿어서는 안 됩니다. 그 말들은 믿을 수 없습니다. 지금부터 22년 전, 북한은 북에 억류되어 있는 애국자 조만식 선생과 한국에서 체포 구류 중인 공산당원의 교환을 제안하고는 돌연 남한을 침략했습니다. 그래서 공산주의자들의 평화 공세에 말려들어서는 안 됩니다."

이런 연설을 하면서 뒤로는 밀사의 보고를 받고 남북 공동 성명에 서명을 했다니……. 이렇게 국민을 기만해도 되는 것인지, 도무지 나로서는 이해가 안 되는 일이었다.

남북 화해를 부르짖었던 수많은 사람들이 감옥으로 끌려갔고, 북한 얘기만 해도 용공으로 몰아 탄압을 했던 정권이 돌연 남북 교류와 평화 통일을 다짐하고 있었다. 나를 포함해 얼마나 많은 사람들이 그들의 폭압에 좌절해야 했는가. 그런데 우리가 통일을 외치면 죄가 되고, 정부는 국민의 뜻을 묻지 않고도 저토록 정책을 마음대로 바꿔도 되는가.

'어디까지가 진실인가? 북한은 왜 이런 합의를 했을까? 박 대통령은 진정 남북 화해의 뜻이 있는가?'

의문이 꼬리를 물었다. 하지만 나는 받아들이기로 했다. 어차피 남북 화해와 평화적 남북통일은 지난 선거에서 내가 먼저 주창한 것이었다. 내 정책이 고스란히 반영된 성명이 나왔으니 지지할 수밖에 없었다. 나는 맨 먼저 환영 의사를 밝혔다. 다만 거기에 조건을 달았다. 7월 13일 서울 외국인 모임에서 "남북 공동 성명과 나의 주장"이라는 성명을 발표했다.

"남북 성명을 접한 나의 결론은 원칙적으로는 이를 지지하고 환영하면서도 박정희 대통령은 이와 같은 정책을 추진할 자격이 없으며 또 그는 지금 이 민족의 성스럽고도 중대한 과업을 자기의 영구 집권에 악용하고 있지 않나 하는 의혹을 짙게 하고 있다는 사실입니다.

남북 성명은 27년간에 걸친 민족 상호간의 완전한 단절과 철저한 증오, 대립에 일대 전기를 가져온 것이 사실입니다. 또한 이는 아시아의 평화와 긴장 완화에 상당한 공헌을 할 것이며, 오늘 세계의 조류인 '현상 인정 아래서의 평화의 방향'과도 합치하는 것입니다. 무엇보다도 이번 성명은 내가 주장해 온 바와 상통된 바가 많습니다.

나는 그동안 박정희 대통령의 전쟁 지향적이고 폐쇄적인 대북한 정책에 반대하고 평화적이며 개방적인 정책을 주장해 왔습니다. 특히 작년의 대통령 선거 기간 중에는 남북 교류와 공산권 외교의 추진, 그리고 미·일·소·중 4대국에 의한 한반도에서의 평화 보장 정책을 선거 공약으로 내세웠던 것입니다. 최근에는 남북 간의 평화적 공존, 제반 교류의 확대 그리고 평화적 통일을 골자로 하는 3단계 통일론을 제창한 적도 있습니다.

나의 이러한 주장을 선거 중은 물론 그 이후에도 맹렬히 비난했을 뿐 아니라 북한으로부터의 침략이 절박했다고 비상사태까지 선포한 박 대통령이 이제나마 그릇된 정책을 포기하고 이 같은 일대 정책 전환을 해 왔다는 것은 일단 환영할 만한 것이라고 나는 생각하는 것입니다."

그럼에도 박정희 대통령은 이를 추진할 자격이 없는 이유 세 가지를 들었다.

"첫째, 그는 그를 지지한 유권자를 기만했으며, 전 국민을 우롱한 것입니다. 박 대통령은 선거 기간 중 남북의 어떠한 접촉 가능성도 철저히 배제했습니다. 그는 5·16 군사 쿠데타 이후 모든 통일론자를 가차 없이 처단했을 뿐 아니라 일관해서 통일 논의를 용공시하고 금지해 왔습니다.

둘째, 박정희 대통령의 이번 조치는 그 방법에서 너무도 비민주적이고 위험천만합니다. 그는 그의 선거 공약에서 일대 변질을 감행하면서도 사전에 한마디도 국민에게 이해를 구하지 않았을 뿐 아니라 국회와 야당에게도 아무런 통고조차 없었던 것입니다.

셋째, 박정희 대통령은 남북 성명을 그의 독재적 지배 체제 강화와 영구 집권에 악용하려는 것이 명백해져 가고 있습니다."

그러면서 나는 박 대통령에 세 가지를 요구했다.

"첫째, 이제 명분도 이유도 상실된 비상사태를 철회하고 보안법을 즉시 폐기시켜야 할 것입니다. 반공법과 국가보안법도 현실에 맞도록 개폐되어야 합니다.

둘째, 오늘의 대한민국을 뒤덮고 있는 불행의 그림자를 제거해야 할 것입니다. 모든 독재적 체제를 지양하고 국민의 '자유'를 최대한으로 보장하며, 빈부 양극화의 특권 경제를 버리고 대중 경제를 구현하여 민중의 '생활'을 보장하며, 부패와 부조리를 일소해서 우리의 '양심'을 보장하는 민주적 내정 개혁을 과감하게 단행해야 합니다.

셋째, 박 대통령은 주권 재민의 민주 국가의 대통령으로서 좀 더 정직하고 겸허한 자세로 임해야 할 것입니다. 박 대통령은 먼저 그가 지난 선거 당시 약속한 대로 1975년에는 다시 출마하지 않고 국민의 결정대로 정권을 이양할 용의가 있는가를 분명히 밝혀야 합니다."

나는 또 회견에 앞서 남북한의 유엔 동시 가입을 주창했다. 파격적 제안이었다. 그러나 여당은 물론이요 야당에서도 이를 반대했다. 북한은 '괴뢰 정권'으로 이를 인정할 수 없다는 것이었다. 그러나 이것은 11개월 후 박 대통령의 6·23 선언으로 공론화되기에 이른다.

한반도 전체를 설레게 했던 7·4 남북 공동 성명은 몇 차례 서로 만나 의중을 탐색하는 시늉만 내다가 결국 남북한 양 진영의 권력 기반만을 강화시키고 슬그머니 소멸했다. 7·4 공동 성명이 있은 후 3개월 후에 박 정권은 '10월 유신'을 단행하여 공포 정치를 시작하였다. 박 정권의 유신 체제 준비 작업이 7·4 공동 성명 발표일 이전부터 시작되었다는 사실로 미뤄 볼 때 저들은 장밋빛 통일론으로 민심을 마취시킨 후 독재의 장막을 치겠다는 흑심이 있었다고 판단할 수밖에 없다. 박 대통령이 12월 27일 통일주체국민회의라는 관제 기구로 '종신 대통령'으로 선출되는 날, 북한에서도 '국가 주석제'를 신설하는 최고인민위원회 개정법안이 공포되었다.

이렇게 보면 7·4 공동 성명은 데탕트 국제 기류 속에 떠오른 한순간의 무지개였다. 그러나 실은 환호가 채 멎기도 전에 사라진 신기루였다.

통일에 대한 나의 비전을 얘기해 보려 한다. 나는 민족의 통일 없이는 절대로 진정한 민족의 평화와 번영은 있을 수 없다고 확신해 왔다. 우리는 신라 통일 이후 천 년을 넘게 이어 온 단일 민족의 통일 국가였다. 그러므로 분단의 역사는 실로 찰나에 불과하다. 그러나 통일은 감상적인 희망만으로 이뤄지지 않는다. 구체적이고 현실적이어야 한다.

박정희 정권은 유엔 감시 하의 선거를 통해서 통일한다는 통일 방안을 제시했다. 그런데 이 안은 우선 선거 절차 및 과정에 여러 조건을 붙여서 실질적으로 북한이 수용할 수 없도록 했다. 나는 6, 7대 국회에서 박정희 정권의 통일안에 대해서 비판했고, 그 대안을 마련하고자 노력했다. 그래서 나는 이미 20여 년간 고착화되어 있는 현실을 고려하고 남북이 실질적으로 화해와 협력을 통해서 평화적 통일을 이룰 수 있도록 단계론적 통일 방안이 우리 민족이 처한 현실에서 가장 올바른 방안이라는 결론에 이르렀다. 그래서 나는 그와 같은 구상을 가다듬어 1971년 2월 미국 방문 중에 내셔널프레스클럽에서 발표했다. 나는 내외신 기자들에게 "무력 포기에 따른 남북 긴장 완화, 비군사적인 기자·서신·체육 등의 교류, 정치 및 경제적 교류의 시도 등 3단계의 기초를 닦겠다"고 말했다.

나의 3단계 통일론은 오랜 구상 끝에 나왔다. 박 정권이 반공과 멸공을 내세우던 상황에서 나의 3단계 통일론은 지금 생각해도 혁신적인 것이었다. 이로 인해 숱한 탄압과 음해를 받았지만 가장 합리적인, 가장 평화적인 통일 방안으로 훗날 국민들의 지지와 세계인의 공감을 얻었다. 나는 국내외 전문가들과 토론하고 국제 정세의 흐름을 분석했다. 3단계 통일론의 구체적 내용은 다음과 같다.

제1단계에서는 평화 공존을 위해 동족끼리 전쟁을 않는다고 약속하고, 동시에 긴장 완화를 위해 쌍방이 평화 협정을 체결하자고 했다. 서로가 상대의 현실적 존재를 인정하여 비방을 중단하고, 다시는 청일·러일 전쟁 같은 한반도를 무대로 한 강대국들의 전쟁을 억제해야 한다. 그러기 위해서는 미·중·소·일의 부전(不戰) 협정을 이끌어 내고, 그런 연후에 남과 북이 국제 사회에서 상호 공존함을 인정받는 방안이 바람직하다고 설명했다.

구체적으로는 앞서 설명한 4대국의 한반도 내에서의 전쟁 억제 보장과 함께 북한의 유엔 출석, 그리고 남북이 동시에 유엔에 가입하는 방안을 제시했다. 아울러 남한이 베이징이나 모스크바에 대사관을 설치하고, 북한은 도쿄나 워싱턴에 외교 사절을 파견하는 등의 동시 외교도 촉구했다.

제2단계는 평화적 교류의 확대이다. 기자 교류나 문화·예술·스포츠 교류를 앞당기고, 서로의 방송을 자유롭게 들을 수 있도록 하자고 했다. 경제적 교류는 한 가지씩이라도 단계적으로 실질 협력하는 것이 중요하다.

이렇게 해서 남북 교섭이 성공하고, 남북의 민족애와 신뢰가 회복되고, 그럼으로써 완전 통일에 대한 민족적 합의가 성취되면 비로소 마지막 3단계인 평화적 통일을 이룩하는 것이다. 그것은 오래전부터 밝혀 온 통일에 관한 일관된 입장이었다.

"한국 국민은 이 같은 통일에 대해 자신의 의사와 견해를 발표할 기회가 없었습니다. 통일은 남북한 모든 민족의 통일이지 결코 쌍방의 정권끼리의 통일은 아닌 것입니다."

나는 통일 후에도 공존할 수 있는 상생의 모델을 찾아야 한다고 생각했다. 한쪽에서는 승리하고 한쪽에서는 굴복당했다는 식의 통일은 엄청난 후유증을 가져올 것이 뻔하기 때문이었다. 통일을 한 뒤에는 국민의 자유 의지에 따라 체제를 결정하고, 또 통일되기 전 단계에서는 남과 북 모두가 서로 독립된 하나의 정권이라는 것을 현실적으로 인정해야 마땅하다고 보았다. 그러기 위해서는 한 민족, 두 개의 정부 체제로 나아가는 것이 바람직한 방향이라고 생각했다.

지금은 통일이 되었지만 당시에는 독일도 분단 국가였다. 독일은 '1민족 2국가' 체제를 취했다. 독일은 서독과 동독이 통일을 전제로 접촉하고 있는 것이 아니라 공존을 위해 접촉하고 있었다. 동서독의 통일은 소련을 비롯하여 서유럽 제국이 방해하고 있었다.

그러나 우리의 통일은 어느 나라도 방해하지 않을 것이며 또 방해받을 이유도 없었다. 한국을 둘러싸고 있는 강대국들은 결코 통일 한국을 그리 두려워하지 않을 것이기 때문이다. 만일 우려하는 것이 있다면 한국이 어느 특정국에 이용당하는 것이었다. 이런 점만 보장된다면 한국의 통일은 어느 나라로부터도 방해받을 일이 없었다.

또한 독일은 패전국이며 따라서 자신의 주장을 당당하게 관철시킬 수 없었다. 그러나 우리는 패전국도 피점령국도 아니었다. 한국의 분단은 외세에 의한 것이었다. 따라서 통일을 위해 그들이 협력할 이유는 있을지언정 통일을 방해할 이유는 없었다. 이런 점에서 우리는 독일과 확연히 달랐다. 우리의 의지만 있다면 통일은 독일보다 우리에게 훨씬 가까이 있었다.

박 정권은 나의 3단계 통일론에 무수한 흠집을 내며 나를 공격했다. 박정희와 공화당, 그리고 일부 언론은 나의 주장을 비틀어 소개하면서 용공 분자나 빨갱이로 몰아붙였다. 나의 평화 통일론은 이후 박 정권이 납치, 연금, 구속 등 박해와 탄압을 할 때 주요 빌미로 악용되었다. 그러나 나는 평화 통일에 대

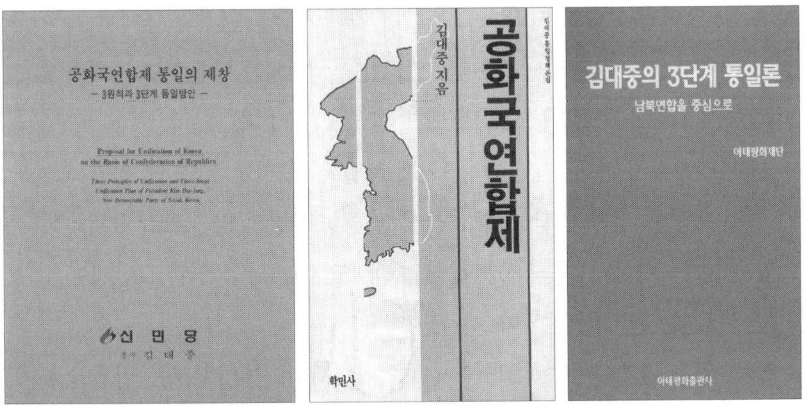

순결한 과제 '통일'에 대해 숙고를 거듭했다. 그렇게 3단계 통일론은 진화했다.

한 신념을 한 번도 바꾼 적이 없다.

나의 3단계 통일론은 끊임없이 진화했다. 이는 물론 한반도를 둘러싼 환경이 변한 탓도 있지만 끊임없이 바람직한 통일 방안을 모색했던 연구의 산물이기도 하다.

나는 1980년대 중반에 3단계 통일안을 보완하여 '공화국 연방제 통일 방안'을 제시했다. 이 방안 역시 '평화 공존 교류→연방→완전 통일'이라는 3단계로 이뤄졌다.

1단계인 상징적 연방 기구 아래의 공존 교류는 실질적으로는 남북 연합 단계를 의미한다. 남과 북에는 이념과 체제를 달리하는 독립 정부가 외교·내정·군사적인 독자성을 유지하고, 연방 정부는 상징적 기구로 평화 공존과 교류를 관장한다. 2단계의 연방 단계는 연방 정부가 외교·국방·주요 내정을 관장하고, 남북에 지역 자치 정부를 둔다. 3단계는 평화적 공존과 교류의 토대 위에 평화 통일을 하자는 것이다.

이전의 통일론과 달라진 점은 남북이 기존 권한을 그대로 유지한 채 각기 독립 정부로 존재하면서 양측의 대표자들에 의해 구성된 상징적인 연방 기구를 수립하자는 것이다.

나는 수감 생활과 망명 또는 연금 등의 탄압 속에서도 통일 문제의 끈을 놓지 않았다. 어떤 고난의 시간에도 우리 민족의 가장 근원적인 문제요 가장 순결한 과제인 통일에 관해서 숙고를 거듭했다. 국내외를 막론하고 인재가 있으면 찾아가 의견을 구했다. 보고 또 보고, 묻고 또 물었다.

1995년 8월에 펴낸 『김대중의 3단계 통일론』에 지난 30여 년 동안 숙성시킨 통일 방안을 정리해 담았다. 거시적 담론을 실천적 방안으로 구체화했다. 그것은 자주·평화·민주의 3대 원칙 아래 1단계는 남북 연합, 2단계는 남북 연방, 3단계는 완전 통일에 이르는 것이다.

남북 연합 단계에서는 남과 북이 독립 국가로서 주권과 모든 권한을 보유한 채 남북연합정상회의, 남북연합회의, 남북연합각료회의 등 협력 기구를 설치하고, 이들 연합 기구는 3대 행동 강령인 평화 공존·평화 교류·평화 통일을 실천하는 임무를 맡는다.

연방 단계에서는 연방 정부는 외교·국방·중요한 내정권을 보유하고, 연방 대통령·연방 의회를 구성하며, 남과 북에는 지역 자치 정부를 두자는 것이다.

마지막 완전 통일 단계에서는 중앙 집권제를 실시하거나 세분화된 연방을 두는 것이다. 통일 국가의 이념과 체제는 당연히 민주주의, 시장 경제, 도덕적 선진국, 평화주의를 원칙으로 삼아야 할 것이다.

1972년 5월 10일 어머니가 돌아가셨다. 동교동 집에서 눈을 감으셨다. 돌아가시기 직전에 가톨릭에 입교하셨다. 세례명은 '테레사'였다. 어머니는 푸른 5월의 품에, 너그러운 하느님의 품에 안기셨다. 어머니가 계시지 않았으면 오늘의 내가 없었다. 어머니의 가르침과 따스한 사랑이 없었으면 내 어찌 세상의 빛이 되어 보겠다고 했을 것인가. 내가 세상을 그래도 바르고 의롭게 살려 노력했다면 그 모든 것은 어머니가 물려주신 것이었다. 어머니가 가족들을 설득해서 목포로 이사 오지 않았다면 나는 외딴 섬에서 평생을 살았을지도 모른다. 그런 어머니에게 고생만 시켜 드렸다. 효도 한번 제대로 하지 못했다.

나는 선거에서 늘 떨어졌다. 감옥에 갇히고, 죽을 고비도 두 번이나 넘겼다. 이는 어찌 됐건 불효였다. 어머니는 늘 놀란 가슴으로 사셔야 했다. 그래도 어머니는 내색하지 않았고, 담대하게 역경을 이겨 내셨다. 돌이켜 보면 어머니가 곁에 계심이 힘이고 용기였다. 부총리와 여야의 중진 의원들을 비롯하여 많은 분들이 조문을 와 주었다. 지금 생각해도 어머니는 이때 돌아가신 게 다행이라 여겨진다. 내 인생의 항로는 이후가 더욱 험하고 고단했으니, 만약 곁에서 지켜보셨다면 또 얼마나 마음 졸이셨을까. 5개월 후에 망명객으로 조국을 떠나 이국땅을 떠돌았으니 늙으신 어머니는 또 얼마나 슬퍼하셨을 것인가.

하지만 어머니가 떠난 자리는 깊고도 넓었다.

10월 유신과 망명

(1972)

1972년 10월 11일 다시 일본으로 건너갔다. 도쿄에 머물면서 게이오 대학 고토 유이치로(五島雄一郎) 교수로부터 아픈 다리를 치료받았다. 치료를 받고 나니 걷는 게 훨씬 부드러워졌다. 19일에 귀국할 예정이었다. 귀국하기 이틀 전, 숙소인 제국 호텔로 서울에 있는 친구 최서면이 전화를 해 왔다. 오후 5시쯤이었다.

"오늘 오후 7시에 박 대통령의 중대 발표가 있다는데 알고 있는가?"

"처음 듣는데, 무슨 내용인지 아는 게 있는가?"

"들은 얘기지만, 상황이 좋지 않네. 아마 국회를 해산하고 계엄령을 선포할 것 같네."

불길했다. 전화를 끊고 생각에 잠겨 있는데 나와 만나기로 한 일본 기자가 찾아왔다. 그 역시 같은 얘기를 들려주었다.

'예상대로 올 것이 오고 있구나.'

나는 선거 후 박 정권이 독재 체제를 유지하기 위해 얼마나 부심하고 있는지 알고 있었다. 새삼 내가 선거 기간 때 강조한 말이 생각났다.

"만약 이번에도 정권 교체에 실패하면 박 정권 하에서 우리 손에 의한, 또 국민의 투표에 의한 정권 교체는 영원히 불가능할 것이다."

그렇게 거듭 외쳤지만 막상 그것이 현실로 다가온다니 두려웠다. 예정대로 오후 7시에 중대 발표가 있었다. 김종충과 함께 텔레비전을 지켜봤다. 초등학교 친구인 김종충은 내가 일본에 가면 모든 것을 제 일처럼 보살펴 주었다. 이국에서 보는 박 대통령은 왠지 낯설어 보였다. 그는 늘 그랬듯이 표정 없는 얼굴로 발표문을 읽어 내려갔다.

"친애하는 국민 여러분! 나는 우리 조국의 평화와 통일, 그리고 번영을 희구하는 국민 모두의 절실한 염원을 받들어 우리 민족사의 진운을 영예롭게 개척해 나가기 위한 나의 중대한 결심을 국민 여러분 앞에 밝히는 바입니다."

박정희는 대통령 특별 선언을 통해 국회를 해산하고 전국에 비상계엄령을 선포했다. 참으로 가증스러웠다. 조국의 평화와 통일을 위해 국회를 해산하고 계엄령을 선포한다니, 기가 막혔다.

평화적 통일과 한국적 민주주의 실현을 내세우며 다시 쿠데타를 일으킨 것이다. 이런 조롱거리가 세상 어디에 있을 것인가. 박 정권은 헌법을 바꾸고 이를 '유신(維新)헌법'이라고 했다.

유신헌법은 대통령을 통일주체국민회의에서 간접 선거로 선출하고, 국회의원 3분의 1을 대통령이 추천하며, 대통령이 헌법의 효력까지 정지시킬 수 있도록 긴급조치권을 부여했다. 대통령이 3권 위에 군림할 수 있고, 6년 임기에 연임 제한을 철폐하여 종신 집권이 가능토록 했다. 정당한 방법으로는 더 이상 정권 연장을 할 수 없다는 판단 아래 결행한 '궁정 쿠데타'였다.

나는 눈을 감고 말았다. 김종충도 말이 없었다. 지난번 비상사태를 선포할 때도 그랬지만 왜 저들은 내가 국내에 없을 때만 일을 저지르나 하는 생각도 들었다.

먼저 서울 집에 전화를 했다. 아내는 집 걱정은 말라고 하면서 내 걱정을 했다.

"심상치 않아요. 서울에 오시지 않는 것이 좋겠어요."

모든 것이 예상한 것보다 훨씬 나쁜 방향으로, 그리고 빠르게 진행되어 갔다. 박 대통령의 특별 선언을 듣고 떠오른 것은 나를 지지해 준 국민들이었다. 그토록 정권 교체를 열망했던 국민들, 1975년 선거에서는 반드시 정권 교체를 이루겠다고 희망에 불타 있던 국민들. 나는 이국땅 호텔 방을 홀로 서성거렸다. 잠을 이룰 수 없었다. 대통령 선거 때 수많은 사람들이 몰려와 나를 연호하던 광경이 자꾸 떠올랐다.

이처럼 민주주의를 열망하는 국민들인데 지금 이 시각에 어떤 심정으로 이 사태를 받아들이고 있을 것인가. 얼마나 절망하며 얼마나 격분하고 있을 것인가. 가슴에 뜨거운 그 무엇이 올라왔다. 그것은 슬픔이었고, 또 분노였다.

나는 박 정권에 맞서 싸우기로 결심했다. 목숨이 끊어지는 한이 있더라도 투쟁하는 것이 국민들을 향한 내 의무이며 책임이라 느꼈다. 다만 어디에서 어떻게 싸울 것인가가 문제였다.

'한국에서는 독재의 서슬에 누구도 말 한마디 제대로 못할 것이다. 또 그럴 만한 민주 인사들도 별로 없을 것이다. 다행히 나는 나라 밖에서 자유롭게 내 의사를 피력할 수 있다. 미국, 일본 등 세계 여론에 호소하자. 독재 정권의 해악을 세계에 알려 박 정권과의 유착을 차단하자. 그러면 국내에서도 용기를 가지고 유신 반대 투쟁을 벌일 것이다. 민주화를 바라는 국민들을 위해서라도 해외에서 싸우자. 민주 투쟁을 위한 국제적인 조직도 결성하고, 생각과 뜻이 같은 교포들과도 함께 투쟁해 나가자.'

이렇게 생각을 정리했다. 내가 한국에 없을 때 박 대통령이 특별 선언을 한 것 또한 무슨 암시처럼 느껴지기도 했다. 그것은 이른바 망명이었다. 하지만 이전까지 망명은 한번도 그려 본 적이 없기에 솔직히 막막했다. 돈도 넉넉하지 않고, 일단 망명 생활이 시작되면 언제 돌아갈지도 몰랐다. 망명객이 되면 일본이나 미국에서는 어떻게 대할지, 교민들은 나를 도와줄지, 또 중앙정보부에서는 어떤 흉계를 꾸밀지…….

서울에 두고 온 아내와 자식들, 측근과 동지들이 자꾸 마음에 걸렸다. 내가 없으면 그들은 인질이나 다름없었다. 또 중앙정보부의 박해는 오죽할 것인가.

망명이냐 귀국이냐를 놓고 고민을 거듭했다. 뜬눈으로 새벽을 맞았다. 새벽은 나에게 용기를 주었다. 먼동이 터올 무렵 나는 망명을 결심했다.

이튿날 마침 일본에 와 있는 야당 의원들에게 연락을 했다. 김영삼, 이철승, 송원영, 양일동 의원 등이었다. 박 정권의 폭거로 민주화의 희망이 사라진 만큼 일본에 남아서 함께 반정부 투쟁을 벌이자고 제의했다. 그러나 아무도 이에 응하지 않았다.

나는 '유신 쿠데타'를 반대하는 첫 성명을 발표했다. 지난 선거에서 접전을 벌였던 박 대통령의 최대 정적이었기에 몇몇 언론이 관심을 보였다. 하지만 비상계엄 하의 국내 언론에는 한 줄도 실리지 않았다. 나는 기자들 앞에서 특별 선언이 영구 집권을 노리는 획책임을 설명한 다음 성명을 낭독했다.

> 계엄령에 대하여
>
> 박정희 대통령의 이번 조치는 통일을 말하면서 자신의 독재적인 영구 집권을 목표로 하는 놀랄 만한 반민주적 조치이다.
>
> 이는 완전한 헌법 위반 행위인 동시에 한국 내에서 민주 역량의 성장을 통해 북한과 대결하는 입장에서 하루속히 조국 통일을 성취시키려는 국민의 염원을 무참하게 짓밟은 것과 다름없다.
>
> 나는 박 대통령의 행위가 세계의 여론으로부터 준엄한 비판을 받는 동시에 민주적 자유를 열망하면서 이승만 독재 정권을 타도한 위대한 한국민의 손에 의해 반드시 실패하리라는 것을 확인하는 바이다.
>
> 1972년 10월 18일, 동경에서 김대중.

나중에 들었지만 같은 시각 한국에서는 군 수사관들이 우리 집과 내 계파 의원들의 집을 일제히 덮쳤다. 김상현, 조윤형, 이종남, 김녹영, 조연하, 김경인, 박종률, 강근호, 이세규, 김한수, 나석호 의원 등이 군부대로 끌려갔다. 권노갑,

한화갑, 엄영달, 김옥두, 방대엽, 이수동, 이윤수 비서 등도 곤욕을 치렀다. 물론 영장 같은 것은 없었다. 군 수사관들은 이들에게 모진 고문을 하며 나와의 관계를 따졌다. 다짜고짜 그들에게 가한 고문은 상상을 초월하는 것이었다. 옷 벗기고 잠 안 재우기, 각목 또는 곤봉으로 때리기, 눕혀 놓고 코에 물 붓기, 통닭처럼 거꾸로 매달고 때리기, 송곳으로 발바닥 찌르기 등 온갖 만행을 저질렀다.

얼마 후 박 정권은 비상국무회의를 열어 헌법 개정안을 공표했다. 이로써 오로지 박정희 개인을 위한, 독재를 인정한 유신헌법이 등장했다. 나는 곧바로 반대 성명을 발표했다.

개헌에 대해

1. 이번 개헌안은 한마디로 말해서 독재적 군림과 영구 집권의 야망으로 불탄 박 대통령의 목적을 달성시켰고, 직접 선거로는 도저히 승리할 가능성이 완전히 없어진 그의 완전한 당선을 노린 일종의 총통제 개헌이다. 이에 따라 그가 작년 대통령 선거 당시 자신의 3선을 국민에게 호소하면서 '이번이 마지막'이라고 말한 국민과 세계에 대한 공약은 휴지 조각이 되고 말았다. 나는 선거 당시 "만약 이번에 평화적으로 정권 교체가 되지 않으면, 박 정권의 교체 가능성은 완전히 말살되며 가공할 만한 총통제 시대가 온다"라고 되풀이 경고했는데 불행하게도 이 예언이 적중했다.

2. 그동안 박 대통령은 기회 있을 때마다 공산 체제에 비해 민주 체제가 우월하다는 것을 말하면서 경쟁적 공존에서의 승리를 주장해 왔다. 그러나 이번 개헌안은 민주주의의 생명인 의회민주주의와 삼권 분립을 부정했으며 북에 있어서의 공산 획일 체제에 대한 전폭적인 접근을 보여 주고 있다. 이는 종래의 그의 주장을 완전히 뒤집은 것일 뿐 아니라 27년간이나 조국의 분단과 동족상잔의 쓰라림을 견디면서 자유를 위해 싸워 온 한국민의 투쟁 명분과 신념을 상실케 하는 것이다.

3. 박 대통령은 통일을 위한 개헌 운운해 왔지만 결과는 통일과 아무런 관계도 없는, 그의 권력의 영속화와 강화를 위한 개헌으로 집중시켰다. 나는 국민과의

공약을 깨고 민주주의적 건국 이념과 헌법을 짓밟은 박 대통령의 행위에 대해 계속 투쟁해 나갈 결의를 명백히 다짐하는 동시에 자유를 사랑하는 우리나라 국민의 준엄한 심판이 반드시 내려질 것을 확신한다.

1972년 10월 27일, 동경에서 김대중.

나는 일본 신문, 잡지, 텔레비전 등을 통해서, 또는 일본 내 집회에 참석하여 박 정권의 음모와 야욕을 발가벗겼다. 그러면서 한국 국민들은 결코 자유민주주의를 포기하지 않을 것임을 강조했다. 우선 1972년 11월 3일자 『주간 아사히』에 「한국 계엄령에 대하여 직언한다」를 기고했다. 일본인과 재일 동포들은 한국의 독재 실상을 접하고 무척 놀랐다. 나는 그들에게 독재 정권에 맞서 당당하게 싸우는 민주 세력이 존재함을 알렸다. 잇단 기고와 인터뷰를 통해 유신 쿠데타의 정체를 폭로했다. 「나는 한국의 계엄령에 분노한다」(『선데이 마이니치』, 1972년 11월 5일), 「김대중 씨, 한국의 위기를 호소하다」(『주간 포스트』, 1972년 11월 17일), 「분노하며 한국의 현 상황을 호소한다」(『세카이(世界)』, 1973년 1월호), 「조국 한국의 비통한 현실」(『주오고론(中央公論)』, 1973년 1월호), 「민중은 침묵하지 않는다」(『아사히 저널』, 1973년 2월 2일호), 「민주화야말로 남북통일의 전제」(『이코노미스트』, 1973년 2월 6일).

나는 곧 일본을 떠나 망명의 무대를 미국으로 옮겼다. 독재 정권의 실상을 세계에 알리기에는 도쿄보다 워싱턴이 나아 보였다. 미국은 박 정권에 막강한 영향력을 여전히 행사하고 있었다.

미국에 도착해 지인들에게 연락을 했다. 이근팔, 임병규, 임창영, 유기홍 그리고 처남 이성호 등과 만나서 미국에서 앞으로의 활동에 대해 의견을 나눴다. 나는 미국에서 한국의 자유민주주의와 독재 타도를 위해 싸울 것임을 밝혔다. 그들은 재미 교포들 중에 한국의 민주화에 관심을 가진 사람들이 많으니 그들과 함께 싸워 나갈 방안을 찾아보자고 했다.

미국인이든 한국인이든 누구나 만났다. 그중에서도 에드윈 라이샤워

(Edwin O. Reischauer) 교수와는 자주 접촉했다. 하버드 대학의 일본연구소 소장인 그는 이전부터 잘 알고 있었다. 그는 민주주의를 신봉하고, 독실한 기독교인이고, 신념이 강한 정치가로 나를 높이 평가했다. 라이샤워 교수는 민주, 공화 양당의 원내총무 등 의원들을 소개해 주었다. 민주당 원내총무는 훗날 주일 대사가 된 마이크 맨스필드(Mike Mansfield)였고, 공화당 원내총무는 휴 스콧(Hugh Scott)이었다. 나는 이들에게 한국의 독재 정권의 실상을 알리고 도움을 요청했다.

워싱턴에서는 우선 에드워드 케네디 상원의원을 만났다. 그는 여전히 나를 신뢰하며 망명 중에 문제가 있으면 언제든 찾아오라고 했다.

미국에서는 대학 강단을 무대로 해서 민주화 운동을 전개했다. 1972년 12월 14일 뉴욕 컬럼비아 대학에서 첫 대중 연설을 했다. 100명이나 올까 했는데 500여 명이 몰려왔다. 연설회는 대성공이었다. 나는 열변을 토했고 반응은 뜨거웠다. 이런 열기를 결집시키면 큰일을 할 수 있겠다는 자신감이 생겼다. 미국 각지를 돌며 강연을 했다. 미주리 주립대학, 웨스트민스터 대학, 워싱턴 대학, 시카고 대학, 샌프란시스코 공회당 등에서 미국인과 재미 동포들에게 한국 민주화에 대한 나의 의견과 주장을 설파했다.

이때 인편에 보내온 아내의 편지를 받았다. 국내외 어떤 기자도 우리 집에 접근을 못했는데 일본 TBS의 미요시(三善)와 미국 CBS의 한영도 기자가 찾아왔다고 했다. 기자들은 나에 대한 근황도 알려 주고 아내의 편지도 내게 전해 주겠다고 했다. 우리 부부는 두 기자와 아내의 이화고녀 후배인 우순 씨를 통해 서신을 주고받았다. 가끔은 정보부원의 감시를 따돌리고 흡사 첩보전을 전개하듯 아내가 제3의 장소에서 전화를 걸어 통화를 하기도 했다.

> 끌려가서는 무서운 고문을 당하고 모두 몸에 멍이 들었어요. 마음속까지 시퍼렇게 멍들었어요. 우리 비서들, 측근들 그리고 기사, 누구 하나 빠짐없이 끌려가서 고문당하고 나올 때는 다시는 동교동에 가지 않겠다는 각서를 쓰고서야 나올

수 있다는 것입니다.

우리 집에서 끌려갔던 이들은 안방에서 나와 비서 단 둘이만 이야기하고 심부름시킨 것까지도 일일이 다 알고 있으며, 어머님 돌아가셨을 때 부의금 명단의 카피까지 그대로 그곳에 있는 것을 보았다 합니다. 다들 놀라 버렸대요. 안방에 도청 장치가 있었던 게 사실이었나 봅니다. 그렇게 세밀히 알고 조사한 서류가 산적해 있다니까요.

현재로서는 당신만이 한국을 대표해서 말할 수 있는 것이 아니겠어요? 어느 누구도 바른말을 하지 못하고 가슴 답답해하고 있으니까요. 정부에서는 당신이 외국서 성명 내는 것과 국제적 여론을 제일 두려워한다고 합니다.

박정희 씨만이 이 나라에 존재해 있고 그의 명만이 법이요, 모두 죽은 자의 묘지가 되어 있는 이곳에서 숨이라도 크게 쉬면 무슨 소린가 놀라서 벌을 내릴까 두려워하는 심정입니다. 특히 미워하는 대상은 당신이므로 그리 아시고 더 강한 투쟁을 하시고, 국민을 자유롭게 해방시켜 호흡을 크게 쉴 수 있게 해 주기 위해서라도 급히 서두르지 마세요.

미국이나 일본이나 혼자 다니지 마시고 음식도 조심하세요. 언제 어디서고 당신을 노리고 미행한다는 것 잊지 마셔야 해요. 늘 몸조심 단단히 하세요.

아내의 편지를 읽으니 한국의 상황과 동교동 우리 집 형편이 생생하게 떠올랐다. 박 정권의 만행에 온몸이 떨렸다.

한국에서는 12월 23일 유신헌법에 따라 통일주체국민회의가 열렸고, 박정희는 제8대 대통령으로 선출되었다. 유신헌법 선포에서 대통령 취임까지는 70일도 걸리지 않았다. 나는 미국과 일본에서 한국을 바라보며 이를 탄하고 꾸짖었다.

박정희가 독재 체제를 강화하면서 민주 세력을 체포, 고문, 연금하고 있음에도 북한은 적십자회담과 남북공동위원회 구성에 합의하였다. 뿐만 아니라 박 정권의 헌법 개정과 보조를 맞춰 북한도 헌법을 고쳤다. 참으로 이상했다.

북한의 이러한 태도는 미국과 일본의 일부 지식인들에게 '남과 북이 진정 통일을 원하고 있는지도 모른다'는 그릇된 인식을 심어 주었다. 미국과 일본 정부는 안정과 안보라는 명분으로 박 정권의 독재 강화를 위한 일련의 조치를 묵인했다. 그러나 남과 북의 전향적 남북 관계 천명은 독재 정권이 통일이란 환상으로 국민들을 속여 서로 권력 기반을 공고히 한 것에 불과했다.

통일을 빙자한 일련의 조치들은 독재 정권을 향한 비난을 일시나마 잠재울 수 있었다. 나와 민주 세력에게는 암흑의 시기였다. 우리는 철저히 고립됐다.

1973년 1월 5일 나는 다시 일본으로 돌아왔다. 도쿄 체류 중에 한국 국회의원 선거 결과를 접했다. 유신 체제 하의 첫 선거에서 야당이 선전했다는 소식이었다. 그러나 이는 여당과 야당이 짜고 치른 선거였다. 이미 대통령이 의석의 3분의 1을 추천하고 있었기에 과반 확보는 문제가 없었다. 한 선거구에서 두 명을 뽑는데 여당은 한 명만 출마했다. 남은 한 석은 야당과 무소속이 당선되도록 했다. 야당은 이런 정부 여당의 '배려'로 존재하는 비루한 처지였다.

하지만 한 가지 의미 있는 것은 지역구 선거에서 여당은 과반수 의석을 얻었지만 득표율은 40퍼센트에도 못 미쳤다는 사실이다. 야당의 예상 밖 선전으로 국민의 뜻이 어디에 있는가를 확인할 수 있었다. 그나마 위안이었다.

나는 일본에서도 독재와의 투쟁을 계속해 나갔다. 그것은 참으로 고독했다. 하지만 멈출 수 없는 일이었다. 만나는 사람마다 독재 정권의 폐해를 설명했다. 그리고 장차 한·미·일 3국의 공동 이익에 얼마나 큰 해악을 끼칠 것인가를 설파했다. 자민당 의원 중에도 내 이야기에 공감하는 사람들이 생겼다. 당시 일본의 정계 여당 쪽은 박정희 대통령을 일관되게 지지하고 있었다. 기무라 다케오(木村武雄) 전 건설장관은 내 이야기를 듣고 깜짝 놀랐다.

"한국에 관심이 없었는데 이대로 그냥 둬선 안 될 것 같습니다. 한국의 실정은 상상을 초월하는군요."

아카기 무네노리(赤城宗德) 전 농림장관도 비상한 관심을 표명했다.

"한일회담 약속을 지키기 위해 우리는 심혈을 기울이는데 박 정권은 그렇지 않은 것 같습니다. 우리가 제공한 차관도 엉뚱한 곳에 쓰이는 것 같습니다. 이래서는 우리의 노력이 허사가 될지도 모르겠습니다."

『타임』 지 에스 창(S. Chang) 도쿄 지국장이 우쓰노미야 도쿠마(宇都宮德馬) 의원을 소개했다. 창 지국장은 한국계 일본인이고 나를 취재하러 한국에도 왔었다. 우쓰노미야 의원은 의원 수십 명이 소속되어 있는 아시아·아프리카연구회의 책임자였고, 여당 의원이었지만 사회당원 못지않게 진보적이었다. 일본 정부의 한국 독재 정치 지지, 경제적인 한일 유착 등의 실상을 이야기하자 우쓰노미야 의원은 깜짝 놀랐다. 그는 아시아·아프리카연구회 멤버들을 모아서 내 연설을 듣게 했다. 나는 일본이 한국 독재 정치에 대해 무관심한 것을 질타했다.

"일본은 아시아 정책에서 작금에 미국이 취한 '반공이면 독재 정권도 지지한다'는 잘못된 정책을 답습하지 않기 바랍니다. 미국은 과거 한국의 독재 정권을 무원칙으로 지지하지 않았습니다. 이승만 정권 말기 민주 회복에 힘을 빌려 줬고, 군사 쿠데타에는 조속히 반대 입장을 표명했습니다. 쿠데타 후에 군정에서 민정으로 복귀할 때에도 미국의 압력이 컸습니다. 3선 개헌 때에도 되도록 이를 저지하려 했고, 비상사태 선언에도 명분이 없다고 반대 성명을 냈습니다. 유신 체제에 대해서도 공식, 비공식으로 불만을 표명하여 상원외교위원회 보고서에도 '박 정권은 이승만 정권 이래 최악의 독재'라고 평가를 내렸습니다.

반면 일본 정부는 미국의 태도와 확연한 차이를 보였습니다. 일괄적으로 박 정권을 지지하고, 1971년 대통령 선거 당시에는 그 시기에 맞춰 경제 원조를 실시했습니다. 서울 지하철이 그 상징적 실례입니다. 일본은 결국 한국의 민주주의 발전에는 거의 관심이 없었다고 할 수 있습니다.

물론 한일 두 나라의 장래를 생각하는 많은 지식인과 야당 국회의원들이 있다는 것을 잘 알고 있습니다. 문제는 지금까지 취했던 일본 정부의 정책입니다. 아시아에서 일본의 존재는 중국과 함께 날로 커져 가고 있습니다. 따라서 일본이 올바른 아시아 정책을 취해야 공산주의와 민주주의 체제의 경쟁적 공존이 가능해지며 아시아인들의 진정한 행복이 이뤄지는 것입니다."

나는 한국에 대한 일본인들의 잘못된 인식을 바로잡으려 동분서주했다. 일본에서는 한국의 정세에 도대체 관심을 보이지 않았다. 내가 독재 정권의 실상을 설명하면 깜짝 놀랐다. 나는 일본의 지식인들이 나서 줄 것을 촉구했다. 일본 내 친한파와 박 정권이 유착하고 있는 실례와 그 폐해를 지적했다. 독재와 부패를 방조한 결과 한국 국민들이 얼마나 고통 받고 있는지를 설명했다.

일본에 체류하면서 이시바시 마사시(石橋政嗣) 사회당 서기장을 비롯하여 많은 의원들을 만났다. 또 재미 교민들에게 그랬던 것처럼 재일 한국인들에게도 조국의 민주 회복에 관심을 가져 달라고 호소했다.

나는 일본에서 『독재와 나의 투쟁』을 집필했다. 나의 이야기였지만 일본인을 상대로 독재의 실상을 알리기 위함이었다. 이 책은 훗날 김형문 금문당 사장이 『행동하는 양심으로』라는 제목으로 국내에서 번역 출간했다.

3월 25일 다시 미국으로 건너갔다. 4월 28일 시카고 연설에 이어 5월 18일 샌프란시스코 인터내셔널 홀에서 연설을 할 때였다. 당시 교포 사회에도 알려진 한인 폭력배 열 댓 명이 강연장 앞자리를 차지하고 있었다. 김상돈 전 민선 서울 시장의 소개를 받아 내가 단상에 오르자 그들은 일제히 소리를 지르며 소동을 벌였다. 케첩 병과 달걀을 던졌다. 그러자 교민 중에서 송선근이라는 사람이 나서서 그들을 꾸짖었다. 그는 참으로 용기 있는 사람이었다. 결국 현지 경찰이 출동하는 소동이 일어났지만 나는 끝까지 연설을 마쳤다. 이들 폭력배들은 한국 영사관 부영사가 데리고 나타난 것으로 보아 중앙정보부가 사주했음이 분명했다. 그들은 내가 가는 곳이면 세상 끝까지 쫓아오리라는 것은 알고 있었다. 하지만 막상 저들의 행패를 보니 섬뜩했다.

한번은 미국 각 대학에 있는 기독교 학자들의 모임에서 강연을 부탁해 왔다. 나는 흔쾌히 수락했다. 그런데 그 강연을 주선한 학자에게 누군가 전화를 해서 강연회를 중단하라고 협박했다. 그는 미국에 파견된 정보부원이었다. 그러자 그 학자는 이를 용기 있게 폭로했다. 이 같은 소식이 전해지자 교포 사회가 발칵 뒤집혔고, 결국 미국 국무부에까지 알려졌다. 레너드 국무부 한국과장은 한국 공관 측에 강력하게 경고했다.

"김대중 씨는 미국에서 합법적으로 거주하고 있습니다. 그의 활동을 방해하는 것은 명백한 내정 간섭입니다. 앞으로 이런 일이 재발할 때는 용납하지 않을 것입니다."

미국 국무부의 조치는 신속하고 단호했다. 그래서 중앙정보부원들은 내 주변을 끊임없이 맴돌았지만 어쩌지 못했을 것이다. 국무부의 이러한 조치가 참으로 고마웠다.

이렇듯 미국에서 활발하게 행동반경을 넓혀 가던 6월 23일, 박 대통령은 7개항의 '평화 통일 외교 정책'에 관한 특별 성명을 발표했다. 6·23 선언은 향후 외교 정책의 기본 방향을 명시했다. 눈에 띄는 것은 네 번째 항목인 "북한이 국제기구에 참가하는 것에 반대하지 않는다"와 다섯 번째 항목인 "유엔 동시 가입에 반대하지 않는다"였다. 이것은 북한 정부를 인정하고 지금까지 '한 국가 한 정부'에서 '한 국가 두 정부'로 바꾸는 중요한 정책 전환이었다. 한국 국회는 당파를 초월해서 지지 결의안을 채택했고, 미일 양국도 지지를 표명했다. 내가 지난번에 그것을 주장했을 때 정부는 반대했었다.

미국에서 연설과 강연을 계속해 나가자 내 의견과 주장에 공감하는 사람이 점점 늘었다. 반응은 갈수록 뜨거웠다. 나는 자신감이 생겼다. 내친김에 반독재 투쟁을 효과적으로 이끌 구심체를 만들면 어떨까 하는 생각이 들었다. 이 구상은 다행히 재미 교포들에게 큰 호응을 얻었다. 명칭은 '한국민주회복통일촉진국민회의'(한민통)라 정했다.

1973년 7월 6일, 워싱턴 메이플라워 호텔에서 발기인 대회가 열렸다. 김상돈, 이근팔, 문명자, 임창영 전 유엔 대사 등이 참여했다. 한국인들의 민주화 열기를 담을 '한민통'이란 그릇을 만드는 데 일단 성공한 셈이었다.

나는 이 자리에서 두 가지를 확실히 얘기했다. 한 가지는 '대한민국 절대 지지'요, 다른 한 가지는 '선 민주 회복, 후 통일'이었다. 당시 미국에서는 한국의 독재 정권이 통일을 내세우는 것을 보고 통일 우선 운동을 펼치자는 부류도 생겼다. 나는 이에 반대했다. 박 정권의 책략에 말려들 수 있기 때문이었다. 박 정권은 통일을 빌미로 민주 정치를 짓밟고 있지만, 통일 세력을 언제 용공 분자로 몰아세울지 알 수 없었다.

사람들은 결국 '민주화를 먼저 이룬 후에 통일을 촉진한다'는 내 의견에 동의해 주었다. 민주 회복과 통일의 순위를 둘러싼 논란은 민주를 통일보다 앞세운 '민주회복통일촉진국민회의'라는 명칭으로 일단락을 지은 셈이다.

이때쯤 『뉴욕 타임스』에 기고를 했다. 요지는 '주한 미군 계속 주둔에는 원칙적으로 찬성을 한다. 단 독재를 못하도록 미국이 영향력을 행사해 달라'는 주문이었다. 미국에도 내 '선 민주화, 후 통일' 방안을 알린 것이다.

한민통 결성 과정에서 아예 망명 정부를 수립하자는 의견도 있었다. 특히 한국군 장성 출신인 최석남 씨는 적극적이었다. 그는 나의 민주화 투쟁을 높이 평가하고 있었다.

"김 선생님, 우리가 여기에 망명 정권을 세우면 어떻겠습니까?"

최석남 씨는 내가 동조할 것으로 확신한 모양이었다. 그러나 나는 단호하게 거절했다.

"안 됩니다. 장군이나 나나 박정희의 유신 체제를 무너뜨리고 민주주의를 위해 싸우는 것은 다름이 없습니다. 그러나 우리는 분명히 독립 국가입니다. 한국은 식민지가 아니라 언젠가는 민주주의를 이뤄 내야 할 우리나라입니다. 망명 정부는 오히려 한국의 독재자들이 바라고 있을 것입니다. 국민들이 해외에서 우리가 하는 일을 지지해야 하는데, 망명 정부를 세웠다면 누가 우리를 믿고 따르겠습니까. 박 정권은 당장 공산당 앞잡이로 선전할 것입니다. 그렇게 되면 국민들은 얼마나 실망할 것이며, 우리를 믿고 기다리는 동지들은 또 얼마나 절망할 것입니까. 장군의 충정은 알겠으나 이쯤에서 뜻을 거두십시오."

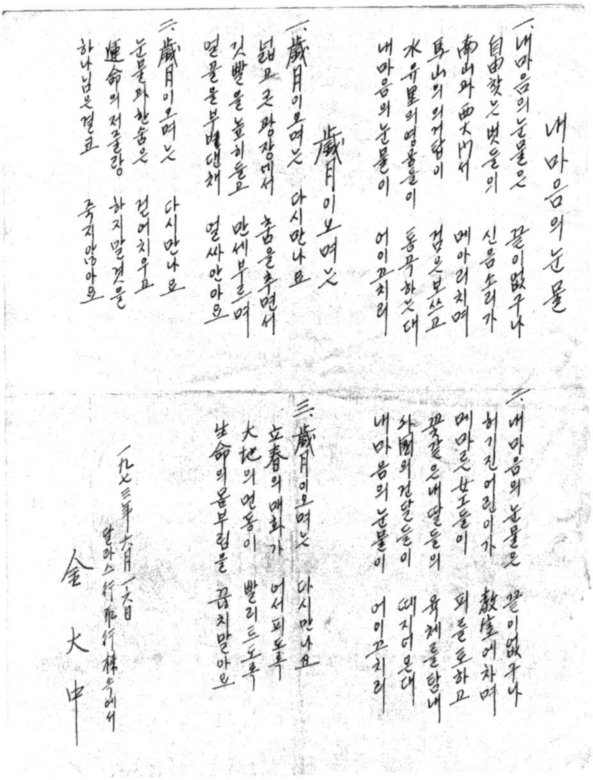

내마음의 눈물

一、내마음의 눈물은 끝이없구나
自由찾는 벗들의 신음소리가
南山과 西大門서 메아리치며
馬山의 의거탑이 검은보쓰고
水유里의 영혼들이 통곡하는대
내마음의 눈물이 어이그치리

二、내마음의 눈물은 끝이없구나
허기진 어린이가 教室에 차며
메마른 女工들이 피를토하고
꽃같은 내딸들의 육체를탐내
外國의 건달들이 떼지어온대
내마음의 눈물이 어이그치리

歲月이오며는

一、歲月이오며는 다시만나요
넓고 큰 광장에서 춤을추면서
깃발을 높이들고 만세부르며
얼굴을 부벼댄채 얼싸안아요

二、歲月이오며는 다시만나요
눈물과 한숨은 걷어치우고
運命의 저주랑 하지말것을
하나님은 결코 죽지않아요

三、歲月이오며는 다시만나요
立春의 매화가 어서피도록
大地의 언동이 빨리트도록
生命의 몸부림을 끊치말아요

一九七三年 六月 一六日
달라스行 飛行機속에서
金大中

망명기의 서러움을 시로 달랬다.

최 씨는 순수한 의도로 의견을 말했기에 곧 수긍했다. 박정희가 아무리 미워도, 우리가 아무리 망명객으로 떠돌며 곤궁해도 한국은 언젠가는 돌아가야 할 모국이고, 민주주의를 꽃피워야 할 우리나라였다.

7월 10일에 일본으로 돌아왔다. 한민통 일본 본부를 결성하기 위해서였다. 일본에서는 한민통 창립 준비를 하는 틈틈이 신문과 텔레비전, 잡지 등과 인터뷰를 하면서 지냈다. 하루하루를 비교적 평온하게 보냈다. 그중 월간 『세카이』지에 야스에 료스케(安江良介) 편집장과 가졌던 대담 기사가 특히 기억에 남는다. 그는 대담 말미에 나의 신념이 무엇이냐고 물었다. 나는 이렇게 말했다.

> 캄캄한 밤이라도 내일 아침이면 태양이 반드시 뜬다는 것은 의심할 여지가 없습니다. 나는 악마가 지배하는 지옥에 떨어져도 신이 있다는 것을 믿습니다. 그리고 나의 신앙은 역사입니다. 나는 역사에서 정의는 절대로 패배하지 않는다는 것을 믿습니다. 또한 나의 유일한 영웅은 국민입니다. 국민은 최후의 승리자이며 양심의 근원입니다. 나는 이런 신념으로 살고 있습니다.
>
> 나의 아내를 비롯하여 아이들도, 나의 형제도, 현재 81세인 부친도 국내에 있습니다. 나의 형님은 지난 2월에 세상을 떠났지만 그 장례식에도 갈 수 없었습니다. 하지만 그것은 어쩔 수 없는 일이라고 생각합니다.
>
> 우리나라가 일본에 합병될 때 소수의 독립투사들을 제외하곤 우리 조상들이 용기가 없었기에 100년이 지난 지금도 그 고통이 이어지고 있는 것입니다. 만약 일본에게 합병되지 않았더라면 국토의 분단도 없었을 것입니다. 우리는 당시 패기가 부족했던 조상들을 원망하고 있습니다. 따라서 우리 후손들로부터 그런 원망을 듣는 사람이 되고 싶지 않습니다. 현실의 혹독함 속에 한 가지 자기 위안일지도 모르지만, 적어도 그런 신념을 갖고 있습니다.

7월 13일 도쿄 게이오 프라자 호텔에서 배동호, 김재화, 조활준, 김종충 등을 만났다. 나는 한민통 미국 본부 결성 경위를 설명하면서 재일 한국인들의 단합을 호소했다. 그리고 일본에서도 한민통을 조직하여 독재 정권을 타도하고 민주주의를 회복하자고 제의했다. 모두 적극 찬성했다.

한민통 결성에 즈음해서 나는 미국에서 주장한 '대한민국 절대 지지'와 '선 민주 회복, 후 통일' 원칙 외에 '조총련과 선을 그을 것'을 덧붙였다. 그리고 8월 15일로 예정된 조총련과의 경축 행사도 중지토록 했다. 이에 대해 도쿄 민단 일부에서 강력히 항의했다. 본국에서도 북한과 통일을 협의하는 데 문제될 것이 없다는 투였다.

그러나 그것은 박 정권이 언제든 악용할 소지가 있었다. 한국의 현행법에 위배되기 때문이었다. 나는 내 요구가 관철되지 않으면 함께할 수 없다며 회의장을 나와 버렸다. 그렇게 강하게 밀어붙여 관철시켰다.

한민통 결성을 위한 최종 5자 회담이 우에노(上野)의 이케노하타 여관에서 열렸다. 일본에서 준비한 모든 것들을 꺼내 놓고 서로 확인해 나갔다.

우선 한민통 창립 대회는 8월 15일 히비야(日比谷) 공회당에서 열기로 했다. 부의장에 김재화·정재준·김용원, 상임고문에 배동호, 고문에 양산기·김제술·유석준, 사무총장에 조활준, 조직국장에 김종충을 뽑기로 합의했다. 강령을 채택하고 다섯 명이 서명을 했다. 그 다섯 명은 김재화 민단 고문, 정재준 민단 동경본부 단장, 배동호 민족통일협의회 수석의장, 조활준 사무총장, 그리고 나였다. 나는 비로소 이국땅에서 조국의 민주 회복을 위한 귀한 조직을 얻게 되었음에 감격했다.

나는 한민통을 궁극적으로는 세계적인 기구로 만들려는 구상을 했다. 미국, 일본, 캐나다 지부를 우선 결성한 후 점차 확대해 나갈 생각이었다. 미국에는 안병국 목사, 일본에는 김재화 씨, 그리고 캐나다에는 이상철 목사를 지부장으로 미리 정해 놓았다. 일본에서 한민통 결성이 매듭지어지면 곧바로 캐나다로 건너갈 계획이었다. 캐나다에는 존경하는 김재준 목사가 있었고, 그의 사위 이상철 목사가 교포 사회의 신망을 얻고 있어서 여러모로 든든했다. 그러나 내가 직접 캐나다 땅을 밟지는 못했다.

나의 망명 활동은 잠재해 있던 교민들의 민주화 의식을 깨웠다. 그들은 나를 통해 조국을 보았고, 그래서 스스로 깨어났다는 표현이 더 적합할지 모른다. 미국과 일본에 살고 있는 우리 교민들은 국내 상황을 아주 먼 나라 이야기로 듣고 있었다. 나는 그들에게 조국의 실상을 정확하게 전달했다. 국민들이 얼마나 독재 정권 아래서 신음하고 있으며 민주화를 갈망하는지 알렸다. 그리고 통일에 앞서 왜 민주화를 해야 하는가에 대한 공감을 끌어냈다. 지식인들이 내 말에 동조를 해 주었다. 교민 사회에 '민주화의 씨'가 뿌려졌다.

그렇게 하루하루를 치열하게 살았지만 망명 생활은 쓸쓸했다. 가족 없이 떠돌다 보니 밤에는 어김없이 고독이 찾아왔다. 곁에 아무도 없다는 사실이 실로 견디기 힘들었다. 그리고 늘상 누군가 나를 노리고 있다는 생각에 소름이 돋곤 했다. 그래도 미국에서는 이근팔 비서가, 일본에서는 친구 김종충이 내 곁을 지켜 주었다. 이근팔 비서는 전직 외교관으로 나를 위해 헌신적으로 일했다. 두 사람은 매우 명석하고 모든 것이 확실했다.

나의 반독재 민주화 투쟁을 저지하려는 노력이 별 성과가 없자 박 정권은 우선 나를 회유하려 했다. 그해 3월에는 박정희 대통령과 친밀한 자민당의 한 간부가 박 정권과 타협할 의사가 있는지를 물었다. 박 대통령은 나와 같이 일하고 싶어 하며 나를 부통령으로 중용할 뜻을 분명히 밝혔다고 했다. 난 매우 불쾌했지만 좋은 말로 거절했다.

"난 좋은 자리에 가려고 이러는 게 아닙니다. 민주주의를 하느냐 안 하느냐가 중요한 것이지 내가 무엇이 되는 것은 중요하지 않습니다."

나로서는 예의를 갖춰 거부의 뜻을 전했지만, 독재자에게는 민주주의를 하라는 말이 폐부를 찔린 듯 아팠을 것이다. 박 대통령은 그때 나를 없애야겠다고 마음을 먹었는지도 모른다.

국내에서도 중앙정보부 6국장이 아내를 찾아가 나의 귀국을 종용했다.

"남편에게 빨리 돌아오라고 연락을 하시오. 이대로 반정부 운동을 계속하면 무슨 일이 있어날지 모릅니다. 신변에 중대한 문제가 생길 수도 있습니다."

협박이었다. 나는 이런 사실을 전해 들었지만 일본과 미국의 치안 능력을 믿었다. 어쩌면 믿을 수밖에 없었다. 중앙정보부 같은 국가 조직이 그들의 정교한 정보망을 이용하여 아무런 보호막이 없는 망명객을 노린다면 필시 화(禍)를 피할 수는 없을 것이다. 나는 그걸 알고 있었다.

1973~1980년

4부

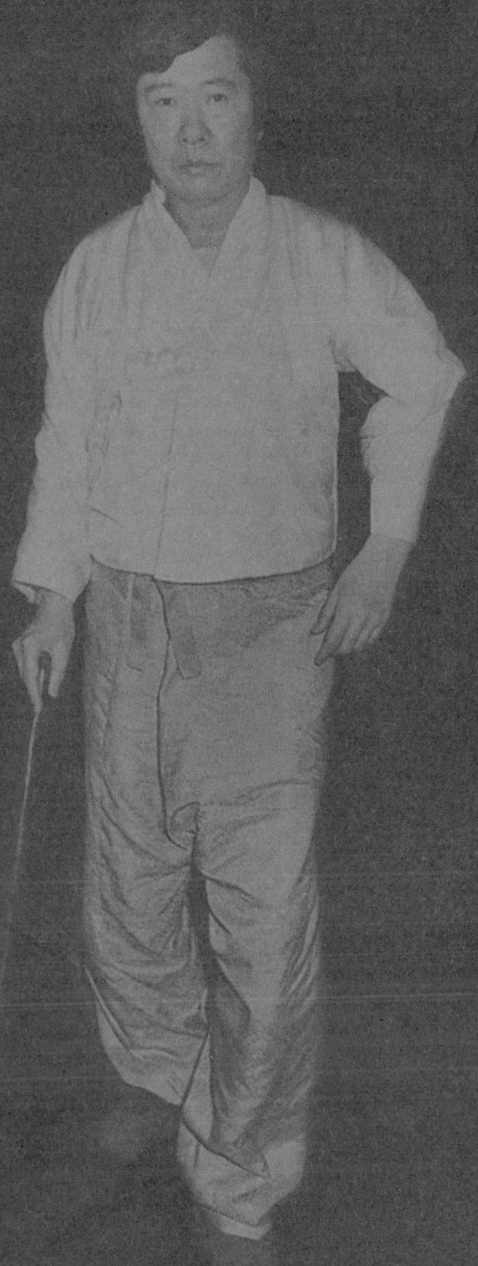

물속에 던져질 순간이 왔다. 살고 싶었다. 상어에게 하반신을 뜯어 먹혀도 상반신만으로도 살고 싶었다. 바로 그때 예수님이 나타나셨다. 예수님이 바로 앞에 서 계셨다.

"살려 주십시오. 제게는 할 일이 남아 있습니다. 우리 국민들을 위해 해야 할 일들이 있습니다."

예수님이 나타났다

(1973)

불온한 기운이 곳곳에서 감지되었다. 그럴수록 내 신변에 대한 걱정들이 쏟아졌다. 1973년 7월 10일, 미국에서 일본으로 재입국했을 때다. 공항에 마중 나온 동지들이 수심 어린 표정으로 은밀하게 말했다.

"재일 한국인 야쿠자들의 움직임이 수상합니다. 뭔가 음모가 있는 것 같습니다. 일본에 계시는 동안 몸조심하십시오."

누군가 나를 노리고 있는 게 분명했다. 조직적인 움직임이 포착되었다. 고국에서 아내가 먼저 수시로 그런 느낌을 편지로 전해 왔다.

> 정보부가 무슨 일을 할지 모르겠어요. 당신이 외국에서 활약하는 일에 몹시 신경을 쓰고 있을 뿐 아니라 어떤 방법으로든지 당신이 일을 못하도록 방해할 것 같아요. 혹 당신의 측근을 보내서 당신을 설득하려는 방법을 취할지도 몰라요. 각별히 주의에 주의를 하세요.

> 저들이 당신 때문에 두통을 앓고 있는 것이 사실이에요. 그러면 그럴수록 귀국해서는 아니 됩니다. 아무리 보장을 해 준다고 해도 결코 믿을 수 없어요.

> 저들이 당신의 명성이 높아지고 외국에서의 인정이 굳어질수록 당신에게나 우리 가족들에게 화살을 보낼 터이니 더욱더 조심하세요. 어떤 경우에도 귀국하시는 일은 없으시길 바랍니다.

인편으로 받는 편지이지만 부쩍 내 신변의 안위를 염려했다. 부부간에는 그 무엇이 있는지도 모른다.

도쿄에서는 계속 호텔에만 머물 수가 없었다. 돈이 많이 들뿐더러 사무실이 아니라서 반정부 투쟁의 구심처로 활용할 수가 없었기 때문이다. 동지들이 다카다노바바(高田馬場) 지하철역에서 가까운 하라다 맨션을 얻어 주었다. 비교적 번화가에 위치한 12층 건물이었다. 11층 7호실을 숙소 겸 사무실로 사용했다. 입구에는 '한국민주제도·통일문제연구소 도쿄 사무소'라는 작은 간판을 달았다. 수석비서를 맡고 있던 조활준 동지가 사무소장으로 내 일을 도왔다.

동지들은 최우선해서 내 경호원을 구하려 했다. 재일 한국청년조직, 한국청년동맹 소속 회원들을 상대로 적임자를 찾았다. 김종충 등이 나서서 "반독재 투쟁의 기수 김대중 선생을 우리가 보호하자"며 분위기를 잡았다. 맨 먼저 경호원 겸 비서로 김군부란 청년이 자원했다.

김강수란 청년도 비서 겸 경호원으로 일을 했다. 그는 무술에 능했다. 부모를 모셔야 하는 외아들인데도 극히 위험한 경호 업무를 맡아 주었다. 그는 가족을 떠나 내 곁을 지켰다. 사실 우리에게는 무기도, 장비도 변변찮았다. 오로지 열정만이 있었다. 한마디로 맨몸 경호였으니 유사시에는 얼마나 위험할 것인가. 나는 그들이 그냥 고맙고 그저 미더웠다.

경호와 관련해서는 주변 사람들의 의견을 존중했다. 그들의 의견대로 하라다 맨션에만 머물지 않았고 시내 호텔에도 투숙했다. 2~3일마다 숙소를 바꾸었다. 신변 위험에 대한 나름의 안전 조치였다.

하라다 맨션에 입주한 지 일주일쯤 되었을 7월 23일이었다. 우리 맨션을 누군가 감시하고 있는 것을 김종충이 목격했다. 외출을 하려다 보니 맨션 뒷문 쪽에 개인택시가 보도 위로 반쯤 올라와 세워져 있었다. 관리실에 물어보니 오래전부터 서 있었다고 했다. 김종충이 이상한 생각이 들어 그 앞을 지나면서 모퉁이를 바라보니 웬 남자가 담배 가게에서 맨션 입구 쪽을 지켜보며 어딘가에 전화를 걸고 있었다. 김종충은 한눈에 그 남자가 우리 맨션을 계속 감시하고 있다는 것을 알았다. 외출을 하려다 말고 내게 전화를 걸어 그 사실을 알렸다.

상황이 비상했다. 조활준 수석비서는 아무래도 위험하니 경호원을 더 늘려야겠다고 했다. 저들이 암살 기회를 엿보고 있을지도 모른다는 말을 덧붙였다. 섬뜩했지만 나는 내색을 할 수 없었다. 나보다 동지들이 더 긴장을 했기 때문이다. 동지들은 같은 장소에 오래 머물러서는 절대 안 된다며 내게 주의를 기울여 달라고 신신당부했다.

겉으로는 평온했지만 하루하루가 긴장으로 터질 듯했다. 그러던 7월 29일 양일동 민주통일당 총재를 만났다. 이국땅에서 그를 만나니 마치 고향의 형님처럼 반갑고 포근했다. 양 총재는 평소에 나를 동생이라 불렀는데 당뇨병 치료를 위해 도쿄에 머물면서 병원에 다니고 있었다. 양 총재는 신민당을 탈당하고 반 진산계의 일부 세력을 규합하여 민주통일당을 창당했다. 이런저런 얘기를 나눈 후 헤어지면서 귀국하기 전에 다시 한 번 만나기로 약속했다.

8월 4일 밤, 조활준 수석비서는 재일 한국 대사관 관계자로부터 들었다며 나를 납치하려 한다는 제보를 받았다고 했다. 대사관 쪽에서 흘러나온 정보라면 신빙성이 있었고, 사실이라면 한국의 중앙정보부가 개입할 것은 틀림없어 보였다. 우리는 거의 날마다 숙소를 옮겼다. 8월 1일 하라다 맨션, 2~3일 오쿠라 호텔, 4일 퍼시픽 호텔, 5일 하라다 맨션, 6일 퍼시픽 호텔, 7일 힐튼 호텔. 그러나 운명의 날은 찾아왔다.

1973년 8월 8일, 도쿄의 아침은 끈적거렸다. 덥고 습했다. 그래서인지 거리는 유난히 우중충했다. 나는 도쿄 힐튼 호텔에서 여느 날처럼 아침을 맞았다.

10시 30분께 양일동 민주통일당 총재를 만나러 호텔 방을 나섰다. 김군부, 김강수 비서가 따라나섰다. 호텔 현관에서 택시를 불렀다. 김군부 비서에게는 호텔에 남아 있으라 이르고 김강수와 함께 택시를 탔다. 김군부 비서는 택시에 오르는 나를 보며 '괜찮으시겠냐'고 눈으로 묻고 있었다.

11시가 넘어 그랜드팔레스 호텔에 도착했다. 엘리베이터를 타고 김강수와 함께 22층으로 올라갔다. 22층 복도에는 앉아서 대기할 만한 곳이 없어 김 비서에게 아래층 로비에서 기다리라고 했다.

양 총재가 묵고 있는 2211호실 문을 두드렸다. 양 총재가 나를 반갑게 맞았다. 양 총재와 한국의 정치 상황과 시국에 대해서 여러 얘기를 나눴다. 양 총재는 이제 그만 한국에 들어오면 어떻겠냐고 물었다. 내가 말했다.

"나도 들어가고 싶습니다. 하지만 국내에서 모두 어용 야당질을 하고 있는데 내가 들어가서 무얼 하겠습니까?"

그러면서 형편이 궁하니 망명 자금이나 좀 대 달라고 말했다. 양 총재는 그 말에는 선뜻 대답을 하지 않았다. 이런저런 얘기를 나누고 있는데 노크 소리가 들렸다. 그리고 김경인 의원이 들어왔다. 뜻밖이었지만 무척 반가웠다. 민주통일당 소속 국회의원인 그는 나와 친척뻘이었다.

김 의원은 책을 사러 외출했다가 예정보다 일찍 돌아오는 바람에 나와 만날 수 있었다. 셋이서 함께 점심을 먹었다. 나는 아카사카(赤板)에서 자민당의 기무라 토시오(木村俊夫) 의원을 만나기로 되어 있어 오후 1시 15분께 호텔 방을 나섰다. 김경인 의원이 따라 나왔다. 그때 어디선가 건장한 사내 대여섯 명이 뛰쳐나왔고 그들 중 두 명이 갑자기 내 멱살을 잡았다.

나는 깜짝 놀라 호통을 쳤다. 김경인 의원도 함께 소리를 질렀다.

"무슨 짓이냐. 너희들은 누구냐?"

사내들은 황급히 내 입을 틀어막았다. 나는 옆방으로 끌려 들어갔다. 그들은 그 방을 미리 빌려 놓은 듯했다. 내가 반항하자 무릎 뼈를 발로 차고 턱을 쳤다. 사람 때리는 기술자 같았다. 어떻게 손을 써 보지도 못하고 제압당했다.

그들은 나를 침대 위에 팽개치더니 손수건을 코에 대고 눌렀다. 순간 마취제일 것이라는 생각이 뇌리를 스쳤다. 한순간 정신을 잃었다가 다시 깨었다. 의식이 몽롱했다. 내가 깨어난 것을 보면 마취제가 독하지 않았던 모양이다. 아니면 내가 마취약이 잘 안 듣는 체질인지도 몰랐다.

"조용히 해. 말 안 들으면 죽여 버리겠다."

유창한 한국말이었다. 나는 순간 '큰일이 벌어지고 있구나. 이러다 죽을 수도 있겠구나' 하고 생각했다. 머릿속에서 빨간불이 확 지나갔다. 정신은 가물가물했지만 의식을 잃은 것처럼 일부러 축 늘어져 꼼짝하지 않았다. 얼마나 지났을까. 사내들은 방문을 열고 복도를 살피더니 나를 양쪽에서 끼고 엘리베이터 안으로 끌고 갔다. 힘이 대단했다.

엘리베이터는 17층인가 18층인가에서 멈췄다. 젊은 남자 두 명이 들어왔다. 나는 이때다 싶어 일본말로 고함을 질렀다.

"살인자다, 구해 달라! 살인자다, 구해 달라!"

그러나 두 남자는 다급한 외침에 두려웠는지 7층에서 황급히 내렸다. 그러자 납치범들은 끼고 있던 팔을 옥죄더니 주먹으로 때리고 발로 찼다.

지하로 내려가자 승용차가 대기하고 있었다. 그들은 그 차에 나를 밀어 넣더니 내 양옆으로 한 명씩 타고 앞좌석에는 두 명이 탔다. 나 외에 4명이 탄 듯했다. 사내들은 나를 뒷좌석 바닥에 앉히더니 다리로 머리를 눌렀다. 차는 지하 주차장을 빠져나왔다. 머리가 눌려서 밖을 쳐다볼 수 없었지만 지상으로 빠져나와 달리고 있음을 알 수 있었다. 삽시간에 22층 호텔 방에서 지하로 떨어진 느낌이 들었다. 방금 전에 들은 양 총재의 웃음이 귓가를 맴도는데 지금 나는 어디 있는가. 나는 이렇듯 허망하게 납치를 당했다.

사내들은 내 얼굴을 옷으로 가렸다. 헝겊 조각은 여전히 내 입을 틀어막고 있었다. 내가 조금이라도 움직이면 발로 걷어찼다. 막힘없이 달리는 것으로 보아 고속도로 같았다. 얼마나 달렸을까. 차가 멈췄다. 도로가 폐쇄된 것처럼 보였다. 혹시 나 때문에 검문하고 있는 게 아닌가 하는 생각도 들었다. 납치범 하나가 차에서 내렸다. 길을 물어보는 것 같았다. 귀를 기울였다. 일본말이 들렸다.

"이쪽은 오사카, 저쪽은 교토."

나는 소리를 질러야 했지만 어떻게 할 수가 없었다. 경찰이 차 안을 살펴보기만 빌었다. 그러나 사내만 돌아와 다시 차에 탔다. 차는 또 달렸다. 한 시간은 족히 달리더니 속도를 줄였다. 고속도로를 벗어나 시내로 들어선 것 같았다. 그러나 어딘지 도저히 가늠을 할 수 없었다. 사내 중 하나가 "안(安)의 집으로 가자"고 말했다. 그런데 운전기사는 모르겠다며 더듬거렸다. 그러자 일본말로 "야스카와(安川)"라고 말했다. 짜증이 묻어 있었다. 그리고 어딘가에 멈춰 섰다가 다시 다른 곳으로 이동했다. 예정과는 다른 곳으로 가고 있는 것 같았다. 이윽고 어느 빌딩 주차장 같은 곳에 차를 세웠다. 나더러 내리라 했다. 내릴 때 눈을 치켜떠 위를 보니 철골이 있는 천장이 보였다. 지붕은 있었지만 빌딩 밖 같았다.

빌딩 안으로 들어가 다시 엘리베이터를 탔다. 엘리베이터에서 내려 끌려간 곳은 다다미가 있는 방이었다. 젊은 여자의 목소리가 들렸다. 뭐라고 말하는지는 알아들을 수 없었다. 사내들은 나를 묶고 있던 끈을 풀고 옷을 벗겼다. 입에 물린 헝겊도 빼냈다. 시계와 양복 주머니를 뒤져 현금과 신분증명서, 명함 같은 것을 뺏어 갔다. 허름한 옷으로 갈아입히고 신발도 운동화로 바꿔 신겼다. 다시 끈으로 몸을 묶었다. 그리고 화물 포장용 강력 테이프로 얼굴만 남기고 몸 전체를 둘둘 감았다. 그런 몰골로 나는 방에 처박혀 있었다. 두 시간쯤 되었을까, 밖은 어두워지고 있었다.

사내들은 다시 나를 밖으로 끌고 나갔다. 두 손과 두 다리를 모두 묶인 채 차에 실렸다. 역시 양옆에서 나를 발로 눌렀다. 30분 정도 달렸을 것이다. 파도 소리가 들렸다. 해안이 분명했다. 선착장에서 이번에는 모터보트에 태워졌다. 근처에는 다른 배들도 정박해 있는 것이 보였다.

중앙정보부 공작에 동원된 '용금호'. 나는 이 배에서 수장되기 직전 예수님을 보았다.

보트 위에서 사내들은 내 머리에 보자기 같은 것을 씌웠다. 갑자기 깜깜해졌다. 죽음이 가까이 온 것 같았다. 묶인 손가락으로 성호를 그었다. 죽음을 각오했다. 그것을 보았는지 사내 하나가 내 배를 걷어차며 욕설을 내뱉었다.

"이 새끼가."

바다 위를 한 시간쯤이나 달린 것 같았다. 이번에는 커다란 배로 옮겨졌다. 보트에서 배로 옮겨 타기 전에 누군가 시간을 묻자 "12시 50분"이라고 대답하는 것을 들었다. 그들은 꼭 필요한 말 외에는 하지 않았다. 고도로 훈련된 요원들이라는 느낌을 받았다. 배 위에서 다시 나를 때렸다. 내가 말했다.

"그만하시오. 때릴 필요 없소. 나는 이미 죽음을 각오한 사람이오. 죽을 각오를 하고 있는 사람을 때릴 필요가 없지 않소."

매질이 그쳤다. 도쿄에서 나를 끌고 온 범인들이 다른 무리들에게 나를 인계하는 것 같았다. 서로 인사를 주고받는 소리가 들렸다. 배는 흔들림이 없었다. 500톤급으로 1000마력 이상의 성능을 지닌 것 같았다. 나는 해운업을 했기에 배의 움직임만으로도 크기와 성능을 알 수 있었다.

갑판 밑 선실로 끌려갔다. 거기에 누워 있으라 했다. 누워 있다가 설핏 잠이

들었다. 잠이 깼다 싶으니 사내들이 왔다. 먼저 얼굴에 붙였던 강력 테이프를 떼 내고 몸에 감은 끈을 풀었다. 잠시 몸이 가뿐해졌나 싶더니 이번에는 더 꼼꼼하게 묶기 시작했다.

두 손을 가슴에 모으게 하고 묶었다. 두 발도 묶었다. 칠성판 같은 판자 위에 눕히더니 몸을 위, 아래, 가운데로 나눠 송장처럼 세 군데를 묶었다. 입에는 나뭇조각을 물게 하고 붕대를 둘렀다. 흡사 시체에 염을 하는 듯했다. 두 손목에는 30~40킬로그램 무게의 돌인지 쇳덩인지를 달았다.

그들은 아무 말도 하지 않았다. 절대로 다음 단계를 내가 가늠할 수 없도록 행동했다. 대여섯 명이 나를 밧줄로 촘촘히 묶었다. 작업이 끝나자 자기네끼리 두런거렸다. 경상도, 충청도, 전라도 사투리가 들렸다. 말씨로 보아 재일교포는 아닌 게 분명했다.

"이만하면 바다에 던지더라도 풀리지 않겠지?"

"이불로 싸서 던지면 떠오르지 않는다는구먼. 솜이 물을 먹어서."

하지만 범인들은 이불을 씌워 묶지는 않았다. 그들의 대화 속에는 '상어'라는 말도 튀어나왔다. 바다에 던져질 게 분명해 보였다. '상어 밥이 될 수도 있겠구나.' 나는 마지막 순간이 왔다고 생각했다. 나는 크리스천이다. 매일 기도를 올렸고, 납치되어 이동 중에도 하느님을 찾았다. 그런데 이 마지막 순간에는 기도할 생각이 나지 않았다. 기도할 생각보다는 바닷속에서 맞이할 최후의 모습이 어른거렸다.

'물속에서 쇳덩이를 벗길 수 있을까. 아마 힘들 것이다. 바닷속이니 몇 분이면 모든 것이 끝날 거야. 고통도 사라지겠지. 그러면 내 고단한 삶도 끝이날 거야. 어떤가, 이 정도 살았으면 된 것 아닌가.'

그러자 다른 생각이 떠올랐다.

'아니다. 살고 싶다. 살아야 한다. 아직 할 일이 너무 많다. 상어에게 하반신을 뜯어 먹혀도 상반신만으로라도 살고 싶다.'

그런 생각을 하며 팔목에 힘을 주었다. 하지만 양 손목을 묶고 있는 밧줄은 꼼짝도 하지 않았다. 모든 것이 소용없었다. 눈앞이 깜깜했다. 그때, 바로 그때 예수님이 나타나셨다. 나는 기도드릴 엄두도 못 내고 죽음 앞에 떨고 있는데 예수님이 바로 앞에 서 계셨다. 아, 예수님! 성당에서 봤던 모습 그대로였고, 표정도 그대로였다. 옷도 똑같았다. 나는 예수님의 긴 옷소매를 붙들었다.

"살려 주십시오. 아직 제게는 할 일이 남아 있습니다. 우리 국민들을 위해 해야 할 일들이 있습니다. 저를 구해 주십시오."

나는 세례를 받은 후 처음으로 예수님께 살려 달라, 구해 달라고 매달렸다. 그러자 순간 눈에 붉은 빛이 번쩍 스쳐 지나갔다. 갑자기 엔진 소리가 폭음처럼 요란하더니 배가 미친 듯이 요동치며 내달렸다. 선실에 있던 사내들이 "비행기다"라고 외치며 갑판으로 뛰쳐나갔다. 폭음 같은 것이 들리고 배는 전속력으로 달렸다. 무슨 일이 긴박하게 벌어지고 있었다. 그러나 나는 알 수 없었다. 그렇게 30분이나 40분쯤 달리다 배가 다시 속도를 줄였다. 아무 일도 없었다는 듯 사위가 조용해졌다.

"김대중 선생님 아니십니꺼?"

갑자기 경상도 사투리가 내 귀에 꽂혔다. 선실 바닥에 처박혀 있던 나는 소리 나는 쪽으로 몸을 일으켜 겨우 고개를 끄덕였다.

"나는 지난 대통령 선거 때 부산에서 선생님을 찍었습니다."

그 말을 듣자 뭔가 살길이 열리는 것 같았다. 눈앞이 환해졌다. 흡사 복음 같았다. 사내는 내 귀에 대고 속삭였다.

"선생님은 이제 살았습니다."

입에 감긴 붕대를 풀더니 담배에 불을 붙여 물려 주었다. 그리고 손발을 풀어 주었다.

'아, 내가 살아서 담배를 피우고 있구나.'

사내는 주스를 한 잔 가져와 권했다. 내가 물었다.

"대체 지금 여기가 어디요?"

"도쿠시마(德島) 근해입니다."

"이보시오, 그럼 이 배는 틀림없이 항구에 들를 것이오. 항구에 닿으면 바로 경찰에 가서 신고해 주시오. 일본 경찰은 나를 도울 것이오."

그는 알았다고 했다. 시각은 동트는 새벽쯤일 터인데 정확히는 알 수 없었다. 그러나 나를 태운 배는 일본 항구에 닿지 않았다.

배는 9일과 10일 이틀 동안 바다에 떠 있었다. 음식이나 물을 줄 때 사내들은 처음과 달리 친절히 대했다. 한 고비는 넘긴 듯했지만 여전히 내 앞길은 알 수가 없었다. 내 운명은 바다 위에 떠 있었다. 언제 죽음이 파도처럼 덮쳐 올지 몰랐다. 졸다 깨다를 반복하면서 이틀을 보냈다. 눈을 가려 여전히 아무것도 볼 수 없었다.

11일 새벽쯤이었을 것이다. 주위가 소란스러웠다. 한국말이 들렸다. 배가 한국의 어느 항구에 정박한 것처럼 보였다. 의사가 선실로 찾아와 나를 진찰했다. 손발에 난 상처도 치료해 주었다. 주사를 맞아야 한다고 했다. 나는 아무 말도 하지 않았지만 어떤 용도의 주사인지 겁이 났다. 나중에서야 의사는 내 몸이 약해져서 포도당 주사를 놨다고, 묻지도 않았는데 알려 주었다. 미리 말해 주지 않은 의사가 야속했다.

다시 종일 선실에 머물다가 밤이 제법 깊었을 때 배에서 끌려 내려왔다. 범인들은 나를 더 이상 묶지는 않았다. 하지만 입은 막고 눈은 가린 채였다. 항구에 차가 대기하고 있었다. 미군들이 주로 타는 쓰리쿼터 같았다. 차 안에 판자가 깔려 있고 그 위에 누워 있으라고 했다. 시키는 대로 했다. 몇 시간을 달리다 차가 멈췄다. 차를 바꿔 타라 했다. 차 안에 침대가 있는 것으로 보아 이번에는 구급차 같았다.

다시 오랫동안 달려 어딘가에 내렸다. 소변을 보고 싶다고 했다. 그때 들어간 화장실의 변기는 대포 포탄을 반으로 절단해 만든 것이었다. 당시 농가에서 변기로 널리 사용하고 있었다. 그걸로 미루어 농가에 머물고 있는 것 같았다. 그들 중에 책임자로 여겨지는 남자가 집이 좁더라도 참아 달라고 했다. 그러고는 영양제이니 먹으라며 작은 알약 두 개를 주었다. 그걸 받아먹으니 졸음이 쏟아졌다. 수면제였다.

눈을 뜨니 8월 12일 아침이었다. 시간이 지나자 눈에 감겼던 붕대가 헐거워져 주변이 조금씩 보였다. 아무리 봐도 어제의 농가는 아니었다. 서양식 건물이었는데 2층에 내가 누워 있었다. 잠든 사이에 나를 옮겨 놓은 듯했다. 군인처럼 머리가 짧은 사내들이 나를 지키고 있었다. 야전 전화를 사용하고 있는 것으로 미루어 군대와도 연관이 있어 보였다. 정보부의 안가(安家)나 기관의 부속 건물 같아 보였다. 나는 여기서 또 하루를 보냈다.

납치 엿새째인 8월 13일, 오후가 되자 사내 하나가 다가와 말을 걸었다.

"김대중 선생, 얘기 좀 합시다."

한참 뜸을 들인 후 내게 물었다.

"왜 선생은 해외에서 국가에 반대하는 투쟁을 벌이는 겁니까?"

"그런 게 아니오. 내가 박정희 정권을 반대하고 있는 것은 사실이지만 자유민주주의와 반공 체제를 부인하거나 반대한 일은 없소. 나는 대한민국에 대해 한 번도 반대한 적이 없소. 내가 반대하는 것은 독재 정권이지 국가가 아니오."

"국가가 정권이지, 국가와 정권이 다를 게 무엇이란 말이오?"

그는 퉁명스럽게 대꾸했다. 나는 더 이상 말하지 않았다. 그가 돌연 화제를 바꿨다.

"김대중 선생, 협상 좀 합시다."

"말해 보시오."

"지금부터 선생을 차에 태워 자택 근처에다 풀어 드릴 작정입니다. 상부 명령입니다. 집으로 돌아가도 괜찮지만 차에서 내리면 거기서 소변을 봐 주십시오. 그 사이에 붕대를 풀어도 안 되고, 소리를 내도 안 됩니다. 소변을 다 본 뒤에는 집으로 돌아가셔도 좋습니다. 어떻습니까?"

나는 고개를 끄덕였다.

그들은 나를 차에 태우고 달렸다. 두 시간 동안 달리면서 그들과 간혹 얘기를 나눴다. 그들은 자신들이 '구국동맹행동대'라 말했다. 무엇하는 단체냐고 물었지만 말해 줄 수 없다고 했다. 그러더니 한참을 있다가 "자유민주주의를 수호하고 반공하는 단체"라고 설명했다. 고속도로 톨게이트라고 짐작되는 곳을 지났을 때 신분증과 명함을 돌려주었다. 지갑과 돈은 나중에 돌려주겠다고 했다. 뺏긴 돈과 시계는 그 후에도 돌려받지 못했다.

이윽고 차가 멎었다. 그들은 나를 차에서 내리게 했다. 나는 약속대로 서 있는 자리에서 소변을 보았다. 그리고 눈을 감고 있는 붕대를 풀었다. 한참 지나자 사물이 보였다. 주유소 간판이 낯익었다.

나는 동교동 우리 집 근처 골목에 서 있었다. 달빛이 밝았다. 하늘에는 보름달이 둥실 떠 있었다. 달빛을 받고 있는 골목길은 적요했다. 나는 살아서 돌아왔다. 맞다. 한국전쟁 때도 그랬다. 공산당의 무차별 학살로, 끌려가면 죽어야 했던 그 고비를 넘기고 교도소를 빠져나왔을 때도 이처럼 달이 밝았다. 달빛은 왜 이리 험한 내 운명을 비추는 걸까.

세 번째 죽음의 올가미에서 빠져나왔다. 1972년 10월 11일에 떠났으니 10개월 만에 내 나라 내 집으로 돌아왔다. 그 시간들은 미국과 일본을 오가며 격정을 토해 낸 격동의 시간들이었는데, 아주 멀게 느껴졌다. 기억 저편에서 아득하기만 했다.

멀리 더위를 식히려 길가에 나와 있는 사람들이 보였다. '도대체 내게 무슨 일이 일어난 것일까.' 나는 집으로 걸음을 옮겼다. 아침에 걸어 나온 길처럼 눈에 익었다. 저녁 산책을 마치고 돌아가는 듯한 착각이 들었다.

밤은 깊었다. 대문 앞에 서서 문패를 올려다봤다. '김대중 이희호'. 문패가 물끄러미 나를 내려다보았다. 골목 안은 조용했다. 집안에서 불빛이 새어 나왔다. 대한민국, 한여름 밤. 나는 초인종을 눌렀다. 막 퇴근한 가장처럼.

납치 사건 후 한일 결착

(1973 ~ 1974)

인터폰에서 누구냐고 물었다.

"나다, 나야."

식구들은 내가 이렇게 돌아와 집 앞에 홀로 서 있을 줄은 상상도 못했을 것이다. 한참 지난 뒤에야 안에서 "의원님 오셨다"는 외침이 들렸다. 모두 우르르 몰려나왔다. 아내와 막내아들 홍걸이가 보였다. 다들 맨발이었다. 목이 말랐다. 거실로 올라가 물을 달라고 했다. 가족과 비서들이 나를 둘러쌌다. 내가 말했다.

"하느님께서 살아 계심을 체험했다. 주님 은총으로 살았다. 우리 모두 기도하자."

모두 무릎을 꿇고 감사 기도를 드렸다. 기도를 마치고 살펴보니 비로소 내 몸 곳곳에 상처가 보였다. 아랫입술은 곪아 있었고 두 손목과 발목은 피멍이 들어 벌겋게 부풀어 올라 있었다. 왼쪽 눈썹 위가 터져 피가 맺혀 있었다. 수염도 자라 거뭇거뭇했다. 전화벨이 울렸다. 김옥두 비서는 받자마자 전화를 끊었다.

"애국청년구국대원이라는데, 들어오셨냐고 물었습니다."

장남 홍일이가 달려오고, 동네 사람들이 몰려왔다. 동아방송 긴급 뉴스를

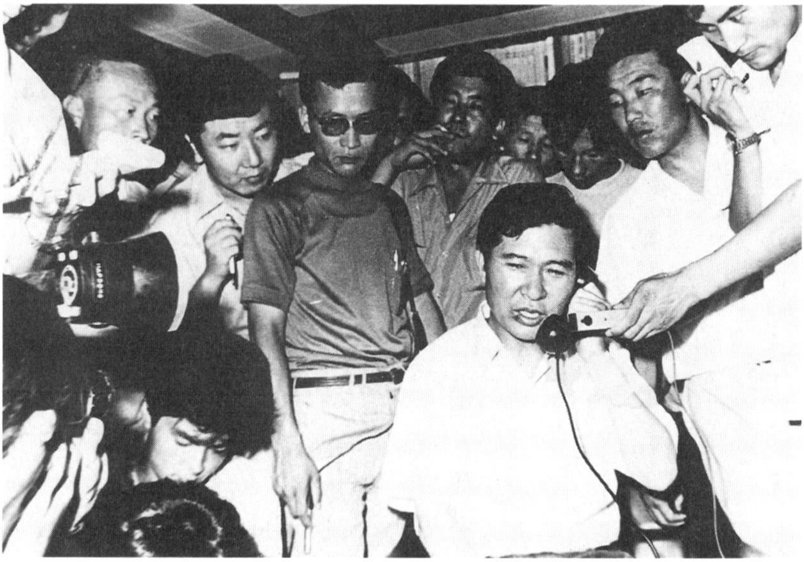

1973년 8월 13일 밤, 납치에서 풀려나 동교동 자택으로 돌아온 직후 전화를 받고 있다.

듣고 알았다고 했다. 잠시 후에는 내외신 기자들이 거실로 들이닥쳤다. 50명도 넘었다. 거실은 발 디딜 틈도 없었다. 나는 기자들에게 사건 경위를 소상하게 밝혔다. 납치에서 귀환까지, 엿새 동안 벌어진 일들을 담담하게 전했다. 그런데 놀랍게도 내가 기억으로 설명한 납치 과정은 후일 일본 경찰의 수사 결과와 거의 일치했다.

그렇게 많은 보도진이 몰려들었지만 분위기는 숙연하고 심각했다. 기자 회견은 밤 11시부터 다음 날 새벽 2시 30분까지 계속되었다.

"큰 배에 옮겨져 괴한들이 나를 바닷속으로 던지려 할 때는 예수님께 살려달라 기도를 드렸다"는 대목에서 목이 메었다. 나는 보도진에게 눈물을 보이고야 말았다.

사건 후에 많은 사람들이 범행 현장에 있던 양일동 총재와 김경인 의원에게 의혹의 시선을 보낸 게 사실이다. 하지만 나는 이를 적극 해명했다. 납치당했던 순간들을 여러 증언과 수사 결과 등으로 다시 구성해 보면 이렇다. 당일 호텔에서 김경인 의원과 양 총재 방을 나오니 옆방 2210호실 앞에 2명, 양 총재 방 맞은편 2215호실 앞에 3명의 사내가 있었다. 그중 3~4명이 나를 2210호로 끌고 갔고, 남은 두 명은 소리를 지르는 김 의원을 양 총재 방으로 밀어 넣었다. 양 총재가 놀라 소리쳤다.

"뭐하는 짓이냐? 어디서 왔느냐?"

사내 하나가 유창한 서울말로 대답했다.

"양일동 선생, 우리는 서울에서 왔습니다. 국내 문제니까 조용히 처리합시다. 곧 끝날 테니 조금만 기다려 주십시오."

어딜 보아도 한국 사람이고 '국내 문제'라는 말에 양 총재와 김 의원은 잠시 기다려 보기로 했다. 더욱이 사내들의 완력은 대단했다. 김 의원은 단순히 손목만을 붙잡혔는데도 팔뚝에 멍이 생겨 귀국할 때까지 지워지지 않았다고 한다. 김 의원은 시간이 흐르자 걱정이 되어 내가 끌려 들어간 2210호로 가봤다. 그때마다 사내 둘이 지켜 섰다가 아직 일이 끝나지 않았다고 말했다.

"금방 끝납니다. 여기서 큰소리치면 한국인의 수치입니다. 국제적으로도 곤란한 문제이니 조금만 참아 주십시오."

방 안에서는 아무 소리도 들리지 않았다. 할 수 없이 다시 양 총재 방으로 들어가야 했다. 물론 어떻게 해서라도 내가 끌려간 2210호 문을 열어 확인하는 것이 최선이었겠지만 사내들은 어떤 틈도 주지 않았다. 김 의원은 몇 분 간격으로 복도를 살펴봤다.

그때 1층 로비에서 기다리던 김강수 비서는 시간이 지나자 불안해졌다. 1시 20분쯤 호텔 내부 전화로 2211호에 연락을 했다. 그런데 전화를 받자마자 누군가 한마디하고 끊어 버렸다. 김 비서는 재일 교포로 한국말이 서툴러 그 말을 알아듣지 못했다. 그 말은 "빨리 올라오라"는 것이었다.

양 총재 방에 있던 김 의원이 다시 복도에 나가 보니 2210호를 지키던 사내들이 보이지 않았다. 김 의원과 함께 있던 사내도 호텔 아래에 차가 있으니 잠깐 보고 오겠다며 나갔다. 마지막으로 2210호에 남아 있던 사내마저 전화를 받더니 사라졌다.

김강수 비서는 오후 2시가 되어도 내가 나타나지 않자 22층으로 올라갔다. 2211호실 문을 두드리자 양 총재와 김 의원이 있었다. 김 비서가 신분을 밝히고 나를 찾자 김 의원이 옆방에 가 보라고 했다. 김 비서는 분위기가 심상치 않다는 걸 느꼈다. 뛰쳐나가 2210호실 문을 열려고 했지만 잠겨 있었다. 김 비서는 호텔 종업원을 찾았다. 다행히 22층에서 빈 객실을 정돈하던 종업원이 있었다. 그를 다그쳐 문을 열게 했다.

방에 들어서자 우선 이상한 냄새가 났다. 약품 냄새였다. 내가 보이지 않자 방 안을 둘러봤다. 침대 사이에 종이 봉지 같은 것이 있었고, 방구석에 놓여 있는 테이블에는 병과 피스톨 탄창이 있었다. 이미 큰일이 벌어졌다고 판단한 김 비서는 조활준 수석비서에게 전화로 상황을 알렸다. 나의 실종 소식이 처음으로 호텔 바깥에 알려졌다. 오후 2시 5분이었다.

양 총재도 비슷한 시간에 한국 대사관과 우쓰노미야 도쿠마 자민당 의원에게 사건 발생을 알렸다. 사무실에서 김군부 비서가 달려온 것은 그로부터 20분쯤 후였다. 김 비서는 2210호를 샅샅이 뒤졌지만 별다른 것은 발견하지 못했다. 그때까지 방 안에는 약품 냄새가 남아 있었다.

복도로 나오니 건너편 2215호실 문이 열려 있었다. 중앙정보부 요원들이 대기하고 있던 방이라는 것은 나중에 알았다. 들어가 보니 방 안은 깨끗이 정돈되어 있었다. 2211호실에는 양 총재가 소파에 망연자실한 표정으로 앉아 있었다. 곧 양 총재의 연락을 받고 주일 대사관의 김재권 공사가 나타났다. 김군부 비서 등은 김 공사에게 화를 내며 나를 찾아내라고 외쳤다.

조활준 수석비서는 다시 경찰에 신고했다. 대략 오후 2시 40분쯤이었다. 경찰과 기자들이 거의 같은 시각에 그랜드팔레스 호텔 범행 현장에 도착했다.

정밀 검색이 시작되었다. 두 개의 침대 사이에는 아무것도 들어 있지 않은 큰 배낭 두 개와 작은 배낭 한 개, 13미터 길이의 로프가 있었다. 방구석 테이블에는 실탄 일곱 발이 들어 있는 독일제 권총과 탄창 한 개, 마취제로 보이는 영양제용 작은 약병 한 개, 대형 갈색 봉투, 북한제 담배 두 개피가 놓여 있었다. 바닥에는 티슈와 내 파이프가 떨어져 있었다. 그 파이프는 며칠 전 우에노의 교포 가게에서 산 것이었다.

수거된 물품으로는 범인들이 누구인지 짐작할 수 없었다. 수사의 혼선을 노리고 치밀하게 유류품을 남겼을 것이다. 권총 탄약은 서독제지만 실탄은 세 발은 영국제이고, 네 발은 스위스제였다. 그중 세 발은 오래된 탄환으로 그 당시 일본 폭력단이 주로 사용하는 것이었다. 영양제 병에는 수면제 용액이 3분의 1가량 남아 있었다. 북한 공작원이나 야쿠자의 소행으로 보이게 하려 했음이 분명했다.

빈 배낭을 준비한 것으로 보아 괴한들은 나를 살해한 후 시체를 토막 내어 그 속에 넣어 운반할 계획을 세웠던 것 같다. 그들의 계획이 실패한 것은 김경인 의원이 나타났기 때문으로 추측된다. 책을 사러 외출한 김 의원은 예상 시간보다 빨리 돌아와 나를 만났다. 만일 김 의원의 배웅 없이 나 혼자 복도에서 범인들과 부딪혔다면 나는 어찌 되었을지 모른다. 내가 김 의원과 함께 나타나자 돌연 현장에서 살해할 계획을 바꿔 나를 바다에 던지기로 했을 것이다. 그런 면에서 나는 김 의원 덕분에 죽음을 면했는지도 모른다.

일본 경찰은 욕조에서 범인들의 지문을 채취했다. 그중 하나는 주일 한국 대사관 김동운 1등 서기관의 것으로 밝혀졌다. 김 서기관의 지문은 한국 중앙정보부의 소행이라는 결정적 증거였다. 또 사건 이틀 전인 8월 6일 오후에 그랜드 팰리스 호텔 인근의 등산 용품 가게에서 김동운이 배낭을 사 갔다는 사실도 확인했다. 이로써 중앙정보부가 사건에 개입했다는 것이 확연하게 드러났다.

그렇다면 중앙정보부 요원들은 내가 양 총재를 만날 것이라는 것을 어떻게 알았을까. 양 총재가 도쿄의 한 병원에서 잠시 입원하고 있는데 한국 대사관의 정보 담당 공사가 병문안을 왔다고 한다. 그는 어떻게 하면 나를 만날 수 있느냐고 물었다. 그때 양 총재는 나와 곧 만날 것이라는 얘기를 했다고 한다.

그 말은 다시 중앙정보부 요원들의 귀에 들어갔을 것이고, 저들은 양 총재 곁만 지키면 내가 나타날 것이라 믿고 양 총재 주변을 계속 감시했을 것으로 추측된다.

중앙정보부 요원들은 양 총재가 묵고 있는 옆방(2210호)과 앞방(2215호)을 차지하고 나를 기다렸던 것이다. 그리고 마침내 저들에게 내가 모습을 드러낸 것이다. 양 총재가 납치의 단초를 제공한 것은 맞지만 사건과 양 총재와 어떤 연관도 없음은 명백했다.

어쩌면 그 자리에서 납치를 당하지 않았어도 저들은 끊임없이 나를 노렸을 것이다. 이렇게 볼 때 저들의 계획은 '현장 살해'였지만 뜻하지 않는 목격자의 출현으로 '납치 후 살해'로 바뀐 것이었다.

내가 납치당한 사실은 NHK 종합 텔레비전의 뉴스 속보 자막을 통해 세상에 알려졌다. 3시 50분이었다. 그때 나는 괴한들의 발아래 깔려 고속도로를 달리고 있었다.

내가 극적으로 생환한 것은 미국의 개입이 있었기 때문이다. 주한 미국 대사관은 내가 납치당한 8월 8일 오후 3시에 정보를 입수했다. 미국 CIA가 맨 먼저 하비브(Philip Habib) 대사에게 알렸다. 하비브 대사는 한국 내의 모든 정보 팀을 소집했다. 대사관 정치참사관, 무관, 문화공보원장이 달려왔다. 거기에는 한국에 부임한 지 한 달 남짓 되는 도널드 그레그(Donald Gregg) CIA 한국 책임자도 포함되어 있었다. 하비브 대사는 긴박하게 지시했다.

"김대중 씨가 납치되었다. 한국 중앙정보부가 개입한 것 같으니 빨리 정보를 수집하라. 그를 살려야 한다."

하비브는 취합한 정보를 분석하고 곧바로 한국 정부 고위층에 납치 사실을 알렸다. 아울러 미국의 우려를 강력하게 전달했다. 훗날 도널드 그레그의 증언을 보면 하비브 대사는 이런 사태를 이미 예견하고 있었다고 한다. 대사는 미국과 일본에서 일어난 일련의 내 연설회 방해 공작을 소상하게 파악하고 있었다. 정작 납치 사건이 발생했을 때도 크게 동요하지 않고 단호하고도 신속하게 대처한 것은 이런 정보를 바탕으로 충분한 증거를 확보하고 있었기 때문에 가능했을 것이다. 하비브 대사가 나를 죽음의 문턱에서 끌어내 주었다. 그가 나를 살렸다.

당시 절체절명의 순간에 나타난 비행기는 일본 국적기로 추정된다. 미국은 일본에게 납치 사실을 신속하게 통보하고 후속 조치를 요청했다. '김대중 살해 계획'이 들통 나자 다급해진 한국 정부도 일본 측에 공작선의 위치를 알려주고 해상 출동을 요청했을 것이다.

제롬 코언(Jerome A. Cohen) 교수도 마침 일본에 머무르던 임창영 씨의 연락을 받고 곧바로 키신저 미 국무장관에게 알렸다. 유엔 총회에 참석 중이던 키신저 장관은 모든 조직을 동원하여 진상을 파악토록 지시했다. 재일 한국인 민주화 운동가들도 나의 구명에 큰 역할을 하였다. 배동호, 김재화, 정재준, 김종충, 곽동의, 조활준 등은 8월 8일 납치 사건이 발생한 직후 기자 회견을 열어 한국의 중앙정보부가 이 사건을 일으킨 범죄 세력이라고 단정해서 발표했다. 이는 납치 사건 직후 초기 여론 형성에 결정적인 기여를 했다. 그래서 나를 납치하여 살해하려고 했던 박정희 정권을 궁지에 몰아넣었다.

'김대중 납치 사건'은 여러 증언과 문건을 통해서 이후락 중앙정보부장의 지휘 아래 총 46명이 9개조로 나뉘어 조직적으로 저지른 범행임이 드러났다. 치밀한 사전 계획에 따라 수개월 간의 준비를 거쳐 공작에 착수했다.

1998년 6월 10일 미국의 비밀 문건이 공개되었다. 이 문건에도 이후락 중앙정보부장의 지시에 의한 정보부원들의 소행이며 박정희 대통령이 명시적 또는 묵시적으로 승인했을 가능성이 큰 것으로 보았다. 하지만 박 대통령이 지시한 것은 확실하다.

당시 납치를 총지휘했던 이후락 중앙정보부장은 1980년 '서울의 봄'이 왔을 때 주목할 만한 증언을 했다. 그는 동향 친구인 최영근 의원에게 납치 사건은 박 대통령의 지시였다고 털어놓았다. 박 대통령이 어느 날 부르더니 "김대중을 없애라"고 했다는 것이다. 그 소리를 듣고 너무도 놀라서 차일피일 미루자 한 달쯤 지난 뒤에 다시 불러 호통을 쳤다고 한다.

"당신, 시킨 것을 왜 안 하냐, 총리와도 다 상의했다. 빨리 해라."

이후락은 결국 자신의 부하들이 모두 반대하는데도 대통령의 명령을 따를 수밖에 없었다고 털어놓았다. 자신은 결코 하고 싶지 않았다는 말도 덧붙였다. 나는 그의 말을 믿는다. 세상이 바뀌었다는 생각에 이후락은 고해성사를 했을 것이다. 저들은 박정희의 지시로 나를 죽이려 했다. 그래서 '납치 사건'은 정확한 명칭이 아니다. '김대중 살해 미수 사건'이라야 맞다.

나는 납치 사건만큼은 자서전에서 관련자들의 이름과 그들의 소행을 일일이 기록하지 않으려 한다. 나는 그들을 이미 용서한다고 천명했고, 나를 납치 살해하라는 명령에 모두 부당하다고 반대했음을 알고 있기 때문이다. 또한 사건의 전모가 밝혀져 그 만행을 천하가 다 알기 때문이다. 다만 사건의 실체가 밝혀졌는데도 정치 결착으로 진실을 은폐하려는 한국과 일본의 저급한 정치인들의 작태에는 아직도 분노한다.

집으로 돌아온 다음 날 아침 박순천 여사, 정일형 의원, 이태영 여사 등이 찾아왔다. 곧이어 마포경찰서장과 서울시경 형사과장이란 사람이 찾아와 진술을 듣겠다는 등 수선을 피웠다. 나는 붕대와 눈가리개 등을 증거물로 제출하며 수사에 협조했다. 내가 풀려난 집 근처 골목에서 현장 검증도 했다. 마포경찰서에 '체포감금 피의사건 수사본부'를 설치하고는 검찰총장과 문공부 장관이 목소리를 높였다.

"전 수사력을 동원해 납치범 정체를 꼭 밝히겠다."

그러나 며칠 뒤에 이상 기류가 감지되었다. 마포경찰서장이 집으로 찾아와서는 다짜고짜 우리 부부와 운전기사, 가정부만 남고 모두 집 밖으로 나가라고 했다. 비서진도 일체 출입할 수 없다고 했다. 내외신 기자들의 동교동 출입도 전면 통제되었다. 우리 집으로 통하는 골목마다 바리케이드를 설치하여 외부와의 접촉을 완전 단절시켰다. 나와 가족들에게 가택 연금이 시작되었다. 당시 초등학교 3년생인 막내 홍걸이도 등하굣길까지 경찰이 따라붙었다.

이날 오후부터 경찰이 우리 집 방 하나를 차지했다. 수사 방향도 엉뚱하게 바뀌고 있었다. 납치 경위를 묻고 범인 체포에 나설 기미는 안 보였다. 대신 나의 해외 활동을 추궁하기 시작했다. 검찰과 경찰, 중앙정보부 요원들이 합동으로 캐물었다. 이런 조사는 일주일간 계속되었다.

이때부터 '김대중 납치 사건'과 관련해서는 국내 신문에 한 줄도 보도되지 않았다. 또 일본 『요미우리 신문』 서울 지국을 폐쇄시켜 버렸다. "일본 그랜드 팔레스 호텔 범행 현장에서 김동운 1등 서기관의 지문이 발견되었다. 이로써 한국 정부 기관이 관련된 것으로 보인다"는 보도 때문이었다. 지국장을 포함해 특파원 세 명을 추방시켰다.

납치 사건은 엄청난 파장을 몰고 왔다. 누가 봐도 박정희 군사 정권이 저지른 극악무도한 정치 테러였으며, 전 세계 문명 사회를 경악시킨 희대의 만행이었다. 국회에서도 연일 공방을 벌였다. 여당에서는 납치 사건을 나의 자작극으로 몰았다. 그러면서 미국, 일본에서 호화 저택을 구입해 사치스럽게 살았다며 인신공격도 서슴지 않았다. 일고의 가치도 없는 거짓말이었지만 신문들은 이를 크게 보도했다.

그런데 더 큰 문제는 그런 여당이 아니라 야당 의원들이었다. 신민당 내에서조차 납치 사건을 자작극이라며 여당에 동조했다. 참으로 그들이 야속하고 여당에 휘둘리는 야당의 현실이 비참했다. 그럼에도 정일형 의원만은 정부와 맞서 정의롭게 외쳤다. 정 의원은 국회에서 정부의 소행임을 우회적으로 지적했다.

"머리 위에 태양이 있는 것은 자명한 이치다. 이 사건도 하늘에 태양이 있는 것과 마찬가지로 누구나 알 수 있는 일이 아닌가. 손으로 가린 채 태양이 없다고 말하는 것과 같다. 뻔한 이치 아닌가. 여당은 거짓말을 하고 있다."

이 발언으로 국회는 발칵 뒤집혔다. 정부 비판이 사라진, 살기가 자욱한 사회에서 감히 정 의원은 독야청청했다. 참으로 용기 있는 어른이었다.

9월 5일 일본 수사본부는 그간의 수사 결과를 발표했다. 범행 현장에서 김동운 1등 서기관의 지문이 나왔음을 공식으로 밝히고 김 서기관의 출두를 요구했다. 하지만 한국 대사관은 외교관 면책특권을 내세워 이를 거부했다. 한일 관계는 급속히 얼어붙었다. 납치 사건에 한국 국가 기관의 개입이 명백해진 만큼 한국 정부는 수세에 몰렸다. 일본은 진상을 규명하고, 나를 다시 일본으로 보내며, 또 공식 사과를 하라고 요구했다.

일본 수사본부는 내가 언론에 밝힌 진술을 토대로 조사를 펼쳐 여러 가지 사실을 확인했다. 그중 "이쪽은 오사카, 저쪽은 교토"라고 길을 알려 준 사람은 메이신(名神) 고속도로의 오쓰(大津) 인터체인지 요금 징수원으로 밝혀졌다.

1973년 9월 7일자 『조선일보』에는 주목할 만한 사설이 하나 실렸다. 납치 사건을 다룬 첫 사설이었다. 필자는 선우휘 주필이었다. 선우 주필은 자신이 사설을 집필하겠다고 하고서는 「가을철 행락 시즌을 맞이하여」라는 글을 썼다. 극히 무난한 주제였다. 당시에는 신문사 근처에 중앙정보부 요원들이 상주하며 기사나 사설의 내용을 검열하고 있었다. 선우 주필은 정보부원들을 안심시키고는 최종 시내판에는 따로 준비한 사설로 바꿨다. 김대중 납치 사건을 정면으로 다룬 「당국에 바라는 우리의 충정, 결단은 빠를수록 좋다」였다.

> 요즘 우리의 심정은 알고 싶은 것이 있는데 알 수가 없고 말하고 싶은데 말할 수 없는 상태에서 무척 우울하고 답답하다. 무엇이 그토록 알고 싶고 무엇을 그토록 말하고 싶은가 하고 물으면 그것은 한마디로 김대중 사건이라 하겠는데, 지금은 사건을 수사 중이니 수사 결과가 밝혀질 때까지 기다릴 수밖에 없지 않느냐 하면 더 이상 다그칠 수도 없으니 더욱 답답하다. 그렇게 볼 때 이 사건을 철저하게 파헤쳐야 한다는 것은 우방 미국과 일본의 대한(對韓) 감정이나 대한(對韓) 조치를 배려해서라기보다 우리 한국 국민 자신의 인간적 권위의 회복과 도덕적 긍

지의 고양을 위하여 무엇보다 귀중한 작업임을 깨닫게 되는 것이다.

그러므로 중대한 이 시점에서 간절히 바라고 싶은 것은 위정 당국(爲政當國) 고위층의 차원 높은 단호한 결단이다. 지금 선조들이 물려주신 산하는 녹음이 우거지고, 오곡이 무르익고 있다. 하늘 드높이 새들은 노래하고, 들에는 송아지 울음소리가 유연히 공간을 가른다. 차를 달려 산야를 누비면 예와는 달리 길은 시원스레 트이고 마을은 활기에 넘쳐 있다. 이제 햇곡으로 떡을 빚어 조상의 영전에 바쳐야 하는 이 국민의 가슴에 젖어드는 불안은 무슨 까닭이며, 왜 죄 없는 착한 국민은 이다지도 가슴을 죄어야 하는가.

신이여, 이 국민에게 용서와 축복을!

선우 주필의 기지로 실린 사설은 숨죽이고 있던 많은 사람들의 마음을 움직였다. 사실 모든 국민은 납치 사건의 실체와 진실을 알고 싶어 했다. 그러나 사회 어디에나 중앙정보부의 감시망이 촘촘했다. 알고 있어도 말하지 못하고 모르고 있어도 묻지 못했다.

여름방학이 끝나고 학생들이 학교로 돌아왔다. 10월 2일 서울대 문리대생 300여 명이 선언문을 낭독하고 시위를 벌였다.

“모든 국민의 생존권을 위협하는 잔혹한 현실을 더 이상 묵과할 수 없다. 양심이 명하는 대로 분연히 일어섰다.”

학생들은 “김대중 사건 진상 규명”, “중앙정보부 해체”, “파쇼 정치 중지”를 요구했다. 유신 정권 출범 후 첫 학생 시위였다. 유신 체제에서 집회와 시위는 불법이었다. 학생들은 연행되었지만 유신 독재를 타도하려는 결의는 하나로 결집되고 있었다.

일본 정부는 가을로 예정된 한일 각료회의를 무기한 연장했다. 납치 사건에 대한 항의였다. 밀월은 깨졌다. 한일 국교 정상화 이후 양국은 최초이며 최대의 난관에 봉착했다. 경색 국면을 풀기 위해 서로 밀사를 파견했다. 그러던 11월 1일, 김용식 외무장관이 일본과 합의한 내용을 발표했다. 이른바 ‘11·1

조치'였다.

> 첫째, 사건에 관련된 혐의가 짙은 김동운 1등 서기관을 면직 처분한다. 수사 결과에 따라 법으로 처리하겠다. 둘째, 사건 발생 전 일본과 미국에서 김대중 씨 언동에 대해서는 앞으로 반국가적인 언동을 하지 않는 한 추궁하지 않겠다. 셋째, 김종필 국무총리가 일본을 방문하여 박 대통령의 친서를 전달하고 유감을 표명한다.

김 총리는 다음 날 일본을 방문하여 다나카 가쿠에이 수상에게 박 대통령의 친서를 건네고 사과의 뜻을 전했다. 납치극의 추태를 씻어 보려는 비루한 작태였다.

한일 정상이 건넨 친서는 33년이 흐른 2006년 2월에야 공개되었다. 박 대통령의 친서 내용은 이렇다.

> 한일 양국이 가장 가까운 인방(隣邦)으로서 과거의 모든 불행한 역사를 청산하고 새롭고 꾸준한 노력으로 양국 국민 사이의 우의가 돈독해지고 양국 정부 간에 정치·경제·사회 및 문화의 모든 분야에서 상호 유익한 협력 관계가 날로 증진되고 있음은 기쁜 일입니다. 최근 의외에도 김대중 사건이 야기되어 일시적이나마 양국 사이에 물의가 생긴 것은 대단히 불행한 일이며 본인은 각하와 귀국민에게 유감의 뜻을 표하는 바입니다. 이 사건으로 양 국민의 기본적이고도 전통적인 선린 우호 관계에 어떠한 균열도 초래되어서는 안 될 것입니다. 양국 간에 다시는 유사한 사태가 일어나지 않도록 최대의 노력을 경주함으로써 상호 신뢰와 우호를 증진하는 데 더욱 기여하고자 합니다.

이에 다나카 수상도 화답했다.

김대중 씨 사건으로 인한 양국 우호 관계에 한때 분규가 발생된 것은 실로 유감스러운 일이었습니다. 일본 정부는 이 사건이 이치에 맞고 내외의 납득을 받을 수 있는 해결을 희구하여 왔으며 이번에 김종필 총리를 아국으로 파견해 대통령 스스로 유감의 뜻을 친서로 전하고 우호 관계 증진에의 기대를 해 준 데 대해 고맙게 생각합니다. 이로써 김대중 사건은 외교적인 결착을 짓고 일한 관계에 공정하고도 순조로운 발전이라는 양 국민 공통의 염원이 달성되는 것을 기원합니다.

납치 사건을 정치적으로 해결하자는 두 정상의 의기투합이었다. 하지만 해결이 아닌 봉합이었다. 일본의 이러한 정치 결착은 실로 실망스러웠다. 나는 납치 사건을 철저히 규명하려는 일본 수사 당국에 정치권이 번번이 제동을 걸고 있다는 소식을 듣고 있었다. 한 술 더 떠서 다나카 수상이 "김대중이가 들어오면 시끄러우니 보내지 말라"고 했다는 소문도 돌았다.

정치 결착에 따른 돈거래설도 처음에는 믿기지 않았지만 그 후 여러 증언들이 나와 지금은 믿지 않을 수 없게 되었다. 정치 결착 뒤에 한국 정부가 3억 엔을 다나카 수상 측에 전달한 듯하다고 레너드 미 국무부 한국과장이 미국 의회에서 증언했다. 또한 재미 언론인 문명자 씨의 보도와 다나카 총리의 비서였던 기무라 히로야스(木村博保)의 고백 등으로 미루어 박 대통령은 다나카 수상에게 거액을 제공한 것이 분명해 보인다. 한국의 독재 정권과 일본의 금권(金權) 정치가 결탁한 매수 외교의 극치였다.

이러한 정치 결착은 나뿐만 아니라 한일 양국의 국민에게도 유감스러운 일이었다. 일본의 주권이 명백하게 침해당했고, 일본 내에서 일어난 사건임에도 국제법에 따라 처리하지 않고 정치적으로 봉합한 것은 두 나라 국민들을 기만하는 행위였다. 정치 결착으로 일본 정부가 주장했던 진상 규명과 원상회복은 물 건너가고 말았다. 이때의 모호한 정치 결착으로 그 후 나는 숱한 어려움에 직면하고 고통을 받아야 했다.

가택 연금은 계속되었다. 나를 만나러 라이샤워 교수가 서울에 온다는 연락을 받았다. 하버드 대학의 초청장을 전해 주고 나의 미국행을 주선하기 위해서였다. 나는 아내와 함께 라이샤워 교수를 마중하러 공항에 나갔다. 라이샤워 교수의 지명도 때문인지 그날 단 하루 연금을 풀어 주었다.

그날은 서울에 첫 서리가 내렸다. 궂은 날씨에도 공항은 몰려든 기자들로 북새통이었다. 정작 라이샤워 교수와는 충분한 대화도 나눌 수 없었다. 한마디도 놓치지 않으려는 기자들과 그것을 막는 경찰들 때문에 이리 밀리고 저리 밀렸다. 김포공항에서 서울 시내로 들어오는 차 안에서 겨우 얘기를 나눌 수 있었다. 집에 도착해서는 라디오 볼륨을 높이고 얘기를 나눴다. 도청을 막기 위해서였다. 이런 일들이 라이샤워 교수에게는 무척 미안했다.

라이샤워 교수는 내 신분을 자신이 보증하겠다는 편지를 써 주었다. 그러나 교수와 만나기로 사전에 약속한 외무부 관계자는 나타나지 않았고 이후에도 연금은 풀리지 않았다.

우리 집 주변은 경찰들이 몇 겹으로 포위하고 있었다. 경비가 하도 엄중해서 누군가는 "당신 집은 세계에서 제일 안전하다"는 농을 건네기도 했다. 연금은 고통 그 자체였다. 집만 한 무덤이었으니 지옥이 따로 없었다. 하루가 어찌 가는지, 시간이 어찌 흐르는지 온통 뒤죽박죽이었다.

박 대통령은 12월 3일 납치 사건의 책임을 물어 이후락 중앙정보부장을 경질했다. 김종필 국무총리는 유임시켰다. 하지만 각료 몇 명을 바꾸는 것으로 민심은 결코 수습될 수 없었다. 12월 24일 윤보선 전 대통령을 비롯하여 야당 정치인 30명이 '헌법개정청원운동본부'를 결성하고 서명 운동에 돌입했다. 목표는 100만 명이었다.

해가 바뀌었다. 나는 집에서 우울하게 새해를 맞았다. 새해였지만 누구를 찾아갈 수도, 누군가가 찾아올 수도 없었다. 사람이 그리웠다. 당시 각계에서는 민주화 요구가 새해의 태양처럼 새 기운으로 솟아오르고 있었다. 박 정권은 유신헌법에 따라 1974년 1월 8일 대통령 긴급조치 1, 2호를 선포했다. 새해 벽두부터 시국이 심상치 않았기 때문이다. 개헌 논의와 보도 자체를 원천 봉쇄했다. 이 법에 따라 개헌 청원 운동의 주역들이 구속되었다. 장준하, 백기완 씨 등 지식인·종교인·정치인들이 잇달아 끌려갔다. 장준하, 백기완 씨는 비상 군법 회의에 회부되어 징역 15년이 선고되었다. 나는 도리 없이 이런 소식들을 집에서 듣고 있을 뿐이었다.

1974년 2월, 고향 하의도에서 비보가 날아들었다. 아버지가 돌아가셨다는 소식이었다. 연금 중이라 위독하다는 전갈을 받고도 문병 한 번 못 드렸는데 끝내 돌아가셨다. 그런데도 나는 아버지 마지막 가시는 길도 지켜 드리지 못했다. 박 정권이 장례식에 참석하지 못하게 막은 것이다. 왜 그리 모질게 굴었는지 모르겠다. 내가 하의도나 목포에 나타나면 군중들이 모일 테니 군중 궐기를 겁냈는지 모르겠다. 아무튼 나는 아버지 장례식장에도 가지 못한 불효자가 되고 말았다. 천추의 한이고, 그 일을 생각하면 가슴이 천근만근이다. 아버지는 나를 얼마나 애타게 기다리시다 돌아가셨을까.

긴급조치 9호

(1974 ~ 1975)

1974년 연초부터 '3, 4월 위기설'이 퍼졌다. 대학가 움직임이 심상치 않았다. 실제로 긴급조치 1, 2호는 오히려 학생들의 조직적인 활동을 부추겼다. 군부 독재와 맞서 싸울 세력은 역시 학생들뿐이었다. 학생들은 전국 대학들 간의 연계 투쟁을 모색했다. 비밀리에 전국 규모의 단체를 조직한다 했지만 정보 당국이 모를 리 없었다. 전국민주청년학생총연맹(민청학련)이 4월 3일 각 대학에서 일제히 궐기하자는 계획은 간단히 탄로나 버렸다.

4월 3일 서울대 문리대 시위에 겨우 70명 정도만 모였다. 교정에는 그보다 세 배나 많은 200여 명의 사복 경찰이 노려보고 있었다. 학생들은 "유신 철폐" 등의 구호를 외치다 전원 연행되었다. 그러나 이는 사건의 끝이 아니라 시작이었다. 박 정권은 유신 반대 운동을 잠재울 호기로 삼아 4월 3일 밤 10시 긴급조치 4호를 선포했다.

민청학련과 관련된 활동을 일체 금지하고 이 조치를 위반할 경우에는 법관의 영장 없이 체포, 구속하여 비상 군법 회의에서 심판하도록 했다. 형량도 사형, 무기, 5년 이상 징역형에 처하도록 했다. 긴급조치를 위반한 학생이 소속한 학교는 폐교까지 가능하도록 했다. 들어보지도 못했던 무시무시한 내용이었다.

5월 27일 비상 군법 회의 검찰부는 민청학련 사건을 국가 변란 기도 사건이라고 발표했다. 서도원, 도예종 등 인민혁명당(인혁당)계 지하 공산 세력, 조총련 계열, 일부 종교인 등이 국내 반정부 세력과 결탁하여 유혈 폭력 혁명을 통해 정부를 전복시키고 공산 정권 수립을 획책했다는 것이었다. 그러나 물증은 하나도 제시하지 않았다.

인혁당 관련자들은 무자비한 고문을 당했다. 들리는 얘기로는 창자가 빠져나올 정도였다고 한다. 민청학련 결성을 공산당의 사주에 의한 책동으로 몰아가기 위해서였다.

민청학련에 대한 재판 결과는 더 충격이었다. 모두 1024명을 용의자로 지목하고 수사해서 253명을 군법 회의에 송치했다. 군법 회의는 인혁당 관계자 8명에 사형 선고를 내렸다. 또 유인태, 이철, 김병곤 등 민청학련 주모자 6명에 대해서도 사형을 선고했다. 나머지 관계자들도 무기 징역이나 10년 이상의 징역형에 처해졌다. 김지하 시인에게 무기 징역을, 민청학련을 방조했다는 죄목으로 김동길 교수, 지학순 주교, 박형규 목사 등도 중형을 선고 받았다. 변론을 맡은 강신옥 변호사는 그 꼴이 너무 기가 막혀 재판정에 탄식을 뱉었다.

"나의 심정은 피고인석에서 저들과 같이 재판받는 편이 더 편하겠다."

그러자 강 변호사마저 법정 구속을 시켜 버렸다. 사법사상 전무후무한 일이었다.

그런데 6월 1일 서울지방법원에서 갑자기 내게 출두 명령을 내렸다. 1967년 대통령 선거 기간 때 윤보선 후보 유세를 하던 중에 선거법을 위반했다는 혐의였다. 어처구니가 없었다. 벌써 7년이 넘은 사건으로 나를 옭아매려는 수작이었으니, 그 속셈이 뻔했다. 내 출국을 막는 구실로 삼기 위해서였다. 한승헌, 박세경, 유택형, 이택돈 씨로 변호인단을 구성했다. 이때 인연을 맺은 한 변호사 등은 이후 민주화 여정의 동지가 되었다.

이에 맞장구를 치는 사법부도 한심하기는 마찬가지였다. 낡아서 너덜거리는 서류를 어디서 찾았는지 한편으로는 용하다는 생각도 들었다. 정부는 납치 사건의 원상회복을 위해 일본 정부가 나의 출국을 요청하면, "재판 중이라 출국을 인정할 수 없다, 여권도 발급하기 곤란하다"고 딴전을 피웠다. 그러면 일본 정부는 어쩔 수 없다는 듯이 뒤로 물러섰다.

일본과 한국 정부는 서로 으르렁거리면서도 결정적인 순간에는 양보를 거듭했다. 박자가 안 맞는 듯하면서도 잘 맞았다. 나의 출국은 한일 정부의 공모로 무산된 것이나 다름없었다. 나는 공연히 공판 때마다 법정을 드나들어야 했다.

그해 8월 15일은 29번째 광복절이었다. 나에게도 참 뜻이 깊은 날이었다. 큰아들 홍일이가 결혼하는 날이었기 때문이다. 그런데 광복절 기념식이 열린 서울 장충동 국립극장에서 큰일이 났다. 서재에 있는데 비서들이 식장에서 총격전이 벌어졌다고 화급히 말했다. 얼른 응접실로 나와서 텔레비전을 봤다. 육영수 여사가 객석의 괴한이 쏜 총을 맞고 병원으로 실려 나간 후였다. 장내는 비명과 총성이 난비했다. 아수라장이었다. 대통령은 재빨리 연단 뒤로 숨었다. 병원으로 옮긴 육 여사는 오후 7시쯤에 숨을 거뒀다. 이른바 '문세광 사건'이었다.

범인은 현장에서 체포되었다. 곧 박 정권은 재일 교포 2세인 문세광이 일본 경찰 파출소에서 훔친 미제 권총으로 범행을 저질렀다는 취조 결과를 발표했다. 재일 친북 단체의 지령을 받았다는 사실도 신속히 공개했다. 육 여사의 피격은 충격적이었다. 나도 육 여사에 대해서는 좋은 인상을 지니고 있었다. 1968년 청와대 신년 하례식에 갔을 때 육 여사는 온화한 미소로 나를 다정하게 맞았다. 아내의 안부도 물었다. '청와대 속의 야당'으로 국민들의 사랑을 받은 분이었다. 그런데 육 여사가 사망했으니 박 정권의 앞날이 더욱 걱정되었다.

홍일이의 결혼식장은 사건이 벌어진 장충동 국립극장과 그리 멀지 않은 곳이었다. 필동에 있는 큰처남 집 정원이었다. 홍일이는 아버지가 연금당하고 있는 상태에서 떠들썩한 결혼식은 하지 않겠다고 고집했다. 비가 와서 정원이 아닌 거실에서 정일형 박사의 주례로 식을 올렸다. 예식은 양가 직계 가족만 참석한 가운데 엄숙하게 치렀다. 사돈은 상해 임시 정부 때 김구 주석의 경호대장을 지낸 윤경빈 선생이었다. 27세 공군 중위 홍일이도 늠름했지만 신부는 꽃보다 아름다웠다. 곱게 키워 우리 집에 보낸 사돈네가 진정 고마웠다. 서로가 좋아해도 아버지가 김대중이라면 꺼리던 시절인데 사돈은 흔쾌하게 결혼을 승낙했다. 며느리 이름은 혜라였다. 사돈은 훗날 국민의 정부에서 광복회장을 지냈다.

박 정권은 일본 정부에 저격 사건과 관련한 사죄를 공식 요구했다. 배후로 지목한 일본 내 조총련계에 대해서도 강경 조치를 주문했다. 그러나 일본 정부는 문세광이 한국인이며, 조총련을 단속할 법적 근거가 없음을 내세워 일축했다. 납치 사건의 정치 결착으로 풀려 나가던 한일 관계가 다시 긴장 국면으로 돌아섰다. 그러자 납치 사건은 다시 한일 양국의 현안에서 밀려났다.

1974년 4월, 유진산 신민당 총재가 병사했다. 유 총재가 암으로 투병 중일 때 문병을 갔더니 의사의 지시로 면회가 되지 않았다. 유 총재는 그래도 나만은 만나고 싶다고 했다. 병실에 누워 있는 유 총재를 보니 그간의 안 좋았던 감정이 사라지고 그저 안쓰럽기만 했다. 곡진한 말로 쾌유를 빌었다. 그런 나에게 유 총재가 말했다.

"그래도 이 나라의 장래를 생각하는 것은 자네와 나뿐이네. 앞으로 잘해 나가세."

그러나 유 총재는 일어나지 못했다. 정치 인생에서 늘 적대시하고 싸웠지만 마지막은 이렇게 화해했다. 그러고 나니 마음이 편했다.

유진산 총재의 서거로 공석이 된 새 총재를 뽑는 신민당 전당 대회가 8월 23일 열렸다. 중앙정보부는 야당 총재 선출에도 계속 개입했다. 자기네 구미에 맞는 후보자를 내세워서 매수와 협박을 자행했다. 정보부의 힘은 여전히 막강했다. 나는 연금 중이라 직접 나설 수는 없었지만 동교동계로 불리는 동지들에게 김영삼 의원을 총재로 선출할 것을 당부했다. 김 의원은 당내에서 가장 강력하게 박 정권과 맞서고 있었기 때문이다.

김영삼 씨의 상도동계와 우리 동교동계는 당시 신민당의 양대 산맥이었다. 어느 때부턴가 신파 장면계의 나와, 구파 유진산계의 김영삼은 당내에서 경쟁자가 되었다. 하지만 독재 정권 타도를 위해서는 계파가 따로 있을 수 없었다. 김영삼 의원도 나와 같은 생각을 가지고 있었을 것이다.

당 총재로 선출된 김영삼 의원은 정치 과제로 세 가지를 꼽았다. 첫째 평화적 정권 교체를 위한 유신헌법의 개정, 둘째 복역 중인 정치범 석방, 셋째는 나에 대한 출국 보장이었다. 김영삼 총재는 9월 정기 국회 대표 질의에서도 국회에 '헌법개정 기초심의 특별위원회' 설치를 제안했다. 마침내 11월 27일 민주화를 열망하는 각계의 구심체인 '민주회복국민회의'라는 연합 조직이 발족되었다. 가택 연금 중이었지만 나도 동참했다. "유신헌법 개정", "언론 자유 보장", "구속자 석방"을 외치는 메아리는 멀고도 넓게 퍼져 나갔다.

그해 연말 『동아일보』 광고 탄압 사건이 발생했다. 『동아일보』 기자들이 자유 언론 실천을 위한 모임을 갖고 반정부 시위 등을 보도하기 시작하자 정부는 광고주들에게 압력을 넣었다. 12월 15일을 전후해서 대기업 광고주들이 약속이나 한듯 광고 해약을 요청했다. 광고 탄압은 물론 독재자 박 대통령의 지시에 따른 것이었다. 광고주와 광고 담당 간부들은 일제히 정보부에 불려갔다. 『동아일보』는 할 수 없이 광고 없이 신문을 내보냈다. 그 유명한 '백지 광고'였다.

그런데 정권과 『동아일보』도 예상치 못한 깜짝 놀랄 일이 벌어졌다. 시민과 학생들의 격려 광고가 물밀듯이 답지했다. 언론을 탄압한 권력에 대한 민초들의 저항이었다. 백지 광고는 독재의 만행을 만천하에 폭로하는 또 다른 광고인 셈이었다. 백지 광고란에는 격려 문구들이 등장하기 시작했다.

"자유 언론 만세", "민족의 새벽은 옵니다", "우리는 안다, 백지 광고의 의미를", "우리는 너의 고난을 결코 외면하지 않을 것이다."

이때 『동아일보』 광고란은 민주주의를 갈망하는 희망의 광장이었다. 독자들은 기사보다 광고를 먼저 보았다. 광고를 통해 민주화 의지를 서로 확인했다.

나는 『동아일보』 백지 광고 사태를 보고 바로 격려 광고를 냈다. 또 알 만한 사람들한테 연락해서 광고하도록 부탁하기도 했다. 내가 직접 찾아가서 격려하고 싶었지만 연금 상태라서 김옥두 비서를 시켜 다녀오도록 했다. 나는 광고료와 함께 친필로 광고 문안을 써서 보냈다. 내가 낸 격려 광고는 1975년 새해에 발간된 1월 1일자 8면에 "언론의 자유를 지키려는 한 시민"이란 명의로 게재되었다. 내가 광고를 냈다는 사실이 밝혀지면 박 정권의 언론 탄압이 더욱 거세질 것이고, 광고를 게재한 나에게도 피해가 올 것을 염려해 나는 내 이름을 숨겼다. "언론의 자유를 지키자"는 제목의 격려 광고의 문안은 이러했다.

> 언론 자유는 우리의 생명이다. 그것 없이는 인권도 사회정의도 학원과 종교의 자유도 그리고 국민의 자발적 참여에 의한 국가 안보도 존재하지 않는다. 언론 자유는 민주 국민의 혼이요 모든 소망의 근원이다. 이것을 지키는 것은 우리의 절대적 의무요 양도할 수 없는 권리다. 『동아일보』의 백지 광고란은 권력의 음모와 오만의 단적인 증거이며 국민의 알권리에 대한 정면 도전이다. 이는 『동아일보』 문제가 아니라 우리 모두의 사활에 관한 문제인 것이다.
>
> 나는 언론 자유와 민주 회복을 열망하는 한 시민으로서 모처럼 타오르기 시작한 언론 자유의 촛불을 지키기 위하여 이 광고문을 유료 게재한다.

그러면서 광고 탄압에 맞서 언론 자유를 지키기 위해 모든 국민이 동참할 것을 촉구했다. 그런데 이 광고가 뜻밖에도 격려 광고 1호였다는 사실에 나 자신도 놀랐다. 그때 『동아일보』 광고국장이었던 김인호 씨가 2006년 나를 찾아와 이 사실을 밝혔다. 당시에 형편이 곤궁했지만 적잖은 돈을 광고비로 보낸 것 같다.

광고 탄압이 오히려 격려 광고로 번져 나가자 화들짝 놀란 박 정권은 『동아일보』 경영진과 만나 절충점을 찾았다. 정권은 광고 탄압을 중지하고, 회사 측은 비판적인 기자들을 내쫓기로 합의했다. 돈과 언론 자유를 맞바꾼 추악한 뒷거래였다. 회사 측은 경영 악화를 핑계로 18명의 기자를 해임했다. 그러자 기자들은 긴급 총회를 열고 신문 제작을 거부키로 했다. 권력과의 야합을 성토하며 농성에 들어갔다. 송건호 편집국장은 "동아는 훗날 역사의 심판을 받을 것"이라며 신문사를 떠났다. 나 또한 이러한 『동아일보』의 권력과의 야합에 매우 실망했다.

농성 중인 기자들은 5일 만에 결국 거리로 쫓겨났다. 시민들은 동아일보사 앞에 모여 이를 규탄했고 일부는 격려 광고비를 내놓으라며 울분을 토했다. 격려 광고는 5월 8일자 이후 신문에서 완전히 사라졌다. 그 뒤로도 동아일보사는 7차례에 걸쳐 100여 명의 기자들을 내쫓았다. 유례를 찾아볼 수 없는 언론인 대학살이었다.

광고 탄압 사건은 많은 기자들의 희생이 무색하지 않게 언론사의 한 획을 그었고, 언론 자유의 귀한 밀알이 되었다. 거리로 내몰렸던 해직 기자들은 후일 민주주의를 위해 실로 많은 일들을 했다. 나는 그들의 용기와 정의감을 지금도 경이롭게 생각한다.

한 가지 아쉬운 것이 있다. 나는 김상현, 이태영 두 분에게 『동아일보』 사주를 별도로 접촉토록 했다. 대량 해직만은 막아야 했다. 얘기가 잘 풀려서 해직 기자 서너 명을 빼고는 전원 복직시키겠다는 약속을 받아 냈다. 나머지 서너 명도 몇 달 지나면 모두 복직시키기로 했다. 그 결과를 해직 기자들에게 알렸다. 그런데 뜻밖에도 그들은 강경했다. 그들은 화를 내며 "누가 김대중한테 도와 달라 했느냐. 올 오어 낫싱(All or Nothing)이다"며 전원 복귀를 주장했다. 내가 다시 사람을 시켜 설득했다.

"기자는 펜대가 무기인데 그걸 놓고 나오면 어떡합니까. 몇 달이면 모든 문제가 해결된다니 서너 명 생활비는 복직한 사람들이 걷어 주면 될 것 아니오."

그래도 그들은 우리 말을 듣지 않았다. 결국 농성장에 경찰이 투입되고 모두 직장을 잃었다. 의분은 잘 알겠지만 그들의 선택은 무척 아쉬웠다.

동아시아에서는 믿기지 않는 일이 벌어지고 있었다. 베트남 전쟁에서 북베트남이 승리를 눈앞에 두고 있었다. 미국은 패주를 거듭했다. 마침내 1975년 4월 30일, 사이공이 함락되는 것으로 베트남 전쟁이 막을 내렸다. 나는 이 소식을 들으며 우리 장병들을 위문하러 베트남에 들렀을 때 보았던 베트남 고위 관리들의 만찬 광경이 떠올랐다. 기름진 식탁과 고관 부인들의 화려한 옷차림은 이미 남베트남의 패망을 암시하고 있었다. 국민들을 전쟁의 포화 속으로 몰아넣고는 자기네끼리 호화 생활을 했으니 어찌 국민의 마음을 얻을 수 있겠는가. 국민의 마음이 떠난 정부는 아무리 강한 군대도 지킬 수 없는 법이다.

박 정권에게 남베트남의 패망은 대사건이었다. 남베트남은 우리 장병들 30만 명 이상을 파병했던 동맹국이고, 같은 분단국이었고, 똑같이 미군의 우산을 쓰고 있었기 때문이다. 그리고 민심을 잃어버린 것도 흡사했다. 박 정권은 겉으론 태연했지만 속으로는 커다란 충격을 받고 전전긍긍했을 것이다.

박 대통령은 '월남 패망과 관련한 특별 담화'를 발표하며 총력 안보를 강조했다. 전쟁이 나면 650만 서울 시민과 수도 서울을 사수하겠다고 했다. 그토록 철석같이 믿었던 미국이 전쟁에서 지고, 국제 사회가 냉전에서 벗어나자 박 정권은 믿을 데가 없었다. 어디를 가도 '총력 안보'라 쓰여 있었다. 그런 와중에 북한 김일성 주석은 중국을 시작으로 동유럽 공산 국가들을 방문했다. 박 정권은 이에 자극받아 북한이 전면전을 일으킬 가능성이 높다고 연일 선전했다.

1975년 5월 13일, 박 대통령은 긴급조치 9호를 선포했다. 14개 항목의 내용은 더욱 살기등등했다. 유신헌법의 부정·반대·왜곡·비방·개정 및 폐기를 주장하거나 청원·선동 또는 이를 보도하는 행위를 일체 금지했다. 이를 위반하면 영장 없이 체포하도록 했다. 학생들의 집회와 시위, 정치 투쟁이 금지되었다. 유언비어를 날조·유포시키거나 사실을 왜곡해 말하는 것도 금지되었다.

이 규정들을 엄격하게 적용하면 언론은 존재 자체가 어려웠다. 국회의원도 면책특권을 박탈하여 긴급조치 9호를 적용했다. 국회에서 규정에 어긋난 발언을 하면 처벌을 받아야 했다. 신문사 기자들은 편집국에 긴급조치 내용을 붙여 놓고 일했으며, 아예 위반 여부를 가려내는 전담 데스크가 있었다. 희대의 진풍경이었다. 이제는 말할 자유도 없는 세상이 되어 버렸다.

'문세광 사건' 이후 한일 관계는 계속 경색되었지만 박 정권은 납치 사건에 관해서는 종전 입장을 바꾸었다. 1975년 7월 22일 일본 정부에 구상서(口上書)를 보냈다. 내용은 '김동운에 관해서는 우선 해임을 하고 수사를 진행했으나 그 혐의를 입증할 확증을 잡지 못해 불기소 처분했다. 그러나 도쿄에서 김동운의 언동은 국가 공무원으로서 품위를 떨어뜨리는 것이었기 때문에 면직 처분했다'는 것이었다. 미야자와 기이치(宮澤喜一) 일본 외무장관은 구상서를 받고 "이것으로 한일 관계를 저해한 김동운 문제는 일단락 지은 것으로 이해하겠다"고 말했다. 그리고 7월 23일 서울에 와서 김동조 외무장관을 만난데 이어 박 대통령과 회담을 가졌다. 미야자와 장관은 "김대중 씨에 대한 문제는 이로써 완결되었다"고 밝혔다. 한일 정부 사이에 제2의 정치 결착이 이뤄진 것이다.

나는 납치 사건과 관련해 일본 정부가 인권 문제 차원으로 접근할 줄 알았고 당연히 그렇게 되리라 믿었다. 그러나 자칭 인권을 중시한다는 선진국에서 이렇듯 뒷거래를 할 줄은 몰랐다. 범행 현장에서 중앙정보부 요원의 지문을 발견하고도 원칙대로 처리하지 않고 흥정을 했으니, 사건 당사자가 아닌 이웃나라의 국민으로서도 납득하기 어려웠다. 결국 '문세광 사건'으로 빚어진 한일 양국의 갈등은 납치 사건의 정치 결착으로 봉합된 셈이었다.

2007년 10월 24일, '국정원 과거사건 진실 규명을 통한 발전위원회'(국정원 과거사위)는 납치 사건이 발생한 후 34년 만에 정부 차원의 첫 공식 조사 결과를 발표했다. 나는 사실 국정원 과거사위의 조사 결과에 많은 기대를 했지만 결과는 실망스러웠다. 조사의 핵심은 납치를 누가 시켰느냐와 납치한 목적이 무엇이냐는 것이었다.

국정원 과거사위는 누가 시켰느냐에 대해 "박 전 대통령의 직접 지시 가능성을 배제할 수 없으며, 최소한의 묵시적 승인은 있었다고 판단된다"는 결론을 내놓았다. 그러면서 한편으로는 "박 전 대통령이 정말로 이 사건과 무관했다면 사건 발생 뒤 이후락 중앙정보부장을 처벌하는 게 당연한데 그렇지 않았고, 사건 은폐를 지시한 점 등은 박 전 대통령이 사건의 공범 또는 주범임을 보여 준다"고 밝혔다.

그렇다면 박 대통령의 지시에 의한 살해 공작이라고 명시했어야 했다. 또 관련자들의 증언들로 미뤄 봐도 그것은 사실이다. 반관반민 기구이며 수사권이 없다지만 과거사위 조사 결과는 받아들이기 어렵다.

한국과 일본 정부가 내 납치 사건을 둘러싸고 아직까지도 명쾌하게 입장 정리를 하지 않는 것은 실로 유감이다. 두 나라는 납치 사건에 대해서 진상을 밝힐 의무가 있다. 납치 사건의 본질은 '한국의 국가 기관이 남의 나라에 가서 자국인을 납치했다'는 것이다. 일본 정부로서는 주권이 침해된 것이고 나를 보호해 줄 의무가 있는데도 이를 방기하여 나의 인권이 침해된 것이다.

1967년 동베를린 사건이 났을 때 중앙정보부가 유럽에서 납치해 온 한국인들을 프랑스와 서독 정부가 강력하게 항의하여 전원 되돌려 보냈다. 나는 일본 정부도 그럴 줄 알았다.

나는 대통령 재임 중에 일본 정부의 초청으로 국빈 방문까지 했다. 그렇다면 피해자에서 대통령으로 바뀐 내가 먼저 내 문제를 꺼내야 옳은 것인가. 그렇지 않다고 생각한다. 적어도 그런 피해자가 대통령이 되어 다시 그 땅을 밟았다면 일본 정부가 미리 알아서 적절한 조치를 취하는 것이 순리라고 생각한다.

나는 대통령으로 재직하면서 납치 사건에 대해 여러 가지 파헤쳐 보고 싶었다. 그렇지만 참았다. 적어도 권력이 개입된 사건을 또 다른 권력으로 파헤치면 안 된다는 생각이었다. 또 나를 죽이려 했던 사건에 대해 대통령으로 내가 나에게 사과할 수는 없는 노릇이었다. 내가 대통령에 당선되자 정보기관에서는 나에 대한 자료들을 서둘러 파기했다는 것을 알고 있다.

거듭 밝히지만 나는 "없애 버리라"는 당시 대통령의 지시로 납치당했다. 나는 앞으로도 제대로 된 진상 규명을 기다릴 것이다. 그리고 한국과 일본 정부의 사과를 꼭 받고 싶다. 내 생전에 이뤄지지 않을 수도 있을 것이다. 그러나 언젠가, 누군가에 의해서 밝혀질 것이다. 나는 기다리겠다. 진실이 역사가 되어야 한다는 것을 믿기 때문이다.

다시 유신의 살기 속으로

(1975 ~ 1977)

박정희 대통령은 유신헌법 찬반 투표를 제안했다. 그리고 그 결과를 자신의 신임과 연계했다. 유신 체제에 대한 안팎의 비난을 모면하기 위한, '반대의 자유'를 거세하기 위한 사기극이었다. 민주 세력은 국민 투표 자체를 거부했다. 나와 김영삼 신민당 총재가 긴급 회동했다. 그리고 공동 회견을 통해 국민 투표 거부 행동 강령을 발표했다. 윤보선 전 대통령도 이에 서명했다.

"박 정권은 막대한 국민의 혈세로 억압 체제를 유지하기 위해 국민 투표라는 이름의 정치 연극을 벌이고 있다. 오는 12일 국민 투표일을 '국민 투표 거부의 날'로 선포한다."

나는 국민 투표일인 1975년 2월 12일 오전 7시 아내와 함께 명동성당에 도착하여 금식 기도를 드렸다. 천주교 및 기독교인들은 이날을 '구국 기도의 날'로 정했다. 성당과 교회로 나가 민주주의의 죽음을 하느님께 고하고 민주 회복을 기도하기로 했다. 정각 9시 성당 안에 종소리가 퍼졌다. 민주주의의 조종(弔鐘)이 세 번, 독재 타도의 종이 세 번, 그리고 서른세 번의 종이 울렸다. 그런 다음 나는 성명을 발표했다.

> 이번 국민 투표는 군부 독재에 대한 국내외의 비판을 견디지 못해 실시하는 것이며 미리 계획된 것을 발표할 것이므로 그 결과를 인정할 수 없다. 국민 투표 과정을 통한 부정과 불법의 실태를 너무도 생생하게 목도한 우리 국민은 결단코 발표된 결과를 인정하지 않을 것이며, 세계의 여론 또한 같은 판단을 내릴 것이다.

성명을 발표한 후 주한 일본 특파원, 프랑스 『르몽드』, 『워싱턴 포스트』, 『뉴욕 타임스』, 『LA 타임스』, 서독 텔레비전 기자들과 연쇄 인터뷰를 가졌다.

다음 날 정부는 79.8퍼센트 투표율에 73.1퍼센트가 찬성했다는 국민 투표 결과를 발표했다. 박 대통령은 이것이 국민의 뜻이라며 긴급조치로 구속된 인사와 학생들을 석방했다.

2월 15일 백낙청, 함석헌, 김관석, 고은, 김상현, 김정례 씨 등이 풀려났고, 나는 이들을 마중했다. 민청학련 사건으로 구속되었던 김지하 시인도 석방되었다. 시인이 우리 집을 찾아와서 내가 그간의 고초를 위로했다.

박 정권은 민청학련 사건으로 구속을 당했다가 무더기로 풀려난 학생과 교수들의 복교 및 복직을 일체 불허했다. 대학가는 다시 뜨겁게 달아올랐다. 마침내 시위 중에 시국 관련 구호가 등장했다. 학생들은 언론 탄압 중지, 유신 철폐 등을 외쳤다. 그러자 당국은 학생들의 집회가 열린 대학에 가차 없이 휴교령을 내렸다.

고려대는 4월 7~8일 이틀 동안 독재 정권 퇴진과 유신헌법 철폐를 요구하며 격렬한 시위를 벌였다. 박 정권은 곧바로 긴급조치 7호를 선포하여 고려대에 휴교령을 내렸다. 군인들이 총을 들고 캠퍼스에 상주했다. 박 정권은 이어서 5월 13일 긴급조치 9호를 선포했다.

8월 17일에는 독립운동가이며 민주 투사였던 장준하 선생이 의문의 죽음을 당했다. 장 선생은 일찍이 박정희의 친일 경력을 폭로하고 위선적인 정치 행각을 맹렬히 비난했다. 장 선생은 당시에도 독재 정권 종식을 위해 동분서주했다.

장 선생은 효율적인 민주화 투쟁을 위해 민주 세력의 단일화를 촉구했다. 그의 제안을 무조건 받아들여 3월 31일 윤보선, 양일동, 김영삼 그리고 내가 모여 4자 회담을 열었다. 그러나 일련의 통합 논의는 김영삼 신민당 총재가 박 대통령과 단독 회담을 제의하면서 깨졌다. 김 총재는 청와대를 다녀온 후 일체 그 내용을 밝히지 않았다. 개헌 투쟁도 보류했다. 당연히 세인들은 의혹의 시선을 보냈다.

김 총재의 입장 변화와 시국에 낙담한 장 선생은 7월 말에 우리 집을 찾아왔다. 사실 장 선생과 나 사이에는 약간의 앙금이 있었다. 1971년 대통령 선거 때, 장 선생이 다른 진영에 가담하여 나를 공격한 일이 있었기 때문이다. 장 선생은 그것을 털어 버리기 위해 나를 찾아왔다고 했다.

"앞으로는 김 선생을 적극 돕겠습니다. 김 선생과 함께 유신 체제를 종식시키고 민주 사회를 이루고 싶습니다."

나는 장 선생이 운영하는 『사상계』에 글도 쓰고 재정적으로도 많이 도와주었다. 『사상계』는 독재의 서슬에도 올곧은 목소리를 내는, 당시로서는 귀한 잡지였다. 그러다가 김지하 시인의 「오적」을 실어 폐간을 당했다.

점심을 함께 들었다. 식탁 가득 화기가 넘쳤다. 장 선생은 등산의 묘미를 얘기하며 등산 때문에 건강을 되찾았다고 말했다. 그간에 오른 산 이름을 두루 열거했다. 거의 모든 산을 오른 듯했다. 내가 염려되어 한마디했다.

"그렇게 다니셔도 괜찮겠습니까?"

"설마 놈들이 날 어떻게 하겠소."

"그래도 혼자서는 절대 다니지 마십시오. 세상이 너무 험합니다."

그것이 내가 장 선생과 나눈 마지막 대화였다. 그의 따뜻한 웃음과 우리 집을 나서는 뒷모습이 선한데, 경기도 포천군에 있는 약사봉 계곡에서 사체로 발견되었다는 소식을 들었다. 그때 '홀로 등산'을 강력하게 만류했어야 하는데, 그리하지 않은 것을 크게 후회했다.

산봉우리에서 추락을 했다면 상처가 많이 났을 텐데 장 선생의 몸에는 아무런 상처가 없었다고 한다. 비보를 접하고 다들 타살을 떠올렸다. 죽음은 의문투성이였지만 주검은 아무 말이 없었다. 선생의 삶은 실로 고단했다. 하지만 일제와 이승만, 박정희 독재 정권에 맞서 싸운 그의 생애는 지금도 빛나고 있다. 독재 정권에 의한 타살을 확신했던 함석헌 선생은 이렇게 말했다.

"장준하는 김대중과 화해한 것이 죽음을 불러왔어. 저놈들이 둘이 합치면 어찌된다는 것을 알기 때문이지. 둘 중 하나는 죽어야만 했을 것이야."

그 말의 진위야 확인할 수 없지만 장준하 선생은 그렇게 허망하게 떠났다. 그렇게 보고 싶어 했던 자유의 하늘을 보지 못하고 끝내 눈을 감았다.

독재의 살기는 갈수록 독했다. 긴급조치는 모든 분야에서 의욕과 희망을 거세해 버렸다. 사람들은 실어증에 걸린 듯 말을 잃었고, 지식인들은 자기 검열에 걸린 자신을 발견하고는 치욕에 몸을 떨었다. 당시의 침묵 속에는 온갖 수모가 들어 있었다.

젊은이들 사이에는 허무가 번져 갔다. 스스로를 '긴급조치 세대'라 비하하며 독재의 그물에 갇혀 파닥여야 하는 현실에 몸부림을 쳤다. 골목마다 경찰들이 지켜 서서 장발 단속을 했다. 머리카락이 길면 파출소에 끌려가 쥐어뜯기고 치마 길이가 짧아도 잡혀갔다. 노랫말이 조금만 이상해도 금지 가요라는 낙인을 찍었다. 제대로 말하지 못하고, 목청껏 노래하지 못했다.

긴급조치 하에서 반정부 시위는 인생을 걸어야 하는 중대 행위였다. 학생들은 가위눌린 채 방황했고, 거대한 폭력은 국민들을 노려보고 있었다.

아무래도 내가 나서야겠다고 생각했다. 행동하기로 했다. 명동성당으로 김수환 추기경을 찾아갔다. 유언을 전하러 가는 심정이었다.

"이대로는 안 되겠습니다. 제가 감옥에 가야겠습니다. 미리 추기경님께 말씀드립니다."

김 추기경은 한동안 말이 없으셨다. 하기야 무슨 말이 필요할 것인가. 추기경이 내 손을 꼭 잡았다. 시국은 살벌한데 다시 감옥에 가겠다고 찾아갔으니 추기경도 마음이 많이 아프셨을 것이다.

3·1절 즈음에 발표할 선언문을 준비했다. 3·1절은 국민들이 가장 선명하게 국가를 떠올리는 기념일이다. 이때 유신 체제를 정면으로 공격하면 어느 때보다 공명이 있을 것으로 판단했다. 내 예상은 적중했다. 나는 비록 감옥에 갔지만 우리들의 의거는 국민들과 세계의 이목을 집중시켰다. 특히 미국과 일본에서는 엄청난 반향을 일으켰다. 전 대통령 윤보선과 전 대통령 후보 김대중이 끌려간 사건은 대단한 파장을 일으켰다.

1976년 3·1 구국 선언은 재야인사들의 이심전심에서 비롯되었다. 정일형 박사, 윤보선 전 대통령과 협의를 하다 보니 마침 재야 민주 인사들도 모종의 선언을 준비 중이라는 것을 알았다. 나는 내가 작성한 초안을 극비리에 정일형 박사, 이태영 여사에게 보냈다. 그 원고는 다시 문익환 목사에게 보내졌고, 재야인사들이 작성한 선언문은 또 나에게 보내졌다. 문 목사가 작성한 초안은 격렬한 문구가 많았다. 선언문은 서로의 수정을 거쳐 완성되었다.

3월 1일 저녁, 서울 명동성당에는 신도 700여 명이 모였다. 나와 아내도 미사에 참석했다. 미사가 끝나고 신·구교가 함께하는 기도회가 있었다. 문익환 목사의 동생인 문동환 목사가 설교를 했다.

"이스라엘 백성을 이집트에서 데리고 나온 모세는 가나안으로 들어가기 전에 민족의 지도권을 여호수아에게 넘겨주었습니다. 그랬기에 후에 가장 위대한 예언자라고 높이 찬양을 받았습니다. 그러므로 박정희도 이 시점에서 물러선다면 한국 역사에서 높이 평가받는 인물이 될 것입니다."

신도들 낯이 변했다. 놀라는 빛이 역력했다. 이어서 키 작은 여인이 앞으로 나왔다. 이우정 교수였다. 그는 차분하지만 또렷한 어조로 우리가 준비한 성명서를 읽었다. '민주 구국 선언서'였다.

> 오늘로 3·1절 쉰일곱 돌을 맞으면서, 우리는 1919년 3월 1일에 전 세계에 울려 퍼지던 이 민족의 함성, 자주 독립을 부르짖던 그 아우성이 쟁쟁히 울려와서

이대로 앉아 있는 것은 구국 선열들의 피를 땅에 묻어 버리는 죄가 되는 것 같아 우리의 뜻을 모아 민주 구국 선언을 국내외에 선포하고자 한다.

8·15 해방의 부푼 희망을 부수어 버린 국토 분단의 비극은 이 민족에게 거듭되는 시련을 안겨 주었지만, 이 민족은 끝내 희망을 버리지 않았다. 6·25 동란의 폐허를 딛고 일어섰고, 4·19 학생 의거로 이승만 독재를 무너뜨려 '자유민주주의'에 대한 신념을 가슴 가슴에 회생시켰다.

그러나 그것도 잠깐, 이 민족은 또다시 독재 정권의 쇠사슬에 매이게 되었다. 삼권 분립은 허울만 남고 말았다. 국가 안보라는 구실 아래 신앙과 양심의 자유는 날로 위축되어 가고 언론의 자유와 학원의 자주성은 압살당하고 말았다.

우리의 비원인 '민족 통일'을 향해서 국내외의 민주 세력을 키우고 규합하여 한 걸음 한 걸음 착실히 전진해야 할 이 마당에 이 나라는 일인 독재 아래 인권은 유린되고 자유는 박탈당하고 있다.

이리하여 이 민족은 목적의식과 방향 감각, 민주주의에 대한 신념을 잃고 총파국을 향해 한 걸음씩 다가서고 있다. 우리는 이를 보고만 있을 수 없어 여야의 정치적인 전략이나 이해를 넘어 이 나라의 먼 앞날을 내다보면서 '민주 구국 선언'을 선포하는 바이다.

그러면서 세 가지를 주장했다.

첫째, 이 나라는 민주주의 기반 위에 서야 한다.
둘째, 경제 입국의 구상과 자세는 근본적으로 재검토되어야 한다.
셋째, 민족 통일은 오늘 이 겨레가 짊어질 지상의 과업이다.

그리고 맨 마지막에 "민주주의 만세"로 끝을 맺었다. 함석헌, 윤보선, 정일형, 김대중, 윤반웅, 이우정, 문동환, 안병무, 서남동, 이문영 모두 10명이 서명을 했다. 당시 성서를 번역하고 있던 문익환 목사는 마지막 원고 정리가 끝나지 않아 서명자 명단에는 들지 않았다.

선언문이 낭독되는 동안 장내는 숨소리 하나 들리지 않았다. 미사가 끝나고 명동성당에서 촛불 시위를 벌였다. 집으로 돌아오는 길에 문득 언덕 위에서 있는 명동성당을 돌아봤다.

'언제 다시 저 성당에서 기도할 수 있을 것인가.'

아내도 내 뜻을 헤아렸는지 멈춰 서서 성당을 바라보고 있었다.

명동성당은 1898년에 세워졌다. 뾰족탑이 대궐보다 높다 하여 몇 번의 말썽이 있었다. 뾰족탑은 권력의 야욕을 아프게 찔렀다. 시대의 어둠을 걷어 내는 성당의 종소리는 그래서 듣는 사람에 따라 달랐다. 박해받은 천주교가 박해받은 사람들에게 열어 놓은 시대의 피난처. 순교의 피로, 동정녀 마리아의 순결로, 박해하는 자를 끝내 용서하는 사랑으로 세상을 씻는 언덕이었다.

그곳에는 사적 258호 대성당, 순교자들의 유해가 묻혀 있는 지하 성당, 원죄 없이 잉태하신 무염시태 성모상(동정성모상), 그리고 김수환 추기경이 있었다. 이후에 현대사의 숱한 사건들이 명동성당을 돌아 나왔다. 명동성당의 품에서 민주와 새 세상을 부르짖었다. 시대의 아픔을 껴안고, 민주화의 불꽃을 피워 올리고, 백성들의 눈물을 닦아 주었다.

언제 끌려갈지 몰랐다. 그러나 마음은 극히 편안했다. 그리고 예상한 일들이 일어났다. 구국 선언에 대해 문공부 장관은 "헌정 질서를 파괴하려는 비합법적 활동"이라 했고, 검찰에서는 "정부 전복 선동 사건"이라 발표했다. 미사를 준비했던 함세웅·신현봉·문정현·김승훈·장덕필·김택암·안충석 신부, 공덕귀·이태영 여사, 문익환·이해동 목사 등도 기소되었다. 관련자들이 하나 둘씩 잡혀갔다. 나는 3월 8일 새벽에 끌려갔다. 문익환·문동환·윤반웅·서남동·이해동 목사, 문정현·신현봉·함세웅 신부, 이문영 교수, 안병무 박사 등 11명이 구속되었다. 윤보선은 전 대통령이라서, 함석헌은 고령이라서, 정일형은 현역 의원이라서, 이태영과 이우정은 여성이라서 풀려났다.

구국 선언과 관련해서는 국내 신문에는 어떤 암시의 기사도 싣지 못했다. 하지만 민주 세력의 지도자들이 대거 구속되자 전 세계 언론에 알려지게 되었다. 외국인 선교사나 박대인 목사 같은 종교인들이 진실을 세계에 퍼 날랐다.

나는 곧바로 서대문 서울구치소에 수감되었다. 문익환, 문동환, 이문영, 함세웅 신부 등과 함께 푸른색 수의로 갈아입고 각기 독방에 갇혔다. 감옥 안은 무척 추웠다. 고관절 변형으로 바닥에 앉기가 무척 불편했다. 어떤 자세를 취해도 잠을 이룰 수 없었다. 어떤 날은 너무 아파서 뜬눈으로 밤을 새웠다. 그럴 때면 병을 낫게 해 달라고 하느님께 기도드렸다. 그러면 정말 통증이 멎는 것 같았다. 무릎을 굽힐 수 없으니 식사할 때 너무도 고통스러웠다. 나는 최소한의 의자와 식탁을 요구했으나 그들은 들어주지 않았다.

법정은 시대의 양심을 일깨우는 민주주의 강의실로 변했다. 신부와 목사들의 정연한 논리는 오히려 유신 독재를 재판하는 듯했다. 불구속 피고인 함석헌 선생은 재판 때마다 법정에 상복을 입고 나왔다. 문정현 신부는 검사 측 신문이 부당하면 검사 앞으로 달려가 턱밑에서 따졌다. 신현봉 신부는 판사가 호명하면 "아이고, 아이고" 곡을 하며 앞으로 나갔다. 판사가 놀라서 물으면 태연하게 대답했다.

"한국의 인권과 민주주의가 죽어서 곡을 합니다."

문익환 목사는 이렇게 말했다.

"많은 민주화 동지들과 같이 감옥 생활을 할 특권을 받은 것에 감사합니다."

이문영 교수는 또 이렇게 최후 진술을 했다.

"감옥에 있는 것이 예수의 고난에 동참하는 것이라고 생각하니 오히려 기쁩니다. 나에게 죄가 없기에 판사가 석방시킬까 봐 오히려 걱정을 했습니다."

나는 유신헌법과 긴급조치를 가장 잘 아는 당사자로서 박정희 대통령을 증인으로 신청했다. 검사와 재판관들은 당황해서 서로의 얼굴을 살폈다. 판사와 검사는 기가 죽어 있었고 피의자들은 당당했다.

우리 구속자들은 재판이 있는 매주 토요일 호송 버스에서 만났다. 그렇게 반가울 수가 없었다. 서로의 안부를 묻고 서로를 위로했다. 차 안에는 뜨거운 기운이 감돌았다. 같이 있음이 용기이고 힘이었다.

가족들은 구속된 우리들보다 더 의연했다. 우리에게 가족 면회가 허용된 것은 구속된 지 54일 만이었다. 재판이 있는 날이면 다른 모든 재판은 중단했다. 법원 주변에는 일반인 출입을 통제했고, 경비는 삼엄했다.

구속자 가족들은 부활절 전야인 4월 17일 철야 기도회를 가졌다. 그리고 새벽에 서울구치소 뒷산 언덕으로 올라갔다. 그곳에서 구치소를 향해 부활의 찬송을 목청껏 불렀다. 찬송가는 이내 눈물에 젖었다. 그러나 눈물로 부르는 새벽 찬송은 우리네 감방으로까지는 전달되지 않았다.

첫 공판은 5월 4일 열렸다. 서울지방법원은 방청권 발급을 제한한다고 통보했다. 가족들은 공개 재판을 요구했지만 받아들이지 않았다. 가족들은 항의 표시로 법정 앞에서 검정 테이프로 십자가를 만들어 입에 붙였다. 민주주의와 언론의 자유가 십자가에 못 박혔음을 뜻하는 것이었다. 언젠가는 다시 부활하리라는 믿음도 서려 있었다.

2차 공판 때에는 방청권을 길에서 불태워 버렸다. 방청석을 기관원들로 가득 채워 놓고 정작 가족들에게는 방청권을 주지 않았기 때문이다. 그 다음 재판 날부터는 일제히 연보라색 나일론으로 한복을 만들어 입었다. 그리고 "공개 재판", "민주 회복"이라 쓰인 리본을 옷에 달았다. 우리 구속자들은 호송차에 실려 오가며 가족들이 법정 밖에서 부르는 찬송가와 구호를 들을 수 있었다. 하지만 가족들의 모습은 볼 수 없었다.

어느 날은 흰 부채에 "공개 재판", "민주 인사 석방하라" 등을 써서 시위를 했다. 또 옷에 보라색 십자가를 크게 붙이고 일제히 법정으로 들어가자 판검사들이 놀라 휴정을 선포한 일도 있었다.

공판 날이면 법원 주변은 구속자 가족들의 시위로 늘 소란스러웠다. 당국

3·1 사건으로 구속된 인사들의 부인이 남편의 수인 번호를 가슴에 달고 법정 앞에서 시위를 했다. 맨 오른쪽이 아내 이희호.

은 시위가 어떤 양상으로 전개될지 몰라 전전긍긍했다. 급기야 가족들이 나타나면 차에 태워 도시 외곽으로 싣고 가 격리시켰다. 어린이대공원이나 태릉 등에 짐짝처럼 부렸다. 공덕귀 여사도, 이태영 여사도, 아내 이희호도 외딴 곳에 그렇게 버려지곤 했다.

재판부는 공판을 서둘렀다. 나는 12월 20일 소위 '민주 구국 선언' 사건의 항소심 구형 법정에서 최후 진술을 했다. 100매 분량의 최후 진술 역시 국내 언론에는 보도되지 않았다. 하지만 외국 언론들은 비상한 관심을 표명했고, 일본 『아사히 신문』은 2개 면에 걸쳐 전문을 게재했다. 여기서는 몇 군데만 발췌해 보겠다.

> 나는 가톨릭에 입신한 지 20년이 됩니다. 그러나 이 옥중 10개월만큼 기독교 신자가 된 기쁨을 느끼고, 하느님께 감사한 적이 없었습니다. 이와 같이 매일 하느님께 기도를 드리고 하느님과 대화를 한 적이 없었어요. 하느님께서 저를 감

옥에 보내 주신 데 대해서 감사하고 있습니다. 나는 내 경험과 양심으로 보아 마땅히 올 장소에 와 있습니다. 지금도 병에 시달리고 있습니다. 요새도 밤이 되면 서너 차례 일어나서 약을 먹습니다. 그러나 나는 해방된 기쁨에 넘치고 있습니다. 이 3·1 민주 구국 선언에 참가하지 않았더라면, 또 불구속의 몸으로 이 법정에 서 있었다고 하면 제 마음이 얼마나 괴로웠겠습니까. 옥중에 있게 된 것이 정말 감사합니다.

나는 판결에는 관심이 없습니다. 검사는, 이 문제에 관하여는 미안하오만, 내 안중에 없습니다. 나는 그 누구도 증오하지 않습니다. 그것은 제가 믿는 하느님께서 금지하고 있습니다. 면회하러 온 제 안사람이, 「로마인들에게 보낸 편지」 제12장 제14절을 보여 주었습니다. 거긴 "여러분을 박해하는 사람들을 축복하십시오. 저주하지 말고 복을 빌어 주십시오"라고 적혀 있었습니다. 저는 매일 민주 회복을 위해서, 억압된 사람들의 해방을 위해서, 또 교회를 위해서, 또 대통령 이하 현 집권자가 민주주의와 양심과 정의에 입각하여 현 체제를 시정하도록 기도하고 있습니다.

나는 분명히 알고 있습니다. 현 정부가 나를 구속했을 뿐만 아니라 내 생명조차도 빼앗으려고 했습니다. 지금도 그 의도가 사라졌다고 생각되지 않습니다. 그들은 언제라도 나를 살해할 수 있습니다. 그러나 그들이 나에게 어떤 짓을 한다 하더라도 국민에 대한 내 충성, 우리들 자손들에 대한 내 책임감을 바꾸지는 못할 것입니다. 나는 이미 그 결의를 바꿀 수 없는 인간입니다.

이 자리에 계시는 여러분, 그리고 이 법정 밖에 있는 국민 여러분. 우리들 각자의 입장을 초월하여 국민의 인권이 보장되는 정치적 자유, 평등한 경제적 여건을 보장하는 새로운 경제 질서, 정직하고 근면하며 양심적인 사람들이 성공하고 양심·학문·신앙의 자유가 있는 그러한 정의 위에 서 있는 사회가 구현되리란 것을 진심으로 여러분 한 사람 한 사람과 손을 잡고 호소하면서 이 최종 진술을 마치고자 합니다.

나는 1심에서 8년(구형 10년), 항소심에서 5년(구형 10년)을 선고받았다. 1977년 3월 22일 대법원이 상고를 기각하여 징역 5년을 확정했고, 18명의 상고를 모두 기각하였다.

나는 이 사건으로 재야 종교인, 지식인들의 진면목을 알게 되었다. 그들의 순수한 열정은 내 마음에 깊이 각인되었다. 그들은 거의가 나와는 일면식도 없었다. 이 사건은 나와 재야 민주 인사들을 연결시킨 최초의 고리였다. 이들과의 인연은 민주화 투쟁의 고비 때마다 동지애로 부활하였다. 그들은 나를 알고 지낸다는 것만으로 불이익을 당했다. 훗날 신군부가 조작한 사건에 휘말려 수난을 당하기도 했다. 그들은 진실로 용감하고 진정으로 국민을 사랑했다. 그래서 당당했다.

견딜 수 없는 통증에 이에 대한 치료도 전혀 받지 못하시고, 영양조차 섭취할 수 없는 상황 아래 있는 것, 정말 무어라 그 아픔을 설명할 수 있겠습니까.

그러나 너무도 기적같이, 당신의 정신은 오히려 더 강하게 작용되고 육체의 아픔을 이겨 나가시고 있는 이 사실은 하느님의 은총을 생각하게 합니다.

청진기로 맥박을 재고 혈압을 재는 것이나 육안으로는 알 수 없는 병에 수년간 시달리면서도, 제대로 검진을 받지 못하는 상태에서의 옥고는 이중, 삼중의 고난이기에, 이 민족이 겪고 있는 오늘의 괴로움을 대신 지시고, 그리고 또 묵묵히 가장 낮고 천한 자리에서 겸손을 새삼 터득하시며 깊은 신앙생활을 하시는 오늘의 당신의 모습이 숭고하게만 보입니다.

당신 때문에, 특히 겪고 계신 그 어려움 때문에 내 생이 더 값지고 더 뜻있으며, 많은 사람을 참된 사랑으로 대할 수 있으며, 긍지와 소망으로 내일의 새 빛을 바라보면서 심의(深意)의 가시밭길을 뒤따라 나갈 수 있는 행복마저 느낍니다.

아내는 겨울에도 방에 불을 넣지 않고 잤다. 유독 추위에 약한 내가 감옥에서 추위에 떠는 모습을 상상하면 도저히 따뜻한 잠을 잘 수 없었다고 했다. 한 달에 한 번 아내에게만 면회가 허용됐다. 그런데도 아내는 많은 날을 진주에 머물렀다. 자신이 가까이 있으면 내가 위안을 받을 것이라는 생각이었다. 혹시 교도관을 만나면 부탁하려고 빵이나 과자 같은 것들을 싸서 들고 교도소 담 밖을 서성거렸다. 아내는 손수 짠 털옷과 털장갑을 넣어 주고 속옷도 다림질을 하여 향수를 뿌렸다. 향기가 날아갈까 가슴에 품었다. 사랑의 향기였다. 속옷인데도 실로 입기 아까웠다.

감옥에서 제일 먹고 싶은 것은 김치와 커피였다. 사서 먹을 수 없겠냐 해도 도무지 들어주지 않았다. 때마다 나오는 콩밥과 보리밥은 그런대로 먹겠는데 반찬은 역한 냄새가 나서 도저히 먹을 수 없었다. 교도관들은 내 요구를 들어주고 싶었을지도 모른다. 그러나 그들 모두 정보부원들의 감시에서 자유롭지 못했을 것이다.

감옥에서의 독서는 참으로 유익했다. 독서란 원래 간접 경험이긴 하지만, 옥중에서 읽는 책은 그 이상이었다. 아무런 방해도 받지 않고 정독할 수 있기에 어떤 때는 저자와 대화를 하고 있다는 느낌마저 들었다. 역사·종교·경제·사상·문학 서적 등을 두루 탐독했다. 한 책 당 하루에 20쪽 또는 30쪽을 읽겠다는 목표를 세우고 여러 권을 번갈아 읽었다.

특히 아널드 토인비(Arnold J. Toynbee)가 지은 『역사의 연구』(12권)는 나에게 특별한 영감과 함께 미래에 대한 확신을 심어 주었다. 신이 시련을 주면 인간은 그에 대한 응답을 통해서 성장하고 발전하며, 문명은 도전에 대한 응전의 산물이라는 토인비의 주장은 가히 탁견이었다. 문명의 흥망성쇠는 숙명론으로 이해해서는 안 된다는 것을, 환경으로부터 도전에 대하여 응전에 성공한 집단만이 문명의 비약적 발전을 성취할 수 있음을 알았다. 민족뿐 아니라 시련에 처한 내 운명의 앞길을 밝혀 주는 것처럼 보였다.

감옥 생활 중에 이런 일도 있었다. 어느 날 보니 거미줄이 보였다. 감방 화장실에서 먹이가 걸리기를 기다리는 거미줄, 나는 그걸 한참 동안 들여다보았다. 햇살마저 제대로 들어오지 않는 이곳에서도 잡아먹을 것이 있는 모양이었다. 일부러 나를 찾아온 것 같기도 했다. 처음에는 신기했는데 볼수록 측은했다. 파리를 잡아 거미줄에 걸어 놓았다. 그런데 거미는 죽은 파리는 입도 대지 않았다. 다시 파리를 죽이지 않고 기절만 시킬 정도로 때려잡는 '기술'을 연마했다. '죽이지 않고 잡는 법'은 마침내 완성되었다. 그런 다음에는 거미줄에 정교하게 걸어 놓는 연습을 해야 했다. 자칫하면 거미줄이 끊어졌다. 거미는 의심이 많았다. 거미줄에 살아 있는 먹이가 걸려 있는데도 쉽게 모습을 드러내지 않았다. 내가 보고 있으면 나타나지 않았다. 독방 한구석에 몸을 숨기고 한참을 기다려야 녀석의 식사를 관찰할 수 있었다. 슬금슬금 내려온 거미는 똥구멍에서 줄을 뽑아내어 파리를 둘둘 돌려 감았다. 그리고 꼭대기까지 끌고 가더니 파리의 통통한 배에 침을 찔러 빨아먹었다. 그리고 나서 껍데기만 남은 파리는 방바닥에 미련 없이 떨어뜨렸다. 감방에도 많은 것들이 살아 있었다.

10월의 마지막 날, 김수환 추기경이 면회를 왔다. '진주라 천릿길'이라 했는데 그 먼 길을 왔으니 그저 가슴이 뭉클했다. 구국 선언을 준비하며 김 추기경에게 유언을 말하듯 "감옥에 가야겠다"고 한 말이 생각났다. 김 추기경은 내게 기도를 해 주었다. 함께 온 아내와 손을 모았다. 만남은 짧았지만 결코 짧지 않았다. 은혜로웠다.

1977년 12월 19일 갑자기 서울대병원에 이감되었다. 저들은 신병 치료를 위한 인도적인 조치라고 했다. 그즈음 아내가 여러 차례 당국에 병원 치료 허가를 요청했었기에 나도 그런 줄 알았다. 하지만 나를 석방시키라는 국내외의 압력을 피하려는 술책에 불과했다. 3·1 사건 관련 구속자들은 얼마 후 성탄절을 기해 모두 석방되었다. 나만 홀로 병원에 남았다. 서울대병원에는 특별 감옥이 있었는데 201호실이었다. 그곳에 나를 가둬 놓더니 교도소보다 더 엄중하게 감시했다. 외부와의 접촉을 완전히 차단했다. 교도관, 중앙정보부 요원, 경찰 등 20여 명이 늘 지키고 있었다. 진주교도소에서는 매일 한 시간씩 운동하러 밖에 나가 흙도 밟고 하늘도 볼 수 있었다. 하지만 병원에서는 모든 것이 금지되었다. 병원 속의 특별 감방은 실은 특별한 지옥이었다.

교도소에서는 큰 소리로 성경을 읽거나 찬송가도 부를 수 있었다. 판소리를 흉내 내거나 민요도 흥얼거릴 수 있었다. 하지만 병원에서는 얇은 판자 하나를 사이에 두고 간수들이 지키면서 종이 한 장 넘기는 소리까지 다 듣고 있었다. 창문은 모두 폐쇄하여 햇살 한 줄기도 들어오지 않았다. 또 병실에는 24시간 전등을 켜 놓았다. 해가 지는지 뜨는지 알 수 없었다. 밥 먹는 시간으로 때를 가늠해야 했다. 겉으로는 병실이었지만, 실상은 고문실이었다. 오직 하나 좋은 것은 아내를 매일 볼 수 있다는 것뿐이었다.

아내가 식사를 챙겨서 점심과 저녁에 면회를 왔다. 나는 신문도 보지 못하고 라디오조차 듣지 못했기에 아내가 전하는 세상 소식을 듣는 것이 유일한 낙이었다. 아내의 병수발, 아니 옥바라지는 눈물겨웠다. 오전에 식사를 준비하여 낮 12시쯤에 병원에 왔다. 두 시간 정도 나랑 함께 있다가 집으로 갔다. 오후에는 석간신문을 보고 메모했다가 다시 저녁을 준비해서 5시쯤 가지고 왔다. 그리고 7시경에 병원을 나서면 구속자 가족 모임이 기다리고 있었다.

목요기도회, 금요기도회 등에 나가 예배를 드리고 대책을 숙의하면 밤이 깊었다. 그런 날이 계속되자 어느 날 아내의 다리가 부어올랐다. 병원에 가 보니 관절염에 걸렸다고 했다. 원인은 영양 부족이란다. 밤낮으로 나를 돌보다가 정작 자신은 식사도 제때 못해 영양실조에 걸렸던 것이다. 자신의 몸이 망가지는 것도 모르게 아내는 이리 뛰고 저리 뛰었다.

내게 주어진 하루하루가 너무 힘겨웠다. 이런 생활을 계속하다가는 심신이 피폐해져 무슨 일이 일어날지 몰랐다. 법무장관과 서울구치소장에게 원래 있던 교도소로 돌려보내 달라고 요청했다. 그러나 아무런 대답도 없었다. 하기야 그들이 무슨 결정을 하고, 무슨 대답을 할 수 있었겠는가.

1978년 새해, 비서와 지인들이 나를 보려고 병원으로 찾아왔다. 그들은 내게 세배나 하겠다고 온 것이었다. 그러나 교도관이나 정보부원들은 나에게 접근하지 못하게 했다. 한화갑, 김옥두 비서 등은 먼발치서나마 세배를 하게 해 달라고 요청했다. 교도관은 기다리라고 했다. 그러나 아무리 기다려도 답이 없자 재차 물었다.

"왜 기다리게 해 놓고 답이 없습니까?"

그 말 한마디에 두 비서는 공무 집행 방해라는 죄목으로 구속되었다. 참으로 어이없는 일들이 정초부터 일어났다.

저들은 운동은커녕 편지도 쓰지 못하게 했다. 나는 편지로 바깥세상에 무언가를 알리고 싶었지만, 필기구는 몽당연필 하나 소지하지 못하게 했다. 그걸 눈치 챈 아내가 어느 날 작은 못을 하나 구해 몰래 주었다. 아내와 면회할 때도 교도관 한두 명이 따라 들어와 우리의 대화 일체를 귀를 세워 들었다. 일거수일투족도 저들에게 들키게 되어 있었다.

껌 껍질이나 먹을 것을 싸 온 종이에 못으로 꾹꾹 눌러 편지를 썼다. 하얀 글

서울대병원에서는 철저한 감시와 통제를 받아 어떤 글도 쓰지 못했다. 못으로 음식물 포장지에 쓴 글을 아내가 몰래 숨겨 외부로 유출했다.

씨였다. 못으로 쓴 편지는 화장실에 있는 두루마리 화장지의 가운데 구멍 속에 넣어두었다. 아내 또한 바깥세상 뉴스가 담긴 신문을 오려서 몰래 전해 주었다. 이를 통해 세상이 어찌 돌아가는지 알았다. 면회 시간에 교도관의 눈을 피해 눈을 껌벅이면 아내는 화장실에 들러 편지를 꺼내 주머니나 양말 속에 감췄다. 어떤 경우에는 식사를 마친 빈 밥그릇에 넣기도 했다.

그렇게 써 보낸 편지는 아내가 다시 옮겨 적어 지인들에게 보냈다. 나는 이를 통해 민주 인사들에게 내 뜻을 전하고 투쟁의 방향을 설정해 주었다. 적발될 만약의 경우에 대비해 주요 인물은 이니셜로 표기했다.

다시 법무장관에게 교도소로 보내 달라는 요청서를 우편으로 보낸 후 단식에 돌입했다. 9월 7일이었다. 제발 교도소로 보내 달라고 할 정도였으니 내가

서울대병원에 격리되어 감옥보다 혹독하게 인권 유린을 당했다. 먼저 석방된 인사들이 나의 석방을 촉구하는 플래카드를 들고 시위를 벌였다.

처한 상황이 얼마나 처참했겠는가.

병원에 누워 있는 것은 산 채로 관에 들어간 듯했다. 그들의 비열한 속임수를 더 이상 참을 수 없었다. 그들은 인도적인 조치라고 강변했지만 나는 날마다 죽어 가고 있었다. 실제로 나는 내 병에 대해 제대로 된 치료를 받은 적이 없었다. 저들은 날마다 체온만 재고 건성으로 몸 상태를 점검했다. 도대체 치료에는 그 누구도 관심을 보인 적이 없었다.

내가 단식 투쟁을 벌이고 있다는 소식이 전해지자 병원 앞에서는 연일 집회가 열렸다. 3·1 민주 구국 선언으로 구속되었다 풀려난 인사와 그 가족들이 모여 플래카드를 들고 소리쳤다.

"김대중 선생을 즉각 석방하라, 아니면 우리를 대신 구속하라."

동지들은 나의 석방을 요구하며 성명서를 내고 항의 단식을 하거나 농성을 벌였다. 이런 활동으로 윤반웅, 문익환 목사가 다시 구속되기도 했다.

단식 투쟁 소식을 듣고 해외에서도 한국 정부의 비인도적 처사에 항의가 잇달았다. 일본에서는 한일연대위원회가 외무성을 방문하여 나를 보호해 줄 것을 정식으로 요청했다. 나는 9월 22일 변호사와 가족들의 만류로 단식을 중단했다. 건강이 좋지 않은데다가 장 출혈이 있자 주위의 만류가 완강했다. 받아들이지 않을 수 없었다.

12월 어느 날, 자고 있는 나를 교도관이 깨웠다.

"오늘 석방합니다."

꿈결에서 듣는 것 같았다. 박 대통령이 제9대 대통령 취임 특별 사면으로 형 집행 정지를 내렸다. 삼엄한 경비 속에 나는 동교동 우리 집으로 옮겨졌다. 1978년 12월 27일, 2년 10개월 만에 집으로 돌아왔다. 나는 출감 성명을 발표했다.

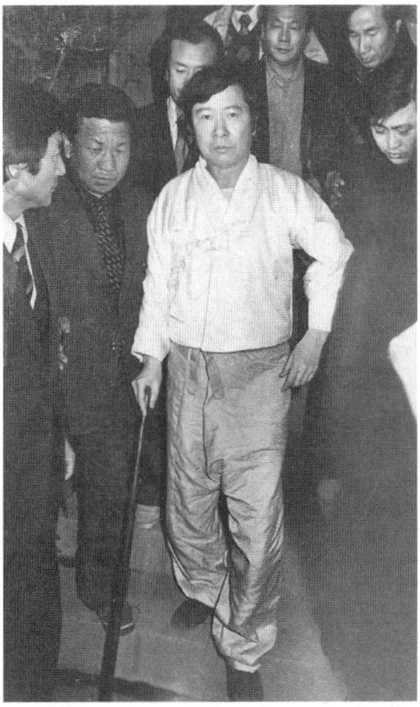

제9대 대통령 취임 특별 사면 1호로 서울대병원에서 형 집행 정지로 석방되었다. 2년 10개월의 옥고를 치르고 나니 걷기가 불편하여 지팡이가 필요했다.

내가 지금 인색한 형 집행 정지로나마 출소함에 있어서 가장 가슴 아프게 생각하는 것은 김지하 시인, 리영희 교수, 윤반웅·문익환·박형규·고영근·조화순·강희남 목사들과 성직자·교수·언론인·학생·근로자·민주 인사 등 모든 정치범들과 같이 나오지 못한 사실입니다.

나는 정부의 이와 같은 협량하고 반민주적인 태도에 대해서 분노를 금할 수가 없습니다.

지금과 같이 국시인 민주주의가 수난을 당하며, 수많은 재야인사와 학생들이 영어의 생활을 감수하는 이때, 나는 과거에 이 나라의 국정에 참여했으며 1971년 대통령 선거에서 국민의 막중한 시시를 받았던 몸으로서, 지난 3년의 감옥생활을 그들과 같이 치르게 된 사실은 나의 당연한 도리이며 영광스러운 동참행위로서 기쁨을 금할 수 없습니다.

박 대통령은 1978년 7월 6일 통일주체국민회의에서 제9대 대통령으로 선출되었다. 대의원 2578명 중에 반대표는 한 표도 없고 무효표만 단 한 표가 나왔다. 12월 12일에는 제10대 국회의원 선거가 있었다. 전국 154개 지역구 중에서 민주공화당이 68명, 신민당은 61명이 당선되었다. 신민당이 대약진을 했다. 득표율에서는 공화당이 31.7퍼센트, 신민당이 32.8퍼센트를 획득하여 야당이 오히려 앞섰다. 통일민주당은 3석, 무소속은 22석을 차지했다. 선거 결과 관권·금권 선거에도 민심은 떠나가고 있음이 확인되었다.

또 박 정권과 미국의 관계가 급속히 악화되어 갔다. 1976년 10월 『워싱턴 포스트』가 1면 머리기사로 폭로한 '박동선 로비 사건'은 외교 마찰로 비화했고, 그때부터 한미 관계가 뒤뚱거리기 시작했다. 한국인 실업가 박동선과 한국의 기관원들이 미 의회의 한국 지지를 끌어내기 위해 의원들에게 뇌물을 주었다는 보도는 충격적이었다.

한국 정부가 조직적으로 시도한 로비 활동은 '코리아 게이트'로 불렸고, 연루된 의원들이 상하원에 무려 115명이나 되었다. 연간 50만 달러에서 100만 달러를 지속적으로 쏟아부은 사실이 확인되었다. 독재 정권을 유지하기 위해 우방의 의원들을 돈으로 매수한 추악한 사건이었다.

박동선은 곧바로 귀국했다. 양국은 박동선을 형사 소송하지 않는 대신 미국 하원과 법정에서 증언하는 것으로 절충을 했다. 코리아 게이트는 2년 6개월을 끌다가 양국 정부가 공동 성명까지 발표하는 우여곡절 끝에 1979년 중반에 가서야 겨우 봉합을 했다. 그러나 두 나라의 신뢰 관계는 치명적으로 손상되었다.

미국에 망명 중인 김형욱 전 중앙정보부장이 1977년 6월 22일 하원에서 증언을 했다. 다름 아닌 '김대중 납치 사건'의 진상을 밝힌 것이다. 공청회장은 개회 2시간 전부터 만원을 이뤘다. 김형욱 씨는 선서를 하고 증언을 한 다음 성명을 읽었다.

> 무엇보다도 박 대통령이 가장 두려워하는 존재는 1971년 그와 대결했던 야당 대통령 후보 김대중 씨와, 미국의 대한 정책을 좌우하는 미국 국회였다. 박 대통령은 자신이 가장 두려워하는 개인인 김대중 씨의 문제를 이른바 '김대중 납치 사건'으로 해결하려 했고, 그가 가장 두려워하는 집단인 미국 국회에 대해서는

'박동선 뇌물 공작'으로 해결하려 했다.

그는 나와 박 대통령의 관계도 거침없이 얘기했다.

> 1971년 대통령 선거 당시, 사상 유례없는 조직적인 선거 부정이 없었더라면 김대중 씨가 당선될 가능성이 많았다고 판단한다. 김대중 씨에 대한 박정희 씨의 감정은 단순한 정적 관계가 아니라 깊은 열등의식을 바탕으로 한 증오에 가까운 것이다.

납치 사건에 대해서도 박 대통령의 재가 없이는 이뤄질 수 없었을 것이라며 납치 사건에 가담한 인물들의 명단을 소위원회에 제출했다. 그리고 '코리아 게이트'에 대해서도 중앙정보부 요원 25명가량이 가담했고, 재미 교포 상당수도 협력했다고 밝혔다. 또 일본 언론과의 인터뷰에서는 납치 사건에 사용한 배가 '용금호(龍金號)'이며 자신이 부장으로 재직 때 들여온 대북한 공작선이라고 폭로했다.

김형욱은 망명 중에 회고록을 발행하여 박 대통령의 비행과 치부를 낱낱이 공개했다. 박 정권은 여러 경로를 통해 회유와 협박을 했지만 끝내 그의 마음을 돌리지 못했다. 그는 1979년 10월 1일, 돌연 단신으로 프랑스 파리로 날아갔다. 그리고 10월 7일, 의문의 실종을 당했다.

김형욱 실종 사건은 숱한 추측과 구구한 억측만 존재할 뿐 실체는 아무것도 밝혀지지 않았다. 그의 실종은 앞으로도 영원히 미제 사건으로 남을 가능성이 높다. 그는 최장수 중앙정보부장을 지냈다. 권력 창출의 주역으로 무소불위의 힘을 발휘하다 그 권력으로부터 버림을 받았다. 그러자 신처럼 받들던 박정희를 향해 저주를 퍼부었다. 독재의 주구였으나 그도 어딘가에서 편안히 여생을 보내고 싶었던 한 인간이었을 것이다.

1977년 1월 취임한 카터(Jimmy Carter) 미국 대통령은 선거 공약으로 주한 미군 철수를 내걸었다. 박 정권은 화들짝 놀랐다. '도덕 정치'와 '인권 존중'을 내세운 카터와 독재자 박정희는 결코 화해롭게 섞일 수 없었다. 지극히 서민적 이미지로 대통령에 당선된 카터는 곧바로 한반도에 대해서 인권 외교와 철군 정책을 천명했다. 카터는 박 대통령에게 서한을 보내 주한 미군의 철수와 인권 문제를 거론했다. 박 대통령은 "한국에는 정치범이 없다"고 답했다.

1979년 6월, 카터 대통령이 한국에 오기로 했다. 국내 민주 인사와 학생들은 사실 카터 대통령에게 많은 기대를 했다. 그가 인권을 소리 높이 외쳤기 때문이다. 하지만 카터의 방한은 미국이 박 정권의 독재를 다시 묵인 또는 방조할 것이라는 우려를 자아내기에 충분했다. 기대만큼 걱정도 컸다.

카터 대통령 방한 반대 운동이 일어났다. 거의 모든 민주화 단체들이 반대 성명을 발표했다. 구속자 가족과 민주 인사들은 미국 대사관 앞이나 거리에서 시위를 벌였다. 환영 아치에 불을 질러 카터 대통령의 초상화가 불태워지기도 했다. 그런 격렬한 반대에도 6월 29일 한미 정상 회담이 열렸다. 미국 측은 주한 미군 철수 방침을 철회하는 대신 한국의 인권 개선과 주한 미군 방위비 증액을 요청했다. 박정희와 카터는 단독 회담에서 철군과 인권 문제를 둘러싸고 감정싸움까지 벌였다. 역대 최악의 정상 회담이었다.

한국에 온 카터 대통령은 나를 만나고 싶어 했다. 그러나 박 정권은 나와의 접촉을 철저히 차단했다. 그때는 만나지 못했지만 카터와 나는 훗날 교분을 쌓고 한반도를 위해 많은 일들을 했다.

이렇듯 박 정권은 믿었던 미국으로부터도 불신을 당했고, 끝내 굴욕 외교를 펼쳤다. 독재 정치의 실상이 알려지자 우방들도 차츰 고개를 돌렸다. 박 정권은 국제 사회에서 점점 고립되어 갔다. 외교적으로도 계속 악재에 직면했다. 그러나 정작 더 큰 사건들이 내부에서 일어났다.

유신의 비명을 듣다

(1978 ~ 1979)

동교동 집에 돌아오자마자 다시 연금을 당했다. 언론에서는 나를 해괴하게 지칭했다. "형 집행 정지로 출옥한 원외의 모 인사", "당외 인사", "동교동 모 씨" 등이었다. 내 이름 석 자는 언론에서 완전히 사라졌다. 중앙정보부의 지침이었다. 나는 세 차례나 검찰에 불려가 심문을 당했다. 검사는 왜 자꾸 긴급조치를 위반하느냐고 따져 물었다.

"내가 뭘 위반했다는 것이오?"

검사는 미국과 일본의 유력 일간지들을 들춰 보였다. 유신 체제를 맹비난하는 기사들이었다.

"정 이러면 우리는 선생을 다시 교도소로 보낼 수밖에 없습니다. 지금 형 집행 정지 중이라는 점을 다시 한 번 알려 드립니다. 법을 지켜야지요."

"나는 법을 어기고 있다고 생각하지 않습니다. 이 나라의 법을 어긴 사람은 박정희 대통령입니다. 생각해 보시오. 대통령이 멋대로 국회를 해산하고 헌법을 정지시키고 계엄령 하에서 일방적인 주장으로, 일방적인 찬성으로, 일방적인 선전으로 유신헌법을 채택하는 조항이 구헌법 어디에 있습니까?"

그러면 검사는 슬며시 말머리를 다른 데로 돌렸다. 그들은 나를 실제로 구속하기보다는 겁을 주고 활동을 제약하려 했음이 분명했다. 그러나 나는 이미 이런 것들을 초월했다.

1979년 3월 1일 '민주주의와 민족통일을 위한 국민연합'이 결성되었다. 윤보선 전 대통령, 함석헌 선생, 문익환 목사 등 '구국 선언' 관련자들이 참여했다. 나는 공동의장으로 추대되었다. 3년 전처럼 3월 1일 또 다른 구국 선언을 발표하려 했다. 그러나 공동대표인 함석헌 선생과 나에 대한 가택 연금은 물샐틈없이 엄중했다. 할 수 없이 윤보선 전 대통령 혼자 서울 안국동 자택 앞에서 발족 선언문을 발표했다.

그러나 이번에는 누구도 투옥되지 않았다. 국제 여론은 박 정권의 인권 탄압을 그냥 놔두지 않을 기세였고, 저들은 우리의 구속이 민주화 투쟁 열기를 차단하는 수단이 되지 못한다는 것을 이미 알고 있었을 것이다.

당시 유신 체제에 협조적이었던 이철승 신민당 총재의 노선은 국민들의 민주화 열망과는 완전히 유리되어 있었다. 누구에게도 공감을 못 얻고 공중에 떠 있는 꼴이었다. 이 총재는 중도 통합론을 주장하며 '참여 하의 개혁'을 내세웠다. 이철승과 신민당은 유신 체제에 어정쩡하게 얹혀 있었다.

신민당의 새 총재를 뽑는 전당 대회가 1979년 5월 30일로 예정되었다. 나는 '선명 야당'을 내걸고 총재에 출마한 김영삼 씨를 지지하기로 했다. 비록 연금 상태였지만, 유신 체제 반대를 가장 확실하게 주장하는 김영삼 씨를 밀어야 했다. 총재에 입후보한 사람들을 차례로 집에 초대했다. 우선 박영록, 조윤형, 김재광 씨를 불러 후보 사퇴를 간곡하게 당부했다. 그들은 몇 개월에 걸쳐 열심히 표밭을 가꿨으면서도 내 의견에 따라 주었다.

전당 대회를 하루 앞두고는 대의원들의 단합 대회가 열리는 중국 음식점 '아서원'을 찾아갔다. 내가 나타나리라곤 예상치 못했던 대의원들은 나를 뜨겁게 반겨 주었다. 유신 선포 이후 언론에서 내 이름 석 자는 사라졌지만 동지들 가슴속에는 내가 살아 있음을 확인했다. 나는 김영삼 후보 지지를 절절하게 호소했다. 과거에 한때 실수가 있었지만 강력한 대여 투쟁을 위해서는 김 후보를 선택해야 한다고 역설했다.

또 나는 이철승 씨가 주장하는 중도 통합론에 대해서도 그 허구성을 꾸짖으며 일침을 놓았다.

"중도 통합론이 무엇입니까? 중도 통합이란 게 정치학에 없는 것은 아닙니다. 원칙이 섰을 때는 중도 통합이 있습니다. 원칙이 다를 때, 방향이 다를 때 중도 통합은 없습니다. 선과 악 사이에 중도 통합은 없습니다. 공자와 도둑놈 사이에 어떻게 중도 통합이 있습니까? 사람을 놓고 하나는 살리자, 하나는 죽이자 하는데 어떻게 반만 죽이자는 중도 통합이 있습니까? 민주주의와 독재 사이에는 중도 통합이 없습니다."

또 비록 당시 김영삼 씨와는 경쟁 관계지만 내가 진심으로 김 후보를 밀고 있다는 것을 설득해야 했다. 실제로 당내의 다른 후보가 "김영삼 씨를 당선시키면 반드시 후회할 것"이라고 말했지만 나는 "유신의 종결을 위해서라면 사적인 욕심은 버렸다"고 말했다.

"김 총재와 나를 라이벌로만 보지 마십시오. 나라가 잘되려면 여러 인물이 커야 합니다. 내가 민주 회복 때까지 살아남아 있다는 보장이 어디에 있고, 김 총재가 살아남는다는 보장이 어디에 있습니까. 아니 제2, 제3의 김대중이와 김 총재가 필요합니다. 이래서 하나가 쓰러지고, 하나가 병들더라도 올바른 대안이 있어야 합니다. 민주 회복이 되면 이까짓 것 따질 필요가 없습니다. 그때 국민 여론과 여러분의 의사에 따라 결정하면 그만입니다. 애도 낳기 전에 이름 가지고 싸울 필요가 없습니다. 김 총재는 오늘만 필요한 것이 아니라 장래 이 나라를 위해 필요한 것입니다."

폭소와 박수가 터져 나왔다.

대의원과 당원들은 유신 선포 이후 언론에서 사라진 나의 얼굴을 보자 하나같이 감격스런 표정을 지었다. 나는 그들의 손을 잡으며 감회에 젖었다.

다음 날 전당 대회에서 총재 투표가 있었다. 1차 투표에서는 누구도 과반을 넘기지 못했다. 김영삼, 이철승, 이기택 후보가 남았다. 이렇게 표가 분산되면 당권을 쥐고 있는 이철승 씨에게 절대 유리했다. 이기택 씨가 후보를 사퇴하고 '김영삼 지지'를 선언하면 승산이 있어 보였다. 나는 급히 이기택 씨에게 메모를 썼다. 그리고 이기택 씨 부인에게 메모를 전해 달라고 부탁했다. 부인은 남편에게 약을 가져다준다며 보온병을 가지고 이기택 씨에게 다가가 은밀히 메모를 전했다.

"민주주의를 지지한다면 김영삼 후보를 밀어주시오. 이대로 가면 모두가 패자가 될 겁니다. 이기택 동지도 민주주의를 위해 나오셨으니 믿겠습니다."

메모를 읽고는 이기택 후보가 단상에 올랐다. 모두 잔뜩 긴장을 했다. 이 후보는 김영삼 후보 지지를 선언하고는 후보를 사퇴했다. 참으로 고마웠다. 그런 노력과 공을 들였음에도 김영삼 후보는 초접전을 벌여야 했다. 개표 결과 11표 차이의 신승이었다. 당시 차지철 청와대 경호실장이 앞장서서 거의 공개적인 야당 파괴 공작을 부렸지만 우리는 귀한 승리를 움켜쥐었다.

박 정권을 흔드는 대형 사건들이 잇달아 터졌다. 박 대통령은 이미 국가를 관리할 전략이나 비전이 없었다. 다만 권력에 대한 탐욕만 남아 있었다. 정권이 민심을 떠나 파국으로 치닫고 있었지만 만사를 힘으로 밀어붙였다. 이런 가운데 YH 노조의 신민당사 농성 사건과 '부마(釜馬) 항쟁'이 발생했다.

가발을 만들어 수출했던 YH 무역은 개발 독재의 특혜로 성장한 전형적인 수출 의존형 기업이었다. 1970년에는 종업원이 4000명이나 되었다. 그러나 사주의 외화 도피와 자금 횡령 등으로 경영 상태가 급속히 악화되었다. 그러자 창업주가 회사를 팔아넘겼다. 빚더미에 올라앉은 회사는 주인이 몇 번이나 바뀌면서 껍데기만 남게 되었다. 도산 위기에 몰리자 노동자들이 백방으로 뛰어다니며 정상화를 모색했으나 회사는 폐업을 공고했다. 노동자들은 노조를 결성하고 폐업 철회 투쟁을 벌였다. 노조원들은 모두 당시 '공순이'라고 불렸던 여성 노동자들이었다.

그들은 일터를 잃고 넉 달 동안 노동청을 비롯하여 모든 기관들을 찾아다니며 애원하고, 호소하고, 항의했지만 아무 소용이 없었다. 그리고 마지막으로 야당 신민당사를 찾아갔다. 그들의 마지막 전장(戰場)이며 피난처였다. 노동자들은 "회사의 정상화가 아니면 죽음을 달라"고 농성을 벌였다.

1979년 8월 11일 새벽 2시, 경찰이 마포당사에 들이닥쳤다. 곤봉으로 무차별 구타하며 노동자들을 끌어냈다. 이때 김경숙 노조집행위원장이 경찰의 과잉 진압으로 사망했다.

경찰은 여기서 그치지 않았다. 2층 총재실과 회의실에도 난입했다. 회의실에는 김영삼 총재와 10여 명의 국회의원, 기자, 당원들이 있었다. 경찰은 김 총재를 제외한 모두를 무차별 구타했다. 황낙주 원내총무가 구둣발에 깔려 널브러지고 박권흠 대변인의 얼굴은 피범벅이 되었다. 기자들도 당원들도 욕설과 함께 곤봉 세례를 받았다. 진압 작전은 23분 만에 끝났다. 대한민국 제1야당 당사는 흡사 폭격을 맞은 듯 잔해만 처참했다.

경찰의 야당 당사 무력 난입은 유신 정권이 폭력을 쓰지 않으면 더 이상 존재할 수 없다는 것을 증명한 것이었다. 대부분 어린 나이에 서울로 올라와 공장에서 일하며 부모님 약값과 동생의 학비를 보내 주던 착한 우리의 딸들은 이렇게 유신의 광기어린 폭력에 유린되었다. 경찰은 노조 간부들과 함께 배후 조종자로 인명진·문동환·서경석 목사, 이문영 교수, 고은 시인 등 8명을 지목해 구속했다.

제1야당이 이렇듯 처참하게 당했는데도 박 정권의 광기에 대항한 방법은 별로 없었다. 오직 농성뿐이었다. 그러나 박 정권은 꿈적도 안 했다. 오히려 보란 듯이 정치 공작을 꾸몄다. 세 명의 신민당 원외지구당 위원장을 시켜 김영삼 총재에 대해 직무 집행 정지 가처분 신청을 제출토록 했다. 전당 대회에 참석한 일부 대의원의 자격에 문제가 있다는 것이었다. 법원은 9월 8일 가처분 신청을 받아들였다.

박 정권의 탄압은 여기서 그치지 않았다. 공화당이 김영삼 총재 징계동의안을 국회에 제출했다. 김 총재가 외국 언론과 인터뷰에서 "카터 행정부가 박 정권의 지지를 중단해야 한다"고 주장한 것을 문제 삼았다. 이러한 주장은 이적 행위이며 내정 간섭을 요청하여 국회의원의 품위를 손상시켰다는 이유였다. 10월 4일 공화당과 유정회 의원들은 징계동의안을 본회의장이 아닌 국회 146호실에서 기습 처리했다. 야당 총재가 국회에서 쫓겨난 것이다. 신민당은 이에 반발해 소속 의원 66명 전원이 사퇴를 결의하고 국회의원 사퇴서를 제출했다.

1979년 10월 16일 부산에서 대규모 대학생 시위가 일어났다. 17일에는 시민들이 대거 가세했다. 이에 박 대통령은 18일 비상계엄령을 선포하고 공수부대를 투입했다. 그러자 민주화의 불길은 이웃 도시 마산으로 번졌다. 노동자와 고등학생들까지 거리로 나섰다. 시위대는 공화당사, 파출소, 방송사 등을 부쉈다. 박 대통령은 다시 마산과 창원 일대에 위수령을 선포했다. 이른바 '부산·마산 항쟁'이었다.

남녘에서 올라오는 시위 소식을 들으며 나는 4·19를 떠올렸다. 누구라도 그랬을 것이다. 내가 공동의장을 맡고 있는 재야 민주 세력의 결집체인 '민주주의와 민족통일을 위한 국민연합'은 부마 사태와 관련한 성명을 발표했다. 정부는 깊이 반성하고 비상계엄을 해제할 것, 국군을 정권 안보에 동원시키지 말 것, 유신헌법을 개정할 것 등을 요구했다.

민주화 투쟁의 불길은 이미 전국으로 옮겨붙고 있었다. 광주와 서울 등에서도 대규모 시위가 예정되어 있었다. 4·19처럼 국민 저항은 북상 중이었다.

유신의 독재는 청와대와 몇몇 그들의 안가에서만 숨이 붙어 있었다. 민심이 떠난 박 정권은 헐떡거리고 있었다. 그럴수록 유신 독재 체제는 눈을 치켜뜨고, 소름 끼치는 비명을 질렀다. 유신의 핵심 세력들의 충혈된 눈에는 광기가 스며 있었다. 이제 저들이 민심에 쫓겼다. 두려움에 떨기 시작했다. 오늘은 초조하고 내일은 불안했다. 목이 타들어 갔다. 모이면 술을 들이켰다.

그러던 어느 날, 서울 궁정동에서 한밤 총성이 울렸다.

궁정동의 총성

(1979)

새벽 4시쯤 전화벨이 울렸다. 미국 로스앤젤레스에서 걸려 온 전화였다. 지인의 목소리는 날카로웠다.

"간밤 박정희 대통령이 살해당했답니다."

바다를 건너온 소식은 새벽처럼 서늘했다. 독재자 박정희는 1979년 10월 26일 밤 가장 믿었던 심복의 총을 맞고 생을 마감했다. 모든 독재자의 말로가 그렇듯이 그의 최후 또한 참혹했다. 부산에서 반정부 시위가 일어났으니, 이제 광주와 서울에서도 일어나 4·19처럼 국민의 힘으로 박정희 독재를 종식시켜야지 이렇게 끝나서는 안 된다는 생각을 했다. 나는 10·26 사태에 대해 상당한 위협을 느꼈다.

박 대통령은 자주 술을 마셨다. 육영수 여사가 서거한 뒤로는 술에 빠져 살았다. 10월 26일에는 비서실장, 경호실장, 정보부장과 함께 젊은 두 여인이 참석했다. 화제는 자연 부마 항쟁으로 옮겨 갔고 김재규 정보부장은 사태가 심각하다고 보고했다. 그러자 경호실장 차지철은 "까불면 전차로 싹 깔아뭉개 버리자"고 거침없이 내뱉었다. 그러자 김 부장은 "각하, 버러지 같은 자식을 데리고 정치를 하니 제대로 되겠습니까" 하며 권총을 뽑았다.

총성이 안가의 어둠을 찢었다. 차지철 몸에서 피가 뿜어져 나왔다. 총구는 다시 대통령을 겨냥했다. 다시 총성이 울렸다. 김재규가 '야수의 마음'으로 쏜 총에 '유신의 심장'이 터졌다. 이로써 1961년 5·16 쿠데타 이후 계속된 박정희의 18년 장기 독재가 막을 내렸다.

권력은 비정했다. 그렇게 충성스럽게 보였던 차지철 경호실장도 피를 흘리는 대통령을 놔두고 화장실로 도망쳤다. 독재 정권을 에워싸고 있던 박정희의 사도들은 홀연 연기처럼 흩어졌다. 그 당당했던 18년의 철권 통치도 신기루처럼 사라졌다.

독재 정치는 이처럼 허망하다. 독재자가 죽으면 남는 것이 없다. 영화는 뜬구름이요 권력도 물거품이었다. 유신 체제를 '구국의 영단'이라 치켜세웠던 많은 정치인, 학자, 고위 관리들은 어디로 갔는지 보이지 않았다. 유신 체제는 저잣거리에 던져져 짓밟혔을 뿐이었다.

박정희 대통령과 나는 단 한 번 만난 적이 있다. 1967년 목포 국회의원 선거에서 당선된 직후인 1968년 새해였다. 청와대로 신년 인사를 갔고, 그때 선 채로 박 대통령과 5분 정도 얘기를 나눴다. 그는 나에게 매우 친절했고 내 질문에 성의 있게 답했다.

1979년에 들어서자 정권 말기 현상들이 곳곳에서 감지되었다. 나는 박 대통령을 만나 시국을 논해야 한다고 생각했다. 국내 현안은 산더미처럼 쌓였고, 국제 정세는 난마처럼 얽혀 있었다. 민심이 완전히 떠나간 유신 체제는 파국을 향해 치닫고 있었다. 어디를 봐도 비상구조차 없었다. 나는 박 대통령이 무슨 생각을 하고 있는지 알고 싶었다. 그리고 위기의 실체를 알려 주고 싶었다.

박 대통령이 사망하기 서너 달 전, 그러니까 한여름이었다. 당시 동교동 내 집을 자주 드나들던 예춘호, 양순직, 박종태 씨를 청와대로 보내 차지철 경호실장을 만나게 했다. 차 실장에게 박 대통령과의 만남을 주선해 달라고 부탁했다. 당시 정권의 2인자로 알려진 차 실장에게 박 대통령을 만나려 하는 내 뜻을 다음과 같이 전했다.

"조건은 없습니다. 나한테 하고 싶은 얘기를 모두 해 주십시오. 비난해도 다 듣겠습니다. 대신 내 이야기도 다하겠습니다. 내 안의 애국 충정도 다 꺼내 놓겠습니다. 합의점을 찾으면 좋겠지만 합의가 안 되더라도 상관없습니다. 그렇게 되면 왜 서로를 싫어하고 왜 의견이 다른지 그 실체는 알 수 있는 것 아니겠습니까.

대통령과 나는 20년 가까이 대립하고 있습니다. 그러면서도 마주 앉아 대화한 적은 한 번도 없습니다. 이제는 서로를 경계하며 경쟁하는 단계는 지났다고 보입니다. 서로의 눈을 보면서 육성으로 나누는 대화가 중요하다고 생각합니다. 서로가 얘기를 주고받음이 나라와 우리 두 사람을 위해 절실한 시점에 서 있습니다. 실로 나라가 위중합니다. 이를 회피하는 것은 부끄러운 일이며 민족과 역사에게 죄를 짓는 일이라 생각합니다."

나는 진실로 박 대통령과 대화를 하고 싶었다. 그러나 한참 후에 거절의 답이 왔다. 차 실장이 내 뜻을 성실하게 전했는지, 아님 자신이 판단해서 적당히 물리쳤는지는 알 수 없었다. 나는 생전에 박정희 대통령과 충분히 얘기 못해 본 것이 지금도 한스럽다.

독재자 박정희.

그가 주동이 되어 일으킨 군사 쿠데타는 명분이 없었다. 학생들의 순결한 피로 쟁취한 신성한 민주주의를 일거에 파괴해 버렸다. 돌이킬 수 없는 죄악이었다. 박정희는 국민에게 약속한 것들을 지키지 않았다. 부정부패를 일소하고 군인으로 돌아가겠다는 약속, 세 번째 집권을 호소하며 3선이 마지막이라는 약속을 헌신짝처럼 버렸다.

나는 박정희 정권이 경제 발전을 이룬 것은 어느 정도 인정한다. '우리도 하면 된다'는 인식을 국민에게 심어 준 것 또한 사실이다. 하지만 독재 정권이어야만 경제를 용이하게 발전시킬 수 있다는 견해에는 동의할 수 없다. 1950년대 후반부터 우리나라 경제는 원조 경제에서 자립형 경제로 옮겨 가고 있었다.

당시 경제적 흐름은 완만했지만 상승세였고, 조짐이 좋았다. 박 대통령은 경제 개발 5개년 계획을 꺼내들었는데, 이는 민주당 장면 정권이 이미 마련해 놓은 것이다. 박 정권은 이를 그대로 베껴서 발표했다.

앞에서도 밝혔듯이 경제 개발 5개년 계획은 장면 총리가 미국을 방문하여 재원을 마련해 오면 본격 시행할 예정이었다. 미국에서도 적극 도와주겠다고 약속했다. 사회는 안정을 찾아가고 국민들은 정부를 믿기 시작했다. 그런데 그 무렵, 장 총리의 방미를 코앞에 두고 5·16 쿠데타가 발발했다.

만일 민주주의를 신봉하는 장면 정권이 경제 부흥을 추진했다면 어찌되었을까? 장담은 할 수 없지만 국민들의 참여와 지지로 더 높은 효과를 보았을지 모른다. 군사 쿠데타가 오히려 경제 발전을 한동안 정체시켰을 수도 있다. 한 가지는 분명해 보인다. 민주 정부였다면 적어도 어느 계층이나 특정 부류에 치우침이 없이 건전한 경제 발전을 도모했을 것이라는 점이다. 만일 재벌에만 특혜를 주고 도시 위주의 개발 정책만 밀어붙였다면 틀림없이 국민 저항에 직면했을 것이다. 그렇다면 민주 정부가 어찌 이를 외면할 수 있겠는가.

박 정권은 장면 정권이 마련한 5개년 개발 계획을 추진하면서 이를 뒤틀었다. 대기업 육성과 도시 개발만을 추구했다. '독재의 밭'에서는 특혜가 자랐다. 그 특혜를 먹고 기업은 몸집을 불렸고, 기업은 다시 정권에 특혜의 일부를 바쳤다.

가진 자와 못 가진 자의 격차는 점점 더 벌어졌다. 저곡가와 저임금을 통해 대기업들만 배를 불리자 중소기업은 대기업에 종속되었다. 이런 구조 속에서는 중산층이 불어날 수 없었다. 중산층이 두꺼워야 다이아몬드형의 이상적인 경제 구조를 이룰 수 있다. 소득이 양극화되어 빈민들이 늘어나면 결국 사회의 허리인 중산층이 붕괴될 수밖에 없다. 나는 이러한 경제 구조를 '장구형'이라고 규정하고 일찍이 경계했다.

농촌에는 새마을 운동을 대대적으로 벌였다. 아침마다 마을에는 새마을 노래가 울려 퍼졌다. 그러나 정작 농촌은 골병이 들고 있었다. 초가지붕을 슬레이트 지붕으로 바꾼 것 외에 농촌은 변한 것이 없었다. 모든 것이 도시로 몰렸다. 농민들은 정든 고향을 떠나야 했다. 새마을 운동으로 농촌이 잘살게 되었다는 선전은 속임수에 불과했다. 이때부터 농촌은 몰락하기 시작했다.

박정희의 가장 큰 잘못은 지역 대립을 조장한 것이었다. 이는 이승만 대통령이 친일파를 비호하며 그들을 중용한 것에 견줄 만한 과오였다. 경상도를 노골적으로 품고 전라도는 철저하게 내쳤다.

박 대통령은 전라도에 대해서 세 가지 차별을 했다. 하나는 문화적 차별이요, 또 하나는 지역 개발 차별이며, 세 번째는 인재 등용의 차별이다. 이는 집요하고도 계획적으로 진행되었다. 권력이 모든 수단을 동원해서 고착화시켰다. 드라마나 영화, 노래 속의 도둑이나 사기꾼들은 거의가 전라도 사투리를 썼다. 반면 경상도 청년은 씩씩하고 남자답게 묘사되었다. 무엇보다 무서운 문화적 차별이었다. 그런 이미지는 국민 정서에 서서히 조금씩, 알게 모르게 스며들었다.

지역감정이란 원래 존재하지 않았다. 이승만 정권을 무너뜨리는 데 경상도가 따로 있고 전라도가 따로 있지 않았다. 그럼에도 박 정권은 선거 때마다 지역감정을 자극했다. 박 정권 때 처음으로 지역에 따라 몰표가 나오기 시작했다. 박정희가 출생하여 자란 대구와 경북은 이른바 'TK'로 불렸고, 정권의 실세들은 이곳에서 배출되었다. 단지 TK 출신이라는 것만으로도 정권의 성골이 되었다.

박정희는 일생 동안 일본에 호의를 가지고 살았다. 그것은 거의 충성심에 가까웠다. 그는 대구의 가난한 농가에서 5남으로 태어났다. 나이는 나보다 7살 많았다. 대구사범학교를 졸업하고 초등학교 교사를 지내다 만주국에 새로 생긴 군관학교에 입학했다. 공부를 잘해 우등상을 탔다. 만주국 황제가 주는 단검을 부상으로 받았다. 일본 육군사관학교를 특례로 졸업하고 해방되기 전까지 일본 관동군에 배속되어 중위로 복무했다.

내가 보기에 정권을 잡은 후에도 박정희는 일본을 거의 섬기듯 했다. 국정

전반을 일본식으로 따라하려 했다. 한일 관계 정상화에 일정 부분 공헌한 것은 사실이지만, 호혜의 한일 관계를 정립하지는 못했다.

장면 정부는 떳떳하게 일제의 강점에 따른 피해 보상을 청구했지만, 정통성이 희박한 쿠데타 세력은 이를 구걸하다시피 했다. 피해 당사국이 가해 당사국에게 통사정을 했으니 협상의 결과는 참으로 남루했다. 그리고 현안이 생길 때마다 국익보다는 정권 유지를 위한 유착을 거듭했다. 이에 대한 결과는 우리 경제의 일본 종속으로 나타났다.

박정희는 집권 내내 나를 괴롭혔다. 인제 보궐 선거에서 당선된 지 사흘 만에 쿠데타가 일어나서 나는 국회의사당에 들어서지도 못했다. 그날 이후 박정희와 나는 늘 대척점에 있었다. 나는 목숨을 걸고 독재에 맞서 싸웠다. 그건 박정희와의 싸움이기도 했다. 그가 만든 중앙정보부는 내가 어디에 있더라도 나를 감시하고 협박했다. 두 번이나 나를 죽이려 했다. 나는 절체절명의 위기에 처했지만 기적적으로 살아났다.

세월이 흘러 그의 맏딸 박근혜가 나를 찾아왔다. 박정희가 세상을 떠난 지 25년 만이었다. 그녀는 거대 야당인 한나라당의 대표였다. 2004년 8월 12일 김대중도서관에서 박 대표를 맞았다. 나는 진심으로 마음을 열어 박 대표의 손을 잡았다. 박 대표는 뜻밖에 아버지 일에 대해서 사과를 했다.

"아버지 시절에 여러 가지로 피해를 입고 고생하신 데 대해 딸로서 사과 말씀드립니다."

나는 그 말이 참으로 고마웠다. '세상에 이런 일도 있구나' 했다. 박정희가 환생하여 내게 화해의 악수를 청하는 것 같아 기뻤다. 사과는 독재자의 딸이 했지만 정작 내가 구원을 받는 것 같았다.

박 대표는 내가 대통령 재임 중에 박정희기념관을 건립토록 결정한 것에 대해서도 고마워했다. 사실 박정희기념관 건립은 국민 정서를 감안할 때 쉽게 결정할 수 없었다. 하지만 내가 박해를 받은 당사자이기에, 이를 허용할 수 있는 가장 적임자일수도 있겠다는 생각을 했다. 나는 박 대통령과 최대의 정적이었음은 주지의 사실이지만, 기념관을 통해 그의 공과(功過)가 분명해지는 것도 역사의 진일보라 판단했다.

나는 박 대표에게 지역 갈등을 해소하고 국민 화합에 앞장서 줄 것을 당부했다. 비록 아버지는 국민을 갈라놓았지만 그 딸이 나서서 바로잡는다면 참으로 의미 있는 일이라 여겼다.

최규하 국무총리가 헌법이 정한 대로 대통령 권한대행이 되었다. 정국은 긴박하게 돌아갔다. 김재규에 대한 온정적 평가도 많았다. 일부에서는 민주 의사로 치켜세우기도 했다. 나는 10·26 사태 후 『뉴스위크』와 회견을 했는데 질문 중에는 이런 대목이 있었다.

"많은 사람들이 김재규를 민주주의의 영웅이라고 하는데 어떻게 생각하십니까?"

"민주주의는 쿠데타나 암살로 되는 것이 아닙니다. 민주주의는 국민의 힘으로 이뤄야 진정한 민주주의입니다."

이런 나의 발언은 당시 분위기와는 다소 동떨어져 있었다. 여론은 스스로 "유신의 심장을 쏘았다"고 밝힌 김재규에게 우호적이었다. 하지만 그것은 내 소신이었다. 민중의 힘으로 민주주의를 쟁취하려는 순간이 다가왔는데, 민중이 독재를 응징하지 않고 독재자가 부하에게 살해당한 것은 우리 민주주의에 이롭지 않을 것이라는 판단을 했다. 김재규에 대한 평가는 여러 가지가 있을 수 있겠다. 나는 그를 인간적으로 연민하지만 그의 행위에 대해서는 평가하고 싶지 않다.

박정희의 국장이 끝났지만 최규하 대통령 권한대행은 민주화 일정에 대해 아무런 언급이 없었다. 최 대행은 11월 10일 유신헌법에 따라 통일주체국민회의에서 대통령을 먼저 선출하고 민의를 수렴해서 개헌을 하겠다는 담화를 발표했다. 담화는 원론적인 내용 같았지만 따져 보면 민의와는 정반대로 가고 있었다. 매우 불길했다.

유신 반대 운동을 벌이다 투옥됐던 '민주청년협의회(민청)'가 긴급운영위원회를 소집했다. 민청은 대학 제적생들이 중심이었다. 이들은 체육관에서 대통령을 뽑는 것만은 막아야 한다고 의견을 모았다. 계엄 하에서 집회를 여는 것은 불가했다. 궁리 끝에 위장 결혼식을 올리기로 했다.

11월 24일 YWCA 위장 결혼 사건이 일어났다. 통일주체국민회의에서 최규하 대통령을 선출하려 하자 재야인사들이 결혼식을 위장한 집회를 개최하여 이를 규탄했다.

선언문을 낭독한 직후 경찰들이 현장을 덮쳐 150여 명을 붙잡았다. 그중 14명은 보안사령부로 끌려가 모진 고문을 당했다. 사실 이 사건은 정보부가 깊이 개입돼 있었다. 민주 인사들에게 집회 사실을 흘려 한꺼번에 검거하려 했던 것이었다. 민주 인사들은 순수한 열정을 가지고 있었지만 여전히 정보부는 이를 이용했다.

나는 계속 연금 상태에 있었다. 군부의 동향은 하루하루 초미의 관심사였다. 정승화 계엄사령관이 11월 28일 기자 간담회를 가졌다. 기자들이 나에 대한 연금이 언제 풀리는지 물었다. 그런데 정 총장의 대답이 이상했다.

"모른다. 정부가 하는 일이다. 전쟁이 나면 군인이 적을 막아야 하는데 전쟁을 하는 군인이 과오든 어쨌든 공산주의 활동을 한 일이 있는 사람은 장교가 될 수 없듯이, 국가 원수도 미심쩍은 사람은 시킬 수 없는 것이다."

정 총장은 분명 나를 기피 인물로 꼽고 있었다. 그는 또 언론계 간부들을 세 차례나 육군본부로 초청해서 나에 대한 거부감을 노골적으로 드러냈다. 무언가 일이 수상하게 돌아가고 있었다. 비상계엄 하에서 계엄사령관은 절대적 존재였다. 그러나 이때 글라이스틴(William Gleysteen) 주한 미국 대사가 나서 주었다. 그는 정 계엄사령관의 이야기가 전해지자 대변인을 통해 미국의 입장을 발표했다.

"김대중 씨에 대한 미 대사관의 견해는 계엄사령부와 전혀 다르다. 우리는

1980년 동교동 집을 방문한 함석헌, 윤보선 선생과 시국을 논했다.

김대중 씨를 신뢰할 수 있는 민주주의자이며, 공산주의 반대론자라고 생각한다. 만약 군 당국이 그러한 왜곡된 견해를 공표한다면 우리도 미국의 견해를 공표할 것이다."

미 대사관의 입장 표명에 계엄사령부는 더 이상 나에 대해 언급을 하지 않았다. 이런 일이 있었는데도, 그리고 나의 연금이 풀리지 않았는데도 당시 신민당은 아무런 입장 표명을 하지 않았다. 성명 하나 내지 않았다.

국민 여론은 헌법을 개정하기를 원했지만 최규하 대통령 대행은 유신헌법에 의해 12월 6일 제10대 대통령에 취임했다. '대행'이란 꼬리를 뗀 최 대통령은 다음 날 국무회의 의결을 거쳐 대통령 긴급조치 제9호를 12월 8일 0시를 기해 해제했다. 4년 6개월 만에 긴급조치 9호가 사라졌다. 형 집행 정지로 집에 갇혀 있던 나도 연금에서 풀려났다. 226일 만이었다. 나는 집에서 성명을 발표했다.

> 오늘로써 긴급조치가 해제되고 상당수의 민주 인사들이 석방된 것을 만시지탄은 있지만 환영한다. 그러나 아직도 그들의 복권이 이루어지지 않았으며 기타 죄명으로 옥중에 있는 인사들의 석방 조치가 병행되지 않는 데 대해서 유감된 심정을 금할 수 없다.
>
> 나는 자유민주주의와 자유 경제를 신봉하며, 복지 사회 건설을 열망한다. 나는 '조속한 민주 정부 수립'이라는 신념과 목표에는 확고부동하다. 그러나 이를 추진하는 방법은 평화적이어야 하며 대화와 인내와 질서 속에서 행해져야 한다고 믿는다.
>
> 우리는 전례 없이 위험하고 중대한 시점에 처해 있다. 과오를 범한 사람은 반성하고 고통 받는 사람은 관용하는 정신으로 이를 극복하는 민족의 슬기와 역량을 보여야 할 시점이다. 나도 박 정권 아래서 약간의 고통을 겪은 사람이지만, 나는 내가 겪은 쓰라림이 앞으로는 이 나라에서 다시 되풀이되지 않기를 나의 신앙과 양심에 비추어 바라는 바이다.

나는 또 성명에서 시급히 조치해야 할 다섯 가지를 최규하 대통령에게 제시했다. 첫째 긴급조치 이외의 이름으로 묶여 있는 모든 정치범의 석방과 복권, 둘째 연내 개헌과 선거 실시 등 민주 정부의 수립 절차를 국민 앞에 명확히 밝힐 것, 셋째 거국·중립 내각 구성, 넷째 계엄령 조속 해제, 다섯째 과도 정부 내 민의 수렴 합의체 구성 등이었다.

서울의 봄

(1979. 12. 12 ~ 1980. 5)

정승화 계엄사령관이 체포됐다. 날벼락 같은 소식이었다. 도대체 계엄령 하에서 어떻게 계엄사령관이 체포될 수 있는가. 하극상의 반란이었다. 1979년 12월 12일, 서울 시내에서 총격전이 벌어졌다. 전두환 합동수사본부장이 보낸 헌병대는 경비병의 제지를 제압하고 육군 참모총장 공관에서 계엄사령관을 강제 연행했다. 최규하 대통령의 재가 없이 저지른 불법이었다. 10·26 사건 이후 힘의 공백에는 전두환 장군이 있었다.

정 총장이 계엄사령관에 취임했을 때 내부에서 차제에 정치군인들을 추방해야 한다는 목소리가 높았다. 정 총장은 전두환 보안사령관을 타직으로 내치려 했다. 이런 정보를 입수한 전두환은 '하나회' 출신 부대 지휘관들을 움직여 계엄령 하에 계엄사령관을 체포해 버렸다.

하나회는 전두환, 노태우 등 육군사관학교 11기가 중심이 되어 만든 비밀 조직이었다. 기수마다 서너 명씩 주로 경상도 출신들을 뽑았고, 박정희의 비호 아래 온갖 특혜를 누렸다. 이들 정치군인들은 박정희에게 배운 대로 권력의 공백기를 틈타 군사 반란을 일으켰다. 정치군인의 후계이며 독재의 자식들이었다.

12·12 사태는 예사롭지 않았다. 전두환 계엄군 합동수사본부장은 직속상관이면서 계엄군 사령관인 정승화 총장에게 총을 들이댔다. 상상할 수도 없는

일이었다. 나는 어렴풋이 전두환과 그 주변에 있는 정치군인들의 힘이 느껴졌다. 그들은 점점 강해지고 있었다. 전두환의 야심도 읽을 수 있었다.

전두환과 그 일파들이 쿠데타로 군권을 장악했음은 중대한 사태였다. 이를 견제할 수 있는 것은 오직 정치권뿐이었다. 정치권이 단결하여 국회에서 계엄령을 해제하는 것이 가장 효과적인 방법이었다. 민주공화당은 김종필 씨가, 신민당은 김영삼 씨가 이끌고 있었다. 두 정당에 연락을 했다. 나는 아직 복권이 되지 않아 정치를 할 수 없었다.

"민주주의가 위태롭습니다. 전두환 사령관이 모든 권한을 가지고 있는데 저들 무기가 계엄령입니다. 계엄령만 해제하면 호랑이의 어금니를 빼 버리는 것과 같습니다."

그러나 공화, 신민 양당은 전혀 내 이야기에 귀를 기울이지 않았다. 괜한 걱정 말라는 투였다. 심지어 내가 정치를 재개하려는 술수 정도로 여기는 사람도 있었다. 여야 할 것 없이 정치권은 새로운 헌법에만 관심이 있었다. 헌법 초안 작성에 몰두했다. 신문은 이런 움직임을 받아 적기에 여념이 없었다. 하지만 민주화의 길이 그리 평탄하지 않을 것이라는 내 말은 실리지 않았다.

1980년 새해를 맞았다. 정국은 불안했다. 그리고 어수선했다. 권력이 어디에 있는지, 누가 권력을 쥐었는지 알 수 없었다. 정치권은 미로를 헤매고 있었다. 사람들은 '안개 정국'이라 불렀다. 최규하 대통령의 행보는 갈수록 이상했다. 당시 국민들의 요구는 직선제였다. 대통령은 내 손으로 뽑겠다는 것이었다. 한데 최 대통령은 헌법 연구 팀을 구성하고 "현 정부는 과도 정부가 아닌 위기 관리 정부"라고 강조했다. 4·19 이후 허정 과도 정부와는 다르다고 선을 그었다. 연두 회견에서는 "개헌은 대통령이 발의하여 국민 투표에 붙이겠다"고 천명했지만 그 뒤로도 수시로 말을 바꾸었다.

1월 중순쯤에는 일각에서 '이원 집정부제' 구상이 모락모락 피어났다. 누가 군불을 지피는지는 알 수 없었다. 대통령이 외교와 국방 분야를 맡고, 국회에서 선출한 국무총리가 경제와 치안 등 내정을 전담한다는 내용이었다. 최

대통령 주변에서는 그를 정식 대통령으로 다시 뽑자는 움직임도 감지되었다. 이런 대통령의 우유부단한 처신과 욕심, 그리고 정치권의 낙관적인 움직임이 결국 훗날 불행을 불러왔다.

1월 말에는 이런 일도 있었다. 전두환 장군이 나를 만나고 싶다는 것이었다. 나는 서울 안국동 뒷골목에 있는 합동수사본부 안가로 찾아갔다. 그런데 정작 전 장군은 나오지 않았다. 그의 아랫사람 권정달과 이학봉 두 사람이 기다리고 있었다. 두 사람 중 특히 이학봉은 나에게 사뭇 위압적으로 얘기했다. 그들은 종이 한 장을 불쑥 내밀더니 나에게 각서를 쓰라고 했다. '해외에 나가지 않겠다, 정치적으로 자중하겠다, 그리고 정부에 협조하겠다'라고 약속하면 복권시켜 주겠다는 것이었다. 나는 종이를 밀쳐 버리면서 단호하게 말했다.

"그런 일이라면 복권시켜 주지 않아도 됩니다. 당신들이 지금도 내 공민권을 제약하고 있는 것 자체가 부당한 일인데, 그 부당한 일을 위해서 각서를 쓸 필요는 없다고 봅니다. 그런 각서를 쓸 정도라면 복권되지 않아도 좋습니다."

나는 이제 복권되기는 틀렸다고 생각했다. 그러면서 곰곰 생각해 보니 복권 조치는 대통령이 내려야 함에도 저들이 저렇게 설치고 다니는 것은 보통 일이 아니라는 생각이 번쩍 들었다. '저들은 이제 권력을 잡기 위해 정지 작업을 하고 있는 것 아닌가.' 과도 정부가 왜 유신헌법에 따라 대통령을 뽑았는지 어렴풋이 감이 잡혔다. 최 대통령은 점점 실권을 잃어 가고 있었던 것이다.

나는 한완상 씨를 통해 노태우 수도경비사령관에게도 회동 요청을 했다. 만나면 절대로 다른 마음을 품지 말라고 얘기해 주려 했다. 국민들이 독재 정치는 결코 용납하지 않을 테니 다시 군무에 복귀하라고 조언하려 했다. 그러나 그를 만나지 못했고, 결국 그들은 쿠데타를 저지르고 말았다. 무수한 사람들을 희생시키며 권력을 찬탈했지만, 결국 그들은 역사의 죄인이 되었다.

그런 가운데 나를 비롯한 재야인사 678명에 대한 사면·복권 조치가 내려졌다. 2월 29일이었다. 유신 체제 이후 7년 만에 국민 앞에 설 수 있었다. 나는 국민들에게 드릴 말이 무척 많았다. 장문의 성명을 발표했다.

보고 싶고 만나고 싶었던 국민 여러분을 7년에 걸친 쓰라린 단절 끝에 이렇게 건강한 모습으로 만나게 되니 솟아오르는 감격을 가눌 길이 없습니다.

지난해 10·26 사태 이후 적어도 두 가지의 국민적 총의가 분명하게 나타났다고 봅니다. 하나는 국민 여러분이 그토록 열망해 온 민주주의의 수립이요, 다른 하나는 현 최규하 대통령 정부가 전 정권의 유산을 답습하는 변형된 유신 정부가 아니라 국민이 나라의 주인이 되는 새로운 민주 정부의 탄생을 위해 과도기를 현명하게 관리하는 이름 그대로의 과도 정부가 되어야 한다는 것입니다. 현 정부가 명분이 뚜렷하지 않은 비상계엄을 지속시키면서 언론을 아직도 제약하고, 모든 민주 인사의 완전 석방을 지연시키는 것은 확실히 국민을 초조하게 만들고 있습니다.

국민 여러분과 제가 가장 유감스럽게 생각하는 것은 유신 체제의 주역들이 국민과 역사 앞에 자성하고 자숙하는 겸허한 태도를 조금도 보이지 않는다는 사실입니다. 저는 과오를 범한 자들에게 보복을 주장하지 않습니다. 그들이 새로운 민주 정치에 참여하기를 진정으로 원한다면 모든 국민들이 납득할 수 있는 자성과 시정의 뜻을 명백히 국민들 앞에 보여 주어야 할 것입니다.

이날 이후 이른바 '서울의 봄'이 시작되었다.

신민당에서는 내가 조속히 입당하기를 바랐다. 김영삼 총재와는 3월 6일과 4월 4일 단독 회동을 했다. 우리 두 사람은 민주 회복을 위한 대처 방안 등을 논의했다. 그 자리에서도 김 총재는 거듭 나의 입당을 재촉했다. 그러나 나 혼자서 결정을 내릴 수 없었다. 생사고락을 같이한 재야 민주 인사들과 협의를 해야 했다. 정치권이 침묵하고 있을 때 온몸으로 독재에 저항하며 자유를 외쳤던 동지들과 함께 민주화를 완성해 나가는 것이 순리였다.

신민당은 재야인사들을 흡수하려 들었다. 수뇌부도 "재야에서 올 사람은 몇 사람 안 된다"는 말을 흘리고 다녔다. 독재 정치에 뒷짐 지고 있던 사람들이 옥고를 치르며 민주화 투쟁을 벌였던 재야인사들의 입당을 심사하려 했다.

나는 도저히 받아들일 수 없었다.

'긴급조치 9호'가 이 땅의 모든 자유를 삼켜 버렸을 때, 죽을 각오로 일어난 민주 인사들의 독재와의 투쟁은 국민들에게 희망과 용기를 심어 주었다. 그런 구국의 신념과 철학들이 정치권으로 흘러 들어가야 새 정부는 민주주의에 대한 정통성을 부여받을 수 있다고 생각했다.

3월 26일 저녁 7시, 나는 복권 후 처음으로 YWCA에서 "민족혼"이라는 제목으로 강연을 했다. 일반인을 상대로는 8년 만이었다. 청중들의 반응은 열화와 같았다.

"우리는 민주주의를 두 번 실패했습니다. 8·15 이후의 민주주의는 미국이 주었지만 우리 힘으로 하지 않았기 때문에 이승만 박사가 이것을 짓밟았습니다. 4·19 후의 민주주의는 국민 전체가 아닌 학생이 중심이 되었다가 혁명 후에 학원으로 돌아갔기 때문에, 혁명 주체 없는 민주주의였기 때문에 박정희 장군이 이것을 쉽사리 박탈해 버렸습니다. 우리 국민은 유신 치하에서 마침내 반성하고 깨달았습니다. '내 힘으로 하지 않는 민주주의는 진짜가 아니다. 내가 피와 땀과 눈물을 바치지 않은 민주주의는 진짜가 아니다'라고. 이렇게 해서 수많은 사람들이 목사, 신부님들을 앞세우고 감옥에 가고, 밖에서 기도회로써 싸우고, 직접 참여하지 못한 국민들은 마음으로부터 이것을 성원했습니다. 그리하여 이것이 응결해서 폭발한 것이 바로 부산·마산 사태입니다. 10·26 사태는 7년간의 우리 민족의 끈질긴 반유신, 반독재 투쟁의 연장선상에서 일어났다는 것을 나는 말할 수 있습니다."

정가에서는 나와 재야인사들의 입당 문제를 놓고 연일 신경전을 벌였다. 결국 4월 7일, 재야인사에 대한 적극적인 영입 의사가 없는 것을 확인한 나는 신민당 입당을 포기하는 성명을 발표했다.

이문영, 박형규, 서남동, 문익환, 이우정, 계훈제, 고은, 김윤식, 김종완, 김승훈, 함세웅, 예춘호 씨 등이 긴급히 모여 나의 입당 포기 선언에 대해 '충분히 이해하며 지지한다'는 입장을 밝혔다. 이들은 유신 체제와 싸우다 투옥을 당한 종교계와 학계, 문화계 인사들이었다. 당시 재야 민주 인사들 가운데 대다수는 내가 대통령이 돼야 한다고 생각했다. 그들은 나를 위해서는 무슨 일이든지 하려고 했다. 문동환, 이문영, 한완상, 박종태, 예춘호 등은 적극적이었다. 이들은 서로 의기가 투합하여 나를 대통령으로 만들기 위해 분주히 움직였다. 예춘호는 공화당 사무총장까지 지냈지만 독재 정치에 환멸을 느껴 뛰쳐나온 지사형 인재였다. 나는 그의 재능을 높이 사서 중용하려 했다.

4월 14일 전두환 합동수사본부장 겸 보안사령관이 다시 중앙정보부장 서리를 추가로 맡았다. 전 장군은 이로써 나라의 모든 정보기관을 장악했다. 나는 이러한 권한과 정보가 한 사람에게 집중되는 것이 매우 우려스럽고 다시 민주주의에 위기가 닥칠지도 모르겠다고 재차 경고했다. 그러나 정치권은 여전히 낙관적이고 안이한 생각을 갖고 있었다. 나는 최후의 수단으로 국민과 함께, 국민의 힘으로 군부의 음모를 누를 수밖에 없다고 생각했다. 그래서 대중 강연을 다녔다.

나는 가톨릭 농민회 주최 강연(4월 11일), 한국신학대학 강연(4월 16일), 동국대학교 강연(4월 18일), 관훈클럽 초청 강연(4월 25일), 충남 예산 윤봉길 의사 의거 48주년 기념 강연(4월 29일), 정읍 동학제 강연(5월 11일)을 잇달아 가졌다. 청중들의 반응은 폭발적이었다. 동국대 강연은 학생들보다 일반 청중이 훨씬 많았다. 4월 18일은 1971년 대통령 후보로 100만 청중 앞에서 장충단 유세에 나섰던 바로 그날이었다. 만 9년 만에 같은 날짜, 같은 장소에서 연설을 했다. 나는 다시 살아서 이들 청중 앞에 섰다.

"나는 앞으로 민주 정부는 반드시 독재 정권에 항거해서 싸우고, 고문당하고, 박해당하고, 투옥당하고, 공민권을 박탈당하고 한 사람들을 중심으로 해서 이를 성원한 국민과 국민이 인정할 만큼 반성한 사람들로 민주 정통 정부가 반드시 구성되어야 한다고 주장합니다.

그렇기 때문에 우리는 앞으로도 최대한 잘해 나가야 합니다. 우리가 성급한 혼란을 일으키는 일에 잘못 말려들어 가면 국가가 혼란할 뿐만 아니라 그런 일을 노리는, 또 그렇게 되기를 바라는 사람들에게 절호의 구실을 준다는 것을 여러분들은 알아야 합니다."

학생들이 거리로 뛰쳐나왔다. 그동안 학생들은 학원 민주화와 유신 체제에 협력했던 어용 교수들의 퇴진을 요구하며 교내 시위만 벌였다. 하지만 5월 7일을 전후해서 교문 밖으로 나오기 시작했다. 개헌을 비롯한 민주화 일정 등에 도무지 믿음이 가지 않았기 때문이다. 수천, 수만 명이 거리로 쏟아져 나와 '수상한 정국'을 규탄하기 시작했다.

"계엄 철폐", "전두환 퇴진", "전두환 처단."

비상계엄 하에서도 시위는 날로 확산되었다. 그러나 이상하게도 군인들은 시위를 수수방관했다. 학생들 집회와 시위는 반정부 투쟁 쪽으로 흘러갔다. 나는 이런 학생들 움직임이 위험하다고 판단했다.

"만약 시위가 격해지면 민주주의를 저해하는 세력에게 빌미를 줄 수 있습니다. 지금 국민들이 걱정하고 있습니다."

나는 기회만 있으면 이렇듯 학생들을 만류했다. 신군부는 국민들과 민주화 세력을 분리시킬 명분을 찾고 있었다. 그것은 사회 혼란이었고, 그래서 학생들의 과격 시위는 저들이 고대하던 호재였다.

5월 13일 나는 집에서 기자 회견을 가졌다. 시국에 관한 대책을 마련하기 위해 최규하, 김영삼, 김종필, 전두환 그리고 나를 포함한 5인 회담을 제의했다. 이 같은 사실은 언론에 일체 보도되지 않았다. 이날 밤 시위 인파는 서울역 광장과 남대문 일대를 가득 메웠다. 그날 밤 고려대 학생회관에서 전국 대학생 대표가 모여 다음 날부터 전국의 모든 대학이 반정부 가두시위를 하기로 결정했다.

14일 오후 예정대로 서울, 대구, 광주 등 전국의 주요 도시에서 대대적인 가두시위가 벌어졌다. 수만 명이 참여했다.

"비상계엄 해제하라", "전두환은 물러나라", "유신 잔당 타도하자", "언론 자유 보장하라", "정부 개헌 중단하라."

학생 시위대는 영등포에서, 청량리에서, 신촌에서, 충무로에서 광화문 쪽으로 몰려들었다. 경찰과 충돌로 600여 명이 연행되었고, 다친 사람들이 속출했다. 그러나 시민들의 반응은 신통치 않았다.

글라이스틴 미국 대사가 우리 집으로 찾아왔다. 그는 미국 카터 대통령의 분신이나 다름없었다. '쿠데타는 결코 용납을 할 수 없으니 군부에 어떤 빌미도 주어서는 안 된다'는 것이 그의 생각이었다. 이렇듯 학생 시위가 격화되고 무력 충돌에 이른 것에 깊은 우려를 표명했다.

"사태가 심각합니다. 당신의 역할이 중요합니다. 사태 수습에 적극 나서 주십시오."

나도 같은 생각이었다. 즉시 기자 회견을 가졌다.

"오는 20일에 국회가 소집됩니다. 계엄령 해제는 그때 논의될 것입니다. 그때까지만이라도 기다려 주시오."

그러나 내가 낸 성명은 신문 귀퉁이에 단신으로 처리되었다. 당시 계엄사령부가 신문을 검열하고 있었기 때문이다.

회견을 마치자 『동아일보』 기자가 찾아왔다. 학생들을 설득할 사람은 나밖에 없으니 글을 하나 써 달라고 했다. 1면 머리기사로 싣겠다고 했다. 그렇게만 된다면 물론 좋은 일이었다. 그래서 정말 실을 수 있겠냐고 물었다. 군의 검열을 받아야 하는데 내 글을 통과시켜 줄 것 같지 않았다. 그가 호기롭게 말했다.

"질서를 지키고 시위를 그만두라는데 왜 안 실리겠습니까?"

그래서 원고지 8매 분량의 원고를 써 줬다. 하지만 예상대로 내 글은 실리지 않았다.

5월 14일, 특히 이날은 참으로 많은 일이 일어났다. 오후 2시쯤 재야 지도자 문익환, 이문영, 예춘호, 이해동 씨가 찾아왔다. 그들은 전날 서울역 앞 대규모 집회에 고무되어 있었다. 금방 세상이 바뀔 것처럼 흥분했다. 문 목사가 성명서를 내보이며 내게 서명을 요구했다. 이미 윤보선 전 대통령은 서명을 한 뒤였다. 성명서는 내가 보기에는 엄청난 내용이었다.

"모든 군인들은 무기를 놓고 병영을 나와라. 모든 노동자들은 해머를 놓고 공장을 떠나라. 모든 상인들은 문을 닫고 철시하라. 모든 국민들은 가슴에 검은 리본을 달고 장충단공원으로 모여라."

나는 깜짝 놀랐다. 한동안 말이 나오지 않았다. 네 사람은 그런 나를 의아하게 쳐다봤다.

"이 세상 다 살고 싶습니까? 도대체 목이 몇 개나 됩니까?"

그때서야 내 뜻을 알아차린 듯했다.

"윤보선 전 대통령도 서명하셨습니다."

"윤보선 전 대통령이야 무슨 일을 하든 잡아가지 않습니다. 우리가 문제예요. 계엄령 하에서 군인들보고 총을 놓고 나오라 하면 그건 즉결 처분을 당해도 할 말이 없어요. 지금 누구 도와주려고 하시는 거요? 우리 국민들이 이런 걸 바란다고 믿으십니까? 노동자들이 파업하고, 상점이 문 닫는 것을 원한다고 보십니까? 국민들은 혼란을 원하지 않아요. 그렇기 때문에 군부가 제일 원하는 것이 혼란입니다. 사회가 혼란하면 뛰쳐나오려고 노리고 있는데, 세상에, 이것은 호랑이 아가리에 머리를 처박는 꼴입니다."

나는 강경하게 반대했다. 그리고 국민들이 요구하는 "계엄령 즉시 해제", "전두환·신현확 퇴진"으로 압축해서 성명서를 다시 작성토록 했다. 나중에 들었지만 만일 당시 그렇게 성명을 발표했더라면 목이 몇 개라도 부족했다. 후일 신군부에 끌려갔을 때 나를 담당한 수사관이 그 내막을 알고 있었다. 우리의 일거수일투족을 감시하던 저들은 원안대로 성명을 채택하지 않자 무척 아쉬워했다고 한다.

15일에도 서울역 앞에서는 대규모 시위가 벌어졌다. 10만 명이 넘었다. 대구, 광주, 부산, 인천, 목포, 청주, 춘천, 천안 등 대학이 있는 도시는 서울과 거의 같은 상황이었다. 그날 밤 학생 대표들은 돌연 가두시위를 중단하고 16일부터 학교로 돌아가기로 결정했다. 각 대학 총학생회 대표들은 이른바 '서울역 회군'을 결정했다. 시민들의 호응이 없는 상황에서 군부와 충돌한다는 것은 현명치 않다는 판단에서였다. 그동안 의사 표시를 분명하고도 충분히 했기 때문에 앞으로 결과를 지켜보겠다고 했다. 군인들의 심상치 않은 움직임도 이들을 자제하게 만들었다. 모든 주요 도시의 외곽에 군인들이 집중 배치되고 있었기 때문이다. 나는 학생들의 이 같은 움직임에 안도했다. 집에서 회견을 갖고 이를 환영했다. 정말 16일에는 대학가가 거짓말처럼 평온했다. 학생들의 가두시위는 일견 정부의 유신 부활 음모에 쐐기를 박고, 민주 진영에 활기를 불어넣은 것처럼 보였다. 그러나 전두환의 신군부는 치밀하고도 잔학무도한 음모를 진행하고 있었다.

모든 것이 심상치 않았다. 나는 아침 일찍 김영삼 신민당 총재에게 연락을 취했다. 김 총재가 우리 집으로 왔다. 김 총재와 '시국 수습 6개항'에 합의하고 이를 발표했다. 비상계엄령의 즉각 해제, 모든 정치범의 석방과 사면·복권 단행, 정부 주도의 개헌 포기 등을 주장했다. 학생들에게는 시위를 자제해 달라고 요청했다. 나는 "자칫하면 선거를 하지 않을 상황이 올지도 모른다. 우리가 뭉쳐야 한다"고 설득했다. 그리고 오후에 북악파크 호텔에서 30여 명의 신민당 의원 및 정무위원들과 모임을 갖고 당부의 말을 했다.

"작금의 정세가 심각합니다. 우리가 우려했던 일이 현실로 나타날 모양이니 사태를 예의 주시해서 현명하게 대처해야 하겠습니다."

그러나 신군부는 그날 밤 칼을 빼들었다. 시위가 거세지기를, 혼란이 증폭되기를 기다렸다가 정권 침탈을 감행했다. 최규하 대통령이 중동 순방을 마치고 귀국하자마자 청와대에서 한밤 치안 대책 회의를 열었다. 국무총리 신현확, 계엄사령관 이희성, 국방장관 주영복, 내무장관 김종환 등이 참석했다. 전두환은 신현확을 통해 비상계엄 확대를 위해 전군 지휘관 회의가 이튿날 열릴 것이라고 대통령에게 보고했다.

전두환은 권력 장악에 나섰다. 5월 17일 전군 지휘관 회의를 거쳐 국방장관이 제출한 비상계엄 확대안은 밤 9시 50분에 국무회의를 통과했다. 박정희의 5·16 쿠데타를 이어받은 전두환의 5·17 쿠데타였다.

5부

1980~1986년

큰아들 홍일이의 편지를 받았다. 발신지는 대전교도소였다. 교도소에 있는 아들이 교도소에 있는 아비에게 편지를 보냈다. 겉봉을 보는 것만으로도 가슴이 미어졌다. 몇 시간을 어루만지기만 했다. 밤이 돼서야 이불 속에서 편지를 읽었다. 글씨가 안 보여 몇 번이나 눈물을 닦아야 했다.

순결한 '5월 광주'

(1980)

토요일 밤 8시, 응접실에 앉아 있었다. 김옥두 비서가 급히 들어왔다. 지금 "천지개벽이 되었으니 피하라는 제보가 들어왔다"고 보고했다. 10분쯤 있다가 이번에는 조세형 의원이 신변을 조심하라는 전화가 왔다고 전했다. 올 것이 오고 있었다. 어쩌면 예상했던 일이었다.

10시가 넘어 초인종이 울렸다. 정승희 경호원이 조심스럽게 문을 열었다. 검은 그림자들이 문을 밀치고 쏟아져 들어왔다. 다짜고짜 M16 소총 개머리판으로 경호원의 머리를 후려쳤다. 경호원이 쓰러졌다. 다시 이세웅 경호원이 그들을 막아서자 역시 개머리판을 휘둘렀다. 총마다 검이 꽂혀 있었다. 비서들이 놀라 뛰어나갔다.

"이 새끼들 까불면 다 죽여 버리겠어!"

40여 명의 군인들이 응접실 쪽으로 몰려들었다. 몇몇은 권총을 들고 있었다. 장교 두 명과 군인 대여섯 명이 내 가슴에 총을 겨누었다. 총구보다 칼이 더 섬뜩했다. 장교 하나가 사납게 말했다.

"합수부에서 나왔습니다. 잠깐 가셔야겠습니다."

내가 되물었다.

"어디요?"

"계엄사란 말입니다."

나는 윗도리를 가지러 안방으로 들어갔다. 내가 나오자 군인들이 양팔을 잡아끌었다. 잡힌 팔을 뿌리쳤다.

"내 발로 걸어갈 테니 걱정 말고 가만히들 있게."

나는 탁자 위의 담배를 집어 호주머니에 넣었다. 군인들이 뒤에서 총을 겨누며 따라왔다. 아내가 소리를 질렀다.

"가자는 말 한마디면 따라나설 분인데 왜 총을 겨누느냐."

아내는 나에게도 말했다.

"하느님이 당신과 함께 계실 것입니다."

그들은 나를 검은 승용차에 태웠다. 집에 있던 비서와 경호원들도 연행되었다. 한화갑·김옥두 비서, 박성철 경호실장, 함윤식·이세웅 경호원, 동생 대현, 큰아들 홍일이가 끌려갔다. 계엄사령부는 '김대중 체포'를 공식 발표했다.

나는 남산에 있는 중앙정보부 지하실에 갇혔다. 창졸간에 잡혀 와 조사를 받으려니 참으로 기가 막혔다. 그들은 내게 태어나서 최근까지 행적을 자세히 쓰라고 했다. 그러더니 정권을 전복시키려는 모의를 했다며 그에 대해서 캐물었다. 50년 전의 자료까지 찾아와 들이대며 내란 음모와 관련 여부를 따졌다. 그러나 그런 것들은 부질없었다. 아무리 털어도 혐의는 나오지 않았다. 그들이 딱해서 내가 말했다.

"내가 학생과 시민들에게 과격 시위를 자제하고 안정을 찾아 달라고 호소했다는 사실은 당신들이 잘 알지 않소. 『동아일보』에 글까지 써 주었는데 당신들이 내지 못하게 한 것 아니오. 그래 놓고 이제 와서 내게 내란 음모 혐의를 씌우다니 참으로 무도한 일이오."

저들은 잠을 못 자게 했다. 같은 질문을 반복해서 했다. 대답을 거부했지만 한계가 있었다. 마지못해 대답하면 또 같은 것을 물었다. 인간인지라 대답이 똑같을 수는 없었다. 그러면 그 틈을 비집고 이유를 물으며 추궁했다. 질문자도 수시로 바뀌었다. 그러나 대답하는 사람은 나 혼자였다. 하루에 20번, 아니

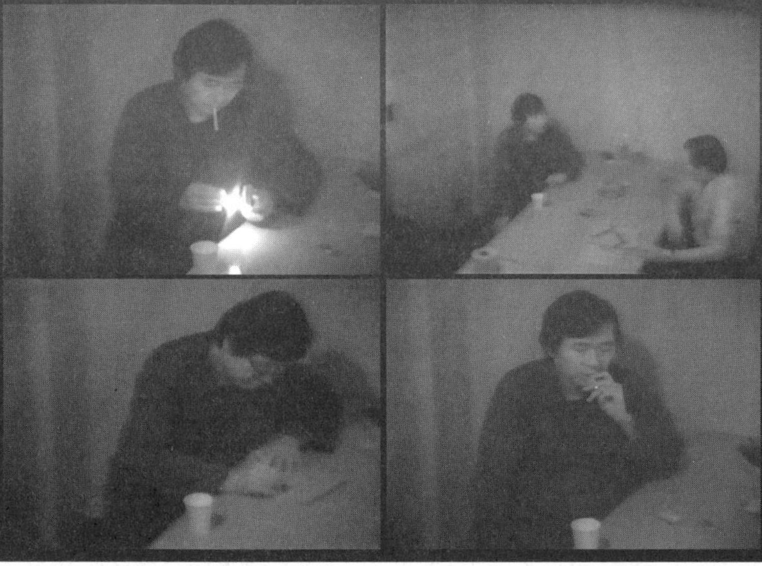

신군부 세력에 붙잡혀 들어가 남산 중앙정보부 지하실에서 조사를 받았다. 조사관은 수시로 바뀌었고 같은 질문을 하루에도 수십 번씩 했다. 사진은 신군부가 촬영해 보관 중인 녹화 필름 장면이다.(1980년)

30번을 심문했다. 고문보다 잔인했다.

지하에는 취조실이 나란히 붙어 있었다. 비명소리를 듣지 않으려 해도 시도 때도 없이 들려왔다. 그들이 누구인지 궁금했다. 처음에는 몰랐으나 나중에 모두 나와 관련이 있는 사람들이라는 것을 알았다. 이른바 '김대중 내란 음모 사건'에 연루된 사람들이었다.

끌려간 사람들은 너무 고통스러워 차라리 죽었으면 좋겠다는 생각들을 했다고 한다. 고은 시인은 자살을 벼르고 있는데 꿈에 어머니가 나타나 만류했다고 한다. 인간으로서 참기 힘든 수모와 고통을 받았다. 그렇게 '김대중 내란 음모 사건'은 남산의 지하 감방에서 조작되었다. 그들에게는 참으로 미안한 일이지만 그 당시에는 누가 연행되어 고생을 하는지 몰랐다.

어느 날인가 수사관이 나에게 불쑥 물었다.

"광주에서 큰 사건이 난 것을 아시오?"

"모릅니다."

"전남대 복학생 정동년을 아시오?"

"모릅니다."

"500만 원을 주고 반정부 운동을 시켰지 않습니까? 자백하세요."

나는 그 학생과 일면식도 없기에 자백할 게 하나도 없었다. 내가 그런 일이 없다고 하자 고문이라도 해야겠다고 윽박질렀다.

"차라리 고문을 하시오. 다른 사람들도 당했는데 나만 멀쩡하면 양심에 찔리니 고문을 하시오."

수사관은 옷을 모두 벗기고 군복을 입혔다. 그런데 그 순간 문이 열리고 누군가가 들어왔다. 저희끼리 수군거리더니 다시 옷을 갈아입으라고 했다. 아마 고문을 중단하라는 명령이 떨어진 모양이었다. 전두환을 비롯한 신군부 수뇌부가 안에서 일어난 일들을 실시간 보고받고 있었던 게 아닌가 생각되었다.

이제는 5·18 광주 민주화 항쟁 얘기를 해볼까 한다. 나는 항쟁이 일어나기 전날 연행되어 까맣게 모르고 있었다. 내가 신군부에 연행되었다는 사실이 결국 광주 항쟁의 도화선이 되었기 때문이다.

신군부는 나를 체포한 사실이 알려지면 반드시 광주와 목포 시민들이 일어날 것으로 예상했다. 이는 정예 공수 부대를 광주 외곽에 배치해 둔 것만 봐도 알 수 있다. 바로 특전사 7공수 여단 33대대와 35대대였다.

신군부는 처음부터 나와 광주를 겨냥했던 게 분명하다. 나는 10·26 사태 이후 군부의 정치 개입 가능성을 계속 경계해 왔다. 이런 점이 신군부를 자극했을 것이다. 신군부는 재야와 시민 운동 세력의 연계를 가장 두려워했다. 나는 그 연계의 중심에 있었다. 신군부가 5·17 쿠데타를 일으킨 것은 결국 민주 세력을 국민으로부터 격리하기 위해서였다.

신군부는 학원 소요를 조장하고 북한의 위협을 과장하여 이를 정치 전면에 나서는 구실로 삼으려 했다. 마지막 장애물인 민중·민주화 진영을 무력화시키기 위해, 그래서 정권 장악을 용이하게 하기 위해 5·17 쿠데타를 일으켰다. 신군부는 나를 정조준했다.

5월 18일부터 27일까지 열흘 동안 광주에서 일어난 일들은 너무도 끔찍하고 처참해서 얘기만 들어도 가슴이 뛴다. 완전 무장한 공수 부대원들이 철심이 박힌 곤봉이나 개머리판으로 남녀노소를 가리지 않고 무차별 폭행했다. 항의하던 할아버지도, 도망가던 여학생도, 어린 학원생도 그들에게 짓밟혔다. 군인들은 피에 굶주린 야수 같았다. 그들은 군용 트럭에 피투성이 부상자들을 실었다. 어디로 가는지는 아무도 몰랐다. 병원마다 부상자들이 넘쳐났다.

잔인한 살상이 백주 대로에서 일어나고 있는데도 정부는 어떤 조치도, 입장 표명도 없었다. 언론에서도 일체 보도를 하지 않았다. 광주 시민들은 스스로 일어나 가족, 친구, 동료들을 구할 수밖에 없었다. 쇠파이프, 각목, 곡괭이, 식칼 등으로 공수 부대원들과 맞섰다. 시민들 모두가 하나로 뭉쳤다.

항쟁 4일째 되던 날, 합동수사본부는 '김대중 내란 음모 사건'에 관한 중간 수사 결과를 발표했다.

"10·26 사태의 발생을 정권 획득의 호기로 인식한 김대중은, 정상적인 정당 활동과 합법적인 계기를 통해서는 정권 획득이 생각대로 되지 않는다고 판단하고, 정부에 대한 국민의 불신 풍조를 심화시켜, 선동을 통해 변칙적인 혁명 사태를 일으켰다. 한번에 정권을 손안에 넣을 수 있는 계기를 조성하는 것에 목표를 두고, 추종 세력과 사조직을 이 목표 달성에 총 투입하는 전술에 몰두한 것이다. 대중 선동 정부 전복의 구체적인 실천을 위해서 복직 교수와 복학생을 사조직에 편입시키고, 학원 소요 사건을 민중 봉기로 유도 발전시키도록 기도했다."

급조해서 발표한 중간 수사 결과는 누가 봐도 부실할 수밖에 없었다. 광주 시민들을 더욱 자극시킬 뿐이었다. 시민들은 "김대중 씨 석방하라", "전두환은 물러가라"를 외쳤다.

얼마 후 실탄을 받은 공수 부대원들이 도청 앞에서 무차별 발포를 했다. 사상자가 속출했다. 공수 부대는 더 이상 '국민의 군대'가 아니었다. 시민들도 예비군 무기 창고에서 소총 등을 가져와 무장했다. 광주 도청 앞에서 '시민군'들과 특수 훈련을 받은 공수 부대원들 사이에 총격전이 벌어졌다. 시민군은 밀리지 않았다. 결국 계엄군은 기관총을 난사하며 퇴각했다. 시민들이 자력으로 광주시 전역에서 계엄군을 몰아냈다. 그러자 계엄군은 탱크와 장갑차로 광주 시내 진입로를 모두 봉쇄했다. 시민군은 도청을 본부로 정하고 자체적으로 치안을 유지하기 시작했다. '절대로 폭력을 행사해서는 안 된다'는 원칙을 행동 지침으로 삼았다.

신부, 목사, 변호사, 교수, 정치인 등 20여 명으로 '5·18 수습대책위원회'를 결성했다. 수습대책위원회는 "사태 수습 전에 군을 투입하지 말 것", "연행자 전원을 석방할 것", "군의 과잉 진압을 인정할 것" 등 정부에 여섯 가지를 요구했다. 그러나 답이 없었다. 오히려 국무총리 서리 담화문을 통해 "일부 불순분자가 관공서를 습격, 무기를 탈취하여 군인에게 발포했지만 군은 정부 명령에 따라 시민에게 발포하지 않았다"고 말했다. 얼마 후 계엄군은 무기를 반납하라고 최후통첩을 했다. 시민들은 "광주를 지키자", "최후까지 싸우자", "계엄군은 철수하라" 등을 외치며 행진했다.

마지막 날, 계엄군은 광주시와 전남 일원의 모든 전화를 끊었다. 그리고 새벽 4시 특공대원들이 도청으로 난입, 무차별 총격을 가했다. 시민군은 상대가 되지 못했다. "5시 22분, 도청 잠복 폭도 소개 완료." 계엄군들은 이렇게 기록했다. 이렇게 열흘에 걸친 광주 민주 항쟁은 끝났다.

정부는 광주 민주 항쟁으로 민간인 148명, 군경 26명 등 모두 174명이 사망했다고 발표했다. 그러나 이 숫자는 신빙성이 전혀 없었다. 인명 피해는 이보다 훨씬 컸을 것이다. 군용 트럭에 실려 간 그 많은 시민들이 어디로 끌려가 어떻게 죽었는지 알 수가 없다. 죽은 자들은 말할 수 없으니 안타까울 뿐이다.

광주 항쟁은 청사에 빛날 것이다. 열흘 동안 광주 시민들은 숭고한 일을 해냈다. 시민들은 무기를 손에 쥐고도 대화를 요구했다. 억울하게 죽어 간 시체를 눈앞에 두고서도 단 한 사람에게도 보복을 하지 않았다. 질서를 지켰고 도둑질이나 약탈도 없었다. 도청 공무원이 넣어 둔 책상 서랍 속의 월급봉투가 그대로 있었다. 완벽하게 질서를 유지했고, 상점과 은행도 평상시처럼 문을 열었다.

시민들은 비(非)폭력, 비용공, 비반미로 일관했다. 이런 민주 혁명은 세계에서 유례를 찾아볼 수 없었다. 현대사의 비극이지만 분명 역사가 평가할 위대한 항쟁이었다. 불의에는 과감히 맞서되, 현실을 살폈던 광주 시민들을 나는 한없이 존경하고 사랑한다.

훗날 2차 망명으로 미국에 머물 때 김응태 씨 등 많은 사람들이 광주 민주화 항쟁을 기록한 비디오와 영상물을 보내 주었다. 그러나 떨려서 차마 그걸 보지 못했다. 그러다 광주 항쟁을 연구하는 모임이 있어 다른 사람들과 함께 비로소 용기를 내어 보았다. 그때는 눈물 때문에 영상이 보이지 않았다.

27년이 지난 2007년 8월, 영화 〈화려한 휴가〉로 다시 5·18 민주화 항쟁을 보았다. '화려한 휴가'는 광주 항쟁을 진압하라는 신군부의 작전명이었다. 영화를 보니, 세월이 흘러 많이 무뎌졌을 법도 한데 그날의 아픔이 절절히 되살아났다. 하기야 내가 어찌 광주를 하루라도 잊을 수 있겠는가. 보는 눈들이 있어 울지 않으려 했지만, 나는 아내와 함께 손수건을 적셔야 했다. 소감을 묻는 기자들에게 이렇게 말했다.

"광주 시민들과 함께 살고 있다는 것이 정말로 자랑스럽습니다."

순한 사람들, 진정 평화를 원했던 사람들, 그래서 무등산을 닮은 사람들. 나는 죽을 때까지, 아니 죽어서도 광주를 잊지 못할 것이다. 순결한 피로 끝내 독재의 광기를 물리쳤으니 광주는 영원히 민주의 본향이 될 것이다.

내가 광주 민주 항쟁을 알게 된 것은 7월 10일이었다. 항쟁이 일어난 지 50여 일 후였다. 그 날짜를 정확히 기억할 만한 이유가 있다. 그날 막후의 실력자인 합동수사단장 이학봉 대령이 찾아왔기 때문이다. 이 대령은 자신들, 이른바 신군부에게 협력할 것을 요구했다.

"당신이 우리와 함께 간다면 대통령직만 빼고 어떤 자리라도 드리겠습니다. 만일 우리 요구를 거부하면 살려 둘 수 없습니다. 반드시 죽이겠습니다. 재판은 요식 행위에 불과합니다. 협조하면 살고, 거부하면 죽는 것입니다."

이 대령은 단호하게 말했다. 어떤 면에서는 솔직했다. 나는 50일 가깝게 취조를 받아 너무나 지쳐 있었다. 의외의 제안에 멍한 상태로 한참을 있었다. 그러자 이 대령은 나중에 다시 오겠다고 했다.

"잘 생각해 보십시오. 이삼일 후에 다시 오겠습니다."

그가 가고 난 후 조금 있으려니 수사관이 신문 한 뭉치를 던져 주었다. '광주 사태'를 보도한 신문들이었다. 내가 그들에 협조할 것을 대비해 예비지식을 주입하려 했을 것이다. 검은 바탕에 흰 글씨의 고딕체 제목들은 온통 '광주'뿐이었다. 신문은 흡사 광주의 거대한 부고장 같았다. 기사는 하나같이 충격적이었다. 내 체포 소식을 듣고 시민들이 궐기했다, 김대중 석방과 계엄령 해제를 요구하며 시위를 벌였다, 시민들이 100명도 넘게 사망했다……. 갑자기 정신이 아득해지고 신문의 활자가 보이지 않았다. 나는 의식을 잃어버렸다.

깨어나 보니 링거 주사를 맞고 있었다. 의사도 곁에 있었다. 나도 그만 죽고 싶었다. 광주 시민들이 나를 위해, 민주를 위해 항쟁하다가 희생을 당했으니 이 일을 어찌한단 말인가. 죽자, 차라리 죽어 버리자. 의로운 시민들을 총칼로 짓밟은 무리들이 감히 나에게 협력을 당부하다니……, 가증스러웠다.

광주에서 희생당한 사람들, 내 어찌 살아서 그들을 볼 수 있단 말인가. 나도 옥중에서라도 싸우다 죽어야 했다.

사흘 후 이 대령이 찾아왔다. 나는 내 결심을 얘기했다.

"협력할 수 없으니 당신들이 죽인들 내 어찌하겠소."

이 대령은 당황한 기색이 역력했다. 이틀 후 다시 찾아왔다. 나는 더욱 단호하게 거부했다.

"김대중, 사형"

(1980)

1980년 7월 15일, 성남시의 육군교도소로 이송되었다. 중앙정보부 지하실에 갇힌 지 60일 만에 바깥세상을 구경했다. 현역 대령인 교도소장이 몇 차례 찾아왔다. 말은 하지 않고 내 안색만 살폈다. 혹시 내 심경에 변화라도 있을까 봐 찾아오는 게 뻔했다.

"당신이 왜 왔는지는 알고 있습니다. 내 마음은 변함이 없으니 상부에 그리 전하시오."

"정말 훌륭하십니다. 존경합니다."

소장은 예를 갖추며 그리 말했다. 그리고 내가 요구한 책과 커피, 담배를 넣어 주었다.

8월 8일, 군 교도소 측에서 집으로 전화를 걸어 면회가 가능하다고 통보했다. 나를 면회하러 오는 날이 아내의 첫 외출이었다. 녹음기가 놓여 있는 책상을 마주하고 아내와 만났다. 정말 할 말들이 산처럼 쌓였는데도 정작 말이 나오지 않았다. 아내도 반쪽으로 여윈 내 얼굴을 보며 할 말을 잊은 듯했다. 아내는 아들 홍업이가 수배 중이라는 말만 더듬거리며 했다.

8월 14일 오전, '김대중 내란 음모 사건'에 대한 첫 번째 계엄보통 군법 회의가 열렸다. 육군본부 법정은 살벌했다. 하지만 이 사건에 연루된 24명은 비로소 한자리에 얼굴을 볼 수 있었다. 나와 문익환, 예춘호, 이문영, 고은 씨 등은 내란 음모 혐의로 육군교도소에, 다른 사람들은 계엄법 위반 혐의로 서울 서대문구치소에 수감되어 있었다. 저들은 내게 내란 음모, 내란 선동, 계엄법 위반, 계엄법 위반 교사, 국가보안법 위반, 반공법 위반, 외국환관리법 위반 등 혐의를 씌워 기소했다. '내란 음모 사건'에 대한 공소장은 이렇다.

"김대중은 전남대 복학생 정동년이 4월 12일, 자신을 방문했을 때 광주 지역 대학생들의 시위 상황에 대하여 의논하고, 민주 회복을 위해 계속 투쟁하라고 격려하면서 방문 기념 볼펜을 주고 돌려보냈다. 그 후 5월 5일 정동년이 다시 김상현과 함께 김대중 자택을 방문했을 때 광주 지역 학생 시위 자금으로 500만 원 지원을 요청하자 우선 300만 원을 주고, 5월 8일에 두 번째로 200만 원을 주는 등 시위 자금을 지원했다. 김대중은 정동년에게 500만 원을 주면서 '김대중 납치 사건 범행자 명단'을 비롯하여 자신의 저서와 선전 책자, 선동 문안 등을 전남대와 조선대에 배포하도록 했다. 계엄령의 해제와 이원 집정부제 개헌의 반대, 정치 일정 단축 등을 쟁점으로 대정부 투쟁할 것을 교사하고 선동했다. 정동년은 김대중 지시에 따라 광주로 내려와 5월 6일 전남대 총학생회장인 박관현에게 270만 원을, 5월 10일 조선대 시위 책임자 윤한봉에게 170만 원을 시위 자금으로 주었다. 5월 18일 광주 사태의 발단이 된 전남대 가두시위를 배후 조종하고, 이어서 조선대 학생들도 전남대 가두시위에 합류시켜 광주 사건의 도화선이 되게 했다."

나는 정동년이란 학생을 알지 못했다. 도대체 본 기억이 없었다. 중앙정보부 지하 감방에서 광주의 학생에게 500만 원을 준 기억이 있는지 질문을 받은 적은 있지만, 그들이 말하는 '광주 사태'는 발생 자체를 모르고 있었다.

합동수사본부는 우리 집에 있는 방문자 기록을 뒤져 정동년이란 이름을 찾아냈다. 하지만 정작 정동년은 내가 집을 비워 만나지 못하고 돌아갔다. 그러니 500만 원이니, 시위 자금이니 하는 것은 있을 수 없었다. 완전 날조된 것이었다. 수사관은 정동년에게 처음에는 1000만 원을 받은 걸로 했다가 학생 신분으로 너무 많으니 500만 원으로 하자며 이를 수정했음이 훗날 밝혀졌다. 가혹한 고문으로 거짓 자백을 한 정동년은 그 일이 괴로워 교도소에서 두 번이나 자살을 시도했다고 한다. 훗날 내가 미국 망명을 마치고 난 후 정동년을 처음 만났다. 정동년은 고문에 의한 거짓 자백이었지만 죄송하게 됐다고 말했다. 하지만 모두 독재 정권의 희생자들이었다. 내가 정동년 씨에게 "500만 원 중 쓰고 남은 돈이 있으면 돌려 달라"고 농을 던졌더니 그가 "500만 원을 주시지 않으셨으니 지금 주십시오"라고 답했다. 우리는 함께 웃었다.

법정에 나와서야 나와 관련이 있다는 것만으로 동료와 동지, 비서와 가족들이 줄줄이 잡혀 왔음을 알았다. 그중 설훈 피고인은 법정에서 생전 처음 얼굴을 보았다.

우리는 피고인이 변호사를 선임할 권리마저 박탈당했다. 모두에게 관선 변호사를 붙여 주었다. 각기 흩어져 분리 심문을 받았다. 군 검찰은 처음에는 '내란죄'로 몰려고 했으나 자신들이 생각해도 너무 황당무계한 일인지라 '내란선동죄'로 바꾸었다. 정동년의 자백 외에는 어떤 증거도 없었지만, 그 죄를 뒤집어쓴다 해도 최고 형량은 무기 징역이었다. 나는 그래서 저들이 나를 죽이지는 못할 것이라며 안도했다.

그러나 최후에 기소장을 받아 보니 국가보안법 1조 1항, 즉 '반국가 단체 수괴' 혐의였다. 나를 사형시키려면 다른 죄명이 필요했던 것이었다. 저들은 '한국민주회복통일촉진국민회의(한민통)'를 반국가 단체로 규정하고 내가 한민통 의장에 취임했다고 조작했다. 그러니까 국가보안법은 나를 죽이려 추가로 적용했던 것이다.

하지만 이미 앞에서 밝혔듯이 나는 조직에는 관여를 했지만 한민통이 출범하기 전에 납치를 당했다. 서울로 온 후에도 몇 차례 한민통 간부들에게 나의 입장을 밝힌 바 있었다. 나는 일본에 있는 김종충에게 "한민통 일본 본부의 활동 노선은 첫째 대한민국 지지 입장을 확실히 할 것, 둘째 '선 민주 후 통일'

원칙에 충실할 것, 셋째 공산주의와는 선을 그을 것” 등을 강조하는 편지를 두 차례 보냈다(1975년 6월 21일과 26일). 또 12월 21일 편지에서는 한국에서 한민통을 용공 세력으로 몰고 가고 있는 분위기를 전하며 『민족시보』 편집에 주의를 당부하기도 했다. 그렇게 단호하게 선을 긋고, 세심하게 당부한 일들이 있는데도 나에게 그런 올가미를 씌웠다.

나는 한민통 일본 본부의 의장직을 맡을 의사도 없었고 그럴 형편도 아니었다. 미국, 캐나다, 일본에 한민통을 결성하고, 세 나라를 총괄하는 총본부 의장을 맡으려 했다. 따라서 일본에서 납치되기 전에 한민통 일본 본부 의장에 취임했다는 공소 사실은 당연히 허구였다. 또 피랍 후 대통령선거법 위반으로, 3·1 민주 구국 선언 사건으로 재판을 받았는데도 한민통과 관련한 그 어떤 문제도 없었다. 그런데도 사건을 조작한 것은 이학봉 대령이 말한 대로 나를 죽이려 함이요, 재판은 요식 행위임이 분명했다.

저들은 일본에서의 내 활동을 집요하게 추적했다. 그러나 이는 일본 정부와의 '정치 결착'을 어긴 것이었다. 두 나라는 납치 사건 이후 나의 해외 활동에 대해서는 일체 문제 삼지 않기로 했다. 일본에서 나의 활동을 문제 삼는 신군부의 행태는 반드시 일본 정부가 문제 삼을 것이라 생각했다. 그것이 그 당시로는 가장 큰 버팀목이었다. 희망을 가질 수 있는 유일한 끈이기도 했다.

그러나 일본은 아무런 조치도 취하지 않았다. 그저 정부 차원의 '우려 표명' 등의 시늉만 냈을 뿐이다. 나는 소위 민주 국가라는 일본이 이렇듯 인권에 둔감하고, 약속을 중시하지 않는 일에 분개하고 낙담했다. '일본은 피 흘리며 민주주의를 쟁취하지 않았기에 인권 문제에 이렇듯 허약한 나라가 아닌가' 하는 생각도 했다.

재판은 결과를 정해 놓고, 각본대로 일정에 맞춰 진행되었다. 변호사들은 변호하는 시늉만 내거나 아예 검사의 논고와 비슷한 취지의 변론을 했다. 차라리 변론이 없는 게 속이 더 편하다 싶었다. 용기 있는 변호사가 없는 것은 아니었다. 소종팔 변호사는 달랐다. 검사 측 주장이 터무니없음을 제대로 꾸짖었다.

"내란 사건이라고 하는데 피고인들은 각목이나 화염병은커녕 부지깽이와 박카스 병 하나 가지고 다녔다는 증거는 물론, 사실 기록도 기소장에 없다. 도대체 뭘 들고 내란을 하려 했다는 것인가?"

그렇게 의기롭게 따지던 소 변호사는 재판 중에 쫓겨났다. 연락도 끊겨 버렸다. 어찌 보면 재판이랄 수도 없었다. 그 일이 있은 후 변호사들의 변호는 듣기가 거북할 정도였다. 보다 못해 송기원 피고인이 소리를 질렀다.

"야, 네가 변호사냐. 도저히 못 들어주겠으니 너 그만해. 변론하지 말라구! 아무리 조작이라도 그렇지, 삼류 소설보다 못한 얘길 지껄이고 있으니."

송기원 피고인은 당장 변호사에게 달려들려고 일어섰지만 헌병들 제지로 주저앉았다. 방청석의 가족들도 일제히 "집어치우라"고 외쳤다. 그래도 재판은 계속되었다. 변호사는 피고인보다 검사 측을 옹호하는 말을 계속했다. 참다 못해 김종완 피고인이 소리쳤다.

"이놈아, 입 닥치라는데 왜 자꾸 하는 거야. 피고인이 변론하지 말라는데 왜 자꾸 헛소리야."

피고인과 변호사 사이에 삿대질과 고성이 오갔다. 법정은 다시 난장판이 되었다. 문익환 목사가 일어났다.

"재판부 기피 신청을 하겠소. 우린 이런 재판을 받고 싶지가 않소."

이것은 재판이랄 수 없었다. 나는 문 목사의 얘기를 듣고 곧바로 일어나 법정을 나왔다. 나머지 사람들도 모두 내 뒤를 따라 퇴정했다.

구속자 가족들의 고생도 이루 말할 수 없었다. 잡혀 간 이후 어떤 연락도 받지 못했다. 소문만 흉흉했다. 곧바로 '광주 사태'가 터지자 가족들은 극도로 불안했다. 백방으로 온갖 곳을 찾아 다녔다. 그래도 소재를 알 수 없었다. 생사 여부라도 알려고 합동수사본부까지 찾아갔다. 그러나 아무도 가르쳐 주지 않았다. 더구나 구속자 부인들에게는 두세 명의 정보원이 붙어 감시했다. 가족들의 면회는 중앙정보부에서 교도소로 이감한 후에 이뤄졌다. 7월 중순에나 가능했으니 끌려간 지 두 달은 그야말로 생지옥이었다.

구속자 가족들은 누구라도 만나려 했으나 모두 피하기만 했다. 세상이 변했으니 누가 나서서 이들에게 따뜻한 물 한 그릇 권하겠는가. 그들은 서럽고 슬펐다. 실체가 드러나지 않는 거대한 힘과 싸우려니 얼마나 두려웠겠는가. 외로웠겠는가.

나중에 들었지만 이런 일도 있었다. 구속자 부인들이 감시자들을 따돌리고 한자리에 모였다. 재빨리 전세 버스를 타고 강릉 경포대로 갔다. 넓은 백사장에 몰려가 누가 먼저랄 것도 없이 냅다 소리를 질렀다. 남편 이름을 부르고, 사랑한다고 외치고, 누군가를 향해 욕설도 날렸다. 누구는 비명만 질렀다. 마침내는 서로를 붙들고 울었다. 그러나 파도는 아무 말이 없었다. 돌아오는 차 안에서도 서럽게 울었다. 하지만 내 아내 이희호는 이런 모임에도 갈 수 없었다.

동교동 우리 가족들은 철저하게 연금당하고 있었다. 아무도 내 소식을 전해 주지 않았다. 광주 항쟁이 터지고 난 후 아내는 심야에 〈미국의 소리〉 라디오 방송을 통해 내 소식을 들었다. '김대중 내란 음모 사건'으로 내가 사형을 당할지도 모른다는 내용이었다. 아내는 세상이 어떻게 돌아가는지, 내가 어디에 있는지 알 길이 없었다. 불안하고 초조한 날들이 끝없이 계속되었다. 아내는 그때를 '간장이 오그라드는 날들'이었다고 회고했다.

7월 12일, 우리 집에 우편물이 배달되었다. '군 교도소에 수감되어 군사 재판에 송치됐으니 변호인을 선정하라'는 내용의 통지서였다. 아내는 즉시 경찰에 변호사 선임을 위해 외출을 하게 해 달라고 요구했다. 그러나 경찰은 이를 묵살했다.

8월 16일 최규하 대통령이 갑자기 사임했다. 특별 성명을 통해 '광주 사태' 등 일련의 사회 혼란을 수습하지 못한 책임을 진다고 했다. 그러면서 전두환 국가보위비상대책위 상임위원장의 대통령 취임을 지지한다고 했다. 8월 27일 통일주체국민회의는 전두환 후보를 제11대 대통령으로 뽑았다.

9월 8일 장남 홍일, 동생 대현 등 10명에게 계엄보통 군법 회의는 징역 3년에서 4년의 판결을 내렸다. 이런 사실은 언론에 전혀 보도되지 않았다.

9월 11일 '내란 음모' 혐의로 수감된 24명에 대해서 검찰 측의 구형이 있었다. 검사는 "반국가 단체인 한국민주회복통일촉진국민회의(한민통)를 결성하여 그 수괴가 되어 국가 안전을 위협했다"는 논고로 국가보안법 위반, 내란 음모죄 등으로 사형을 구형했다.

그날 나를 제외한 23명의 최후 진술이 있었다. 이해동 목사가 중앙정보부 지하실에서 있었던 고문 사실을 폭로했다. 수사관에게 맞아서 생살이 뜯겨 나갔다고 말했다. 피고인들과 방청석의 가족들이 흐느꼈다. 피고인들은 고문의 순간들이 떠올랐고, 가족들에게도 그 고통이 고스란히 전달되었다. 이 목사는 양심선언도 곁들였다.

"이런 상황에서 내 의지에 반하는 진술을 했습니다. 성직자가 허위 진술을 한 것입니다. 거짓 진술서를 쓰고 무인을 찍어 준 겁쟁이, 변절자입니다. 이 일로 나는 괴로워하고 있습니다."

다른 피고인들도 고문당한 사실을 법정에서 밝혔다. 돌아보지만 그 험한 고문과 회유에도 그들은 당당했다. 그들의 죄라면 나를 알고 있다는 것뿐이었다. 내 뜻에 동참했다는 것뿐이었다. 민주주의를 신봉한다는 것뿐이었다. 내가 믿었던 사람들은 누구도 변절을 하거나 나에 대해 거짓을 얘기하지 않았다. 다른 사람을 탓하지 않았다. 매를 맞고 모욕을 당하는 고난의 시간에도 내 걱정을 해 주었다.

'내란' 같은 것을 모의해 본 적이 없지만 우리들은 감옥에서 하나가 되었다. 그들은 역사에 '김대중 내란 음모 사건' 연루자로 남을 것이다. 죄목에 내 이름이 들어 있음이 미안하지만 그들은 이를 탓하지 않고 그 후에도 민주주의의 여정에 동참해 주었다. 눈물겹도록 고마웠다. 그 이름을 가만히 불러본다.

문익환, 이문영, 예춘호, 고은(고은태), 김상현, 서남동, 김종완, 한승헌, 이해동, 김윤식, 한완상, 유인호, 송건호, 이호철, 이택돈, 김녹영, 조성우, 이해찬, 이신범, 송기원, 이석표, 설훈.

이틀 후 군법 회의에서는 변호인단의 최후 변론이 있었다. 내 변호사는 "계엄령 하에서 김대중 피고인이 학생 궐기를 통해서 정부 전복을 기도하는 것은 불가능하며 문제 밖의 일이다. 500만 원을 주고 광주 일원의 반정부 시위를 선동했다는 검찰 측의 주장에 이의를 제기한다"고 변론을 했다.

나에게 최후 진술 차례가 왔다. 나는 실체 없는 '김대중 내란 음모 사건'의 거짓을 조목조목 지적했다.

> 최후 진술을 하기 위해 이 자리에 서자 생각나는 것이 하나 있습니다. 작년 11월 5일 박 대통령의 국장을 집에서 단 1초도 빼놓지 않고 지켜보았는데 아직도 내 기억에 깊게 남아 있는 것은 김수환 추기경이 말씀한 "우리 모두에게 박 대통령의 죽음의 뜻을 하느님께서 깨닫게 해 주십시오"라는 말이었습니다. 박 대통령의 죽음은 그 개인으로 보자면 더 이상의 불행은 없을 것이나 유신이 가고 새로운 민주 시대가 다가오는 역사적인 계기였습니다. 그러나 5·17 계엄령의 전국 확대로 우리의 민주주의는 심상치 않은 시련을 맞이하였습니다.
>
> 나는 10·26 이후 무엇보다도 국가 안보, 경제 안정, 민주 회복이 중요하다고 생각했으며 이를 위해서는 최규하 과도 정부와도 협력해야 한다고 판단했습니다. 나는 일관되게 정치 보복 없는 국민 화해를 주장했으며 이런 의미에서 최 정권에 대화도 요청하고 나의 납치 사건에 관련된 사람들을 용서하겠다고 말했습니다. 이 나라에는 분명히 전 대통령을 중심으로 한 유신 세력이 있는 반면, 민주주의를 지향하는 다수의 민주 세력이 존재하고 있습니다. 그 어느 한쪽 세력도 다른 세력을 억누르고서는 이 나라를 이끌고 갈 수 없다고 나는 확신합니다. 우리 국민은 이미 민주주의를 해야 하고 또 할 수 있는 능력을 갖고 있습니다.
>
> 이번 사건을 김대중 일당 내란 음모 사건이라 했는데 나 한 사람이 다수의 학생, 국민을 선동하고 동원할 수 있는 능력을 갖고 있다고 판단했다면 왜 정부는 학생의 자제를 요망한 나의 성명서나 『동아일보』의 요청에 따라 쓴 기고문을 보도조차 못하게 했습니까? 당국이 나의 형을 집행하려 한다면 불가능한 일은 아

니겠으나 이것이 과연 법의 정의에 합당하여 민주 국가로서 옳은 일인가 심사숙고해 주기 바랍니다. 나는 나에 대한 관대한 처분보다는 다른 피고인들에 대한 관용을 바랍니다. 결국 이분들에 대한 혐의의 책임자는 나이기 때문입니다.

최후 진술의 끝 부분은 이러했다.

나는 아마도 사형 판결을 받고 또 틀림없이 처형당하겠지만 내가 처형당한다는 것은 처음부터 각오하고 있는 것입니다. 나는 여기서 이 기회를 빌려 공동 피고인 여러분께 유언을 남기고 싶습니다.

내 판단으로 머지않아 1980년대에는 민주주의가 회복될 것입니다. 나는 그걸 확실히 믿고 있습니다. 그때가 되거든 먼저 죽어 간 나를 위해서든, 또 다른 누구를 위해서든 정치적인 보복이 이 땅에서 다시는 행해지지 않도록 부탁하고 싶습니다.

이것이야말로 내 마지막 남은 소망이기도 하고 또 하느님의 이름으로 하는 내 마지막 유언입니다.

간간이 흐느끼던 방청석은 최후 진술이 끝나자 일제히 일어섰다. 재판장은 조용히 하라고 다그쳤지만 소용없었다. 법정에 애국가가 흘러나왔다. 법정 안 헌병들이 달려들었다. 일부 가족은 입을 틀어막는 헌병의 손을 깨물었다. 애국가가 끝나고 다시 〈우리 승리하리라〉를 불렀다. 방청석의 가족들은 한 명씩 끌려 나가 차에 태워졌다. 가족들은 끌려가지 않으려 발버둥을 쳤다. 벗겨진 신발짝이 나뒹굴었다. 끌려 나가며 외쳤다.

"민주주의 만세", "김대중 선생 만세."

피고인들도 흐느꼈다. 함께 끌려가 모진 고문을 받고 끝내 옥고를 치른 한완상 교수는 훗날 그 순간을 이렇게 회고했다.

1980년 9월 17일 사형 선고를 받았다.

우리 공동 피고 24명이 가장 잊을 수 없는 순간은 아마도 DJ의 최후 진술 때가 아닐까 한다. 그날 우리는 애국가를 불렀다. 법정소음죄에 해당되지만 끓어오르는 의분심을 가눌 길 없어 정말 평생 처음으로 창자로 애국가를 불렀다. 아니, 애국가가 우리 속에서 저절로 터져 나왔다고 해야 할 것이다. DJ는 1시간 40분 가까운 긴 시간 동안 당당히 자기의 의견을 개진했다. 그의 침착함에 나는 놀랐다. 이른바 세인트(saint)의 경지에 들지 않고서는 사형 구형을 받았던 피고인이 그토록 태연하고 침착하게 자기 심경을 말할 수 없을 것이었다.

우리 모두 자신도 모르는 사이에 뜨거운 눈물을 하염없이 흘렸다. 우리는 비록 힘없이 묶여 있는 처지였으나 도덕적으로나 정신적으로는 이미 승리하고 있었다. 그 뜨거운 눈물은 차원 높은 승리의 감동에서 오는 눈물이기도 했다. 짧은 봄은 지나갔고 긴 겨울이 닥쳐왔으나, 이 긴 겨울 뒤 언젠가는 더 긴 봄이 올 것임을 우리는 이 뜨거운 눈물 속에서 예감하고 있었다.

9월 17일 선고 공판이 열렸다. 한복을 입고 헌병들의 부축을 받으며 법정으로 들어섰다. 문익환 목사가 먼저 와 있었다. 군 법무관이 판결 이유 요지와 양형 이유를 낭독했다. 이윽고 문응식 재판관이 일어섰다.

나는 부축을 받고 일어나 판결을 기다렸다. 피고인 가족 40명과 주한 미국·일본 대사관 직원들과 『워싱턴 포스트』 등 외신 기자들이 공판을 지켜봤다. 8월 14일 첫 공판이 시작된 지 34일 만에 제1심 재판이 끝나 가고 있었다. 이날 내 가족들은 법정에 없었다. 저들은 우리 가족에게만은 방청을 허용하지 않았다. 나중에 방청이 허용되었어도 아내는 나타나지 않았다. 수갑을 차고 법정에 들어서는 내 모습을 가슴이 떨려 도저히 볼 수 없었다고 했다.

죽고 싶은 사람이 어디 있겠는가. 나도 살고 싶었다. 나는 제발 사형만은 면하기를 간절히 바랐다. 법정에서도 속으로 기도했다. 재판장의 입 모양을 뚫어지게 보았다. 입술이 옆으로 찢어지면 사, 사형이었고, 입술이 앞쪽으로 튀어나오면 무, 무기 징역이었다. 입이 나오면 살고, 찢어지면 죽었다.

재판관의 입이 찢어졌다.

"김대중, 사형."

세계의 외침, "김대중을 살려라"
(1980 ~ 1982)

'나는 사형당할 것이다. 사형수로 죽는다는 것이 어떤 것일까. 협조하겠다는 한마디만 하면 살 수 있을 텐데, 그래도 나는 죽어야 한다. 어쩌면 죽는 것이 사는 길일 것이다. 내가 죽으면 역사책에 민주주의를 위해서 싸우다 죽었다고 기록될 것이다. 김대중은 바른 삶을 살았다고 역사에, 국민들의 가슴속에 새겨질 것이다. 사람은 자동차에 치여서, 병에 걸려서도 죽는다. 넘어져서도, 자다가도 죽을 수 있다. 그래도 나는 이 나이까지 살았고, 이제 떳떳하게 죽을 것이다. 한눈팔지 않고, 내 길을 똑바로 걸어왔으니 얼마나 다행한 일인가. 앞으로도 당당해지자.'

나에 대한 사형 선고 소식은 삽시간에 지구촌을 덮었다. 언론들은 주요 뉴스로 실시간 전달했고, 세계의 정치 지도자들은 우려를 표명했다. 워싱턴에서는 에드먼드 머스키(Edmund Muskie) 미 국무장관이 "미합중국은 김대중 씨에게 극형이 내려진 것에 대해 심히 우려한다"는 성명을 발표했다. 서독의 겐셔(Hans-Dietrich Genscher) 외무장관은 유럽 공동체 모든 가맹국이 한국 정부에 항의할 것을 제안했다. 동독의 국영 통신, 모스크바 방송, 베이징 방송도 한국의 군부를 비난했다. 한국 언론만이 사형 판결 소식을 기계적으로 보도했다. 어떤 논평도 내지 못했다.

나와 공동 피고인들은 곧바로 항소하기로 했다. 항소는 일주일 이내에 고등 군법 회의에 신청해야 했다. 우리 피고인들은 변호사에게 마지막 날, 마지막 시간에 항소를 신청하라고 요청했다. 내 목숨을 하루라도 더 연장시키기 위해서였다. 그런데 변호사가 약속을 깨고 첫날 곧바로 항소해 버렸다. 변호사들은 재판 기간 중에 숱한 압력을 받았다. 아마 저들의 협박을 뿌리치기 힘들었을 것이다. 항소심 선고 공판은 11월 3일 육군 대법정에서 열렸다. 재판부는 1심대로 사형을 선고했다.

그런데 이틀 후인 5일, 사형 선고보다 더 낙담할 일이 일어났다. 미국 대통령 선거에서 민주당의 지미 카터 대통령이 공화당의 로널드 레이건 후보에게 패했다. 하지만 누구도 이를 나에게 알려 주지 않았다. 나는 궁금하여 청소하는 사람에게 물어봤다. 그랬더니 레이건 후보가 당선되었다는 것이다. 하늘이 무너졌다. 도덕성과 인권을 강조했던 카터 대통령이 재선을 했더라면 내 신변에도 변화가 생길 것이라고 믿고 있었다. 희망이 고여 있던 마지막 둑이 터져 버렸다. 나는 너무 슬펐다. 발을 뻗고 소리 내어 울었다. 레이건은 보수파로 더 이상 기대를 걸 만한 인물이 아니었다.

'정녕 사형이란 말인가. 하느님이 나를 버리셨다는 말인가.'

카터 대통령의 재선 여부는 나의 운명과 직결되어 있었다. 미국 대통령 선거 결과는 나만 목을 빼고 기다린 것이 아니었다. 신군부 측에서도 촉각을 곤두세우고 있었다. 저들은 나와는 달리 레이건의 당선을 바랐다. 공화당 인맥을 동원해 레이건 측에 공을 들이고 있었다. 저들은 레이건이 승리를 하자 환호성을 질렀다고 한다. 나를 제거하는 데 최대의 걸림돌이 제거되었다고 판단했을 것이다. 아무런 희망이 없었지만 나는 대법원에 상고 이유서를 제출했다.

나는 희망이 모두 빠져나간 상태에서 감방 생활을 했다. '사형수 김대중', 그것을 도저히 받아들일 수 없었다. 갑자기 하느님 존재에 대한 의심이 엄습했다. 마음이 크게 혼란스러웠다. '만일에 내가 죽은 후에 하느님이 없다면 나

자신뿐만이 아니라 내가 해 온 노력은 어찌 될 것인가. 나의 전체 삶은 모든 의미를 잃고 헛된 것이 될 것이다.'

정신적으로 위기의 시간들이었다. 나는 답을 얻기 위해 플라톤, 아리스토텔레스, 어거스틴, 안셀무스, 데카르트, 칸트 그리고 기타 철인들의 글을 읽었다. 그러나 누구도 하느님의 존재에 대한 나의 의문을 풀어 주지 못했다. 그것은 오로지 신앙의 결단으로서만 해결할 수 있었다. 예수 그리스도가 결정적 요인이었다. 만약 예수가 하느님의 아들이라면 하느님은 존재하는 것이었다. 예수님이 하느님인지 아닌지는 부활에 달려 있었다. 그래서 나는 부활을 어떻게 믿을 것인지 곰곰 생각했다.

이러한 나의 질문과 스스로 얻은 해답을 아내에게 써서 보냈다. 신군부에 의해 투옥된 후 세상 밖으로 보낸 첫 번째 옥중 서신이었다. 그것은 간절했으니, 구원과도 같은 것이었다.

> 나는 지금까지 나 자신이 어느 정도의 신앙을 가지고 있다고 믿었습니다. 그러나 막상 이제 죽음을 내다보는 한계 상황 속에서의 자기 실존(自己實存)이라는 것이 얼마나 허약한 믿음 속의 그것인가 하는 것을 매일같이 체험하고 있습니다.
>
> 그러나 나는 수많은 갈등과 방황 속에서 "믿음이란 느낌이나 지식에 기반을 두는 것이 아니라 인간의 자유로운 의지의 결단으로 이루어지게 되는 것이며, 이러한 의지의 결단은 의식적이고 자발적인 것이어야 한다. 우리의 기쁨과 감사와 찬양도 먼저 의지로써 행하고 감각이 뒤따라가는 것이다"는 판단 아래 오직 눈을 우리의 주님께 고정시키고 흔들리지 않도록 성신께서 도와주시도록 기구(祈求)하고 있습니다.
>
> 나의 의지의 결단을 세운 최대의 기초는 주님의 복음이며, 그중에서도 핵심은 예수님의 부활을 믿는 것이었습니다. 예수님의 부활을 믿을 수 있다면 하느님의 계심, 죄의 구속, 성신의 같이 계심과 그 인도, 언제나 돌보시는 하느님의 사랑, 그리고 천국 영복(天國永福)의 소망 등 모든 것이 믿어질 수 있다고 생각되었

습니다.

예수님의 부활은 신앙의 신비이기도 하지만, 역사적 사실로서도 근거가 상당히 객관적이라고 생각됩니다. 예수님의 수난 때 그분을 버리고 자기 살기 위해서 도망쳤던 사도들이 그분이 그렇게도 비참하고 무력하게 돌아가신 후에 새삼스럽게 목숨을 건 신앙을 가지고 온갖 고난과 죽음을 감수하면서 복음 전달에 헌신할 수 있었던 것은 부활하신 예수의 체험 없이는 불가능한 일이었습니다. 더구나 예수 생존시는 대면조차 없었으며 그 돌아가신 후에는 열정과 사명감을 가지고 그리스도 교도를 박해한 사도 바울의 회심과 그의 초인적이며 결사적인 포교 활동, 그리고 마침내 겪은 순교는 그가 체험한 부활하신 예수 없이는 설명할 길이 없다고 생각됩니다.

예수님의 부활을 확신하는 것이 현재 나의 믿음을 지탱하는 최대의 힘이며, 언제나 눈을 그분에게 고정하고 결코 그분의 옷소매를 놓치지 않으려고 안간힘을 쓰고 있습니다. 그러면서 항시 기도하기를 "하느님은 저를 사랑하시는 것을 제가 믿습니다. 저의 현재의 환경도 주님이 주신 것이며, 주님이 보실 때 이것이 저를 위하여 최선이 아니면 허락하시지 않으셨을 것입니다. 제가 주님의 뜻하심과 앞으로의 계획하심을 알 수 없으니 오직 주님의 사랑만을 믿고 순종하며 찬양하겠습니다"고 기도하고 있습니다.

11월 21일 편지를 썼는데 며칠 후 아내에게서 온 편지를 보니 똑같이 11월 21일에 썼다. 아내와 나는 똑같은 시각에 '신과 죽음'을 떠올렸던 것이다. 아내와 나는 이렇게 교감하고 있었다.

나는 당신의 선한 성품과 진실하게 살려고 피나는 노력을 하는 것을 존경했는데 '하느님은 왜?' 하고 물어봅니다. 차라리 당신이 정말 폭력을 좋아하는 성격이라도 지니고 있고, 또 그다지도 안타깝게 민주주의를 갈구하지 않았다면, 이처럼 뼈와 살이 깎여 나가는 아픔을 느끼지 않아도 좋았을 것을 하고 생각해 봅니다.

당신도 나도 알지 못하는 수많은 형제들이 철야 기도, 산 기도, 골방 기도, 금식 기도까지 하고 있다는 것을 아셔야 합니다. 이 얼마나 감사한 일인지요. 만일 당신이 이렇게 큰 어려움에 처해 있지 않았다면 누가 그렇게까지 어려운 기도를 드리고 있겠어요. 내일에 대한 희망을 꼭 가지세요. 바다 가운데서 구해 주신 그 하느님께서 지금도 당신 곁에 계시니 이번에도 꼭 구해 주실 것을 믿고 기도하세요.

그럼에도 죽음의 공포는 떨쳐 버릴 수 없었다. 언제 나를 사형장으로 데려갈지 모르기 때문이었다. 밖에서 발자국 소리만 나도 나는 깜짝깜짝 놀랐다.

1981년 1월 18일, 정보부 간부가 관계 기관으로 날 데려갔다. 그는 느닷없이 대통령에게 감형을 탄원하는 글을 써 달라고 했다. 나는 당연히 거절했다. 하지만 그는 거듭거듭 요구했다.

"김 선생님은 지금 사형수입니다. 형량을 줄이려면 국무회의 의결이 필요하다는 것을 아실 것입니다. 여태까지에 책임을 느끼고, 차후 정치 활동을 하지 않겠다는 글이 필요합니다. 이 모든 것은 형식적인 절차에 불과할 뿐입니다. 지금 정부 내에서는 감형을 반대하는 그룹이 있는 것 또한 사실입니다. 그들을 설득할 구실이 필요합니다. 그리고 이런 사실은 절대 공개하지 않을 것입니다."

나는 그의 말이 일견 일리가 있어 보였다. 강경 세력들을 설득할 구실이 있어야 할 것 같았다. 그리고 그는 자신도 가톨릭 신자라며 공개하지 않을 것을 하느님께 맹세한다고 말했다. 나는 다음과 같은 요지의 글을 써 주었다.

"나는 앞으로 되도록 언동을 신중히 하고 정치에 절대로 참여하지 않을 것을 약속한다. 그리고 우리 조국의 민주주의 발전과 국가의 안전 보장을 위해 적극적으로 협력할 각오다."

쓰고 나서 다시 생각을 정리하니 아무래도 마음에 걸렸다. 대통령으로서도 나를 마치 교수대 위에 세워 놓고 협박하는 모양이고, 나 또한 정치를 안 한다해도 민주주의 발전을 위해서는 누구와도 협력하는 것은 당연한 것이라 여겨졌다. 나는 그에게 탄원서를 취소해 달라고 했다. 그리고 네 번이나 취소했다는 다짐을 받았다.

관계 기관에서 다시 군 교도소로 옮겨 올 때 탄원서를 돌려 달라고 했다. 그가 대수롭지 않게 대답했다.

"깜박 잊고 책상 위에 놓고 나왔습니다. 상부에 보고하여 잘 처리했으니 염려 마십시오. 그냥 나갑시다."

하지만 저들은 나와의 약속을 깨고 나중에 내가 써 준 글을 공개했다. 전두환 정권은 역시 믿을 수 없는 집단이라는 생각이 들었다. 나를 흠집 내는 것이 곧 정권 유지를 위해 필요하다고 판단했을 것이다. 저들은 내가 목숨을 구걸하는 것으로 비치게 할 요량으로 치밀하게 기획했을 것이다. 그래도 그걸 감춰 두고서 나를 협박하고 회유하는 것보다는 공표한 것이 훨씬 낫다고 생각했다. 오히려 마음이 후련했다. 한 가지 억울한 것은 이러한 전말을 누구에게도 밝힐 수 없었다는 것이다. 나는 면회 온 아내에게만 털어놓았다.

대법원 상고심은 1월 23일이었다. 저들은 나를 재판정으로 데려가지 않았다. 아내가 오후에 면회를 왔다. 아내는 울먹이며 말했다.

"상고가 기각되었어요. 전 모든 것을 하느님께 맡기고 있어요."

나는 이미 몇 천 번 마음속으로 각오한 일이었다. 담담하게 그 말을 듣고 있는데 아내가 홍일이 처와 홍업, 막내 홍걸과 함께 차디찬 시멘트 바닥에 무릎을 꿇었다. 그리고 눈물을 흘리며 기도를 드렸다. 기도는 "하느님 뜻대로 하소서"로 끝을 맺었다. 나는 정말 아내가 그렇듯 존경스러울 수 없었다. 가족의 믿음과 사랑이 없었더라면 나는 20년을 넘게 지속된 고난을 결코 이겨 내지 못했을 것이다. 그 중심에는 존경하고 사랑하는 아내가 있었다.

그러나 뜻밖에도 그날 오후, 나는 무기 징역으로 감형되었다. 감형 조치는 세계 언론과 민주 국가 지도자들, 그리고 양심적인 인사들의 헌신적인 노력이 있었기에 가능했다. '야당 지도자', '반체제 지도자'로 해외에 널리 알려진 나에게 "사형만은 안 된다"는 메시지와 서한들이 청와대에 쇄도했다.

카터 행정부는 나에게 씌워진 혐의는 모두 조작된 것이라는 성명서를 냈다. 당시 백악관 국가안전보장회의 일원이었던 도널드 그레그는 해럴드 브라운(Harold Brown) 국방장관과 함께 서울로 건너와 전두환 대통령을 만났다. "만일 김대중을 처형한다면 해외에 커다란 영향이 미칠 것"이라고 전 대통령을 설득했다. 그러나 전 대통령은 긍정적인 답변을 하지 않았다. 아마 미국 대통령 선거 결과를 지켜볼 요량이었던 것 같았다. 선거는 전 정권의 바람대로 레이건 공화당 후보의 당선으로 끝났다. 이때 카터 대통령은 레이건 당선자에게 나에 대한 구명을 강력하게 요구했다. 인수인계에 '김대중을 살려야 한다'는 내용을 주요 사항으로 전달했던 것이다.

무력으로 정권을 잡은 전 정권은 국제적인 인증이 절실했다. 그러기 위해서는 레이건 신임 대통령과의 회담이 꼭 필요했다. 회담 성사에 목을 매었다. 이때 레이건 정부는 '김대중 감형'을 회담의 전제 조건으로 내세웠다. 카터 전 대통령은 회고록에 이렇게 적고 있다.

> 우리는 한국의 반체제 지도자인 김대중 씨의 생명을 구하기 위하여 무엇을 해왔는지 이야기하고, 레이건 대통령이 전두환 대통령에게 김대중 씨의 생명을 보장하도록 요구한 메시지를 보낸 것에 대해 고마움을 표했다.

이 외에도 서독의 사회주의 인터내셔널(SI) 빌리 브란트(Willy Brandt) 의장은 총회에서 '김대중 구명 동의안'을 통과시켰다. 폰 바이츠제커(Richard von Weizsäcker) 대통령도 구명 운동에 동참했다. 오스트리아 전 수상 크라이스키(Bruno Kreisky)는 그가 제정한 평화상을 옥중의 나에게 수여했다. 미국 상원의원 에드워드 케네디를 비롯한 인사와 단체들이 나의 석방을 요구했다. 일본 정부는 차관 제공을 보류했고, 일본 최대 노조 총평(總評)도 한국 상품의 하역을 거부했다. 또한 미국, 일본, 유럽 등 각 지역에 있는 해외 교포 민주화 운동 인사들은 각종 집회와 시위 및 언론 활동 등을 통하여 적극적으로 구명 운동을 전개하였다.

내가 감옥에 있는 동안 신군부는 전두환 대통령을 총재로 한 민주정의당을 창당했다. 김종철 총재의 한국국민당, 유치송 총재의 민주한국당, 김의택 총재의 민권당이 잇달아 창당되었다. 언뜻 보기에 여당 성향 둘, 야당 성향 둘의 정당이 창당되었지만 모두가 관제 정당들이었다. 보안사가 직접 개입하여 창당했으니 모두 '2중대'에 불과했다.

임기 7년의 단임제 대통령과 선거인단에 의한 간접 선거제를 골자로 하는 헌법안을 마련했다. 언론기본법을 만들어 신문과 방송 등 언론사들을 통폐합해 버렸다. 전 정권은 언론을 철저하게 통제했다. 어느 시기보다 언론은 숨을 죽여야 했다. 여론을 조작하고, 진실을 은폐했으며, 현안을 호도했다.

전두환 정권은 공직자들을 대량으로 해직하고, 삼청교육대를 만들어 비인간적 가혹 행위를 자행했다. 폭력배들을 재교육시킨다는 구실로 6만여 명을 영장 없이 끌고 갔다. 일련의 추악한 조치들을 거쳐 계엄령이 해제되고 대통령 선거가 치러졌다. 1981년 3월 3일 전두환이 제12대 대통령으로 취임했다. 제5공화국이 출범했다.

1982년 3월 부산 미국 문화원 건물에 불이 나 도서관 열람실에 있던 대학생이 사망했다. 미 문화원 앞 극장과 백화점에는 "반미 투쟁 끊임없이 전개하자"는 제목의 유인물이 뿌려졌다. 미 문화원 방화 사건이었다. 천주교 신부들은 이 사건의 수배자들을 숨겨 주었다. 전두환 정권은 천주교를 손보겠다며 대대적인 공세에 나섰다. 천주교가 종교를 앞세워 좌경 불순분자들을 은닉했다는 이유였다.

천주교사제단은 처음엔 관망하고 있었다. 그러나 연루자들을 가혹하게 고문하고 사건을 왜곡한 사실이 알려지자 정권과 정면으로 맞섰다. 급기야 4월 15일 교회사회선교협의회가 성명을 발표했다. 광주 항쟁에 대한 미국의 용인,

주한 미군 사령관 위컴과 주한 미 대사 리처드 워커(Richard Walker) 등의 한국인 비하 발언, 한미 간 불평등 관계 등이 부산 미 문화원 방화 사건의 배경이라고 천명했다. 왜 그런 사건이 일어났는지 돌아보라는 것이었다. 위컴은 쿠데타에 성공한 전두환 정부를 지지하며 이렇게 말했다.

"한국인은 들쥐와 같아서 누가 지도자가 돼도 따를 것이고, 체질상 민주주의가 맞지 않다."

또 리처드 워커 주한 미 대사는 이런 폭언을 했다.

"한국 국민은 민주주의를 누릴 자격이 없다. 버릇없는 아이들이 위험한 민족주의 놀음을 하고 있다."

자존심이 강한 우리 국민들이 이들을 이런 망언과 폭언을 그냥 둘 리가 없었다.

검찰은 처음에는 종교계 관련자들을 소환하고 강경 방침을 내비쳤지만 결국 모두를 풀어 주었다. 전두환 정권이 가장 민감하게, 가장 두렵게 여기는 광주 문제가 불거져 나왔기 때문이다. 사건의 껍질을 벗기다 보니 핵심은 결국 광주 항쟁이었다. 그 파장은 만만찮았다. 우선 이런 공방 속에서 천주교가 광주 항쟁 이후 긴 침묵에서 깨어났다. 이는 다른 민주 세력에게도 자극을 주었다. 무인 정권에 대한 공포를 떨쳐 버렸고, 1980년 '서울의 봄'의 좌절감도 떨치는 계기가 되었다. 이는 이후 독재를 타도하고 민주를 쟁취하는 기나긴 여정의 추동력을 얻는 전기가 되었다.

작지만 큰 대학, 감옥

(1981 ~ 1982, 옥중 생활)

무기 징역으로 감형되고 나서 1981년 1월 31일 청주교도소로 이감되었다. 사형수가 아닌 기결수로 머리를 깎였다. 눈물이 핑 돌았다. 억울하다는 생각 때문이 아니라 죽음을 면한 데 대한 기쁨 때문이었다. 죽음이 무서웠다. 판결을 기다리는 몇 달 사이에 내 몸무게는 10킬로그램이나 축이 났다. 육군교도소에서 사형수로서 아내를 만났을 때는 서로 눈물 한 방울 비치지 않았는데 청주에서 아내를 만났을 때는 눈물을 참지 못했다. 살아 있음의 눈물이었다. 타협에 응하면 살려 준다고 할 때는 이를 거부하고, 다른 한편으로는 살고 싶어서 몸부림을 치고 있었던 것이다. 그러나 나는 이 모든 고난을 주님의 사랑의 표시로 감사하고, 주께서 겪으신 십자가의 고난과 치욕과 고독에 동참하게 해 주신 은혜에 감사를 드렸다.

나는 도착하자마자 전기스토브를 쓸 수 있게 해 달라고 부탁했다. 저들이 내 요청을 들어줄 리 만무했지만 너무 추워서 견딜 수 없었다. 저녁 식사도 하는 둥 마는 둥 했다. 곧바로 이불 속으로 들어가 "하느님 아버지"를 부르며 마구 울었다. 눈물이 하염없이 쏟아져 나왔다. 그러다 지쳐 잠이 들었다. 그런데 잠결에 감방 밖에서 무슨 공사하는 소리가 들렸다. 이불을 젖히고 보니 전기스토브 설치를 위한 공사였다. 이렇듯 당일로 공사해 줄 것으로는 기대하지 않았다. 교도관과 일꾼들이 천사같이 생각되었다. 나는 하느님이 나와 같이 계심을 실감했다. 하지만 한겨울의 추위를 난로 하나로 녹일 순 없었다. 난로를 켜 놓아도 감방 안의 물이 얼어붙곤 했다.

청주에서 나의 감방은 세 칸이었다. 나는 가운데 칸에 수용되었고, 반대편 옆 칸에는 목욕할 때 사용하는 작은 양동이만 놓아두었다. 다른 죄수들 방과는 완전히 차단되었다. 복도는 콘크리트 벽으로 막아 버렸고, 감방 둘레에도 담장을 새로 쌓았다. 감옥 속의 감옥이었다.

낮에는 3명, 밤에는 2명의 교도관이 나를 지켰다. 전담 교도관이 5명이나 되었다. 감방 앞쪽에는 두꺼운 문이 있었고 뒤쪽으로 조그만 창문 하나가 달려 있었다. 그 창문을 통해 하늘을 볼 수 있었다. 창문 위에는 굵은 철망이 씌워져 있었다. 그래서 하늘이나 달을 한눈에 시원스럽게 바라볼 수 없었다. 대신에 철망의 수많은 구멍을 통해 수많은 달을 볼 수 있었다. 나는 여러 개의 달을 가진 부자라고 자위하곤 했다.

다리가 불편해서 마루에 앉지 못했다. 교도소 측은 의자와 책상, 나무 침대를 짜서 주었는데 매우 조악했다. 식사는 더욱 형편없었다. 거의가 짜거나 매웠고, 상한 음식이 나올 때도 많았다. 만일 사회였다면 아무리 배가 고파도 그런 음식은 먹지 않았을 것이다. 제대로 식사를 하지 못했다.

청주교도소에 온 지 며칠 후 꿈을 꾸었다. 꿈속에서 큰 수레(화물 운반용)에 실려서 인부들에 끌려 교외로 나갔다. 큰길의 바른쪽이 막막한 넓은 들인데 나를 들 저쪽에다 죽게 한다는 것이었다. 그런데 갑자기 변경되어 길 바로 옆에다 나를 버렸다. 그러다 다시 짐수레에 실렸다. 그렇지만 날씨가 너무 춥고 나는 거의 발가벗겨진 상태였기에 그대로 시내로 되돌아온다 해도 얼어 죽을 것이 틀림없었다. 그때 갑자기 하느님이 보내신 빛이 내려왔다. 두 줄기 붉은 빛이 내려오는데 그 저쪽은 구름에 가려서 안 보였다. 그 빛은 나를 싣고 있는 수레 위에 내려오더니 타원형으로 가는 구름같이 꾸불꾸불한 모양으로 내 주위를 감쌌다. 덕분에 전신이 후끈하고 따뜻했으며 수레를 이끄는 인부들도 따

창살을 사이에 두고
아내와 아들을 만났다.

뜻하다고 좋아했다. 그리하여 수레가 무사히 시내로 들어와서 어떤 공회당 같은 한식 기와집 앞에 선 것으로 꿈은 끝났다. 물론 이것은 한낱 꿈에 불과한 것이지만 나로서는 참 기쁘고 영광스러운 꿈이었다. 나는 이 꿈을 편지에 써서 가족에게 보냈다. 아내와 자식들도 그 꿈을 좋아할 것 같았다.

봄기운이 조금씩 스며들던 4월의 어느 날, 큰아들 홍일에게서 편지가 왔다. 발신지는 대전교도소였다. 작년 5·17 이후 헤어진 뒤로 오늘까지 거의 1년을 아무 소식을 못 듣고 있다가 편지를 받으니 가슴이 너무도 떨렸다. 편지 겉봉을 보는 것만으로도 가슴이 미어졌다. 눈물이 앞을 가렸다. 몇 시간을 어루만지기만 했다. 밤이 돼서야 이불 속에서 편지를 읽었다. 글씨가 안 보여 몇 번이나 눈물을 닦아야 했다.

꿈속에서도 간절히 만나 뵙고 싶어 애를 쓰던 아버지께 편지를 쓴다고 생각하니 먼저 눈시울이 뜨거워지는군요. 무엇보다도 먼저 저희 가족들과 많은 분들의 기도를 들어주시어 아버지의 생명을 지켜 주신 주님의 크신 은혜에 감사를 드리고 있습니다. 하느님께서 아버지와 같이하시며, 「이사야」 48장 10절의 "보라,

내가 너를 연단하였으나 은처럼 하지 아니하고 너를 고난의 풀무 불에서 택하였노라" 하신 말씀과 같이 보다 더 귀하게 쓰시려고 이 어려운 시련을 주시는 것으로 믿고 있으면서도, 저 자신 미약한 인간인 탓인지 얼마나 가슴을 졸이던 시간이었던가 생각하니 지금도 온몸이 오싹하는 것 같습니다.

너무도 아버지를 그리워한 탓인지 저희 형제가 어머니께서 돌아가신 뒤 아버지 손을 양쪽에서 나란히 잡고 남산 팔각정에 올라가 사진을 찍는 등 여러 가지로 아버지께 사랑을 받던 생각이 나곤 합니다. 어머니, 홍업, 홍걸, 제 처를 통해 아버지 면회와 편지에 대해서 전해 듣고 있습니다만 아버지 건강이 좋지 않으심이 무척이나 가슴이 아프군요. 주님의 보살펴 주심을 믿으며 간절한 마음으로 기도를 드리고 있습니다만 아버지께서도 힘을 내시고 건강에 유의하여 주시기를 간절히 부탁드립니다.

오늘이 저희들의 대법원 재판 날입니다. 어떤 판결이 있었는지는 아직 알지 못합니다만 기대는 하지 않고 있습니다. 그러나 한편으로는 저 자신 약한 인간인 탓인지, 하느님의 크신 은혜가 있어 우리 가족과 또 아버지와 같이 고생하시는 많은 분들께 '만남'과 '자유'라는 기쁜 소식이 있기를 기도드리고 있습니다.

아이들이 식사 때와 잠잘 때 "할아버지와 아빠가 건강하게 지내고 빨리 우리들한테 돌아오게 해 달라"고 기도한다는군요. 아이들의 기도가 이루어지기를 간절히 바라는 마음입니다.

나는 한 자 한 자 뚫어지게, 읽고 또 읽었다. 아버지와 아들이 교도소에서 서로를 걱정하고 있었다. 대전에서, 또 청주에서 서로를 부르고 있었다. 아버지 때문에 청춘을 감옥에서 보내야 하는 내 아들 홍일이. 한없이 슬프고 한없이 미안했다. 편지가 검열될 것을 알고 아들은 편지 끝에 이런 추신을 달아 놓았다.

"이 편지를 취급하시는 분들께 — 이 편지를 아버지께서 받아보실 수 있도록 선처하여 주시기를 간절히 부탁드립니다."

홍일이의 편지를 가슴에 품고 누웠지만 잠을 이룰 수 없었다. 감옥에서의 봄밤은 그렇게 아렸다.

나는 감방에서 신에 대해서 많은 것을 생각했다. '하느님은 선하시고 전능하신데 왜 이 세상에 악이 있는가.' 왜 박정희, 전두환 같은 옳지 못한 이가 득세하고 바르게 살려는 사람들이 박해를 받는지 진정 알 수 없었다. 아내를 통해 바깥세상에 자문을 구하기도 하고 책도 읽었다. 약간의 차이는 있지만 대답은 대개 이러했다.

"하느님이 이 세상에 악을 허용한 것은 인간에게만 주신 인간의 자유 의지를 실험하기 위해서다."

나는 이를 도무지 받아들일 수 없었다. 왜냐하면 하느님은 선(善) 하나만 가지고도 얼마든지 그 목적을 달성할 수 있었다. 예를 들면 십등선으로부터 일등선까지 두어 가지고 각자의 자유 의지에 의한 공로를 통해 한 단계씩 올라가면 될 일이지 왜 비참한 악을 만들 필요가 있느냐는 것이다. 선천적인 불구로 태어나거나 배가 뒤집혀 죽은 사람들, 히로시마 원폭 투하로 희생된 수십만 명에게 무슨 하느님의 연단(鍊鍛)이 있고 무슨 자유 의지의 시험이 있을 수 있느냐는 것이다.

번민을 거듭하다가 나는 마침내 테야르 드 샤르댕(Pierre Teilhard de Chardin) 신부님의 말씀에서 해결의 실마리를 얻었다. 샤르댕 신부님의 진화론적 세계관을 통해서 얻은 결론은 대체로 이런 것이었다.

하느님이 세상을 만드신 것은 사실이다. 그러나 하느님은 완전한 것을 만드신 것이 아니라 미완성의 세상을 만드셨다. 그리하여 이 세상은 지금 완성을 향한 역사(役事)의 과정에 있다. 이 때문에 이 세상에는 완성 과정에서 일어나는 마찰 현상이 있는 것이다. 그것이 질병이요, 인간의 범죄요, 사회적 불의 등이다.

예수님은 이 세상의 한복판에 서서 한편으로는 우리를 예수님이 재림하시는 완성의 그날로 이끌고 있다. 이러한 완성을 위해서 예수님은 우리의 동참과 협력을 필요로 한다. 사실 인간의 협력을 통해서 이 세상은 눈부시게 발전해 왔다. 인간의 자유와 정의가 크게 실현되었고, 천연두 등 많은 질병들이 근절되거나 치유되어 인간 수명이 엄청나게 늘어났다. 이 세상에서 노예 제도가 없어졌고, 여성과 어린이들의 권리가 크게 신장되었다.

우리 인간은 이 세상에 태어날 때 하느님의 초대를 받고 그 역사에 동참하는 목적을 가지고 태어났다. 그리고 이 세상에 사는 동안 무슨 일을 하던 하느님의 정의가 이 세상에 실현되도록 노력을 한다면 그 사람은 훌륭하게 예수님의 역사에 동참하고 있는 것이다. 이렇게 살다가 마지막에는 하느님의 구원을 믿고 죽을 수 있다. 그리고 선천적인 불구자이거나 이 사회의 전쟁이나 질병, 나쁜 정치로부터 억울하게 희생된 사람은 모두 하느님의 그 전능의 힘으로 예수님이 재림하실 때 구원받을 것이다.

이것이 신군부에 의해서 사형 언도를 받았을 때 "악이 승리하고 선이 패배하고 마는가. 하느님은 어디 가셨는가" 하면서 절규했던 나의 물음에 대한 답변으로 깨달은 것이다.

사람의 적응력은 놀랍다. 어떤 악조건에서도 시간이 흐르면 결국 대처하는 방법을 터득하게 된다. 그것은 생존의 본능이자 지혜이다. 처음에는 세상과 격리되어 갇혀 있다는 것을 용납할 수 없었다. 내게 아무런 잘못이 없었기에 더욱 받아들이기 쉽지 않았다.

그러나 사색이 나를 자유롭게 했다. '억울한 자의 고난'은 결국 신학과 역사를 찾게 만들었고, 마음을 다스리자 점차 평화가 찾아들기 시작했다. 나중에는 단조로운 감옥 생활이 즐겁게 느껴지기도 했다. 어제가 오늘 같고, 오늘이 내일 같은 감옥에 무슨 즐거움이 있겠냐고 물을지 모르지만, 감옥에서도 분명 낙(樂)이 있었다.

첫째 즐거움은 단연 독서였다. 1977년 진주교도소 생활 때도 그랬지만 청주교도소의 2년간은 온통 독서에 빠져 지냈다. 철학, 신학, 정치, 경제, 역사,

문학 등 다방면의 책을 읽었다. 토인비의 『역사의 연구』를 다시 꼼꼼히 읽었다. 러셀의 『서양철학사』, 플라톤의 『국가론』, 아우구스티누스의 『신국론』, 테야르 드 샤르댕 신부의 저서들, 라인홀드 니버(Reinhold Niebuhr)와 하비 콕스(Harvey Cox)의 신학 서적들과 그리스 이래의 문학 서적들을 탐독했다.

문학 서적 중에서는 특히 러시아 작품에서 많은 감명과 영감을 얻었다. 푸시킨, 레르몬토프, 도스토예프스키, 톨스토이, 투르게네프의 작품을 읽었다. 『논어』, 『맹자』, 『사기』 등 동양 고전과 원효와 율곡에 대한 저서, 그리고 조선 말기의 실학 관계 서적을 정독했다. 감옥 생활은 다시없는 배움의 시간이었다. 정신적으로 충만하고, 지적으로 행복한 나날이었다. 감옥이야말로 나의 대학이었다.

아내는 내가 읽기를 원하는 책은 어떻게든 구해서 넣어 주었다. 차입해 준 책이 무려 600권 정도였다. 또 부탁하지 않아도 내게 도움이 될 것 같으면 책을 사서 넣어 주었다. 그중 하나가 앨빈 토플러(Alvin Toffler)의 『제3의 물결』이었다. 사실 난 그런 책이 있는 줄도 몰랐고, 무심코 읽었는데 그 속으로 빨려 들어갔다. 새로운 시대의 지침서였다. 정신을 차려 본격적으로 읽었다. 지금은 자본, 노동, 토지 등이 경제의 핵심 요소인데 미래는 정보와 지식 그리고 창의력이 핵심이라는 내용이었다. 나는 다시 무릎을 쳤다. 훗날 '정보화 대국'을 향한 꿈은 여기서 비롯되었다.

감옥에서도 공부하며 내일을 준비했다.

나는 속독을 못했다. 책을 아주 느리게 읽었다. 그러고도 책을 읽고 나면 핵심이 무엇인지, 기억해 두어야 할 것이 무엇인지 반드시 정리했다. 하루에 열 시간가량 독서를 했다. 지루하지 않게 난이도를 조화시켜 분야가 다른 책 서너 권을 펴 놓고 읽었다. 감방에 둘 수 있는 책이 10권으로 제한되었지만 내가 몇 차례 요청했더니 30권까지 둘 수 있도록 했다.

나는 양서를 읽으며 '만약 여기 오지 않았더라면 이런 진리를 깨칠 수 없었을 것이다'며 무릎을 쳤다. 그런 때는 교도소에 수감된 것이 오히려 다행스럽다는 생각도 들었다. 감옥에 갇혀 있는 6년 동안 참으로 많은 지식을 섭취했다.

출옥 후에 책을 볼 시간이 없을 때에는 정말이지 아무런 구애를 받지 않고 독서에 몰입할 수 있었던 감옥이 그리웠다. 다시 감옥에 들어가고 싶다는 충동이 일기도 했다. 그 속에서 체득한 보석 같은 삶의 진리를 생각하면 감옥에 가는 역경은 얼마든지 감당할 수 있을 것만 같았다.

두 번째 즐거움은 가족과의 면회였다. 가족과의 면회는 매달 한 번씩, 한 번에 10분간으로 제한되었다. 그것은 법으로 정해진 시간보다 20분이나 짧았다. 교도소 측과 수없이 입씨름을 벌여 면회는 매달 두 번, 한 번에 20분씩으로 조정되었다. 나는 그날들을 얼마나 기다렸는지 모른다. 면회가 끝나고 돌아서면 곧바로 다음 면회 날을 헤아렸다. 며칠 남았는지 하루에도 수십 번씩 꼽아 봤다.

말이 면회지 가족들의 얼굴을 한 번도 또렷하게 볼 수가 없었다. 면회 장소를 특별히 개조하여 나와 면회객 사이에 넓고 두꺼운 유리를 설치했기 때문이다. 대화의 내용은 물론 녹음되고 기록되었다. 인터폰으로 가족들과 대화를 나눴다. 대화를 하다가도 시간이 되면 인터폰이 끊어졌다. 그러면 이야기 마무리도 못 짓기 일쑤였다. 인사말도 나누지 못하고 서로 돌아서야 했다. 이렇듯 나에게는 모든 것이 특별했다.

손 한번 만져 보지 못했지만 가족을 만난다는 것은 다시없는 즐거움이었다. 혈육에 대한 그리움과 사랑이 사무쳤다. 가족과 나눈 정신적 교감은 극도로 제한된 닫힌 공간에서 나를 살아 있게 만드는 또 다른 힘이었다.

세 번째는 편지를 받는 즐거움이었다. 편지는 아내와 아들들, 그리고 형제와 조카들이 보낸 것만 전달되었다. 아내는 2년 동안 하루도 빠짐없이 나에게 편지를 썼다. 나중에 헤아려 보니 무려 649통이었다. 아들과 형제, 조카들도 600통가량을 보내왔다.

아내 이희호는 일기처럼 매일 내게 편지를 썼다. 늘 내 건강을 염려하고 용기를 잃지 말라고 당부했다. 가족 소식은 물론 측근들의 근황, 내가 아끼던 화초와 강아지의 상태까지 살펴서 적어 보냈다. 어느 봄날에는 동교동 집 뜰에 핀 라일락꽃을 꺾어 편지에 붙여 보냈다. 감옥에 작은 향기라도 전하기 위해서였다. 또 편지지에 예쁜 강아지 사진을 붙이거나 꽃 편지지에 써서 보내기도 했다. 편지를 읽으면 흡사 아내가 내 앞에서 이야기를 하고 있는 것처럼 느껴졌다. 국내외 정세와 사회 현안들까지 분석하여 보내 주었다. '존경하는 당신에게'로 시작하는 아내의 편지는 세상의 소식을 날라다 주는 정보의 샘이었다. 기쁨이었다. 군데군데 골라 옮겨 본다.

> 당신의 생이 평탄하지 않기 때문에 나는 더욱 당신을 사랑하고 존경하는 것입니다. 갖은 고난을 이기기 위해 믿음을 가지고 예수 그리스도의 옷소매를 쥐고 애원하는 당신의 모습은 부귀영화를 누리는 것보다 오히려 경건하고 엄숙하게 보입니다. 당신은 언제나 피눈물 나는 노력을 했습니다. 양심의 소리에 귀를 기울이고 바르게 살기 위해 발버둥쳤습니다. 나라와 민족을 사랑하는 마음이 유난히 강했습니다. 그래서 받은 것은 고난의 상입니다. (1980년 12월 6일)

> 당신은 내가 눈물 없는 사람으로 알고 계시지만 실은 나는 너무 눈물이 많은 사람이랍니다. 나는 남 보는 데서 눈물을 흘리지 않기 위해 무진 애를 써서 참고 눈물을 삼켜 버리고 보이지를 않습니다. 더구나 당신이 아파하실까 봐 당신에게는 눈물을 보이지 않기로 한 것인데 나도 모르게 눈물이 나왔나 봅니다. 나는 요즘 교회에 나가 찬송을 부르면 눈물이 나와 견딜 수 없을 때가 많습니다. (1981년 2월 26일)

오늘 구매물에 마늘이 들어 있어 기뻤어요. 이것은 약으로 생각하시고 꼭 드세요. 위의 물품 가능하면 요청하셔서 드시기 바랍니다. 그 같은 종류로 마늘장아찌와 락교가 있습니다. 참조하세요. 초 드시고 요구르트로 입가심하셔도 좋습니다. 어떻게든 건강하셔야 합니다. (1981년 5월 18일)

오늘부터는 당신의 양말을 뜨기 시작했습니다. 그전 것은 오래돼서 덜 더울 듯해서 양말을 뜨면서 마음속으로 당신의 건강과 아울러 모든 것 합하여 좋게 작용되며, 속히 기도가 이루어지기 빕니다. (1981년 10월 28일)

아들들의 편지에도 사랑과 함께 대견함이 묻어 나왔다.

힘들고 괴로웠던 시간에 아버지께서 제게 말씀해 주셨던 "모든 일들이 다 좋은 일도 없고 나쁜 일도 없다", 또 "하느님! 제가 변화시킬 수 있는 용기를 주시고, 제가 변화시킬 수 없는 것은 평온한 마음으로 받아들일 수 있는 지혜를 주소서" 하는 말들이 가슴에 와 닿는 것 같습니다. 어머님 말씀대로 이번 시련이 우리 가족들을 하느님 앞에 굳은 믿음으로 뭉칠 수 있게 하신 귀한 시간이라 생각됩니다. (둘째 홍업의 편지에서)

저는 전번 면회에 갔다 온 후 아버지께서 하신 말씀을 기억하고 그것을 명심해서 실천하려고 마음먹고 있습니다. 그리고 아버지께서 권력이나 부를 탐하시지 않으시고 오직 하나님과 국민을 위해서만 일하셨다는 것을 저는 잘 알고 있기 때문에 저는 아버지를 자랑스럽게 생각합니다. (셋째 홍걸의 편지에서)

나 또한 가족들에게 편지를 보냈다. 나는 한 달에 딱 한 번만 편지를 보낼 수 있었다. 그리고 봉함엽서 달랑 한 장에만 편지를 쓸 수 있었다. 그런 제약은 법적 근거가 없는 횡포였다. 편지지를 더 달라고 몇 번이고 요청했지만 아무런 소용이 없었다. 할 수 없이 글씨를 줄여야 했다. 작게 쓰려니 나름대로 기술이 필요했다. 장기수가 한 달에 한 번 세상에 말을 전하려 했으니 사연은 길 수밖에 없었다. 온 정신을 집중하여 깨알만한 글씨를 썼다. 봉함엽서 한 장에 무려 1만 4000자를 써서 보내기도 했다. 이는 보통 원고지의 네모난 한 칸에 22자를 새겨 넣은 셈이었다. 확대경 없이는 판독할 수 없었다. 나름의 경지에 오른 것이다.

편지 쓰기가 무척 힘이 들었다. 하지만 아내와 자식들에게 도움이 될까 싶어 온갖 정성을 다해 편지를 썼다. 특히 내가 감옥에서 독서를 통해 얻은 지식을 자식들에게 조금이라도 더 전하기 위해 노력했다. 보통 보름 전부터 편지에 무엇을 쓸까 구상했다. 교도소 당국이 종이 한 장 주지 않았기 때문에 메모를 해 놓을 수도 없었고, 고쳐서 쓸 수도 없어서 문장이 어색해도 그냥 보내야 했다.

나는 이렇게 해서 29통의 편지를 보냈다. 1980년 11월 21일에 육군교도소에서 첫 편지를 보낸 후 서울대학병원으로 옮겨 가기 전날인 1982년 12월 15일에 29번째 편지를 썼다. 이 편지들은 책으로 묶여 나왔다. 1983년 미국에서 『민족의 한을 안고』라는 제목으로 먼저 출판되고, 곧 이어서 와다 하루키(和田春樹) 교수 등 여러 명이 번역한 일본어판(『獄中書信』)이 출간되었다. 또 최성일 교수와 데이비드 매칸(David McCann) 교수가 번역한 영문판(『Prison Writings』)도 나왔다. 국내에는 이듬해 『김대중 옥중서신』으로 선보였다.

책은 발간 즉시 선풍을 일으켰다. 『김대중 옥중서신』에서 밝힌, 내가 감옥에서 읽은 책들을 구입해서 읽는 독자까지 생겨났다. 그러자 경찰은 서점에 깔린 책을 압수해 가기도 하고, 베스트셀러 집계에서 제외토록 압력을 넣었다. 출판사 사장은 구류 처분을 받기도 했다.

네 번째 즐거움은 화단 돌보기였다. 매일 점심 후에는 한 시간 정도의 운동 시간이 주어졌다. 그 시간에 꽃을 가꾸었다. 내가 담당한 화단의 크기는 폭이 약 2미터, 길이가 30미터 정도였다. 화단에는 피튜니아와 아잘리아, 민들레,

데이지, 사루비아 등 많은 꽃이 있었고, 가을이 되면 코스모스와 국화가 피었다. 나는 아잘리아와 코스모스를 특히 좋아했다.

나는 정성스레 물을 주고 잡초도 뽑았다. 꽃들은 정직했다. 가꾸면 그만큼씩 자랐고, 바람대로 예쁘게 꽃을 피워 올렸다. 나는 어린 왕자가 자기 별에서 장미꽃에 물을 뿌려 주는 장면을 몇 번이고 그려 보았다. 그가 어째서 꽃에 물 주는 일을 그렇게 중요하게 언급하는지 알 것 같았다. 나는 어린 왕자가 그런 것처럼 꽃들에게 말을 걸기도 했다.

감옥에 있는 동안 나의 대화 상대가 돼 준 것은 꽃들밖에 없었다. 이런 일도 있었다. 잘 자라지 않는 꽃에게 나지막하게 말했다.

"난 너에게 실망했다. 나는 너를 정성껏 돌봤는데, 너는 내 정성에 보답하지 않았어, 이유가 뭐냐? 너는 아직도 내 정성이 부족하다고 생각하느냐? 하지만 나는 최선을 다하고 있단다."

그 뒤로 그 꽃은 눈에 띄게 좋아졌다. 가지를 칠 때도 꽃들에게 미안하다는 말을 했다.

"아프냐? 그래도 걱정하지 마. 이건 너희들 꽃 전부를 위하는 일이야. 아름답게 자라기 위해서는 이 정도 아픔은 견뎌 내야 한단다."

교도관들도 꽃밭 가꾸기를 거들었다. 처음에는 서서 구경만 하다가 내가 지성으로 돌보자 하나둘 화단 앞에 섰다. 일종의 감염이었다. 아무리 무더운 여름에도 화단 가꾸기를 거르지 않았다. 뙤약볕에 온몸이 땀에 절어도 화단을 떠나지 않았다. 꽃을 돌보면서 슬픔과 걱정을 떨쳐 버릴 수 있었다. 꽃들의 보답이었다.

내가 가꾼 꽃들은 다른 화단의 꽃들보다 한 달은 더 오래 견뎠다. 늦가을까지 교도소를 환하게 밝혀 주었다. 꽃과 자식은 가꿀수록 아름다워진다는 것은 역시 참말이었다.

1982년 늦가을이었다. 밖에서는 꽃을 더 이상 키울 수 없었다. 화단에 있는 아잘리아 한 포기를 파서 화분에 옮겨 심었다. 감방으로 가져와 오후 볕이 들어오면 볕을 따라 옮겨 가며 햇볕을 쬐어 주었다. 아잘리아는 가을에 꽃망울을 맺었다가 겨울을 나고 봄에 꽃을 피운다. 아잘리아는 11월과 12월을 감방 안에서 햇볕을 계속 쬐더니, 점차 꽃망울이 커져 갔다. 12월 16일, 나의 아잘리아는 마침내 꽃망울을 활짝 터뜨렸다. 나는 너무 기뻐서 꽃을 교도관에게 보여 주었다. 마음 같아서는 세상 사람 모두에게 보여 주고 싶었다. 교도관에게 혼잣말처럼 얘기했다.

"이렇게 겨울에 꽃이 피니 좋은 일이 있으려나."

그런데 정말 기쁜 소식이 날아들었다. 그날 오후 청주교도소에서 석방되어 서울대병원으로 옮겼다. 내가 다른 곳으로 옮길 것을 미리 알고 아잘리아는 내게 꽃을 보여 주려고 최선을 다했을 것이다. 그리고 마침내 그날 꽃망울을 터뜨렸다.

1982년 1월 6일, 내 생일이었다. 아들들이 찾아와서 무릎을 꿇고 큰절을 했다. 유리창 너머로 그 모습을 바라봤다. 가슴으로 형용할 수 없는 뜨거움이 느껴졌다. 나는 감방으로 돌아와 시조를 써 보았다. 쓰다 보니 36행이나 되었다. 앞의 4연만 옮겨 보겠다.

> 면회실 마루 위에 세 자식이 큰절하며
> 새해와 생일 하례 보는 이 애끊는다
> 아내여 서러워 마라 이 자식들이 있잖소
>
> 이 몸이 사는 뜻을 뉘라서 묻는다면
> 우리가 살아온 서러운 그 세월을
> 후손에 떠넘겨주는 못난 조상 아니고저

추야장 긴긴밤에 감방 안에 홀로 누워
나랏일 생각하며 전전반측 잠 못 잘 때
명월은 만건곤하나 내 마음은 어둡다

둥실 뜬 저 구름아 너를 빌려 잠시 돌자
강산도 보고 싶고 겨레도 찾고 싶다
생시에 아니 되겠으면 꿈이라면 어떨까

나는 이 단시를 편지에 적어 보내려 했지만 검열에 걸렸다. 검열관은 시를 삭제하라고 요구했다. 그 시가 밖에서 공개된다면 국민들에게 어떤 반향을 일으킬지, 어떻게 파급될지 알 수 없었다. 저들은 그것을 두려워했을 것이다.

아내는 추위를 못 견디는 나를 위해 부단한 노력을 했다. 지난 진주교도소에서처럼 털장갑, 털바지, 털양말, 털모자 등을 뜨개질해 차입해 주었다. 특히 털장갑은 오른쪽 검지 부분에 작은 구멍을 만들어 내가 책장을 넘길 때 검지 손가락만 살짝 꺼내 책장을 넘길 수 있도록 해 주었다. 아내의 기지와 정성에 참으로 감탄했다.

재소자들 사이에는 하나의 속설이 있다. 꿈에 시계를 보면 석방이 된다는 것이다. 폐쇄된 공간에서 기약 없이 갇혀 있자니 그런 말에도 희망을 걸게 되었다. 나도 꿈속에 시계가 나타나기를 소망했다. 매일 잠자리에 들 때마다 시계가 보이기를 바라며 눈을 감았다. 그러나 시계는 나타나지 않았다.

그러던 어느 날, 끝내 시계 꿈을 꾸었다. 보통 시계 꿈이 아니었다. 벽마다 시계가 무더기로 걸려 있는, 시계방 꿈을 꾸었다. 나는 속으로 대단한 꿈이라 여겼다.

'이건 정말 보통일이 아니야. 기대해도 되겠어.'

그러고는 석방 소식을 애타게 기다렸다. 그러나 다음 날도, 그 다음 날도 아무런 소식이 없었다. 그런 나를 돌아보며 쓰게 웃었다.

교도소에도 세월은 흘렀다. 독서와 사색으로 정신의 곳간에는 지식이 쌓여 갔지만 육체적으로는 너무 힘이 들었다. 긴 독방 생활로 건강은 말이 아니었다. 신경 장애가 생겼고, 왼쪽 귀에서 소리가 났다. 이명(耳鳴)이 온 것이다. 또 고관절 통증이 심하고 다리가 자주 붓고 쥐가 났다. 하루하루 견디기 힘들었다. 아내가 여러 차례 법무부 장관에게 외부 진료를 허가해 달라는 요청서를 보냈으나 받아들여지지 않았다. 또 교도소에서 주는 식사는 너무나 형편이 없었다. 제대로 식사를 못해 늘 허기졌다. 그래서 과자 같은 단 음식을 많이 구입해 먹었더니 체중이 불었고 그것이 고관절을 더욱 압박해 힘이 들었다. 아내는 체중이 불어난 내 모습을 보고 놀랐다. "이렇게 뚱뚱해졌으니 누가 교도소에서 고생한다고 하겠어요"라며 반은 걱정, 반은 핀잔을 섞어 말했다.

1982년 2월 어느 날, 아내가 면회를 와서 전두환 대통령을 만났다는 얘기를 했다. 큰 기대를 하고 만났는데, 별 얘기는 없었다고 했다. 그런데 얼마 후 3·1절 특별 사면으로 20년 형으로 감형되었다.

1982년 4월 25일, 정일형 박사께서 돌아가셨다. 나는 이 슬픈 소식을 아내의 편지를 받고서 알았다. 정일형 박사는 나를 키워 준 정치적 스승이자 아버지 같은 분이셨다. 그런데도 빈소에 절 한 번 올리지 못했으니 이 얼마나 비정한 세상인가.

내가 사형 선고를 받자 정 박사는 병석에서 큰 충격을 받았다고 한다. 강원룡 목사가 정 박사를 문병 갔더니 몸도 잘 가누지 못하면서도 강 목사의 손을 잡고 눈물을 흘리며 부탁했다고 한다.

"대중이를 살려 줘, 대중이를 살려 줘."

그 말을 듣고 나는 눈물을 쏟았다. 1970년 대통령 후보 경선 때는 아들뻘인 나를 위해 피켓을 들고 내 이름을 외치며 거리에 서 있었다. 나이도, 서열도 잊고 오직 나를 위해서였다. 인연이 겹쳐서 떠올랐다. 돌아보면 은혜만 입었다. 눈물이 하염없이 솟아났다.

1982년 12월 10일, 안기부 간부가 찾아왔다. 그는 대뜸 미국으로 가지 않겠냐고 말했다.

"몸도 불편하다고 들었는데, 미국에서 치료받지 않으시겠습니까?"

몸이 불편했지만 나갈 일이 아니었다. 나 때문에 감옥에서 동지들이 여전히 고생하고 있었다. 또 민주화 투쟁을 하다 투옥되어 옥고를 겪는 학생들은 또 얼마나 많은가. 더욱이 민주화 항쟁으로 감옥에 있는 광주 시민들을 그냥 두고 갈 수는 없는 일이었다. 나는 완곡하게 거절하며 간절하게 부탁했다.

"정 뜻이 그러하다면 나를 풀어 주고, 국내에서 치료받게 해 주십시오."

그가 돌아간 뒤에 곰곰 생각해 보니 뭔가 변화가 있는 듯했다.

며칠 뒤 아내가 면회를 왔다. 다른 날과 달리 주위에 아무도 없었다. 단독 면회였다. 아내는 며칠 전 노신영 안기부장을 만났다며 노 부장이 '자신의 임기 중에 김대중 문제를 해결하고 싶다. 그러니 남편에게 2~3년 동안 미국으로 가서 병 치료를 하도록 권해 보라. 대통령에게 건의해 가족과 함께 미국으로 떠나도록 하겠다. 단, 내 개인의 생각이니 비밀에 붙여 달라. 실현될지는 아직 모른다'는 얘기를 했다고 전했다.

아내는 병 치료를 위해 가족들과 미국으로 가자고 했다. 홍일이와 홍업이, 이미 출소한 안병무, 예춘호 씨 등과도 상의를 했고 모두 출국을 권유했다고 했다. 나는 대답을 하지 않았다. 미국으로 가고 싶지 않았고 갈 필요도 없다고 생각했다. 또 억울하게 같이 구속된 동지들이 아직 옥에 있는데 나만 나갈 수는 없다고 했다. 할 수 없다는 듯 아내가 면회실을 나갔다. 힘이 빠져 보였다.

감방에 앉아 있으려니 아내가 다시 찾아왔다. 이번에는 안기부 직원이 함께 왔다. 아내가 다시 집요하게 나를 설득했다.

"여기 있으면 아무것도 못하잖아요. 해외에서 국제 여론을 환기할 분은 당신뿐이라고 모두들 얘기한답니다. 그리고 더욱 중요한 문제는 우리가 미국으로 떠나야 구속되었던 분들도 나올 수 있답니다."

아내의 얼굴을 다시 쳐다봤다. 그 말에는 다른 반박을 할 수 없었다. 저들이 그렇게 약속했는지를 확인한 뒤 결국 나는 수락했다. 대신 내가 출국하기 전에 모든 구속자를 풀어 줄 것을 요구했다. 동행했던 안기부 요원은, 구속된 사람들은 나중 일이고 우선 출국 수속을 해야 하니 확실한 답변이 필요하다고 재차 나를 설득했다. 그러면서 종이를 내밀며 "병 치료에만 전념하고 정치 활동은 안 하겠다"는 건의서 한 장을 쓰라고 했다. 내가 이를 거부했다.

"내가 미국에 가더라도 인권 문제에 대해서는 말하지 않을 수 없소. 생각해 보시오. 이런 상태로 떠나면서 내가 아무런 말도 하지 않으면 정부에 매수되었다고 볼 것이오. 어차피 나는 정치쇄신법에 묶여 정치 활동은 못하게 되어 있으니 굳이 안 써도 될 것이오."

그래도 안기부 요원은 써 달라고 요구했다. 출국을 위해서 꼭 필요하며 정부가 원하는 것이라고 했다. 나는 그가 원하는 문구를 넣어 건의서 한 장을 써 주었다.

아내는 건의서를 가지고 상경했다. 훗날 들으니 아내는 그 건의서를 장남 홍일이에게 보여 주었다. 그때 홍일이는 구속자 석방에 대한 내용이 들어가 있지 않다고 걱정을 했다. 아내는 다음 날 노신영 안기부장을 만나 그 같은 사정을 말하고 건의서를 수정하기 위해 다시 나에 대한 특별 면회를 부탁했다. 그러자 노 부장은 대수롭지 않게 받아넘겼다.

"이 건의서는 대통령께 건의하기 위해 필요한 것이지 어디에 발표할 것이 아닙니다. 그런 문제라면 조금도 염려하지 마십시오. 만일 필요하다면 내가 증인이 되겠습니다."

아내는 노 부장의 말을 믿고 그대로 물러났다. 아내는 "노 부장님의 인격을 믿겠다"고까지 말했다. 그러나 저들은 그 건의서를 공개했다. 어떻게든 정치를 못하도록 유형, 무형의 내 모든 것에 족쇄를 채웠다.

12월 16일, 서울대병원으로 이송되었다. 귀빈용 특별 병실(12층 1병동 21호)에 입원했다. 전에 입원해 있던 독방과는 천지 차이였다. 하지만 경비는 예전과 똑같이 엄중했다. 청주에서 온 교도관 10여 명과 서대문경찰서 경관 10여 명이 입구와 통로를 차단해 누구도 접근을 못하게 했다. 경찰 수백 명이 병원 주변을 에워쌌다. 출국일은 23일이라고 알려왔다. 예상보다 빨라서 놀랐다.

그날 문화공보부 장관이 긴급 기자 회견을 열어 다음과 같이 발표했다.

"김대중은 가족의 요청에 의해 인도적인 배려로 병원으로 옮겼으며 곧 가족과 함께 도미할 것이다. 정부가 김대중 본인과 가족의 희망을 참작해 미국에서의 신병 치료를 포함, 관대한 조치를 취하는 것은 구시대의 잔재를 청산하고 국민 화합을 이룩하려는 제5공화국의 의지와 전두환 대통령의 각별한 인도적 배려로 결정된 것이다."

나는 '본인과 가족의 요청으로' 미국에 가게 되었다는 정부 발표를 받아들일 수 없었다. 사실이 아니었기 때문이다.

전 정권이 나의 미국행을 서두른 데는 다른 이유가 있었다. 전 정권은 출범하자마자 정치인 탄압과 민주 세력을 말살하는 철권 통치로 국내외의 역풍을 맞았다. 여기에 장영자·이철희 어음 사기 사건과 같은 대형 악재가 터지자 나를 석방시켜 대내외적 이미지를 반전시키려 했던 것이다. 또한 나에 대한 국제 사회의 석방 압력을 도저히 감당할 수 없었을 것이다.

나는 선심 쓰는 듯한 저들의 행태가 마음에 들지 않았다. 또한 구속자들이 석방되지 않은 상태에서 도망가듯 서둘러 갈 필요는 없다고 생각했다. 아내에게 출국 수속을 중단하라고 했다. 그러자 이번에는 정부가 나서서 내가 출국한 다음 날 구속자 전원을 석방하겠다고 약속했다. 이번에도 아내는 출국을 간곡하게 설득했다.

"뒷일은 하늘에 맡깁시다. 기왕 떠나기로 한 것, 그대로 떠납시다."

그리고 나를 담당한 의사도 미국에서 치료받을 것을 강력하게 권했다.

"고관절 상태가 너무 안 좋습니다. 이대로 두면 걷지 못할 만큼 악화될지도 모릅니다."

고민 끝에 출국하기로 마음을 굳혔다. 장남 홍일이는 한국에 남아 있겠다고 했다.

23일 오후 4시가 넘어 아내와 홍일, 홍업, 막내 홍걸이가 병실로 왔다. 아우 대현이도 병원에 왔지만 내 병실로는 들여보내지 않았다. 공항에서 만나라는 것이었다. 6시가 넘어 네 식구가 병실 문을 나섰다. 홍일이는 다른 차를 타고 공항에서 만나라고 했다. 복도는 조용했다. 우리 발소리만 들렸다. 사복 경찰들이 양쪽으로 늘어서 있었다. 우리는 그들이 이끄는 대로 걸어갔다. 커다란 엘리베이터를 타고 내려갔다. 동지를 막 지나서인지 해가 빨리 졌다. 사위가 어두워 어딘지 분간이 안 됐다. 우리는 커튼이 드리워진 구급차에 실렸다. 구급차는 공항으로 곧바로 가지 않고 우회하는 것 같았다. 동승한 요원들끼리 "두꺼비", "올빼미" 하면서 암호로 교신을 했다.

이윽고 차에서 내리라고 했다. 김포공항의 가로등은 모두 꺼져 있었다. 우리가 내려서자 비행기가 보였다. 트랩 앞이었다. 그대로 올라타라고 했다. 타고 보니 대한항공이 아닌 노스웨스트 항공이었다. 우리는 대한항공 티켓을 구입했고, 짐도 모두 대한항공에 붙였는데도 외국 비행기로 안내했다. 혹시라도 따라붙을 기자들의 동승 취재를 차단하기 위한 술책이었다. 자리에 앉아 있으려니 누가 우리 앞에 섰다. 청주교도소 부소장이었다. 주머니에서 종이 한 장을 꺼내더니 그걸 읽었다.

"형 집행 정지로 석방한다."

그가 내려가자 다른 사람이 여권과 비행기 표를 주었다. 우리 식구는 어느 누구와도 만나지 못했다. 대현이와 홍일이의 배웅도 받지 못했다. 칠흑의 어둠을 뚫고 비행기가 이륙했다. 이렇게 다시 조국을 떠났다. 아내가 눈물을 훔쳤다.

격정의 2차 망명

(1982~ 1984)

우리 가족을 태운 노스웨스트 항공기는 12월 23일 밤 10시 45분 워싱턴 내셔널 공항에 도착했다. 밤이 깊었는데도 300여 명의 재미 교포들이 기다리고 있었다. 문동환 목사, 최성일 박사, 한완상 박사, 이근팔 비서, 패리스 하비(Pharis J. Harvey) 목사, 에드워드 케네디 의원의 수석보좌관도 마중을 나왔다. 내 사진과 "행동하는 양심"이라는 문구가 적힌 피켓과 플래카드를 들고 내 이름을 연호했다.

문동환 목사가 환영사를 했다. "다니엘을 사자굴 속에서 건지신 하느님은 김대중 선생을 악랄한 독재자 전두환의 손에서 건지셨습니다. 그것은 앞으로 김 선생께서 한국의 민주화와 통일에 큰 역할을 하셔야 하기 때문입니다." 문 목사의 그 선한 눈에 눈물이 그렁거렸다. 각국에서 몰려든 기자들이 나를 에워쌌다. 카메라 불빛이 쉴 새 없이 터졌다. 나는 군중의 요청으로 즉석 연설을 해야 했다.

"제 생명을 구해 주신 하느님께 감사드립니다. 레이건 대통령, 케네디 상원 의원, 솔라즈(Stephen Solarz) 의원 등에게도 감사드립니다. 각국의 여러분들이 자유 회복을 위해 지지해 준 것에 감사드립니다. 치료가 끝나는 대로 조국인 한국으로 돌아가 다시 싸울 생각입니다."

나는 모두에게 감사를 드렸다. 아내는 그 광경을 보며 감격한 듯 울먹였다. 문 목사는 이날 함께 마중을 나온 최성일 박사(호바트앤윌리엄스미스 대학 교수)를 통역관으로 추천했다. 그는 영어뿐만 아니라 독일어, 프랑스어, 일어, 중국어 등 6개 국어를 구사하는 놀라운 어학 실력을 지니고 있었다. 도착 다음 날에는 한국에 남아 있던 구속자들이 석방되었다는 소식이 들려왔다.

크리스마스이브를 워싱턴의 한 호텔에서 보냈다. 나와 내 가족, 우리나라와 우리 민족 그리고 나의 망명 생활에 하느님의 은총이 내리기를 기도했다. 많은 이들의 환대에도 불구하고 다시 막연한 불안감이 밀려 왔다. 마음을 단단히 먹었다. 자유를 얻었지만 그 자유 속에는 많은 것이 들어 있었다. 그래도 하느님이 곁에 계시기에 나는 강건할 수 있었다.

1983년 새해가 밝았다. 첫날은 교민들과 함께 지냈다. 문동환 목사, 이근팔, 안병국, 김동현 씨 등을 만났다. 또 처남 이성호와 처조카 이영작 박사 등도 만났다. 그들은 우리 가족에게 용기를 주었다. 그들의 덕담이 곧 희망이었다. 1월 3일 스티븐 솔라즈 의원이 우리를 환영하는 만찬을 베풀어 주었다. 1월 8일에는 비록 월세였지만 우리 집을 마련했다. 워싱턴 근교 버지니아 주 알렉산드리아에 있는 워터게이트 랜드마크 아파트 16층이었다. 이 아파트는 닉슨 대통령의 도청 사건으로 유명했다. 경비가 있어 출입자 확인이 용이했고, 별도의 미팅룸이 있어 적은 비용으로 이를 활용할 수 있었다. 여기서도 나는 여러 종류의 화초를 길렀다. 나의 화단 가꾸기 실력은 이제 수준급이었다. 아파트의 화초들은 늘 싱싱했고, 아름다운 꽃을 피웠다.

에드워드 케네디 상원의원은 2월 15일 미 상원 의사당 내 맨스필드 룸에서 환영 행사를 열어 주었다. 머스키 전 국무장관과 리처드 앨런(Richard Allen) 국가안보 보좌관 등 수백 명이 참석해 나의 망명을 축하했다. 사랑하는 조국이 결국 사지(死地)였으니, 그들은 사형수에서 망명객으로 바뀐 나를 따뜻하게 안아 주었다. 그러나 조국을 떠나온 이방인이 현지인들의 축하를 받음은 슬픈 일이었다. 나는 이곳 연설에서 미국 정부에 이렇게 요구했다.

"우리는 미국이 우리의 국내 정치에 개입하기를 바라지 않습니다. 우리는 미국에 우리가 해야 할 일인 민주주의 회복을 우리 대신 해 달라고 요구하지 않습니다. 다만 미국 정부에 대해서 두 가지만을 요망합니다. 첫째는 우리의 민주주의에 대한 열망을 정신적으로 지원해 달라는 것입니다. 둘째로 미국 정부가 안정과 안보라는 구실 아래 독재를 합리화하거나 고무하지 말아 달라는 것입니다."

미국은 한국의 민주화를 위해서 독재자에게 압력을 가할 수 있는 최적의 장소였다. 국내 민주화에 도움이 되는 방안을 모색했다. 가장 효과적인 수단으로 의회 지도자들에게 한국의 독재 실상을 알리기로 했다. 또 독재자를 지지하는 것이 결국에는 미국의 국익에 전혀 도움이 되지 않는다는 것을 강조하기로 했다. 더불어 언론인, 학자, 종교인들에게 독재 정권에 대한 우회적인 압력을 넣고 우리 민주 세력을 지지해 줄 것을 요청키로 했다.

내가 미국에 도착하고 얼마 후 워싱턴에서 기자 회견을 하는데 일본인 기자가 물었다.

"조지타운 대학에서 1년 전쯤 당신에게 무료로 수술을 제안했는데 그 사실

미국 망명 직후 에드워드 케네디 상원의원이 환영 리셉션을 열어 주었다.

을 알고 있습니까?"

아마 내가 감옥에서 고관절이 좋지 않아 고생하고 있다는 소식이 전해지자 재단이 가톨릭 계열인 조지타운 대학에서 무료 수술을 제안한 것 같았다. 하지만 처음 듣는 얘기였다. 그때 나는 미 육군병원에서 치료를 받을 생각이었다. 그러면서도 치료비를 걱정하고 있던 차였다. 무료 치료를 해 주겠다는 조지타운 대학의 제의는 더없이 고마운 것이었다.

나는 곧바로 조지타운 대학병원에 연락을 했다. 학교 측은 그 사실을 확인해 주었다. 그 제안은 아직 유효하다며 언제든지 방문해 달라고 했다. 나는 조지타운 대학에서 진찰을 받았다. 담당 의사가 반갑게 맞아 주었다. 의사 소견으로는 수술과 치료에는 6개월쯤 걸리는데 치료해도 특별히 나아질 것 같지는 않다는 것이었다. 실제로 내 고관절 상태는 많이 호전되어 있었다. 감옥에서 느끼던 격렬한 통증은 거의 사라졌다. 의사는 당장의 수술보다 경과를 봐 가며 치료할 것을 권했다.

'신병을 치료하기 위한 미국행'에서 신병을 치료할 당장의 목적은 없어진 셈이었다. 나는 치료를 구실로 한가하게 지낼 수는 없었다. 한국에서는 내가 정부로부터 20만 달러를 받았다는 터무니없는 소문이 들려왔다. 안기부가 뒤로 흘렸을 것이니 참으로 비열한 작태였다. 나는 워싱턴 주재 한국 대사관에 나의 생각을 통고했다.

"나는 치료하러 왔지만 그럴 필요가 없다는 것을 알았다. 이렇게 된 이상 무위도식하며 지낼 수는 없다. 지금 한국에서는 민주화를 위해 많은 사람들이 싸우고 있다. 나 혼자만 침묵하는 것은 양심이 허락하지 않는다. 나는 지금 이곳에서 민주화 투쟁을 벌이려 한다. 이것을 정치 활동이라고 해도 나는 하겠다. 물론 미국에서 민주화 투쟁을 한 책임은 내가 지겠다. 대한민국의 명예를 더럽히는 일은 당연히 생각하지 않는다. 하지만 전두환 정권을 반대하는 주장은 당당히 펼칠 것이다. 이것이 결과적으로 조국의 명예를 드높인다는 것을 믿기 때문이다. 만약 나에게 잘못이 있다면 귀국 후에 법에 따라 심판을 받겠다."

3월에 조지아 주 애틀랜타의 에모리 대학에서 "한국의 기독교와 인권"이라는 제목으로 강연을 했다. 강연 후 제임스 레이니(James T. Laney) 총장과 함께 카터 전 대통령을 만나러 갔다. 카터 센터에서 만난 그는 마음씨 좋은 이웃 아저씨처럼 푸근했다. 나는 진심으로 감사의 인사를 했다.

"사형수로 있는 나를 구명하려 노심초사해 주신 데 대해 깊이 감사드립니다. 사실은 당신이 선거에서 레이건에게 졌을 때 '이제 죽었구나' 하는 생각에 발을 뻗고 울었습니다."

그런 얘기를 하면서 나도 모르게 그 앞에서 눈물을 글썽거렸다. 자연 분위기는 숙연해졌다. 카터 전 대통령은 나직이 내게 말했다.

"독재자들이 그렇게 협박하고 회유해도 굴하지 않은 당신의 용기와 인내심을 높이 평가합니다. 앞으로도 긴밀히 연락하기 바랍니다. 우리는 동지입니다."

그날 밤 레이니 총장은 자신의 집에서 우리 가족을 위해 만찬을 열었다.

얼마 후 에모리 대학은 나에게 명예법학 박사학위를 수여했다. 그리고 레이니 총장은 축하 오찬도 베풀어 주었는데 이 자리에 앤드루 영(Andrew Young) 애틀랜타 시장과 우리 교민들, 미국 인권 단체 사람들도 초대했다. 나는 참석자들의 요청으로 그간 내가 걸어온 민주화의 길을 서툰 영어로 담담하게 얘기했다.

나는 교회와 대학, 인권 단체와 협회에서 연설을 했다. 미국에 머물던 2년 3개월 동안 150회가 넘게 연설을 했다. 미 정부와 의회 관계자, 종교계 재미 교포와 세계의 언론에 한국의 실상을 알렸다. 연설 주제는 주로 한국의 민주주의와 인권이었다.

20개도 넘는 대학에서 나를 초청했다. 어디를 가든 그 지역 방송국이나 신문사에서 인터뷰 요청이 왔다. 그때마다 나는 한국의 실상을 알리고 민주화를 위한 지원을 호소했다.

나는 늘 길 위에 있었다. 어디서든 부르면 달려갔다. 집에 있는 시간보다 차 속에 있는 시간이 더 많았다. 그래서 늘 고단했다. 많은 사람들이 내 연설과 삶에 박수를 보내고 격려했지만 돌아서면 외로웠다. 그 뒤에는 나 홀로 흘려야 하는 눈물이 있었다. 그것은 곁에 있는 아내도 때론 몰랐다.

연설회에는 적게는 수백 명에서 많게는 만여 명이 모였다. 미국인들도 나를 인권 운동의 영웅으로 환대했다. 종교 집회에도 다수 참석했다.

미국에서 바라본 한국의 상황은 그야말로 절망 그 자체였다. 언론의 자유는 철저히 유린되었고, 인권은 권력에 짓밟혔다. 야당은 있으나 도대체 보이지 않았고, 민주 투사들은 감옥에 있거나 가택 연금을 당했다. 나는 1983년 6월에 '재미한국인권문제연구소'를 설립했다. 이곳을 거점으로 한국의 민주화 열기를 미국 전역에 퍼뜨리고, 이를 다시 한국에 보낼 작정이었다. 이 연구소는 미국에서 정식으로 사단법인체로 등록해서 면세 혜택을 받았다. 내가 소장을 맡고 이사 10여 명을 두었는데 이영작, 이근팔, 김경재, 이재현, 최성일 씨 등이었다. 미국인으로는 하비 목사가 참여했다. 재미한국인권문제연구소는 소식지 『행동하는 양심』을 발행했다. 편집은 심기섭, 정동채 씨 등이 맡았다.

연구소 운영과 소식지 발행 등에는 적잖은 비용이 들었다. 나는 서예전 수익금, 강의료 등을 내놓았지만 어림없었다. 교포들이 십시일반으로 도왔기에 가능했다. 특히 뉴욕에서 보석상을 하던 정형기 씨는 나와 연구소에 많은 도움을 주었다. 돌아보면 미국에 체류하는 동안 많은 교포들의 도움을 받았다. 어려운 살림에도 조국의 민주화를 염원하기에 쾌척했을 것이다. 참으로 감사한 마음을 전한다. 그들의 도움이 없었으면 망명 생활이 힘들었을 것이다. 그들의 열의와 성원을 귀국 후에도 잊은 적이 없다.

내게는 미국에 있는 한국 교민들의 인권도 중요한 관심사였다. 교민들에게 '참여론'을 강조했다.

"인권이 가장 중요하다. 인권을 위해서는 민주주의가 필요하다. 민주주의를 위해서는 모두가 참여해야 한다."

물론 활동의 최종 목표는 미국 여론을 움직이고, 그 여론이 다시 미국 국회와 정부를 움직이는 것이었다. 그렇게 하기 위해서는 우리 교민들이 미국의 민주주의에 적극 참여하는 것이 중요하다고 보았다.

나는 뉴욕, 워싱턴, 로스앤젤레스 등에서 서예전을 열었다. '敬天愛人(경천애인)', '事人如天(사인여천)', '人乃天(인내천)', '實事求是(실사구시)' 등을 많이 썼다. 그리 잘 쓰지 못한 글씨지만 사람들은 흔쾌히 사 주었다. 아내도 서예 작품을 출품했는데 어디에서 열리든 작품은 모두 팔렸다. 서예전 수입은 예상보다 많았다. 나는 이를 '민주화 성금'으로 여기며 고맙게 받았다.

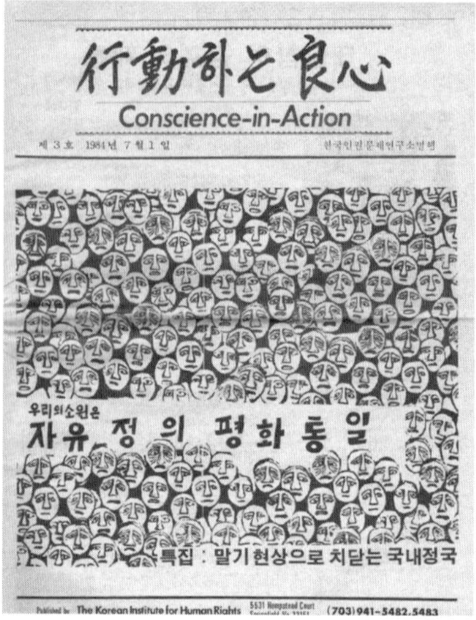

한국인권문제연구소 소식지 『행동하는 양심』.

5·18 광주 민주 항쟁 3주기를 맞아 김영삼 전 신민당 총재가 단식 투쟁을 시작했다. 김영삼 씨는 모든 정치 활동을 금지당한 채 가택 연금을 당하고 있었다. 단식은 극한 투쟁이며 최후의 수단이었다. 나는 감동했고, 동지적 연대감을 느꼈다. 김 총재는 단식 투쟁을 선언하면서 구속된 학생·종교인·지식인·근로자들 전원 석방, 정치활동규제법에 묶여 있는 모든 정치인과 민주 시민들의 정치 활동 보장, 정치적인 이유로 학원과 직장으로부터 추방당한 교수·학생·근로자 등의 복직, 언론 통폐합 조치를 백지화하고 해고 언론인 복직, 대통령 직선제 회복을 비롯한 제반 반민주 악법 개폐 등 다섯 가지를 요구했다.

김영삼 씨의 단식에는 중요한 정치적 함의가 담겨 있다고 생각했다. 그것은 전두환 정권 하에서 야당 정치인의 첫 항거였다. 단식 투쟁은 재야 민주 세력을 결집시키는 전기가 될 수 있었다. 그러나 김 총재의 단식 투쟁은 언론에 대한 통제와 검열로 국내 신문이나 방송에는 일체 보도되지 않았다. 단식 8일째인 5월 25일 정부 당국이 서울대병원에 강제 입원을 시켰고, 이 소식이 AP, 로이터, 교도 통신 등 외신을 타고 전 세계에 알려졌다.

나는 그의 단식 투쟁을 지원하는 글 「김영삼의 단식 투쟁(Kim's Hunger Strike)」을 『뉴욕 타임스』에 기고했다. 독자 투고가 아닌 칼럼니스트 자격의 기고였다. 영문 원고라서 제롬 코언 교수에게 보여 주며 손질을 부탁했다. 코언 교수는 정색을 하며 내게 말했다.

"김영삼 씨와는 라이벌 관계인 걸로 알고 있는데 그를 위해 이런 글 쓰다니 놀랍습니다. 미국인인 내가 보더라도 아름다운 일입니다. 감동했습니다."

코언 교수는 김영삼 씨와도 친분이 깊었다. 칼럼은 1983년 6월 9일자에 실렸다.

> 우리가 요구하는 것은 35년간 미국의 우방이었던 한국이 민주화가 되도록 앞으로 미국이 확실하게 지원을 해 달라는 것뿐이다. 미국인들 중에는 한국의 독재 정권을 못마땅하게 생각하면서도 국가 안전 보장의 필요성과 사회 안정을 위해서 그것을 묵인해야 하지 않는가 하고 말하는 사람이 있을지 모른다.
>
> 그러나 그 의견에 결코 동의할 수 없다. 민주주의가 없으면 지속적인 안정도 기대할 수 없다. 가장 좋은 증거는 현재 한국의 정치적 불안정이다. 미국 국민은 소련의 협박 때문에 독재 정권을 받아들여도 좋다고 할 것인가?
>
> 어떤 이는 한국은 아직 민주주의에 대한 준비가 안 되어 있다고 할지도 모른다. 하지만 200년 전에 민주주의가 확립되었던 당시의 미국인보다 현재의 한국인이 교육과 문화, 그리고 경제 수준이 훨씬 높다는 사실을 생각해 보면 그런 주장은 설득력이 없다.
>
> 지금은 미국 정부가 한국 내의 자유의 중요성을 재확인해야 할 시기다. 민주 정부와 민주적 제도를 회복하지 않으면 한국은 안정될 수 없다. 김영삼 씨의 단식과 그에 따른 충격은 미국 정부가 정책을 재고해야 한다는, 심각한 도전장을 던지고 있는 것이다.

김영삼 씨의 단식을 지지하기 위해서 워싱턴과 뉴욕 등에서 재미 교포들과 가두시위를 벌였다. 6월 4일에는 워싱턴의 듀폰 서클(Dupont Circle)에서 "김영삼을 구하라"는 팻말을 들거나 피켓을 목에 걸고 행진을 했다. 한국 대사관과 국무부, 백악관 앞에서도 가두시위를 벌였다. 6월 9일, 김 총재는 23일 만에 단식 투쟁을 끝냈다.

그 후로 김영삼 씨와는 현안에 대해서 긴밀히 협의했다. 그해 광복절에는 서울과 워싱턴에서 김영삼 씨와 공동 명의로 "민주화 투쟁은 민족의 독립과 해방을 위한 투쟁이다"라는 제하의 성명서를 발표했다. 선언문은 이렇게 끝을 맺고 있다.

> 1980년 봄, 온 국민이 한결같이 열망하던 민주화의 길에서 우리는 당시 야당 정치인들로서 하나로 되는 데 실패함으로써 수백 수천의 민주 국민이 무참히 살상당하는 사태에 이르게 되고, 계속 국민의 수난이 연속됨은 물론 민주화의 길을 더욱 멀게 한 사태를 막지 못한 데 대한 책임을 면할 길 없습니다. 이제 국민 앞에 자책과 참회의 뜻에서, 그리고 온 국민의 민주화에 대한 열망 앞에서 우리 두 사람은 백의종군하는 자세로 하나가 되어 손잡고 우리 민족사의 지상 과제를 향하여 함께 나아가려 합니다.

두 사람은 민주주의를 위해 함께 싸우겠다고 대내외에 천명했다.

6월 초, 일본 『세카이』 지의 야스에 료스케 편집장이 인터뷰차 워싱턴으로 나를 찾아왔다. 1973년 일본에서 납치되기 얼마 전에 나는 그와 인터뷰를 한 적이 있었다. 당시 인터뷰 기사는 내가 납치되던 날인 8월 8일에 출간되었다. 그 후 10년 만에 우리는 다시 만났다.

> 다시 뵐 수 없을 것이라고 생각했습니다. 마음속에 오가는 많은 생각 때문에

말문이 잘 열리지 않습니다. 지난 10년간은 글자 그대로 격동의 10년이었으며, 한국으로서는 많은 어려움을 겪은 시대였습니다.

야스에 편집장은 이렇게 말문을 열었다. 그는 감격적인 표정이었다. 우리는 매우 긴 이야기를 나눴다. 그는 광주 민주 항쟁의 본질을 어떻게 보냐고 물었다.

광주에서 일어난 사건은 우리 민족의 100년래의 원망(願望)인 민중·민족·민주, 이 세 민족적 열망을 집약하고 있다고 생각합니다. 1894년의 동학혁명, 그것에 일본이 개입하여 청일전쟁으로 동학농민혁명을 눌러 분쇄해 버렸습니다만, 그것은 10만 농민이 일어나 근대적 농민의 권리, 민중 해방, 그리고 반제국주의를 내건 참으로 훌륭한, 그리고 역사적으로 정당한 투쟁이었습니다. 자기 해방의, 이 농민에 의한 투쟁은 로마의 노예 해방의 스파르타쿠스 투쟁이라든가, 1517년 독일의 종교혁명에 있어서의 재세례파의 리더인 '뮌처', 그런 사람들의 투쟁에 견주어도 훨씬 이념적이고 역사적으로 정당한 투쟁이었다고 평가하는 연구가들도 있습니다.

그러나 동학혁명은 관군에게는 승리했지만 일본군에 의해 좌절되었습니다. 또 하나는 여러분들이 잘 아시는 1919년의 3·1 독립운동, 이것도 일본의 무력으로 좌절되었습니다. 그리고 이승만 씨가 국민의 기대를 저버리고 독재를 강행하고 반공의 안보를 악용해 자기의 정권을 영구 정권으로 했었을 때에 국민들이 일어난 4월 혁명, 그러나 이것도 그 다음해 박정희 씨의 군사 쿠데타로 좌절되었습니다. 이 세 가지는 결과적으로 모두 좌절되었습니다. 그러나 동학혁명의 민중, 3·1 독립운동의 민족, 4월 혁명의 민주, 이 민중·민족·민주의 세 가지가 박정희 씨의 암살 후에 국민의 집중적인 관심으로 떠오른 것입니다. 지금이야말로 민중에 의한 민주 정권을 세우고, 그 민주 정권은 자유와 정의와 인간의 존엄을 실현하면서 그것을 발판으로 하여 남북의 화해와 통일을 촉진하다, 이것을 온 국민의 절실한 기대로서 빌던 그 시기에 전두환 씨가 국민의 모든 의사와 원망에 등을 돌리고 역사적 요구에 역행하는 쿠데타를 일으켰습니다.

이것에 대하여 대표적으로 항의한 것이 광주 시민입니다. 물론 광주뿐만 아니었습니다. 전라도 일대의 사람들이 일어났으며, 나의 선거구인 목포에서는 3일간이나 경찰관서가 민중에 의하여 점령되었습니다. 그러나 가장 큰 희생을 치르고 가장 집중적으로 싸운 곳은 광주였습니다.

야스에 편집장은 한국의 1970년대 민주화 투쟁을 높이 평가했다.

1970년대를 통하여 한국민은 많은 희생과 고통을 강요당해 왔습니다. 헤아릴 수 없는 사람들이 체포되어 고문으로 미친 사람도 있습니다. 항의로써 분신자살을 한 젊은 사람도 있습니다. 뛰어났던 사람들은 뛰어났기 때문에 죽지 않으면 안 되었습니다. 그러나 다시 뛰어난 인재들이 배출되고, 그들이 새로운 결속을 기도하려고 합니다. 그 중심에 선생님이 계신다고 많은 사람들이 보고 있습니다. 그래서 일본인들은 선생님께서 고국에 가실 때를 주목하고 있습니다.

이어서 내가 말했다.

1970년대의 괴로운 투쟁을 통해서 한국의 민중은 모든 분야에서 크게 성장했습니다. 민족을 위하여 공헌할 지도자가 각 연령층, 각 분야에서 많이 배출되었다고 생각합니다. 그들은 지금 지하에 묻힌 보물과 같아서 나도 그들을 전부는 모릅니다. 나도 대강만 알고 있습니다. 그러므로 나 같은 사람이 세계의 주목을 받고 마치 한국에서 수난을 나 혼자 받은 것처럼 평가받을 때에는 마음이 괴롭습니다. 그들의 많은 희생과 공로를 가로챈 것 같아 언제나 미안한 생각입니다.

다만 나는 희생을 굳이 사양하지 않는 1세대여야 한다고 생각합니다. 한국은 1980년대에는 반드시 민주주의를 회복할 것입니다. 예언하는 것은 아니지만 뚜렷한 확신을 가지고 있습니다. 내 역할은 먼저 달려가서 길을 여는 것이라고 생각합니다. 민중의 시대를 위하여, 진정한 민주 정권이 되는 길을 열고, 일본과 미국을 위한 길을 열고, 민주화되고 통일된 한국으로서 제3세계에 대하여 올바른 협력을 하는 일원으로서의 길을 열어 나가려고 생각합니다. 그리고 그 길은 고난의 길이 될 것입니다.

그러나 고난의 길이 반드시 불행은 아닙니다. 나는 전두환 장군이 어떤 의미로는 매우 불행하다고 생각합니다. '그는 얼마나 마음이 불안할까, 어찌하여 단 한 번밖에 없는 자신의 귀중한 인생을 저렇게 쓰고 있을까, 자신이 하는 것을 국민이 어떻게 생각하고 있고, 장래 역사에서 어떻게 평가될까를 알고 있을까' 하고 때때로 생각합니다.

나는 결코 스스로를 순교자로 의식하지 않습니다. 나는 이상주의자를 자처하지 않습니다. 나는 어디까지나 현실적인 인간입니다. 순교도 이상도 현실의 진전과 일체되는 것으로만 생각합니다. 나는 국민을 위하여 실제로 자유를 회복하고, 정말로 통일이 실현되는 것에 최선을 다하겠습니다.

『세카이』에 실린 인터뷰 기사는 일본에서 반향이 컸다. 『아사히 신문』에서는 1983년 '올해의 5대 기사' 중 하나로, 『요미우리 신문』은 '3대 기사'의 하나로 선정했다.

8월 21일 필리핀의 베니그노 아키노(Benigno Aquino) 상원의원이 귀국 도중 피살 당했다는 놀라운 뉴스를 접했다. 아키노 상원의원은 연초에 최성일 박사의 소개로 처음 만났고 그의 자택에서 조찬을 함께한 적도 있었다. 그는 소탈하고 호방했다. 또한 매사가 낙천적이었다. 그의 부인 코라손(Corazon Aquino) 여사는 그와는 반대로 차분했다. 나와 아키노는 똑같이 고국을 떠나와 민주화 운동을 하고 있었다. 국적은 달라도 민주화 동지였다. 언젠가는 힘을 합쳐 '아시아 민주 전선' 같은 민주화 운동의 구심체를 만들어

보자고 약속했다. 당시 그는 귀국을 서두르고 있었다. 그가 무사히 도착하여 필리핀을 민주 국가로 이끌 것을 기원했다.

그의 귀국은 세계의 비상한 관심 속에 진행되었다. 독재자 마르코스(Ferdi-nand Marcos) 대통령은 그의 귀국을 공개적으로 위협했다. 따라서 그의 귀국 길에는 많은 사람이 동행했다. 그는 마닐라 공항에 도착해서 비행기 트랩을 내려오다 총격을 받고 쓰러졌다. 공항 아스팔트에 피를 뿌리고 쓰러져 있는 아키노의 모습은 충격적이었다. 그 비극적인 장면은 주요 텔레비전이 긴급 뉴스로 종일 방영했다.

'쓰러진 저 사람이 그토록 호방하게 웃음을 날리며, 또 나에게 민주화를 위해 뭉치자고 약속했던 그 아키노란 말인가.'

나는 그의 피살과 관련한 성명서를 발표했다. 민주주의 동지의 죽음에 애도를 표하고 필리핀 정부를 규탄했다. 이러한 사고의 발생은 역시 미국이 독재 정권을 지지한 결과이므로, 레이건 대통령의 필리핀 방문 일정을 취소하라고 촉구했다.

필리핀 정부는 범인이 청부 살인자라고 밝혔으나 국민들은 이를 믿지 않았다. 그러나 그의 죽음은 헛되지 않았다. 이후 필리핀에서는 민주화 투쟁이 본격적으로 일어났고, 그렇듯 조용하고 다소곳했던 그의 아내 코라손 여사를 민주 투사로 만들었다. 코라손 아키노 여사는 1986년 2월 마침내 20여 년간 지속된 독재 정권 '마르코스 왕조'를 무너뜨리고 필리핀 최초의 여성 대통령에 취임했다. 국민의 부름을 받고 과감히 정치인으로 변신한 그의 용기와 결단이 지금도 존경스럽다. 아키노 여사와는 그 후로도 꾸준히 민주 동지로 같은 길을 걸었고, 그는 내 삶의 고비마다 격려와 성원을 보냈다. 내가 한국에 귀국하고 몇 년 뒤 그의 측근으로부터 그가 망명 때 사용한 그의 손때가 묻은 수동 타자기와 사진 등 유품을 전달받았다. 다시금 그의 모습이 떠올라 무척 슬펐다. 그 타자기는 지금 김대중도서관에 전시돼 있다.

그해 9월부터 하버드 대학 국제문제연구소(CFIA, Center for International Affairs)에서 객원 연구원으로서 연구 활동을 시작했다. 1973년 에드윈 라이샤워 교수로부터 초청장을 받은 후 수차례의 연금과 정치적 상황 때문에 할 수 없었던 공부를 마음먹고 시작해 보기로 했다. 에즈라 보겔(Ezra Vogel), 제롬 코언, 에드 베이커(Ed Baker), 벤저민 브라운(Benjamin Brown), 쿠퍼(Cooper) 교수 등을 만나 다양한 주제로 많은 대화를 나눴다.

하버드에서 수학하는 중에도 미국 여러 곳의 초청 강연에 참석하느라 무척 분주했다. 또 하버드 대학 여러 연구소에서도 강연을 했는데 주로 한국의 민주주의 전망, 한일 관계, 옥중 생활의 경험 등이 주제였다. 한번은 하버드 대학의 '아시아법률센터'에서 강연을 하고 나서 이런 질문을 받았다.

"당신은 지금 망명까지 하면서 한국의 민주주의를 위해서 싸우고 있는데 그것이 과연 가능합니까? 민주주의는 서구 사회의 산물입니다. 한국의 전통에는 민주주의 요소가 없지 않습니까? 더욱이 한국은 유교의 영향이 강한 나라이기 때문에 민주주의의 가능성이 희박하다고 생각하는데, 당신의 견해는 어떻습니까?"

사실 이런 질문은 여러 차례 받았다. 나는 우리 민족의 역사 속에는 민주주의를 할 수 있는 요소가 너무도 많다는 것을 강조했다.

첫째, 단군 신화를 비롯한 우리 민족의 건국 설화들 속에서 민주주의의 근본 정신의 하나인 민본 정신을 엿볼 수 있다. 단군 신화에 나오는 홍익인간 사상은 백성을 근본으로 해야 한다는 전제로 이뤄졌다. 신라나 가야의 건국 설화를 보면 백성이 모여 왕을 추대한다. 어떤 나라 건국 설화에서도 찾아보기 힘든 예다. 동학의 '인내천(人乃天)'은 사람이 곧 하늘이라는 것이니 사람 섬기기를 하늘같이 하라는 '사인여천(事人如天)'을 기본 사상으로 하고 있다.

둘째, 최근 100년의 역사가 곧 권위주의에 맞서 싸운 투쟁의 기록이다. 조선 왕조가 망한 지 9년 만에 일어난 3·1 운동에서 왕정복고를 주장한 사람은 거의 없었다. 프랑스가 대혁명 후에도 근 200년 동안 끈질긴 왕정복고의 역사를 거듭했던 것과 비교해 보더라도 놀라운 일이 아닐 수 없다. 1960년 4·19 혁명, 1979년 부마 항쟁, 1980년 광주 항쟁 등이 민주 정신에 입각한 투쟁이었다.

셋째, 조선 왕조 500년을 지배하던 유교의 근본 정신은 민본주의였다. 따라서 흔히 유교적 전통을 가진 나라가 민주주의에 친숙하지 않다는 주장은 잘못된 것이다. 놀라운 것은 맹자의 주장이다. 맹자는 이렇게 말했다. "임금은 하늘의 아들이다. 천자는 하늘을 대신해서 백성에게 선정을 베풀 사명을 받았다. 그런데 천자가 하늘의 뜻을 어기고 백성에게 학정을 한다면 백성은 들고 일어나 임금을 쫓아내고 새로운 임금을 들여올(易姓革命) 권리가 있다."

그리고 조선 500년 동안, 표현의 자유는 최고의 가치로 존중되었다. 정부 기구에도 사간원과 사헌부 등이 있었다. 이들 기구는 왕과 고관들의 잘못을 지적하고 시정을 요구하며 심지어 규탄까지 했다. 사관들이 쓴 역사의 기록은 왕이라도 볼 수가 없었다.

넷째, 우리나라는 국민의 교육 수준이 세계 정상급이다. 민주주의는 국민의 교육 수준 없이는 창출될 수 없으며, 교육받는 국민만이 주권 의식과 책임 의식을 통해서 민주주의를 지켜 나갈 수 있다.

이런 것들이 우리 민족이 결코 민주주의와 상관이 없는 민족이 아니라는 사실을 말해 준다. 우리 역사 속에는 민주주의적 원리와 요소들이 엄연히 존재한다.

나는 이런 이야기를 가는 곳마다 설파했다.

한번은 하버드 대학 데릭 벅(Derek Bok) 총장과 펠로우 미팅이 있었는데 내가 그 자리에서 "한국을 비롯한 제3세계의 유학생들이 미국 일류 대학 졸업 후 귀국해서 독재자와 소수 재벌의 앞잡이 역할을 하는 것이 대부분인데, 그것이 미국 교육의 결함에서 오는 것은 아닌가" 하고 질문을 한 적이 있다. 총장은 "그것은 대학 교육의 문제가 아니라 인간성의 약점에서 오는 것이다"고 답변을 했다.

나는 이 대답에 수긍할 수 없었다. 만일 그렇다면 하버드 대학에 다니지 않은 한국의 수많은 학생들은 왜 억압을 겁내지 않고 민주주의를 위해 싸우고 기꺼이 감옥에 간단 말인가. 그들은 졸업 후 좋은 직장이 보장되건만 그것을 다 뿌리치고 감옥에 갈 각오로 싸우고 있다. 총장의 답변으로는 이런 현상을 설명할 수 없다고 생각했다. 나는 얼마 후 편지로 다시 내 의견을 제시했는데, 그로부터 며칠 뒤 총장과 단 둘이 만날 기회가 있었다. 총장은 자신이 법과 대학에 얘기해서 제3세계의 인권 문제를 특별히 연구하는 기구를 설치하도록 했다고 내게 말했다. 그것이 인연이 되어 벅 총장과 가까운 사이가 되었다. 총장은 내가 귀국할 때 나의 안전 귀국을 촉구하는 글을 『뉴욕 타임스』에 기고했고, 150여 명의 저명인사들과 함께 전두환 대통령 앞으로 보낸 나의 안전 귀국을 요망하는 편지에도 서명했다.

한번은 하버드 대학 케네디 스쿨에 강연차 온 올로프 팔메(Olof Palme) 스웨덴 수상을 만나 오찬을 하며, 나의 사형 선고 때 구명 운동을 해 준 데 고마움을 전하기도 했다. 그는 납치 사건 이래 계속 나를 지원해 준 고마운 분이었다. 내가 감사의 말을 전하자 그는 할 일을 한 것뿐이라며 시간이 되면 스웨덴에 꼭 와 달라고 했다.

1년간의 하버드 대학 객원 연구원 생활을 마친 후 한국 경제 문제와 관련된 논문을 제출했다. 물론 논문을 내야 할 의무는 없었다. 하지만 그동안 내가 다듬어 온 경제 이론을 검증받고 싶었다. 논문은 뉴저지 주 주청(州廳)에 근무하는 유종근 박사가 도와주었기에 완성할 수 있었다. 하버드 대학 측은 내 논문을 높이 평가하여 출판까지 했고, 부교재로도 채택했다. 그것이 바로 『대중 참여 경제론』이다.

1983년 10월, 레이건 미국 대통령의 한국 방문이 예정되어 있었다. 당시 미국에서는 레이건 대통령 방한에 비판 여론이 고조되고 있었다. 한국의 인권 문제가 심각한 마당에 독재 정권 기반을 더욱 강화시킬 수 있다는 의견이 있었다. 많은 의원들도 이에 동조하여 백악관에 반대 의견을 전달했다. 나 또

한 이에 반대해 백악관 앞에서 레이건 대통령 방한 반대 시위를 하기도 했다.

그런 시점에 ABC 방송의 프로그램인 〈나이트 라인〉에 출연해 달라는 요청이 왔다. 그러나 나는 망설였다. 영어에 자신이 없었기 때문이다. 〈나이트 라인〉은 수천만 명이 시청하는 인기 프로그램이었고, 진행자 테드 카플(Ted Koppel)은 미국인들이 신뢰하는 진행자였다. 미국은 물론이고 전 세계의 지도자들을 등장시켜 질문을 퍼붓고 조금만 허점이 보여도 날카롭게 추궁했다. 그러다 보니 반응 또한 뜨거웠다.

출연자들은 누구나 긴장하지 않을 수 없었다. 나는 주위 사람들과 의논을 했다. 그런데 뜻밖에도 출연을 강하게 권고했다. 유창한 영어 실력보다는 말하는 내용이 중요하다고 용기를 북돋아 주었다. 슬그머니 욕심이 생겼다. 한국 민주화를 위해서도 꼭 출연해야만 할 것 같았다. 나는 용감하게도 출연을 수락했다.

토론자는 미국인 2명, 한국인 2명 등 모두 4명으로 예정되어 있었다. 한국 정부의 입장을 두둔하는 쪽과 민주 세력을 지지하는 쪽으로 갈려 진행될 예정이었다. 그런데 문제가 생겼다. 우리 쪽 미국인이 갑자기 출연을 할 수 없다는 통보를 해 왔다. 상식 밖의 기막힌 일이 벌어졌다. 가뜩이나 영어도 서툰데 2 대 1로 토론을 벌여야 했다. 그러나 이미 엎질러진 물이었다. 나의 상대로 출연한 한국인은 영어에 능통한 봉두완 씨였다. 봉두완 씨는 당시 국회 외무위원장이었다.

'그래, 한번 해보자. 내가 부족한 것은 영어일 뿐 논리는 아니다.'

진행자 테드 카플도 걱정이 되는지 방송 전에 만나자고 했다. 일종의 테스트를 해보려는 것이었다. 나와 이야기를 나눈 후 테드 카플은 내게 힘을 보태주었다.

"그 정도면 됐습니다. 외국인이 꼭 영어를 잘해야 하는 것은 아닙니다. 마음 편하게 하십시오. 나는 당신이 한국의 민주주의를 위해 얼마나 고생하며 싸우고 있는지를 잘 알고 있습니다."

테드 카플은 나에 대해서 호감을 가지고 있었다. 훗날 알았지만 그는 1981년 크리스마스에 프로그램을 마치면서 이렇게 말했다.

"지금 우리가 이렇게 가족들과 단란한 크리스마스이브를 보내고 있는 이 순간에도 고통 받고 있는 우리들의 영웅이 있습니다. 그들은 옥중에서, 혹은 감시 속에서 인권과 민주주의를 위해서 싸우고 있습니다. 한국의 김대중, 소련의 사하로프(Andrei Sakharov), 폴란드의 바웬사(Lech Wałęsa)와 같은 수많은 사람들이 세계 곳곳에서 고통 속에 싸우고 있는 것입니다. 우리는 이러한 우리들의 영웅들을 잊어서는 안 될 것입니다."

아무튼 그의 말을 들으니 마음도 놓이고 새삼 힘이 솟았다.

먼저 내가 한국의 인권 유린 실태를 설명했다. 그러자 진행자가 반대편에게 나의 지적이 사실이냐고 물었다. 그런데 봉두완 씨는 직답은 피하고 남북의 대치 상황, 안보 위기 등만을 장황하게 늘어놓았다. 아마 거짓을 얘기할 수 없었을 것이다. 테드 카플이 이를 그냥 넘어갈 리 없었다. 봉 씨의 말을 저지하더니 "김대중 씨의 발언에 대한 입장을 밝혀 달라"고 했다. 그래도 봉 씨는 같은 취지의 발언을 되풀이했다. 그러자 그의 말을 중단시켜 버렸다.

다시 내게 발언권이 주어졌다. 나는 다음과 같은 요지의 주장을 폈다.

"이렇듯 취약한 인권 상황에서 레이건 대통령의 방한이 이뤄진다면 그것은 한국의 독재 정권을 격려해 주고 인권 탄압을 용인하는 것입니다. 레이건 대통령의 방한은 대다수의 민주적인 한국 국민들을 실망시키고, 미국에 대한 반감을 갖게 만들 것입니다. 이는 미국이나 한국을 위해 바람직하지 않습니다. 따라서 레이건 대통령의 방한은 신중히 재고해 봐야 할 것입니다."

토론은 내게 유리하게 진행되었다. 내가 잘해서라기보다는 진실을 얘기했기 때문이다. 그런데 토론이 거의 끝나 갈 무렵에 상대편에서 거짓말을 했다. 그러나 토론에서는 상당한 효과가 있었다.

"지금까지 김대중 씨가 말한 인권 유린은 박정희 정권 때의 일입니다. 현 정권에서는 그런 일이 일어나지 않았습니다. 전두환 정권은 모든 인권을 보장하고 있습니다. 어떤 형태의 인권 유린도 없습니다."

내가 그 말을 막 반박하려 하자 진행자는 토론을 마치려 했다. 나는 황급히 잠깐만 기다려 달라고 외쳤다.

"웨이트! 웨이트!"

진행자는 할 수 없다는 듯 간단히 하라는 당부와 함께 발언 기회를 주었다. 나는 단숨에 얘기했다.

"지금까지 한국에서의 인권 유린에 관한 내 발언은 내 개인적인 주장이 아닙니다. 국제사면위의 1982년도 보고서에 있는 것을 인용한 것입니다. 그리고 미국 국무부의 1982년도 『인권 보고서』에도 그대로 적혀 있는 내용입니다. 그러므로 나의 말이 거짓이 아니라는 것은 당신네 정부가 보증한 것입니다."

절박한 호소로 얻은 마지막 발언 기회에서 결정타를 날린 셈이었다. 집에 돌아오자 미국 전역에서 전화가 빗발쳤다. 영어로 하는 토론을 어쩌면 그렇게 잘할 수 있냐며 놀라워했다. 사실은 그날 밤, 미국 내 한국 공관들은 일제히 교민들에게 〈나이트 라인〉을 보라고 권유했다고 한다. 영어도 제대로 못하는 내가 쩔쩔매며 논리도 제대로 펴지 못하고 전전긍긍할 줄 알았던 것이다. 그러나 결과는 반대였다. 다시 말하지만 나는 영어는 잘하지 못했다. 내가 시청자들에게 감동을 주었다면 영어를 잘해서가 아니라 진실을 말했기 때문일 것이다. 진실은 언제나 최고의 웅변이다.

한 가지, 내가 이렇게나마 영어 토론을 할 수 있었던 것은 역시 6년여의 옥중 생활에서 열심히 공부한 덕분이라 생각한다. 『삼위일체』를 비롯한 영문법 책 여러 권을 몇 번씩 읽었다. 나는 영어를 독학했기에 회화는 그리 유창하지 않지만, 문법은 제대로 익혔다. 내 영어는 문법을 크게 벗어나지 않는다. 그래서 외국인들이 내 영어를 그리 가볍게 여기지 않는 것 같다. 내가 감옥에 있지 않았더라면 어찌 50줄에 들어서 감히 영어를 공부했겠는가. 새삼 감옥에서 많은 것을 얻었다는 생각이 든다.

폭풍의 귀국

(1984 ~ 1985)

1984년 새해 들어 귀국 문제로 고민을 했다. 우선 나의 미국 체류가 일신상의 안전만을 도모하는 것이 아니냐는 자책감이 들었다. 또 국내에서는 민주화 운동이 활발하게 전개되지 못했고, 미국에서 의회와 정부를 움직이려는 내 활동 목표도 당장의 효과를 내지 못하고 있었다. 경제적인 문제도 있었다.

나는 문동환 목사 등 여러 동지들과 상의했다. 여러 의견이 나왔다. 급기야 미국 각계 인사 278명에게 나의 귀국과 관련한 질의서를 보냈다. 궁여지책이었다. 응답자의 60퍼센트 이상이 "미리 시기를 정하지 말고 상황을 봐 가며 결정하라"고 답했다. 그 이유로는 한미 관계와 국제 정세가 유동적이고, 신변에 위험이 있으며, 미국 정계와 행정부의 정책 변화를 유도하는 활동은 여전히 중요하다는 것이었다.

나는 당분간 지금까지 하던 대로 정계, 언론계, 종교계, 학계 인사들과 접촉하면서 여론을 움직이기로 했다. 나는 수시로 짐 리치(Jim Leach), 바니 프랭크(Barney Frank), 폴 사이먼(Paul Simon), 윌리엄 그레이(William Gray), 토니 홀(Tony Hall), 스티븐 솔라즈, 토머스 포글리에타(Thomas Foglietta) 의원 등을 만나 한국의 독재 실상을 알렸다. 그리고 한국의 민주주의를 위해 미국이

해야 할 것들을 강조했다. 나는 진보와 보수를 가리지 않고 만나서 설득했다. 아무리 보수주의자라도 독재만큼은 지지하지 않았다. 나는 이를 활용했다.

"미국 국민은 모두 민주주의 신봉자들입니다. 그럼에도 미국이 독재 정권을 지지하는 것은 한국에서 적을 만드는 겁니다. 당신네들처럼 민주주의를 신봉하는 한국인들이 미국이 지지한 독재자에 의해서 고통을 받고 있다고 생각해 보십시오. 미국에서처럼 여당과 야당을 생각하지 말고 민주주의냐 독재냐를 따져 봐야 할 것입니다."

나의 이러한 주장은 설득력이 있었다. 만나는 사람마다 고개를 끄덕였다. 사실 지구촌에는 수많은 독재 국가가 있었지만 미국에 와서 조국의 민주화를 위해 싸우는 사람은 많지 않았다. 나는 기회가 주어질 때마다 언론과 인터뷰를 했다. 그 반향은 컸다.

미국에서 가장 많이 받은 질문 가운데 하나가 "한국이 과연 민주주의를 할 수 있는 기초가 돼 있는 나라냐" 하는 것이었다. 나는 이를 기다렸다가 대답했다.

"4·19 혁명을 보면 이승만 대통령이 스스로 물러났습니다. 폭력이 아닌 평화적인 방법으로, 오직 민주주의를 위해서만 저항했을 뿐입니다. 또 광주 민주화 항쟁도 그랬습니다. 희생당하면서도 끝까지 보복하지 않았습니다. 민주주의를 할 만한 자격이 충분한 민족입니다."

망명 생활 중에 한국에서는 나에 대한 소문이 끊임없이 생산되어 유통되었다. 근거 없는 소문들은 바다 건너 미국에까지 들려왔다. 고급 아파트에서 호화 생활을 하고, 커다란 루비 반지를 끼고 다닌다는 것들이었다. 물론 이런 뜬소문들은 정보기관에서 치밀하게 만들어 흘렸을 것이다. 실제로는 내가 살던 아파트는 월세 900달러짜리 셋집이었고, 내가 끼고 다니는 루비 반지는 하버드 대학 학생들이 끼는 평범한 것이었다.

군사 정권은 나에게 "과격하다", "용공이다", "거짓말쟁이다"며 온갖 소문을 만들어 나를 음해하고 내 명예를 한없이 추락시켰다. 나는 살아오면서 저들의 탄압보다 국민들로부터 오해를 받는 것이 더 무섭고 괴로웠다. 전혀 사실이 아님에도 계속 거짓을 주입시키면 처음에는 '설마' 했던 국민들도 결국은 믿게 된다. 나에 대한 거짓이 사실처럼 굴러다니는 것에 정말로 가슴이 아팠다. 그건 일일이 해명할 수도 없었다. 나 홀로 골병이 들 수밖에 없었다. 그것은 내 인격에 대한 비열한 테러였다.

미국은 해마다 연초에 세계의 『인권 보고서』를 발표했다. 한국과 관련한 내용을 보니, 1982~1983년 1년 동안의 개선 사항에 대해서만 특별히 챙겼다. 이에 항의하여 국무부 인권 담당 차관보에게 면담을 요청했다. 내 요청은 받아들여졌고 2월 13일 엘리엇 에이브럼즈(Eliott Abrams) 차관보를 그의 사무실에서 만났다. 나는 그에게 한국의 진정한 인권 개선을 위해서는 학생들의 석방이나 복교 등의 조치가 아니라 법과 제도의 근본적 개선을 해야 한다고 말했다. 아울러 한국에 대한 미국의 정책을 전반적으로 일대 전환해야 한다고 강조했다.

면담을 마치고 나오는데 건너편 방이 바로 동아시아 담당 차관보실이었다. 그곳은 한국의 현 정부를 지지하고 한국과 정책 협력을 도모하는 곳이었다. 한 공간 안에 이토록 상반된 업무를 하는 곳이 공존했다. 미국의 이상과 현실이 서로 마주 보고 있었다. 나는 민주주의를 위해 목숨을 내놨는데 미국은 그런 나를 실망시켰다. 하지만 미국의 행정부가 한국 정부를 지지한다고 하더라도 나는 절대 포기하지 않았다. 미국에서 내 활동의 최대 목표는 미국이 한국의 독재 체제와 인권 유린에 대해서 비판하고 견제해 주는 것이었고, 최소 목표는 미국이 더 이상 적극적으로 독재를 지지하지 못하게 하는 것이었다. 이러한 한계를 나 스스로 알고 있었다. 그러나 미국의 두 얼굴은 나를 상념에 잠기게 만들었다.

둘째 홍업이가 3월 10일 결혼했다. 참으로 기뻤다. 그러나 결혼까지는 여러

고비가 있었다. 홍업에게는 사랑하는 여자가 있었다. 이름은 신선련이었다. 그런데 홍업이가 나를 따라 급히 미국으로 오는 바람에 서로 떨어져야 했다. 내색을 할 수 없었지만 나는 둘 사이가 궁금했다. 둘이 매일 전화와 편지를 주고받는다고 아내가 귀띔을 했다. 홍업이가 밤에 자꾸 한국으로 전화를 건다는 것이었다. 사연이 너무 애틋했던지 아내가 한숨을 쉬었다.

"눈 뜨고 못 보겠어요."

나는 둘이 서로 신뢰하고 사랑한다면 어떻게든 결실을 맺게 해 주고 싶었다. 자식이 아버지 때문에 이국땅에서 희생을 하는 것도 모자라 인간의 정까지 끊어야 한다는 것은 너무나 가혹했다. 나는 장차 며느리가 될 선련이만큼은 미국으로 데려와야겠다고 마음먹었다. 선련이는 다행히 호바트앤윌리엄스미스 대학의 입학 허가를 받을 수 있었다. 나는 글라이스틴 전 대사를 만나 비자를 발급받도록 도와 달라고 했다. 이렇게 해서 선련이가 지난해 연말 미국으로 왔다. 온 가족이 뉴욕으로 마중 나갔다. 사랑을 찾아 달려온 선련이가 더없이 고와 보였다. 3월에 홍업이는 메릴랜드 성당에서 결혼식을 올렸다. 신부 측 하객은 한 사람도 없었다. 아버지를 대신하여 문동환 목사가 신부의 손을 잡았다. 결혼식을 올리고 며칠이 지났는데 뜻밖에 사돈 내외가 미국으로 건너왔다. 사돈은 나는 물론이려니와 사위인 홍업이도 처음 보았다. 다행히 홍업이를 아주 마음에 들어 했다.

바깥사돈 신현수 씨는 당시 감사원 감사위원이었다. 딸이 홍업이와 결혼했다는 소식이 알려지자 청와대 사정비서관이 사표를 쓰라고 종용했다고 한다. 딸을 우리에게 보낼 때는 그만한 일쯤은 각오하고 있던 터라 사표를 냈더니 전두환 대통령이 불러 연유를 묻더라는 것이다. 사실대로 말했더니 뜻밖에 "자식 일은 마음대로 안 된다"며 사표를 반려했다고 한다. 그러면서 오히려 늦었지만 가서 축하해 주라며 휴가까지 주었단다.

바깥사돈은 그로부터 한참 후에 다시 나를 만나러 왔다. 내가 귀국을 서두르고 있을 때였다. 사돈은 매우 난처한 임무를 띠고 태평양을 건너왔다. 전두환 정권이 나의 귀국을 만류해 달라고 요청한 것이었다. 나로서도 난감한 일이었다. 나는 사돈을 빈손으로 귀국하게 할 수밖에 없었다. 인연을 정략으로 이용하는 저들이 야속했고 사돈에게는 참으로 미안했다.

한국에서는 1984년 5월 18일 '민주화추진협의회(민추협)'가 발족을 선언했다. 그리고 6월 14일 결성 대회를 가졌다. 동교동계와 상도동계가 임원을 철저하게 반분했다. 김영삼 씨가 공동의장에, 나를 대신하여 김상현 씨가 공동의장 대행에 취임했다. 그리고 망명 중인 나는 고문직을 맡았다. 민추협의 탄생은 독재의 땅에 새로운 바람을 일으켰다.

한국 정부가 발행한 내 여권은 목적지를 미국으로 한정했다. 그것은 미국에서도 족쇄였다. 일체의 해외여행을 할 수 없었다. 캐나다 외무성이 하버드 대학 국제문제연구소의 동료들과 함께 나를 두 번이나 초청했으나, 뉴욕 총영사관에서 나의 여권 변경 요청을 일축해 버려 갈 수 없었다. 1984년에는 서독 폰 바이츠제커 대통령과 빌리 브란트 전 총리가 나를 초청했다. 서독 보훔 대학이 공식 초청하는 형식이었다. 이 또한 갈 수 없었다.

7월 어느 날 미국 민주당 전국위원회 의장인 찰스 마넷(Charles Manatt)으로부터 샌프란시스코에서 열리는 민주당 전당 대회에 귀빈으로 참석해 달라는 초청을 받았다. 나는 아내와 함께 참석하겠다고 했다. 7월 16일부터 나흘간 전당 대회에 참석했다. 미국의 거대한 축제를 보고 있으려니 1970년 대통령 후보를 뽑았던 신민당 전당 대회가 생각났다. 그때는 우리도 국민의 사랑을 받은 축제를 벌였다. 그것도 이제 과거가 되어 버렸다는 것이 매우 슬펐다. 그때 가장 인상적이었던 것은 여성, 흑인, 히스패닉, 동양인, 장애인 등 비백인들의 당당함이었다. 그들의 권리 신장을 느낄 수 있었고, 곧 주류로 전면에 등장할 것이라는 예감이 들었다. 정당하게 대결하고 자유롭게 표결한 뒤 결과에 깨끗하게 승복하는 진짜 민주주의를 직접 보았다. 전당 대회를 참관하면서 새삼 미국의 저력을 느꼈다. 미국이 국제적으로는 도덕성을 상실해서 문제가 되고 있으나 적어도 국내에서만은 민주주의와 도덕 정치를 하는 나라라는 것을 실감했다. 민주당 후보로 먼데일(Walter Mondale)이 선출되었다.

8월 초 홍일이가 미국을 방문했다. 1980년 5월 17일 체포된 후 처음으로 자유로운 상태에서 홍일이를 만났다. 기쁘고도 감격스러웠다. 가족에 대한 사랑이 클수록 이웃에 대한 사랑도 커진다는 것은 내 체험의 결과이다. 홍일이는 내가 미국으로 떠난 후 동교동 집으로 이사 왔다. 식당을 열어 어렵게 살아가고 있었다. 지난 2월 태어난 셋째 손녀 화영이의 사진도 가지고 왔다.

1984년 여름, 나는 귀국을 결심했다. 한국에 돌아가고 싶은 생각이 갈수록 간절했다. 돌아만 간다면 감옥 생활도 달게 할 것 같았다. 국민을 위해 무엇이라도 바치고 싶었다. 그러나 바칠 것이 너무도 작아 그것이 한이었다. 더 이상 미국에만 있을 수 없었다. 어떻게든 조국에 돌아가야 했다.

9월 초 조지 슐츠(George Shultz) 국무장관에게 편지를 보내 연말쯤 한국으로 돌아가겠다고 밝히고 미국이 한국의 민주화 실현을 위해 최선을 다해 줄 것을 당부했다. 며칠 뒤에는 전두환 대통령에게 등기 우편을 보내 귀국하겠다고 통보했다. 별도로 성명서를 발표하여 나의 귀국 목적을 밝혔다.

첫째 미국 체류의 목적인 신병 치료를 충분히 했고, 둘째 한국에서 민주화를 위해 고생한 인사들에 대한 도덕적 의무감을 느꼈으며, 셋째 한국의 정치적 상황이 매우 심각하고, 넷째 남북통일을 위해 조국에서 할 일들이 있고, 다섯째 전두환 정권과 직접 대화를 하기 위해서 돌아가겠다고 말했다. 많은 언론들이 관심을 갖고 인터뷰 요청을 했다.

한국 대사관에도 귀국 의사를 통보했다. 그랬더니 서울에서 정보부 요원이 직접 나를 찾아왔다. 그는 나에게 귀국을 강행하면 신변 안전을 보장할 수 없다고 했다. 협박이었다. 나는 그래도 뜻을 굽히지 않았다. 그러면서 나는 유럽 여러 나라를 여행할 수 있는 여권을 발급해 주면 귀국을 늦출 수 있다고 했다. 폰 바이츠제커 독일 대통령으로부터 초청을 받았으니 여권 발급의 명분에도 아무런 문제가 없을 것이라고 강조했다. 그러자 성 씨가 '전'인 그 요원은 선뜻 노력해 보겠다고 했다. 그러면서 내게 여권을 달라고 했다. 나는 그의 잔꾀를 금방 알아차리고 직설적으로 말했다.

"여권을 준 뒤에 당신이 그걸 가지고 잠적한다면 나는 어찌되겠소. 귀국은 물 건너 갈 것 아니오. 아무리 생각해도 여권을 주는 것은 고양이에게 생선을 맡기는 것 같소."

내가 계속 버티자 그는 그냥 돌아갔다. 그러고는 주미 대사관에 들러 안기부 파견 공사에게 분을 참지 못해 이렇게 말했다고 한다.

"소리 안 나는 총이 있었으면 죽여 버리고 싶었다."

이런 일이 있고 난 후에 미 국무부 동아시아 담당과 인권 문제 담당 차관보가 나를 만나고 싶어 했다. 그들은 내 귀국 문제에 예민하게 반응했다.

"미국 정부의 이름으로 부탁을 드립니다. 귀국을 미루시면 좋겠습니다."

"미국의 입장도 있으니 좀 더 생각해 보겠습니다."

나는 주변 사람들과 상의를 했다. 그리고 깊이 고민했다. 역시 돌아가야 했다. 어떤 시련이 있어도 조국에서 온몸으로 싸워야겠다고 마음먹었다. 이러한 내 결심을 편지에 담아 미국 국무부에 전달했다.

그러던 어느 날 『뉴욕 타임스』 기자가 전화를 걸어왔다.

"오늘 한국에서는 청와대 정무 담당 비서관이 당신이 귀국하면 투옥하겠다고 발표했습니다. 그래도 귀국을 하겠습니까?"

나는 어떤 일이 있어도 귀국할 것이라고 대답했다. 이러한 내 뜻은 언론을 통해 알려졌다. 그러자 엄청난 반향을 일으켰고, "김대중을 제2의 아키노가 되게 해서는 결코 안 된다"는 여론이 형성되었다.

신문과 텔레비전의 인터뷰 요청이 쇄도했다. 사태는 역전되었다. 미국 정부는 입장을 바꿨다. 오히려 한국 정부에 나의 안전한 귀국을 보장하라고 촉구했다. 그러자 주미 한국 대사관 측이 "청와대 정무 담당 비서관의 말은 한국 정부의 공식 입장이 아니다"라는 성명을 발표했다.

강경 자세에서 한 발 후퇴하는 모습을 보였다. 미국에서 일고 있는 여론을 의식했을 것이다. 그런 와중에 미국 국무부에서 강연을 해 달라는 요청이 왔다. 나는 200여 명의 국무부 직원들 앞에서 "미국과 제3세계의 민주주의"라는 주제로 강연을 했다. 미국이 반공만 내세우면서 제3세계의 우익 독재 정권이 자유민주주의의 기본 가치를 훼손하고 있는 현실은 외면한다고 지적했다. 이와 함께 미국의 잘못된 대외 정책의 결과로서 반미 운동이 전 세계적으로 확산되고 있는 현실을 직시하고, 대외 정책을 혁신적으로 전환할 것을 강조했다. 나는 한국 문제의 핵심과 실상, 그리고 미국의 역할 등에 관해서도 설명했다. 강연은 서로에게 유익했다. 국무부 직원들은 한국의 현안에 대해서 제대로 인식하게 되었고, 미국 정부가 나를 지지하고 있음을 한국 정부에 알리는 유무형의 압력 수단이 되었다. 이런 것을 보면 미국이란 나라는 미워할 수 없었다. 그들은 내 영어 연설에 박수를 치며 환호했다. 연설이 끝나자 격려가 쇄도했다.

12대 총선이 다가오고 있었다. 11월에 들어서자 정국의 초점은 당연 정치인의 해금 문제로 모아졌다. 신군부가 정권을 탈취한 이래 567명이 '정치풍토 쇄신을 위한 특별조치법'에 묶여 정치 활동을 규제당했다. 이 가운데 1, 2차 해금 조치로 상당수가 풀렸으나 여전히 99명은 규제 대상이었다. 그러던 중 11월 30일 3차 해금 조치가 단행되었다. 하지만 나를 포함한 15명은 여전히 묶어 놓았다.

그래도 정치인의 해금 조치는 새로운 기운을 움트게 했다. 자연스럽게 신당 창당을 거론했다. 사실 당시의 민한당이나 국민당은 관제 야당이었다. 민추협을 모체로 해서 신당을 창당하기로 했다. 12월 11일 나와 김영삼 공동의장, 김상현 공동의장 대행의 명의로 민추협의 신당 창당과 총선 참여를 공식적으로 발표했다. 그러자 민한당 소속이었던 의원들이 신당에 합류하려 대거 탈당했다.

마침내 1985년 1월 18일 앰배서더 호텔에서 신한민주당(신민당)이 창당되었다. 이민우 씨가 총재로 추대되었다. 총선일인 2월 12일까지는 한 달도 남지 않았다. 언론이나 전문가들은 신민당의 열세를 점쳤다. 잘해도 20석을 밑돌 것이라고 예측했다. 전두환 정권은 일반 유권자의 투표 기권을 유도하려고 일부러 총선일을 혹한기로 잡았다. 날씨가 궂으면 여당 성향의 표를 조직적으로 관리하고 있는 민정당에 유리할 것으로 판단했을 것이다. 또 신당 바람을 차단하기 위해 3차 해금 조치를 취한 후 70여일 만에 선거를 치르도록 했다. 누가 봐도 속이 들여다보이는 작태였다. 신당에게는 절대 불리할 수밖에 없었지만 그렇다고 이를 거부할 수도 없었다.

나는 2월 12일 국회의원 선거일 전에 돌아가기로 했다. 나의 귀국이 총선에 도움이 될 것 같았기 때문이다. 물론 한국의 정치 상황은 자세히 알지 못했다. 그러나 많은 동지들이 직간접으로 내 신변의 위험을 걱정하면서도 귀국 자체가 선거에 도움이 될 것이라고 전해 왔다. 그렇다면 선거 전에 조국의 땅을 밟아야 했다. 나는 2월 8일 서울에 들어가기로 했다.

떠남은 늘 아쉽고 서운하다. 꿈에 그리던 조국이었지만 막상 미국 땅을 떠난다니 여간 서운한 것이 아니었다. 나에게 용기와 희망을 심어 주었던 그 많은 동지와 교민들, 그리고 나를 성원해 준 인사들과 헤어진다는 것이 무척 아쉬웠다. 교민들과 송별 모임을 몇 번 가졌다.

1월 19일 밤 로스앤젤레스에서 고별 강연을 했다. 그랜드 올림픽 오디토리엄에 5000여 명이 모였다. ABC, NBC, CBS 등 주요 텔레비전과 외신 기자 80여 명이 몰려왔다. 라울 망글라푸스(Raul Manglapus) 필리핀 전 외무장관, 존 힐리(John Healy) 앰네스티 미국 사무국장, 조나단 파인 미국 인권위 회장, 에미 영(Amy Young) 국제인권변호사협회 총무, 라로크(Gene LaRocque) 예비역 해군제독 등이 내빈으로 참석했다. 지미 카터 전 대통령, 폰 바이츠제커 서독 대통령, 빌리 브란트 전 서독 총리, 이시바시 일본 사회당

당수, 알렌 스펙터(Arlen Specter) 미 상원의원이 축하 전문을 보냈다.

나는 청중들에게 외쳤고, 청중들은 다시 나를 향해 함성을 질렀다. 서로의 외침은 비장했으니, 나는 내 안의 두려움을 쫓았고, 청중들은 떠나가는 내 앞길을 성원한 것이다. 나는 우리의 외침이 내 조국 한국에까지 들렸으면 했다.

"한국 정부가 나를 다시 투옥시킨다면 전 세계 여론과 인류의 양심, 그리고 우리 국민이 결단코 용납하지 않을 것이고, 나를 제2의 아키노로 만든다면 그들도 같은 운명에 처해질 것입니다."

아내도 고별 인사를 했다.

"우리처럼 고난을 겪는 수많은 사람들을 기억해 주십시오."

2월 3일 뉴욕 메디슨 스퀘어 가든에서 열린 '환송 연설회'에는 수천 명이 모였다. 나는 교민들에게 미국 사회를 움직여 달라고 당부했다.

"우리가 모여 민주화 운동을 하는 것도 중요하지만 미국 정치를 움직여야 합니다. 투표에는 꼭 참여해서 권리를 행사하고, 후보자들의 모금 행사에도 참석하여 단 1불이라도 내면서 관심을 표명해야 합니다. 언론에도 계속 투고하고 전화해서 미국 사회에 우리 존재를 알려야 합니다. 한국 신문 보고, 한국 라디오 듣고, 한국 텔레비전 방송 보고, 한국 교회 나가고, 한국 가게에만 가고, 한국말만 사용해서는 미국에 사는 의미가 반감될 것입니다. 여러분 개인을 위해서나 나라를 위해서도 미국 사회로 들어가야 합니다. 힘들고 고단해도 어쩔 수 없습니다.

한국의 민주주의는 반드시 실현될 것입니다. 4·19 혁명과 광주 민주 항쟁을 일으킨 민족이 무엇을 못하겠습니까. 믿으셔도 됩니다. 저는 여러분의 성원을 한 아름 그대로 조국에 가지고 가서 그 힘으로, 그 용기로 싸울 것입니다."

나의 귀국이 임박하자 세계 언론이 하루하루 날짜를 헤아렸다. 귀국 길에는 37명이 내 신병을 염려하여 동행을 자청했다. 스스로 인간 방패가 되어 준다는 것이었다. 에드워드 페이건(Edward Feighan)과 토머스 포글리에타 하원의원, 퍼트리샤 데리언(Patricia Derian) 전 국무부 인권담당 차관보, 토머스 화이트(Thomas White) 전 대사, 퇴역 해군 대장, 아메리칸 익스프레스 사장, 여성 가수, 패리스 하비 목사, 브루스 커밍스(Bruce Cumings) 교수, 인권 운동가 등이었다. 물론 기자 수십 명도 포함되었다. 그리고 이근팔, 김응태, 최창학, 송선근 등 미국에서 함께 활동한 동지들도 동승했다.

정말 무슨 일이 일어날지 몰랐다. 나는 다시 목숨을 건 여행을 시작했다. 전 세계가 나를 '제2의 아키노'가 될지 모른다며 주시했다. 나는 최악의 경우를 떠올리지 않을 수 없었다.

나와 우리 일행을 태운 노스웨스트 항공기가 2월 6일 오전 10시 15분 마침내 워싱턴 내셔널 공항을 이륙했다. 홍업과 홍걸이는 미국에 남기로 했다. 떠나올 때는 한밤중에 우리 가족들뿐이었다. 그러나 돌아갈 때는 환한 대낮에 많은 동지와 기자들이 곁에 있었다. 든든했지만 또한 미안했다. 동행한 인사들에게 기내에서 휘호를 직접 써 한 점씩 선물했다. 진정 고마움의 표시였다.

2월 7일 나리타 공항에 도착했다. 나리타 공항 근처의 홀리데이인 호텔에 도착하자 구름처럼 몰려온 기자들이 나를 기다리고 있었다. 그렇게 많은 카메라를 본 적이 없었다. 입구 양쪽에 산처럼 쌓여 있었다. 일본 경찰의 경비도 사상 최대 규모였다고 한다. 과거 아이젠하워 미국 대통령의 일본 방문을 염두하고 세워 두었던 경비 계획이라고 했다. 아이젠하워 대통령은 일본 내에 반대파가 많아 비상한 경호를 해야 했는데, 그는 결국 일본 방문을 취소했다. 그만큼 경비가 삼엄했다.

그럼에도 이와나미 문고의 야스에 료스케 주간, 와다 하루키 도쿄 대학 교수가 경비를 뚫고 회견장에 나와 있었다. 나는 우리말, 영어, 일어로 회견을 진행했다. 그러자 질문은 빗발치고 대답은 더뎠다. 할 수 없이 국내 기자들에게 양해를 구하고 영어와 일어로 진행했다.

질문은 달라도 모두 아키노 같은 운명을 염려하는 것들이었다. 나뿐만 아니라 모두들 긴장하고 있었다. 내일의 내 운명에 대해서는 아무것도 알지 못했지만 회견장에서 결연하게 얘기했다.

"민주주의만이 구국의 길입니다. 내일 나의 운명이 어떻게 되든 나의 귀국은 필요합니다. 커다란 의미가 있습니다. 나는 특별한 사건을 일으킬 생각도 없지만 그렇다고 비겁한 짓도 하지 않을 것입니다."

그때 한 프랑스 기자가 물었다.

"한국에서 당신의 정치 생명이 끝났다고 하는 사람들이 있는데 어떻게 생각하십니까?"

"나의 정치 생명이 끝났는지에 대해서는 나 자신도 모릅니다. 한국에 가 보면 얼추 알 수 있을 것 같습니다."

1985년 2월 8일 오전 11시 40분, 꿈에 그리던 고국의 땅을 밟았다. 나는 동행한 사람들에게 당부했다.

"아키노는 비행기에서 내릴 때 정부 기관 요원의 안내를 받고 따라가다 살해당했습니다. 나는 절대 특별 안내는 받지 않겠습니다. 일반인들과 함께 출입심사 창구로 가겠습니다. 내가 다른 곳으로 끌려가지 않게 도와주십시오."

비행기가 착륙하자 금테 모자를 쓴 사람이 다가와 경례를 했다. 공항 법무부 출입국관리 과장이었다. 자신이 안내를 맡겠다고 했다. 나는 그의 요구를 뿌리쳤다. 그는 말없이 돌아섰다. 우리 일행은 사람들이 빠져나간 후 맨 마지막으로 비행기에서 내렸다.

공항 빌딩에 들어서자 갑자기 사복 경찰이 뛰어나왔다. 그러자 동행 인사들이 나를 에워쌌다. 경찰들은 나와 아내를 향해 달려들었다. 동행 인사들은 필사적으로 나를 보호했다. 이윽고 저들은 폭력을 행사했다. 공항은 일대 아수라장이 되었다. 현직 미국 의원과 국무부의 전직 고관이 함께 있는데도 동행 인사들은 사복 경찰들에게 이리저리 떠밀렸다. 퍼트리샤 데리언 전 인권담당 차관보가 비명을 질렀다. 그녀가 넘어지면서 내지른 금속성 비명이 아직도 귀에 생생하다. 이 모든 광경을 동행한 기자들이 촬영하여 전 세계에 내보냈다.

경찰이 김포공항을 봉쇄, 귀국을 지켜보려는 시민들의 접근을 차단했다.

경찰은 일반 승객과 우리 일행을 갈라놓더니, 다시 나와 아내만 에워쌌다. 결국 동행 인사 및 취재진들과 떨어져 강제로 엘리베이터를 탔다. 공항 1층에는 흰색 마이크로버스가 기다리고 있었다. 타지 않겠다고 버텼지만 저들은 나와 아내를 강제로 태웠다.

저들은 입국 심사를 해야 하니 여권을 내놓으라고 했다. 나는 일반인처럼 입국 심사대를 지나서 내겠다고 했다. 한동안 실랑이를 벌였다. 저들은 할 수 없다는 듯, 그대로 나를 태우고 공항을 빠져나갔다. 입국 수속도 하지 않았다. 마이크로버스 안에는 커튼이 쳐 있어 밖을 보지 못했다. 나를 기다리고 있던 수십만 인파를 정작 나는 보지 못했다. 나는 호주머니 속에 든 귀국 성명서를 꺼낼 기회조차 없었다.

동교동 우리 집에 도착하니 집 주변에 천막이 높다랗게 드리워져 있었다. 집 안 어디에서도 밖이 보이지 않았다. 우리 집 앞 골목 모퉁이에 수백 수천 명의 사람들이 몰려와 있었다.

그날 공항에는 장남 홍일이와 동생 대현이, 이민우 신한민주당 총재 등이 마중을 나왔다. 그러나 아무도 만날 수 없었다. 김영삼 씨는 공항에 나오려다 저지를 당해 집 안에 연금을 당했다. 공항에는 환영객들이 "김대중 선생 환영", "행동하는 양심, 드디어 우리 품으로!" 등의 플래카드를 들고 경찰과 대치했다. 내가 모습을 보이지 않자 성난 군중들이 시위를 벌였다. 최루탄과 돌멩이가 날아다녔다. 이 모든 것들을 나중에서야 알았다. 비록 나는 공항에 없었지만, 대신 미국에서 동행한 인사들은 군중에 둘러싸여 대단한 환영을 받았다.

나는 바람을 몰고 조국에 돌아왔다. 『뉴스위크』는 「폭풍의 귀국」이라는 표지 기사에서 나의 귀국을 상세히 보도했다.

> 지난주 수천 명의 군중이 깃발을 흔들며 "김대중! 김대중"을 외쳤다. 군중들은 서울 김포국제공항 밖의 회색빛 대로변에 줄지어 있었다. 한국의 야당 지도자가 탄 NWA 191편은 공항에 무사히 안착했다. 그는 군중들에게 인사하기를 원했다. 그러나 한국 정부 당국은 김대중 씨와 부인, 그리고 미국인 고관들을 비행장의 출입 제한 구역으로 몰고 갔다. 거기서 50여 명이 넘는 사복 요원들이 이 야당 지도자를 수행원들과 분리시켜 끌고 갔다. 그들은 미국인 몇 사람을 주먹으로 치고 발로 차고 땅바닥에 내동댕이쳤다. 그러고 나서 그들은 김대중 씨를 엘리베이터 안으로 처박았다. 김대중 씨와 부인은 백색 마이크로버스에 실려 공항 뒷길을 통해 자택으로 압송되었고, 자택에 도착 즉시 가택 연금에 처해졌다.

55번의 연금, '동교동 교도소'

(1985 ~ 1986)

경찰들은 다시 내 동교동 집을 철통같이 지켰다. 우리 집은 아무도 접근할 수 없는 요새가 되었다. 저들은 집 주변의 주택들을 빌리거나 사기도 했다. 그곳에 안기부 요원과 경찰을 상주시켰다. 경찰 수백 명이 몇 겹으로 집 주위를 둘러쌌다. 전화는 도청당했고, 우편물은 검열당했다. 저들은 언론의 인터뷰까지 방해했고, 내가 지은 책들은 서점에 진열하지도 못하게 했다. 집회 연설도, 모임에서 하는 발언도 방해했다. 심지어 신앙 체험 간증까지도 할 수 없었다.

선거 나흘 전이었지만 나의 귀국은 바람이었다. 총선은 예측 불허의 격전 속으로 빠져 들어갔다. 귀국 이후 나에 대한 가택 연금은 신당 후보들에게는 현장 유세 이상의 위력이 있었나. 강세로 망명의 길을 떠났지만 이 땅의 민주화를 위해 목숨을 걸고 다시 귀국했다는 나에 대한 이야기는 유권자들에게 많은 울림을 주었다. '폭풍의 귀국'은 선거 정국의 폭풍이었다. 신당 후보의 연단에서는 예외 없이 내 이야기가 나왔다. 충청도에서도, 경상도에서도 내 이름을 외쳤다. 어떤 후보는 나를 단독으로 만나 시국을 논의했다고 과장해서 말하기도 했다.

2월 12일 총선이 끝났다. 투표함이 열리자 국민들은 열광했다. 스스로 만

들어 낸 선거 혁명이었다. 선거 결과는 신민당의 승리였다. 지역구 50석, 전국구 17석을 얻어 무려 67석을 차지했다. 제1야당이었던 민한당은 지역구 26석, 전국구 9석 등 35석을 차지하는 데 그쳤다. 민한당은 11대의 81석에서 절반도 건지지 못했다.

국민도, 정부 여당도 그리고 신민당 내부에서도 믿기지 않은 야당의 선전이었다. 참다운 야당 출현을 국민들이 얼마나 갈망하는지, 민주화를 얼마나 열망하는지 알 수 있었다. 헌법을 바꿔서 직접 '우리 대통령'을 뽑아야 한다는 것이 표심(票心)이었다. 결국 목숨을 건 나의 귀국은 국민들의 민주 의식과 민주 세력의 야성을 일깨웠다. 누구는 이렇게 말했다.

"총선 전 귀국은 야구로 치면 승부를 뒤집는 9회말 역전 만루 홈런이었습니다."

12대 총선은 관제 야당인 민한당을 침몰시켰다. 총선이 끝난 지 두 달도 되지 않아서 민한당 당선자 35명 중 29명이 신민당에 입당했다. 총선에서 나타난 민심의 명령이었다. 민한당은 민심의 바다에서 속절없이 가라앉았다. 신민당은 103석의 거대 야당으로 우뚝 섰다.

3월 6일, 전두환 대통령 취임 4주년을 맞아 정치 활동 규제자에 대한 마지막 해금 조치가 있었다. 나를 포함해서 남은 16명의 규제가 풀렸다. 그런데 유독 나만은 사면·복권을 보류시켰다.

3월 15일, 김상현 민주화추진협의회(민추협) 공동의장 권한대행의 자택에서 김영삼 공동의장과 공식 회담을 가졌다. 이 자리에서 김 의장은 내게 민추협 공동의장에 취임해 줄 것을 요청했다. 이를 수락했다. 이로써 4년 10개월 만에 정치 전면에 나섰다. 그러나 나에 대한 사면·복권 보류는 양심수 석방과 함께 정국의 뇌관이었다. 제1야당 신민당은 여당인 민정당과 이 문제로 밀고 당겼지만 타협점을 찾지 못했다. 국회는 5월에 가서야 겨우 개원할 수 있었다.

정치 활동 규제는 풀렸지만 가택 연금은 계속되었다. 나는 본격적인 활동이 불가능했다. 가끔 연금을 풀어 주기도 했는데 그 기준이 무엇인지 도대체 알 수가 없었다.

아내의 류머티즘 관절염이 심해졌다. 손목과 무릎이 아프다고 호소했다. 지난 세월 아내는 영일(寧日)이 없었다. 1976년부터 6년 동안 내 옥바라지를 하고 미국에서는 수많은 사람들을 초대해 집에서 대접했다. 또 미국 전역을 누비며 내 '강연 여정'에 동참했다. 심신이 너무 지쳐 있었다. 귀국 후 연탄보일러를 때는 낡은 동교동 집 생활이 아내를 더욱 힘들게 했다. 우리는 상의 끝에 집을 고치기로 했다. 그리고 관절염 치료에 온천욕이 좋다고 해서 수안보 온천에 갔다. 정말 오랜만의 국내 여행이었다. 그러나 아내는 워낙 몸이 약해져서 그 뒤로도 한참을 관절염으로 고생해야 했다.

정국은 개헌을 둘러싸고 첨예하게 대치했다. 권력 구조가 어떻게 되느냐에 따라 정치 세력들의 운명이 결정되었다. 여권은 의원 내각제를, 신민당은 국민 투표로 대통령을 뽑는 직선제 개헌을 주장했다. 민정당은 조금도 양보할 기미를 보이지 않았다. 나와 김영삼 민추협 의장, 이민우 총재는 자주 만나 현안에 대해서 협의를 했다.

그런데 하루는 김영삼 의장이 만나자고 했다. 호텔 방으로 은밀히 오라고 했다. 나를 보더니 심각한 표정으로 입을 뗐다.

"저 사람들이 도저히 우리 주장을 받아들이지 않겠다 하니, 그냥 내각제 개헌안을 받으면 어떻겠습니까."

내 귀를 의심했다. 그의 입에서 나와서는 안 될 말이었다. 나는 단호하게 거부했다.

"직선제 개헌은 국민과의 약속입니다. 아니, 직선제를 한다고 해서 신민당이 압승을 거두었으니 이제는 국민의 명령입니다. 국민들은 직선제를 지지하고 있으니 국민의 뜻에 따라야 할 것 아닙니까."

그러자 김영삼 의장도 고개를 끄덕였다. 그런 뒤에도 상도동계에서는 내각제 얘기가 간혹 흘러나왔다. 또 신민당 당내 비주류에서도 내각제를 선호하는 의원들이 있었다. 이런 움직임에 나는 불안감을 느꼈다.

하루빨리 신민당 내의 내각 책임제 논의를 극복하여 선거 공약대로 대통령 직선제로 당론을 통일하고, 전당 대회를 통해서 신민당을 강력한 야당으로 정비할 필요가 있다고 생각했다. 그래서 나는 차기 대선에서 김영삼 의장이 대통령 후보가 되고 내가 부통령 후보가 되어 전국을 누비는 소위 '역할 분담론'을 구상했다. 이것을 발표하기에 앞서 나는 무척 고민했다. 정보 정치의 마수, 제도 언론의 왜곡 보도, 그리고 이해를 달리한 내부 세력 간의 갈등을 생각할 때 나 자신이 그 와중에 상처를 입게 될 것은 너무도 뻔한 일이었다. 그러나 민주 회복을 위해서 주변 태세를 제대로 갖추려면 피하고 지날 수 없는 문제였다. 내각 책임제가 신민당에 의해서 채택된다면 이는 선거 공약 위반일 뿐 아니라 차기 정권을 포기하는 것이나 마찬가지였다. 이번 전당 대회를 통해서 김영삼 의장과 협력해서 신민당을 강력한 야당으로 재편성하지 못한다면 2월 선거에서 국민이 신민당에 걸었던 기대는 물거품이 될 수도 있었다. 여러 가지 고심 끝에 나는 내각 책임제 문제도 종식시키고 나와 김영삼 의장과의 확고부동한 협력 체제도 이룩하기 위해서 이민우 총재에게 내 생각을 말하기로 결심했다.

7월 10일, 이민우 총재와 김영삼 의장을 만났다. 신민당 전당 대회는 8월 2일로 예정되었다. 나는 이번 전당 대회에서 김영삼 의장을 총재로 선임해야 한다고 주장했다. 물론 이 총재 면전에서 얘기를 꺼내 미안했다. 그래도 이 총재가 상도동계 사람이라 편하게 내 의견을 털어놨다. 효율적인 대여 투쟁을 위해서는 강력한 지도부가 필요하다고 여겼기 때문이다. 가을에는 개헌을 둘러싸고 중대한 고비들이 기다리고 있기에 김 의장이 야당을 이끄는 것이 훨씬 효율적이라 생각했다.

아울러 이번 전당 대회에서 정·부통령의 러닝메이트를 발표하는 것이 좋겠다고 말했다. 나와 김영삼 의장이 러닝메이트가 되면 국민들과 재야 민주 세력들도 안심할 것이고, 대통령 직선제 개헌안을 확정짓는 부수적인 효과도 있을 것이라고 말했다. 두 사람 모두 내 이야기를 경청했고 이의를 제기하지 않았다.

그런데 다음 날 조간신문에 엄청난 허위 사실이 보도되었다. 나를 겨냥한 악랄한 기사였다. 김영삼 의장이 당 총재를, 내가 대통령 후보를 맡는 이른바 역할 분담론을 내가 제안했다는 것이었다. 그러자 모든 신문이 '김대중의 탐욕스러운 제안'이라며 나를 매도하기 시작했다. 나는 대통령 후보가 되겠다고 자청해 나선 성급하고 염치없는 사람으로 몰렸다. 너무도 어이없는 일이었다. 심적 충격이 너무도 컸다. 나는 사실이 아니라고 곧바로 3자 회동 결과를 설명했다. 김영삼 의장도 그러한 역할 분담론은 사실이 아니라고 해명했지만 그런 내용은 거의 보도되지 않았다.

감당하기 힘든 엄청난 비난이 내게 쏟아졌다. 권력만을 좇는 '대통령병' 환자라는 말도 들어야 했다. 당사에도, 집에도 비난 전화가 쇄도했다. 아마 지금도 내가 역할 분담론을 주장했다고 믿는 사람이 있을 것이다. 그 일은 내게 오래도록 치명적인 상처로 남았다.

8월 2일 신민당 전당 대회에 참석, 김영삼 씨와 함께 상임고문으로 추대되었다. 8월 15일에는 전두환 대통령과 이민우 총재가 회담을 가졌다. 전 대통령은 신민당이 주장하고 있는 직선제 개헌에 반대했다. 이때 여당이 구상하고 있는 것은 '이원 집정부제'였다. 이원 집정부제는 대통령과 국무총리가 권력을 분점하는 것이지만, 총리를 대통령이 지명하기 때문에 결과적으로 전 대통령이 영구 집권을 획책하고 있다는 의심을 사기에 충분했다.

1985년 여름부터 가을까지는 남북문제가 정국을 달구었다. 서울올림픽을 유치한 정부는 남북 스포츠 회담을 열었고, 국민들의 관심을 올림픽과 통일 문제에 묶어 두려고 안간힘을 썼다. 그 결과 9월 20일부터 4일간의 일정으로 이산가족 50명이 판문점을 넘어 고향을 방문했다. 분단 후 40년 만이었다.

12월 27일 소극장 연우무대에서 연극 〈한씨 연대기〉를 관람했다. 민족 분단의 아픔이 절절했다. 주인공이 수사 기관에 끌려가 고문당하는 장면에서는 울고 말았다.

12월 29일에는 문재린 목사 빈소를 찾아가 조문했다. 장례식에도 참석하고 동두천 장지까지 다녀왔다. 문 목사는 문익환, 문동환 목사의 아버지로 더 알려져 있다. 겸손하고 온화했지만 불의에는 범처럼 사나웠다. 후손들이 반듯하니 잘 사셨음이다. 위인을 묻고 내려오니 한 해가 저물고 있었다.

1986년 1월 16일, 전 대통령은 개헌 논의에 찬물을 끼얹었다. 국정 연설을 통해 개헌 논의 자체를 미루자고 했다.

"대통령 선거 방법의 변경에 관한 문제는 평화적 정권 교체의 선례와 서울올림픽 개최라는 긴급한 국가적 과제를 성취하고 난 1989년에 가서 논의하는 것이 순서다."

올림픽을 내세운 '정치 휴전' 제안은 속이 훤히 들여다보였다. 신민당은 이를 한마디로 일축했다. 신민당은 2월 12일 총선 1주년을 맞아 대통령 직선제 개헌 1000만 명 서명 운동에 돌입했다. 이민우 총재가 안의동 당사에서 이를 내외에 천명했다.

"총선 1주년을 맞아 김대중, 김영삼 선생, 그리고 나와 부총재단, 개헌추진본부 시도지부장을 필두로 대통령 직선제 개헌 서명을 시작하겠습니다."

나도 인사말을 했다.

"모두 용기를 갖고 단결하며 희생하는 것만이 민주 회복을 성취할 수 있는 길입니다. 당분간 이렇게 모이는 것이 어려울지도 모르겠습니다."

이 일로 인해 나에 대한 탄압이 더욱 심해질 것으로 예상했다. 내 예상은 적중했다. 다음 날 경찰은 2개 중대 약 300여 명과 수많은 차량으로 내 집 주위를 봉쇄했다. 그리고 전화 2대를 불통시켜 버렸다. 동지들이 달려와 출입 통제에 항의했으나 소용이 없었다. 나는 12일 동안 연금을 당했다. 김옥두, 배기선, 설훈, 이석현, 박호덕, 방극래, 공은혜 비서 등이 나와 함께 있었다.

개헌 서명 운동은 전국으로 번져 나갔다. 정부는 강경 대응에 나섰다. 경찰을 동원해서 신민당 당사를 봉쇄했고, 당사와 민추협 사무실을 압수 수색했다. 무력으로 개헌 운동을 막으려 했다.

이때 또 다른 독재 국가 필리핀에서 의미 있는 혁명이 일어났다. 바로 2월 25일 독재자 마르코스가 '피플 파워(민중의 힘)'에 굴복하여 권좌에서 쫓겨난 것이다. 그리고 코라손 아키노 여사가 집권에 성공했다. 코라손 여사는 귀국 때 공항에서 무참히 살해된 베니그노 아키노 의원의 미망인이었다. 이 소식은 독재에 신음하고 있던 한국인들에게 복음과도 같았다. 그래서 살펴보니 필리핀은 같은 독재 체제라 하지만 우리나라와 너무도 다른 '자유'가 있었다. 지방자치를 하고, 언론과 집회·시위의 자유도 있었다. 필리핀에 견주어도 우리네 상황이 훨씬 혹독했다.

필리핀에서 독재자가 축출된 사건은 봄바람이었다. 3월 11일, 개헌추진위원회 서울 지부 발족식이 흥사단에서 열렸다. 행사에 참석하려 했으나 경찰의 제지로 집 안에 묶였다. 나는 저들에게 "차라리 교도소로 보내라"고 소리쳤다. 저녁에 우리 집을 방문한 서독 언론사, NBC와 연달아 인터뷰를 갖고 당국의 부당한 처사를 지적했다.

3월 30일 개헌추진위 광주 지부 결성식이 열리던 날, 저들은 새벽 2시부터 오전 6시 30분까지 우리 집 전기를 끊어 버렸다. 차고의 자동문이 작동하지 않아 공항으로 출발할 수 없었다. 비서들이 거세게 항의를 해서 전기를 넣었고, 겨우 공항으로 출발했다. 그러나 이번에는 200여 명의 경찰이 길을 막아 결국 귀가해야만 했다. 그럼에도 광주 대회는 대성공이었다.

마침 우리 집을 방문한 스티븐 솔라즈 미국 의원 내외가 이러한 사태를 지켜보고 나를 위로했다. 그리고 자신이 귀국하면 그 실상을 의원들에게 전하겠다고 했다. 대구 지부 발족식도 공항으로 가는 도중 경찰이 길을 막아 참석하지 못했다. 그러나 개헌추진위 지부 결성식은 성공적으로 치렀다.

진정 화신(花信)의 북상이었다. 부산에는 4만, 광주 10만, 대구 2만 명이 넘게 모였다. 나는 연금 상태라서 녹음 연설을 해야 했다. 현장에 없었지만 청중들은 얼굴 없는 연설에도 내 이름을 연호했다. 특히 부산, 대구에서 뜨거운 박수와 환호를 받았다. 각 대학에서도 개헌을 촉구하는 집회가 열렸다. 집회는 예상보다 훨씬 뜨거웠다.

그러자 전 대통령은 노태우 민정당 대표위원과 이민우 신민당 총재를 청와대로 불러 회담을 했다. 회담 결과는 고무적이었다.

"여야가 국회에서 합의한다면 재임 중에도 헌법을 개정할 용의가 있다."

1986년 5월 3일은 신민당 개헌추진위원회 경기·인천 지부 결성 대회가 열리기로 돼 있었다. 그러나 집회 한 시간 전에 학생과 경찰이 충돌했다. 인천 민정당사와 승용차가 불에 탔고 격렬한 투석전이 벌어졌다. 대회는 무산되고 말았다. 이러한 과격 시위는 여러 가지 부정적인 결과를 가져왔다. 앞서 3개 도시에서 벌어진 개헌 집회에는 지지를 보냈던 시민들이 인천의 과격 시위에는 거부감을 드러냈다. 반미·반핵 구호가 등장하자 미국 측도 크게 긴장했다.

이는 전두환 정권이 바라던 바였다. 곧바로 강경책을 폈다. 공안 당국은 5·3 인천 시위를 좌경 용공 세력의 반정부 폭력 행위로 규정했다. 재야 세력에게도 대대적인 탄압을 가했다. 이는 제도권 야당인 신민당과 재야 및 학생운동 진영의 연대를 깨뜨리려는 전략이었다. 실제로 경찰은 대회가 시작하기도 전에 최루탄을 쏘아서 대회장을 아수라장으로 만들었다. 경찰은 이 사태의 배후 조종 등의 혐의로 민통련 간부와 학생 등 32명을 수배했다. 문익환 민통련 의장도 구속했다.

나는 이러한 사태를 지켜보면서 무엇보다 중요한 건 국민의 지지라는 것을 다시금 확인했다. 아무리 절박한 시위라 해도 국민이 외면하면 소용이 없는 법이다. 과격 시위는 국민의 호응을 이끌어 낼 수 없다. 따라서 '5·3 시위'는 성공할 수 없었다.

1986년 8월 23일 전북 무주 구천동으로 가족과 함께 휴가를 갔다. 참으로 오랜만이었다. 구천동 경치의 으뜸은 계곡이었다. 끝없는 계곡에 옥처럼 맑은 물이 흘렀다. 특별히 기암절벽이 없으면서도 어디를 봐도 아름다웠다. 자연스럽고 평범하면서도 무궁한 미가 있었다. 경찰, 안기부, 보안사 요원 100명 정도가 몰려와 감시했다. 나는 구천동을 바라보고 저들은 나를 구경하고 있었다. 대전 유성에 들르자 경찰이 나를 연금하겠다고 했다. 그 태도가 거의 덤빌 듯했다. 8월 26일 상경 길에 경기도 용인 한국민속촌을 둘러봤다. 어릴 때의 추억이 생생하게 되살아났다. 얼마 뒤 미국에 있는 홍업에게서 전화가 왔다. 아들을 얻었다고 했다. 손자 종대가 태어난 것이다. 그러고 보니 1주일 전이 홍일 모(母) 27주기였다. 아내 차용애는 갔어도 그의 생명은 이렇듯 다시 태어났다.

1986년 10월 28일 오후 1시부터 건국대 민주광장에서 전국 26개 대학교 학생 2000여 명이 모여 '전국 반외세·반독재 애국학생투쟁연합' 발족식을 열었다. 얼마 후 경찰들이 학교로 난입하며 최루탄을 발사했다. 학생들은 돌과 화염병으로 맞섰지만 결국 건물 안으로 쫓겨 들어갔다. 경찰은 건물을 물샐틈없이 에워쌌다. 퇴로가 없는 학생들은 건물 안에서 농성을 시작했다.

학교 측은 경찰의 철수를 요구했다. 학생들의 안전한 귀가를 보장하면 자진 해산할 것이라며 당국을 설득했다. 그러나 전 정권은 학교 측의 중재안을 묵살해 버렸고, 학생들을 '친북 공산 혁명 분자'로 매도했다. 물론 언론은 정부의 말을 그대로 보도했다. 농성 나흘째인 10월의 마지막 날, 경찰은 무자비한 진압 작전을 전개했다. 동원된 병력이 무려 3000여 명이었다. 1525명을 연행하여 1274명을 구속했다. 단일 사건으로는 구속 인원 세계 최다 기록이었다.

'건국대 사태' 와중에 '금강산댐' 사건이 터졌다. 북한이 금강산댐을 건설하고 있는데 이는 수공(水攻)으로 서울을 쓸어버릴 흉계라는 것이었다. 언론은 "63빌딩 절반이 물에 잠긴다", "원폭 투하 이상의 피해", "남산 기슭까지 물바다", "100미터의 물기둥이 강타" 등 연일 무시무시한 속보를 쏟아 냈다. 정부는 곧바로 이에 대응하는 평화의 댐 건설 계획을 발표했다. 그러자 국민적 모금 운동이 벌어졌다. 방송사는 모금 방송을 생중계하며 광란의 허위극에 스스로 광대가 되었다. 거리로, 학교로, 교회로, 일터로 나가 마이크를 들이밀었다. 코흘리개 어린아이, 백발의 노인, 해외 동포 그리고 재소자들에게까지 성금을 거뒀다.

훗날 금강산댐은 완전히 조작된 정보에 따라 꾸며진 허구였음이 드러났다. 이는 용서받지 못할 죄악이었다. 건국대에 대규모 병력을 투입하기 하루 전에 '북한의 금강산댐 건설'을 발표한 것은 그 의도가 너무 뻔했다. 군사 정보를 독점하고 있는 안기부가 연출한 '공포의 드라마'였다. 국방부 등 관련 부처는 소품 정도나 담당했을 뿐이다. 전 정권은 대통령 직선제 요구가 핵심인 개헌 정국의 물꼬를 돌리기 위해서는 무슨 짓이든 했다. 당시 그것은 안보 위협과 올림픽이었다.

나로서도 고민을 안 할 수가 없었다. 시국은 참으로 엄중하여 1980년의 상황과 비슷했다. 건국대 사건과 금강산댐 건설 등의 위기를 조장하며 다시 군부가 극한 조치를 취할지도 모르는 상황이었다. 실제로 전두환 정권은 제2의 쿠데타를 준비하고 있는 징후가 감지되었다. 10월 초에는 나에 대한 체포설이 나돌아 기자와 시민들의 확인 전화가 빗발쳤다. 나는 이 위기를 돌파할 계기가 필요하다고 생각했다. 몇 날을 고민하다가 마침내 이 난국을 풀어나가는 데 필요하다면 대선 불출마 선언을 해야겠다고 마음먹었다. 내가 대통령이 되지 못하더라도 군부 독재만은 종식시켜야 했다. 그리고 좌익 분자로 몰려 구속된 학생들을 석방시켜야 했다. 참으로 어려운 결단이었다. 11월 5일, 나는 민추협 사무실에서 내외신 기자들이 지켜보는 가운데 성명서를 읽었다.

> 최근 광란의 권력이 휘몰아친 한파는 온 국민을 극도의 긴장과 불안 속에 떨게 하고 있다. 이것이 민주화로 가는 마지막 시련이라 할지라도 내가 처해 있는 여러모로 제한된 상황 아래서 난국 타개를 위한 뚜렷한 역할을 할 수 없는 나는 안타깝고 초조한 심정으로 요즘의 정국을 바라보고 있다.

특히 최근에 일어난 건국대학교에서의 사태에서 오늘의 현실을 가져오는 데 아무 책임도 잘못도 없는 우리 젊은 자식들이 무더기로 희생되는 것을 볼 때, 그리고 또 앞으로 이러한 사태가 다시 일어날 수도 있는 현실을 감안할 때, 나의 마음은 천 갈래 만 갈래 찢어지는 심정이다.

현 난국을 수습하는 길은 국민의 절대 다수가 원하는 대통령 중심 직선제로의 개헌에 의한 조속한 민주화의 실현밖에 없다. 그러나 전두환 정권은 이러한 국민적 열망에 귀를 기울일 생각이 없는 것이다.

이제 나는 여기서 대통령 중심제 개헌을 전두환 정권이 수락한다면 비록 사면·복권이 되더라도 대통령 선거에 출마하지 않겠다는 나의 결심을 천명한다.

그러자 당시에 서독을 방문 중이던 김영삼 씨도 현지에서 기자 회견을 갖고 "직선제와 사면·복권 등 민주화가 되면 김대중 씨의 출마도 생각해 볼 수 있다"고 말했다. 나는 김영삼 씨의 기자 회견 소식을 듣고 무척 기뻤다.

김영삼 씨는 망명에서 돌아온 나에게 "당신이 나이도 위이고 하니 사면·복권이 되면 대통령 후보로 지지하겠다"고 얘기하곤 했다. 아마 그런 생각에 변함이 없음을 밝혔으리라 짐작된다.

그러나 전 정권은 대통령 직선제 개헌을 전제로 한 불출마 선언, 아니 불출마 선언을 하면서까지 제시한 나의 요구를 일축해 버렸다. 직선제 제의를 수락하지도 않았고, 건국대 사태로 구속된 학생들을 풀어 주지도 않았다. 오히려 더욱 강경 국면으로 정국을 몰고 갔다. 나의 '5일 선언'이 있자 이춘구 민정당 사무총장은 '대통령 직선제 수락'이라는 전제가 붙어 있다면서 즉각 반발했다. 그리고 의원 내각제 추진에 변함이 없다고 천명했다. 이로써 불출마 선언의 전제 조건들은 여당에 의해 사실상 거부당했다.

직선제 개헌 투쟁에서 이민우 총재의 행보는 조금씩 빗나갔다. 때로는 정부 여당의 주장에 동조하는 뜻의 발언까지 했다. 나와 김영삼 의장은 결국 신당 창당을 추진해야만 하는 상황에 직면했다. 그러자 나에 대한 감시와 연금은 더욱 심해졌다.

나는 귀국 이후 1987년 6·29 선언으로 사면·복권이 될 때까지 55차례나 가택 연금을 당했다. 연금 조치는 누가 결정하는지 몰라도 아무 때나 불쑥 통보했다. 짧으면 하루, 길면 두 달이 넘을 때도 있었다. 말이 연금이지 불법 감금이었다.

1987년 4월 10일 밤늦게 마포경찰서장이 찾아왔다. 전날 나는 남산의 외교구락부에서 '신당 창당을 위한 준비위 조찬 모임'에 참석할 예정이었으나 경찰이 이를 막았다. 저들은 신당 창당과 맞물려 내가 일으킬 바람을 두려워했다. 서장이 경고장을 꺼내 읽었다.

"형 집행 정지자는 정당법 제42조 2항에 따라 정당 활동을 할 수 없으므로 앞으로 정당 활동은 물론 민추협이나 민권회에도 출입할 수 없으며 뿐만 아니라 어떠한 정치인과도 접촉할 수 없다."

그러면서 서장은 "오늘부터 가족, 운전기사, 가정부, 내외신 기자를 제외한 외부인 출입을 금지한다"고 통보했다. 비서들과 마침 우리 집을 찾아온 손님들이 분통을 터뜨렸다. 나는 마포경찰서장에게 재작년 3월 6일자로 정치 활동 규제에서 해제되어서 기본적으로 정치 활동의 자유가 있다는 것과 연금과 외국인의 집 출입 방해가 모두 불법 행위라는 점을 지적하면서 항의했으나 별 성과가 없었다. 악법 밑에 사는 것도 괴롭지만 악법조차 지켜지지 않는 정권 밑에 사는 것은 참으로 힘든 일이라는 생각을 다시 새삼스럽게 했다.

경고장을 낭독하는 동안 우리 집 주변을 경찰들이 몇 겹으로 둘러쌌다. 4개 중대 6백여 명이 배치되었다. 정문으로 통하는 진입로 양편에 바리케이드를 치고 외부인의 접근을 차단했다. 주민들도 일일이 신원을 확인했다. 이런 사실을 알고 뒤늦게 달려온 김영배, 허경만 의원 등 동지들과 비서 및 보좌관들은 고함을 지르고 길을 열라고 몸싸움을 벌였지만 몇 겹으로 막아선 경찰들을 당해 내지 못했다. 발을 구르고 울부짖었지만 한 발자국도 더 내딛지 못했다.

다음 날 김영삼 씨가 우리 집을 찾아왔다. 경찰이 출입을 봉쇄해서 담벼락을 사이에 두고 악수를 했다.

이번 연금은 이전과 달리 매우 길었다. 6월 25일 새벽 0시에 연금이 해제될 때까지 78일간 지속되었다. 연금이 계속되자 비서들은 우리 집을 '동교동 교도소'라 불렀다. '불법 감금 달력'도 만들어 응접실에 붙여 놓았다. 그리고 하루가 지나면 그 날짜 위에 붉은 펜으로 × 표시를 했다.

나는 날마다 침실에서 지하 서재로 출근을 했다. 일터에 나가듯 꼭 넥타이를 매고 정장 차림을 했다. 스스로 무너지면 안 될 것 같았기 때문이다. 저들은 성당에도 가지 못하게 했다. 토요일과 일요일마다 항의를 했지만 돌아오는 대답은 한결 같았다.

"상부의 지시가 없어서 안 됩니다."

부활절에는 목사 십여 명과 신도 백여 명이 우리 집 근처에서 찬송가를 부르며 노상 예배를 드리려 했다. 하지만 모두 끌려가 경찰 버스에 태워져 성남 문산 등지에 버려졌다. 이를 따지다 맞아서 다친 사람이 여럿이라는 소식도 들렸다. 참담했다. 할 수 없이 일요 예배를 우리끼리 보았다. 아내의 기도는 늘 간절했고, 우리에게 힘을 주었다. 경찰은 끝내 가족들과 내외신 기자들의 출입까지 봉쇄해 버렸다. 우리 집은 도시 속의 섬이었고, 골목에는 살기가 자욱했다. 시민과 학생들이 우리 집 근방에서 기습 시위를 벌이기도 했다.

"김대중 선생 연금 해제", "김대중을 복권하라."

그러면 경찰들이 우르르 몰려가 두들겨 팼다. 매를 견디다 못해 축 늘어진 시민과 학생들을 버스에 강제로 태워 난지도 쓰레기장 등에 버렸다.

가족들은 시도 때도 없이 걸려오는 협박 전화에 시달렸다.

"집을 폭파해 버리겠다, 조심해라", "오늘 밤에 몰살시켜 버리겠다", "데모 조종 그만해라, 빨갱이들아."

그럼에도 나는 하루도 거르지 않고 꽃밭을 가꾸었다. 며칠 간격으로 음지와 양지에 놓인 화분을 서로 바꿔 주었다. 40여 종의 꽃은 늘 나를 반겼다. 꽃에게 말을 걸면 대답을 했다. 나는 세상 밖으로 나갈 수 없음을 탄(嘆)했지만

장기 연금에 항의하여 남궁진(왼쪽), 김옥두 비서가 동교동 집 지붕 위로 올라가 시위를 벌였다.

꽃들은 내 작은 뜰을 한세상으로 여기며 웃었다. 꽃은 내 속으로 들어와 가만가만 시름을 닦아 주었다.

5월 1일은 통일민주당 창당 대회가 열리는 날이었다. 그날 우리 집 주변은 부산했다. 경찰 경비 병력은 1500여 명으로 늘어났다. 창당 대회를 마친 당원 1000여 명이 우리 집 쪽으로 향했다. 신촌 로터리와 동교동 로터리 쪽에서 동시에 밀고 들어왔다.

"김대중 불법 감금을 즉각 해제하라", "독재 타도."

골목마다 시민들이 몰려나와 박수를 치며 구호를 외쳤다. 이때 김옥두, 남궁진 비서가 지붕으로 올라가 플래카드를 펼쳐 들었다.

"김대중 선생 불법 감금 해제하라."

'동교동 교도소'에서 이불의 광목 호청을 뜯어 만든 플래카드는 전 세계의 이목을 집중시켰다. 두 비서는 "불법 감금을 해제하라"고 외쳤다. 5월의 햇살은 따가웠고, 두 사람은 땀을 비 오듯 쏟았다. 그러면서도 외침을 멈추지 않았다. 나는 그 아슬아슬한 광경을 지켜보기만 했다. 이날 지붕 위의 기습 시위는 AP 통신 기자가 촬영하여 세계로 타전했다.

'동교동 교도소'에서 세상과 소통하는 것은 오로지 전화였다. 특별한 경우를 제외하고 저들은 전화만은 끊지 않았다. 24시간 동안 낱낱이 도청당했지만 전화는 참으로 유용한 투쟁 도구였다. 20여 개국 40여 개 언론사와 전화로 인터뷰를 했다. 수많은 외국인들, 그리고 시민들의 격려가 그 작은 구멍을 통해 날아들었다. 내 목소리를 밖으로 흘려보내는 유일한 통로였으니 그나마 고마웠다.

6부

1986~1997년

사람들은 나를 인동초라 불렀다. 인동초는 가을에 익은 열매가 겨울 눈 속에서 더욱 붉었다. 인동초가 겨울을 버티는 것은 봄이 온다는 믿음 때문 아니겠는가. 그러나 그 모습은 왠지 슬프다. 처연한 아름다움. 인동초에는 눈물이 들어 있었다. 겨울이 혹독한 만큼 우리의 봄날은 아름다워야 했다.

6월 항쟁

(1986 ~ 1987)

1986년 크리스마스 전날 이민우 총재가 돌연 기자 회견을 열었다. 그리고 '선 민주화 후 내각제 협상'을 핵심 내용으로 하는 이른바 '이민우 구상'을 발표했다. 지방 자치제 실시, 언론 자유 보장, 공무원의 정치적 중립, 구속자 석방과 사면·복권 등 7개항의 선행 조건을 전두환 정권이 수용하면 내각 책임제 개헌안에 대한 협상을 검토할 수 있다는 내용이었다. 이 총재의 발언은 대통령 직선제 개헌을 관철한다는 당론과 어긋났다. 또 중요 사안에 대해서는 민추협 의장인 나와 김영삼 씨에게 상의를 해야 하는데도 단독으로 발표했다.

그러자 노태우 민정당 대표위원은 이틀 후 송년 간담회에서 이에 화답했다.

"이민우 총재의 구상은 신민당이 의원 내각제 협상 가능성을 시사한 것으로 판단되며 이는 국민의 여망인 합의 개헌을 이룩하고 현 정국을 풀어가는데 진일보한 사태의 진전이라고 생각한다. 의원 내각제 협상 용의를 표명한 것이라면 긍정적으로 논의할 용의가 있다."

뭔가 잘못되어 가고 있었다. 당 안팎에서 논란이 일었다. 나는 이 기회에 이 총재의 경솔함을 지적하고 이민우 구상에 대한 논란을 단호히 끝장내기로 했다. 우리 집에 쇄도하는 전화는 '이 총재 규탄' 일색이었다. 김영삼 씨를 향한 경고성 발언도 많았다. 나는 이 총재 발언을 정면으로 비판했다.

"대통령 직선제 개헌 없이 7개항만 이뤄지면 민주주의가 된다는 것은 어림없는 소리다. 직선제와 민주화 7개항의 병행 투쟁은 백지화가 마땅하다. 민주화란 어느 시대, 어느 정권에도 당연히 이뤄 내야 하는 보편적 가치이며 지금과 같은 개헌 정국에서는 협상 대상이 될 수 없다."

그럼에도 이 총재의 행보는 노골적으로 빗나가기 시작했다.

1987년 새해 들어서도 정국은 '이민우 구상'으로 연일 시끄러웠다. 모든 신문과 방송이 이를 지지하며 나와 김영삼 씨를 압박했다. 정보 정치의 마수가 느껴졌다. 그러던 중 1월 28일 김재준 목사께서 돌아가셨다는 소식을 들었다. 목사님은 우리나라 민중 신학의 원류이며 행동하는 기독자의 선구자였다. 나 개인에게도 잊을 수 없는 추억과 인연이 있다. 1971년 대통령 선거 때의 지원, 1979년 10·26 사태 이후 캐나다에 계시면서 보내 준 지지 서한, 그리고 이후에 나에 대한 성원과 사랑은 일관되고도 순수했다. 영결식에 1000여 명이 모였다. 유덕의 뿌리를 실감했다. 김 목사는 깁고 또 기운 헌 양복을 입고 다녔는데 손수건만큼은 깨끗했다. 생전 돈이란 모르고 살았다. 그분의 위대한 업적은 종교인만이 아니라 국민들도 높이 받들만 했다. 하느님과 국민 앞에 바르게 살았고, 이웃을 위해 모든 것을 바쳤다. 고인은 많은 것을 주고 떠났다.

며칠 뒤에는 뜻밖의 기쁜 소식을 들었다. 내가 그해 노벨평화상 후보에 오른 것이었다. 서울 주재 독일 통신 기자가 1월 30일 밤 전화를 해서 독일 사민당 의원 73명이 올해 노벨평화상 후보로 나를 추천했다는 소식을 전했다. '인권 투쟁과 평화 통일을 위한 노력'을 추천 이유로 들었다. 참으로 감격스러웠다. 다음 날 조간신문 귀퉁이에 기사 몇 줄이 났는데 축하 전화가 쇄도했다.

'이민우 구상'과 관련해 나는 수시로 김영삼 씨를 만나 상의했다. 그는 "소위 이민우 구상이란 것이 여당과 내각제 협상을 할 수도 있다는 오해를 불러

일으킴은 유감이다. 세간의 오해를 불식시켜야 한다"고 말했다.

그러자 이민우 총재는 "더 이상 당을 이끌어 나갈 수 없다"며 당무를 거부하고 충남 온양으로 내려갔다. 이 총재의 반격이었다. 이 총재는 상도동계 인물이었기에 김영삼 씨의 충격이 컸을 것이다. 이 총재와 김영삼 씨는 몇 번이나 '대통령 직선제 개헌'에 합의를 했지만 이 총재는 틈만 나면 이를 뒤집었다. 얼마 후 신민당의 비주류 의원 9명이 '민주 연합'을 발족시켜 이 총재의 구상을 지지했다. 이철승, 김재광, 신도환, 박한상, 박해충, 조연하, 김옥선, 이택희, 이택돈이 그들이다. 5월 전당 대회를 앞두고 나는 김영삼 씨가 총재를 맡아야 한다고 주장했다. 그러자 다시 이 총재가 반발했고, 총재 경선과 함께 집단 지도체제를 거론했다.

이때 슐츠 미 국무장관이 서울에 왔다. 3월 6일이었다. 슐츠는 여야 간의 대화와 타협을 강조하는 원론적인 얘기를 했지만, 다시 말속을 더듬어 보면 이 총재의 '선 민주화론'에 무게를 실어 주는 듯했다. 그러자 다시 '이민우 구상'이 살아났다. 당은 내홍에 휩싸였다. 이 총재와는 더 이상 함께 직선제 개헌을 위한 투쟁이 어렵다는 결론을 내렸다. 김영삼 씨와 나는 분당을 공식으로 선언했다.

1987년 4월 8일 신민당 의원 90명 중 74명이 탈당했다. 이 총재가 왜 '선 민주화론'을 포기하지 않고 틈만 나면 계속 주장했는지 그 이유는 정확히 모르겠다. 다만 이철승 의원을 중심으로 하는 비주류의 부추김이 있었고, 잇단 미국 고위 인사들의 지원성 발언에 고무되었을 가능성이 있다. 실제로 슐츠 국무장관보다 먼저 서울에 온 윌리엄 클라크(William Clark) 미국 동아시아·태평양 부차관보는 전 대통령의 단임 약속 이행을 강조하면서 이 총재의 선 민주화론에 깊은 관심을 표명했다.

클라크 차관보는 동교동 우리 집을 찾아와 내 의견도 물었다. 나는 국민들이 왜 대통령제를 선호하고 있는지를 설명했지만 그는 선뜻 내 얘기에 동의하지 않았다. 나와는 다른 생각을 하고 있다고 느껴졌다. 그리고 항간에는 이

가택 연금 중 찾아온 기자들과 '담벼락 회견'을 했다.

런 여러 가지 정황을 고려한 안기부의 공작이라는 설도 유력하게 떠돌았다.

신민당은 마침내 쪼개졌고, 우리는 신당 창당에 주력했다. 이름은 '통일민주당'이라 짓고 4월 13일에 발기인 대회를 열기로 했다. 총재에는 김영삼 씨를 추대하기로 했다. 그런데 대회가 열린 바로 그날, 전 대통령이 특별 담화를 발표했다.

"임기 중 헌법 개정이 불가능하다고 판단했다. 현행 헌법에 따라 내년 2월 25일 본인의 임기 만료와 더불어 후임자에게 정부를 이양할 것을 천명한다. 1988년 올림픽이 끝날 때까지 국론을 분열시키는 개헌 논의는 중지할 것을 선언한다."

이른바 '4·13 호헌 조치'였다. 미국 하원의원 101명이 슐츠 국무장관에게 나의 사면·복권을 위해 외교적 노력을 요청한 것도 이 무렵이었다.

전 정권의 4·13 호헌 조치는 대세를 읽지 못한 무리수였다. 민심이 이를 용서하지 않았다. 마지막 선을 넘어 버렸다. 각 대학 교수들이 4·13 조치를 철회하라는 시국 성명을 발표하고, 신부와 목사들이 단식 기도에 돌입했다. 문인들도 호헌 조치에 항의하는 성명을 발표하고 농성에 들어갔다.

4·13 조치는 통일민주당 창당 작업을 오히려 부채질했다. 5월 1일 창당을 향해 모두 숨 가쁘게 움직였다. 그러자 비주류 일부가 깡패들을 동원하여 지구당 창당 작업을 방해했다. 쇠파이프와 각목으로 무장한 용역 깡패들이 행사장에 난입했다. 세칭 '용팔이 사건'이다. 물론 백주의 난동 뒤에는 안기부 등 정부 기관이 있었다. 창당 방해 사건은 부패한 정치인을 앞에 내세운 공작정치의 산물이었다. 이러한 집요한 방해 공작에도 우리는 5월 1일 신당을 창당했다. 총재에는 김영삼 씨를 추대했고, 부총재에는 이중재, 양순직, 노승환, 이용희(동교동계), 최형우, 박용만, 김동영(상도동계) 씨를 선출했다. 단일지도 체제를 골자로 한 당헌과 직선제 개헌을 담은 정강 정책을 채택했다.

정국은 극도로 혼미했다. 그해 초 서울대생 박종철 군이 치안본부 대공분실에서 고문으로 사망하는 사건이 발생했다. 나는 분노와 슬픔을 금할 길이 없었다. 박 군의 아버지는 불과 20만 원의 월수입으로 자식을 가르쳤다고 한다. 부모의 심정은 어떨 것인가. 언제까지 악의 정권이 계속될 것인가. 악한 정부는 호랑이보다 무섭다지만 그 악한 정권 아래 살고 있는 백성들의 재앙은 호환(虎患)보다 컸다. 나는 전력을 다해 싸우기로 결심했다.

경찰은 박 군의 사인을 쇼크사라고 검찰에 보고했으나, 부검을 한 오연상 박사는 "물고문을 의심한다"는 소견을 냈다. 나라의 모든 눈과 귀가 박 군의 죽음으로 쏠렸다. 그러자 저들은 시신을 서둘러 화장했다. 박 군은 벽제 화장터에서 한 줌의 재로 변했다. 아버지는 차가운 임진강변에 아들을 뿌렸다. 차마 보내지 못하고 가슴에 아들을 묻었다.

진실을 밝히라는 여론의 압박에 당국은 경찰의 물고문 혐의를 인정하고 경찰관 두 명을 구속했다. 경찰이 박 군의 두 손과 두 발을 묶은 다음 겨드랑이를 잡고 머리를 물속에 넣었다 빼는 물고문을 반복했다고 실토했다. 이에 책임을 물어 내무장관과 치안본부장을 경질했다. 사건은 그걸로 마무리되는 듯했다. 그러나 4개월 후 다시 수면 위로 솟아올랐다.

5월 18일 밤, 명동성당에서는 '5·18 광주 항쟁 희생자 7주기 추모 미사'가 열렸다. 이날은 전국 62개 대학에서 수만 명이 추모 집회를 열었다. 김수환 추기경은 의미심장한 강론을 했다.

"광주의 한, 그것은 민족의 한이요, 역사의 한입니다. 민족의 가슴에 칼을 질러 깊은 상처를 내고 피를 흐르게 한 그 어처구니없는 사람들은 스스로 민족 앞에 나서서 죄를 고백하고 속죄해야 합니다. 아마도 이 길만이 한을 덜고, 우리 겨레로 하여금 광주의 상처를 아물게 하는 길이 되지 않을까 생각합니다. 그리고 이것이 그들 자신을 구하는 길이요 나라를 구하는 길입니다."

추기경은 전 정권을 직접 나무라고 있었다. 미사가 끝난 후 김승훈 신부는 "박종철 군 고문치사 사건의 진상이 조작되었다"는 제목의 성명서를 읽었다. 김 신부의 목소리는 떨렸다. 3000자가 넘는 성명서는 구체적이면서도 엄중했다. "사건 및 범인의 조작 책임은 현 정권 전체에 있다"며 개입한 사람들의 처벌을 요구했다. 천주교정의구현사제단의 이름으로 발표된 성명은 다음과 같이 끝을 맺었다.

> 이 사건 범인 조작의 진실이 박종철 군의 고문 살인 진상과 함께 명쾌하게 밝혀질 수 있느냐 없느냐에 따라 과연 우리나라에서 공권력의 도덕성이 회복되느냐 되지 않느냐 하는 결말이 날 것이다. 또한 우리 사회가 진실과 양심, 그리고 인간화와 민주화의 길을 걸을 수 있느냐 없느냐 하는 중대한 관건이 이 사건에 달려 있다.

사제단의 폭로는 다시 정국을 폭풍 속으로 몰고 갔다. 사흘 후 서울지검 검사장은 기자 회견을 갖고 고문 살인의 범인이 세 명 더 있다는 사실을 인정했다. 검찰은 재수사에 착수했고, 고문에 직접 가담한 경찰관 세 명이 추가로 구속되었다. 이어서 범인 축소 조작에 가담한 치안감도 구속되었다. 그래도 성

민권회 사무실에 마련된 박종철 열사의 분향소에 꽃을 바쳤다.

난 민심은 가라앉지 않았다. 하루하루가 달랐다. 사태가 심상치 않게 돌아가자 전두환은 26일 전면 개각을 단행했다. 노신영 국무총리, 장세동 안기부장, 정호용 내무부 장관, 서동권 검찰총장에 대해 문책 인사를 단행했다. 이로써 전 정권의 권력 지형이 바뀌었다.

4·13 호헌 조치에 대한 반감은 급속도로 퍼졌다. 또 독재 정권의 공권력에 의한 폭력은 절대 용납할 수 없었다. 이런 국민 감정을 받들어 독재 정권을 종식시킬 범국민 연대 기구가 필요했다. 뜻있는 사람들이 움직였다.

5월 27일, 마침내 민통련·민추협·민교협 등 단체와 종교계와 여성계 대표들이 향린교회에 모여 '호헌철폐 민주헌법쟁취 국민운동본부(국본)' 발기인 대회를 열었다. 발기인 대회는 당일 곧바로 결성 대회로까지 이어졌다. 삼엄한 감시에 내일을 기약할 수 없었기 때문이다. 모두 2191명이 발기인으로 참여했다. 국본은 고문단으로 나를 포함해 함석헌, 김영삼, 문익환, 김지길, 윤공희, 홍남순 등을 추대했다. 국본은 역사를 바꾼 6월 항쟁의 한가운데에 섰다. 나는 이날도 모임에 참석하지 못했다. 연금이 계속되고 있었다.

국민적 분노는 5월에 스며들지 못하고 6월로 넘어왔다. 국본은 6월 10일 '고문살인 은폐조작 규탄 및 호헌철폐 민주헌법 쟁취 국민대회'를 열기로 했다.

6월 10일 정오, 서울 잠실실내체육관에서는 민정당 전당 대회 및 대통령 후보 지명 대회가 열렸다. 대통령 후보로 노태우 씨를 선출했다. 간선제 선거로 '체육관 대통령'을 뽑겠다는 의도였다. 잠실체육관은 환호로 터질 듯했다. 관현악단, 여성 합창단, 농악대, 유명 가수와 개그맨 그리고 치어리더들이 흥을 돋우었다. 어떤 가수는 노태우의 애창곡 〈베사메무초〉를 불렀다. 전두환은 노태우 후보의 손을 치켜들었다. 천장에서 오색 꽃가루가 쏟아졌고 1만여 명은 환성을 질렀다.

거의 같은 시각 성공회 대강당에서는 호헌철폐 범국민대회가 열리고 있었다. 국본의 간부 20여 명은 이미 성공회 대성당에 잠입해 있었다. 서울 덕수궁 옆 성공회 대성당의 종루에서 42번의 종이 울렸다. 해방 42년에도 독재 정권을 몰아내지 못한 이 땅의 겨레에게 다시 깨어나라는 종소리였다. 동시에 민정당의 영구 집권 음모를 꾸짖는 옥외 방송을 했다.

> 우리는 민주주의를 갈망하는 온 국민의 이름으로 지금 이 시각 진행되고 있는 민정당의 대통령 후보 지명이 무효임을 선언한다.

기독교회관 312호 국본 사무실에서도, 무교동 평창 빌딩의 민추협에서도 독재를 꾸짖는 옥외 방송을 했다. 방송은 도심을 흔들었다.

6·10 대회가 열리기 바로 전날 연세대생 이한열 군이 쓰러졌다. 6·10 대회 출정 궐기 대회가 열린 9일 오후 연세대에서는 교문을 사이에 두고 전경 및 백골단과 학생들 사이에 격렬한 공방이 있었다. 일진일퇴를 거듭하자 연세대 교문 앞은 최루탄 가루가 눈처럼 쌓였다. 이때 날아온 최루탄 하나가 이 군

의 뒷머리를 강타했다. 쓰러지려는 이 군을 다른 학생이 일으켜 세웠지만 몸을 가누지 못했다. 그럼에도 최루탄은 끝없이 날아와 터졌다. 이 군은 세브란스 병원 응급실로 옮겨졌으나 이내 뇌사 상태에 빠졌다.

최루탄을 맞아 피를 흘리는 이한열 군을 동료 학생이 뒤에서 껴안고 있는 사진을 본 국민들은 경악했다. 학생들은 그 모습을 손수건이나 스카프에 찍어 시민들에게 나눠 줬다. 이 사진은 6월 항쟁의 상징이 되었다. 이 군이 뇌사 상태에 빠졌다는 소식은 국민들에게 정권의 종말을 예감하게 만들었다.

6월 10일 오후 6시가 되자 차량에서 일제히 경적이 울렸다. 이미 약속된 행동이었다. 그리고 도심으로 시위대가 밀려들어 왔다. 사무실에서 쏟아져 나온 사무직 노동자들이 시위대에 합세했다. 이른바 '넥타이 부대'였다. 날이 어두워지자 시위 군중은 더욱 늘었다. 시내 어디를 가도 군중의 함성이 들렸다.

"호헌 철폐! 독재 타도!"

이날의 시위는 전국 22개 도시 514곳에서 30여만 명이 참가했다. 경찰은 최루탄을 난사했다. 흡사 시가전을 방불케 했다. 경찰은 체포조를 운영하여 시위자를 잡아갔다. 하루 동안 전국에서 3831명을 연행했다. 서울 시내에서 시위를 벌이던 학생과 시민들이 경찰의 무자비한 진압을 피해 명동성당으로 옮겼다. 명동 성당은 그들의 유일한 피난처였다. 이날 밤부터 명동성당 측과 당국 간의 대치가 시작되었다.

이날 시위에는 중산층이 가세했다는 데 큰 의미가 있었다. 넥타이 부대의 합류를 놓고 세계 주요 언론들은 일제히 그 원인을 분석했다. 특히 미국 언론은 비상한 관심을 보였다. 텔레비전은 한국의 시위 현장을 사실 그대로 생생하게 보여 주었다. 나는 연금 중이라 그 역사적인 현장에는 참석할 수 없었다. 그러나 권노갑 비서실장과 한화갑, 이협 비서가 전화로 현장 상황을 수시로 알려 주었다. 특히 한화갑 비서는 외신 기자들의 보도 내용을 자세히 알려 주었다. 외신들은 무엇보다 6·10 대회의 엄청난 열기와 중산층의 변화에 주목했다. 지금까지 폭력 시위에 비판적이던 시민들이 시위에 동조하거나 지원했다는 것은 놀라운 변화였다.

이렇듯 여론이 돌아서자 미국 정부는 릴리(James Lilley) 주한 대사를 최광수 외무장관에게 보내 폭력 맞대응을 자제하도록 당부했다. 아울러 명동성당에서 농성을 벌이고 있는 시위대에도 공권력 투입을 반대한다는 입장을 전했다.

여기서 잠깐 당시 명동성당 농성 시위를 살펴보겠다. 명동성당에는 6·10 대회를 마치고 쫓겨 간 시민, 학생, 노동자 등 수백 명이 경찰의 봉쇄로 갇혀 있었다. 공안 당국은 시위대를 '체제 전복 국기 문란 행위자'로 몰았다. 그러자 상투적인 용공 타령에 신물이 난 시민들은 농성대에게 격려금과 지원 물품을 전달했다. 하지만 공권력은 언제 투입될지 몰랐다. 이때 신부들이 나섰다. 서울교구청 신부 40여 명이 성명을 냈다.

> 도덕성과 정통성을 잃은 현 정권에 대한 투쟁은 정당하며 사제의 양심으로 농성대를 끝까지 보호할 것이다.

여기에 김수환 추기경의 일갈이 터져 나왔다.

"그 사람들이 들어오면 제일 먼저 나를 보게 될 것이고, 나를 쓰러뜨려야 신부님들을 볼 것이고, 신부님들을 쓰러뜨려야 수녀님들을 볼 수 있을 것이다. 학생들은 그 다음에야 볼 수 있을 것이다."

공안 당국은 결국 신부들을 만나야 했다. 추기경은 농성대원들과 일일이 악수를 나눴다. 농성대는 대형 태극기를 앞세우고 명동성당을 떠났다.

미국이 태도를 바꾼 것은 시민과 중산층이 민주화 투쟁을 적극 지지했기 때문이다. 나는 일부의 반발에도 불구하고 비폭력·비용공·비반미를 일관되게 주장했다. 돌이켜 보면 미국은 당시에도 마지막까지 이 세 가지를 챙겨 봤을 것이다. 그리고 마지막으로 중산층의 동향을 살피고 전 정권에 압력을 넣었을 가능성이 높다. 압력의 실체는 다름 아닌 직선제 개헌과 나에 대한 사면·복권이었다. 전두환 정권은 벼랑 끝으로 내몰리고 있었다.

시위는 갈수록 거세졌다. 전국에서 시위대의 부상이 속출했다. 그중에서 최루탄 피해가 가장 많았다. 최루탄을 맞은 이한열 군은 국민들의 간절한 바람에도 불구하고 깨어날 줄을 몰랐다. 국본은 '최루탄희생자 대책위원회'를 구성하고 6월 18일 '최루탄 추방의 날' 행사를 갖기로 했다. 서울, 부산, 대구, 광주 등 전국에서 150만여 명이 시위에 참여했다.

이날의 시위는 전 정권에게 엄청난 위기감을 안겨 주었다. 다음 날 오전 10시 30분, 전두환 대통령은 군 수뇌부, 안기부장 등과 대책 회의를 열었다. 그리고 다시 군 병력을 투입하기로 했다. 구체적인 병력 배치 및 파견 계획을 시달했다. 또다시 유혈사태를 예고하는 일촉즉발의 위기였다. 그런데 이날 오후 4시경에 이 계획은 취소되었다.

그 배경은 자세히 알 수 없지만 아마 미국 정부의 강력한 반발에 직면했을 것으로 짐작된다. 또 한 가지, 세계가 주시하고 있는 올림픽을 앞두고 그런 만행을 감행할 수 없었을 것이다. 사마란치(Juan Antonio Samaranch) 국제올림픽위원회 위원장은 만일 서울에서 소요가 발생하면 개최 장소를 다른 곳으로 옮기겠다고 밝힌 바 있었다. 올림픽은 전 정권이 기회가 있을 때마다 전가의 보도처럼 꺼내서 국민을 현혹시켰던 카드였다. 하지만 올림픽이 독재 정권을 꽁꽁 묶어 버렸다. 거대한 부메랑이었다. 민심을 향해 던진 추파가 되돌아와 정권의 탄식이 되었다. 전 대통령이 그렇게 자랑했던, 정부 여당이 그렇게 믿었던 올림픽, 그들은 결국 그 올림픽에 갇혀 버렸다.

6월 23일 한국에 온 개스턴 시거(Gaston J. Sigur) 미국 국무부 아시아·태평양 차관보는 "내년 2월 평화적 정부 이양이 잘될 것으로 믿고 있으며 이러한 과정에서 민주주의적 원칙이 적용될 것으로 믿는다"고 말했다. 3월 슐츠 국무장관이 대화와 타협만을 강조하던 입장과는 많이 바뀌었음을 알 수 있다. 이미 슐츠 미 국무장관과 릴리 주한 미 대사는 "시위가 격렬하다고 해서 군이 출동하는 비상사태는 오지 않기를 바란다"는 뜻을 분명히 밝혔다.

6월 25일 0시를 기해 78일 동안 계속되었던 나에 대한 연금이 풀렸다. 나는

4·13 호헌 조치 철회, 직선제 또는 선택적 국민 투표 실시, 거국 중립 내각 구성 등을 요구하는 성명을 발표했다. 그러면서도 모든 민주 세력에게 어떤 폭력도 물리쳐 달라고 호소했다. 기자들과 정말 오랜만에 만났다.

"연금 해제에 대한 소감을 말해 주십시오."

"연금 중 가장 큰 감격은 6·10 대회 등 국민이 보여 준 거대한 역량을 확인한 것입니다. 이러한 국민의 힘이 미국의 대한 정책도 크게 전환시키고 있습니다."

"78일간의 연금 생활은 어땠습니까."

"사람은 일생에 두 번 결혼한다고 합니다. 하나는 젊어서, 또 하나는 자식들 보내고 늙어서 한다는데, 이번에 늦장가를 가서 집사람과 신혼 생활을 즐겼습니다."

기자들도 나도 함께 웃었다. 하지만 집에 갇혀 있던 6월의 어느 하루도 나는 아프지 않은 날이 없었다. 특히 꽃같이 아름다운 우리 학생과 젊은이들이 독재와 싸우다 쓰러진 것에는 슬픔이 강물처럼 밀려와 어찌할 수 없었다. 나는 밤잠을 이룰 수 없었다. 내가 할 수 있는 것이 그야말로 하느님께 엎드려 기도하는 것이었으니, 참으로 의로운 젊은이들에게 미안하고 또 미안했다.

6월 26일 열린 민주헌법쟁취 국민평화대행진은 전국에서 180만 명이 넘게 참가했다. 시위대 위세에 눌려 경찰들이 밀리는 곳이 많아졌다. 전 정권은 하루하루를 최루탄으로 연명해야 했다. 이런 절체절명의 순간에 '6·29 선언'이 나왔다.

노태우 민정당 대표위원이 기자 회견을 열고 직선제 개헌과 함께 나를 사면·복권한다고 선언했다. 또 시국 사범 석방, 대통령선거법 개정, 국민기본법 신장, 언론 자유 창달, 지방 자치제 실시 등 8개항을 제시했다. 이는 전두환 대통령에게 건의하는 형식이었다. 물론 청와대와 사전 조율 없이는 결코 나올 수 없는 선언이었다. 그러자 민정당은 의원 총회를 열고 이를 당의 공식 입장으로 추인했다. 이에 전 대통령은 6·29 선언을 그대로 수용하겠다는 특별 담화를 발표했다.

전 대통령은 더 이상의 강공책이 불가능해진 국면에서 모든 공을 민정당 후보에게 돌려야 했다. 청와대에서 세밀한 부분까지 입안하여 노 대표에게 전해 줬다. 일종의 기획 상품이며 '각본과 감독에 전두환, 주연은 노태우'였다. 노 대표는 발표만 했을 뿐이지만 모든 공은 노 대표에 돌아가게 만들었다. 전 정권의 치밀한 각본임에는 틀림없지만 이는 6월 민주 항쟁으로 얻어 낸 귀한 결과물이었다.

전 정권은 약속한 대로 1987년 7월 9일 나에 대한 사면·복권 조치를 내렸다. 정치 규제에서 해금된 이후 2년 4개월 만이었다. 몰려든 기자들이 소감을 물었다.

"사면·복권을 받을 만한 죄를 짓지 않았기 때문에 심경이 복잡합니다. 그러나 오늘의 이 권리 회복은 국민의 희생과 성원의 선물임이 분명합니다. 나를 지지해 준 국민들에게 깊은 감사의 뜻을 전합니다."

직선제로 대통령을 뽑는 선거는 연말에 치르게 되었다. 5개월이 남아 있었다.

6월 30일, 이한열 군이 입원해 있는 세브란스 병원을 아내와 함께 찾아갔다. 이 군은 말이 없었고, 이 군의 아버지를 위로했다.

"어제 6·29로 민주주의가 기적적으로 소생의 가능성을 보였듯이 이 군도 기적적으로 살아나길 바랍니다."

하지만 닷새 뒤인 7월 5일, 이한열 군은 끝내 숨을 거뒀다. 최루탄을 맞고 쓰러진 지 거의 한 달 만이었다. 그 사이 세상은 바뀌어 있었다. 이 군은 6월 항쟁을 처음부터 끝까지 지켜보고 떠나갔다. 뇌사 상태에서도 숨을 거두지 않은 것은 아마도 이 땅의 민주화에 힘을 보태려 그랬을 것이다. 빈소를 찾아 명복을 빌었다. 저들의 순결한 희생에 나는 무엇으로 답해야 하는가.

7월 9일 오전 7시 연세대 교정에서 이한열 군의 장례식이 거행되었다. 조

1987년 7월 9일. 연세대에서 열린 이한열 군 장례위원회 고문으로 참석해 상여 행렬을 따라 시청까지 행진했다.

문객은 헤아릴 수 없었고, 만장이 숲을 이뤘다. 장례식은 장엄하고 행렬은 장대했다. 현대사에 기록할 만한 범국민적 추모였다. 연세대에서 신촌을 거쳐 서울 시청에 이르는 길과 연도에는 온통 추모객뿐이었다. 이 군을 보내는 거대한 의식, 그것은 6월 항쟁의 마지막을 장식하는 상징이었다. 이한열은 그렇게 고향 광주로 떠나갔다.

6월 항쟁은 4·19 혁명, 5·18 민주 항쟁과 더불어 민주화 운동의 금자탑이다. 독재 종식의 대미를 장식한 민중의 승리이다. 그 치열했던 한 달을 역사는 길이 기억할 것이다.

대통령 선거에서 다시 지다

(1987 ~ 1988)

1987년 7월부터 작업에 들어간 헌법 개정안이 윤곽을 드러냈다. 여야는 대통령 임기를 5년으로 하고 재선은 금지하는 데 합의했다. 대통령의 비상조치권과 국회해산권도 없앴다. 노동자의 단결권과 단체교섭권은 인정했다. 10월 27일 국민 투표에서 새 헌법은 93.1퍼센트의 지지율로 확정되었다.

나는 원래 정·부통령제와 대통령의 4년 중임 방식을 주장했다. 그러나 여당은 이를 격렬하게 반대했다. 나와 김영삼 씨가 각각 대통령과 부통령 후보로 나설 것을 우려하고 있었다. 두 사람의 협공만은 필사적으로 막겠다 하니 야당이 양보할 수밖에 없었다.

나는 야당의 후보 단일화에 대해서 그리 큰 문제는 없을 것으로 보았다. 김영삼 씨가 국민 앞에 공개적으로 천명한 약속을 믿었기 때문이다.

"김대중 씨가 사면·복권되면 대통령 후보를 양보하겠다."

김영삼 씨는 그렇게 여러 번 말했다. 나는 사람을 보내 그의 의중을 물었다. 그런데 김영삼 씨는 기존의 입장을 번복하며 본인이 출마하겠다고 나섰다.

야권 후보 단일화는 정국의 최대 현안으로 떠올랐다. 김영삼 씨 측은 내가 작년 11월 '불출마 선언'을 했다며 그 약속을 지켜야 한다고 주장했고, 나는 당시의 선언은 이미 전 정권에서 '4·13 호헌' 조치를 발표함으로써 그 효력을 상실했다고 되받았다. 오히려 내가 "사면·복권되면 대통령 후보를 양보하겠다"고 한 김영삼 씨는 약속을 지켜야 한다고 주장했다.

하지만 언론들은 원천무효가 되어 버린 불출마 선언을 계속 '살아 있는 약속'으로 왜곡 보도했다. 나에게 상대보다 더 높은 도덕성을 요구한다면 얼마든지 받아들일 수 있다. 하지만 사실을 비틀어 국민에게 전달하는 것은 참으로 비열했다. 당시 언론은, 내가 나를 채찍질하며 소중하게 지켜 온 '행동하는 양심'에 비수를 꽂았다.

9월 초에 광주와 목포 하의도를 방문했다. 원래는 7월 말쯤에 방문하려 했으나 수해 때문에 늦어졌다. 나의 남도행은 여러 목적이 있었지만 무엇보다 그곳 민심을 살피고 싶었다.

9월 8일, 광주 땅을 밟았다. 광주 방문은 제8대 국회의원 지원 유세가 있었던 1971년 5월 이후 처음이었다. 그러니까 광주 방문은 16년 만이었고, 하의도에는 28년 만이었다.

광주 방문이 어찌 기쁘기만 할 것인가. 위대한 광주 앞에 서는 것은 두려운 일이었다. 나는 일행과 함께 광주행 열차에 몸을 실었다. 대전을 지났나 싶었는데 역마다 사람들이 모여 태극기를 흔들며 내 이름을 연호했다. 플랫폼을 가득 메운 환영 인파는 플래카드와 피켓을 흔들며 환호했다. 정거장마다 그러기를 반복하며 열차는 광주에 도착했다.

광주역은 물론이고 역 앞 광장과 시내의 모든 도로까지도 인파로 뒤덮였다. 나는 즉석 연설을 하고 곧바로 5·18 묘역으로 향했다. 연도에는 수많은 현수막이 걸려 있었다.

"민주주의여 소생하라."

"우리의 눈물을 닦아 주십시오."

광주의 염원이자 광주의 눈물이었다. 망월동 5·18 희생자 묘역 주변에는 수만 명이 기다리고 있었다. 나는 5·18 유가족과 부상자들을 껴안고 그냥 울어야 했다. 얼마나 울었던지 그때의 광경이 잘 떠오르지 않는다. '자유'와 희생된 영령들에게 바치는 추도사 도중에도 슬픔은 한없이 치밀어 올랐다.

"영령들이시여! 무등산이 어머니의 품처럼 너그럽고 인자한 눈길로 우리를 지켜보고 있습니다. 사랑하는 우리들의 고향 광주를 아직은 노래하지 않으리라고 절규한 시인의 다함없는 고통의 깊이를 나는 이해합니다. 광주는 오늘도 계속되고 있으며, 광주를 우회해서는 민족사의 바른 전개가 불가능하기 때문입니다. 한라에서 백두까지 평화와 자유와 민주의 찬가가 울려 퍼지는 그날, 광주는 구원의 상징으로 영원한 별빛이 되어 민족의 앞길을 인도할 것입니다."

금남로 입구에서 도청 앞까지 카퍼레이드를 벌였다. 6차선 도로를 가득 메운 환영 인파는 수십만 명을 헤아렸다. 환영 행사 준비위원회 측은 어림잡아 70만 명이 모였다고 알려 줬다. "민족의 지도자 김대중", "독재 유산 지역감정을 쳐부수자" 등의 피켓을 들고 우리 앞길을 막았다. 내 이름을 연호하는 인파 앞에서 차를 멈춰야 했다. 나는 민주 성지 광주의 애국 시민을 향해 외쳤다.

"독재 정권을 이긴 것은 국민이요, 광주 시민이요, 망월동의 넋입니다. 여러분!"

목포에서도 환영 인파가 끝없이 밀려왔다. 목포역 광장과 도로에는 사람들로 도저히 앞으로 나아갈 수가 없었다. 시민들은 여전히 나를 목포의 아들로 품어 주었다. 그저 목이 메었다. 고향으로 가는 하의도행 배에는 두 시간이나 늦게 올라타야 했다.

28년 만에 찾은 고향 하의도, 먼저 선산을 찾았다. 아버지께서 돌아가신 지 13년이 흘렀다. 유택(幽宅) 앞에서 처음 인사를 드렸다. 유신 독재는 나를 집에 가두고 아버지 장례식에도 못 가게 했다. 절통한 일이었다. 이런 불효자가 세상에 어디 있을 것인가.

둘러보니 선산 주위로 주민들이 가득 모여 있었다. 그 앞에서 연설을 했다. 고향과 고향 사람들을 실망시키지 않겠다고 다짐을 했다. 연설을 마치고 일가

친척 집을 방문했다. 늙으신 누님이 반갑게 맞아 주었다.

이틀 후에는 대전을 방문했다. 대전역 광장에 5만여 명이 모였다. 나는 그 앞에서 연설을 하고 숙소까지 카퍼레이드를 벌였다. 그 후 인천, 경기, 청주 등 여러 지역을 차례로 방문했다. 나는 민심의 현장에서 국민들의 변함없는 지지를 확인할 수 있었다. 이러한 민심을 외면하는 것도 도리가 아니라고 생각했다. 그렇지만 더욱 확실한 정권 교체를 위해서는 어떻게든 단일화를 이루는 것이 중요했다.

상도동 측은 '김영삼 후보'로 못을 박아 놓고 나의 출마 포기만을 종용하고 있었다. 나는 할 수 없이 36개 미창당 지구당 조직책 임명권을 나에게 달라고 했다. 복권된 이후에 민주당 고문으로 추대되었지만 당내 기반은 취약하기 이를 데 없었기 때문이다. 또 전당 대회에서 경선에 의한 후보 추대를 제의했다. 최소한의 공정 경쟁의 틀과 꼴은 갖춰야 할 것이라 생각했기 때문이다. 그럼에도 상도동 측은 당내 자유 경선마저 거부했다.

나는 마지막으로, 텔레비전 토론이나 전국 공동 유세를 하고 국민의 지지가 높은 사람이 후보가 되도록 하자고 역으로 제안했다. 하지만 이 역시 거부당했다.

그러던 어느 날, 『동아일보』 김병관 회장이 나를 만나자고 했다. '장원'이라는 한식당에서 만났다. 김 회장이 내게 말했다.

"둘 중 한 사람은 양보해야 하는데 YS에게 먼저 후보나 총재를 선택하도록 합시다."

김 회장은 김영삼 씨와 사전에 교감을 한 듯했다. 나는 즉석에서 쾌히 승낙했다. 어떻게든 정권 교체를 해야 한다는 생각에서였다. 그런데 며칠이 지나자 다시 연락이 왔다. 지난번 나눈 이야기는 없던 것으로 하자는 것이었다. 후보와 총재를 다 맡겠다는 뜻이었다.

그러던 중 우리 동교동 측 양순직, 최영근, 이중재 의원 등이 김영삼 씨와 그 측근들을 만나고 와서 내게 전했다.

아버지의 임종도 보지 못한 불효자. 13년 만에 묘소를 찾아가 절을 올렸다.

"만일 김대중이 후보가 되면 군부가 그날로 죽여 버릴 것이다, 군부가 빨갱이라고 비토하니 DJ는 후보가 돼선 안 된다고 말했습니다."

나는 이 말을 듣고 깜짝 놀랐다. '그렇다면 빨갱이와 민주화 운동을 함께했다는 말인가. 민주화 동지가 독재자들의 음해 논리를 들이대다니, 이럴 수 있는가. 군부 독재를 종식시키려 민주화 투쟁을 했음에도 또다시 군부의 눈치를 살피겠다니 이런 해괴한 논리가 있을 수 있단 말인가.' 이 말을 전해 들은 안병무, 함석헌, 문익환, 문동환 등 재야인사들도 격분했다.

"세상에 이런 무도한 일이 있습니까. 대통령 선거에 우리도 반드시 나가야 합니다."

9월 29일 외교구락부에서 김영삼 씨와 두 시간 동안 만났다. 후보 단일화를 위한 마지막 담판이었다. 나는 상상을 초월한 국민적 지지와 출마 요구를 확인한 이상 국민 여망을 거절하기 어렵다고 생각하니 김 총재가 이번에는 양보를 했으면 좋겠다고 간곡하게 설득했다. 그러자 김 총재는 다시 비토 그룹

이야기를 꺼냈다. 내가 다시 반박했다.

"군정 종식과 민주주의를 위해 피 흘려 싸워 온 사람들이 어찌 그런 얘기를 할 수 있단 말입니까. 아르헨티나와 브라질의 경우를 보시오. 1983년 12월 군부 독재를 종식시킨 아르헨티나의 라울 알폰신(Raul Alfonsin) 대통령은 민주주의를 정착시키고 군대의 잘못을 감싸 주는 여유를 갖고 정치를 하고 있지 않습니까. 반면 군부와 적당히 타협한 브라질의 탄크레두 네베스 (Tancredo Neves) 대통령을 보시오. 오히려 정국은 침몰하고 군부의 간섭을 불러오고 있음을 보시오."

그러자 김 총재는 다시 내가 출마하면 경상도와 전라도의 첨예한 지역 대결을 초래할 수 있다고 했다. 내가 다시 말했다.

"왜 지역감정이 생겨났는지도 김 총재가 잘 알고 있지 않습니까. 우리가 똑같이 지역감정의 피해자들인데 서로가 도와야 하지 않겠습니까. 김 총재가 나를 도와준다면 이번 선거가 지역감정을 추방하는 절호의 기회가 될 수 있습니다."

그러나 우리는 끝내 합의에 이르지 못했다. 결국 후보 단일화 협상은 결렬되었다. 얼마 후 김영삼 씨 측은 내가 요구한 미창당 지구당 조직책 임명권을 수용하겠다고 발표했지만 이는 선거 일정상 너무 늦은 시점이었다.

하지만 나를 지지하는 단체와 사람들은 하루가 다르게 늘어났다. 한국 재야 운동의 산실 격인 민주통일민중운동연합(민통련)이 우리 두 사람을 직접 초청하여 토론회를 갖고 대통령 후보 자질을 평가한 바 있다. 나는 여기서 29 대 2라는 압도적인 표 차로 야당 단일 후보로 추천을 받았다. 민통련은 10월 13일 나에게 힘이 되는 귀중한 선언을 해 주었다.

"범국민적 후보로 김대중 고문을 추천한다."

전국 대학의 총학생회를 통한 모의 투표 결과도, 신문사가 실시한 여론 조사에서도 나는 김영삼 씨를 월등히 앞섰다. 천주교사제단, 개신교 목사들, 조계종 승려들, 350여 명의 대학 교수들, 200여 명의 문인들도 나를 지지하는 성명을 발표했다.

그들은 후보의 자질, 민주화 투쟁에 대한 공헌도, 국민적 지지 기반 등 모든 면에서 내게 후한 점수를 주었다. 그러나 후보 단일화 협의는 여전히 난항을 거듭했다. 이때 나를 지지하는 재야인사들이 수유리 안병무 박사 댁에 보였다. 우리는 장시간 논의 끝에 창당을 결정했다.

10월 30일, 신당 창당과 제13대 대통령 선거 출마를 공식 선언했다. 우리는 통일민주당을 탈당하여 평화민주당(평민당)을 창당했다. 내가 가장 좋아하는 단어인 평화와 민주를 합쳐 만든 당명을 속으로 몇 번이고 불러 봤다. 11월 12일, 서울 세종문화회관 별관에서 중앙당 창당 및 대통령 후보 추대 전당 대회를 열었다. 생애 처음으로 정당의 총재로 취임했다. 제13대 대통령 선거 후보로 추대된 나는 대의원 및 초청 인사 3300여 명이 지켜보는 가운데 후보 수락 연설을 했다.

"나는 비록 야당의 단일 후보는 아니지만 이 나라 재야 민주 세력이 지지하는 유일한 후보입니다. 이번 12월 선거의 의의는 완전한 군정 종식과 진정한 민간 정부의 회복에 있으며 이 기회에 일부 정치군인의 정치 개입이라는 악습을 영원히 단절시켜 천 년 이상 유지해 온 문민 정치의 전통을 재확립토록 하겠습니다."

이날 대회에서 이중재, 양순직, 이용희, 노승환, 최영근, 유제연, 박영록 씨 등 7명을 부총재로, 김종완 씨를 전당 대회 의장으로 선출했다. 2~3만 명이 대회장 밖에서 시종 격려했다. 전당 대회를 마치고 시청 앞에서 신촌 로터리까지 카퍼레이드를 펼쳤다. 투표 25일 전이었다.

제13대 대통령 후보는 노태우 민정, 김영삼 민주, 김대중 평민, 김종필 공화, 그리고 백기완 씨 등이 출마했다. 선거전은 1노 3김의 각축이었다.

시간, 조직, 자금 등 모든 것이 부족했다. 우리는 너무도 바빴다. 나는 한복을 입고 전국 유세를 다녔다. 민족의 옷을 입고 민족의 내일을 이야기하고 싶었다. 평민당의 상징색은 노란색이었다. 유세장은 온통 노랑 물결이었다. 필리핀에서도 독재를 무너뜨릴 때 노란색 깃발을 들었다. 나는 유세장에서 역동적인 노랑 물결을, '민중의 힘'을 보았다.

정부와 여당은 다시 지역감정을 선동했다. 그리고 나와 김영삼 후보 쪽을 갈라놓는 공작을 펼쳤다. 김대중 유세장에서는 김영삼을 연호하고, 김영삼 유세장에서는 김대중을 지지한다며 방해했다. 곳곳에서 조직적인 난동을 일으켰다. 11월 1일, 부산 유세를 마치고 부산 동구 국제 호텔에 머물고 있는데 갑자기 300명이 넘는 폭도들이 호텔로 난입했다. 현관 대형 유리창을 부수고 쇠파이프와 각목을 휘둘렀다. 그들은 "김영삼을 청와대로"라고 외쳤다.

우리 비서와 경호원들이 피를 흘리며 육탄으로 저들의 진입을 막았다. 경호원 등 15명이 크게 다치고 차량도 10여 대가 파손되었다. 밤 8시 20분에 경찰 투입을 요청했지만 경찰은 50분이 지난 9시 10분에 도착했다. 대통령 후보가 투숙한 숙소에 경비는 못해줄망정 대도시에서 경찰이 근 한 시간 만에 출동한다는 것은 있을 수 없는 일이었다.

11월 15일 대구 두류공원 유세에서도 유사한 폭력 사태가 발생했다. 그날은 특별히 '군부 독재 종식과 지역감정 해소를 위한 영·호남 시민 결의 대회'가 열렸다. 문익환 목사가 찬조 연사로 나와 연설을 하고 있을 때 갑자기 군중들 사이에서 욕설과 고함이 터져 나왔다. 그러더니 돌멩이가 사정없이 연단으로 날아들었다. 유리병, 계란도 섞여 있었다. 이러다가는 연설회 자체가 무산될 위기를 맞았다. 내가 나서야만 했다. 돌멩이는 계속 연단으로 날아들었다. 나를 에워싼 비서와 경호원들을 뿌리치고 연단에 섰다.

"내가 돌에 맞겠습니다. 지역감정을 조장하는 악의 무리에 맞서 내가 싸우겠습니다. 나에게 돌을 던지시오."

그래도 소란은 가라앉지 않았다. 괴청년들이 청중을 헤치고 연단을 향해 달려들었다. 청중들 시선이 그쪽으로 쏠렸다. 다시 소리쳤다.

"그쪽을 보지 말고 나를 보세요. 1971년 대통령 선거 이후 16년 만에 대구에 왔는데 제 얼굴이나 말씨가 어떻게 변했는지 궁금하지 않으십니까."

그러자 청중들이 나를 응시했다. 다시 목청을 높였다.

"여기서 지면 민주주의는 없습니다. 내 머리가 깨지더라도 나는 내려가지 않을 겁니다. 죽어도 나는 이 자리를 지킬 것입니다."

일순 7만 청중이 모인 유세장은 거짓말처럼 조용해졌다. 더 이상 돌도 날아들지 않았다. 나는 무사히 연설을 마쳤다. 청중들이 박수로 화답해 주었다.

훗날 밝혀졌지만 이는 우리의 짐작대로 지역감정을 조장하려는 전두환 정권의 치밀한 계획에서 나온 것이었다. 11월 29일 노태우 후보의 광주 유세에서도 연설 도중 각목이 날아들고 시위대가 연단으로 몰려들어 연설이 중단되었다. 이런 사례는 전국 곳곳에서 일어났다. 유세장의 훼방꾼들은 조직적으로 움직였다. 그러면 언론이 이를 지역감정이라고 보도했다. 특히 텔레비전은 이런 폭력 사태를 그대로 안방에 전달했다. 그 초점은 반(反)호남 정서를 자극하는 것이었다. 민주화 열기를 분산시키는 전략의 핵심은 지역감정을 자극하는 것이었다.

텔레비전의 의도적인 왜곡은 실로 가증스러웠다. 나에 대한 화면은 언제나 찡그리거나 과격한 제스처만을 내보냈다. 관훈토론에서도 어느 후보보다 잘했다 생각했는데, 정작 대답을 잘한 부분은 잘라 버리고 내가 머뭇거리는 장면만 중점적으로 내보냈다.

방송은 정권의 입맛대로 편집되었다. 선거에 임박해서는 캄보디아와 베트남의 공산화, 필리핀 사회의 혼란을 집중적으로 방영했다. 이념 공세, 지역감정 조장 등 텔레비전은 가장 확실한 노태우 후보의 선거 도구였다. 그 앞에 나는 솔직히 무력했다. 언론인들의 환심을 사려고 노력도 해봤지만 아무 소용이 없었다. 언론 보도의 최대 수혜자는 노태우 후보였고, 최대 피해자는 나 김대중이었다.

그럼에도 투표 사흘 전인 12월 13일 서울 대방동 보라매공원의 연설회는 잊을 수 없다. 선거 마지막 대규모 유세였다. 나는 몰려드는 인파에 놀랐다. 이렇게 많은 사람들이 이렇듯 열광할 수 있는가. 250만 명 정도가 모였다. 연단에서 바라본 유세장의 인파는 도대체 그 끝이 보이지 않았다. 연설회가 끝난 후 10만여 명은 서울 시청까지 15킬로미터를 행진했다. 모두 승리를 예감하는 분위기였다. 나 또한 압승을 의심치 않았다. 민주 세력은 물론이요 학생, 청년층, 직장인들이 나를 지지하고 있었다.

우리 진영은 크게 고무되었다. 그런데 이때 대한항공 폭파 사건의 범인이라는 김현희가 선거 전날 한국에 끌려왔다. 그것은 나에게 결정적인 타격이었다. 대한항공기 폭파 사건은 선거전이 한창인 11월 29일에 일어났다. 대한항공 소속 858편 보잉 707기가 미얀마 근해 해역에서 공중 폭발했던 것이다. 100여 명이 참변을 당했고, 희생자들은 거의가 이라크 바그다드에서 탑승하여 귀국 길에 오른 노동자들이었다.

사건 발생 후 북한 공작원 김현희가 붙잡히고, 수사 당국은 이 같은 참사가 북한 공작에 의한 것이라고 발표했다. 그러면서 "소련에 이어 중국까지 서울 올림픽에 참가하기로 결정했다는 소식이 전해지자 국제 사회에서 고립된 북한이 국면 전환용으로 저질렀다"는 결론을 내렸다.

모든 언론은 선거가 아닌 김현희의 출현에 초점을 맞추었다. 자연 국민들의 관심도 그쪽으로 옮겨 갔다. 이는 노태우 후보 진영에 절대 유리했다. 사람들은 다시 '안보 무드'에 젖어들었다. 여기에 맞춰 노태우 후보 진영에서 일제히 색깔 공세를 개시했다. "안정이냐 혼란이냐"는 구호를 외치며 국민들을 선동했다. "야당이 집권하면 나라가 떠내려간다"고 협박성 발언도 서슴지 않았다.

사실 나는 선거 기간 내내 이념 공세에 시달려야 했다. 12·12 쿠데타에 가담했던 정치군인들이 언론에 대고 나를 겨냥한 위험한 발언들을 여과 없이 쏟아 냈다.

"김대중이 당선 되면 군이 어떻게 나올지 모른다. 폭탄을 들고 차에 뛰어들겠다는 사람도 있다."

선거 사무실에도 "암살 계획이 있다", "총격을 하겠다"는 등의 제보와 협박 전화가 끊이지 않았다. 박희도 전 육군 참모총장은 나의 출마에 반대한다는 내용의 선언문을 군부 전체의 의견인 양 발표하기도 했다.

결국 선거에서 나는 졌다. 12월 16일에 치른 대통령 선거의 투표 결과는 노태우 후보가 36.6퍼센트(828만 표)의 득표율로 1위를 차지했다. 김영삼은 28.0퍼센트(633만 표), 나 김대중은 27.1퍼센트(611만 표)의 지지를 얻었다.

선거는 명백한 부정 선거였다. 선거가 끝났어도 선거 무효와 부정 선거를 자행한 정권 타도를 외치는 시위가 잇달아 열렸다. 부정 선거의 예를 들어 보자. 17일 오전 7시 서울 잠실 지역에 친정부 신문 호외가 뿌려졌다. 호외는 시커먼 활자로 "노태우 대통령 당선"을 알리고 있었다. 그런데 오전 7시 현재 후보별 득표 상황이 게재되어 있었다. 오전 7시에 뿌려진 호외에 오전 7시의 후보별 득표 상황이 게재된다는 것은 있을 수 없는 일이었다. 그리고 그 시간 텔레비전에서 방영하는 후보별 득표 상황과 수치가 거의 완벽하게 일치했다. 훗날 밝혀졌지만 이 호외는 17일 새벽에 인쇄하여 그날 오후에 뿌려야 했는데 보급소의 실수로 미리 배포한 것이었다.

서울 구로구에서도 수상한 사건이 일어났다. 투표 당일 오전 11시께 봉인하지 않은 부재자 투표함 한 개를 밖으로 가져가려는 사람이 공정선거감시단에 붙잡혔다. 또 투표함을 개표소까지 호송할 임무가 있는 경찰 9명이 정체를 알 수 없는 괴한들과 함께 사라져 버렸다. 부재자 투표함은 모든 투표가 끝나고 나서 개표소로 운반해야 하는데도 중간에, 그것도 봉인되지 않은 투표함을 옮기려 한 것은 명백히 부정행위였다.

적발된 투표함에서는 무더기 표가 쏟아졌다. 투표함을 바꿔치기한 혐의가 농후했다. 환표 부정에 사용된 것으로 보이는 투표용지, 붓 깍지, 인주 등 증거품이 감시단에게 적발되었다. 이에 항의하여 감시단과 시민들이 구로구청에서 농성을 벌였다. 경찰은 최루탄을 농성장에 쏟아 붓고 무장한 백골단을 투입하여 이들을 해산시켰다. 비단 구로구만의 문제는 아니었다. 전국 곳곳에서 유사한 일들이 벌어졌다. 도저히 선거 결과에 승복할 수 없었다. 선거가 끝난 후 평민당은 선거 결과에 불복하는 성명을 발표했다.

"노태우 씨의 당선을 인정할 수 없으며 노태우 씨는 국민에게 사죄하고 사퇴하라."

김영삼 씨와 민주당도 '원천적인 부정 선거'로 규정했다. 그리고 정권 타도 투쟁을 선언했다. 문익환 민통련 의장은 대통령 선거 무효와 구로구청 폭력 사태 규명을 요구하며 단식 농성에 돌입했다.

우리 평민당은 대통령 선거 부정 백서를 발간하여 컴퓨터 개표 부정을 낱낱이 밝혔다. 컴퓨터 사전 입력과 허위 사실 방영의 실상을 폭로했다. 수많은 의혹들을 나열하고 개표 조작극의 증거들을 제시했다. 완전범죄란 있을 수 없었다. 우리가 만든 선거 부정 백서는 천주교정의구현사제단을 비롯하여 시민 단체들에게 배포했다.

천주교정의구현사제단 대표 김승훈 신부와 공정선거감시단 단장 오태순 신부가 1988년 2월 16일 명동성당에서 기자 회견을 열고 백서를 토대로 "12·16 선거는 컴퓨터 부정 선거였다"고 폭로했다. 선거 결과가 지역별, 후보별로 사전에 조작되었다는 것을 다시 한 번 열거했다.

노태우 후보가 선거를 하루 앞둔 기자 회견에서 유독 "선거 결과에 무조건 승복해야 한다"고 강조한 것도 의미심장하게 되짚어 봤어야 했다. 그러나 우리 야당의 부정 선거 규탄은 시간이 지날수록 기세가 꺾였다. 모든 것은 승자의 광채에 묻히게 마련이었다. 야당도 이 문제에 너무 집착하기 어려웠다. 우선 4월 총선거가 눈앞에 다가왔기 때문이다.

선거가 끝나자 국민들은 큰 상실감에 빠졌다. 민심은 흡사 폭격을 맞은 듯했다. 거리는 너무나 조용했고, 특히 민주 진영에서는 최악의 상황이 닥치자 어쩔 줄 몰라 했다. 나는 진심으로 미안했다. 어찌됐든 야권 후보 단일화에 실패했기 때문이다. 많은 민주 인사들의 희생과 6·10 항쟁으로 어렵게 얻은 선거에서, 그것도 오랜 독재를 물리치고 16년 만에 처음으로 치른 국민의 직접 선거에서 졌다. 국민들의 원성이 하늘을 찌를 듯했다. 나라도 양보를 했어야 했다. 지난 일이지만 너무도 후회스럽다. 물론 단일화했어도 이긴다는 보장은 없었다. 저들의 선거 부정을 당시로서는 막을 수 없었을 것이다. 하지만 국민들에게 분열된 모습을 보인 것은 분명 잘못됐다. 언론은 야당의 패인을 단일화의 실패에서 찾았다. 그러자 모두 거기에 동의하고 말았다.

특히 나를 지지했던 사람들의 상실감은 너무나 컸다. 우리는 세상이 바뀔 줄 알았기에 졌다는 현실이 믿기지 않았다. 대한민국은 선거 후유증으로 무섭게 가라앉았다.

민심에 길을 물어
(1988)

대통령 선거에 패한 평화민주당은 충격과 실의에 빠졌다. 모든 비난이 야권에 쏟아졌고, 특히 나를 겨냥했다. 다시 야권 통합 여론이 고개를 들었다. 문익환 목사는 당사에 찾아와 고래고래 소리를 지르며 합당을 재촉했다. 이태영 여사는 내 앞에 주저앉아 땅을 치며 "이제 다 망했다"고 탄식했다.

1987년 12월 30일, 김영삼 통일민주당 총재가 송년 간담회를 갖고 포문을 열었다.

"야권이 대동단결해서 민주 세력의 본산인 민주당을 중심으로 민주 세력이 뭉치는 것이 역사의 순리이다. 평민당은 이번 총선에서 선거 혁명을 위해 어떻게 해야 할 것인지 잘 판단하기 바란다. 시간이 촉박하니 합당 등 복잡한 절차를 밟을 수 없을 것이며, 통합 형식은 민주당을 나갔던 사람들이 들어오면 된다."

민주당은 흡수 통합을 하겠다는 것이었다. 그것도 개별적으로 알아서 들어오라는 것이었다. 손들고 한 명씩 투항하라는 말이었으니 참으로 무례했다. 민주당 측에서는 아예 평민당을 해체하라고 요구했다. 그러면서 한편으로 "이른 시일 안에 상당수의 평민당 의원 및 당원들이 민주당으로 복귀할 것"이라고 말을 흘렸다.

이런 압박을 하면서도 김영삼 총재는 노태우 당선자와 만나 노태우 대통령 당선을 추인해 주었다. 민주당은 대통령 선거가 끝난 후 가장 강력하게 부정 선거를 규탄하면서 "적어도 200만 표 이상을 도둑맞았다. 따라서 이번 선거의 무효화를 선언한다"며 정권 타도에 나섰다. 그런데도 제일 먼저 노 당선자를 만나 민정당이 추진하는 국회의원 중선거구제에 합의해 주었다. 그러면서도 통합이란 명분을 내세워 평민당을 정면으로 무시하고 있었다. 우리 당이 즉각 반격에 나섰다.

"김영삼 총재와 민주당은 이 나라에서 가장 선명한 야당의 존재를 질시하는 저의를 드러냈다. 부정 선거로 당선된 노태우 씨와의 면담을 구걸, 그의 당선을 추인해 주는 태도를 볼 때 어용 야당이 아니고서는 이러한 변신을 할 수 없다."

김영삼 씨는 평민당이 금방 붕괴될 것으로 알았던 모양이다. 그러나 우리 당원들은 모래알이 아니었고, 당은 모래성이 아니었다. 민주당과 김영삼 총재가 말하는 통합이라는 것이 사실은 평민당의 해체였다. 그것은 지난날 후보 단일화 협상과 똑같은 방식이었다. 또한 민주당이 말하는 단일화란, 다름 아닌 김영삼 후보를 전제로 한 단일화였다. 대통령 선거 결과에 대해서도 단일화 무산의 책임을 공동으로 지는 것이 아니라 '차등 인책론'을 주장했다. 나는 이에 동의할 수 없었다. 물론 저들의 집요한 공략에 의원 서너 명이 민주당에 입당했다.

나는 그대로 주저앉을 수 없었다. 1988년 2월 3일, 각계 재야인사 91명을 대거 영입했다. 박영숙, 이길재, 문동환, 성래운, 임채정, 정동년, 이해찬, 이상수, 고영근, 양성우 씨 등이 새로 정치를 시작했다. 학자, 민권 운동가, 법조계와 종교계 인사, 문인 등이 포함되었다. 이들의 대규모 입당은 재야인사들의 제도 정치권 진입이라는 점에서 정치사의 획을 긋는 일대 사건이었다. 하지만 야권 통합 요구는 수그러들지 않았다. 민주당의 공세는 집요했다. 그래도 평민당이 동요 없이 총선을 준비하자 김영삼 씨가 2월 8일 돌연 총재직을 내던지는 초강수를 던졌다.

"야권의 신속한 단일화를 위해 민주당 총재직을 사퇴하고 평당원으로 백의종군하겠다."

나 또한 야권 통합에 반대할 이유가 없었다. 나는 통합을 위해 민정당과 민주당이 추진하고 있는 중선거구제의 철회를 요구했다. 야권 통합의 의미는 원내 제1당이 되는 데 있고, 그러기 위해서는 중선거구제로는 어림도 없었다. 소선거구제로 정면 승부를 펼쳐야 가능했다.

나는 본래부터 소선거구제를 지지했다. 민주주의가 정착된 선진국들은 거의가 소선거구제를 채택했다. 양당제를 정착시키는 데도 도움이 되리라 생각했고, 당시 여론 조사를 하면 국민들이 압도적으로 소선거구제를 선호하는 것으로 나타났다.

나는 민주당에 중선거구제를 철회하라고 촉구했다. 그러나 김영삼 씨가 조종하는 민주당은 이를 거부했다. 민주당은 나를 겨냥해서 퇴진만을 요구했다. 언론, 특히 신문은 나의 퇴진을 부추겼다. 내가 퇴진하면 모든 문제가 풀릴 것처럼 보도했다. 또한 내가 퇴진하지 않으면 평민당은 금방 내분으로 붕괴할 것이라는 작문성 기사를 연일 내보냈다. 나는 언론을 향해 쏘아붙였다.

"상주보다 곡쟁이가 더 서럽게 운다고, 당은 가만히 있는데 신문이 더 난리를 치고 있다."

김영삼 씨는 여당에 승리하는 것보다 평민당을 해체하는 데 몰두했다. 민정당까지 야당이 합의하면 선거법 개정안을 받아 주겠다고 했지만, 민주당은 유신 시대의 유물인 중선거구제에 집착했다. 할 수 없이 내가 나서서 김영삼 씨를 설득해 보기로 했다. 김영삼 씨를 만나 양당 공동대표제를 요구했다.

"총선에서 압승을 거두기 위해서는 우리 두 사람이 부산에도 가고, 광주에도 가야 합니다."

그래도 민주당에서는 꿈쩍도 하지 않았다. 할 수 없이 공동대표제를 철회했다. 단지 소선거구제는 더 이상 양보할 대상이 아니었다. 나는 3월 3일, 공동대표제 요구를 공식으로 철회했다.

"총선에서 이기기 위해서는 김영삼 씨와 내가 책임을 지고 당을 이끌어야 했습니다. 그러나 소선거구제 실현에 장애가 되어서는 안 되겠기에 모든 희생을 각오하고 통합과 소선거구제 관철을 위해 당론을 변경할 용의가 있음을 밝힙니다."

하지만 민주당 측에서는 어떤 전제 조건도 배격하며, 나더러 무조건 제2선으로 후퇴하라고 요구했다. 김태룡 민주당 대변인은 한 술 더 떴다.

"통합 신당의 지도 체제는 단일 지도 체제로서 당세가 강한 민주당 측이 대표가 돼야 한다."

그러면서 민주당은 여전히 중선거구제를 버리지 못하고 있었다. 낙선이 두려워 동반 당선을 바라는 상당수의 후보자들을 제어하지 못했다. 이러자 보다 못한 민정당이 국민의 뜻이라며 소선거구제를 들고 나왔다. 민심을 판독하고 민의를 선점하려는 포석이었다. 3월 8일 소선거구제를 골격으로 한 국회의원 선거법 개정안이 국회 본회의를 통과했다.

3월 17일, 나는 총재직을 사퇴하면서 이제는 통합 논의를 재개하자고 촉구했다. 그토록 민주당이 원했던 것을 들어주었다. 그러자 이번에는 민주당이 선 부분 통합, 후 평민당 합류를 주장했다. 양당은 통합 협상 대표들이 만나 의견을 조정했지만 협상은 계속 겉돌았다. 그러다가 학생과 당원들이 협상 장소로 몰려가 민주당의 성의 있는 협상을 촉구하며 시위를 벌였다. 그러자 기다렸다는 듯이 통합 협상 중단을 선언해 버렸다. 돌이켜 보면 민주당은 애당초 진정한 통합에는 뜻이 없었다. 그저 의원들을 빼 가고 당 전체를 흔들어 평민당을 와해시키고 나를 정치적으로 매장시키려 했음이 분명했다. 나를 희생양으로 삼아 대통령 선거 패배의 책임을 나와 함께 묻어 버리려는 불순한 의도가 있었다.

박영숙 씨를 총재대행으로 총선에 임했다. 나는 겸허하게 이 모든 것을 알리고 국민의 심판을 받기로 했다. 국회의원 선거가 코앞으로 다가왔다.

여권이 그렇게 선전했던 올림픽을 다섯 달도 채 남기지 않은 시점에서 제13대 국회의원 선거가 있었다. 4월 26일 총선은 나와 평민당에 매우 중요했다. 여기서 다시 패한다면 일회성 정당이라는 비난과 함께 회복 불능의 상처를 입을 게 눈에 보였다. 나를 믿고 제도권 정당에 몸을 던진 재야인사들을 위해서라도 반드시 승리해야 했다.

나를 전국구 11번으로 등록시키라고 지시했다. 모두들 펄쩍 뛰며 반대했지만 나는 뜻을 꺾지 않았다. 평민당은 잘해야 30석 정도를 얻을 것이라는 세간의 예상에 배수진을 쳤다. 민심이 김대중을 버린다면 정치인의 소명을 여기서 끝낼 것이라는 선언인 셈이었다. 11번까지 전국구 의원을 당선시키지 못한다면 나 자신도 국회에 들어갈 자격이 없다고 생각했다. 그렇게 내 몸을 던지면서 결단을 내렸다.

나는 평민당 상임고문 자격으로 지원 유세에 나섰다. 당시 민정당과 통일민주당에 비해 평민당은 자금도 부족하고 조직도 부실했다. 모든 것이 열세였다. 하지만 대통령 선거에서 확인한 열화와 같은 국민들의 성원이 있었다. 그 성원을 표로 결집시키면 충분히 승산이 있을 것으로 보았다. 나는 밤잠을 아껴 가며 평민당 후보가 있는 곳이면 그 어디든 달려갔다. 맨 앞에서 표밭을 갈았다. 다시 민심은 나와 평민당을 주시했다. 예감이 좋았다.

17년 만에 부활된 소선거구제 총선은 예전에 비해서는 부정행위가 많이 줄었다. 4·26 총선에서 우리 평민당은 70석을 얻었다. 지역구에서 54석, 전국구에서는 16석을 차지했다. 나도 당선의 기쁨을 누릴 수 있었다. 무엇보다 의미가 있는 것은 국민들이 다시 내게 기회를 주었다는 것이다. 민정당은 125석, 민주당은 59석, 공화당은 35석을 차지했다. 사상 처음으로 여당이 과반 의석 확보에 실패하며 '여소 야대' 국회가 출현했다. 의석수 125 대 174, 득표율 34퍼센트 대 66퍼센트라는 엄청난 격차였다.

이로써 우리 평민당은 제1야당으로 발돋움했다. 재야 영입 인사들 중에 문동환, 박영숙, 이해찬, 이상수, 정상용, 박석무, 이철용, 양성우 씨 등이 국회에 진출했다. 이들은 기존의 정치권과는 다른 의정 활동으로 의회 정치에 활력을 불어넣었다. 이들을 수혈함으로써 체질이 개선된 것이다. 기자들이 제1야당으로서의 할 일에 대해서 물었다.

"이번 총선에 나타난 민심은 군사 정권에 대한 견제와 민주화의 추진입니다. 우리 당은 재야 단체와 협력, 이 두 가지 국민의 바람을 이루는 데 주요 역할을 할 것입니다. 노태우 정권이 민주화를 위해 성실한 태도를 취한다면 협력할 용의가 있습니다."

노 대통령은 총선의 패배를 겸허하게 받아들인다며 나름대로 의미 있는 발언을 했다.

"선거로 나타난 국민의 명령은 의석의 숫자가 아니라 대화와 타협을 통해 정치 역량으로 국정을 이끌어 가라는 뜻일 것이다. 우리는 의연하게 국민의 새로운 요구에 부응하여 이 시대를 이끌어 갈 것이다. 이제 어떤 정치인도, 어떤 정파도 대화와 타협의 동반 정치를 거부할 수 없게 됐다."

노 대통령은 이때만 해도 민심을 제대로 받들려 했는지 모른다. 그러나 그의 약속은 임기 중반에 썩어서 악취를 풍겼다. 나는 5월 7일 임시 전당 대회에서 다시 총재로 추대되었다. 세종문화회관 별관에서 열린 대회는 2000여 명이 모여 기적 같은 총선의 승리를 되새겼다. 나는 수석부총재에 문동환, 부총재에 박영숙, 최영근, 조윤형, 손주항, 박영록 씨를 선임했다. 곧 이어 당직을 개편했다. 사무총장에 이재근, 원내총무에 김원기, 정책위 의장에 정대철, 대변인에 이상수 의원을 임명했다.

'여소 야대 국회'는 5월 30일 개원했다. 나는 양복에 의원 배지를 달았다. 내가 다시 국회로 들어가다니……. 만감이 교차했다. 1972년 '10월 유신'이란 쿠데타로 의사당에서 쫓겨난 후 16년 만이었다. 제1야당 총재가 되어 다시 찾는 국회, 국민이 나를 다시 일으켜 세웠으니 이 얼마나 영광스러운 일인가.

투옥, 망명, 연금과 수차례 죽을 고비를 넘기고 다시 민의의 전당으로 복귀하는 아침이었다. 의원 신분으로는 여의도 의사당에 처음 들어가는 날이었다.

소속 의원 및 당직자들과 국립묘지와 4·19 묘소를 참배했다. 그리고 한강을 건넜다. 국회로 가는 길, 바람은 싱그럽고 5월의 볕마저 고왔다.

6월 29일 제1야당의 총재로서 대표 연설을 했다. 개인으로는 첫 대표 연설이고, 새로운 사회로 가기 위한 난제들이 쌓여 있어 어느 때보다 원고 작성에 심혈을 기울였다. 나는 진정한 민주화로 가는 길을 제시하고자 했다.

"지금 민주화를 지향하는 우리 앞에 가로놓인 문제, 그리고 결코 회피할 수 없는 문제는 제5공화국의 유산 청산입니다. 이 문제를 해결해야만 민주화로 나갈 수 있습니다. 지금 우리가 수행해야 할 과제는 광주 의거 진상 규명, 전두환 씨 일가 부정 축재 등 제5공화국 아래서의 권력형 비리 척결, 양대 선거의 부정 조사, 제반 반민주 악법 개폐, 그리고 망국적인 지방색 일소 등입니다. 이중에서도 광주 문제와 비리 척결 문제가 정국의 장래를 좌우할 수도 있는 가장 예민하고 위험스러운 요소를 안고 있습니다.

우리는 이 문제를 되도록 빨리 국민이 납득할 수 있게 해결해야 합니다. 이를 위해서는 첫째, 전두환 씨는 1980년 광주 의거 당시 실질적인 집권자로서 광주 시민 살상에 대해 가장 큰 관계가 있으므로 광주 의거 진압에 대한 진상을 남김없이 공개하고 자신이 광주 시민에 대한 부당한 진압과 살상에 책임이 있다고 생각하면 광주 시민과 국민에게 사죄하고 용서를 구하는 것이 문제를 푸는 가장 신속하고 확실한 길이라고 강력히 주장합니다.

둘째, 전두환 씨와 그 일가에 의한 엄청난 부정 축재는 그 구체적인 규모와 내용만 명백하지 않을 뿐 이제 누구도 부인할 수 없는 상식이 되었습니다. 전두환 씨가 할 일은 그들이 부정하게 취득한 국내외의 재산을 국민 앞에 공개하고 이를 국가에 반납하여 자신이 저지른 과오를 청산하는 성의를 보이는 것입니다.

셋째, 노태우 대통령은 광주 의거와 제5공화국의 권력형 부정 축재에 대한 진상을 사실대로 밝혀야 합니다. 정부는 이에 대한 백서를 발표한 뒤 광주 문제에 관계된 주요 책임자들이 국민 앞에 사죄하게 하는 한편 부정하게 재산을 취득한 자들은 그 재산을 국가에 반납하도록 조치해야 합니다. 이것이 노태우 정권이 광주 의거와 제5공화국 비리를 순조롭고 신속하게 해결하여 정국의 안정과 발전을 기하는 길입니다.

우리 평화민주당과 나는 당의 정강 정책에 명시되어 있는 대로 어떠한 정치 보복도 확고히 반대할 것입니다. 그리고 관계자들에 대해서는 그들의 반성과 사과를 요구할 뿐 그들에 대한 형사 처벌을 막는 데 전력을 다하겠습니다."

대표 연설에는 당시의 현안을 가장 슬기롭게 풀 수 있는 나름의 해법을 담으려 노력했다. 광주 항쟁의 진상 규명과 전두환 정권의 제5공화국 비리를 청산하지 않고서는 앞으로 나아갈 수가 없었다. 그것이 당시의 시대 정신이고 공동선이었다.

전두환 씨는 8년 만에 '쿠데타의 머리'에서 자신의 운명을 알 수 없는 비루한 처지가 되어 있었다. 나와는 입장이 완전히 바뀌어 버렸다.

6월 27일 국회는 제5공화국 시절의 부정과 비리 및 실정을 규명할 7개의 특별위원회를 설치했다. 5·18 광주민주화운동 진상조사특별위원회(광주특위), 민주발전을 위한 법률개정 특별위원회, 통일정책 특별위원회, 지역감정 해소 특별위원회, 제5공화국 정치권력비리조사 특별위원회(5공특위), 양대 선거부정조사 특별위원회, 양심수 등의 석방 및 수배해제를 위한 특별위원회 등이었다. 이로써 국회 차원의 '5공 청산'이 시작되었다.

유신헌법이 선포된 이후 16년 만에 군부대를 방문했다. 8월 1일 강원도 철원 지역의 백골부대를 찾아가 인사말을 했다.

"철원 같은 최대의 격전지에 '민족공원'과 '통일운동장' 등을 건설하여 남북 간의 평화 증진에 이바지하길 바랍니다."

8월 19일, 4박 5일 일정으로 필리핀을 방문했다. 코라손 아키노 대통령을 예방하고 필리핀 자유민주훈장을 받았다. 마닐라 교외의 메모리얼 공원에 있는 고 아키노 상원의원 묘소를 참배했다. 망명지에서 만난 민주화 운동의 동지를 기리며 추모사를 했다.

"아키노 의원을 죽인 마르코스는 영원한 패배자가 되었지만 죽임을 당한 아키노 의원은 영원한 승리자가 되었습니다. 아키노 의원의 죽음은 우리에게 영원히 사는 길을 가르쳐 주었습니다."

제24회 서울올림픽이 9월 17일 열렸다. 올림픽 사상 최대 규모인 160개국 1만 3304명이 참가했다. 12년 만에 동서 진영의 모든 나라가 참가했다. 이념과 인종 차별로 반쪽 대회가 되곤 했지만 냉전의 찌꺼기를 쓸어 낸 화합의 축제였다. 나는 이를 참으로 기쁘게 지켜보았다. 하지만 북한의 불참이 못내 아쉬웠다.

서울올림픽은 질적인 면에서도 훌륭했다. 경기 운영과 안전에 빈틈이 없었다. 우리나라는 금메달 12개, 은메달 10개, 동메달 11개를 획득하여 스포츠 강국의 면모를 보여 주었다. 미국이 소련과 동독에게 뒤져 3위를 차지한 것이 이채로웠다. 우리의 문화 유산과 전통을 대체로 잘 보여 주었다고 생각한다. 특히 대회 기간 내내 맑은 가을 날씨가 펼쳐졌다. 신이 내린 축복이었다. 서울올림픽은 성공적으로 막을 내렸다. 나는 "올림픽의 최대 승리자는 우리 국민"이라는 소감을 밝혔다. 여소 야대의 노태우 정권에게도 서울올림픽은 국정 운영의 자신감을 심어 주었다.

광주특위와 5공특위 활동에 국민적 관심이 집중되었다. 나는 평민당 총재단의 동의를 얻어 광주특위 위원장을 문동환 수석부총재에게 맡겼다. 그러면서 첫 번째 증인으로 나를 채택하면 좋겠다고 귀띔했다. 광주 항쟁 배후 조종자로 사형 선고를 받은 만큼 국내외의 관심을 끌 수 있을 것이고, 첫머리에 진실을 밝혀 특위 활동이 바른 궤도로 진입하는 데 도움이 되고 싶었다. 나는 특위에 배정된 의원들과 수시로 대책 회의를 갖고 철저한 준비를 당부했다.

사상 처음으로 도입된 국회 청문회는 국민들에게 생중계되었다. 시청률이 60퍼센트에 육박할 정도로 온 나라의 눈과 귀는 '5공 청산'에 집중되었다. 나도 11월 18일에 광주특위 청문회에 출석했다. 나는 이렇게 증언했다.

"광주 항쟁 때 군인이 아무 무기도 갖지 않은 시민들에게 일방적으로 발포한 것은 용서하기 어렵습니다. 집단 살인과 다름없는 폭력입니다. 시민에게 발포령을 누가 내렸는지가 가장 큰 문제입니다. 그 발포 책임자는 당시 국민의 생사여탈권을 쥐고 있던 합동수사본부장인 전두환 전 대통령입니다."

수많은 증인들이 수많은 증언들을 쏟아 냈다. 그중에서 가장 실망스러운 증인은 최규하 당시 대통령과 김옥길 문교부 장관이었다. 최 전 대통령은 아예 청문회에 참석하지 않았다. "전직 대통령으로서 국사에 관한 비밀을 발설하는 전례를 남길 수 없다"는 이유였다. 그가 말하는 '국사의 비밀'이 무엇인지 몰라도 국민과 역사 앞에 진실을 밝히는 것보다 중요한 일이 있을 수 있는가. 김 전 문교장관도 묵비권을 행사했다. 비상계엄령 확대를 의결한 국무회의에 참석했는데도 끝까지 진실의 편에 서지 않았다.

5공특위가 본격 가동하자 5공 비리의 실체가 드러나기 시작했다. 언론에서는 '전 전(前) 대통령' 대신 그냥 '전 씨'로 호칭했다. 전 씨와 그 일가들의 천문학적인 부정 축재 실태가 드러나기 시작했다. 부정 축재 혐의로 교도소에 가는 친인척들이 줄을 이었다. 전 씨는 더 이상 빠져나갈 구멍이 없었다. 11월 23일 전 씨는 사과 성명을 발표하고 백담사로 유배를 떠났다.

노태우 대통령은 전 씨 내외가 떠난 지 사흘 후 성명을 발표하고 국민들에게 전 씨에 대한 사면을 요청했다. 동시에 광주 사건 피해자들의 구제 및 보상을 약속했다. 또 정치범 전면 석방, 국가보안법 개정, 정부 여당의 쇄신 등을 천명했다. 나는 그 선언을 받아들였다. 전 전 대통령의 형사 처벌은 바라지 않지만 광주 항쟁 발포 책임 여부는 규명해야 한다고 거듭 주장했다.

광주특위 활동은 초기에는 비장하기까지 했지만 갈수록 힘이 빠졌다. 청문회도 겉돌았다. 1년여를 활동했으나 증인들은 불성실했고, 정치권은 진실보

5·18 진상규명특별청문회 첫 번째 증인으로 선서를 했다.

다 이해를 좇았다. 할 수 없이 4당 총재가 모여 전 전 대통령을 증언대에 세우는 것으로 특위 활동을 매듭짓기로 했다. 백담사에서 내려온 전 전 대통령은 1989년 12월 30일 광주청문회 증언대에 섰다. 예상은 했지만 증언이 아닌 거짓을 무한정 쏟아 냈다. 노무현 의원은 명패를 던졌고, 이철용 의원은 증인석으로 뛰쳐나가 삿대질을 하며 소리쳤다.

"살인마 전두환, 증언 제대로 해!"

광주청문회는 그 끝이 매우 가늘었지만 국민들은 누가 거짓말을 하고, 누가 역사의 죄인인지 알 수 있었다.

공안 정국 망령

(1989)

1989년 새해 김영삼 통일민주당 총재가 돌연 '노태우 대통령 중간 평가'를 들고 나왔다. 노 대통령은 대통령 선거 종반에 당선이 위태롭다고 판단해 당선되면 중간 평가를 받겠다고 공약했다. 그것은 결국 덫이요 족쇄였다. 이를 민주당에서는 집요하게 물고 늘어졌다. 1월 5일 김 총재가 신년 회견을 했다.

"중간 평가 문제는 대국민 공약인 만큼 노 대통령은 정치 도의와 양식에 따라 반드시 실천해야 한다. 시기와 방법 등은 야당과의 협상 대상이 될 수 없으며, 5공 비리 척결과 민주화 조치의 실적이 평가 대상이 되어야 한다."

그러나 그렇게 서둘 일이 아니었다. 나는 노 대통령이 5공 비리 척결과 민주화 조치를 얼마나 이행하는지를 지켜본 후에 중간 평가를 해야 한다는 입장이었다. 향후 1년 동안은 중간 평가를 유보하자는 데 야 3당이 이미 합의한 바 있었다. 중간 평가는 잘못 쓰면 독이 될 수 있었다.

나는 노 대통령이 조기 중간 평가를 통해 국민 신임을 얻는다면 여권 내에 극우 세력이 득세할 가능성이 있다고 보았다. 그리고 당시 국민 투표에 부친다면 노 대통령의 불신임 가능성은 거의 없어 보였다. 올림픽이 성공적으로 끝나 대통령의 인기는 그리 나쁘지 않았고 국민들이 선거로 인한 혼란을 원하지 않을 것이기 때문이었다.

정부 여당에서도 중간 평가에 관해서는 두 가지 기류가 있었다. 민정당에서는 중간 평가를 실시하여 여소 야대의 수세적인 국면을 벗어나야 한다는 주장이 대세였다. 반면 노 대통령의 친인척과 측근들은 만에 하나 부결될 수 있음을 염려하여 이에 반대했다. 중간 평가의 유보, 또는 무산을 주장하는 측은 사실 소수에 불과했다.

민정당은 2월 8일 신임과 연계하는 형식의 국민 투표 중간 평가를 노 대통령에게 공식 건의했다. 박준규 대표는 "중간 평가에서 노 대통령이 신임을 받으면 지금처럼 야당 마음대로 정국이 운영되지 않을 것"이라고 호언했다. 중간 평가로 여소 야대 정국을 정면 돌파하겠다는 뜻이었다. 즉 여기서 동력을 얻어 정계 개편을 하겠다는 속셈이었다. 민정당은 내가 우려한 대로 움직이고 있었다.

2월 25일, 나는 이러한 민정당의 강경 기류에 우려를 표명했다.

"민정당이 신임 연계 중간 평가를 강행하려 함은 국민에게 심판을 받으려는 자세가 아니다. 그것은 국민을 협박하는 것이다. 중간 평가를 악용하려는 저의가 있다. 5공 비리 청산이나 민주화, 민생 문제 해결 등이 매듭되지 않은 상태에서 국민들이 무엇을 보고 평가한단 말인가. 시기에 구애받지 않고 제반 작업이 마무리된 다음에 중간 평가를 실시하는 것이 순리다."

하지만 민주당 측에서는 조속히 실시하라고 촉구했다. "5공 비리를 청산하지 않은 상태에서 중간 평가를 하는 것은 부당하지만, 민정당에서 실시 의지를 나타낸 만큼 노 대통령에 대한 신임 문제를 놓고 투쟁하겠다"며 불신임 운동을 천명했다. 김영삼 총재와 민주당의 태도가 이상했다. 스스로 '5공 비리를 청산하지 않은 상태에서 중간 평가는 부적절하다'는 것을 알면서도 서두르는 이유를 알 수가 없었다. 중간 평가 이후 정계 개편이란 집권 여당의 노림수를 알면서도 이에 말려들고 있었다.

중간 평가 문제로 정국은 연일 뜨거웠다. 당시는 노 대통령 임기가 겨우 5

분의 1이 지난 시점이었다. 정부의 공과를 논하기에는 시기상조였다. 임기 첫해인 1988년, 노 정권은 서울올림픽에 매달렸고, 정국은 '제5공화국 청산'에 매진했기 때문에 당시에는 노 대통령을 평가할 준거가 없었다.

나는 중간 평가를 둘러싸고 정파 간 패싸움을 벌이는 소모전에 종지부를 찍어야겠다고 생각했다. 그것은 노 대통령과의 담판이었다. 3월 10일 청와대에서 3시간가량 회담을 가졌다. 그리고 중간 평가를 신임과 연계시키지 않는, 단순 정책 평가로 실시해야 한다는 데 합의했다. 대신 전두환 씨의 국회 증언, 광주 문제 해결 방안, 지방 자치제 실시 등에 대해서도 전향적인 합의를 이끌어 냈다. 나는 이것이 가장 합리적인 선택이라고 생각했다.

그러자 김영삼 총재와 민주당은 단순 정책 평가를 하더라도 노 대통령에 대한 불신임과 퇴진 운동은 계속 전개하겠다고 했다. 하루는 외신 기자가 찾아와 내게 물었다.

"통일민주당에서는 중간 평가를 통해 노 대통령이 물러나면 다시 선거를 하겠다는 데 어찌 생각하십니까?"

나는 만일 그런 상황이 온다면 국민들에게 다시 의견을 구해야 할 것이라고 대답했다. 여당의 일각에서는 중간 평가를 통해 여소 야대의 정국을 반전시켜 보려는 의도가 있었고, 제1야당 자리를 넘겨준 김영삼 씨로서는 판을 흔들어 보고 싶었을 것이다. 그러나 그것은 위험했다. 비록 부정 선거가 있었고, 군부 독재의 잔여 세력이긴 했지만 직접 투표로 선출된 정권이었다. 중간 평가가 사실상 정권 퇴진 투쟁으로 비화되면 노 대통령이 재신임을 받든, 물러나든 혼란이 일 것이고 그 부담은 국민들이 떠안아야 했다.

나와 김영삼 총재는 결국 민심이 어디 있는지를 물어야 했다. 평화민주당과 통일민주당이 중간 평가를 두고 장외 집회를 열었다. 우리는 중간 평가가 시기상조라는 것이고 저쪽은 강행해야 한다는 입장이었다. 3월 18일, 평민당은 경기도 부천에서, 민주당은 충남 온양에서 각각 장외 집회를 열었다. 청와대를 비롯해서 국민들과 정치권이 집회 상황을 주시했다. 나는 부천 시민운동장을 가득 메운 청중들에게 이렇게 주장했다.

"여권 내에서 요즘 중간 평가에 대통령 신임을 연계시키려는 불순한 움직임이 있습니다. 또 저들은 중간 평가를 조기에 실시하여 국민 여러분이 만들어 준 여소 야대 정국을 흔들려고 합니다. 그럴 경우에 우리 평민당은 이 정권의 종식을 위해 모든 민주 세력과 함께 투쟁할 것입니다. 대통령의 중간 평가는 아직 때가 아닙니다. 노 정권의 민주화 시책을 더 지켜보고 그 결과를 국민에게 묻는 형식이 되어야 합니다. 시기적으로도 아직 '중간'에 이르지 않았습니다. 이렇듯 무리하게 추진하면 여소 야대에 불만을 갖고 있는 여당 내의 반민주 세력에게 재기의 구실을 제공하여 민주 세력을 탄압하는 빌미를 줄 수도 있습니다."

1만 명이 넘는 청중들은 박수와 환호로 답했다. 부천 집회의 열기로 중간 평가에 대한 나와 우리 당의 해법이 민심과 일치한다는 것을 확인할 수 있었다. 반면에 통일민주당이 당력을 집중하여 개최한 온양 집회는 겨우 1000명 남짓 모였을 뿐이다. 그마저 중간에 이탈자가 속출하여 제대로 집회가 열리지 못했다.

이로써 민심이 어디에 있는지 분명해졌다. 노 대통령은 부천 집회에서 중간 평가를 연기할 명분을 찾았고 자신감을 얻었다. 노 대통령은 3월 20일 중간 평가 유보를 천명하는 대국민 담화를 발표했다. 이로써 '중간 평가 정국'은 소멸되었다. 이날 나는 당직자 회의에서 평민당이 중간 평가 정국에서 승리했다고 선언했다.

여야는 국회 운영을 위해 자주 모였다. 여소 야대 정국에서는 타협이 최선이었다. 타협이란 결국 절충과 양보였으니 독주와 독선은 설 자리가 없었다. 여당이 야당의 협조 없이 독주하려다 정면으로 충돌한 일이 있었다. 1988년 6월, 서울 지방법원과 가정법원의 소장 판사들이 인사 행정을 쇄신해 달라고 호소한 사건이었다. 소장 판사들은 '사법부에 대한 국민의 신뢰 회복'을 주장했다. 그 일로 김용철 대법원장이 사임했다.

노 대통령은 후임으로 정기승 대법관을 내정하고 국회의 승인을 요구했다. 하지만 야당이 뜻을 모아서 이를 부결시켰다. 사법부 독립에 적합한 인물이 아니라고 여겼기 때문이다. 야 3당이 모두 그렇게 생각한다면 분명 문제가 있었다. 그러자 노 대통령은 이일규 씨를 다시 추천했다. 야당은 흔쾌히 동의했다. 여소 야대 정국이라 해서 야당이 독주하는 것은 아니다. 야당은 철저히 국민의 뜻을 헤아려야 했다. 국정의 책임을 공유해야 하기 때문이다.

모든 법안이 여야의 합의로 처리되었기에 어느 때보다 만장일치가 많았다. 여야는 원활한 국회 운영을 위해 5자 회담을 자주 열었다. 여당에서는 대통령과 대표위원, 야당에서는 3당의 총재가 참석했다. 각 당의 입장은 5자 회담에서 조율되었다.

우리 평민당이 제출한 법안 중에 가족법 개정안이 있었다. 나는 오래전부터 여권 신장을 위해 가족법은 손질해야 한다고 주장해 왔다. 기존의 가족법은 아내에게 재산상속권도 없었다. 딸들도 철저하게 차별을 받았다. 헌법에는 남녀의 평등을 명시하고 있지만 실제로는 여성이 가정과 사회에서 여러 가지 차별을 받고 있었다. 가족법 개정은 여성 단체에서도 오랜 세월 주장해 온 숙원이었다. 특히 이태영 여사는 매우 적극적이었다. 하지만 매번 국회에서 관련 법안이 폐기되거나 보류되었다.

나는 남녀평등에 대한 관심이 일찍부터 남달랐다고 생각한다. 아내와 내 이름이 함께 새겨진 문패를 단 것도 아내 이희호가 바라서가 아니다. 내가 원했다. 물론 여권 신장에 대해서는 여성 운동가였던 아내의 영향도 받고, 어떤 의미로는 압력도 받았다. 하지만 남녀가 평등하다는 믿음은 내 안의 천성(天性)이며, 또 나는 차별 없는 사회를 실로 천명처럼 받들어 왔다.

1989년 봄, 나는 5자 회담에서 가족법 개정의 당위성을 역설하고 각 당의 협조를 요청했다. 해방 이후 계속된 여성 차별의 폐해를 적시하며 각 당 대표들을 설득했다.

"세계 어디에도 이런 차별은 없습니다. 현행 가족법은 우리 스스로가 부끄러워해야 할 법이며 위헌 요소 또한 다분합니다."

내 설명에 박준규 여당 대표만이 고개를 끄덕였고 노 대통령과 김영삼, 김종필 총재는 반대했다. 그리고 가족법 개정안은 다른 현안에 밀려 보류되었다.

그러나 나는 가족법 개정안을 잊지 않았다. 그해 12월 15일, 5자 회담에서 이를 다시 거론했다. 우리 평민당은 여당이 연내에 '5공 비리 청산'을 매듭짓는 조건으로 지방 자치제의 부활과 가족법 개정을 요구했다. 그런데 놀랍게도 노 대통령이 한번 검토해 보자며 긍정적인 반응을 보였다. 제1야당의 제안에 대통령이 찬성을 하자 누구도 이견을 내놓지 못했다. 국회에 소위를 설치하고 심의를 시작했다.

우리 당이 제안을 했기 때문에 소위원장도 평민당에서 맡기로 하고 홍영기 의원을 위원장으로 선임했다. 그러나 사실 홍 의원은 가족법 개정에 반대하고 있었다. 그런 내색을 안 하고 맡았지만 그가 위원장으로 있으니 진척이 없었다. 그를 불러 웃으며 말을 꺼냈다. 그도 왜 불려 왔는지 알고 있었다.

"소위원장을 다른 분에게 맡기면 어떻겠습니까?"

"아이고 제발 그래 주십시오. 저는 정말 그 일이 싫습니다."

나는 당시 비서실장이던 조승형 의원에게 소위원장을 맡아 달라고 했다. 그랬더니 그마저도 흔쾌하지 못했다.

"저도 가족법 개정에 반대하지만 총재님의 뜻이니 받들겠습니다."

나는 그 말을 듣고 내심 놀랐다. 많은 의원들이 가족법 개정을 반대하고 있었다. 만일 의원들의 비밀 투표에 붙였다면 결코 통과되지 못했을 것이다. 정기 국회 마지막 날 다시 암초가 나타났다. 합의를 깨고 여당 의원들이 표결을 못하겠다고 버텼다. 나는 청와대로 전화를 걸어 노 대통령에게 따졌다.

"대통령과 합의로 여기까지 진행된 일을 지금 여당에서 반대한다고 하니 참으로 난감합니다."

노 대통령은 곧바로 여당 간부들에게 가족법 개정안에 협조할 것을 지시했고, 법안은 가까스로 통과되었다. 감회가 깊었다. 김영배 원내총무에게 수고했다고 격려하며 말을 보탰다.

"김 총무, 역사적인 법안이 통과되었는데 다른 당은 몰라도 우리 당 의원들은 통과할 때 박수 한번 칩시다."

알았다며 의원석을 돌고 온 김 총무가 말했다.

"남자 권리 다 빼앗겼는데 뭐가 좋아서 박수치느냐고 그럽니다."

의원들은 그랬을망정 가족법 개정안 통과는 여성 인권 신장에 새로운 이정표를 세웠다. 어머니의 권리가 아버지와 같고, 딸들의 권리가 아들 형제와 같아지는 것이니 여성에게는 새로운 세계가 열렸음이다.

이쯤에서 노 정권의 공안 정국을 얘기하지 않을 수 없다. 노 대통령은 선거운동을 하면서 "위대한 보통사람의 시대를 열겠다"고 외쳤다. 집권을 해서도 이를 국정 지표로 삼았고 정책 기조로는 민주 화합과 균형 발전, 그리고 통일 번영 등을 꼽았다. 노 정권은 이른바 6·29 정신을 실천해야 했다. 그러나 현실적으로 이는 불가능했다. 국민의 직접 선거로 뽑혔지만 결국 그 뿌리는 군사 정권이었기 때문이다. 더욱이 총선에서 여소 야대 정국이 펼쳐지자 공안 정국을 조성하여 주도권을 잡아 보겠다는 발상을 했을 것이다. 그리고 그것은 제1야당과 그 총재인 나를 겨냥한 것이었다.

1989년 봄, 문익환 목사가 일본 도쿄를 거쳐 평양을 방문했다. 이 일로 큰 소동을 빚으며 공안 정국이 시작되었다. 3월 25일, 문 목사는 유원호 통일민주당 당원 및 재일 언론인 정경모 씨와 함께 방북, 김일성 주석과 허담 조국평화통일위원회 위원장과 회담을 가졌다. 4월 2일에는 인민문화궁전에서 기자회견도 가졌다.

문 목사는 방북하기 전 3월 16일에 나와 만났다. 청와대 뒤편에 있는 올림피아 호텔로 기억한다. 동생 문동환 수석부총재와 함께 나온 문 목사는 대뜸 북한에 가겠다고 했다. 노 대통령이 7·7 선언을 한 마당에 못 갈 이유가 없다고 했다. 7·7 선언이란 1988년 7월 7일 노 대통령이 발표한 '민족자존과 번영을 위한 대통령 특별 선언'을 일컫는다. 이 선언의 핵심은 '북한을 경쟁과 대결이라는 적대적 대상이 아닌 통일을 위한 동반자로 보는 것'이었다. 7·7 선언의 실천 방안으로 6개항을 제시했는데, 그 첫 번째가 바로 '남북 동포 간의 상호 교류 및 해외 동포들의 자유로운 남북 왕래'였다. 문 목사는 이를 들어 북한 방문에 아무 문제가 없다는 것이었다. 내가 물었다.

"정부 허가를 받았습니까?"

"안 받았습니다."

"그렇게 되면 법에 걸릴 터인데 어쩌시려고 그럽니까?"

"7·7 선언까지 한 마당에 저들이 나를 어쩌겠습니까?"

이러다 문제가 커지겠다 싶었다. 나는 자세를 고쳐 앉으며 다시 말했다.

"당국의 허가를 받지 않으면 세 가지 문제가 생깁니다. 첫째는 다녀오면 바로 구속될 것입니다. 둘째는 민주 세력이 탄압을 받습니다. 셋째는 민주화 운동이 크게 위축될 것입니다. 아직까지 북에 가는 것은 국민의 지지와 동의 없이는 절대 성공할 수 없습니다. 허가 없이 멋대로 가면, 다른 사람들도 다 제멋대로 방북하면 나라가 어떻게 되겠습니까. 그 혼란을 어떡하겠습니까. 또 국민들은 어떻게 생각하겠습니까."

그래도 문 목사는 다녀와야겠다고 우겼다. 문 목사는 참으로 순진무구한 분이다. 용기가 있고 어떤 경우라도 고난을 두려워하지 않았다. 하지만 이상만을 좇다가 가끔씩 현실을 못 볼 때가 있었다. 그것을 탓만 할 수는 없다. 옳으면 행하는 것, 그것은 순결한 영혼을 지녔기에 가능한지도 모른다. 문동환 의원의 생각도 나와 같았다. 하지만 문 목사는 우리 말을 듣지 않았다. 내가 대안을 얘기했다.

"일본을 거쳐 가신다니, 그럼 도쿄에 가셔서 한국 영사관에 방북 신청을 해 보시죠. 이곳에서는 문동환 의원이 이홍구 국토통일원 장관에게 가서 허락해 주도록 요청하는 게 좋을 것 같습니다."

문 목사는 내 말대로 해보겠다고 했다. 그러나 정부가 방북을 허용하지 않을 것이 뻔했다. 따라서 우리는 어떤 결론도 내리지 못했다.

그런데 일요일로 기억되는 어느 날, 문 목사가 방북하여 김일성 주석과 회담을 했다는 뉴스가 들렸다. '아이고 큰일 났구나.' 나도 모르게 신음 소리가 튀어나왔다. 서둘러 확인해 보니 주일 한국 대사관에 통보도 안 했다고 했다. 정부는 기다렸다는 듯이 공안합동수사본부를 설치했고, 문 목사가 돌아오자 곧바로 구속했다. 나는 평민당 총재로서 성명을 발표했다.

"민주 인사를 구속하는 것은 옳지 않다. 이렇게 된 것은 북을 적이 아니라 동반자로 선언한 정부가 그 뒤 후속 조치를 취하지 않았기 때문이다."

문 목사의 방북은 엄청난 후폭풍을 몰고 왔다. 내 예상대로 전국민족민주연합 등으로 수사가 확대되었다. 고은 시인 등 주요 간부들이 구속되었다.

이때부터 공안 삭풍이 불었다. 문 목사의 순수한 열정을 색칠해서 악용했다. 문 목사는 물론 정치인이 아니다. 그래서 정치인과는 다른 꿈을 꿀 수 있다. 이러한 이상주의자들이 역사의 물꼬를 바꾸기도 하지만 때로는 현실을 매우 고단하게 만들기도 한다. 문 목사 개인도 실형을 받아 큰 고생을 했지만 민주 세력에게도 커다란 악재가 되어 한동안 탄압의 빌미가 되었다. 이어서 서경원 밀입북 사건이 터졌다.

그해 6월 어느 날, 김원기 원내총무가 보고했다.

"시중에 이상한 말이 떠돌고 있습니다. 서경원 의원이 북한에 다녀왔다고 그럽니다."

"그럴 리가 있나요. 서 의원에게 사전에 들은 얘기라도 있습니까?"

"전혀 없었고, 저도 처음 듣는 얘깁니다."

"그러면 아닐 것이오."

다소 찜찜했지만 그럴 리가 없을 것으로 판단했다. 그리고 무시하고 넘어갔다. 그런데 며칠 뒤에 김 총무가 황급히 내 방문을 열었다. 평소의 여유로운 표정은 간데없고 하얗게 질린 얼굴이었다.

"큰일입니다. 오늘 서경원 의원을 만났는데 북에 다녀왔다고 합니다."

나는 깜짝 놀라 한동안 김 총무의 얼굴만 쳐다봤다. 당 지도부와 상의도 없이 북한을 다녀왔다니 어이가 없었다. 나는 김 총무에게 이 사실을 당국에 알리고 수습책을 협의하라고 지시했다. 당 지도부가 서 의원을 박세직 안전기획부장에게 데리고 가서 스스로 북한 방문 사실을 털어놓도록 했다. 북한으로부터 돈을 받은 사실도 자백했다. 박 안기부장은 평민당 지도부가 나서서 방북 사실을 자수토록 만든 데 대해 고맙다고 했다. 그러면서 현직 의원인 만큼 불구속으로 사건을 매듭지어 보겠다고 했다. 내게도 감사하다는 말을 전해 달라고 했다.

하지만 며칠 후 사건은 엄청나게 부풀려 폭로되었다. 공안 당국은 6월 27일 '서경원 의원 밀입북 사건'을 터뜨렸다. 서 의원은 전격 구속되었다. 박세직 부장이 물러나고 서동권 씨가 새로 안기부장에 발탁되더니 이를 공안 사건으로 몰고 갔다. 안기부장의 교체가 공안 정국과 어떻게든 관계가 있을 것으로 추측되었다. 서경원 의원은 안기부에서 무자비한 고문을 당했다. 현역 의원에게 잠 안 재우기 고문을 자행했다. 또 하루 종일 앉지 못하게 하고 서서만 있도록 했다.

서 의원에게 주로 나와의 연루 혐의를 캐물으며 용공 혐의를 씌우려 했다. 7월 25일, 검찰과 안기부는 전혀 근거가 없는 주장을 언론에 대대적으로 퍼뜨렸다. 서 의원이 나의 지령을 받았고, 내가 경비 일부를 제공했으며, 북에서 받은 돈에서 1만 달러가량을 내게 주었다는 등의 허위 사실을 날조하였다. 내 정치 생명을 끊으려는 수작이었다.

8월 3일, 공안 검찰은 나를 구인하겠다고 했다. 헌정 사상 유례가 없는, 야당 총재에 대한 구인 작전이었다. 여의도 사무실에서 강제로 끌려 나왔다. 많은 시민과 당원들이 울부짖으며 구인을 막으려 했다. 나는 이들을 만류했다. 당당히 구인에 응해서 저들의 비열한 작태를 정면으로 꾸짖기로 했다. 당사를 나와 차를 탔는데 원효대교 입구에서 당원과 지지자들이 길바닥에 드러누워 앞길을 막고 있었다. 차에서 내려 "진실을 밝히려 가니 길을 열어 달라"고 간곡하게 당부했다.

중부경찰서에서 심야 조사를 받았다. 그들은 '대북 친서 전달설'을 대대적으로 유포했지만 이 부분에 대해서는 조사조차 하지 않았다. 나에게 씌워진 혐의라는 것은 고작 '불고지(不告知)'죄였다. 내가 서 의원의 북한 방문 사실을 2개월 전에 알고 있으면서도 은폐했다는 것이다. 하지만 훗날 서 의원이 법정에서 "고문에 의해 자백했을 뿐 사실이 아니다"고 해서 이마저도 깨져 버렸다. 사실 범죄 사실을 알고 있으면서 밀고하지 않는 자를 처벌하는 '불고지죄'가 세상 어디에 있다는 말인가. 참으로 부끄러운 죄명이었다.

조사관들은 나에게 어떤 증거도 들이대지 못했다. 모두가 "서경원 의원이 이렇게 말했는데 맞느냐"는 것이었다. 그래서 서 의원과 대질을 시켜 달라고 했다.

"서 의원을 만나게 해 주시오. 그러면 모든 게 분명해질 것 아니겠소."

그러나 이런 나의 요구는 받아들여지지 않았다. 조사라는 것이 별것도 아닌데 시간만 자꾸 끌었다. 조사를 마치고 다음 날 새벽 3시에 경찰서를 나왔다. 당직자, 시민과 당원들이 중부경찰서 주변을 가득 메우고 있었다. 일제히 환호성을 울리고 박수를 쳤다. 공안 정국을 규탄하는 분노의 외침이었다.

그들은 나를 기소했어도 혐의가 없으니 결국 재판을 끌어갈 수 없게 되었다. 후일담이지만 검찰은 더 이상 재판을 할 수 없게 되자 나에게 선처를 해 달라고 호소했다. 소송 자체를 없는 것으로 하는 데 협조를 해 달라는 것이었다. 참으로 가소로운 희극이었다. 이것이 세상을 떠들썩하게 만든 서경원 밀입북 사건의 실체였다. 실제로 그 사건은 결말을 짓지 못하고 흐지부지 사라졌다.

나는 이때 노 대통령을 다시 생각하게 되었다. 중간 평가 실행 여부로 난처한 입장에 처한 그에게 그걸 연기하도록 도우면서 국정 운영에 힘을 실어 준 나와 평민당에게 비수를 들이댔다. 공안 정국은 다시 민주 세력을 탄압하고 나와 평민당을 파탄시키려는 치졸한 발상에서 비롯되었다. 아울러 당시에 쏟아진 다양한 통일 논의를 가로막아 스스로 7·7 선언이 허구였음을 드러냈다.

서경원 의원 밀입북 사건이 터진 사흘 후 한국외국어대 학생 임수경 양이 전국대학생대표자협의회(전대협) 대표 자격으로 평양 축전에 참가했다. 국내는 물론 외신에서도 초미의 관심을 보인 대형 사건이었다. 이후 다시 관련자들에 대한 수배와 검거가 이어졌다. 정국은 얼어붙었다. 평민당은 8월 8일 서울 보라매공원에서 '공안통치분쇄 국민대회'를 열었다. 염천에도 전국 각지에서 30여만 명이 몰려들었다.

우리나라에서는 이렇듯 역사를 거꾸로 돌리는 구태가 재연되고 있었지만 세계는 급속하게 변해 갔다. 1989년 11월 9일, 마침내 베를린 장벽이 붕괴되었다. 동서독이 통일을 이루는 역사적인 사건이었다. 또 12월 3일에는 부시 미국 대통령과 고르바초프 소련 서기장이 정상 회담을 통해 '냉전 종식'을 공식 선언했다. 세계는 화해의 물결이 넘실거리는데 이 땅에는 다시 공안 정국의 멍석이 깔리고 권력은 그 위에서 칼춤을 추고 있었다.

1989년은 제1야당 총재인 내게 시련의 연속이었다. 하지만 귀한 시간들도 주어졌다. 1989년 1월 31일 출국하여 스웨덴, 이탈리아, 바티칸, 노르웨이, 네덜란드, 헝가리 등 6개국을 순방했다.

이용희 당무지도위 의장, 허경만, 김봉욱, 이영권, 김득수, 권노갑, 유인학, 이찬구, 서경원 의원과 최운상 외교 담당 특보, 이길재 대외협력위원장, 김수일 부대변인, 남궁진 비서실 차장, 최재승 보좌관, 박문수 중앙정치연수원 부위원장 등이 수행했다.

첫 방문국인 스웨덴의 수도 스톡홀름에는 2월 1일 정오쯤에 내렸다. 스텐 안데르손(Sten Andersson) 외무장관이 주최한 만찬에 참석하는 것으로 공식 일정에 들어갔다. 그때 만찬장에서 한 말이 아직도 기억에 새롭다.

"스웨덴은 최강의 나라는 아니지만 도덕적으로 위대한 나라입니다. 스웨덴의 민주 제도 등 국보급 보물들을 캐내어 배워 가겠습니다."

보라매공원에서 열린 공안통치분쇄 국민대회에 참석, 이용희(왼쪽), 문동환 부총재와 함께 청중들의 환호에 손을 들어 답례하고 있다.

2일 오전에는 '세계의 양심'이라 불리는 올로프 팔메 총리의 묘소를 찾았다. 스톡홀름에 있는 일반인 묘역이었는데, 자연석에 이름만 새겨져 있었다. 매우 간소했다. 헌화를 하고 그를 추모했다. 미망인 리스벳 팔메(Lisbet Palme) 여사가 묘소에 나와 우리를 맞았다. 나를 보자 눈시울을 적셨다. 팔메 총리는 사형수였던 나를 구명하기 위해 무진 애를 써 주었다. 또한 미국 망명 시절에는 하버드 대학에서 만나 많은 이야기를 나누기도 했다. 그의 미소가 아직도 선연한데 이렇듯 누워 있으니 누구를, 무엇을 탓해야 하는가.

이어서 칼손(Ingvar Carlsson) 스웨덴 총리를 만나 요담했다. 칼손 총리는 집권 사민당의 총재이기도 했다. 나는 총리에게 그해 6월에 개최 예정인 사회주의 인터내셔널(SI) 총회에 평민당이 옵서버 자격으로 참가하고 싶다고 말했다. 총리는 이를 적극 반기며 빌리 브란트 의장에게 즉각 전하겠다고 약속했다.

이날 오후 스웨덴의 권위 있는 국제연구소에서 "한국의 민주화"란 제목으로 강연을 했다. 300여 명이 참석했는데 나에 대해서 많은 것을 알고 있었다. 참석자 중 일본 전통 의상인 기모노를 입은 여학생이 내게 질문을 했다.

"이곳 스웨덴에는 많은 입양아들이 있는데 입양 문제를 어떻게 생각하십니까?"

나는 그 여학생이 일본인인 줄 알았는데 뜻밖에 두 살 때 입양된 한국인 고아였다. 스톡홀름 대학에 재학 중이었다.

"한국 정치 지도자로서 8000여 명의 고아가 스웨덴에 오게 된 것을 가슴 아프게 생각합니다. 하지만 세상일에는 양면이 있으니 이를 전화위복의 기회로 삼는다면 또 하나의 조국을 품을 수 있을 것입니다."

숙소에서 교민과 유학생 200여 명을 초청하여 만찬을 함께했다. 참석한 대부분의 젊은이들이 입양아 출신들이었다. 모두 구김 없이 잘 자랐지만 그렇기에 더 목이 메었다. 밤늦게까지 그들과 이야기를 나누었다.

다음 날 세계 최고(最古)의 대학 도시 중 하나인 웁살라를 방문했다. 웁살라 대학을 찾아가자 총장이 직접 안내를 했다. 명성에 걸맞게 고색창연하면서도 그 규모가 엄청나서 우리 일행을 주눅 들게 만들었다. 대학 방문을 마치고 웁살라 시내 레스토랑에서 대학 교수 등 30여 명과 오찬을 함께했다. 바로 그 자리에서 스웨덴의 지도자 27명이 나를 올해 노벨평화상 후보로 추천했음을 발표했다. 오찬장에는 나를 추천한 인사들이 다수 있었다. 추천인들은 한스 알렌 웁살라 주지사, 벨스 트렘 대주교 등 정계, 종교계, 학계의 대표적인 지성들이었다.

노벨평화상 후보 추천을 추천자들에게 직접 들으니 쑥스러웠지만 한편으로 매우 감동스러웠다. "불굴의 의지와 정열로 민주화를 위해 헌신해 왔다"는 것이 추천 사유였다. 함께 있던 일행이 환호성을 내지르며 내게 축하 말을 건넸다.

스웨덴 방문을 마치고 이탈리아로 향했다. 로마에 도착해 첫 공식 일정으로 줄리오 안드레오티(Giulio Andreotti) 외무장관을 만났다. 안드레오티 외무는 총리를 다섯 차례 역임한 노 정객이었다. 그가 내게 조언을 구했다.

"북한에 무역대표부를 설치하려 하는데 야당 총재인 당신 생각은 어떠십니까?"

"물론 찬성입니다. 무역 창구가 생긴다면 북한의 변화를 이끌어 내는 데 아주 유용할 것입니다. 제발 그렇게 해 주십시오. 단 우리 정부와 사전에 협의를 하는 것이 좋을 듯합니다."

"알겠습니다. 당신은 역시 정치인입니다."

그는 만면에 웃음을 띠고 화답했다.

교황청을 방문하여 교황 요한 바오로 2세를 알현했다. 성 베드로 광장을 통해 교황청 건물로 들어갔다. 접견실에서 기다리고 있었는데 교황은 우리 내외를 집무실로 들어오라고 했다. 특별한 배려였다. 교황의 얼굴을 처음 본 순간을 나는 지금도 잊을 수 없다.

'사람의 얼굴빛이 저토록 맑을 수도 있구나.'

가톨릭에서 교황은 하느님의 대리자다. 그분은 그에 걸맞는 모습을 보여주었다. 교황은 내게 나직이 말했다.

"당신이 민주주의를 위해 얼마나 희생을 했는지 잘 알고 있습니다. 오늘 당신을 만나서 영광입니다. 그리고 한국 가톨릭 교회가 세계에서도 가장 모범적인 성장을 한 것을 기쁘게 생각합니다."

교황은 겸손하면서도 친절했다. 가톨릭 신자 토머스 모어로서 나는 무척이나 영광스러웠다. 교황은 내게 십자가를 주었다.

"지난 1980년 사형 선고를 받았을 당시 구명 서신을 친히 보내 주신 데 대해 감사드립니다."

교황은 다시 온화하게 웃었다. 신군부가 사형을 선고했을 때 교황은 주한 교황청 대사를 청와대에 세 번이나 보내 사형 집행에 반대한다는 메시지를 전하도록 했다. 그리고 1980년 12월 11일, 전두환 대통령에게 나의 감형을 요청하는 서신을 친히 보냈다. 나는 당시 '김대중 내란 음모 사건'을 주동한 혐의로 사형 선고를 받고, 같은 해 12월 4일 2심에서 사형이 확정된 상황이었다. 교황은 "사형 선고를 받은 김대중 씨에 대해 순수하게 인도적 이유로 자비를 베풀어 주실 것을 요청한다"며 선처를 당부했다.

그 후 나의 형량은 1981년 1월 23일 무기 징역으로 감형됐고, 소식을 들은 교황은 2월 14일 "대통령께서 신속히 배려해 주신 데 대해 감사드린다"며 두 번째 서신을 보냈다. 이렇듯 나는 하늘 같은 은혜를 입었다.

교황은 접견실로 나와서 우리 일행과 일일이 악수를 나누고 기념사진 촬영에도 흔쾌히 응했다.

스파돌리니(Giovanni Spadolini) 이탈리아 대통령 권한대행을 만났다. 그는 놀랍게도 군소 정당인 공화당 소속이었다. 이탈리아는 원내 정당이 9개나 되었다. 제1당인 기민당을 중심으로 다섯 개 정당의 연립 내각이었다. 나는 보·혁이 공존하면서 서로의 주장을 수렴하는 이탈리아의 정치에서 많은 교훈을 얻었다. 또 중소기업을 철저하게 보호하고 육성하는 경제 운영도 우리가 배워야 할 점이라 생각했다.

네덜란드에서 보낸 일정도 빠듯했다. 뤼베르스(R. Lubbers) 총리, 돌만(Dolman) 하원 의장, 반덴브로크(Hans Vandenbroke) 외무장관 등과 회담을 가졌다. 암스테르담에서 『안네의 일기』로 유명한 안네 프랑크(Anne Frank)가 살던 집을 방문했다. 2층으로 올라가 책장을 밀치니 안네가 나치를 피해 숨어 살던 다락방이 나왔다. 나는 옥중에서 『안네의 일기』를 읽었다. 그 작은 공간에서도 인생의 모든 감정이 돋아났고, 전쟁의 모든 것이 그 안에 스며 있었다.

헝가리 방문은 한국의 정치인으로 처음이었다. 헝가리와는 우리가 방문하기 열흘 전쯤에야 수교했다. 그럼에도 시내 중심가에는 한국말로 물건을 파는 상인들이 있어 놀랐다. 다뉴브 강변의 포럼 호텔에 여장을 풀었다. 숙소에서 다뉴브 강이 한눈에 보였다. 브루노 스트라우브(Brunó Straub) 대통령을 예방해 환담을 나눴다. 그는 공산권 최초로 비당원이면서 국가 원수에 선출된 헝

To His Excellency

CHUN DOO HWAN

President of the Republic of Korea

I have received the kind letter of January 5 with which Your Excellency courteously acknowledged the appeal I made on purely humanitarian grounds for an act of clemency in favour of whose death sentence has recently been commuted.

I wish to assure you of my warm appreciation of the promptness with which case was given consideration.

With sentiments of the highest consideration for Your Excellency, I pray God to watch over the noble Korean people and to bestow his richest favours on you all.

From the Vatican, February 14, 1981

Joannes Paulus PP. II

신군부가 사형을 선고했을 때 교황은 전두환 대통령에게 감형을 요청하는 서신을 보냈다. 그리고 무기징역으로 감형되자 이에 감사하는 서신을 보냈다.

서울에 온 빌리 브란트 전 서독 수상과 통일 문제에 대해 많은 대화를 나눴다. 그는 나와 담소 중 베를린 장벽이 무너졌다는 소식을 들었다.

가리 개방 정책의 상징적 인물이었다. 작지만 강한 나라, 헝가리가 공산주의라는 무거운 외투를 벗고 도약하는 역동적인 움직임이 곳곳에서 감지되었다.

17일간의 유럽 방문을 마치고 귀국하는 날 함석헌 선생 빈소에 갔다. 민권운동가이며 사상가인 함석헌 선생은 2월 4일 돌아가셨다. 선생은 백발에 흰 수염을 날리며 민주화 시위 현장에 나타나곤 하셨다. 두루마기에 고무신을 신은 모습은 곱고도 단아했다. 나와는 1974년 민주회복국민회의 공동대표를 맡았고, 1976년에는 3·1 민주 구국 선언 사건에 참여하기도 했다. 3선 개헌 반대 등 불의에 온몸으로 맞서 싸운, 실천하는 사상가였다. 선생은 『씨알의 소리』란 잡지를 창간해 민족 의식을 고취시켰고, 평화에 대한 열정은 세상을 뜰 때까지 식을 줄 몰랐다. 끝까지 비폭력 원칙을 지켰다. '씨알'이라고 이름 붙인 민중을 한국사의 주체로 파악한 역사가이기도 했다. 머리부터 발끝까지 온통 하얗던 선생의 모습이 눈에 선하다.

10월 말쯤에 빌리 브란트 전 서독 수상이 한국을 찾아왔다. 브란트 전 수상은 시대의 의인이었다. 독일인들에게는 독일 통일의 아버지로서 국부와 같은 존경을 받고 있었다. 나는 11월 9일 그를 워커힐로 초대해 만찬을 가졌다. 그는 내가 박정희 정권에 의해 납치되었을 때, 또 신군부에 의해 사형 언도를 받았을 때 어느 누구보다 열정적으로 구명 운동을 벌였다. 동서독의 통일 전망에 대해서 묻자 그는 아무래도 시간이 걸릴 것 같다고 했다. 그렇게 담소를 나누고 있는데 갑자기 베를린 장벽이 무너졌다는 전갈이 왔다. 상상도 못한 일이 벌어진 것이다. 그토록 탁월한 식견을 가진 정치인도 전혀 예측하지 못할 정도로 통일은 도적처럼 들이닥쳤다. 그는 부랴부랴 독일로 돌아갔다. 나는 그에게 평생 신세만 졌다. 이국땅에 서로 떨어져 살았지만 어떻게 그렇게 자연스레 교감을 할 수 있었는지 돌아보면 신기할 뿐이다.

민심에 대한 쿠데타, 3당 합당
(1990 ~ 1992)

1990년 1월 22일 오전 10시, 노태우 대통령과 김영삼, 김종필 총재가 청와대에서 긴급 기자 회견을 열었다. 노 대통령은 두 김 총재를 양옆에 세우고 공동 선언을 발표했다.

"민주정의당과 통일민주당, 그리고 신민주공화당은 여야의 다른 위치에서 그동안 이 나라를 위해 나름대로 최선의 노력을 기울여 왔습니다. 그러나 오늘 우리의 현실은 보다 더 굳건한 정치 주도 세력과 국민적 역량의 결집을 요구하고 있습니다. 우리 사회의 모든 민족 민주 세력은 이제 뭉쳐야 합니다. 이 같은 시대적 요청에 부응하기 위해 우리는 중도 민주 세력의 대단합으로 큰 국민 정당을 탄생시켜 정치적 안정 위에서 새로운 정치 질서를 확립해 나가기로 했습니다."

이렇게 3당 합당을 선언했다. 3당이 통합하여 만든 민주자유당은 2월 9일 합당 대회를 열었다. 총재 노태우, 대표최고위원 김영삼, 최고위원에 김종필과 박태준을 선출하였다. 이로써 여소 야대 정국은 증발했고, 여당은 전체 의석 299석 중 221석을 차지하는 공룡으로 변했다. 야당은 평민당, 그리고 의원 8명이 지키는 '꼬마 민주당'만 있을 뿐이었다. 민주당은 이기택, 김정길, 노무현, 김광일 등이 합당을 거부하고 남아 있었다.

청와대는 "헌정사 40년 만의 명예 혁명", 노태우는 "역사의 사명", 김영삼은 "하느님의 뜻", 김종필은 "구국의 결단"이라고 했다. 하지만 이는 민의를 배반한 쿠데타였다. 국민들이 투표로 정해 준 정치 구도를 지도자 몇이서 인위적으로 뒤엎은 패륜이었다. 그 어떤 여론의 수렴도 없이 밀실에서 이뤄진 야합이었다. 6월 항쟁이 국민의 힘으로 완성을 보지 못하고 노태우의 6·29 선언과 모호한 타협을 한 결과가 이런 최악의 결과를 가져왔다는 생각도 들었다.

그 쿠데타의, 야합의 주역이 김영삼 씨였다는 데 나는 충격을 받았다. 물론 그에게도 그럴 만한 이유가 있었겠지만 왜 역사에 버림받을 길을 선택했는지는 한때의 민주화 동지로서 지금도 안타깝다. 민주주의에 대한 열망보다는 집권욕이 앞섰다고밖에 볼 수 없었다. 돌아보면 당시 김영삼 씨의 처지는 매우 곤궁했다. 1989년 4월 13일에 실시된 동해 보궐 선거에서 민주당 측이 후보를 매수하는 사건이 벌어졌다. 이 사건으로 서석재 사무총장이 구속되고 김영삼 총재의 공모설이 터져 나왔다. 김 총재로서는 도덕적으로 치명상을 입었고, 정치 생명이 위협을 받을 정도였다.

김 총재는 노 정권에게 약점을 잡혔다. 김 총재는 노골적으로 노 정권에 구애의 신호를 보냈다. 관훈 클럽 토론회에서 김 총재는 낯 뜨거운 발언을 서슴없이 쏟아 냈다. 대통령 선거가 끝나고 누구보다도 강하게 부정 선거를 규탄했고, 중간 평가를 강행하라며 밀어붙이던 결기는 안개처럼 사라져 버렸다. 그는 너무나도 태연하게 노 정권을 대변했다.

"국민이 선거를 통해서 대통령으로 선출했기 때문에 현 정권의 정통성을 인정해야 한다."

"대통령제와 내각제 가운데 어느 것이 좋다고 일률적으로 말할 수 없다."

김 총재는 앞에서도 살폈듯이 잇따라 터진 문익환, 서경원, 임수경 방북으로 조성된 공안 정국에 대해서도 이를 옹호하는 듯한 입장을 취했다.

이후에도 민주당의 악재는 계속 발생했다. 8월 18일 실시된 영등포 을구 재선거에서 평민당 이용희 후보는 30퍼센트의 득표율을 기록한 반면 민주당 후보는 고작 18.8퍼센트에 그쳤다. 우리 당이 공안 정국을 빠져나오지 못한 상태에서 치른 선거인데도 결과는 민주당의 참패였다. 김영삼 총재는 이대로 가다가는 결국 정치판에서 살아남기 어려울 것이라는 판단을 하고, 여소 야대 정국을 전복시키려는 여권의 음모에 가담했다고 보였다. '민주 투사' 김영삼은 이렇게 사라졌다.

3당 합당은 누가 뭐래도 밀실 야합이다. 당사자들은 '보수 세력의 대연합'이라 주장하고 싶겠지만 역사는 그렇게 기록하지 않을 것이다. 그것은 반(反) 민주의 야합이고 반(反) 호남의 연합이었다.

사실 노 대통령은 내게도 합당을 제의했다. 1989년 말 야당 총재 3명과 청와대 회동이 끝난 후 노 대통령이 나를 따로 만나자고 했다. 할 얘기가 있으니 좀 남아 달라고 했다. 둘만 남게 되자 그가 정색을 하고 말했다. "김 총재, 이제 고생 그만하십시오. 나하고 같이 갑시다. 김 총재께서도 이제는 좀 편히 사십시오."

나는 조금은 엉뚱하고 조금은 황당해서 물었다.

"무슨 말씀입니까."

"나하고 당을 같이합시다. 그래서 좋은 일이나 나쁜 일이나 같이 겪읍시다. 그간 고생을 많이 했지 않습니까."

나는 순간 말을 잃었다. 그를 한참 쳐다봤다. 생각을 정리해야 했다. 그리고 대답했다.

"나는 군사 정부를 반대하고 또 5·17 쿠데타를 반대한 사람입니다. 그런데 어떻게 대통령과 같이 당을 함께할 수 있겠습니까. 걸어온 길이 다르고 정치 노선이 다르지 않습니까."

"김 총재, 그런 걸 따지지 말고 나라를 구한다는 생각으로 동의해 주십시오."

"오늘의 여소 야대는 국민이 선택한 것입니다. 노 대통령께서도 여소 야대가 하늘의 뜻이며 국민의 뜻이라고 하지 않았습니까. 민정당과 평민당이 합치는 것은 민의를 배반하는 엄중한 사건입니다."

그러자 노 대통령은 아무 말도 하지 않았다. 내친김에 항간에 나도는 야권과의 합당설에도 그 부당함을 지적했다.

"제가 듣기로는 3당이 합당한다는 이야기도 있습니다. 3당 합당만은 결코 해서는 안 됩니다. 지금 국정을 펴는 데 불편한 것이 없잖습니까. 국익을 위해서라면 우리 평민당은 그동안 초당적인 협조를 했습니다. 대통령께서도 국정을 펴는 데 우리가 한 번도 발목을 잡지 않았다는 것을 아실 것입니다. 여소야대라 하지만 모든 걸 만장일치로 합의해서 처리하고 있습니다. 미국을 보십시오. 야당이 다수를 점해도 몇 년이고 아무 문제없이 해 나가고 있습니다. 여소 야대란 것도 한 번 해봐야 민주주의 발전에 도움이 될 것입니다. 야당이 없어지는 정치는 국민이 절대 지지하지 않습니다. 평민당이 본질이 다른 민정당과 함께 간다면 국민 앞에 우리는 쓰레기일 뿐입니다. 국민이 여야 통합을 죄악으로, 또 치욕으로 생각하면 대통령께도 평생의 멍에가 될 것입니다."

나는 그렇게 노 대통령의 통합 제의를 뿌리치고 돌아왔다. 그러나 노 정권은 여기서 그치지 않았다. 하루는 김원기 원내총무가 당시 정권의 막후 실세였던 박철언 정무 제1장관을 만나고 왔다며 보고했다.

"여당 쪽에서 만일 우리가 통합에 응한다면 평민당하고만 협상을 하겠다고 합니다."

참으로 불쾌했다.

"내 귀가 더러워지니 더 이상 말하지 마시오."

그렇게 김 총무의 말을 잘랐다. 박철언 씨는 사실 북한 및 소련과의 관계 개선을 위해 많은 노력을 했다. 나를 찾아와 여러 차례 자문을 구하기도 했다. 그렇듯 새 길을 내려고 애쓰는 것을 좋게 평가한 것도 사실이다. 그러나 결국 전라도를 고립시키는 우리나라 정치사에 최악의 지역주의를 조장했다. 김영삼 씨는 개인적으로 노 대통령의 후계자가 되고 싶었고, 김종필 씨는 내각제 개헌을 바랐을 것으로 보인다. 김영삼 씨는 야당 정치인으로 소중한 덕목인 지조와 소신을 버렸다. 그래서 그가 얻고자 했던 것은 후계자 자리이며 결국 권력이었다. 3당 합당으로 노태우 정권은 6·29 정신을 버렸다. 스스로 타락하여 반윤리적·반민주적·반역사적·반통일적 정권의 길로 들어서 버렸다.

3당 합당을 했지만 민주자유당(민자당)은 현안을 싸고 사사건건 충돌했다. 합당을 하기 전 노태우, 김영삼, 김종필 세 사람은 "1년 이내에 의원 내각제 실현을 위해 헌법을 개정한다"는 각서를 썼다. 이 각서가 공개되면서 민자당 내 계파는 권력 투쟁의 소용돌이 속으로 빠져들었다. 구 민정계와 공화계는 의원 내각제로 권력을 창출하려 했고, 구 민주계는 김영삼 씨를 노태우 대통령의 후계자로 만들기 위해서 현행 대통령 중심제를 선호했다. 계파 간 암투는 치열하게 전개되었다.

3당 합당 이후 여대 야소로 바뀌자 민자당의 독주가 시작되었다. 우선 광주 민주화 운동 관련 보상법안을 여당 혼자 단독 처리했다. 노 정권에서는 처음 있는 일이었다. 하기야 여소 야대에서는 할래야 할 수도 없었다. 야당 측은 이에 반발하여 평민당, 민주당, 무소속 의원 80명이 의장에게 사표를 제출했다. 이렇듯 국회가 공전하고 있는 사이에 국군보안사령부가 여야 국회의원을 비롯하여 민간인들을 무차별 사찰한 사실이 밝혀졌다. 또 여야 합의로 통과된 지방자치법을 어기면서까지 지자제 선거를 연기하려 했다. 무엇이든 힘으로 밀어붙이기 시작했다.

나는 지방 자치제 실시, 내각제 포기, 보안사와 안기부의 정치 사찰 중지, 민생 문제 해결을 내세우며 무기한 단식 투쟁에 돌입했다. 국민을 무시하는 기만적 술수에 더 이상 끌려갈 수 없었다. 1990년 10월 8일 평민당사에서 시작한 단식은 어느 때보다 비장했다. 지자제는 민주주의를 위해서 꼭 필요했다. 나는 지방 자치 실현을 위해 의정 생활 전 기간에 걸쳐 싸웠다. 정치인 김대중에게 별명을 붙인다면 '미스터 지방 자치'가 제일 어울릴 것도 같다. 1963년 제6대 국회의원 선거에서 당선된 이후 나는 예산 심의가 있을 때마다 지방 자치제를 실시하라고 요구했다. 때로는 몇 시간씩 이 문제를 추궁하기도 했다. 1971년 대통령 선거에 나섰을 때도 지자제 실시를 주요 공약으로 내세웠다.

지자제는 이승만 정권에서는 부분적으로, 장면 정권에서는 전면적으로 실시했다. 그러다 군사 쿠데타로 들어선 박정희 정권이 이를 폐지했다. 박 대통령이 살해된 직후에 만난 라이샤워 교수가 나에게 이런 말을 했다.

"우선이 지자제 실시입니다. 민주화는 지자제에서부터 시작합니다."

이 조언은 아직도 내 마음에 선명하게 각인되어 있다. 1989년 말 여당과 야3당은 지자제 실시에 동의했다. 1990년에는 지방 자치를 도입하도록 법률로 정했다. 그러나 3당 합당이 되어 여당이 절대 다수를 차지하자 이를 지키지 않으려 했다.

야당 의원들이 의원직을 사퇴한 상황이라 단식 투쟁은 정국의 핵이었다. 나라 안팎의 관심이 쏟아졌다. 나는 물만 마시며 독서와 사색을 했다. 단식 8일째 탈수 현상이 심했다. 당직자와 비서들이 놀라서 나를 세브란스 병원으로 옮겼다. 하지만 나는 병원에서도 단식을 멈추지 않았다.

김영삼 민자당 대표최고위원이 병실에 찾아왔다. 대화 중에 김 대표는 엉뚱한 말을 했다. 자신이 여당에 들어간 것이 민주주의를 위해서라는 것이었다. 나는 결국 참지 못했다.

"민주주의와 가장 먼 곳으로 가서 무슨 민주주의란 말이오."

그러면서 지방 자치제는 반드시 실시해야 한다고 역설했다.

"나와 김 대표가 민주화를 위해 싸웠는데 민주화란 것이 무엇이오. 바로 의회 정치와 지자제가 핵심 아닙니까. 여당으로 가서 다수 의석을 가지고 있다고 해서 어찌 이를 외면하려 하시오."

김영삼 대표도 그 문제에는 충분히 공감했다. 그도 오랜 야당 생활을 했고, 그 시절에는 부정 선거의 피해자였기 때문에 지자제가 왜 필요한지 잘 알고 있었다. 지자제가 민주주의의 초석이라는 데에 고개를 끄덕였다.

마침내 노 정권은 지방 자치 실시를 약속했다. 이로써 36년 만에 지방 자치 시대가 다시 열렸다. 지방자치단체법에 따라 1991년 상반기에 지방의회 선거를 치르고, 자치단체장 선거는 1994년 6월 실시하기로 했다.

10월 20일, 나는 이 같은 계획을 알리는 정부 여당의 연락을 받고 단식을 풀었다. 단식을 시작한 지 13일 만이었다. 단식은 역시 무서웠다. 한동안 그 후유증으로 고생해야 했다.

지자제 도입으로 우리 사회는 많이 변했다. 무엇보다 그 지역에 살고 있는 주민들이 그곳의 주인이 되었다. 풀뿌리 민주주의에 대한 자연스러운 실험은 주권 의식을 고취시켰다. 중앙에서 일률적으로 부정 선거를 획책할 수 없고 지방이 중앙의 눈치를 보지 않고 소신 있게 주민을 위한 행정을 펼칠 수 있게 되었다. 청도의 소싸움과 함평의 나비축제 같은 지역 행사가 세계적인 명성을 얻으며 주민의 소득 증대에 기여하는 것도 따지고 보면 지자제 도입의 결과였다. 주민의 투표로 임기가 보장된 일꾼이 어디를 보고 일하겠는가. 당연히 주민들의 눈높이에 맞춰 지역을 살필 수밖에 없다.

1991년 4월 9일, 평민당은 광역의회 선거를 앞두고 재야인사들과 구 야권 인사들을 영입하여 신민주연합당(신민당)으로 재출범했다.

민주화 시위를 하던 명지대 학생 강경대 군이 경찰의 사복 체포조, 일명 백골단에게 맞아 숨지는 사건이 발생했다. 쇠파이프로 학생을 무차별 구타했다니 저들은 더 이상 경찰이 아니었다. 나는 5월 24일 강경대 군 영결식장에 참석해서 "반민주 독재에 대한 투쟁을 계속할 것"이라고 조사를 통해 밝혔다. 3당 합당으로 정권의 야만적인 폭거에 맞서는 정치 세력은 우리뿐이었다.

영결식 후 맨 앞에 서서 거리 행진을 했다. 신촌 로터리를 향해 가던 운구 행렬을 남가좌동 네거리에서 경찰이 막았다. 한동안 경찰과 대치하고 있는데 경찰이 던진 최루탄이 바로 내 머리 위에서 터졌다. 숨을 쉬지 못할 정도로 고통스러웠다. 주변의 비서와 당원들이 나를 동교동 우리 집으로 옮겼다.

8월 17일에는 민주당에 야권 통합을 전격 제의했다. 신민당과 민주당의 국회 의석수는 67 대 8이었지만 '당 대 당 통합, 공동대표제'를 조건으로 제시했다. 파격적인 양보였다. 이런 노력은 9월 16일 결실을 맺었다. 신민당과 민주당은 야권 통합을 이루고 민주당으로 새롭게 출발했다. 공동대표에 나와 이기택 씨가 추대되었다. 최고위원에는 이우정, 박영숙, 박영록, 허경만(신민당계), 조순형, 김현규, 이부영, 목요상(민주당계) 씨를 선임했다. 사무총장은 김원기, 원내총무에 김정길, 정책위 의장에 유준상, 대변인은 노무현 의원에게 맡겼다.

9월 17일 새벽, 제46차 유엔 총회에서 남북한 유엔 동시 가입안이 만장일치로 통과되었다. 가입 신청 순서대로 북은 160번째, 남은 161번째 유엔 회원국이 되었다.

야권 통합을 마쳤기에 나는 비교적 홀가분하게 소련을 방문하고 유엔 총회에 참석하기로 했다. 그리고 폴란드, 독일 방문도 계획했다. 특히 유엔 총회 참석은 역사적인 남북한 유엔 가입이 이뤄진 터라서 초당적인 외교 일정이었다.

9월 17일, 소련을 방문했을 때는 소비에트 연방이 막 해체되고 있었다. 하루하루가 역사적인 순간이었다. 발트 3국(리투아니아, 라트비아, 에스토니아)이 막 독립했다는 소식을 듣고 소련 땅을 밟았다.

페레스트로이카의 주역인 셰바르드나제(Eduard Shevardnadze) 전 소련 외상과 만나 소련의 앞날과 동구권의 변화 등 국제 정세에 관해 의견을 교환했다. 나는 모스크바 대학에 초청을 받아 강연을 하게 되었다. 강연의 요지를 옮겨 보겠다.

"1848년 카를 마르크스가 『공산당 선언』을 발표한 이래 세계는 150년 동안 자본주의와 사회주의 간의 치열한 경쟁과 투쟁의 장이었습니다. 그리고 이제 그 투쟁의 역사는 끝이 났습니다. 사회주의 종주국이었던 구소련과 동구권이 무너지고 몇 남지 않은 공산 국가들도 탈(脫)공산주의의 길을 가고 있습니다.

많은 사람들은 자본주의가 승리하고 사회주의가 패배했다고 말하고 싶어 합니다. 그러나 나의 생각은 다릅니다. 오늘날 많은 공산 국가들이 몰락한 것은, 그 나라들이 사회주의를 했기 때문이 아니라 민주주의를 하지 않았기 때문입니다. 사회주의가 패배한 것이 아니라 민주주의를 하지 않은 독재적 사회주의가 패배한 것입니다.

사회주의만이 아니라 자본주의 국가 중에서도 몰락한 나라는 얼마든지 있습니다. 독일의 나치즘과 일본의 군국주의가 그 대표적인 예입니다. 그 나라들 역시 독재 자본주의에 매달려서 민주주의를 하지 않은 나라들입니다.

문제는 민주주의입니다. 민주주의를 하고 있는 나라는 자본주의든 사회주의든 다 같이 성공했습니다. 서구 사회의 자본주의와 민주적 사회주의가 이를 증명합니다. 그러면 왜 민주주의를 하는 나라는 승리하고, 민주주의를 하지 않는 나라는 몰락하는 것일까요? 그 이유는 명백합니다. 민주주의를 하면 국민들의 비판과 요구가 정부에 전달됩니다. 그리고 그 비판이 정당하게 수용되지 못하고, 요구가 실현되지 않으면 국민은 선거를 통해서 정권을 바꾸어 버립니다. 요새 흔히 말하는 정치의 피드백 작용이 원활하게 이루어진다는 것입니다. 그러나 독재 하에서는 의사가 위에서 밑으로 내려올 뿐 밑에서 위로 올라가지 못하고 정권을 바꿀 길도 없습니다.

그리하여 국민은 독재와 공포 속에서 얻은 처세로 만사에 면종복배를 일삼게 됩니다. 겉으로는 '우리 공산당 만세! 우리 지도자 만세!'라고 환호하고 몇 퍼센트 초과 달성이라고 떠들지만 실제로는 열심히 일하지도 않고 좋은 물건을 만들지도 않습니다. 따라서 국제 경쟁에서 완전히 패배하고 맙니다. 이러한 악순환 속에 경제가 붕괴되는 것입니다. 결국 무소불위의 공산 정권도 그 막강한 군대와 비밀 경찰을 가지고도 총 한번 못 쏴 보고 망하고 만 것입니다.

20세기는 사회주의에 대한 자본주의의 승리가 아니라 독재에 대한 민주주의의 승리의 역사입니다."

강연은 러시아인들에게 깊은 인상을 심어 준 모양이었다. 공산당의 몰락을 단순히 사회주의의 쇠퇴로 받아들였던 사람들에게 큰 충격을 주었음직하다. 모스크바 대학 총장인 아나톨리 로구노프(Anatoli Logunov) 박사는 핵심을 꿰뚫는 통찰력에 감명을 받았다고 말했다. 그리고 자기 대학에서 앞으로 자주 강연을 해 달라며 나를 모스크바 대학 평생 명예교수로 선임해 주었다.

그 후 그 대학에서는 내게 영빈관에 머물며 매년 1개월씩 강의해 줄 것을 공식 요청했다. 내가 떠나온 석 달 후인 12월, 소비에트 연방은 역사 속으로 완전히 사라졌다.

이어서 22일에 미국 뉴욕으로 날아갔다. 남과 북이 함께 유엔 회원국이 된 것은 나에게 남다른 감회를 안겨 주었다. 나는 1971년 대통령 선거에서 남북 동시 유엔 가입을 주장한 바 있다. 그 뒤 19년 만에 남북이 당당하게 국제 사회의 한 일원이 된 것이 너무도 감격스러웠다.

유엔 본부 회의장 앞 광장에는 우리 태극기와 북의 인공기가 나란히 게양되어 펄럭이고 있었다. 나는 그 광경을 한참 동안 바라보았다. 9월 25일 노태우 대통령이 유엔 총회 기조연설을 했다. 나는 경축사절단으로 이를 기쁘게 지켜봤다.

다음에는 폴란드를 거쳐 독일을 방문했다. 분단의 유물이 되어 버린 베를린 장벽 앞에 서니 가슴이 먹먹해졌다. 베를린 장벽 한구석에 "우리의 소원은 통일"이라는 한글이 쓰여 있었다. 아마 독일 교민이나 우리 여행객이 남겼을 것이다. '이제는 우리만 남았구나. 우리만.' 무너진 베를린 장벽에서 한반도를 생각하니 가슴에 뜨거운 것이 올라왔다.

독일에서 내 생애에 잊을 수 없는 두 사람을 다시 만났다. 빌리 브란트 전 서독 수상과 폰 바이츠제커 통일 독일의 초대 대통령이다. 브란트 전 수상은 나의 다리가 불편하다는 것을 알고 푹신한 소파 대신 딱딱하면서도 높은 의자를 준비해 주었다. 국내에서는 내가 다른 당직자들보다 높은 의자에 앉는 것을 '권위적'이라 비판을 했지만 이렇듯 머나먼 이국땅에서 이런 보살핌을 받으니 가슴이 뭉클했다. 브란트 전 수상은 나와 만난 지 1년 후에 세상을 떠났다. 그때가 지상에서는 마지막 만남이었다. 나는 아내와 둘째아들을 장례식에 보내 마지막 길을 지켜보도록 했다. 그의 지적인 풍모가 아직도 눈에 선하다.

또 독일 통일의 주역인 폰 바이츠제커 대통령을 대통령궁에서 만났다. 바이츠제커 대통령은 찻잔과 커피포트를 들고 와 손수 커피를 따라 주었다. 독일의 귀족 출신이면서 대통령직에 올랐지만 그는 모든 면에서 소박했다. 그 소탈한 모습이 참으로 부러웠다. 나는 독일 통일과 관련해 깊게 물었다. 특히 통일에 대한 외국 정부의 동의를 얻는 데 얼마나 고생을 했느냐고 물었다. 그는 물론 고생은 했다고 답하면서도 단호하게 "우리 운명은 우리가 결정하는 것이지 누가 우리를 간섭할 수 있겠느냐"고 말했다. 통일은 민족의 자주적 역량에 의해 이루어져야 한다는 그의 말이 지금도 기억에 남는다. 그는 나의 3단계 통일 방안에도 깊은 관심을 보이며 전폭적으로 지지했다. 그의 조언은 매우 유익했다.

나는 한스 디트리히 겐셔 외상도 만났다. 나는 그에게 통일 이후의 문제점이 무엇이냐고 물었다. 그는 "동서독의 생활 수준 차이가 놀라울 정도였으며, 정치·경제·사회·문화 등 모든 면에서 양쪽의 독일은 서로 다른 나라였다. 사실은 지금도 한 나라에 두 체제가 존속하는 셈이며, 이를 극복하는 것이 가장 큰 문제다"라고 말했다.

동서독은 분단되어 있었지만 17년 동안 다방면의 교류가 있었고 서독은 통일 준비를 오랫동안 해 왔는데 막상 통일이 되고 보니 엄청난 차이가 있다는 이야기였다. 공산주의가 내부 세계를 철저히 폐쇄시키고 외부에는 허위 정보를 주어 자유 세계는 그 사회의 그 실상을 잘 알지 못한 것이었다. 나는 동독보다 더 폐쇄적인 북한과의 통일을 어떻게 할 것인지 다시금 생각했다.

제14대 총선거는 1992년 3월 24일로 예정되었다. 여당인 민자당과 야당인 민주당의 대결이었다. 그런데 새해가 밝자마자 재계의 원로인 정주영 씨가 통일국민당을 만들어 도전했다. 노태우 총재는 연두 회견에서 "올해 총선거는 김영삼 대표최고위원을 중심으로 싸우겠다"고 말했다. 이 발언으로 보아 대통령 후보로 김영삼 씨를 지명할 것이 분명해졌다.

3·24 총선 결과는 민자당의 참패였다. 민자당은 기존의 219개 의석에서 149개(지역구 116, 전국구 33석)로 대폭 줄었다. 반면 민주당은 63석에서 97석

무너진 베를린 장벽에 누군가 한반도 지도를 그려 넣었다. 일행들과 그 염원을 새겼다.

(지역구 75, 전국구 22석)으로 크게 늘었다. 그리고 신생 정당인 국민당이 31석을 차지했다. 민자당 참패, 민주당 대약진, 국민당 돌풍으로 요약될 만한 선거였다. 민자당의 참패 이유는 결국 3당 합당에서 찾아야 했다. 3당 야합에 국민들이 매를 들었던 것이다.

이제는 고인이 되었지만 정주영 씨는 정치에 입문하지 말아야 했다는 생각이다. 그와는 여러 자리에서 만나 얘기를 나눴는데 정치를 너무 쉽게 보는 듯했다. 지방에 다니며 온갖 공약들을 다 쏟아 내고, 당에도 거액의 지원금을 약속했다. 그러나 돈으로 무엇이든 할 수 있는 것처럼 보이지만 돈으로 할 수 없는 것도 많았다. 결국 그는 정치인으로는 실패했다.

5월 5일, 흑인 폭동으로 피해를 입은 동포들을 위문하기 위해 로스앤젤레스로 갔다. 정대철, 이부영 의원 등 조사단 12명과 함께 한인촌 등을 돌아봤다. 톰 브래들리(Tom Bradley) 로스앤젤레스 시장을 만나 적극적인 대책을 촉구했다. 시청에서 빌 클린턴(Bill Clinton) 민주당 대통령 후보를 처음 만났다. 그에게 한인들에 대해 관심을 가져 달라고 요청했다. 흑인 폭동은 흑백 간의 인종 차별로 촉발되었지만 엉뚱하게 우리 한국인들이 피해를 입었다. 한인 타운을 지키다 숨진 이재성 군의 빈소를 찾아가 조문했다.

나는 미국 망명 중 교포들에게 현지인과 조화롭게 지냈으면 좋겠다고 몇 번씩 얘기했다. 교포 신문들도 나의 주장을 크게 보도했다. 흑인 상대로 장사하면서 백인들하고만 어울려서는 그 끝이 결코 좋지 않을 것이라고 조언했다. 우리도 미국 사회에서 차별을 받으면서 흑인을 차별하는 것은 양심대로 행동하는 것이 아님을 지적했다. 그런데 가장 우려했던 것이 현실로 나타났다. 물론 흑인들과 어울려 존경받는 인물들도 많을 것이지만, 한인 타운이 저들의 표적이 되었음은 불행한 일이었다.

5월 25일 서울올림픽공원 제2체육관에서 민주당 대통령 후보 지명 및 제1차 정기 전당 대회가 열렸다. 나는 대의원들의 자유 경선에 의해 대통령 후보로 선출되었다. 생애 세 번째 도전이었다. 나는 후보 수락 연설을 통해 대화합 정치 실현, 경제 정의 실천, 공화국 연합제에 따른 1단계 통일 성취, 도덕적 선진 국가 등의 비전을 밝히며 승리를 다짐했다.

민자당도 노태우 총재가 8월 25일 총재직을 사임했다. 후임으로 김영삼 씨가 총재를 맡으며 대통령 후보로 공식 선출되었다. 노 대통령은 9월 18일 중립적인 입장에서 선거를 관리하겠다며 당을 떠났다. 이로써 여당의 모든 권력은 김영삼 씨에게로 넘어갔고, 노태우 시대는 막을 내렸다.

군사 정권을 이어받은 노태우 대통령은 올림픽을 성공적으로 치르고 소련과 중국을 비롯한 공산권 국가들과 관계를 정상화하는 등 나름의 성과를 거두었다. 이른바 북방 외교는 노 대통령의 공적이 분명하다. 또 7·7 선언으로 북한과의 관계 개선을 도모했던 것은 평가를 받아 마땅하다고 본다. 하지만 초심을 벗어나 군사 정권의 전철을 밟으려 했음은 참으로 아쉬웠다. 정권 출범 때처럼 겸허한 마음으로 정국을 살폈다면 한국의 정치는 더욱 선진화되었을 것이고, 후대에서도 평가받는 대통령이 되었을 것이다. 그러나 3당 합당을 통해 다수의 힘을 바탕으로 강권 정치를 획책했던 것이 재임 중 가장 큰 과오였다.

9월 6일, 소비에트 연방이 아닌 러시아를 방문했다. 모스크바 대학에서 "신세계 질서와 한국-러시아 관계"라는 제목으로 강연을 했다. 다음 날 러시아 외무성 산하의 외교대학원에서 「한국 사회에서의 민주주의의 생성과 발전 원리에 관하여」라는 논문으로 정치학 박사학위를 받았다. 외교대학원이 심사하여 배출한 첫 한국인 박사였다. 이는 나라 안팎에서 화제를 모았다.

내게 박사학위 취득은 각별했다. 나는 사실 '대학 콤플렉스'가 있었다. 이를 어느 정도 극복한 것은 6대 국회 때였을 것이다. 나는 재정경제위원회에 속했는데, 재경위는 경제학 박사, 전직 경제 관료 등 쟁쟁한 인사들로 구성되어 있었다. 내가 상임위 활동을 제대로 할지 두려운 마음이 들 정도였다. 이때부터 나는 열심히 연구하고 준비했다. 충분한 준비와 확고한 자신이 없으면 회의에 나가지 않고 발언도 하지 않았다. 늘 핵심을 얘기하려 했고, 선명한 대안을 제시하며 비판하려 했다. 이것은 나의 정치 생활을 지배한 철칙이었다.

충분한 연구와 준비로 재경위 소속 의원은 물론이고 국민과 언론도 나를 주목했다. 그러다 정책위 의장까지 맡게 되었다. 하지만 어떤 누구도 그 인사를 부당하다고 하지 않았다. 그때 이미 학력이 아닌 실력으로 인정받았다. 내가 정책위 의장으로 있을 때 서울대 개교 이래 최고의 천재라는 유진오 박사가 당 총재였다. 유 총재는 당 정책을 입안하는 과정을 지켜보며 여러 번 격려와 칭찬을 해 주었다. 나는 이때 대학 콤플렉스를 극복했다.

나는 대학을 다니지 못한 콤플렉스에 눌려 지낸 것이 아니라 그것을 자기 개발 의지로 승화시켰다. 대학을 나오지 않았어도 박사학위는 받고 싶었다. 그리고 마침내 명예박사가 아닌 정식 박사를 논문과 구두시험을 통해 러시아 국립 외교대학원에서 얻어 냈다.

지역감정과 편파 보도

(1990 ~ 1992)

나는 일생 동안 지역감정에 부대끼고 언론의 편파적 보도에 시달렸다. 이 두 가지를 극복하려고 숱한 노력을 했다. 그것은 몸부림에 가까웠다. 그래도 지역감정은 발목을 잡고 언론은 앞길을 막았다. 한 서린 두 가지에 대해 이야기해 보겠다.

1989년 3월 평민당과 『조선일보』 간에 싸움이 벌어졌다. 이른바 '조·평 사태'였다. 『주간조선』에 실린 「김대중 평민당 총재 일행의 유럽 순방 동행 취재기」가 발단이었다. 그 기사는 허위투성이였다. 최소한의 사실 확인도 안 했다. 기자의 자질이 의심스러웠다.

"좌파에도 우파에도 손짓, 수행 의원들 추태 만발"이라는 제목부터가 수상했다. 어떤 의도를 갖지 않고서는 이렇게 작위적으로 보도할 수 없는 노릇이었다. 다시 거론하기도 싫지만 여기에 그 실상을 더듬어 본다. 전반적으로 기자의 감정이 튀어나와 있었지만 문제가 된 내용은 이러했다.

"김 총재는 1등석으로 예약된 자리를 끝내 사양하고 동행 기자들과 함께 이코노미 클래스(일반석)에 착석하기를 고집했다. 이를 두고 한 기자가 '김 총재의 끝없는 정치적 제스처'라고 혼잣말……."

"항일 열사 유적비나 한국전 참전 용사 추모비 등을 빠트리지 않고 찾아다니며 혹여 TV 카메라가 안 따라올라치면 대변인을 호되게 문책……."

또 의원들은 "맨발로 비행기 안을 돌아다니고, 교황에게 '헤이'라고 부르고, 외국인 부인에게 '너 ○○ 좋아해' 하고 물었다"는 등의 추태를 부렸다고 보도했다. 심지어 "유권자인 우리가 그 같은 자질밖에 없는 사람들을 의원으로 뽑은 까닭이란 자괴감으로"라는 매우 모욕적 사견을 기사로 둔갑시켜 놓았다. 전혀 근거가 없는 얘기들이었다. 동행했던 기자들도 "그런 사실을 들은 적도 본 적도 없다"고 부인했다.

나는 3월 3일 확대 간부 회의에서 『주간조선』 허위 기사에 당당하게 맞설 것을 주문했다. 수십 년간 쌓아 온 정치인들의 신뢰가 한두 기자가 쓴 엉터리 기사로 치명적 상처를 입는 참담한 현실을 그냥 넘길 수 없었다. 그리고 그 중심에 『조선일보』가 있었다. 악의에 가득 찬 거짓 기사를 진실인 양 생산해 내는 언론을 그 누구도 응징하지 못하는 현실이 대단히 유감스러웠다. 나는 단호하게 말했다.

"끝까지 대응하시오. 책임은 내가 질 것입니다."

평민당은 '『조선일보』 허위·왜곡 보도 대책위원회'를 구성했다. 그리고 "언론인에게 드리는 글"을 발표했다.

> 우리는 결코 기자의 문장 표현에 시비를 걸고, 편집 데스크의 재량권을 침해하는 몰상식한 집단이 아니다. 그동안 『조선일보』의 집요하고도 잔인한 비수에 수없이 상처를 입고 가슴 아파해 왔으면서도 인내의 자세로 묵묵히 참아 왔던 것이 김대중과 평민당이었던 것은 어쩌면 언론인 여러분이 더욱 잘 알고 있는 일일지 모른다. 우리는 국민을 대신하여 『조선일보』에 당당하고 의연하게 맞서 싸우고자 한다. 누가 광주 시민을 일컬어 '난동 분자'라 했으며, 누가 전두환 씨를 '조국의 위대한 영도자'라고 칭했던가. 구름이 한때 태양을 가릴 순 있으나 영원히 가릴 수 없듯이 역사의 진실은 묵은 신문의 행간을 지키며 살아 숨 쉬고 있다는 것이 우리의 확신이다.

곧장 담당 기자와 『조선일보』 발행인 등 5명을 출판물에 대한 명예훼손 혐의로 서울지검에 고소했다. 그리고 일간지에 "국민 여러분! 『조선일보』의 횡포를 더 이상 참을 수 없습니다"라는 제목의 광고를 게재했다. 이는 절절한 나의 말이기도 하다.

> 5공 시절 '독재의 나팔수' 역할을 적극적으로 담당했다고 비난받고 있는 『조선일보』가, 일관된 태도로 김대중 총재와 우리 당을 음해한 기사는 이루 헤아릴 수가 없으나, 인내와 관용을 가지고 우리는 묵묵히 참아 왔습니다. 지난 문공위 TV 청문회에서 우리 당의 박석무 의원은 과거 국가보위 입법회의에 참여했던 『조선일보』 사주에게, 언론 통폐합과 언론인 대량 숙청의 책임을 준엄하게 물은 적이 있었습니다. 당시에 『조선일보』는 박 의원을 '청부업자'라고 비난했으며, 이후 우리 당에 대한 무조건적인 비난은 점차 그 강도를 높여 왔습니다. 하지만 우리는 단순한 방어 본능에 의해 『조선일보』를 규탄하는 것이 아닙니다. 그동안 『조선일보』는 소외되고 고통 받는 사람들보다는 기회주의적인 일부 기득권층에 봉사하는 자세를 취해 왔으며, 독재 세력과 유사한 논리를 끊임없이 창출해 내고 있기 때문에, 『조선일보』의 대중 조작과 언론 폭력을 엄청난 피해를 감수하면서까지 고발하는 것입니다. 다시는 이 땅에 '치욕의 언론사'가 반복되지 않도록, 『조선일보』 70년사 가운데 그 곡필사를 언론 민주화의 차원에서 고발할 것입니다.

『조선일보』의 과오와 그로 인한 해악은 실로 심대했다.

첫째, 유신 시대는 물론 5공화국 시절에도 수많은 기자와 언론인들을 길거리로 내몰았고, 그러면서도 국민들을 교묘하게 속여 독재의 나팔수 역할을 했다. 둘째, 민중의 편에 서기보다는 독재자와 재벌의 이익을 대변해 왔다. 셋째, 그럼에도 자신들의 과오를 뉘우치거나 국민에게 사죄하는 최소한의 양심적 태도를 보이지 않았다. 이것들이 내가 『조선일보』를 나무라는 이유였다.

『조선일보』도 완강하게 맞섰다. 지면을 통해 나와 평민당을 비난하고 성토했다. 편집국 기자 총회를 열고 "유신과 5공의 언론 질곡에서 이제 막 소생한 우리는 평민당이 『조선일보』에 대해 취하고 있는 일련의 공격적 행동을 구시대 독재 권력의 언론 탄압과 결코 다름없는 새로운 형태의 언론 탄압"이라며, 이를 소위 '언론 자유 수호 선언'이라 발표했다.

그러나 그것은 『조선일보』가 스스로 질곡이라고 생각하는 유신과 5공에 대한 대표적 어용 신문이었다는 사실은 숨기면서 탄압만을 부각하는 또 다른 기만적 행위였다. 여기저기서 우리를 지지하는 성명과 논평이 잇따랐다. 우선 『조선일보』에서 쫓겨난 해직 기자들이 호통을 쳤다. 조선투위(조선자유언론수호투쟁위원회)의 성명을 조금만 인용해 본다.

> 민족이 외세의 발굽 아래서 신음하던 시절에, 민주주의가 질식당하고 인권이 유린되던 시절에 『조선일보』는 무엇을 썼고 어떻게 말했는가 우리는 묻고 싶다. 언론 자유 수호 선언은 언론사의 사적 이익을 위해 편리할 때 편리한 방법으로 하는 그런 액세서리가 아니다. 써야 할 때 써야 할 진실은 일단 기사로도 쓰지 못하던 신문이 자사의 이익을 위해서는 사회의 공기인 지면을 더럽게 먹칠하면서 이것을 언론 자유 수호라고 말한다면 국민의 지탄을 면치 못할 것이다.

전국언론노동조합연맹의 기관지 『언론노보』에서도 「『조선일보』는 다시 태어나야 한다」는 사설에서 『조선일보』의 보도 양태를 꾸짖었다. 『기자협회보』에서도 함께 동행 취재를 갔던 기자들을 취재해서 문제의 『조선일보』 기자의 기사가 왜곡됐음을 확인시켜 주었다. 전국 16개 대학 신문 대표들이 조선일보사에 몰려가 "극우 반동 신문 『조선일보』는 각성하라"는 시위를 벌였다. 민주화실천가족운동협의회, 전국 구속자학부모협의회, 민주언론운동협의회, 『노동자신문』 등도 『조선일보』 규탄 대열에 동참했다.

이러한 첨예한 대립은 10월 17일에 평민당의 고발 취하로 7개월 만에 매듭을 지었다. '조·평 사태'는 그러나 끝이 아니었다. 저들은 변하겠다고 약속했으면서도 그 후로도 변하지 않았다. 역풍이 불 우려가 있음에도 나와 평민당이 『조선일보』와 싸운 것은 이들의 불의를 방관하면 내 삶에서 두고두고 후회할 것 같았기 때문이다. 훗날 대통령이 되어서 신문사에도 성역 없이 세무 조사를 단행하고, 비리 사주들을 사법 처리한 것도 같은 이유였다. 내가 살아오면서 정의와 양심을 외쳤는데 그와는 동떨어진 일을 할 수 없었기 때문이다. 불편부당은 모든 언론이 사시(社是)에 명시하고 있다. 그런데 불편부당하지 않고 스스로 탈법과 특혜에 빠져 허우적거린다면 이미 공기(公器)가 아니다. 언론 종사자들이 진실과 양심을 따르지 않고 사주의 뜻에 따라가는 것은 불행한 일이다.

어느 정권이든 언론을 장악하고 싶어 한다. 정통성이 약한 정권일수록 더욱 선전에 의지하려 한다. 5공화국의 보도 지침이 바로 그것이다. 쿠데타로 정권을 잡은 신군부 세력은 1980년 11월 언론 기관 통폐합을 하고, 이어서 12월에 언론기본법을 만들어 언론 통제에 나섰다. 계엄 하에서는 일상적으로 언론을 검열하며 언론 길들이기에 재미를 본 저들은 날마다 언론을 통제할 수 있는 새로운 조직을 만들었다. 바로 문화공보부 산하에 홍보조정실을 신설하여 보도 통제용 일일 지침을 언론사에 내려 보낸 것이다. 그러나 홍보조정실은 아무런 재량권이 없었다. 모든 것은 청와대 정무비서실에서 결정되었다. 홍보조정실은 지침을 언론사에 배달만 했을 뿐이다.

일단 기사를 보도할지부터 지침을 주었다. '절대 불가'는 절대 실어서는 안 되고, '불가'는 가급적 싣지 않도록 하며, '가'는 실어도 된다는 것이었다. 제도권 언론은 이에 충실히 따랐다. 뉴스의 크기와 무게는 신문사가 아닌 청와대, 즉 권력이 측정했다. 국내외의 주요 사건에 대해서 어떤 면에 어떤 크기로 실을 것인지 정해 주었다. 심지어 사건의 어떤 면을 부각하는 것이 효과적일 것이라는 기사의 방향까지 제시했다. 그런데도 어느 언론사, 어느 언론인도 이를 폭로하지 못했다.

그런데 이 보도 지침을 세상에 알린 용기 있는 기자들이 나타났다. 김태홍, 신홍범, 김주언 기자는 『말』 지(1986년 9월호)에 1985년 10월부터 1986년 8

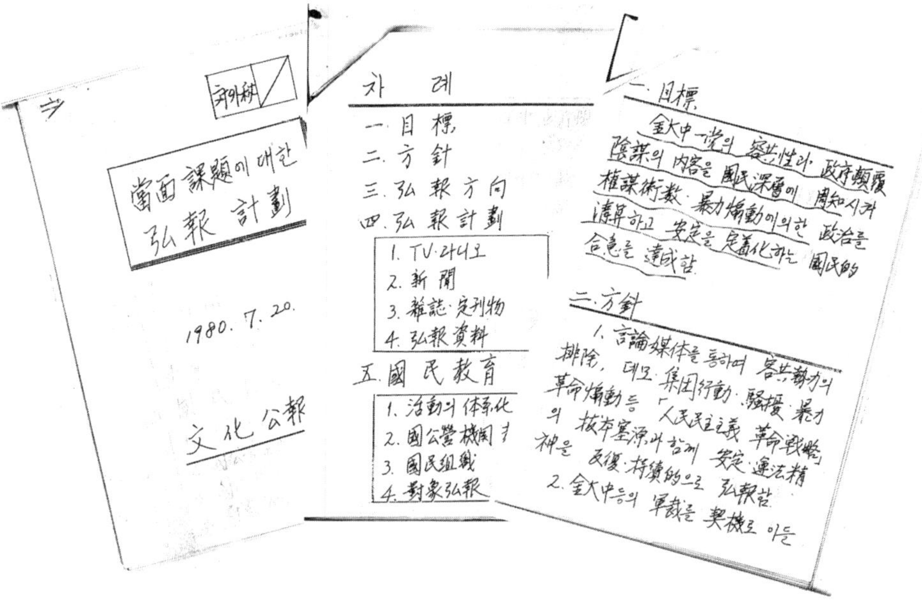
當面課題에 대한 弘報計劃

1980. 7. 20.

文化公報

차 례

一. 目標
二. 方針
三. 弘報方向
四. 弘報計劃
1. TV·라디오
2. 新聞
3. 雜誌·定刊物
4. 弘報資料
五. 國民敎育
1. 活動의 体系化
2. 國公營機關
3. 國民組織
4. 對象弘報

一. 目標
金大中一黨의 容共性과 政府顚覆陰謀의 內容을 國民深層에 周知시켜 權謀術數·暴力煽動에 의한 政治를 淸算하고 安定을 定着化하는 國民的 合意를 達成함.

二. 方針
1. 言論媒体를 통하여 容共勢力의 排除, 데모·集団行動·騷擾·暴力革命煽動 등 「人民民主主義 革命戰略」의 拔本塞源과 함께 安定·遵法精神을 反復·持續的으로 弘報함.
2. 金大中등의 罪款을 契機로 아들

신군부의 보도 지침 자료. 목표에 '김대중 일당의 용공성과 정부 전복 음모의 내용을 국민 심층에 주지시켜……' 라고 기록되어 있다.

월까지의 보도 지침을 날짜별로 정리하여 폭로했다. 짐작은 했지만 이렇듯 정부가 치밀하게 언론을 통제했다는 사실이 알려지자 모두 경악했다. 그리고 이런 사실상의 공작 명령에 굴복하면서도 침묵으로 일관한 언론인들에 대해서는 혀를 찼다.

물론 이런 보도 지침은 일부 언론인들의 적극적인 협조가 있었기에 존속할 수 있었다. 나에 대한 편파 보도도 마찬가지였다. 권력은 내 이미지를 입맛대로 조작하여 언론에 통보했다. 이러한 '김대중 죽이기'의 관행은 시간이 지나자 언론인 스스로가 나를 적대시하는 관습으로 굳어질 수도 있었을 것이다. 나는 지금이라도 언론들이 친일과 독재에 협력한 사실을, 왜곡 보도로 진실을 가렸던 어두운 시절의 잘못을 국민과 독자들에게 사과해야 한다고 생각한다.

1988년 5월 15일에 『한겨레신문』이 창간됐다. 해직 언론인들이 중심이 되어 창간 작업을 했고, 국민들의 출연(出捐)으로 창간 기금을 마련했다. 나도 국민 주주의 한 사람이다. 종합 일간지로는 최초로 한글 전용으로 가로짜기 지면을 선보였다. 나는 그보다 국민의 지지를 받는 양심적 언론인들이 민주와 통일을 추구하는 정론지를 표방하고 있음이 미더웠다. 송건호 한겨례 초대 대표와 윤전기에서 막 쏟아져 나오는 창간호를 펼쳐 보았다. 잉크 냄새가 좋았다. 건강한 필치로 민족의 내일을 열어 달라고 기원했다. 『한겨레신문』은 국민이 출범시켰다. 이는 언론사의 일대 사건이었다.

이제 지역감정에 관해서 이야기해 보자. 나는 기회가 있을 때마다 망국적 지역감정을 타파해야 한다고 얘기했다. 한국 현대사에서 지역감정의 최대 피해자는 '김대중'이었다. 이는 누구도 부인할 수 없을 것이다. 나는 지역감정을 선동하여 나라를 토막 내는 무리들을 수없이 나무랐지만 별반 나아지지 않았다. 아니 자꾸 더 깊어져 갔다. 그래서 나름의 여러 궁리를 했다.

1990년 가을, 영광·함평 지구 보궐 선거가 있었다. 구속된 서경원 의원의 선거구였다. 나는 영남 사람을 공천하여 지역감정 해소 의지를 천명하고 싶었다. 비록 의석 하나를 잃는다 해도 정치적 화합을 위해 긍정적으로 작용한다면 의미 있는 정치적 실험이 될 것 같았다. 그래서 강문규 YMCA 총무를 만나 출마를 권유했다. 강 총무는 경상도 출신이었다. 그는 내 말을 듣더니 그냥 웃기만 했다. 도무지 말이 안 된다는 투였다. 할 수 없이 여러 인물을 추천받아 이수인 영남대 교수를 후보로 낙점했다. 이 후보는 정의감이 있고, 재야와 인연도 깊었다. 그러자 현지의 반발은 예상보다 거셌다. 나는 당시 지방 자치제 관철을 위한 단식 투쟁 후유증으로 몸이 매우 좋지 않았다. 그럼에도 현지에 내려가 이 후보를 도왔다. 여당 후보는 호재를 만났다는 듯이 연일 우리 측을 공격했다.

"왜 경상도 사람이 전라도에 왔는가. 우리 함평·영광에는 사람이 없다는 말인가."

함평 읍내 다방에서 목사 20여 명을 만났는데 그들도 공천이 잘못됐다고

『한겨레신문』 창간호가 나온 날 송건호 대표와 윤전기에서 쏟아져 나온 새 신문을 살펴보았다.

심하게 불평을 했다.

"어떻게 성도 모르는 사람을 데려왔습니까. 도대체 우리를 뭘로 보십니까?"

내가 이런저런 말을 다 듣고 얘기했다.

"하느님은 세계의 모든 사람을 다 아들이라고 하셨는데, 그런 교리를 설파하시는 분들이 같은 한국 안에서 영남과 호남을 구분하는 그런 말씀을 하십니까. 물론 선거가 지역구여서 목사님들의 그러한 우려가 이해도 되지만 이것만은 참고로 해 주십시오. 오늘 오후에 이곳 함평이 아닌 영광에서 제가 연설을 할 예정이니 그때 청중들의 반응을 보고서 결정해 주셨으면 합니다. 청중들이 저를 지지하면 목사님들께서도 이해해 주시고, 반응이 신통치 않으면 공천을 철회하겠습니다."

영광의 유세장에 갔더니 거의 2만 명이 모여 있었다. 청중들은 열광적으로 우리 일행을 환영했다. 내가 연단에 올라 영남 사람을 공천한 이유를 설명했다.

"우리의 꿈은 민주주의 사회로 가는 것입니다. 그런데 이를 가로막는 최대의 장애물이 바로 지역감정입니다. 우리는 대의를 팽개치고 조그마한 지역에 갇혀 아옹다옹 다투고 있습니다. 우리가 이것을 깨야 합니다. 여기서 우리 평민당이 의석 하나 잃거나 얻는 것은 그리 큰 문제가 아닙니다. 여러분이 여기서 이름도 몰랐던 영남 출신, 이곳에 발도 들여놓지 않았던 영남 출신을 당선시킨다면 영남 사람들도 여러분의 진의와 성의를 이해할 것입니다. 그러면 의석 몇 십 석을 얻는 것보다 우리 정치에 득이 될 것입니다. 이런 저의 충정을 헤아려 주십시오. 물론 상식에 어긋난 공천을 한 것은 사실입니다. 하지만 대의를 위해 꼭 필요하다면 상식도 깨야 한다고 생각합니다."

청중들은 박수를 치며 "옳소"를 외쳤다. 유세가 끝나고 목사들을 찾으니 보이지 않았다. 어디론가 사라져 버렸다. 선거 끝나고도 만나지 못했지만 그 목사들도 아마 이 후보를 지지했을 것이다.

선거는 압승이었다. 서경원 의원보다 더 많은 표를 얻어 당선되었다. 그런데 막상 당선된 이수인 의원이 지역감정 타파에 그리 열정을 보이지 않아 섭섭했다. 물론 지역감정이란 몇 사람이 물리칠 수는 없지만 나는 그에게 많은 기대를 했었다. 특히 영남 사람들에게 호남 사람들의 진심을 전달해 주기를 바랐다.

나는 지역감정을 해소하려는 의미 있는 결심을 했고, 함평·영광 유권자들은 나의 진심에 화답해 주었다. 혼신의 노력으로 선거를 치렀지만 영남으로부터 돌아온 반응은 차갑기만 했다.

"김대중이가 이수인을 이용해 우리를 속이려 한다."

참으로 절망스러웠다. 이렇듯 호남 사람들은 지역감정 해소와 지역 차별 철폐에 목말라 있지만 정작 상대 지역에서는 이를 정략적으로 보고 일단 의심했다.

1992년 대통령 선거가 끝나고 광주에서 발행되는 신문에 어떤 사람이 이런 말을 했다.

"김대중 씨가 강원도에서만 태어났어도 이미 대통령이 되었을 것이다."

나는 이 말을 들었을 때 호남인들의 심정을 생각하며 가슴이 아팠다. 눈물이 났다. 그때 나는 속으로 대답했다.

'대통령이 못 되어도 좋습니다. 나는 호남 사람인 것이 자랑스럽습니다. 단지 호남인으로서 호남인들을 울려 미안할 뿐입니다.'

단지 호남에서 태어났다는 이유로 차별 대우를 받는다는 것은 얼마나 억울한 일인가. 역사를 되짚어 보자. 호남은 나라의 기개를 높이고 나라를 구한, 높고 깊은 땅이었다. 임진왜란 당시 전 국토가 왜군에게 짓밟혔을 때 이순신과 권율 장군은 오직 호남을 근거지로 싸워 왜적을 물리쳤다. 이순신 장군은 "호남이 없으면 나라가 없다(若無湖南 是無國家)"고 했다. 일본군이 함경도, 평안도까지 발아래 두었지만 호남만은 건재했다. 호남이 없었다면 이 나라는 어찌 되었을 것인가.

정유재란 때는 또 어땠는가. 원균 장군이 출전했다가 완패한 이후 이순신 장군은 전라도 해남 우수영 앞 명량 해역에서 전함 12척으로 133척에 달하는 일본 해군을 궤멸시켰다. 여기서 일본 해군을 무찌르지 않았다면 저들은 인천(제물포)을 거쳐 다시 왕도 한양을 마음껏 유린했을 것이다. 이 모든 일을 호남 사람들이 해냈다.

또 전봉준과 호남 사람들은 경상도에서 시작한 동학을 받들어 위대한 농민혁명을 일으켰다. 진주민란이 일어났을 때도 호남 사람들이 이에 호응하여 함께 궐기했다. 동학혁명과 진주민란은 영남과 호남이 합작으로 이루었다. 자유당 치하에서는 경상도와 전라도에서 가장 강력하게 반독재 투쟁을 벌였다. 민주주의 앞에 경상도와 전라도가 어찌 따로 있었겠는가. 그 시절에는 호남 사람이 부산, 대구 심지어 경북 상주의 산골에서도 출마하여 국회의원에 당선되었다. 나는 목포에 살면서 경상도 출신 후보를 밀어 당선시켰다.

이러한 세상인심을 바꿔놓은 것은 앞에서도 살폈듯이 박정희 군사 정권의 공작 정치였다. 선거 때마다 호남을 고립시켰고, 인사에서도 호남인들은 철저히 소외시켰다. 호남에서 태어났다는 것이 무슨 천형처럼 되어 버렸다. 그러나 이러한 지역 차별의 수혜가 경상도에 돌아갔는가? 한마디로 아니다.

경상도 출신의 수많은 고관대작을 배출했지만 경상도민 모두가 잘살지 못한다. 소위 TK 정권의 본산이라는 대구와 경북이 얼마나 잘사는가. PK 정권의 산실이라는 부산과 경남은 또 얼마나 잘사는가. 전라도나 충청도와 다름없이 민중들은 여전히 힘겹게 살고 있다. 농촌의 집들은 텅텅 비고, 총각은 장가를 못 가고, 갓난아이의 울음이 끊기고 있다.

경상도 출신 대통령이 지역 차별 정책을 편다면 '경상도만이라도' 잘사는 것이 아니라 '경상도마저' 못 살게 된다. 지역 차별은 모두를 망친다. 물론 일부 특권층은 특혜를 얻겠지만 대다수 국민은 불행해진다. 국민들은 분열하고, 통일 역량은 약화되고, 국가의 이상은 표류하게 된다.

나는 내가 호남 사람이라는 것을 자랑스럽게 생각한다. 한 번도 고향에 대해서 다른 생각을 품어 본 적이 없다. 차별받는 호남 사람들을 위해 할 일을 제대로 못해 늘 가슴이 아팠다. 그렇기에 호남인들과 고통을 나누어 마땅하다고 생각한다. 그것은 실로 영광스러운 일이다. 그럼에도 때로는 지역감정을 선동한다는 오해를 받을까 봐 나는 고향인 전라도를 찾는 데 많이 망설였고 가지 않았다. 가고 싶었지만, 진정 만나고 싶었지만 고향 땅을 일부러 밟지 않았다.

왜 나라고 그립지 않았겠는가. 남쪽 하늘을 바라보며 남도의 풍광을 머릿속에 그려 본 적이 한두 번이 아니었다. 고향의 품에 안겨 실컷 울고 싶을 때도 많았다. 그러나 정작 저들은 지역감정을 조장하고 다시 나에게는 지역감정의 굴레를 씌워 감시했으니 어쩔 수 없었다. 전라도 사람들의 한을 알고 있으나 나는 그걸 다 풀어드리지 못했다. 모든 지역감정의 부정적인 부산물이 호남 지역에 떨어지는 것을 보면서도 나는 어찌 할 수 없었다.

나는 비로소 밝히노니 호남 사람들에게 하해 같은 은혜를 입었지만 이를 제대로 표현하지 못했다. 언론의 편파적인 보도와 지역감정은 정계를 은퇴해도 내 뒤를 따라다니고 있다. 내가 죽으면 혹 벗겨질지 모른다. 그러나 나는 죽어서도 잊지 않을 것이다. 나라와 나에 대한 호남 사람들의 사랑을.

다시 국민을 울렸다

(1992)

다시 정국은 대통령 선거전 속으로 들어갔다. 나는 이번만큼은 승리하리라 믿었다. 나와 평민당은 많은 준비를 했다. 우리가 마련한 공약은 전문가들이 높게 평가해 주었다. 외국 언론들도 나의 당선이 유력하다고 보도했다. 군사 정권을 종식시키고 진정한 정권 교체를 이룰 적임자라는 논평도 곁들였다.

그러나 본격 선거전에 돌입하기 직전인 1992년 10월 6일, 선거판을 뒤흔드는 대형 간첩 사건이 일어났다. 안기부가 발표한 '이선실 간첩단 사건'이다. 그 얼개는 다음과 같다.

"북한에서 직접 지령을 받는 간첩 조직 '조선노동당' 당원들이 국내에서 암약하고 있다. 조선노동당 정치국 후보위원으로 서열 22위인 거물 간첩 이선실이 세 차례나 남한에 잠입하여 공작 지도부를 구축하고 재야 단체, 정계, 노동계, 학계 등에 침투해 조선노동당 지부를 만들었다. 장관급 등 거물이 포함된 10여 명의 간첩을 남한에 밀파해 10여 년간 암약케 했으며 사회 각계각층 400여 명을 조직원으로 포섭, 대남 적화 공작을 해 왔다. 사상 최대 규모의 간첩 사건으로 이에 연루된 김낙중 전 민중당 대표를 포함하여 62명을 체포했다. 이선실은 간첩단이 발각되기 직전인 1990년 10월 강화도에서 월북한 것으로 추정된다."

간첩단 사건이 발표되자 다시 대소동이 일어났다. 언론은 북한 공작에 의해 한국 사회가 금방 붕괴될 것처럼 보도했다. 선거철이 다가오면 여당이 나를 공격할 때 활용하는, 이제는 새삼스러울 것도 없는 북풍이었다. 1987년 대통령 선거 직전에 터져 나온 '김현희 사건'이 떠올랐다. 안기부는 내 비서인 이근희가 국방부 예산 관련 자료를 간첩에게 넘겨주었다며 사건을 부풀렸다. 그러나 이 비서는 간첩인 줄 전혀 모르고 넘겨주었으며 이는 안기부 공작일 가능성이 높았다. 안기부는 심지어 간첩 이선실이 우리 집에 와서 아내와 기념사진을 찍었다는 소문까지 퍼뜨렸다.

박희태 민자당 대변인은 해괴한 논평을 냈다.

"이번에 적발된 북한 간첩단의 지령문을 보면 민주당 후보를 단일 후보로 밀어 반드시 당선시키라는 내용이 있다. 이 같은 지령이 김대중 대표 비서를 통해 군사 기밀 자료를 넘겨준 것과 관련성이 있는지 여부를 밝혀야 한다."

안기부 측은 국회에서 북에서 간첩단에게 그런 지령을 내린 것이 사실이라며 확인을 해 주었다. 여당은 간첩단 사건을 들추며 선거 기간 내내 나를 공격했다. 당직자나 선거대책본부 간부들이 돌아가면서 파상 공격을 했다. 나는 10월 14일 국회 연설에서 이를 정면으로 나무랐다.

"안기부는 매년 5000억 원의 예산을 쓰면서도 10여 년 동안 간첩이 활개치고 다녔는데도 도대체 무엇을 한 것이냐."

그래도 간첩단 사건은 계속 굴러다녔다. 그런데 이 사건은 대통령 선거가 끝나자 홀연 사라져 버렸다. 수사 당국도 정치권도 언론도 아무런 언급을 하지 않았다. 훗날 국가정보원은 '과거사건 진상규명을 위한 발전위원회'의 조사를 통해 그들의 전신인 안기부가 발표한 남한 조선노동당 사건은 "발표된 내용이 사실과 다르거나 과장되었다"고 결론 내렸다. 또 "확인되지 않은 각종 연루설로 무고한 피해자를 양산했고, 대통령 선거를 앞두고 미확인 첩보를 발표하고 이를 적극 홍보했음은 이 사건을 정치적 목적에서 조작했다는 의혹이 있다"고 발표했다.

그럼에도 초·중반전 판세는 내가 유리했다. 국내 유수 기업들의 정보 분석팀이 나의 승리를 예견했다. '취임 후 정책'을 듣기 위해 회견을 요청한 외국 언론사도 있었고, 목포와 고향 하의도로 사전 취재 팀을 보내기도 했다. 나도 승리를 확신했고, 우리 당 어느 누구도 이를 의심하지 않았다.

그러자 안기부는 "북한 김일성 주석이 이번 선거에서 김대중 후보를 지지하도록 대남 방송을 하고 있다"는 거짓 정보를 또다시 흘렸다. 언론이 이를 고스란히 받아 대대적으로 보도했다. 여당은 노골적으로 나를 공격했다.

"김일성은 김대중을 지지하고 김영삼은 반대하고 있다. 김일성이 지지하는 김대중을 대통령으로 뽑아도 좋은가?"

정원식 선거대책위원장은 또 이렇게 말했다.

"북한은 민민전 방송을 통해 민주당과 전국연합이 정책 연합 형식으로 김대중 후보를 범민주 단일 후보로 추대키로 합의한 데 대해 환영의 뜻을 표한 바 있다."

나는 즉각 그 허구성을 지적하며 반격에 나섰다.

"안기부 주장대로 북한의 대남 방송이 사실이라면 김일성은 나의 당선을 절대 원하지 않는 셈이다. 김일성과 김대중을 연결시키면 오히려 나한테 불리할 게 뻔한데 왜 그런 짓을 하겠는가. 만약 북한이 그런 주장을 했다면 내 당선을 원하지 않기 때문이다."

그러나 나의 반박은 별 효력이 없었다. 나는 국민들에게 용공의 올가미를 걷어내 달라고 외쳤지만 모든 매체가 마구잡이로 여론을 조작하는 데는 어찌해 볼 도리가 없었다. 예상한 대로 이 정보 또한 날조된 것이었다. 선거가 끝나고 남궁진 의원이 국회에서 따졌다.

"대선 기간 중에 북한이 방송이나 매체를 통해 김대중 후보를 거명하며 지지한 사실이 있는가?"

그러자 국무총리와 안기부장이 "그런 보도를 한 사실이 없다"고 답변했다.

김종필 민자당 최고위원은 국회에서 용공 조작에 대해 정식으로 사과했다. 그렇다고 되돌려지는 것이 아닌데 따져 본들 무엇 하겠는가. 참으로 허망한 일이었다.

더 무서운 일이 일어났다. 민주화 동지라는 김영삼 후보가 선거 막판인 12일부터 유세장에서 색깔론을 본격적으로 제기했다. 용공 혐의를 씌워 나를 매도하며 박정희 군사 정권 때부터 써먹던 흑색선전 발언을 서슴없이 토해 냈다. 그는 나를 향해 이렇게 소리쳤다.

"최근 북한은 평양방송을 통해 이 김영삼이를 낙선시키고 민주당 후보를 당선시키라고 지령했다. 색깔이 분명치 않은 정당에게 정권을 맡겨서 무엇을 하자는 것이냐. 북한이 원하는 후보를 대통령으로 뽑아야 하느냐, 아니면 우리가 원하는 후보를 대통령으로 뽑아야 하느냐."

그러면서 "사상이 의심스런 후보는 대통령이 되어서는 안 된다", "책임 있는 대통령 후보라면 김일성 노선에 동조하는 세력과 손을 끊어야 한다"고 직접 공격했다. 언론은 이러한 흑색선전을 아무런 여과 없이 안방으로 전달했다. 30년 민주화 동지의 입에서 나올 수 없는 말이었다. 참으로 참담했다. 5·16 군사 쿠데타 이후 30년 만에 민간인 후보끼리의 대결이었지만 저들의 선거 방식은 과거 군사 정권이 동원한 부정 수법과 하나도 다르지 않았다. 오직 선거에 이기려 동지를 용공으로 몰다니, 나로서는 상상할 수 없는 일이었다.

나는 그런 김영삼 씨의 변신에 분노와 함께 서글픔이 밀려왔다. 그렇게 해서라도 대통령이 돼야겠다는 그의 욕망이 오히려 측은해 보였다. 민자당은 유세장의 찬조 연사, 매일 쏟아지는 수백만 장의 홍보물, 당 대변인들의 논평과 성명을 통해 나에 대한 색깔 공세만을 취했다.

보다 못해 우리 당 선거대책본부에서 특단의 대책을 내게 보고했다. 그것은 김영삼 후보의 자질과 여자 문제였다. 이대로 당하지만 말고 맞불을 놓자는 것이었다. 그러나 나는 이를 강력하게 말렸다.

"민자당처럼 저열한 수법을 쓸 수 없습니다. 비록 선거에 떨어지더라도 정도를 걷고 싶습니다."

민자당의 부정 선거는 여기서 멈추지 않았다. 정주영 후보 측의 김동길 선거대책위원장이 12월 15일 기자 회견을 통해 이른바 '초원복집 사건'을 터뜨렸다. 김영삼 후보의 당선을 위해 관권을 총동원한 사실이 백일하에 드러난 녹취록을 공개했다.

대선을 코앞에 둔 1992년 12월 11일, 부산 지역 기관장들이 복집에 모였다. 이를 주선한 사람은 김기춘 전 법무장관이었다. 이들은 김영삼 후보의 당선을 위해 지역감정에 불을 지르자고 다짐한다. 이날 모임은 '김영삼을 대통령으로 만들기 위한 부산 지역 기관장들의 대책 회의'였다.

법을 세워야 하는 법무장관, 나라를 지키는 군인, 비리를 척결해야 하는 검찰, 국가 정보를 관리하는 안기부 지부장, 민생과 치안을 살펴야 하는 경찰청장, 시정을 책임진 시장, 참교육을 당부해야 하는 교육감들이 모여 "우리가 남이가"를 외쳤다. 낮에는 지역감정이라는 망국병을 타파하자고 외치면서 밤에는 저희끼리 모여 지역감정을 조장했다. 서로의 눈을 껌벅거리며 비릿한 웃음을 흘렸다.

이날 대책 회의에서는 언론인들을 돈으로 매수·회유할 것을 논의하고, 김대중 후보가 당선되면 혁명적 상황을 맞을 것이라는 망언을 거침없이 쏟아 냈다. 저들은 국기(國基)를 뒤흔들고 민주주의를 정면으로 부인했다. 이 대책 회의 녹취록이 공개되면서 노 대통령의 중립 의지는 한갓 위장술에 불과했음이 드러났다. 이러한 대책 회의는 광주, 대전, 대구, 경북 등 전국 주요도시에서도 자행되었다.

'초원복집 사건'이 터지자 청와대와 국무총리실은 "이번 사건은 노 대통령과 현승종 총리의 중립 의지와는 상관없이 공무원들이 저지른 일이다"며 선을 그었다. 민자당 역시 당과는 아무런 연관이 없다며 발뺌을 했다. 김영삼 후보는 한 술 더 떴다.

"부산 사건은 민자당과 전혀 무관한 일이고 이번 사건으로 인한 최대의 피해자는 바로 나 자신이다. 나는 공작 정치의 피해자로 대화 내용을 녹음한 것 자체가 공작 정치의 일환이다. 불법적인 도청 행위를 뿌리 뽑아야 한다."

사건의 본말을 간단히 뒤집어 버렸다. 적반하장이었다. 기관장들이 저지른 사회악을 만천하에 고발했는데 "왜 이를 엿들었느냐"고 윽박질렀다.

언론들도 "왜 도청했느냐"며 국민당을 몰아붙였다. 신생 정당 국민당은 일을 벌였지만 이를 수습하지 못했다. 이런 터무니없는 공세에 제대로 대응을 하지 못했다. 만일 국민당이 도청한 행위에는 자신들이 책임을 지겠다 하고 녹취한 내용을 국민에게 알렸다면 상황은 많이 달라졌을 것이다. 국민당의 한계처럼 느껴졌다.

나는 초원복집 사건이 일어났을 때 예감이 좋았다. 아무리 여당 후보지만 김영삼 씨도 별수 없을 것이라 생각했다. '이것으로 선거는 이기지 않을까.' 또한 이 사건을 계기로 선거판에서 지역감정이 사라질 것으로 기대했다. 용공 시비와 함께 지역감정은 선거 때마다 유령처럼 나타나 판세를 흔들었다. 하지만 지역 기관장들이 나서서 이렇듯 지역감정을 선동한 사실이 밝혀진 이상 경상도 민심도 바뀔 것이라고 기대했다. 저들이 사실을 왜곡하여 민심을 속인 것이 들통 났기 때문이다. 경상도 유권자들도 여당과 정부의 태도에 격분하고 있을 것이라고 믿었다. 그러나 그것은 순진한 생각이었다.

나는 김영삼 후보에게 텔레비전 토론을 공개적으로 요구했다. 나를 용공으로 매도하며 지역감정을 조장했으니 그 실태를 공개적으로 검증해 보자는 뜻에서였다. 사실 김영삼 후보도 선거 초반에는 텔레비전 토론에 응하겠다며 강력한 의지를 피력했다. 10월 21일, 외신 기자들과 간담회에서 나는 이렇게 말했다.

"대통령 선거가 정식으로 공고되면 후보 간 텔레비전 토론을 제의하겠다. 이제는 우리도 미국처럼 텔레비전 토론을 할 수 있다."

김 후보는 12월 2일 관훈 클럽 토론에서도 텔레비전 토론은 기피하지 않겠다고 말했다. 그러나 갈수록 조건이 늘어나더니 결국엔 토론 자체를 거부해 버렸다. 하기야 이미 예상한 일이었다. 국민들은 김 후보를 줄곧 따라다니는 '자질론'을 검증하고 싶었지만 그는 이를 거부했다. 국민의 '알권리'가 간단하게 묵살당했는데도 당시 주요 언론들은 문제 삼지 않았다. 일제히 침묵을 지켰다.

투표일을 2~3일 남기고는 부산과 경남, 대구와 경북 지역에 다시 지역감정을 부추기는 흑색 선전물이 나돌았다. 내용은 대개 이런 것이었다.

"정주영 한 표가 김대중 표가 된다는 사실을 아십니까?"

"김대중이 당선되면 경상도 지역에 피의 보복이 있을 것입니다."

"김영삼 당선시켜 경상도민의 긍지를 살립시다."

나는 금력이 부족하고, 권력에 탄압받고, 언론에 소외를 당했다. 거기에 지역감정까지 동원하니 참으로 어찌해 볼 도리가 없었다.

그렇게 선거 운동을 마쳤다. 12월 18일, 대통령 선거일이 밝았다. 투표를 마치고 임진각 통일의 동산을 찾았다. 북녘을 바라보며 지난 선거 운동의 치열했던 순간들을 떠올렸다. 만일 내가 당선이 된다면 포천에 있는 어머니 묘소에 제일 먼저 달려가고 싶었다. 그 앞에서 울고 싶었다.

개표 결과는 초반부터 지역 대결 양상을 그대로 보여 주었다. 부산 초원복집 사건은 우리의 예상과는 달리 엄청난 역풍을 불러왔다. 악재가 호재로 둔갑하여 경상도 지역에서 김영삼 후보의 몰표가 쏟아졌다. 지역감정과 색깔론이 모든 이성적 판단을 삼켜 버렸다. 반(反)전라도 지역 정서가 경상도 외 다른 지역까지 파급되었다. 서울과 전라도를 뺀 나머지 지역에서 모두 패했다. 김영삼 997만여 표(41.4퍼센트), 김대중 804만여 표(33.4퍼센트), 정주영 388만여 표(16.1퍼센트), 박찬종 151만여 표(6.3퍼센트)였다. 예상보다 많은 표 차였다. 김영삼 후보는 영호남 지역에서 나를 무려 130여만 표나 앞질렀다. 그들의 바람대로 지역감정 조장은 성공을 거둔 셈이었다.

나는 다시 졌다. 이번 패배는 참으로 받아들이기 힘들었다. 19일 새벽 3시쯤 자리에서 일어났다. 사위가 조용했다. '지금 내가 할 수 있는 것은 무엇일까.' 그동안 내게 힘과 용기를 주신 하느님께 기도를 올렸다. 아내가 그런 나를 지켜보고 있었다. 내가 아내에게 말했다. 새벽이어서 그런지 내 말은 방 안에 울렸다.

"다시 대통령이 되지 못했소. 지난 40년이 아득하다는 느낌이오. 그 세월 동안 민주주의를 위해서는 죽음도 마다하지 않았는데……. 민주주의와 정의와 통일을 위해 나는 모든 것을 바쳤소. 나의 이런 노력은 다른 사람은 몰라도 당신은 잘 알 것이오. 그런데 다시 국민의 마음을 얻지 못했소. 내가 할 일은 여기까지인 것 같소. 마음을 결연하게 정리하려고 하는데 당신도 동의해 줬으면 좋겠소."

아내가 천천히 고개를 끄덕였다. 눈가에 이슬이 맺혀 있었다. 아내를 끌어안았다. 새삼 뜨거운 사랑과 존경의 마음이 솟아났다. 변함없는 동지이자 벗이며 내 생의 반려자인 이희호, 그가 있어 그 새벽이 시리지 않았다. 내가 불러주는 대로 아내가 적었다. 아내의 작은 어깨가 흔들렸다. 다가가 손을 잡았다.

"여보, 우리 사형 선고 받았을 때를 생각하면 이 정도는 웃을 일 아니오."

그래도 아내는 흐르는 눈물을 멈추지 않았다. 은퇴 성명은 이렇게 눈물 속에 쓰였다. 1954년 정계에 뛰어든 지 38년, 파란만장했던 정치 생활에 마침표를 찍는 성명이었다. 1992년 12월 19일 오전 8시 30분, 나는 민주당 당사에 들어섰다. 나를 보자 당원들이 일제히 울음을 터뜨렸다. 그들 앞에서 나는 의연해야 했다. 내가 민주당 당적까지 포기하겠다고 하자 한광옥 사무총장, 권노갑 의원, 조승형 비서실장이 "그것만은 안 된다"며 울음을 터뜨렸다. 할 수 없이 내가 뜻을 접었다. 통곡을 하는 당원들과 악수를 할 때도 나는 울지 않았다. 울어서는 안 되었다. 곧장 5층 기자실로 향했다. 그리고 준비한 은퇴 성명을 읽었다.

존경하는 국민 여러분!

저는 또다시 국민 여러분의 신임을 얻는 데 실패했습니다. 저는 이것을 저의 부덕의 소치로 생각하며 패배를 겸허한 심정으로 인정합니다.

저는 김영삼 후보의 대통령 당선을 진심으로 축하하는 바입니다. 저는 김영삼 총재가 앞으로 이 나라의 대통령으로서 정치, 경제, 사회 모든 분야에서 성공하여 국가의 민주적 발전과 조국의 통일에 큰 기여 있기를 바라 마지않습니다.

국민 여러분!

저는 오늘로써 국회의원직을 사퇴하고 평범한 시민이 되겠습니다. 이로써 40년의 파란 많았던 정치 생활에 사실상 종말을 고한다고 생각하니 감개무량한 심정을 금할 길이 없습니다. 그간 국민 여러분의 막중한 사랑과 성원을 받았습니다. 진심으로 감사드립니다. 국민 여러분의 하해 같은 은혜를 하나도 갚지 못하고 물러나게 된 점 가슴 아프고 송구스럽게 생각합니다.

한편 이기택 대표 최고위원 이하 당원 동지 여러분께서는 오랜 세월 동안 저에 대하여 이루 말할 수 없는 협력과 성원을 아끼지 않았습니다. 당원 여러분이 베풀어 준 태산 같은 은혜를 무어라 표현할 길이 없습니다. 앞으로 한 당원으로서 저의 힘닿는 데까지 당과 동지 여러분의 발전에 미력이나마 헌신 협력할 것을 다짐하는 바입니다. 다시 한 번 국민 여러분과 당원 동지 여러분들의 건승을 빌면서 가슴 벅찬 심정으로 감사의 인사 말씀을 드리는 바입니다.

이제 저는 저에 대한 모든 평가를 역사에 맡기고 조용한 시민 생활로 돌아가겠습니다. 국민 여러분과 당원 동지 여러분의 행운을 빕니다.

케임브리지의 추억

(1993)

정계 은퇴를 선언하자 언론은 나에 관한 기사를 무더기로 쏟아 냈다. "정치 거인", "정치 거목", "지조의 정치인", "민주화 외길 40년" 등 나를 칭송하는 기사에 이렇듯 큼지막한 제목들을 달았다. 사설, 논평, 칼럼 등을 통해 지나온 나의 삶을 더듬었다. 선거 기간 내내 그토록 모질고 야속하게 굴었던 언론은 하루아침에 돌변하여 나를 영웅으로 띄워 올렸다.

동교동 우리 집으로 편지와 전화가 쇄도했다. 전화는 끊기가 무섭게 다시 울렸다. 어떤 이는 전화를 걸고는 그저 울기만 했다. 나의 은퇴가 한없이 슬프지만 지지자들에게 자부심을 심어 주어 고맙다고 했다. 나를 향해 던진 한 표가 자랑스럽다고 했다. 어떤 이는 나에 대한 그간의 오해가 있었는데 이제야 그걸 깨달았다고 했다. 누구는 서러워하고, 누구는 분통을 터뜨리고, 누구는 아쉬워했다.

나보다 더 슬퍼하는 사람들이 있어 나는 더 슬퍼할 수 없었다. 가게 문을 닫아 버린 사람, 식음을 전폐한 사람, 몇 날을 술만 마신 사람, 텔레비전을 부숴 버린 사람……. 선거 후에 때마침 많은 눈이 내렸다. 나는 민심이 걱정되었다. 하얀 눈이 제발 상처받은 마음과 가슴을 덮어 주었으면 하고 소원했다. 참으로 그해 세밑은 우울했다.

김수환 추기경이 새해 벽두인 1월 2일 우리 집을 찾아 주었다. 내 패배를 실로 깊이 어루만져 주었다. 추기경은 김영삼 차기 대통령이 당선 인사를 겸해 찾아오자 "좀 섭섭하게 들릴지 모르지만 저는 다른 후보를 찍었습니다"며 솔직하게 털어놨다. 추기경은 선거가 끝난 후 언론과의 인터뷰에서 지난 선거에서 김대중 후보를 찍었다고 다시 밝혔다. 그 이유는 이러했다.

"김대중 씨를 찍은 가장 큰 이유는 지금 이 시점에서 그가 대통령이 된다면 지역감정 문제가 크게 완화될 수 있으리라고 생각했기 때문입니다."

1월 4일에는 노태우 대통령의 초대를 받아 아내와 함께 청와대에서 점심을 함께했다. 나는 노 대통령에게 양심수에 대해서 광범위한 사면과 복권을 건의했다. 재임 중 마지막 요청이었다. 노 대통령이 내게 말했다.

"국민들은 김대중 대표께서 이 나라 민주주의를 위해 기여한 업적을 길이 기억할 것입니다."

외국인들도 나의 은퇴에 감동을 받았다고 말했다. 일본 NHK에서는 한 편의 드라마를 본 것 같다며 일대기를 만들자고 제안했다. 처음에는 거절했지만 그들은 집요했다. 그들은 훗날 내가 유학을 하고 있던 영국에까지 쫓아와 매달렸다. 나는 결국 승낙하고 말았다. 그런 배경에는 일본에게 한국을 제대로 알리고 한국인의 이미지를 바르게 심어 주려는 의도도 있었다. 그 일대기는 〈김대중—일본에서의 자서전〉이라는 제목으로 모두 4회가 방영되었다. 그때의 PD가 홋타 긴고(堀田謹吾) 씨였다. 홋타 PD와는 그 후로도 자주 만나 세상 얘기를 나눴다. 체구는 작지만 열정은 산보다 큰 사람이었다. 대통령 퇴임 후에도 그를 가끔 만났다. 그러던 어느 날 돌연 그의 부음을 들었다. 세상을 떠나려고 그렇게 서둘러 많은 일들을 했나 보다 하고 생각했다.

선거가 끝난 후 나는 많은 사람들의 상처를 어루만져 주어야 했다. 정작 선거에서는 출마한 내가 졌지만 그들이 더 상처를 받았다. 새삼 내가 얼마나 국민들에게 사랑을 받았는지 깨달았다. 비록 졌지만 어쩌면 내 인생 최고로 아름다운 순간들이 펼쳐졌다. 문인, 여성, 노동, 언론 등 시민 단체들과 작별 인사를 했다. 나는 진정 아쉬워하는 그들의 모습을 영원히 잊지 못할 것이다.

1월 6일은 68번째 생일이었다. 민주당 당직자, 소속 의원, 지구당 위원장 등이 마련한 축하 오찬장에 참석했다. 나는 솔직하게 속 안의 이야기를 털어놓았다.

"감옥에 가고 정치적 박해를 받는 것보다 누명을 쓰는 것이 무엇보다 괴로웠습니다. 공작 정치로 인해 '사상이 의심스럽다', '돈을 많이 벌었다'는 누명을 썼고, 이에 현혹된 국민들이 나를 무작정 비난할 때마다 피눈물을 쏟아야 했습니다. 그것이 무엇보다 두렵고 고통스러웠습니다."

김영삼 대통령 당선자가 나에게 만나자고 했다. 내 은퇴에 쏟아진 격려와 찬사를 외면하기에는 부담스러웠을 것이다. 몇 번이나 의사를 전달했다. 그러나 딱히 만날 이유는 없었다. 처음에는 내 쪽에서 거절을 했다. 그랬더니 이번에는 민주당 측에서 대선 기간 동안 자행했던 용공 음해에 대해 김 당선자의 공식적인 사과를 요구했다. 회동의 조건인 셈이다. 정계를 떠난 사람으로서 민주당의 의견을 무시할 수 없었다. 김영삼 씨는 끝내 사과하지 않았다. 우리 두 사람의 만남은 결국 무산되었고, 출국 직전에야 내게 전화를 걸었다. 단 1분 동안 통화했다. 돌아보면 수단과 방법을 가리지 않고 목적을 달성하고야마는 김영삼 씨가 부럽지는 않지만 대단하다는 생각이 들었다.

나는 40년 동안 정치를 했다. 그런 내가 정치를 그만두니 사실 무엇을 해야 할지 막막했다. 나는 어려운 일을 당할 때마다 버릇처럼 내 안의 문제점과 가능성을 점검했다. 백지에 가운데 줄을 긋고 오른쪽에는 내가 안고 있는 문제점, 왼쪽에는 아직 남아 있는 가능성들을 적어 비교했다. 이번에도 그렇게 해보니 왼쪽에 많은 것들이 적혀 있었다.

우선 800만이라는 국민들의 지지가 있었다. 또 항상 서로를 사랑하고 아껴주는 아내와 자식들, 그리고 나를 위해 목숨을 아끼지 않았던 수많은 동지들이 있었다. 나는 또 건강을 지니고 있었다. 험한 대통령 선거를 세 번이나 치르고 40년 동안 가시밭길을 헤쳐 왔지만 건강했다. 그리고 내 안에는 열정이 남아 있었다.

이렇듯 가능성들을 하나하나 적다 보니 결코 낙담할 일이 아니었다. 나는 다시 일어나 조국과 겨레에게 봉사할 수 있는 일거리를 찾아보기로 했다. 우선은 한국을 떠나 연구에 몰두하기로 했다. 그래서 택한 것이 영국 유학이었다. 그것은 설레면서도 흥미로운, 새로운 도전이었다.

영국의 케임브리지 대학에서 초청장이 왔다. 나는 1993년 1월 26일 유학길에 올랐다. 기간은 6개월에서 1년 정도로 잡았다. 객원 연구원 자격으로 연구와 강연 활동을 함께할 수 있었다. 독일 통일 전후 과정을 살펴 통일 한국의 바람직한 모델을 찾아보고 싶었다. 떠나는 날 공항에는 2000여 명의 당직자와 지지자들이 기다리고 있었다. "인동초여, 7천 만 가슴속에 피어나소서"라는 대형 플래카드가 걸려 있었다. 명색이 환송식이었으나 모두의 얼굴은 어두웠다. 그들 앞에서 인사말을 했다.

"내가 불초 불민하여 많은 사람들에게 갈등과 번민을 남겨 놓고 나 혼자만 한국을 떠나 착잡하고 죄스럽습니다. 저는 정치를 떠났지만 국민 여러분 곁까지 떠난 것은 결코 아닙니다. 생의 마지막까지 국민에게 봉사하겠습니다. 그러므로 앞으로도 더욱 열심히 배우고 노력해서 정치 이외의 분야에서 국민 여러분을 위한 최선의 봉사를 다할 결심입니다.

역사는 한때 좌절은 있어도 영원한 후퇴는 없습니다. 절망하지 않는 국민에게는 패배가 없습니다. 국민 여러분이 바라는 자유와 번영과 복지의 나라, 그리고 통일된 조국의 꿈은 반드시 실현되고 만다는 굳은 믿음 아래 좌절 없는 전진을 계속해 주실 것을 바라 마지않습니다. 앞으로 새로운 희망 속에 여러분과 다시 뵙기를 기약하겠습니다."

케임브리지로 향하는 비행기 안에서 조용히 눈을 감고 사색에 잠겼다. 나의 인생은 실패인가? 나는 지난 40년 동안 간절히 바랐던 목적 달성과 국민과 민족을 위해 해보려던 뜻을 펼칠 기회를 얻는 데 또다시 실패했다. 가장 큰 슬픔은 낙선보다 지역감정과 용공 조작에 좌우되는 우리 국민, 미래를 위한 변화보다는 이기적 안전에 집착하는 국민에 대한 실망이었다.

그러나 국민은 나를 버려도 나는 국민을 버릴 수 없다. 국민은 나의 생명의 근원이요 삶의 이유이기 때문이다. 하느님이 이번에는 꼭 바르게 세우실 것으로 믿었다. 설마하니 이러한 결과를 용납하실 줄이야. 대선 이후 기도가 잘 안 된다. 1980년 고난 때도 이러지 않았는데……. 우리의 정치, 아니 나랏일을 망친 가장 큰 책임자는 언론이다. 그러나 그들은 막강한 힘이 있다. 바꿔 볼 길도 고쳐 볼 길도 없다. 이대로 죽을 수도 포기할 수도 없다. 그래도 하느님을 믿고 역사를 믿고 국민을 믿고 나를 믿고 역사 속에 승부를 걸면서 나가 보자. 무엇이 되는 것보다 어떻게 사느냐가 중요하다는 신념을 견지하면서. 이제 쓰라린 마음에 다시 힘을 주면서 새로운 보람을 찾아서 최선을 다해서 살아야겠다. 행동하는 양심으로 바르게 뜻있게 성과 있게 살아 나가야겠다.

내가 미국 유학을 계획했다가 영국으로 바꾼 것은 조금이라도 더 국내 정치와 떨어져 있으려 함이었다. 미국은 아무래도 현실 정치와 가까운 곳이었다. 그리고 의사소통을 할 수 있는 외국어가 영어라는 것도 고려되었다. 케임브리지 대학은 캠퍼스 도시이고 자연 경관이 빼어나다는 것도 관심을 끌었다. 물론 케임브리지 대학의 명성은 익히 들어 알고 있었다. 남궁진, 최재승, 홍사덕 의원과 둘째 홍업이랑 영국 땅을 밟았다. 미리 출국했던 아내와 김옥두 의원, 박금옥 비서가 공항에 마중을 나왔다. 이렇게 나의 영국 생활이 시작되었다.

케임브리지는 도시 전체에 수많은 대학(college)이 들어선 대학 도시이다. 로마 시대에 처음 세워져 3개의 여자 대학과 2개의 대학원을 포함해 모두 31개 대학이 도시 가운데를 흐르는 캠 강(River Cam)을 따라 자리하고 있었다. 대학들은 중앙도서관을 제외하면 모두 5층 이하의 건물이었다. 녹지대 위에 세워진 오래된 건물들은 고풍스러웠다. 한마디로 도시 전체가 케임브리지 대학의 캠퍼스 같았다. 도시의 전체적인 느낌은 중후했지만 막상 그 속에 안기니 편했다.

내 숙소는 마을에서 조금 떨어진 숲 속에 있었다. 타운하우스에 있는 '파인허스트 로지'는 방이 세 개인 벽돌집이었다. 내 집은 1층 동쪽 구역에 있었고, 서쪽 구역에는 내 연구와 조사를 거들어 주던 김상우 박사 가족이 살았다. 그의 전공은 국제정치학이었다.

나는 31개 대학 중 하나인 클레어홀(Clare Hall)의 객원 연구원으로 강의와 연구 활동을 시작했다. 클레어홀은 자연과학, 사회과학과 역사 전공 대학원생들을 교육시키는 한편 세계 각국에서 객원 연구원을 받아들여 연구 활동을 지원했다. 단과대의 현관 홀 뒤에는 세계 각국에서 온 객원 연구원들의 사진이 붙어 있었다. 나의 연구실은 중앙의 마당을 둘러싼 회랑에 접해 있는 좁은 방이었다. 벽에는 책장이 있고, 많은 나라의 책들이 빼곡히 꽂혀 있었다. 한국어 책도 있었지만 고작 서너 권뿐이었다. 모스크바 국립대학에서 평생 명예교수직을 받아서인지 케임브리지에서도 모두들 나를 '김대중 교수'라고 불렀다. 케임브리지 대학의 부총장이 과분한 환영사를 해 주었다.

"옥스퍼드에서는 빌 클린턴이 공부를 했고, 이제 우리 대학에는 김대중 선생이 왔습니다."

내가 연구를 목적으로 조국을 떠나온 것이 한편으로는 꿈만 같았다. 과거에는 망명객으로 무엇인가에 부대끼고 순간순간이 살얼음판을 걷는 것처럼 아슬아슬했지만 영국에서는 흐르는 시간이 보일 정도로 여유로웠다. 책을 읽고 깊은 숲길을 걸으며 사색에 잠겼다. 나는 매일 아침에 숙소를 나서면 종일 연구실에 있었다. 숙소와 연구실을 오가는 데는 걸어서 10분이 걸렸다.

그곳에서 천체물리학자 스티븐 호킹(Stephen Hawking), 현대 사회학자 앤서니 기든스(Anthony Giddens), 민주주의 연구자 존 던(John Dunn) 등 세계적인 석학들을 만났다. 특히 호킹 박사와의 만남은 감동이었다. 그와는 같은 지붕 밑에서 벽 하나를 사이에 두고 반년을 함께 보냈다. 그는 친절하고도 정겨운 이웃이었다. 박사는 눈과 귀와 두뇌를 제외하고는 신체 모두가 불구였다. 입은 간신히 밥을 흘려 넣을 정도이며, 손가락으로는 컴퓨터에 저장된 음성 장치를 겨우 두들겼다. 그렇게 몇 마디의 말을 건넬 뿐이었다. 그의 불행은 육체적인 것만이 아니었다. 박사와 두 아들을 남겨 두고 아내가 가출해 버렸다.

박사는 이러한 불행을 이겨 내고 뉴턴, 아인슈타인과 어깨를 나란히 하는 과학자가 되었다. 나를 더욱 감동시킨 것은 박사의 학문적 업적보다는 삶에 대한 긍정적인 태도였다. 실로 경이로웠다.

내가 영국을 떠나올 때 가장 섭섭해한 사람이 바로 호킹 박사였다. 나와 호킹 박사는 이미 남다른 인연이 있었다. 1991년 박사가 한국을 방문했을 때였다. 몇몇 사람과 영국 대사관에서 저녁을 먹으며 얘기를 나눴다. 사람들이 박사에게 이것저것 물었는데 그 질문이 '인간 승리'라는 호기심의 차원을 벗어나지 않았다. 나는 박사에게 우주의 생성과 미래, 그리고 인류와의 관계를 물었다. 이는 내가 늘 품어 왔던, 진정 알고 싶은 것들이었다. 그러자 호킹 박사는 그런 나에게 강한 인상을 받은 것 같았다.

인연이란 정말 알 수 없는 것이다. 우리는 영국에서 다시 만났다. 박사는 나를 금방 알아보고 오랜 친구처럼 대해 주었다. 한국에서 나눈 대화 내용까지 기억하고 있었다. 우리는 서로의 집을 오가며 대화를 나눴다. 이야기가 너무 길어져 피곤할까 봐 자리를 뜨려면 오히려 그가 나를 불러 세울 때도 있었다. 그는 우리 집 앞에서 내가 나타날 때까지 기다리곤 했다. 말을 못하니 얼마나 기다렸는지도 모른다. 그림처럼 기다리다가 내가 박사를 발견하면 그제서야 싱긋 웃어 보이고는 자신의 집으로 들어갔다. 한번은 내가 박사에게 물었다.

"건강이 그리도 좋지 않은데 그 열정과 힘은 어디서 나옵니까?"

"아내와 자식이 있으니 먹여 살려야 하고, 그러기 위해서는 열심히 살아야 합니다."

진부한 듯하지만 가슴에 닿는 답이었다. 박사는 한국의 통일과 북한의 핵 문제에 대해서도 질문을 했고, 자신의 의견을 내놓기도 했다. 나의 장래에 대해서도 깊은 관심을 보였다. 자신의 장애에도 불구하고 남을 살펴서 배려했다. 역경이 오히려 박사의 삶을 더욱 역동적이면서도 충만하게 만들었는지 모른다. 천재적 발상으로 무한의 영역에 도전하는 인간의 위대함에 나는 고개를 숙였다.

박사는 지적 호기심이 강렬하고 얼굴에는 늘 미소가 떠나지 않았다. 눈에서는 빛이 났고, 그 속에 역경을 이겨 낸 사람만이 누릴 수 있는 기쁨이 서려 있었다. 진정 행복하고 편안해 보였다.

나는 앤서니 기든스, 존 던 교수와도 민주주의에 대해 깊은 대화를 나눴다. 우리는 민주주의 국가라 하더라도 자국의 이익을 위해서 다른 나라를 침탈하는 등의 불행한 일들이 많았음을 돌아보았다. 이제 국민국가 수준의 민주주의를 차원을 달리하여 새롭게 발전시켜야 한다는 데 서로 뜻을 같이했다. 세계 곳곳에서 고통 받는 사람들도 자유와 정의가 깃든 세상에서 살 권리가 있다. 나아가 인류의 형제인 모든 생명붙이에게도 평화가 깃들어야 한다. 나는 지구상의 모든 존재들(나무, 풀, 동물, 물고기, 날짐승, 공기, 흙)의 생존권이 보장되는 전 지구적 민주주의를 실현하고 싶다고 말했다. 기든스 교수는 이러한 새 민주주의를 '코스모폴리탄 데모크라시(Cosmopolitan Democracy)' 라고 명명해야 한다고 했다. 나는 '글로벌 데모크라시(Global Democracy)' 가 어떻겠느냐고 제안했다.

나는 케임브리지는 물론이고 옥스퍼드, 런던 대학 등과 왕립 국제문제연구소(채덤 하우스)에서 강연을 했다. 강의 중간 중간 질문을 받았다. 질문은 거침이 없었고 나는 진지하게 대답했다. 그래서 강의실은 뜨거웠다. 강의가 끝나면 우리 유학생들이 따로 찾아와 "같은 한국인으로 자랑스럽다"는 말을 건네기도 했다.

옥스퍼드 대학에서 강의를 할 때였다. 일본인 학생이 질문을 했다.

"제2차 세계대전 전에는 많은 나라들이 영국과 프랑스 식민지였습니다. 그렇지만 이들 나라들은 지금 종주국과 사이좋게 지내고 있습니다. 그런데 왜 한국은 과거에 얽매여 아직도 일본과 화해를 하지 않습니까?"

장내는 순간 조용해졌다. 모두 내 입만 쳐다봤다.

"당신에게 되묻겠습니다. 영국과 프랑스는 수많은 과거 식민 국가들과 사이좋게 지내는데, 일본은 왜 과거 식민지였던 한국과는 사이가 나쁠까요. 그 책임이 한국과 일본 중 어디에 있을까요.

그럼 영국, 프랑스와 일본을 비교해 봅시다. 그러면 명확해질 것입니다. 일본은 한국에 들어와서 한민족이 생명처럼 여기는 성(姓)을 일본식으로 바꾸게 했습니다. 또 한국말을 못 쓰게 하고 역사를 못 배우게 했습니다. 날마다 천황이 있는 동쪽을 향해 큰절을 하도록 강요했습니다. 그러나 프랑스와 영국은 식민지의 자존심을 짓밟지 않았습니다.

이번에는 독일과 일본을 비교해 봅시다. 두 나라는 제2차 세계대전에서 똑같이 전쟁 범죄를 저질렀습니다. 그런데 독일은 과거에 대해 철저히 사죄했습니다. 유대인과 이스라엘에 수십억 달러의 배상 또는 보상을 했습니다. 반면에 일본은 어떠했습니까. 한국에 단 3억 달러를 주는 것으로 끝내 버렸습니다. 독일은 그들의 죄상을 어린이를 포함한 전 국민들에게 철저히 교육을 시키지만 일본은 과거사를 은폐하며 사과하는 시늉만 내고 있습니다. 당신도 그 과거의 참상을 제대로 알지 못하니 이런 질문을 하는 것입니다.

뿐만 아니라 독일은 전쟁에 진 것을 '패전'이라 시인하는데, 일본은 '종전'이라 부릅니다. 독일은 당시의 연합군을 '점령군'이라 했는데, 일본은 '진주군'이라 했습니다. 일본식대로라면 누가 전쟁에서 이겼고, 누가 항복했는지 모릅니다. 일본이 이러한 태도를 취하는데 일본을 어떻게 용서할 수 있겠습니까. 더구나 초강대국으로 성장한 일본이 반성을 하지 않는데 주변국 한국이 어찌 경계하지 않을 수 있겠습니까. 저의를 의심하고 따져 보는 것은 당연한 일입니다. 따라서 이렇듯 일본의 태도가 독일과는 확연히 다른데 어떻게 과거를 덮을 수 있겠습니까."

그러자 우레와 같은 박수가 터져 나왔다. 강의가 끝나자 일본인 학생이 찾아와 사과했다.

"정말 그런 줄 몰랐습니다. 앞으로 우리 일본이 정책을 수정하도록 힘을 보태겠습니다."

한국을 떠나올 때 나는 무엇을 할 것이라는 구체적인 계획이 없었다. 다만 유럽 공동체 문제와 통일된 독일을 둘러보고 그쪽 방향으로 연구해 볼까 하는 막연한 생각을 가지고 있었다. 그러다 흡수 통합된 독일이 심각한 통일 후유증을 앓고 있는 것을 보고 정신이 번쩍 들었다. 내가 무엇을 해야 할지가 분명해졌다.

사실 독일 통일은 갑자기 찾아왔다. 당시 콜(Helmut Kohl) 수상은 흡수 통일 방식에 적극적이지 않았다. 동독의 민주 혁명을 이끈 '노이에스 포럼(Neues Forum, 새로운 광장)'도 점진적인 통합을 바라고 있었다. 그러나 동독인들은 서독의 풍요로운 생활을 동경하며 서독으로의 흡수 통일을 요구하는 사람들이 늘기 시작했다. 그러자 콜 수상도 흡수 통합을 주장하여 대등한 통합을 주장하던 사민당에 압승을 거뒀다.

동독 사람들은 일종의 물신주의적 환상을 가졌다. 통일이 되면 서독의 풍요가 절로 넘어올 것이라 생각했다. 1990년 9월 서둘러 동·서가 합쳤지만 흡수 통일의 대가는 혹독했다. 생각지 못한 통일 비용이 엄청나게 생겨 났다. 자생력이 없는 동독 기업은 거의 문을 닫았고 동독 경제는 회복 불능의 파국을 맞게 되었다. 거리에는 실업자가 넘쳐 났다. 1991년 9월에 만난 겐셔 외상은 나에게 "동독에 있는 공장 가운데 쓸 만한 게 하나도 없다"고 털어놓았다. 나는 직접 동독 기업체를 둘러봤다. 800명이 일하는 전자 공장에 들렀는데 과거에는 종업원이 무려 9000명이었다고 했다. 나는 무척 놀랐다.

사실 동독인들은 과거에는 경제적으로 걱정이 없었다. 주거도, 직장도, 교육도 모두 국가가 책임졌다. 자유와 인권만 포기하면 다른 것들은 정부가 알아서 주었다. 어찌 보면 편하게 살았다. 그런 동독인들이 자본주의 체제에서 자유 경쟁에 내몰리니 고단하고 나중에는 두렵기까지 했다. 정부가 해 줄 일을 개인이 모두 해야 했다. 공산주의 체제가 일거에 붕괴하고 갑자기 자본주의에 편입된다는 것은 그래서 매우 위험했다.

나는 영국에 머물면서 독일을 세 차례 방문했다. 여러 곳을 둘러봤고 각계각층의 사람들을 만났다. 동과 서로 갈린 40년 동안의 단절은 무서웠다. 이념으로 갈렸지만 결국 다시 만났을 때는 문화와 생활 양식이 충돌을 일으켰다. 경제적 여건이 다르다 보니 어디를 가도 대립과 갈등뿐이었다. 정치적 분단은 청산했지만 내부의 경제적 · 사회적 분단은 여전했다. 동독과 서독은 없어졌지만 동독인과 서독인은 엄존하고 있었다. 전에는 1민족 2국가였지만 지금은 1국가 2사회였다. 동독인과 서독인은 말은 통했지만 생활 양식과 사고 방식은 통하지 않았다. 폰 바이츠제커 대통령이 내게 말했다.

"베를린 장벽은 무너졌지만 마음의 장벽은 그대로 있습니다."

이러한 이질성을 극복하려면 적어도 30년은 걸릴 것이라고 한숨을 쉬었다. 확실히 조급한 흡수 통일은 사회 전반에 거의 재앙 수준의 문제를 안겨 주었다. 독일 통일은 우리에게 많은 것을 가르쳐 주고 있었다.

조급해서도, 흡수 통일을 해서도 아니 되었다. 이것이 독일 통일 현장을 둘러보고 얻은 결론이었다. 어떻게든 통일만 하는 것은 능사가 아니었다. 어떻게 하느냐가 진정 중요했다. 나는 베를린 장벽을 돌아보면서 분단 국가가 체제와 이념의 차이를 극복하고 합치는 것은 쉬운 일이 아님을 절감했다. 내가 베를린에서 만난 로타어 데메지에르(Lothar de Maiziere) 동독의 마지막 총리는 거듭 후회하고 있었다.

"우리는 잘못을 저질렀습니다. 절대로 흡수, 합병 형식을 취하지 말고 단계적 통일 방식을 취해야 했습니다."

우리는 어떤가. 남과 북은 전쟁까지 치렀다. 같은 민족이지만 서로 증오하며 살아왔다. 그런데 어느 날 갑자기 통일을 한다면 심각한 갈등과 혼란을 야기할 것은 불 보듯 뻔하다. 그리고 우리가 떠안을 부담은 서독보다 훨씬 무겁다. 냉전과 함께 공산주의가 사라졌다. 이제 통일은 누가 봐도 당연한 것이 되었다. 하지만 그럴수록 현명한 정책과 적절한 방향을 찾아야 한다.

독일 통일 후를 고찰해 보며 나는 내가 1971년에 처음 주장한 '3단계 통일론'이 결코 틀리지 않았음을 현장에서 확인할 수 있었다.

북한이 1993년 3월 핵확산금지조약(NPT)을 탈퇴했다. 내가 베를린을 방문한 그해 초여름, 세계는 북한의 핵 개발 의혹에 촉각을 곤두세우고 있었다. 또한 세계 언론은 북한 경제가 붕괴될 수도 있다는 예측들을 쏟아 내고 있었다. 케임브리지에서 만난 북한 문제 전문가 A. 포스터 카터(Aidan Foster-Carter) 영국 리즈 대학 교수도 "북한은 이미 절망적인 상황인 것 같다. 그런데도 변화의 의지를 상실하고 있다"는 충격적인 진단을 내렸다.

진실로 내가 걱정하는 것은 북한이 경제적으로 붕괴한다는 절망감에 제2차 한반도 전쟁을 일으킬지도 모른다는 우려였다. 그것도 6·25 전쟁처럼 기습 공격을 시도할 수도 있을 것이란 점이었다. 한반도에서 전쟁의 위험을 제거하려면 북한의 강경파가 경제적 붕괴를 앞두고 남한을 침공할 구실을 주지 않아야 했다. 그리고 온건파의 입지를 강화하도록 도와주어야 했다. 그러나 그 해법을 구하는 것은 난제 중의 난제였다. 북한의 핵 개발 의혹은 이후 한반도는 물론 세계에 엄청난 파장을 몰고 왔다.

케임브리지에서 지낸 날들로 웅크린 마음들이 펴졌지만 조국에 대한 그리움은 어쩔 수 없었다. 두고 온 친구, 정겨운 산하가 보고 싶었다. 집에서 가꾸던 화초들도 눈에 밟혔다. 그리고 내가 먹이를 주면 마당에 떼로 날아와 재잘거리던 참새도 생각났다. 영국에서도 꽃을 가꿨다. 내 숙소는 1층이었는데 베란다에 꽃이 핀 화초를 내다 놓으면 사람들이 가던 걸음을 멈추고 바라보았다. 서울에서 하던 것처럼 먹이를 뿌려 주면 참새가 날아들었다. 생명은 어디에서든 똑같았다. 영국 참새는 우리나라 것보다 몸집이 3분의 1 정도가 더 컸다. 그래도 한국 참새에 못지않게 동작이 잽쌌다.

어느 날 보니 무리 중에 특이하게 생긴 놈이 섞여 있었다. 참새보다 조금 크고 가슴 부위에 불그스름한 털이 나 있었다. 참새와는 사뭇 달랐다. 혼자서 날아와 먹이를 주워 먹었는데 사람을 별로 무서워하지 않았다. 그 행동거지에 거리낌이 없었다. 생김새도 아름다웠지만 하는 짓 또한 의젓했다.

그러나 나는 그 새의 이름도 알지 못했다. 그러니 암수 분간도 할 수 없었다. 나는 홀린 듯 매일 녀석을 찾았다. 그런 내 마음을 아는지 모르는지 녀석은 무심하기만 했다. 어쩌면 짝사랑인지도 몰랐다. 얼마 후 녀석의 이름을 알 수 있었다. 제네바에 들렀을 때, 무심코 그 이야기를 했더니 친구의 부인이 새의 이름을 알려줬다. 바로 로빈(robin, 울새)이었다. 그는 로빈의 붉은 가슴 털에 얽힌 전설까지 친절하게 얘기해 주었다. 예수님이 십자가에 못 박혀 돌아가실 때 옆에서 새 한 마리가 이를 지켜보았고, 예수님의 피가 새의 가슴에 튀어 그 부위가 붉어졌다는 것이었다. 물론 전설이지만 예수님의 보혈로 가슴이 붉어졌다니 더욱 사랑스럽고 외경심까지 생겼다.

내가 하도 로빈에게 정성을 쏟고 빠져들자 주위 사람들이 로빈을 잡아 한국에 데려가면 어떻겠냐고 의견을 냈다. 그러나 나 때문에 새가 고향을 떠나게 할 수는 없었다. 그건 욕심일 뿐이었다. 나는 한국에 돌아와서도 곧잘 로빈 생각에 잠겼다. 영국에 가면 케임브리지에 들러 녀석을 만나 봐야겠다고 다짐하기도 했다. 하지만 내가 간들 로빈이 나타나 줄지도 의문이었다. 내 대신 먹이 주는 사람이 없을 테니까. 어쩌면 누군가 계속해서 먹이를 주었을지도 모른다. 로빈은 아직 케임브리지에 있을지, 나의 로빈은 세상에 남아 있을지.

케임브리지 클레어홀에서 연구 생활을 하면서 틈틈이 유럽 여러 나라를 방문했다. 독일을 방문하기 전에 네덜란드 헤이그에는 일부러 시간을 내어 방문했다. 헤이그 교외에 이준 열사가 묻혀 있기 때문이었다. 이상설, 이위종과 함께 대한제국 황제의 밀사였던 이준 열사는 헤이그에서 열린 만국평화회의에 참석하여 구미 각국에 일본의 침략을 규탄하고 을사늑약(1905년)이 무효라는 사실을 호소했다. 쓰러져 가는 왕조의 마지막 항거였다. 하지만 영국, 독일, 프랑스 등 열강의 대표들은 열사의 호소에 귀를 기울이지 않았다. 일본의 공작으로 발언할 기회조차 얻지 못했다. 이에 이준 열사는 죽음으로 자신이 제국의 충성스러운 신하임을 알렸다. 그 죽음이 할복인지 다른 것인지는 알 수 없지만 열사의 기개는 세계를 깨웠다.

헤이그 밀사 사건의 원인이었던 을사늑약이 성립한 이후 나라 안팎에서 독립군들이 일어났다. 나라를 되찾으려는 이들의 투쟁은 해방의 그날까지 이어졌다. 세계사에 무수한 식민지가 있었지만 국외에 임시 정부를 세우고 무장 군대를 편성하여 싸운 민족은 우리밖에 없다.

중국사를 보면, 중국 본토에 원나라를 세웠던 몽골족은 결국 중국에 동화되어 버렸다. 청을 건국한 만주족도 중국에 흡수되어 흔적을 찾기 힘들다. 중국의 문화 흡인력은 대단했다. 하지만 2000년 동안 정치·경제·사회·문화·종교 등 모든 면에서 지대한 영향을 받았어도 우리 민족은 중국에 동화되지 않았다. 불교와 유교도 중국보다 우리나라에 들어와서 더 찬란하게, 더 심오하게 꽃을 피웠다. 우리 민족의 이러한 주체적이고 독창적인 문화를 보더라도 이준 열사와 같은 기개는 다시 우리 민족의 주체적·독창적 문화 속에 스며들었을 것이다. 아니 순서가 반대일지도 모른다. 이러한 주체적·독창적 문화가 있어 그 속의 기개가 뿜어 나왔는지도 모른다.

내가 찾아갔을 때도 이준 열사의 묘소에는 싱싱한 꽃이 놓여 있었고, 누군가 불을 붙여 놓은 담배가 저 혼자 연기를 피우고 있었다. 동포들의 추모 발길이 끊이지 않기 때문일 것이다. 묘지 옆에는 열사의 흉상이 있고, 아래에는 열사의 업적을 새긴 비문이 있었다. 나는 그 앞에서 눈을 감고 이준 열사를 기렸다. 나는 이렇게 네덜란드를 떠나왔지만 그로부터 9년 후 네덜란드에서 거스 히딩크(Guss Hiddink)라는 명장이 한국으로 날아왔다. 그리고 월드

컵 축구 대회에서 대한민국을 4강에 올려놓았다. 그때 나는 대통령이었다.

포르투갈의 수도 리스본에서 열린 세계 지도자 회의에도 참석했다. 24개국 지도자들과 복지 · 환경 · 사회 문제 등에 대해서 토론하였다. 특히 열두 차례나 투옥을 당하고 프랑스에 망명을 가야 했던 마리오 수아레스(Mario Suares) 포르투갈 대통령과는 따로 만나 요담을 나눴다. 그와 나의 삶은 많이 닮아 있었기에 오래전에 만나 친분을 쌓은 것처럼 느껴졌다. 나는 그곳에서 전 · 현직 국가 원수 및 세계 초일류 대기업 회장 등 각국 지도자들로부터 뜨거운 환영을 받았다.

1993년 6월 말, 학기가 종료되었다. 케임브리지 클레어홀에서의 연구 생활을 마쳤다. 나는 좀 더 머물려 했지만 한반도에는 이미 '북한 핵'이라는 먹구름이 잔뜩 끼어 있었다. 북한이 핵확산금지조약(NPT)을 탈퇴하자 한반도에는 긴장이 고조되었다. 김영삼 정부의 강경 일변도 대북 정책은 사태를 최악으로 몰아가고 있고, 야당인 민주당도 대안을 제시하지 못했다. 나라 안에서 정치권이 손을 놓고 있는 사이 북한과 미국의 관계는 전쟁 위기로 치닫고 있었다. 나는 마음이 급해졌다. 남북, 북미 관계를 개선시키고 싶었다. 또한 영국에서 연구한 남북통일과 긴장 해소 방안을 제시하여 남북 관계를 발전시키는 데 도움을 주고 싶었다. 서울로 돌아가야 했다. 작은 힘이라도 보태야 했다.

6월 22일 환송 만찬회가 대학 안에서 열렸다. 나는 이런 인사말로 고마움을 표시했다.

"반년 전 나는 앞날에 이렇다 할 희망도 없이 케임브리지로 왔습니다. 그리고 지금은 마음의 평안과 새로운 희망을 품었습니다. 그것은 케임브리지가 나에게 준 최고의 선물이며, 그 덕분에 나는 다시 새롭게 태어나 귀국할 수 있게 되었습니다. 그리고 케임브리지 대학의 교육 덕택으로 정치가 대신 통일 문제를 탐구하는 한 사람의 연구자이자 학자로서 고국으로 돌아갈 수 있게 되었습니다."

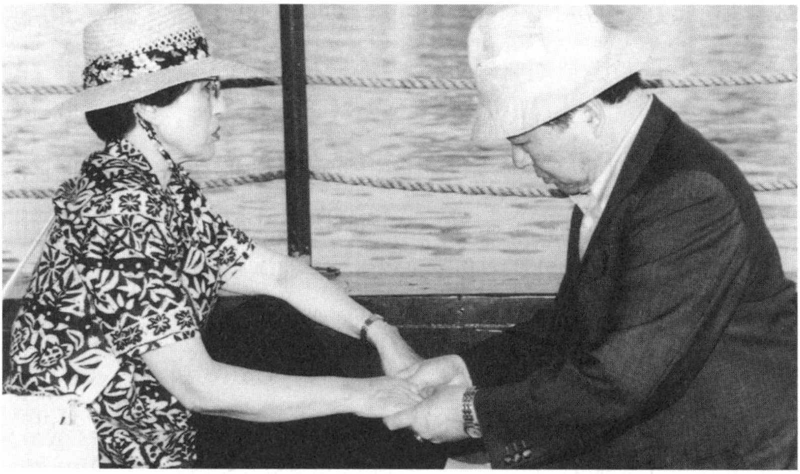
케임브리지 유학 시절 이스라엘 여행 중에 요단 강을 찾았다. 배 위에서 관절염으로 고생하는 아내의 손을 어루만졌다. 아내의 손은 유독 작았다.

교수와 학생, 그리고 많은 동료 연구원들이 숙연하게 내 얘기를 듣고 있었다. 나의 정치적 입지를 잘 아는 그들이기에 진지하게 경청했다. 나는 분위기를 반전시키려 연설의 마지막을 이렇게 장식했다.

"나는 처음에 1년 예정으로 케임브리지에 왔습니다. 반년이 지난 지금 이 대학을 떠나는 이유 가운데 하나는 영국에 대해 작은 공헌을 하고 싶기 때문입니다. 그것은 나 같은 실업자가 영국을 떠남으로써 실업 문제로 시달리는 이 나라의 실업률을 조금이라도 낮추고 싶기 때문입니다."

청중들은 일제히 폭소를 터뜨렸다. 지금 생각해도 유쾌한 광경이었다.

케임브리지 대학은 끝까지 나를 귀한 손님으로 대접했다. 그곳을 떠날 무렵에는 클레어홀 칼리지에서 교수회의 평생 회원으로 선출해 주었다. 그리고 내가 묵었던 아파트 단지 이름을 '파인 허스트 로지(Pine Hurst Lodge)'에서 '김(金)의 집(Kim's Lodge)'으로 바꾸었다.

케임브리지에서 나는 많은 것을 보고 느꼈다. 자전적 에세이 『새로운 시작을 위하여』도 이곳에서 구상하여 집필했다. 정계를 은퇴한 상황에서 내 인생을 돌아보고 청년들에게 도움이 될 만한 글들을 엮었다. 이 책은 내가 귀국한 다음에 출간이 되었는데 한때 베스트셀러가 되기도 했다.

케임브리지에 체류했을 때 한 가지 기억에 남는 에피소드가 있다. 내가 영국에 있으니 나의 지지자 혹은 의원들이 케임브리지를 찾아왔다. 그들은 올 때마다 나를 위해 여러 가지 선물을 준비해 왔는데 특히 젓갈, 생선, 홍어 등을 가지고 왔다. 또 우리는 김치찌개, 된장찌개 등을 자주 요리했다. 그런데 이러한 음식 냄새가 영국인들에게는 썩 유쾌할 수 없었다. 아내는 이를 알고 최대한 음식 냄새를 줄이려 했으나 별 소용이 없었다. 한번은 아파트 관리인이 주의를 주기도 했다. 그 뒤로 식사를 할 때마다 신경을 썼지만 달라지지 않았다. 그런데 내가 한국의 은퇴한 정치인으로 민주 투사라는 것이 우연히 알려진 뒤에 이웃들은 불편해도 더 이상 불평을 하지 않았다. 그들의 배려가 참으로 고마웠다.

나를 만나러 온 사람들은 모국 소식과 함께 희망과 용기를 가져왔다. 그들을 맞이하는 기쁨이 각별했다. 그 손님들을 기억나는 대로 적어 본다. 박종화, 한상진, 이동원, 양성철, 나종일, 김용운, 강대인, 장하준, 김상만, 설훈, 한영애, 김삼웅, 배기선, 차태석, 김봉호, 조찬형, 송현섭, 최훈, 김태랑, 김영근, 도호기, 황규영, 최정택, 이희숙, 박권상, 박성조, 이해찬, 박우섭, 정대철, 이영작, 박경서, 이기택, 이종찬 씨(면담 순) 등이다.

케임브리지 시절을 떠올리면 금세 마음이 풀어진다. 나는 많은 것들을 얻었지만 또 많은 것들을 그대로 놔두고 떠나왔다. 언제든지 다시 그곳의 품에 안기면 넉넉한 시간을 가질 수 있을 것 같았다. 그러나 그런 시간은 오지 않았다.

통일과 평화의 둥지, 아태평화재단

(1993 ~ 1995)

1993년 7월 4일, 다시 서울 땅을 밟았다. 김포공항에는 수천 명의 환영 인파가 기다리고 있었다. 예상치 못한 일이라 놀랍고 당황스러웠다. 공항 출입구를 빠져나와 환영 행사장 연단까지 가는 데도 힘이 들었다. 이리저리 떠밀리다 보니 나보다 아내가 걱정되었다. 영국은 날씨가 습하고 변덕스러워 아내의 관절염은 더욱 악화되었다. 떠나올 때부터 걱정이었다. 그러나 몰려드는 사람들 때문에 어찌 돌봐 줄 수도 없었다. 사람들은 내 이름을 연호했다. 그 앞에서 귀국 인사말을 했다.

"6개월 전 이 공항을 떠날 때는 유배지로 떠나는 심정이었으나 그러한 고통은 이제 없습니다. 남은 인생에 대한 확고한 설계와 희망과 자신을 갖고 돌아왔습니다."

행사가 끝나자 기자들이 물었다.

"영국에서 구상한, 남북 관계에 대한 전향적인 복안이 있습니까."

"남과 북이 만나야 합니다. 북의 풍부하고도 값싼 노동력과 우리의 투자가 합쳐지면 양쪽 모두에게 득입니다. 북한은 통일 독일에서 서독에 짐만 된 동독의 경우와는 다릅니다."

귀국한 지 일주일 후쯤 경기도 일산에 아파트를 얻어 거처를 옮겼다. 언론과의 접촉도 일체 끊고 통일 문제 연구에만 매달렸다.

8월 13일에는 납치 사건 생환 20주년 기념식을 가졌다. 이 자리에서 나는 "독일 통일의 교훈과 우리 통일의 방향과 전망"이라는 주제로 기념 연설을 했다. 이 무렵 국내외 정세는 북한의 NPT 탈퇴 선언에 따라 극도로 날이 서 있었다. 남과 북도 서로 강경책을 구사하여 한 치 앞을 내다볼 수 없을 정도였다. 무슨 일이 터질지 몰랐다. 나는 연설을 통해 북한 핵 문제를 풀기 위해 일괄 타결안을 제시했다. 북한은 핵을 포기하고 미국은 북한과 관계 개선에 나서야 한다고 역설했다. 이는 국내외서 많은 공감을 얻었다. 전날 정부는 '금융실명제 실시'를 전격 발표했다.

9월 8일에는 서울대 행정대학원에서 "세계사의 흐름과 동북아 정세"에 대해 특별 강연을 했다. 16일에는 연세대 동서연구원 초청으로 "한국 통일의 가능성과 필요성"에 대해서 강연을 했다.

9월 21일부터 22일 동안 독일, 러시아, 미국을 순방했다. 이들 세 나라를 방문한 목적은 아시아 평화와 한반도 통일 문제를 명망 있는 인사들과 협의하고, 내가 구상하고 있는 평화재단의 협조도 얻어 내기 위한 것이었다. 또한 해외 유수의 재단과 국제 협력망을 구축하고 싶었다. 나는 영국 케임브리지 대학에서 익힌 나의 구상들을 설파했다. 독일의 나우만(Nauman) 재단, 러시아의 고르바초프 재단, 미국의 카터 재단과 브루킹스 연구소 등과 교류 협력에 합의했다. 아직은 밑그림만 그린 상태이지만 평화재단을 세계적인 재단으로 키울 수 있겠다는 자신감이 생겼다.

폰 바이츠제커 독일 대통령, 겐셔 전 독일 외무장관, 데메지에르 전 동독 총리, 고르바초프 전 소련 대통령, 지미 카터 전 미국 대통령, 키신저 전 미국 국무부 장관 등을 만나 나의 통일 구상을 설명하고 협력을 당부했다. 그들은 내 제안을 전폭 지지해 주었다.

당시 고르바초프 전 대통령을 만났던 기억을 잊을 수가 없다. 내가 모스크바를 방문했을 때 나는 그의 사무실과 주위 환경이 너무도 초라한 것에 놀랐다. 그에 대한 옐친 대통령의 처우는 박해에 가까우리만큼 형편없었다고 들었다. 그러나 고르바초프는 활기차고 명랑하고 당당했다. 나는 그에게 말했다.

"당신은 러시아에서의 정치적 성공 여부를 떠나 20세기에서, 아니 어떻게 보면 인류 역사상 전 세계인에게 가장 큰 영향을 미치고 공헌을 한 사람입니다. 당신은 냉전을 종식시킴으로써 인류를 핵전쟁의 공포로부터 구하는 데 공헌했습니다. 당신은 글라스노스트와 페레스트로이카 정책을 통해 소련과 동유럽의 국민들에게 자유를 주어 공산주의가 소멸하고 민주주의가 전 세계적으로 보편화하는 길을 여는 데 결정적 역할을 했습니다. 당신은 개혁과 개방의 정책을 통해서 연방 16개국과 공산 위성 국가들의 자유와 독립의 길을 열었습니다. 그리고 당신은 독일의 통일에 협조하는 결단을 내림으로써 유럽의 지도자와 역학 관계를 크게 바꿔 놓았습니다."

나는 세계가 고르바초프의 역할을 좀 더 높이 평가하고 그에 대해서 감사와 두터운 예우를 해야 한다고 생각했다.

10월 1일에는 컬럼비아 대학 동아시아연구소 교수단 초청으로 강연을 했다. 나는 이 자리에서도 남북통일은 흡수 통일 형식으로 이뤄져서는 안 되며 단계적으로 추진해 나가야 한다고 강조했다. 그날 밤, 인권문제연구소 뉴욕 지회 초청 만찬에서 김영삼 정부의 개혁 정책에 대한 질문을 받고 이렇게 대답했다.

"김 대통령의 개혁 업적 중에는 군부의 파벌을 정리한 것과 금융 실명제를 실시한 것이 제일 돋보입니다. 김 대통령이 잘해야 '양김 퇴진'을 주장하던 사람들에게 본보기를 보여 주는 것입니다. 제발 성공하길 바랍니다."

참석자들이 웃었다. 정말 그가 성공해야 했다. 하지만 한반도에는 시커먼 '핵 구름'이 끼어 있었다.

미국의 뉴욕, 애틀랜타, 워싱턴, 피츠버그, 로스앤젤레스 등에서 강연을 계속했다. 카터 센터, 한미협회, 미국 의회, LA 인권연구소와 우리 교포들을 상대로 수많은 초청 강연을 했다. 미국 정계는 북핵 문제로 신경이 극도로 날카로워져 있었다. 국내서도 위기감이 고조되어 다시 전쟁의 공포가 엄습했다.

시국이 불안하다 보니 사재기가 극성이었다. 라면과 쌀이 동날 지경이었다.

나는 미국 체류 중에 북핵 문제를 일괄 타결 방식으로 풀 것을 강력하게 권고했다. 즉 북한이 핵 개발을 완전히 포기하는 대신 미국은 북한과의 외교 및 경제 협력에 나서야 한다는 것이었다. 한미 합동으로 펼치는 팀스피릿 훈련도 그만둘 것을 촉구했다. 일괄 타결안이야말로 북한 핵 위험을 제거하는 가장 효과적이면서도 설득력이 있는 대안임을 설파했다.

그해 12월 10일, 태국 방콕에서 아시아의 민주주의와 인권 문제에 대한 국제회의 창립총회가 열렸다. 나는 한국 대표로 참석하여 기조연설을 했다. 참롱 스리무앙(Chamlong Srimuang) 방콕 시장을 만나 대화를 나눴다. 그는 소박한 집에서 매우 검소하게 생활하고 있었다.

수시로 서울 근교 구파발 일대의 꽃시장에 들렀다. 아내와 직접 꽃나무를 골라 우리 집 정원에 심었다. 그 재미가 상상 이상이었다.

우리 집 뜰에는 썩 많이 자란 단감나무가 있었다. 해마다 크고 맛이 좋은 감이 열렸다. 아침마다 뜰을 거닐며 감을 바라보았다. 그러면서 버릇처럼 감 개수를 헤아렸다. 그런데 어느 날 보니 감이 많이 줄었다. 내가 아내에게 어찌된 일이냐고 따져 물었다. 그랬더니 아내가 맞받았다.

"우리도 맛볼 겸 몇 개 따라고 했어요."

나는 아내에게 들리도록 혼잣말을 했다.

"그렇게 먹고 싶으면 사 먹지……."

아내도 지지 않고 혼잣말을 했다.

"그 많은 감을 까치밥으로 남길 게 뭐람."

정계를 떠나니 그래도 여유가 있었다. 그래서 문화 현장을 자주 찾게 되었다. 영화는 〈그대 안의 블루〉, 〈서편제〉, 〈그 섬에 가고 싶다〉, 〈휘몰이〉, 〈쉰들러 리스트〉, 〈증발〉 등, 연극은 〈사랑을 찾아서〉, 〈번지 없는 주막〉, 〈그 자매에게 무슨 일이 일어났나〉 등, 창작 판소리로는 〈밥〉, 가극은 〈금강〉, 뮤지컬은 〈

아가씨와 건달들〉 등을 관람했다. 그런데 내가 보고 난 후에는 관객들이 급증했다. 그 이유는 정확히 모르겠다. 그러다 보니 날마다 사무실에 공연과 전시회 팸플릿이나 초대권이 수북이 쌓였다. 고마웠으나 다 갈 수 없었으니 참으로 미안했다.

영화 〈서편제〉를 보고 나서는 배우와 제작자에게 내 소감을 얘기했다.

"영화 속에 담긴 한은 원한도 절망도 아니며 민중이 포기하지 않고 무엇인가를 해보려는 것으로 보입니다."

그러자 내 이 간단한 소감을 서지문 고려대 교수는 「서편제와 DJ의 한(恨)」이라는 제목의 신문 칼럼에서 이렇게 길게 풀이했다.

> 우리 현대사에서 DJ처럼 '한'을 지닐 이유가 많은 사람이 또 있겠는가. 그런데 반 이상의 우리 국민은 DJ가 한을 품을 이유가 많을수록, 또 그가 크나큰 '한'을 품은 집단의 대표자라고 느낄수록 그를 불신하고 경계해 왔다. 나 자신의 〈서편제〉에 대한 소감이 어떻든 DJ가 이 영화를 보고 '한'은 원한처럼 복수하는 것이 아니고 감내함으로써 무엇인가를 이루려는 것이라고 말한 것에 큰 뜻을 부여하고 싶다. DJ에게 한을 품게 만든 정치사를 저주하면서도 바로 그 희생자인 DJ의 한을 오히려 두려워했던 소심한 우리 국민들은 결국 DJ가 그 파란만장한 정치적 생애를 패배로 종결하면서 보여 준 그 의연함에 감격을 넘어서 죄스러움까지 느낀다.

그 후 〈서편제〉 주인공 오정해 씨가 결혼식 주례를 부탁해 왔다. 나는 정말 오랜만에 주례석에서 눈부신 한 쌍의 젊은이를 보았다. "사랑은 인내로 완성된다"고 말해 주었다.

1994년 1월 18일, 늦봄 문익환 목사께서 갑자기 돌아가셨다. 사인은 심장마비였다. 그렇게 갑자기 가실 줄은 꿈에도 몰랐다. 신학자로, 목회자로, 시인으로, 통일 운동가로 문 목사는 맑고 곧게 살았다. 분단 국가의 대표적인 양심이며 지성이었고, 한국 현대사의 한복판을 치열하게 살았다. 나는 문 목사와 때로는 의기투합했고, 때로는 의견이 달랐다. 하지만 모든 사람이 주인인 세상을 만들자는 뜻에는 한 치의 어긋남이 없었다.

문 목사께서 항상 강조하셨던 "민주는 민중의 부활이요 통일은 민족의 부활이다"는 말씀이 아직도 생생하다. 독재 정권에는 그토록 매섭게 꾸짖었지만 잎 지는 가을밤에는 잠을 못 이루는 감성적인 분이었다. 1976년 3·1 민주 구국 선언을 하기 전까지는 강의와 성서 번역에 매진했던, 말 그대로 학자였다. 하지만 독재라는 몹쓸 정권을 만나고 나서는 모든 것이 바뀌었다. 민권이 유린되는 현장에 늘 그가 있었다. 우리는 시대의 통일 일꾼을 잃었고, 통일 운동에도 큰 타격을 받게 되었다. 부음을 듣자마자 빈소로 달려갔다. 그의 영정을 보니 설움이 복받쳐 올라왔다. 나는 장례위원회 고문을 맡았고, 영결식에서 조사를 했다.

"문 목사는 민족의 분단을 자신의 허리가 잘린 고통으로 생각하셨던 이 시대의 가장 순수한 민족 정신의 상징이었습니다."

1994년 1월 27일, 그토록 공을 들였던 '아시아·태평양 평화재단'을 출범시켰다. 한반도의 평화와 민족 공영의 길을 모색하고, 아시아의 민주 발전과 나아가 세계 평화에 기여하고자 하는 큰 뜻을 실현하기 위한 모체였다. 재단의 해외 고문으로는 고르바초프 전 소련 대통령, 코라손 아키노 전 필리핀 대통령, 겐셔 전 독일 외무장관 등 3명을 위촉했다. 국내 고문은 김수환 추기경, 강원룡 목사, 서의현 불교 조계종 총무원장, 이태영 가정법률상담소장이 맡아 주었다. 김종운, 김희집, 송자, 박홍, 장을병, 김민하, 조완규, 안병무, 이돈명, 오기평, 변형윤, 이세중, 조순, 강문규, 고은, 김점곤, 권호경, 서영훈, 신낙균, 장기천, 한승헌 씨가 자문위원에 선임되었다. 해외 자문위원은 빅토르 사도브니치(Victor Sadovnici) 모스크바 대학 총장, 미국 카네기 재단 셀리그 해리슨(Selig Harrison) 박사, 에드워드 베이커(Edward Baker) 하버드 대학 교수 등

코라손 아키노 전 필리핀 대통령 등 각국 인사들과 아태평화재단 현판식을 했다.

이 포함되었다.

아태재단은 서울 창천동 아륭 빌딩에 둥지를 틀었다. 27일 오전에 거행된 현판식은 아키노 여사와 데메지에르 전 동독 총리 등 200여 명이 지켜봤다. 현판을 걸고 그걸 쓰다듬고 또 한동안 바라보았다. 감격스러웠다.

저녁에는 서울 여의도 63빌딩 국제회의장에서 기념식이 열렸다. 축하 손님이 2000명을 넘었다. 재단 고문인 김수환 추기경은 이렇게 축복해 주었다.

"우리나라 정치인 중 가장 고통 받고 위험을 겪은 사람이 있다면 바로 김대중 이사장일 것입니다. 아태재단이 소기의 목적을 다해 조국의 통일을 위해 이바지하고 아시아와 세계의 민주주의와 평화에도 크게 기여하기 바랍니다."

코라손 아키노 전 필리핀 대통령도 축사를 했다.

"김 이사장은 저와 신앙과 민주적 가치를 공유하는 동지입니다. 세계 평화를 위해 아태재단의 성공을 축원합니다."

재단이 출범하자 안팎의 관심이 뜨거웠다. 연구진을 공모했는데 박사학위 소지자가 100명도 넘게 지원했다. 이 가운데 5명을 뽑았다. 나는 재단에 매일 출근했다. 대통령 선거 패배 이후 1년 만에 처음으로 직업을 갖게 된 셈이었다. 초대 사무총장에 조영환, 비서실장에 정동채 씨를 임명했다.

재단의 주요 연구 주제는 한반도의 평화와 통일, 아시아 민주주의, 세계 평화에 대한 연구 등이었다. 출범 후 첫 국제 학술 세미나를 3월 16일 개최했다. 주제는 "문명 충돌과 아시아의 관계"였다. 댄 스미스(Dan Smith) 노르웨이 국제평화연구소(PRIO) 소장과 공성진 한양대 교수가 주제 발표를 했다.

2월 13일 김남주 시인의 부음을 들었다. 빈소를 찾아가 조문했다. 그는 이 땅의 대표적인 저항 시인이었다.

3월 17일에는 원광대에서 명예정치학 박사학위를 받았다. 국내 대학에서는 처음 받는 명예 학위였다. 김삼룡 총장, 한종만 대학원장의 영접이 따뜻했다.

1994년 6월은 남과 북, 그리고 미국에게 악몽과 같았다. 시간은 흡사 시한폭탄을 향해 타들어 가는 불꽃처럼 그렇게 흘러갔다. 핵 문제의 일괄 타결에 실패하자 북한은 미국의 경고를 묵살했다. 핵 연료봉 추출을 강행했다. 외교적 노력이 실패했다고 판단한 미국 펜타곤은 핵 시설에 대한 무력 사용을 모색하기에 이르렀다. 영변 지역을 겨냥한 정밀 공격을 준비하기 시작했다. 특정 지역에 정밀 공격을 한다지만 이는 전면전이 될 것이 뻔했다. 한국에서 다시 전쟁이 발발한다면 3개월 안에 미군 5만 2000명, 한국군 49만 명, 민간인 100만 명 이상의 사상자가 발생할 것으로 펜타곤은 예측했다. 산업 시설 또한 대부분 파괴될 것은 불 보듯 뻔했다.

당시 윌리엄 페리(William J. Perry) 미국 국방장관은 금지선(red line)을 넘은 북한의 핵 개발은 즉각 저지해야 한다는 결론을 내렸다. 그것은 영변 핵 시설에 대한 공격을 뜻했다. 곧장 클린턴 대통령이 주재하는 국가안보회의에 3단계 작전 계획을 상정했다. 전쟁은 피할 수 없어 보였다. 한반도에 일촉즉발의 전운(戰雲)이 감돌았다.

이때 북한을 방문 중인 카터 전 대통령이 희망적인 소식을 전해 왔다. 기적

같은 일이었다. 김일성 주석과 카터 전 대통령은 주목할 합의를 도출했다. 미국이 북한에 대한 핵 공격의 위협을 제거한다면 북한은 핵 개발을 동결하겠다는 내용이었다. 미국 측은 이를 받아들였다.

카터 전 미국 대통령의 방북은 내가 건의했다. 나는 1994년 5월 12일 워싱턴 내셔널프레스클럽 연설을 통해 북한 핵 문제 해결을 위한 내 나름의 방안을 제시했다. 북한이 NPT를 탈퇴한 지 1년이 넘었고 북한 핵 문제는 점점 위험한 수렁 속으로 빠져들고 있었다. 북한과 미국은 매우 위험한 '핵 줄다리기'를 하고 있었다. 나는 기조연설에서 전에 주장했던 일괄 타결 방안을 다시 구체적으로 제안했다.

"북한과 미국은 두 가지씩을 서로에게 양보해야 합니다. 북한은 핵에 대한 야심을 포기하고 남쪽의 안보를 보장해야 합니다. 미국은 북한과 외교를 통해 경제 협력에 나서고 팀스피릿 훈련을 중단하는 등 북한의 안보를 보장해야 합니다."

그러면서 김일성 주석과 대화가 가능한 인물을 평양에 보낼 것을 제안했다.

"나는 미국이 국제적으로 존경받고 특히 중국과 북한에서 신뢰를 받으며 클린턴 대통령과 유사한 성격을 가진 원로 정치인을 북한에 보낼 것을 권하고 싶습니다. 클린턴 대통령의 특사 파견은 중국과 북한 관계에 중요한 역할을 할 수 있을 것으로 믿습니다."

기조연설이 끝나자 곧 질문이 들어왔다.

"김 이사장께서 특사로 가장 적임자라 생각하는 인물이 있다면 거명해 주시기 바랍니다."

"가장 적합한 인물은 지미 카터 전 대통령이라 생각합니다."

사실 회견이 있기 전 이런 질문을 예상하고 전날 카터 전 대통령에게 전화를 걸었다. 내가 직접 설득했다.

"내일 연설에서 당신을 거명하려 하는데 괜찮겠습니까?"

그는 흔쾌히 동의했다. 그리고 만일 북한에 가게 되면 사전에 나의 조언이 필요하다며 방북 전에 꼭 나를 만나 보겠다고 했다.

이 소식이 국내에 전해지자 여당인 민자당 당직자들이 차례로 나서서 비난하거나 비아냥거렸다. 카터 전 대통령의 방북은 실현 가능성이 없는 것으로 치부해 버리고 내 발상 또한 터무니없다며 몰아붙였다.

그러나 내셔널프레스클럽에서의 연설은 미국을 움직였다. 내 연설은 케이블 TV로 두 번, 세 번 방영되었다. 미국은 내 제안을 심도 있게 검토하며 북한을 예의주시하게 되었다. 마침내 카터 전 대통령이 북한을 방문했다. 김일성 주석의 초청을 받아 6월 15일부터 사흘간 북한에 머물렀다. 그리고 전쟁의 위험을 제거하는 중요한 합의를 끌어냈다.

앞에서도 밝혔지만 카터 전 대통령은 서울에 오면 나를 만나 의견을 듣겠다고 말했다. 하지만 김영삼 대통령은 카터 전 대통령의 방북에 반대했다. 당시 외교안보수석의 거부감은 노골적이었다.

"카터 같은 노인네가 아무런 성과와 보장이 없는데 왜 북한을 가려 하는지 모르겠다. 노벨평화상을 받으려 욕심을 내는 것 같다."

김 대통령은 서울에 온 카터 전 대통령에게 방북을 만류했다. 그런 상황이니 그가 나를 찾아올 엄두를 내지 못했을 것이다. 대신 레이니 주한 대사가 동교동 집으로 찾아왔다. 레이니 대사는 카터 전 대통령이 방북에 대해서 많은 걱정을 하고 있다고 전했다. 그래서 내가 염려 말고 다녀오라고 조언했다.

"김일성 주석을 내가 어느 정도 아는데, 일정한 선물을 주지 않으려면 초대도 하지 않았을 것입니다. 방북은 반드시 성과가 있을 것입니다."

당시 나의 일괄 타결 방안과 카터 방북 제안은 결국 대결 국면을 대화 국면으로 바꾸는 결정적 계기를 마련했다. 카터 전 대통령은 남북 정상 회담이란 뜻밖의 선물까지 안고 판문점을 넘어왔다. 나는 지금도 내 제안에 선뜻 응해서 한반도에 전쟁의 먹구름을 걷어 낸 카터 전 대통령이 진정 고맙다. 그 용기와 혜안에 경의를 표한다.

그러나 얼마 후 7월 8일, 돌연 김일성 주석이 사망했다. 남과 북의 정상 회담을 눈앞에 둔 시점이었다. 분단 50년 만에 처음으로 한반도 평화와 통일에의 구체적 성과를 기대할 수 있었던 시점에서 이런 돌발 사태가 일어나 정말 아쉬웠다. 그리고 남북 관계가 악화되지 않을까 매우 염려되었다.

어쨌든 그의 죽음은 참으로 허망했다. 나는 감옥에 있을 때는 김일성 주석과 남북문제를 두고 마음속으로 장기를 두었다. 그를 만나면 우리 민족 문제를 어떻게 풀 것인지 "당신네도 살고 우리도 사는 길이 뭔가 터놓고 얘기해 봅시다"라고 하면서 허심탄회하게 논의하고 싶었다. 그런데 그는 돌연 사망했다. 독립투사로 그 공로가 컸고 국민들을 결집시키는 데 아주 성공한 사람이지만 정권을 잡는 데 반대파를 무자비하게 숙청했고, 공산주의 국가 중에서도 가장 지독한 독재를 했다.

김 주석은 나에 대해서 잘 알고 있었고, 한 번쯤 만나서 얘기해 볼 사람이라 평가했다고 한다. 나는 또 그것 때문에 더욱 피해를 봤다. 북한과 잘 통하는 우쓰노미야 도쿠마 일본 의원을 통해 "제발 그런 발언 좀 하지 말아 달라"는 편지까지 써 보냈다. 어쨌든 김 주석이 세상에 없다는 것은 한반도에 새로운 풍운이 일고 있음이었다.

남쪽에서는 북한이 곧 붕괴될 것이라는 분위기가 팽배했다. 김영삼 정부는 즉각 전군에 비상경계령을 내렸다. 정상 회담을 준비하던 분위기는 사라지고, 북한 붕괴 이후를 설계하고 있는 듯했다.

김일성 주석이 사망한 지 사흘 후 끝내 사단이 벌어졌다. 국회 외무통일위원회에서 이부영 민주당 의원이 조심스럽게 "혹 정부가 조문 의사를 표명할 용의는 없는가"라고 질문을 했다. 이에 보수 언론들이 앞과 뒤의 전제 조건들은 생략하고 "6·25를 일으킨 전쟁 범죄자에게 조문할 수 있느냐"며 맹공을 가했다. '조문 파동'은 이렇게 시작됐다. 여기에 극우 인사들이 적극 가세했다. 그러자 남북 관계는 삽시간에 얼어붙었다. 나는 이 사태를 매우 안타깝게 생각했다.

조문에는 상주의 손을 붙잡고 눈물을 흘리는 애도의 조문도 있지만 외교적으로 마지못해 하는 경우도 있다. 우리가 당시 좀 더 슬기로운 태도를 취했더라면 오히려 남북 관계가 개선될 수도 있었다. 조문 파동 당시 정부의 옹색한 태도에 대해서 미·일·중·러 등 여러 나라에서 유감스럽게 생각했다. 반면에 북한은 비상한 외교 역량을 발휘해서 미·일·중·러 네 나라를 일거에 자기들 페이스로 끌어들이는 데 성공했다. 한국의 입장은 상대적으로 약화되었다. 당시 북한은 대통령의 사과까지 요구하는 오만한 태도를 보였다.

나는 조문 파동을 보고 외교가 얼마나 중요한가를 새삼 깨달았다. 과거 냉전 시대와 같이 남과 북으로 갈라놓고 내 편과 적이 있는 시대는 분명히 지나고 있었다. 미국의 주장을 무조건 따르는 시대도 지나갔다. 우리가 외교 역량을 강화해서 미국과의 관계를 계속 튼튼히 하고 별도로 주변 각국 그리고 세계 여러 나라들과 다각적인 외교 활동을 전개해 나가는 것이 필요했다.

정상 회담까지 하겠다고 나섰던 남과 북은 다시 적대 관계로 돌아섰다. 남쪽에서는 공안 사건을 줄줄이 발표하여 때아닌 공안 정국을 조성했다. 북한은 이에 뒤질세라 그간 자제했던 비방 방송을 재개했다.

나는 9월 17일 미국으로 건너갔다. 다시 경색되어 가는 남북·북미 관계를 다시 화해 국면으로 돌려놓고 싶었다. 애틀랜타로 날아가 지미 카터 전 대통령을 만났다. 나는 그에게 한반도 평화를 위한 그간의 노력에 사의를 표했다. 그는 나에게 "당신이 나로 하여금 북한을 가게 하지 않았던들 내가 갔을 이유가 없고, 내가 가지 않는 상황에서 김일성 주석이 사망했다면 지금 어떠한 상태가 되었겠는가. 한반도에서는 지금 이루 말할 수 없는 긴장 국면이 조성되었을 것이다. 아니 이미 어떤 사태가 일어났을지도 모른다. 그런 의미에서 당신의 공로를 높이 평가하며 감사하고 싶다"고 말했다. 그의 말을 들으니 우리가 큰일을 했다는 생각이 들었다. 나는 카터 전 대통령이 다시 북한을 방문해 주기를 바랐다.

그러나 그는 "미 국무부는 방북을 환영하나, 한국 정부의 협력 없이는 현안을 해결하기 어렵다"고 말했다. 그러면서 미국 내에 독재자와 협상한다는 비난도 많지만 그럴 때마다 당신의 주장, 즉 "북한에 대해서는 이솝 우화에 나오듯이 강풍 정책이 아니라 태양 정책이 필요하다"는 주장이 큰 힘이 됐다고 말했다. 카터의 재방북은 이루어지지 않았다.

나는 윈스턴 로드(Winston Lord) 미 국무부 아태 담당 차관보, 에드워드 케네디 상원의원, 밥 돌(Bob Dole) 공화당 상원원내총무, 즈비그뉴 브레진스키(Zbigniew Brzezinski) 전 백악관 안보 담당 특보, 그레그 전 주한 미국 대사 등을 만났다. 나는 그들에게 북미 관계 개선이 한반도 평화의 필수 요건임을 설파했다. 그리고 북한이 남한과 미국을 이간시키려는 책략이 보이는데 이것을 엄중히 경계해야 한다고 말했다. 조문 파동 이후 북한은 한국을 철저히 배제시키면서 북미 간 직접 현안을 해결하려고 했다. 이른바 통미봉남(通美封南)이었다.

나는 이러한 움직임을 적극 경계했다. 한반도 문제는 당사자들이 참여해 해결해야 하며 미국도 북한에게 빌미를 줘서는 안 된다는 것을 역설했다. 나의 이러한 주장에 많은 사람들이 적극 동조했지만, 얼마 후에 열린 북미 제네바 회담에 한국은 적극 참여하지 못했다.

북한과 미국은 10월 21일 제네바에서 강석주 외교1부 부장과 로버트 갈루치(Robert Gallucci) 국무부 차관보를 수석대표로 하는 고위급 회담을 열었다. 두 나라는 북한의 핵 동결과 NPT 복귀, 대북 경수로 지원, 북미의 관계 개선에 전격 합의했다. 제네바 합의의 핵심은 북한이 핵 개발을 포기하는 대신 미국이 북한의 체제를 보장한다는 것이었다. 이로써 한반도의 전쟁 먹구름이 조금씩 벗겨졌다. 그러나 이 회담에서 한국은 아무 역할도 하지 못했다. 김영삼 정권은 1993년 북한이 NPT를 탈퇴했을 때 "핵을 가진 자와는 악수를 할 수 없다"며 핵 연계 전략을 선언했다. 미국이 추진하고 있던 일괄 타결안도 수용하지 않았다. 결국 남한은 철저히 고립당하면서도 대북 경수로 지원 비용의 70퍼센트를 지원해야 하는 부담만 떠안았다.

그 무렵 청와대에 초청을 받아 갔더니 김영삼 대통령이 한반도 사진을 펼쳐 보였다. 위성에서 밤에 촬영한 사진에는 남쪽은 불빛이 환한데 북쪽은 온통 시커멓게 보였다. 대통령이 말했다.

"이걸 보시오. 북한이 이 모양이오. 내일 무너져도 하나 무서울 것이 없습니다."

나는 물론 정보가 없기에 아무 말도 하지 않았다. 그러나 북한이 그렇게 쉽게 무너질 리가 없었다. 김일성 주석만 죽으면 통일이 된다는 것은 매우 순진한, 그러나 매우 위험한 발상이었다. 김일성 주석은 아들에게 이미 권력 이양을 완료했기 때문이다. 정상 회담을 준비할 정도로 상대를 인정했음에도 김 주석이 사망하자 아예 북한을 무시해 버린 것은 치명적인 실수였다. 그것은 북한 주민들을 분노케 하여 순식간에 단결하게 만들었다.

1994년 11월 1일 중국 인민외교학회 초청으로 처음 중국을 방문했다. 서울과 베이징 간의 직항 노선 비행기가 없어서 천진공항에서 자동차를 타고 베이징으로 이동했다. 중국 사회과학원에서 "동북아 시대와 한·중 협력의 방향"이라는 제목으로 강연을 했다. 사회과학원, 난카이(南開) 대학, 푸단(復旦) 대학 등에서 나에게 명예교수직을 주었다.

중국 외교부 관리들을 잇달아 만나 동북아와 한반도 정세에 관해서 논의했다. 나는 중국의 제4인자인 리루이환(李瑞環) 전국인민정치협상회의 주석을 만나 북한의 NPT 탈퇴로 인해 전쟁으로 치닫던 한반도의 위기 상황에서 중국이 중요한 기여를 한 데 사의를 표했다. 그는 카터의 방북을 이끌어 낸 나의 역할을 평가해 주었다. 나는 북한 문제에 대해서 두 가지를 강조했다. 중국은 비록 북한과 사상과 이념을 같이한다 하더라도 국가적 이해 문제는 한국과 북한의 사이에서 공정한 입장에 서야 한다. 그래서 둘 사이를 조절하는 역할도 하고, 또 중국과 남북한 3자가 협력해 나가는 역할도 주도해야 한다는 것을 강조했다. 이것이 동북아와 한반도의 평화와 공동의 번영을 가져오는 길임을 강조했다. 이 주석은 내 의견에 적극 찬성했다. 베이징에서는 자금성과 만리장성, 시안(西安)에서는 진시황의 무덤과 병마용 등을 둘러봤다. 김하중 주중 공사의 보살핌이 각별했다.

열흘 동안 돌아본 중국은 역동적이었다. 거대한 대륙의 힘이 느껴졌다. 이러한 대국의 숱한 침략과 회유에도 우리 민족과 문화가 건재함이 새삼 자긍심으로 돌아왔다. 상하이에서 수행기자들과 중국 방문을 결산하는 간담을 가졌다. 나는 중국의 미래를 낙관했다.

"중국은 덩샤오핑(鄧小平) 사후에도 역할 분담에 입각한 집단 지도 체제를 계속 유지, 향후 권력 투쟁은 없을 것입니다."

'아시아·태평양 민주지도자회의'를 창설했다. 12월 1일 힐튼 호텔에서 개회식을 가졌다. 나와 코라손 전 아키노 필리핀 대통령이 공동의장에 선출되었다. 오스카르 아리아스 산체스(Oscar Arias Sánchez) 전 코스타리카 대통령 등 전직 정부 수반급, 세인 윈(Sein Win) 미얀마 망명 정부 수반 등이 참석했다. 브루스 커밍스 미국 노스웨스턴 대학 교수 등 학자 26명, 일본 중의원 의원 등 현직 국회의원 44명도 참가했다. 내가 개회사를 했다.

"오늘은 역사상 처음으로 아시아인에 의해 아시아 민주화를 위한 기구가 창설되는 날입니다. 아시아의 민주주의 전통이 다시 살아나 21세기 초까지는 반드시 뿌리내릴 것입니다."

나는 1994년 『포린 어페어스(Foreign Affairs)』 11~12월호의 기고를 통해 리콴유(李光耀) 전 싱가포르 수상의 논리를 반박한 적이 있다. 미국에서 격월간으로 발행하는 이 잡지는 세계적 권위의 국제정치 학술지이다. 리콴유 전 수상은 아시아에는 민주주의적 철학과 전통이 없다며 이를 아시아 국가에 요구하는 것은 무리라고 말했다. 그것은 어찌 보면 아시아 국가들의 개발 독재를 옹호하는 것으로 비쳐질 수 있었다.

나는 민주주의에 대한 철학과 전통은 아시아에 얼마든지 있으며 다만 민주주의의 제도와 메커니즘을 서양이 한 발 앞서 만들어 냈을 뿐이라고 생각했다. 서양의 수력 발전기를 아시아의 강에 설치해도 전기는 생산되는 것이 아닌가. 물은 어디서든 높은 곳에서 낮은 곳으로 흐르게 마련이다. 아시아에서도 일찍부터 민주주의 사상이 있었다.

나는 내 논문 「문화가 운명인가(Is culture destiny?)」에서 이렇게 주장했다.

> 영국의 정치철학자 존 로크(John Locke)가 근대 민주주의의 기초를 세웠다고 널리 알려져 있다. 로크의 이론에 따르면 주권은 국민에게 있고, 국민들과의 계약에 의지하여 지도자들이 통치권의 위임을 받는데, 통치를 잘하지 못했을 경우 이 통치권이 철회될 수 있다.
>
> 그러나 로크의 이론보다 거의 2000년 앞서 중국의 철학자 맹자는 그와 비슷한 사상을 설파한 바 있다. 맹자가 주장하는 왕도 정치의 이론에 따르면 왕은 하늘의 아들로서 좋은 정치를 베풀어야 한다는 임무를 하늘로부터 위임받았다. 왕이 악정을 하면 국민은 하늘의 이름으로 봉기하여 왕을 권좌에서 몰아낼 권리가 있다고 하였다.
>
> 맹자는 심지어 옳지 않은 왕을 죽이는 것까지도 인정했다. 폭군은 죽이는 것이 정당한 것인가를 물었을 때 맹자는 왕이 하늘로부터 위임받은 통치권을 잃게 되면 백성의 충성을 받을 자격이 없다고 했으며, 백성이 첫째이고 국가(사직)가 둘째이며 그다음이 왕이라고 말했다. 중국의 민본 철학은 "민심이 천심이다"라고 했으며, "백성을 하늘로 여기라"고 가르치고 있다.
>
> 한국의 토착 신앙인 동학은 그보다 더 나아가 "인간이 곧 하늘"이라고 했으며 "사람 섬기기를 하늘같이 하라"고 가르친다. 이 같은 동학 정신은 1894년에, 봉건적이고 제국주의적인 착취에 대항하여 거의 50만이나 되는 농민들이 봉기하는 데 동기를 제공해 주었다. 이같이 유교와 동학의 가르침보다 민주주의에 더욱더 근본적인 사상이 어디에 있겠는가? 아시아에도 서구에 못지않게 심오한 민주주의 철학의 전통이 있음이 확실하다.

이 논문은 국제적인 주목을 받았다. 리콴유 전 수상과의 논쟁에서 세계의 석학과 지도자들이 내 손을 들어주었다. 처음에는 조심스러웠으나 나중에는 노골적으로 지지해 주었다.

훗날 남북 화해 협력을 상징하는 '햇볕 정책'이라는 말은 1994년 미국을 방문했을 때 처음 사용했다. 미국 보수 진영의 정책 산실로 알려진 헤리티지(Heritage) 재단의 초청 연설에서였다. 연설의 주제는 "강한 의지에 입각한 태양 정책"이었다. 당시에는 '햇볕'이 아닌 '태양'으로 지칭했다. 나는 태양의 위력을 다음과 같이 설명했다.

"미국의 외교 정책은 침략이나 영토 확장을 억제하기 위한 강한 의지를 바탕으로 한 '태양 정책'을 적용한 곳에서 성공했습니다. 그러나 '강풍 정책'만을 적용한 데에서는 전체주의 체제를 변화시키는 데 실패했습니다. 전자의 예는 소련, 동유럽, 중국 등이고 후자의 경우는 베트남, 쿠바, 북한 등입니다.

태양 정책의 최근 성공 사례는 제네바 합의문입니다. 우리는 북한에 대해 아무런 해를 끼치거나 대결을 원치 않습니다. 우리는 진정으로 김정일 정권이 안정되고 경제 위기로부터 조속히 회복할 것을 원합니다. 왜냐하면 우리는 따뜻한 태양빛 아래 그들과 평화적 공존을 추구하고, 공동 번영과 민족 통일의 길로 함께 나갈 것을 원하기 때문입니다. 결론적으로 나는 한미 양국이 모두를 위해 태양 정책을 추구하는 것이 중요하다는 점을 강조하고 싶습니다."

이 연설에서 처음 사용한 태양 정책은 그 뒤 '햇볕 정책'으로 불리게 되었고, 중국은 '양광(陽光) 정책', 일본은 처음 명칭 그대로 '태양(太陽) 정책'이라 쓰고 있다.

햇볕 정책과 더불어 『김대중의 3단계 통일론』도 아태평화재단에서 치열한 작업 끝에 완성되었다. 여기에는 임동원이라는 인물이 있었다. 그는 노태우 정권에서 7·7 선언과 남북 기본 합의서를 이끌어 냈다. 대북 협상과 전략에 풍부한 경험과 탁월한 능력을 지니고 있었다. 나는 일찍이 그의 경험과 능력이 탐났다. 마침 통일원 차관을 마치고 쉬고 있기에 사람을 보냈다. 함께 일할 것을 간곡하게 권유했다. 그는 깜짝 놀라며 "그런 능력이 없다"고 거부했다. 다시 사람을 보내 설득했다. 그랬더니 이번에는 "건강이 좋지 않다"고 사양했다. 다시 사람을 보냈다. 그제야 그가 흔들렸다.

나는 그와 점심을 같이하며 아태평화재단 일을 함께하자고 제안했다. 두 시간이 넘게 남북문제, 북한 핵 문제 등을 화제로 이야기를 나눴다. 그는 예상대로 탁월한 식견을 지니고 있었다. 그도 내 이야기에 공감을 하고 나의 제안을 수락했다. '삼고초려'였다. 나는 그를 아태평화재단 사무총장에 임명했다. 임 총장은 정치인 옆에는 가 본 적이 없는 사람이었다. 거칠게 말하면 요조숙녀 같은 사람을 소도둑놈이 훔쳐 온 격이었다.

나와 임 총장은 치열하게 토론했다. 서로 옳다고 여기면 양보가 없었다. 이야기하다 보면 몇 시간이 금방 지나갔다. 어떤 때는 호텔에 투숙하여 밤새 토론하기도 했다. 내가 임 총장과 심혈을 기울여 하나하나 짚어 나간 것은 우리 민족의 미래였다. 바로 3단계 통일론이었다. 기존의 통일론을 기본으로 토론을 했다. 초고가 만들어지면 다시 독회를 했다. 이렇게 3단계 통일론을 완성했다.

3단계 통일론 프로젝트에는 많은 사람의 공이 스며 있었다. 운영위원으로는 김남식, 김성훈, 라종일, 박종화, 백경남, 한상진 씨가, 재단 연구위원으로는 박건영, 박병석, 이강래, 이석수, 이성봉, 최성, 하상식, 함인희, 황주홍 씨가 참여했다.

우리는 1995년 8월 『김대중의 3단계 통일론—남북 연합을 중심으로』라는 책을 출간했다. 내가 30년이 넘게 숙성시킨 통일 정책의 결과물이며, 각 분야 100여 명의 전문가들이 참여해서 만든 땀의 결정체였다. 나는 책머리에 이렇게 썼다.

> 해방 50년의 감격이 분단 50년의 회한과 교차되는 이때에, '3단계 통일론'을 민족 앞에 내어 놓으니 만감이 스쳐 간다. 이제야 민족에게 진 빚을 조금이라도 갚게 되었다. 지난 25년간 한순간도 붓을 놓지 않고 그려 온 통일화(統一畵)의 중요한 결실이다. 이제 통일로 가는 길의 설계 도면은 우리 손에 쥐어졌다.

민심의 바다 속으로

(1995~ 1997)

김영삼 정부는 '신한국 창조'를 외쳤다. 고위 공직자 재산 공개, 금융 실명제 실시, 정치관계법 개정 등 잇단 개혁 정책을 발표했다. 군부의 정치 세력인 '하나회'를 척결했다. 국민들은 "문민의 정부라서 역시 다르다"며 이를 반겼다. 취임 초기 김 대통령의 인기는 가파르게 치솟았다. 그러나 김영삼 정권은 집권 2년째인 1994년부터 심각한 문제점을 드러냈다. 김 대통령의 독단적인 국정 운영으로 곳곳에서 부작용이 나타났다. 국민과 민주 세력의 뜻은 안중에 없었다. 야당도 국정 파트너로 인정해 주지 않았다.

대형 사고가 줄줄이 터졌다. 경부선 구포역 열차 전복, 서해 페리호 침몰, 한강 성수대교 붕괴, 충주 유람선 화재, 아시아나 여객기 추락, 서울 아현동 가스 폭발, 대구 지하철 공사장 폭발, 삼풍백화점 붕괴 등 대형 참사가 잇달았다.

또 국민의 세금을 가로챈 세무 공무원의 비리가 고구마 줄기처럼 엮여 나왔다. 언론에서는 이들을 지칭한 '세도(稅盜)'라는 신조어를 만들었다. 이렇듯 나라에 원성이 들끓었지만 공무원들은 복지부동으로 일관했다. 김영삼 정권은 이를 제대로 관리하지 못했다. 대통령은 "중단 없는 개혁"을 외쳤지만 개혁에 대한 기대는 싸늘하게 식어 갔고, 국민들은 점점 등을 돌렸다. 김 대통령은 동력이 꺼진 배에서 홀로 깃발을 휘두르는 선장이나 다름없었다.

김영삼 정권은 5·6공 군사 정권과의 야합으로 권력을 획득했기에 태생적 한계가 있었다. 초기에는 개혁과 사정을 내걸며 독주가 가능했지만 결국 갈수록 힘이 빠졌다. 용을 그리려다 뱀을 그렸고, 김 대통령 자신도 호랑이가 아닌 고양이로 변해 있었다. 개혁과 사정의 깃발이 휘날리고 있었지만 동화은행 사건, 슬롯머신·카지노 사건, 상무대 비리 사건 등이 터졌다. 여기에 사정을 내세워 정적들만을 골라서 수사하고 처벌한다는 여론이 비등했다. '표적 사정'이란 말이 공공연하게 떠돌았다.

김 대통령은 "인사(人事)가 만사(萬事)"라고 외쳤지만 정작 국가 요직에는 정실 인사가 판을 치고 세인들은 "인사가 망사(亡事)"라며 이런 행태를 비웃었다. 그러다 보니 공직 기강이 흔들렸고 공무원들은 연고를 찾아 줄서기에 바쁘다는 세평이 자자했다.

1995년 5월 19일, 김 대통령은 자칭 문민정부의 수장이라고는 믿기지 않는 발언을 했다. 1년여 동안 끌어왔던 한국통신 노조의 노사 분규에 대해 초강경 입장을 천명한 것이다.

"한국통신 노조가 정부의 통신 정책에 반대 투쟁을 전개하는 등 불법적인 행위를 계속해 정보 통신 업무를 방해하는 것은 국가 전복의 저의가 있다."

국제언론인협회(IPI) 한국위원회 위원장 등 이사진과 오찬을 하는 자리에서 김 대통령은 작심한 듯 강경 발언을 쏟아 냈다. 나는 언론 보도를 보고 크게 놀랐다. 노사 문제를 바라보는 그의 시각은 군사 독재 정권의 그것과 하나도 다르지 않았다.

대통령의 강경 발언은 노조의 반발을 불러왔다. 경찰이 핵심 간부들을 검거하려 하자 그들은 명동성당과 조계사로 피했다. 노조 지도부는 농성을 하고 조합원들은 준법 투쟁을 벌였다. 그러자 당국은 6월 6일 명동성당과 조계사에 경찰 병력을 전격 투입해 농성 중인 간부들을 모조리 구속시켜 버렸다. 명동성당과 조계사 측은 크게 반발했고, 재야 민주 세력들도 들고일어나 이를 규탄했다. 특히 명동성당 측의 항의는 매서웠다.

"현 정부는 2000년 동안 지켜 온 교회법을 침해했다. 5·6공 군사 독재 시절에 지탄받던 비도덕적인 권력의 남용은 현 정부에서도 다를 바 없다. 앞으로 일어날 사태에 대한 모든 책임은 정부 측에 있다."

연일 신부, 수녀, 신도들이 규탄 집회를 열었다. 이 사건으로 김영삼 정부는 더 이상 개혁이라는 말을 입에 올리기 어렵게 되었다. 국민과 함께, 민주 세력과 함께 국정을 협의하지 않고 어느새 보수 수구 세력과 손을 잡고 있었다.

더 이해할 수 없는 것은 나에 대한 과도한 견제와 탄압이었다. 문민정부 시절에 경찰, 안기부, 청와대가 연계된 '김대중 전담 부서'가 있었다면 사람들은 믿지 못할 것이다. 그러나 사실이었다. 월간지 『신동아』(1995년 10월호)가 이를 폭로했다. 저들은 나의 일거수일투족을 감시하여 나에 대한 동향을 대통령에게 보고했다.

책을 낸다고 하면 출판사를 찾아가 방해하고, 나에 대한 영화 제작도, 대학의 초청 강연도 압력을 넣어 중단시킨 사실을 나는 들어서 알고 있었다. 동교동 우리 집 주변에 경찰 안가가 네 채나 있다는 사실도 언론에서 폭로했다. 김 대통령은 나를 민주 사회를 완성해 나가는 데 조력자로 생각하지 않았다. 나의 재기를 용납하지 않으려 했다.

김 대통령은 김종필 민자당 대표도 쫓아냈다. 상도동계는 김종필 대표가 '세계화'의 이미지에 맞지 않다고 공개적으로 공격했다. 당시 국내에는 '세계화'라는 광풍이 불고 있었다. 준비는 전혀 하지 않고 대통령이 어느 날 "세계화"를 외쳤다. 실무 부처들은 후속 조치를 마련하느라고 허둥거렸다. 이벤트성 정치 쇼에 다름 없었다. 그러다 보니 무엇을 어떻게 하는 것이 세계화인지도 모르고 모두 세계화를 따라서 외치고 있었다.

김종필 대표는 당 대표로서 당연히 참석해야 할 행사에도 가지 못하게 했다는 소문도 들었다. 홀대를 넘어 가혹한 수모를 안겨 주었다. 2인자로서 처세에는 달인이었던 김종필 씨도 끝내 버텨 내지 못했다. 김종필 씨는 김 대통령을 면담한 뒤 1995년 2월 9일 민자당을 탈당했다. 그는 떠나면서 "약속을 휴지처럼 버리는 사람들"이라며 김 대통령과 민주계 인사들을 비난했다. 김종필 씨는 곧바로 신당 창당에 나섰다. 그리고 3월 30일 자유민주연합(자민련)을 창당했다. 강령으로 '내각제 개헌'을 채택했다.

지방 선거가 다가오고 있었다. 1995년 6월 27일에 4대 지방 선거를 동시에 치렀다. 광역지방자치 단체장, 광역지방의회 의원, 기초자치 단체장, 기초자치단체의회 의원을 주민들이 직접 뽑았다. 자연 국민들의 관심이 뜨거웠다. 민주당은 이기택 씨가 이끌고 있었다. 그는 내가 영국에 있을 때 치러진 민주당 전당 대회에서 당 대표로 선임되었다. 당시 나는 대통령 선거에서 공동대표로 함께 고생한 이기택 씨를 선출해 줄 것을 당원들에게 간곡히 부탁했다.

나는 평당원 신분이었지만 민주당 재건에 최대한 힘을 보탰다. 반면 민자당은 세대교체론을 들고 나와 나의 정치적 입지를 깎아내리는 데 총력을 기울이고 있었다. 그런데 이 대표의 행보가 이상했다. 민자당의 세대교체론에 동조하는 듯한 발언을 했다. 그리고 번번이 장외로 나가 강경 투쟁을 주도했다. 내가 원내 복귀를 권유했지만 "당원 한 사람의 얘기"라며 일축해 버렸다.

이 대표는 6·27 지방 선거 후보에 상식 밖의 인물을 공천하여 빈축을 샀다. 당과 지역 여론을 무시하고 계파 인사를 후보로 낙점했다. 당의 명운이 걸렸지만 그는 요지부동이었다. 그 대표적인 사례가 장경우 씨를 경기도지사 후보로 내세운 것이었다. 4월 하순경 나는 이 대표를 집으로 초대하여 간곡하게 부탁했다.

"경기지사 후보를 이종찬 고문으로 양보해 주시면 큰 은덕을 입은 것으로 알겠습니다. 그리하면 이 총재의 차기 당권을 적극 지원하겠습니다."

나는 국민 여론과 당 안팎에서 실시한 여론 조사 결과를 알려 주었다. 이종찬 씨를 후보로 내세우면 분명 이길 수 있었다. 물론 이 대표도 다 알고 있었을 것이다. 이 대표는 내 앞에서 "의견을 존중해서 결정하겠습니다"라고 말했다. 그러나 그 뒤로도 입장 변화가 없었다. 나는 이 대표의 독선에 낙담했다. 할 수 없이 이번에는 장경우 씨를 집으로 초대해서 설득했다.

"내가 보기에 경기도에서는 어려울 것 같소. 이번에는 양보를 하시오. 대신 다음 국회의원 선거에는 문제없이 될 것이오."

그러나 장경우 씨도 흔쾌하게 대답을 하지 않았다. 문제는 여기서 끝나지 않았다. 5월 13일 경기도지사 후보 선출을 위한 대의원 대회에서 장경우 후보 측이 돈 봉투를 살포하여 개표가 중단되는 소동이 벌어졌다. 안동선 후보 측은 돈 봉투를 압수하여 증거물로 제시했다. 그리고 경선 결과에 승복하지 않겠다고 선언했다. 민주당은 자치단체장 선거를 앞두고 정당 사상 최초로 경선을 통해 후보를 선출하고 있었다. 개표가 지연되자 양측은 상대방을 격렬히 비방했다. 결국 안동선 의원이 당 화합을 위해 후보를 사퇴하기에 이르렀다. 일이 이 지경에 이르자 이 대표가 나를 찾아와 말했다.

"만약 장경우 후보가 경기도지사에서 떨어지면 모든 책임을 지겠습니다."

어쩔 수 없었다. 선거가 코앞인데 경기도지사 공천에만 매달릴 순 없었다. 경기지사 후보 공천 파동은 언론에 연일 주요 기사로 실렸다. 이 사건으로 이 대표와 민주당 지도부를 바라보는 당원과 국민의 시선은 곱지 않았다. 김영삼 정권의 실정으로 낙승이 예상되던 국면은 이러한 악재들로 다시 판세가 혼미해졌다. 내가 구상했던 '서울은 조순, 경기는 이종찬'이라는 환상의 구도가 깨져 버렸다. 공을 들여 영입한 조순 서울 시장 후보의 승리마저도 장담할 수 없게 되어 버렸다. 각종 여론 조사에서도 고전을 면치 못했다.

이때 당내에서 나의 지원 유세를 강력하게 요청했다. 선거를 이기려면 다른 방법이 없다고 아우성이었다. 우리 집에도 개인적으로 지원 유세를 요청하는 후보들의 발길이 끊이지 않았다. 전국 각 지역의 후보들은 선거 홍보물에 나와의 '각별한 관계'를 적시해 넣었다. 마침내 이기택 대표와 당 지도부가 당 차원의 지원 유세를 공식으로 부탁했다. 심지어 논란을 일으켰던 장경우 후보까지 유세를 요청해 왔다. 나는 그들의 요청을 수락하여 정당 연설회 연설원으로 공식 등록했다.

나는 다시 전국을 순회하며 유세를 했다. 유세장에는 예상 밖에 많은 인파가 몰려들었다. 수도권 지역에서는 어디를 가도 몇 만 명이 모여 있었다. 유세가 끝나고 다른 곳으로 이동할라치면 나를 둘러싸고 이름을 연호했다. 나는 김밥을 먹어 가며 하루에 많게는 11곳을 돌았다. 곳곳에 "우리는 김대중을 기다린다"는 현수막이 걸려 있었다. 나는 김영삼 정권의 위선적 행태를 꾸짖었다.

"소위 문민정부라는 김영삼 정권이 한국통신 노사 분규를 국가 변란으로 과장하여 민심을 동요시키고 있습니다. 또 명동성당과 조계사에 대한 공권력 투입은 참으로 개탄스럽습니다. 일제 시대나 군사 독재에서도 감히 엄두를 못 낸 성소(聖所)임에도 이 정부가 난입하여 짓밟았으니 문민이란 이름이 참으로 가증스러울 뿐입니다."

이때 나는 또 '지역 등권론(等權論)'을 주창했다. 각 지역이 권리를 균등하게 나눠 갖고 수평적인 협력 관계를 유지해야 한다는 논리였다. 지역패권주의와 지역 차별을 극복하기 위한 대안이었다.

"우리는 그동안 TK 패권주의, PK 패권주의 속에서 살아왔습니다. 특정 지역이 모든 권한과 혜택을 독점하고, 나머지 지역은 소외받았습니다. 지역 간의 불균형과 파행이 나라 전체의 발전을 가로막아 왔습니다. 하지만 이번 6·27 지방 선거를 계기로 바로 이러한 지역패권주의는 결정타를 입을 것입니다. 이번 선거로 패권주의가 아닌 등권주의, 수직적이 아닌 수평적으로 대등한 권리를 가진 지방화 시대가 열릴 것입니다."

언론은 내 제안에 은근히 딴죽을 걸었다. "6·27 지방 선거가 김대중 씨의 정계 복귀와 지역 등권론에 대한 심판의 장이 될 것이다"라고 보도했다. 보기에 따라서는 반(反)김대중, 반민주당을 유도하는 은근한 선동이었다. 하지만 어찌됐든 나의 정계 복귀와 지역 등권론은 선거의 최대 쟁점으로 떠올랐다. 서울, 경기 등 수도권에서 다시 바람이 불기 시작했다.

이런 와중에 민자당 총재인 김영삼 대통령이 세대교체론을 들고 나왔다. 김 대통령은 6월 26일자 『타임』 지와 회견에서 "나의 임기가 끝날 때가 되면

90퍼센트 이상의 국민이 정계의 세대교체를 원할 것으로 확신한다. 차기 대통령 선거에서 새 세대 출신의 후보가 당선될 것임을 확실하게 말할 수 있다"고 말했다. 나를 겨냥한 발언임은 누구나 알 수 있었다. 그러자 이기택 대표는 "시대의 흐름을 반영한 것"이라며 반겼다. 하지만 대통령은 국민이 뽑는 것이며 정치인은 국민의 뜻을 헤아려야 마땅했다. 김 대통령은 여전히 민의까지 멋대로 예측하는 무례를 범하고 있었다.

민자당은 당직자들을 총동원해서 나와 '지역 등권론'을 공격했다. 저들은 다시 호남과 비호남 대립 구도를 획책했다. 민심은 떠났지만 공작은 남아 있었다. 알 수 없는 것은 이기택 대표의 행보였다. 그는 서석재 총무처 장관과의 회동으로 온갖 억측을 불러일으켰다.

선거 전날인 26일에는 탑골공원, 서울역 광장, 명동 입구, 신촌, 독립문공원, 대학로 마로니에공원, 영등포 지역 등 7곳에서 지원 유세를 했다. 나로서는 최선을 다했다.

6·27 지방 선거 결과는 야당의 압승이었다. 민자당은 무참히 무너졌다. 15개 시·도지사 선거에서 민자당이 승리한 곳은 다섯 군데에 불과했다. 여권의 강세 지역인 강원과 충북에서도 민자당은 패퇴했다. 민주당은 우려대로 경기 지역에서는 석패했다. 내 말대로 공천을 했더라면 수도권을 모두 석권했을 것이다. 기초단체장 선거에서도 민자당은 총 230곳에서 겨우 71석을 얻어 전체의 3분의 1도 차지하지 못했다. 특히 서울에서는 25곳에서 단 두 명만 당선되었고, 나머지 23곳은 우리 민주당이 휩쓸었다. 민주당은 전국에서 모두 84개 지역에서 승리하여 제1당으로 떠올랐다. 언론과 민자당이 나의 정치 재개를 막기 위해 쟁점화했던 '정계 복귀론'은 국민들의 추인을 받은 셈이었다.

선거가 끝나도 이기택 대표의 행보는 여전히 석연치 않았다. 경기도지사 후보의 공천 잘못과 당 파행 운영에 대한 책임론이 제기되었다. 이는 당연한 것이며, 자신이 약속한 것이기도 했다. 그러나 이 대표는 당을 책임지는 자세를 보여 주지 않았다. 그는 "민주당이 선거에서 이겼기 때문에 자신은 책임지지 않아도 된다"며 발을 뺐다. 공당의 대표로서는 너무도 어이가 없는 처신이었다. 그러더니 여당 쪽에서 구호처럼 외치던 세대교체론을 다시 들먹거렸다. 지도부가 이러하니 민주당이 구심력을 가진 강력한 야당으로 거듭나기란 나무에서 물고기를 얻으려는 것처럼 난망해 보였다.

1995년 7월 13일, 나는 국회의원 51명의 결의로 정치 재개를 요청받았다. 의원들은 야당을 바로 세우고 김영삼 정권의 실정으로 위기에 처한 나라를 바로 세워야 한다고 주장했다. 나는 이를 수용하기로 했다. 일시적인 비난을 받더라도 국민의 고통을 외면해서는 안 된다고 판단했다.

유세장에서 느끼는 민심은 여전히 나를 원하고 있었다. 당원들도 야당을 바로 세우고 지지 세력을 재결집할 수 있는 인물은 나뿐이라는 얘기들을 했다. 누군가는 프랑수아 미테랑(François Mitterrand) 프랑스 전 대통령 얘기도 했다. "세 번 떨어졌다가 네 번째 당선했다. 당신도 한 번 더 해보라." 솔직히 그 말에 용기가 솟았다. 그리고 다시 말하지만 세 번의 낙선은 모두 불공정한 승부의 결과였다. 용공 조작 등 매번 부정 선거에 당해서 마음속에는 늘 억울하다는 생각이 숨어 있었다.

그보다 내가 정계 복귀를 결심한 근본적인 이유는 평생 품었던 내 꿈을 실현해 보고 싶었기 때문이다. 그 하나는 민주주의 국가 완성이요, 다른 하나는 민족 통일에 이바지하고자 함이었다. 내 평생의 소원인 두 가지 중에서 하나도 이루지 못하고 물러설 수는 없었다. 나는 독일 통일의 현장, 무너진 베를린 장벽 앞에서 깊이 생각했다. 인생은 어차피 한 번 사는 것인데, 한 번 결심했으니 그 끝을 보자고 다짐했다. 나는 대통령이 되어 세상을 바꿔 보고 싶었다. 열심히 일해서 국민들에게 보답하고 싶었다. 내게는 오랜 세월 갈고닦은 정책들이 있고, 아직 열정이 남아 있었다. 다시 한 번 국민들에게 기회를 달라고 엎드려 간구하기로 했다.

7월 18일에 나는 "국민 여러분에게 드리는 말씀"이란 성명을 발표했다.

나는 신당 창당을 선언하며 2년 7개월 만에 현실 정치인으로 돌아왔음을 알렸다.

> 존경하고 사랑하는 국민 여러분!
>
> 저는 지난 40년 동안 많은 시련을 무릅쓰고 우리나라의 민주화와 평화 통일을 위해 노력해 왔습니다. 이제 그 노력의 완성을 신당을 통해서 이룩하여 국민 여러분께 마지막 봉사를 하고자 합니다. 그리하여 오늘의 비판이 반드시 국민적 수용과 지지로 변화될 수 있도록 성심을 다하겠습니다. 국민 여러분께서는 너그러운 심정으로 지켜보아 주시고, 저희들이 여러분의 기대에 부응할 때는 아낌없는 성원을 보내 주시기 바랍니다.
>
> 저는 지금 가장 겸손한 마음으로 다시 한 번 국민 여러분께 사과의 말씀을 드립니다. 한편 신당이 이 시대가 요구하는 국민적 여망을 책임 있게 달성하는 정당으로 발전함으로써, 오늘 제 결단의 충정이 국민 여러분으로부터 이해와 지지를 받을 수 있도록 모든 것을 바쳐서 노력하겠다는 점을 아울러 다짐하는 바입니다.

신당 창당 이전까지 나는 민주당의 개혁을 간곡히 요구했다. 당 대표가 경기도지사 선거 등 지방 선거 결과에 책임을 지고, 민주적 공당으로 새롭게 태어나기 위한 체질 개선을 단행하고, 국민에게 희망을 주는 정책 정당으로 탈바꿈해 달라고 말했다. 그러나 나의 이런 요청을 당 지도부는 귀담아 듣지 않았다. 나는 참다운 야당의 존립을 위해서는 새로운 집을 지을 수밖에 없다고 판단했다. 새 구상, 새 지도력으로 국민에 봉사하는 정당, 통일을 향한 정당을 만들겠다고 결심했다. 이것이 국민에 대한 마지막 봉사라는 생각도 들었다.

마포에 있는 민주당사는 우리 민주 진영의 모든 것이 스며 있었다. 애환이 켜켜이 서린 곳이었다. 그러나 이기택 대표를 비롯하여 지도부가 버티고 있었다. 나는 5층짜리 마포 당사를 포기했다. 정말이지 피눈물을 흘려 마련한 당사였다. 하지만 어쩔 수 없었다. 일부에서는 들어가 대표 경선을 해서 당사를 되찾자고 했다. 물론 너무 아깝고 안타까워서 그랬을 것이다. 하지만 나는 단호하게 거부했다. 국민 앞에 추태를 보이기 싫었다.

여의도에 새 당사를 얻었다. 1995년 7월 20일, 여의도 대하 빌딩에서 신당 당사 입주식이 있었다. 나는 신당 창당 준비위 상임고문을 맡았다. 나는 이날 입주식에서 참신한 인사들을 대거 영입할 뜻을 내비쳤다.

"우리 신당에는 순수한 인사들이 많이 모이고 있습니다. 나중에 다 알게 되겠지만 우리는 이러한 상황에 희망을 걸고 있습니다."

7월 22일 오전 국회에서 신당에 참여하는 의원 65명이 모여 의원총회를 열었다. 나는 3년 만에 다시 의사당에 들어섰다. 나는 이날 의총에서 공부하는 의원이 되어 줄 것과 투명한 의정 활동을 해 달라고 당부했다.

창당 대회가 다가오자 신당 참여 인사들에 대한 구속과 내사가 잇달았다. 누가 봐도 표적 사정을 의심할 만했다. 아태평화재단의 후원금까지 뒤져서 꼬투리를 잡았다. 언론들은 이를 받아 크게 보도했다. 나와 신당을 향한 흠집 내기이며 창당 방해 공작이었다. 한여름에 난데없는 사정 한파가 몰아쳤다. 우리는 '야당탄압 비상대책위원회'를 구성했다. 나는 김영삼 정부를 향해 야당 파괴 공작을 즉각 중지하라고 했다.

"야당다운 야당의 출현이 두려워 현 정권이 몹쓸 짓을 하고 있다. 용서할 수 없는 파렴치한 일이다."

그럼에도 창당을 향한 우리의 발걸음은 의연했다. 창당을 앞두고 각계의 명망 있는 새 인물 250여 명을 영입했다. 당 지도부를 총재단과 지도위원회로 이원화했다. 총재가 당무를 총괄하는 단일 지도 체제였지만 중진들이 당을 이끌어 가도록 했다. 새 당이 탄생했다. 이름은 '새정치국민회의'였다. 국민회의란 당명은 비폭력 투쟁으로 인도의 독립을 이끈 초대 총리 자와할랄 네루(Jawaharlal Nehru), 그가 몸담고 있던 '국민회의파'에서 영감을 얻었다.

1995년 9월 5일, 서울올림픽공원에서 창당 대회가 열렸다. 하늘은 더없이 맑았다. 펜싱경기장에는 1만여 명의 당원과 국내외 참관인이 모였다. 장내의 열기는 터질 듯했고, 당원들의 얼굴에는 활기가 넘쳤다. 나는 총재로 선출되었다. 부총재로는 조세형, 이종찬, 정대철, 김영배 의원과 김근태 전 민주당 부총재, 영입 인사로는 박상규, 신낙균, 유재건 씨가 뽑혔다. 지도위원회 의장에는 김상현 의원, 지도위원으로 권노갑, 한광옥, 신순범, 유준상 의원과 영입 인사인 허재영, 길승흠, 나종일, 정희경 씨 등이 선출되었다.

창당 대회는 환호와 박수 속에서 7시간 동안 진행되었다. 당원들의 요청에 무대 아래로 내려가 꽹과리를 쳤다. 기쁜 날이었다.

국민들도 우리 현대사의 비원인 수평적 정권 교체를 이룩할 수 있는 강력한 야당의 출현을 축하하고 격려해 주었다. 나는 김영삼 대통령에게 집권 후반기의 원만한 국정 운영을 위해 여야 영수 회담을 제안했다. 그간 국정 운영에 국민과 야당을 무시하고 독주했던 김 대통령에게 더 이상의 일방 독주는 방치할 수 없다는 경고이기도 했다.

새정치국민회의는 창당 선언문과 강령에서 국민의 참여민주주의를 바탕으로 중산층과 서민의 이익을 대변하고, 복리를 증진하는 중도 정당을 표방하였다. 또 조국 광복 운동의 정통성과 이 나라 민주화를 선도해 온 정통 민족·민주 세력이 모인 정당임을 선언했다. 새정치국민회의가 내세운 '새 정치'란 참여의 정치, 통일 주도의 정치, 21세기 격변에 대비하는 정치로 규정하였다. 나는 창당이란 험한 작업이 성공적으로 마무리되는 것을 보며 역시 '정치는 살아 있는 생물'이라는 것을 실감했다. 그날 앞날에 대한 두려움이, 그리고 국민을 잘 섬겨야겠다는 생각이 함께 밀려들었다.

얼마 후 노태우 전 대통령의 비자금 사건이 터졌다. 10월 초에 민주당 박계동 의원이 국회 본회의에서 노태우 대통령의 비자금 4000억 원이 시중 은행에 차명으로 분산 예치되어 있다며 모 은행의 예금 계좌 조회표를 제시했던 것이다. 그동안 소문으로만 나돌던 비자금설이 세상에 알려지자 국민들은 그 어마어마한 액수에 깜짝 놀랐다. 즉시 검찰은 조사에 착수했다. 그런데 얼마 뒤 여당에서 비자금 중 일부가 나에게도 흘러 들어갔을 거라는 의혹을 제기했다. 나는 중국 방문 중에 이 뉴스를 들었다.

사실 나는 14대 대선 즈음에 노태우 대통령으로부터 격려금을 받은 일이 있었다. 김중권 정무수석이 그 돈을 내놓았을 때 나는 많이 놀랐다. 그런데 김 수석의 자세가 정중했고, 다른 모든 후보들에게 대통령이 인사를 하는 거라고 하기에 믿었다. 사실 현직 대통령의 격려금을 뿌리치기는 참으로 어려웠다. 그리고 당시는 '정치자금법'이 없었기 때문에 법에 저촉되지도 않았다. 그러나 이것이 논란이 된 이상 나는 모든 것을 털어 버리고 선거에 임하겠다는 결심을 하고 국민들에게 이를 공개했다.

하지만 그 돈은 받아서는 안 될 돈이었다. 국민들에게 고백은 했지만, 내 정치 인생에서도 돈과 관련된 추문이었으니 부끄러운 일이었다.

1995년 12월 15일, 경기도 고양시 일산으로 이사했다. 2층짜리 단독 주택이었다. 서교성당 김종국 신부와 아내가 다니는 창천교회 목사를 초청하여 집들이 기도회를 가졌다. 수많은 사건과 영욕이 배어 있는 동교동 집을 떠나 일산으로 오니 서운하고 또 서운했다. 그래도 장남 홍일에게 넘겨주고 나온 것이 그나마 위안이었다.

1996년 4월 11일 국회의원 총선거가 있었다. 선거 결과는 신한국당이 지역구 121석, 전국구 18석을 얻어 139석을 차지했다. 우리 국민회의는 지역구 66석과 전국구 13석을 합쳐 79석을 확보했다. 자민련은 지역구 41석, 전국구 9석으로 50석을 얻었다.

4·11 총선의 결과는 기대보다 좋지 않았다. 그러나 곳곳에서 초접전을 벌였다. 58개 지역에서 3000표 차 미만으로 당락이 갈렸다. 민심이 떠나지 않았음을 확인하는 것으로 위안을 삼아야 했다.

선거가 끝나자 신한국당은 무소속 당선자들을 입당시켜 과반수 의석을 확보했다. 이러한 횡포에 우리 국민회의와 자민련은 강력 반발했다. 국회는 원구성도 못한 채 표류했다. 여당은 자민련 의원들까지 접촉하며 정치판 자체를 흔들었다. 자민련 소속 단체장들을 신한국당에 입당시켰다. 자민련은 당 존립 자체까지 위협받을 정도였다. 이에 국민회의와 자민련은 자연스럽게 공조 체제를 유지했다.

여당은 1995년 연말에 당명을 민자당에서 신한국당으로 바꾸었다. 심각한 민심 이반을 극복하려는 시도로 읽혔다. 그러나 다시 김영삼 정부가 수직으로 추락하는 일이 벌어졌다. 1996년 12월 26일 새벽, 김 대통령의 독려로 안기부법과 노동관계법이 날치기로 통과되었다. 새벽 6시, 신한국당 소속 의원 157명 중 155명이 참석하여 7분 만에 전격 처리했다. 그러나 이는 국민적 저항을 불러왔다. 노동 단체는 원천 무효라며 무기한 총파업을 선언했다. 국민회의와 자민련은 이를 "김영삼 쿠데타"로 규정했다. 산업 현장에서는 파업이 속출했고 수십만 명의 노동자들이 거리로 쏟아져 나왔다. 비난 여론이 들끓자 법안을 재개정해야만 하는 상황이 벌어졌다.

이날 새벽, 문민정부가 개혁 입법이라고 자찬했던 안기부법도 다시 개정됐다. 국가보안법상 고무 찬양·불고지 위반죄에 대한 수사권이 4년 만에 부활한 것이다. 문민정부 초기에 수사권 남용과 인권 유린 등을 근절하고 정치 사찰을 막겠다는 취지로 검찰에 넘겨준 수사권을 다시 안기부가 되찾아 갔다. 그것은 김영삼 정부의 개혁이 퇴색했음을 보여 주는 하나의 상징이었다.

날치기 사건으로 국정 장악력이 떨어진 김 대통령에게 '한보 사건'이라는 폭탄이 기다리고 있었다. 해를 넘긴 1997년 1월 23일, 한보그룹의 한보철강이 부도를 냈다. 수사에 나선 검찰은 대출과 사업의 인허가 과정에서 거액의 뇌물 수수 사실을 밝혀냈다. 불똥은 정치권과 금융계로 튀었다. 여야의 중진 의원들이 검찰에 줄줄이 불려 나갔다. 국회에서 청문회가 열렸고, 김 대통령의 차남이 증언대에 섰다. 차남은 김영삼 씨의 아호인 '거산(巨山)'을 빗대 '소산(小山)'이라 불렸다.

대통령의 차남과 친밀한 의사의 양심선언과 비리를 입증하는 비디오테이프가 공개되면서 불길은 김 대통령에게로 옮겨 갔다. 대통령 차남에 대한 검찰 수사가 본격 시작하자 차남은 물론이요 그 측근들의 비리가 줄줄이 엮여 나왔다. 김 대통령과 문민정부뿐 아니라 우리 정치의 미래를 위해서는 대단히 불행한 사태였다.

당시를 떠올리면 기억에 남는 재미있는 일화도 있다.

1996년 7월 3일 새벽, 여느 때처럼 아내와 함께 운동을 하러 갔다. 대문을 여니 텔레비전 방송 팀이 기다리고 있었다. MBC 휴일 프로그램 〈일요일 일요일 밤에〉 제작 팀의 기습 취재였다. 그렇게 해서 오락 프로그램에 출연했다. 평소 일정대로 호수공원에 나가 맨손 체조하고 정원에서 꽃구경을 하는 모습이 카메라에 담겼다. 진행자 이경규 씨와 프로야구, 동편제, 서편제 등에 관해서 간단한 인터뷰를 가졌다. 이경규 씨는 예의 바르고 재치 있는 사람이라 여겨졌다. 뜻하지 않게 출연을 당했지만 참으로 유쾌한 아침이었다.

일산으로 이사한 후에는 아침 운동을 거르지 않았다. 호수공원에서 산책을 하고 정발산에 올랐다. 정발산은 그리 높지 않아 다리가 불편해도 오를 수 있었다. 장홍호, 김종선, 방기섭, 이재만 비서는 비탈길에 계단을 만들어 주었다. 마음 씀씀이가 고마웠다. 근처 자유로에서 자주 드라이브를 즐겼고, 북한이 코앞에 있는 것처럼 선명하여 상념에 잠기기도 했다.

대통령 김대중
(1997)

새정치국민회의 대통령 후보 선출 대회가 1997년 5월 19일 서울올림픽체조경기장에서 열렸다. 대의원, 참관인, 일반 당원 등 1만여 명이 참석했다. 나는 77.5퍼센트의 득표율로 정대철 후보를 누르고 대통령 후보로 선출되었다. 당 총재를 뽑는 투표에서도 김상현 후보를 큰 표 차로 이겼다. 이날 개표 결과와 수락 연설은 야당 전당 대회로는 처음으로 텔레비전에 생중계되었다.

나는 후보 수락 연설에서 "대통령에 당선되면 정치 보복을 하지 않고, 전두환·노태우 씨가 사죄하면 용서하고, 김영삼 대통령이 임기를 무사히 마치도록 도와주겠다"고 약속했다.

이날 대회는 만델라(Nelson Mandela) 남아프리카공화국 대통령의 딸 송가니 씨를 비롯해 주한 외교 사절들이 대거 참석했다. 송가니 씨는 나에게 만델라 대통령이 감옥에서 27년 동안 차고 있던 손목시계를 선물로 주었다. 빛이 바랜 검정색 가죽 줄의 시계는 여전히 작동되고 있었다. 나는 그 답례로 망명 시절 가지고 다니던 낡은 밤색 서류 가방을 주었다. 몇 년 전에 나는 만델라 대통령의 자서전『자유를 향한 머나먼 길(Long Walk to Freedom)』을 번역해서 출간한 적이 있었다. 시계를 보니 로벤 섬(Robben Island)에서 암흑의 나날들을 보냈던 만델라 대통령이 생각이 나 가슴이 뭉클했다. 그러나 그 모든 고난을 극복하고 대통령에 당선되었다는 사실이 내게 희망을 주었다.

한편, 자민련에서는 김종필 총재가 후보로 결정되었다. 신한국당도 대통령 후보 경선에 돌입했다. 시간이 지날수록 이회창 대세론이 확산되는 가운데 이인제 경기도지사가 대항마로 떠올랐다. 7월 21일 전당 대회가 열렸고, 이회창 총재가 60퍼센트의 지지로 대통령 후보로 확정되었다. 하지만 경선 이후에도 이회창 후보와 민주계의 갈등은 계속되었고, 이는 이 후보와 김 대통령의 대리전을 연상케 했다.

이회창 총재가 후보로 확정되었지만 지지율은 상대적으로 급락했다. 반면 후보 경선에서 떨어진 이인제 지사의 지지도는 상승했다. 이 지사는 여론 조사 결과를 들이밀며 공개적으로 후보 교체를 주장하더니 신한국당을 탈당해 버렸다. 곧바로 출마를 선언한 이 지사는 국민신당을 창당하고 이만섭 씨를 총재로 추대했다.

나는 여론 조사에서 줄곧 선두를 지켰다. 10월 6일 『경향신문』이 창간 특집으로 조사한 여론 조사 결과는 김대중 35.8퍼센트, 이인제 24.2퍼센트, 이회창 20.3퍼센트, 조순 7.2퍼센트, 김종필 4.4퍼센트였다. 당선 가능성에 대한 설문 조사에서는 과반을 넘어 61.5퍼센트가 내가 압승할 것이라 예상했다. 신한국당의 이회창 후보는 이인제 후보보다 뒤졌다.

그 다음 날인 10월 7일, 여권에서 '김대중 비자금 사건'을 터뜨렸다. 후보로 선출된 뒤에도 이회창 씨의 지지율이 반등할 기미가 없자 국면 전환을 노린 승부수를 준비한 것이었다. 강삼재 사무총장이 총대를 멨지만 사실은 이회창 후보가 개입한 여권의 공작이었다. 강 총장은 회견을 통해 내가 670억 원의 비자금을 관리해 왔다고 주장했다. 비자금 중 일부는 처조카인 이형택이 365개의 가·차명 및 도명으로 관리하고 있다고 했다.

또 내가 노태우 씨로부터 받은 20억 원 외에 6억 원 정도를 더 받았다고 주장했다. 이른바 '20억+알파 수수설'을 퍼뜨렸다. 더 이상 한 푼도 받은 적이 없다고 밝혔지만 그들은 내 도덕성에 오물을 뿌렸다. 당시 김영삼 여당 후보에게는 천문학적인 액수의 선거 자금이 제공되었음에도 이를 문제 삼지 않았다.

나는 행사장으로 가는 차 안에서 '비자금 폭로' 사실을 보고받았다. 물론 나의 독주가 계속되자 여권이 무엇인가를 터뜨릴 것으로 짐작은 했다. 하지만 저들이 저급한 흑색선전을 그토록 일찍 터뜨릴 줄은 몰랐다. 내가 월등히 앞서 나가고, 거기에 김종필 자민련 총재와의 연합이 성사 단계에 접어들자 이를 방해할 목적임이 분명했다. 여권은 검찰의 수사를 촉구했다.

신한국당은 여기서 그치지 않았다. 10월 10일, 1992년 대통령 선거를 앞두고 10개 기업으로부터 134억 원을 받았다고 추가로 발표했다. 이번에는 이사철 대변인이 나섰다. 그러면서 검찰이 즉각 수사에 착수하라고 요구했다. 나는 "야당 정치인으로 친지와 기업들의 도움을 받은 것은 사실이나 어떤 경우에도 부정하거나 문제 있는 돈은 받은 적이 없다"고 해명했다.

이런 무책임한 '폭로'는 재계의 반발을 불러왔다. 재계는 집단으로 여당의 근거 없는 주장을 성토했다. 여권의 중진 의원들도 여론의 거센 역풍을 우려했다. 그러자 이회창 후보가 직접 나서서 폭로전을 부추겼다. 그는 "이번 선거는 혁명적 과업을 수행하는 것"이라며 기름을 부었다.

신한국당은 10월 14일 국회 국정감사장에서 기어이 '비자금'을 추가로 '폭로'했다. 일가, 친인척, 아태평화재단 관계자 등 40여 명의 명의로 10년간 342개 계좌에 378억 원의 비자금을 분산 관리해 왔다는 것이었다. 이번에는 정형근, 홍준표 의원 등을 동원했다. 신한국당은 나를 특정범죄가중처벌법상 뇌물수수 및 조세 포탈 혐의와 무고 혐의로 대검찰청에 고발했다. 이때 검찰 수뇌부는 여권의 압박과 국민 여론 사이에서 고민을 거듭하고 있었다.

실로 비열한 작태였다. 나와는 일면식도 없는 사람들을 거명하며 그들의 계좌에 수백억 원이 은닉되어 있다니 어이가 없었다. 여당의 사무총장이 떠들고 언론이 부풀려 보도하니 의혹은 삽시간에 눈덩이처럼 커졌다. 최대의 악재였다.

앉아서 당할 수만은 없었다. 마침 국회 국정감사 기간이라서 비자금 의혹에 대해 국정감사를 실시하자고 했다. 계좌 모두를 뒤져 보자고 했다. 그렇게 국정감사 결의안을 냈다. 그런데도 정작 여당은 국정감사를 회피한 채 수사만을 촉구하며 검찰에 연일 압력을 가했다.

당시 김태정 검찰총장은 여당의 집요한 수사 요청에 고민을 거듭했을 것이다. 만일 검찰이 수사에 착수하면 사실 여부와 상관없이 나는 치명상을 입을 수밖에 없었다. 내 집과 주변 인물들을 향해서 거창하게 압수 수색을 하고 무엇이 있는 것처럼 언론에 흘린다면, 아무리 조작되었다 해도 여론 재판에 만신창이가 될 수밖에 없었을 것이다. 그리고 선거가 끝나면 승자만 있을 뿐, 사건 자체는 증발해 버릴 것이 뻔했다.

그런데 참으로 의로운 일이 일어났다. 바로 김태정 총장의 결단이었다. 그는 현명하고 용기가 있었다. 10월 21일 김 총장은 나에 대한 비자금 의혹 고발 사건 수사를 15대 대통령 선거 이후로 유보한다고 공식 발표했다. 김 총장은 긴급 회견을 통해 이렇게 발표했다.

"과거의 정치 자금에 대해 정치권 대부분이 자유스러울 수 없다고 판단되는 터에 대선을 불과 2개월 앞둔 시점에서 이 사건을 수사할 경우 극심한 국론 분열, 경제 회생의 어려움과 국가 전체의 대혼란이 분명하다고 보인다."

김 총장은 회견 이후 결단의 배경을 이렇게 털어놓았다.

"법조인의 양심으로 수사에 착수할 수 없었다. 근거가 있어야지 아무런 근거 없이 어떻게 수사할 수 있겠는가."

그러자 세간의 평은 환영 일색이었다. "오늘은 검찰이 새로 태어난 날"이라며 검찰 내부에서도 반겼다. 사실 검찰이 '수사 불가'를 선택한 것은 국민 여론의 힘이었다. 또 일선 검사를 상대로 의견을 모은 결과 90퍼센트 이상이 '수사 불가'에 동의했다. 이를 '폭로'한 강삼재 의원마저도 민자당 총장직을 사퇴하면서 "김대중 총재 비자금 폭로 자료는 이회창 총재로부터 받았다"고 또 다른 폭로를 했다. 비자금 사건을 터뜨린 지 17일 만에, 검찰이 수사 유보를 선언한 지 사흘 만에 기세가 숙었다.

사실 시중에는 나를 수사하면 민란이 일어날지도 모른다는 소문도 돌고 있었다. 나는 특히 강삼재 의원에게 서운한 심정이었다. 당선된다면 이 문제에 대해 그에게 직접 책임을 물어야 한다는 생각도 들었다. 그런데 막상 당선이 되고 나니 마음이 달라졌다. 용서하기로 했다. 하지만 진실을 밝히기 위해 이 사건에 대한 수사는 요청했다. 수사 결과 비자금 사건은 완전한 조작이었다. 관계 기관을 통해 죽은 계좌들을 모두 수집하여 열거한 것에 불과했다.

당시 우리는 자민련과 후보 단일화 협상을 하고 있었다. 그러자 재야 민주화 운동 출신들의 반발과 비판이 있었다. 당내에서는 김근태 씨 등 재야 출신 소장 의원들이, 당 밖에서는 종교계 인사들이 반발했다. 나는 이런 반발에 '색깔론 망령'과 3당 합당 이후 강화된 호남 고립 구도를 타파하기 위해서는 자민련과의 연합이 필요하다고 설득했다. 특히 6월 항쟁 이후 '반독재 민주화'라는 전선이 이완되고 3당 합당으로 구축됐던 반호남 구도가 자민련의 창당으로 그 일각이 붕괴되었음을 상기시켰다. 과거에 대립했던 세력과의 연합에 거부감이 있겠지만 현실 정치에서 소신과 명분 못지않게 현실적 선택도 중요하다는 것을 얘기했다. 우리에게 필요한 것은 정권 교체라고 역설했다.

나의 설득에 이해찬, 설훈 등 재야 출신들이 그 진정성을 이해했다. 또 황태연, 강준만, 김만흠, 전인권 등 젊은 정치학자들은 호남 고립 구도의 부당성을 학문적으로 규명하고, 영남 패권적 지역주의에 대항하는 '저항적 지역주의 연합'의 길을 적극 제시했다. 이들은 수평적 정권 교체의 정당성을 국민들에게 알리는 데 크게 기여했다.

자민련과는 후보 단일화 협상을 빨리 매듭지어야만 했다. 국민회의 측에서는 한광옥 부총재, 자민련 측에서는 김용환 부총재가 협상 대표로 만남에 만남을 거듭했다. 김용환 씨는 대단한 박력의 소유자였다. 어차피 후보를 양보할 바에는 많은 것을 얻어야겠다는 계산을 하는 모양이었다. 그러다 보니 한

광옥 협상 대표는 줄곧 수세에 몰렸다. 어쩔 수 없었다.

그렇다고 김 부총재가 일을 그르칠 생각은 하지 않는 듯했다. 어떻게든 성사시키려고 애를 썼다. 협상 대상으로 부담스럽기는 했지만 그 자세가 건전하여 믿음이 갔다. 그는 내각 책임제 개헌을 줄기차게 요구했다.

결국 나와 국민회의는 많은 것을 양보했다. 임기 내 내각 책임제 개헌도 받았다. 국민들이 내각제를 원하면 개헌할 수 있다고 입장을 정리했다. 나는 한광옥 협상 대표에게 합의 내용을 보고받고, 10월 27일 밤 김종필 후보의 청구동 자택을 방문했다. 양당이 합의한 핵심 내용은 이렇다.

"대통령 후보는 김대중 총재로 단일화하고, 집권시 실질적인 각료 임명제청권과 해임건의권을 갖는 실세 총리는 자민련 측에서 맡도록 한다."

이렇게 나는 김종필 자민련 총재와의 후보 단일화에 합의했다. 나의 영문 이름 머리글자인 DJ와 김종필 총재의 JP를 합성한 DJP 연합이 탄생한 것이었다. 돌아보면 4·11 총선 직후부터 거론되었던 공동 정부 논의는 1년 6개월 만에 완성되었다. 그러나 DJP 연합은 많은 곡절과 숱한 고비가 있었다. 김종필 총재의 성향이 여권과 가까웠기 때문에 끊임없이 재결합의 가능성이 제기되었다. 보수 대연합설이 바로 그것이었다. 그러다가 7월 21일 신한국당 후보 경선 대회가 열리자 그럴 가능성은 사라졌다. 이에 우리와 자민련 측은 단일화를 전제로 한 협상 소위를 구성했다. 나는 자민련과 손을 잡더라도 우리 당의 정체성은 훼손되지 않을 것으로 확신했다. 그리고 더 중요한 것은 선거에서 반드시 이겨야 한다는 점이었다.

그때까지도 DJP 연합에 대해 일부에서 야합이라는 시각이 있지만 나는 그렇게 보지 않는다. 독일에서도 사민당이 기민당과 연합하고, 기민당이 기사당과도 연합한다. 나는 공동 정부를 운영해서도 충분히 성공할 자신이 있었다.

11월 3일, 국민회의와 자민련은 '야권 후보 단일화 합의문 서명식'을 가졌다. 여기에 다시 듬직한 장수가 나타났다. 7월에 실시된 포항 북구 보궐 선거에서 당선된 박태준 전 포항제철 회장이 야권 단일화에 동참한 것이다. 그는 포항제철을 일으킨 신화적인 인물이었고 국민의 신망도 두터웠다. 박 의원은 한일 월드컵 예선전이 열린 일본에서 만났다. 도쿄 국립경기장에서 열린 경기는 대한민국이 일본에 2 대 1로 역전승을 거뒀다. 경기 시간이 7분밖에 남지 않아 패색이 짙었지만 기어이 동점 골과 역전 골을 뽑았다. 귀빈석에 앉아 있던 나와 정몽준 축구협회장은 벌떡 일어나 환호했다. 그날 밤 축하 만찬에서 박 의원을 만났다. 나는 박 의원에게 다음 날 조찬을 같이하자고 했다. 아침에 만난 박 의원은 내게 솔직하게 물었다.

"만일 집권하시면 호남 사람들이 다 해 먹을 것이라는데, 그게 사실입니까? 또 김 총재님의 사상은 어떤 것입니까?"

나 또한 솔직히 답했다. 박 의원은 나와 생각이 같았다. 그의 식견은 뛰어났다. 이내 서로를 믿게 되었다. 그는 나를 적극 돕겠다고 약속했다. 그는 자민련에 입당하여 총재로 선출되었다. 이렇게 해서 김대중, 김종필, 박태준으로 이어지는 'DJT 연합'이 출현했다.

당세가 극도로 위축된 민주당은 조순 서울 시장에게 총재직과 대통령 후보직을 제의했다. 이에 후보를 수락한 조순 씨도 대선에 뛰어들었다. 그러나 지지도가 제자리를 맴돌고 정치권에 휘둘리자 후보를 사퇴해 버렸다. 이를 노려보고 있던 이회창 후보 측이 조순 씨를 낚아챘다. 이회창, 조순 씨는 신한국당과 민주당의 합당에 합의했다. 그리고 합당 대회를 개최하여 당명을 한나라당으로 바꿨다. 이로써 대선의 격랑에 민주당이란 당명이 소멸되었다.

2년 전인 1995년 여름 조순 씨를 서울 시장에 당선시키는 데 나는 최선을 다했다. 아침부터 저녁까지 장안을 누볐다. 세상이 다 아는 사실이다. 그런데도 조 씨는 당시 이렇게 말했다.

"김대중 씨가 내 도움을 받았지, 내가 김대중 씨의 도움을 받지는 않았다."

참으로 믿기 어려운 발언이었다. 할 수 없이 그에 대한 믿음을 접어야 했다.

11월 13일 국민통합추진회의(통추)의 김원기 대표와 노무현, 김정길 등 8명의 상임집행위원의 국민회의 입당 서명식이 있었다. 이들의 공동 입당이 무엇보다 반가웠다. 나는 통추 소속 정치인들의 명분 있는 행동을 크게 신뢰하고 있었다. 자민련과 연합으로 오른쪽 날개를 얻었다면, 이들의 입당으로 왼쪽 날개를 얻게 되었다.

대선 정국은 나와 이회창, 이인제 후보의 3자 구도로 재편되었다. 나는 '수평적 정권 교체'를 주장했고, 이회창 진영은 '3김 청산', 이인제 측은 '세대교체'를 외쳤다.

선거 막판 대한민국은 경제 신탁 통치라는 굴욕적인 사태에 직면했다. 외환위기로 인해 국제통화기금(IMF)에 구제 금융을 요청한 것이다. 경제 주권을 상실한, 한국전쟁 이후 최대 국난이었다. 참으로 어이가 없었다. 경제협력개발기구(OECD)에 가입했다고 으스대던 한국은 1년도 안 돼 그것이 허세였음이 들통 나 버렸고, 국제 사회의 골칫덩어리로 전락했다. 사실 금융 위기에 대한 경고음은 1년 전부터 들려왔다. 그럴 때마다 경제 고위 관리들은 말했다.

"한국 경제의 펀더멘털(기초)이 좋아 위기는 아니다."

국민들은 이 말을 믿었다. 30년 동안의 고성장 신화가 한순간에 무너질 줄은 아무도 몰랐다. 그러나 모든 것이 1997년 연말에 무너져 내렸다.

1997년 11월 21일 밤 10시, 임창열 경제부총리가 IMF에 200억 달러의 구제 금융을 신청한다고 발표했다. IMF 실무단이 한국으로 날아왔고 협상은 12월 3일에 마무리되었다. 그 후 한국에 온 미셸 캉드쉬(Michel Camdessus) IMF 총재는 곧바로 청와대를 방문했다. 예정에 없던 일정이었다. 그리고 대통령 후보들에게 협약을 이행하겠다는 각서를 요구했다. 굴욕이었지만 어쩔 수 없었다. 합의문 이행 각서에 서명했다.

나는 김영삼 정권의 경제 파탄을 강도 높게 비난하며 IMF 재협상을 주장했다. 그러자 이회창 후보가 재협상론이 외환 위기를 더욱 조장한다고 공격해 왔다. 사실 IMF와 맺은 대기성차관 협약 양해 각서는 너무도 불평등했다. 외국인 주식 투자 한도를 50퍼센트로 올리고, 은행과 증권 등 금융 시장을 개방해야 했고, 수입선 다변화제도 앞당겨 이듬해 폐지해야 했다. 경제 신탁 통치라고는 하지만 우리에게 너무 많은 것들을 요구했다. 물론 IMF 뒤에는 미국, 일본 등 보이지 않는 손들의 압박이 있었을 것이다. 그러나 차관 제공의 대가는 너무나 가혹했다. 나는 대규모 실업 사태가 걱정되었다. 그러면서도 이번 위기를 전화위복으로 삼아야 한다고 강조했다. 우리 경제가 IMF 체제에 들어선 그 다음 날인 4일, 유럽연합 대사 15명을 비롯해 유럽 경제인 300여 명이 참석한 특강에서 이렇게 강조했다.

"IMF 관리 체제를 조속히 극복하기 위해서는 관치 경제를 뿌리 뽑아야 합니다. 우리가 불가피하게 IMF의 요구를 수용했지만 이를 적극 받아들이고 경제 체질 강화의 기회로 삼으면 전화위복의 결과를 가져올 수 있고 장래 도약에 큰 도움이 될 것입니다. 우리 국민에게는 강한 애국심과 나라를 살리겠다는 굳은 결의가 있으니 반드시 성공할 것입니다."

나는 2차 후보 간 텔레비전 토론에서 IMF와의 협정은 성실히 지키되 재협상을 해야 한다고 주장했다.

"멕시코와 인도네시아에서도 없었던 무역 개방 요구를 수용한 것이나 수입 다변화까지 고치도록 한 것은 잘못된 것이므로 따져야 합니다."

그 이후 다시 금융 위기가 악화되자 이회창 후보 진영에서 일제히 나의 재협상론을 공격해 왔다. 나라를 위한 발언인데도 저들은 선거에 정략적으로 악용했다. 캉드쉬 IMF 총재도 대량 실업 문제 등을 유발할 수 있는 일부 조항은 다시 협상하자고 했건만 내 참뜻을 왜곡시켜 유포시켰다. 그것 자체가 나라를 위기로 몰고 가는 행위였다.

북풍도 어김없이 불어왔다. 정부와 여당이 다시 색깔론 공세를 시작했다. 언론들은 정부 당국자의 말을 인용하여 "지난 8월에 월북한 오익제 전 천도교 교령이 평양방송에 나와 국민회의 후보와 월북 직전까지 통일 문제를 자주 상론해 왔다고 말했다"고 보도했다. 또 최근 북한을 방문한 재미 목사를 시켜 일본 도쿄에서 회견을 갖도록 했다. 그 목사는 북한 김병식 부주석이 나에게 보낸 것이라며 세 건의 서신 사본을 공개했다. "지금이야말로 이남에서 자주적 민주 정권이 서야 한다. 선생이 대선에서 꼭 승리하길 진심으로 바란다"는 내용이었다.

후안무치한 공작이었다. 이런 보도가 나오자 이한동 대표, 최병렬 공동선대위원장과 한나라당 대변인 등이 일제히 나를 공격했다. 그런데 이번만큼은 그러한 색깔론이 먹히지 않았다. 선거철만 되면 매섭게 몰아치다 선거가 끝나면 홀연 사라지는 북풍, 그것의 실체를 국민들이 알고 있었다. 유권자들은 냉철했다.

저들은 또 나의 건강을 문제 삼았다. 내 건강에 대한 출처불명의 소문도 돌기 시작했다. "부산에서 길을 걷다가 갑자기 쓰러졌다", "회의석상에서 (괌에서 사고로 숨진) 신기하 의원을 찾았다"는 것 등이다. 심지어 아내 이희호가 치매에 걸렸다는 소문까지 떠돌았다.

나는 12월 1일 유재건 총재비서실장을 통해 연세대 세브란스 병원에서 받은 종합 건강 검진 결과를 전격 공개했다. 혈압, 공복시 혈당량, 콜레스테롤, 간 기능 등 모두 정상이었다. 종합 소견은 이러했다.

"고혈압과 당뇨 등의 성인병이 없으며 육체적·정신적으로 건강한 상태여서 대통령 직무 수행에 아무런 문제가 없다고 판단된다."

그럼에도 이 후보 측에서는 끈질기게 건강 이상설을 퍼뜨렸다.

저들은 또 선거 때마다 나의 마음을 졸이게 만들었던 지역감정의 망령을 되살려 냈다. 제3의 후보를 끌어들여 나를 고립시키려는 전략도 구사했다. 한나라당 측은 "이인제 지지는 곧 김대중 당선"이라는 말을 퍼뜨렸다. 5년 전 대선에서 "정주영 지지는 곧 김대중 당선"이라는 말과 한 치의 어긋남도 없었다.

언론의 편파 보도 또한 기승을 부렸다. 이에 대해 이인제 후보 측에서 언론과 당운을 건 싸움을 벌였지만 한 번 보도된 내용을 다시 번복하여 대중에게 각인시킬 수는 없는 노릇이었다. 참으로 부당한 횡포였다. 보수 언론들은 자신들이 정권을 창출할 수 있다고 믿고 있었을 것이다.

제15대 대통령 선거에서는 후보들의 텔레비전 토론이 처음으로 이뤄졌다. 지난 1992년 김영삼 후보의 거부로 무산된 텔레비전 토론이 시작되자 온갖 물량을 동원한 세몰이식 군중 집회의 위력이 사라졌다. 텔레비전 토론으로 후보의 자질과 정책의 검증이 가능해졌다. 선거 풍토를 갈아엎는 사건이었다.

나는 텔레비전 토론이 있을 때마다 목동에 있는 처제 집에서 생각을 정리했다. 중요한 원고를 작성하거나 꼭 만나야 할 사람이 있으면 처제의 집을 이용했다. 동교동 우리 집은 날마다 사람들로 붐벼서 나만의 시간을 가질 수 없었다. 처제는 언제나 웃음으로 나를 맞았다. 좋은 음식을 만들어 주고, 나만의 시간을 배려해 주었다. 처제 집을 나설 때면 늘 나에게 좋은 말들을 해 주었다.

"형부, 넥타이가 정말 멋져요."

"오늘은 좋은 일이 있을 거예요."

그러면 기분이 좋아졌다.

텔레비전 토론의 나에 대한 평은 대체로 후했다. 나는 마지막 토론회에서 마지막으로 이렇게 호소했다.

"불행히도 저는 세 번이나 도전했지만 실패했습니다. 국민들이 저를 이때에 쓰시려고 뽑아 주지 않은 것 같습니다. 저는 위기의 강을 건너는 다리가 되겠습니다. 모든 분이 제 등을 타고 위기의 강을 건너십시오. 저는 다음에는 더 이상 기회가 없습니다. 두 분은 다음에도 기회가 있습니다. 저에게 꼭 한 번 기회를 주십시오."

막판으로 치닫자 선거 결과는 알 수 없게 되었다. 나는 준비된 경제 · 외교 대통령임을 강조하며 대통령에 당선되면 1년 6개월 안에 IMF 체제를 벗어나겠다고 공약했다. 여론 조사는 나의 박빙 우세를 점치고 있었다. 결코 안심할 수 없는 상황이었다. 선거 전날인 17일에는 서울 시내 12곳에서 유세를 했다.

마지막 유세가 서울 명동 상업은행 앞에서 열렸다. 유세장에 도착했을 때에는 겨울 해가 저물었다. 수천 명의 청중들이 모여 있었다. 오후 6시가 조금 넘어 연단에 올랐다. 대통령 후보 김대중, 정치인 김대중으로서 마지막 선거 유세였다. 아니 내 인생의 마지막 유세였다. 연설을 시작하려는데 청중들이 내 이름을 연호했다. 그 외침들이 환한 불빛이 되어 하늘에서 떨어지는 것처럼 보였다. 정말 오랫동안 달려왔다. 내 목은 쉬어 있었다. 다시 온 힘을 쏟아 연설을 했다.

"저에게는 대통령이 되기 위해 40년 동안 갈고닦은 지혜와 경륜이 있습니다. 저는 감옥에서도, 미국에서도 대통령이 될 준비를 했습니다. 전 세계에서 대통령이 될 준비를 저만큼 한 사람도 아마 없을 것입니다. 저에게 한 번 꼭 기회를 주십시오. 잘할 수 있습니다."

연설을 마치고 연단을 내려오자 청중들이 내게 몰려들었다. 사회를 맡은 김민석 의원의 목소리가 명동거리를 적셨다.

"내일 이 나라의 정권이 교체됩니다. 김대중 대통령이 탄생합니다. 고난의 시대가 끝나고 희망의 시대가 시작됩니다."

마지막 선거 유세는 이렇게 끝났다. 지금까지 수많은 선거를 치렀고, 여론조사에서도 계속 선두를 지켰지만 막상 내일이 투표일이라 생각하니 가슴이 떨렸다. 나는 최선을 다했다.

12월 18일, 선거가 끝났다. 내가 당선되었다. 얼추 40만 표 차였다. 중앙선관위는 나를 선택한 유권자가 1032만 6275명이라고 집계했다. 80.7퍼센트의 투표율에 40.3퍼센트의 득표율이었다. 선거 사상 처음으로 여야 간의 정권 교체를 이룬 것이다. 한국 정당사에, 또 야당에 몸 바쳐 봉직했던 수많은 정치인들에게 바치는 영예였다. 국민 전체의 영광이었고, 한국 민주주의의 승리였다.

사람들은 나를 '인동초'라 불렀다. 인동초는 가을에 익은 열매가 겨울 눈 속에서 더욱 붉었다. 가녀린 인동초가 겨울을 버티는 것은 머지않아 봄이 온다는 믿음 때문 아니겠는가. 그러나 그 모습은 왠지 슬프다. 처연한 아름다움,

대통령에 당선되던 날 집을 나서자 모여 있던 사람들이 "대통령, 김대중"을 연호했다.

인동초에는 눈물이 깃들어 있었다. 맞다. 지지자들이 나를 바라보며 흘린 눈물, 그 눈물이 모여 강물을 이루었고 나는 그 강물을 타고 거슬러 올라가 마침내 대통령이 되었다.

돌아보면 많은 사람들을 울렸다. 나 또한 많이 울었다. 그런 내가 눈물 나게 대통령이 되었다. 이제 내가 저들의 눈물을 닦아 줘야 했다. 지난겨울이 혹독했던 만큼 내일의 봄날은 아름다워야 했다.

여야의 수평적 정권 교체는 우리 역사에 백성들이 자기 운명을 처음으로 결정한 것이었다. 고려 시대이건, 조선 시대이건 백성들이 자기 운명을 자기 의지로 선택하여 정권을 교체한 적은 한 번도 없었다. 그 숱한 민란도, 심지어 동학혁명도 결국은 실패했다. 그런데 1997년 연말, 마침내 선거를 통한 민심혁명이 성공을 거두었다. 국민들이 금권, 권력, 모략, 심지어 사상 음해에서도 나를 지켜 주었다. 위대한 민중의 승리였다.

밤이 깊어가자 방송사마다 나의 승리를 못 박아 보도했다. 잠자리에 들었다. 모든 것이 꿈만 같았다.

새벽에 일어났다. 새날이었다. 일산 우리 집 담을 넘어 〈애국가〉, 〈우리의 소원은 통일〉, 〈목포의 눈물〉 등 노랫소리가 들려왔다. 사람들은 내 이름을 연호했다.

"대통령, 김대중."

먼동이 트고 있었다.